"十二五"国家重点图书出版规划项目

2012年度国家出版基金项目

西方教育史
经典名著
译丛

单中惠 徐小洲/主编

国家出版基金项目
NATIONAL PUBLICATION FOUNDATION

A Cultural History of Western Education

西方教育文化史

〔美〕R·弗里曼·伯茨/著

王凤玉/译

山东教育出版社

图书在版编目(CIP)数据

西方教育文化史/(美)伯茨著;王凤玉译.—济南:
山东教育出版社,2013(2017 重印)
(西方教育史经典名著译丛/单中惠,徐小洲主编)
ISBN 978-7-5328-6308-2

Ⅰ.①西… Ⅱ.①伯…②王… Ⅲ.①教育史—研
究—西方国家 ②文化史—研究—西方国家
Ⅳ.①G519 ②K103

中国版本图书馆 CIP 数据核字(2013)第 022278 号

西方教育史经典名著译丛

单中惠 徐小洲 主编

西方教育文化史

[美]R·弗里曼·伯茨 著

王凤玉 译

主 管:	山东出版传媒股份有限公司
出 版 者:	山东教育出版社
	(济南市纬一路 321 号 邮编:250001)
电 话:	(0531)82092664 传真:(0531)82092625
网 址:	www.sjs.com.cn
发 行 者:	山东教育出版社
印 刷:	山东临沂新华印刷物流集团有限责任公司
版 次:	2017 年 3 月第 1 版第 2 次印刷
规 格:	710mm×1000mm 16 开本
印 张:	49 印张
字 数:	715 千字
书 号:	ISBN 978-7-5328-6308-2
定 价:	79.00 元

(如印装质量有问题,请与印刷厂联系调换)
印厂电话:0539-2925659

〔英〕科班（A. B. Cobban）：《中世纪大学：发展与组织》（The Medieval Universities：Their Development and Organization）。

〔英〕伍德沃德（William Harrison Woodward）：《文艺复兴时期教育研究》（Studies in Education During the Age of the Renaissance，1400—1600）。

〔法〕孔佩雷（Gabriel Compayre）：《教育学史》（The History of Pedagogy）。

〔美〕伯茨（R. F. Butts）：《西方教育文化史》（A Cultural History of Western Education）。

〔美〕布鲁巴克（John S. Brubacher）：《教育问题史》（A History of the Problems of Education）。

〔英〕拉斯克（Robert R. Rusk）、斯科特兰（James Scotland）：《伟大教育家的学说》（Doctrines of the Great Educators）。

〔美〕克雷明（Lawrence Arthur Cremin）：《学校的变革》（The Transformation of the School）。

〔美〕托里斯（Carlos Alberto Torres）：《教育、权利与个人经历：当代西方批判教育家访谈录》（Education，Power，and Personal Biography，Dialogues with Critical Educators）。

改革开放以来，由于山东教育出版社领导的精心打造，教育史著作出版已成为山东教育出版社的特色品牌。这次"西方教育史经典名著译丛"的翻译出版，得到了山东教育出版社领导的高度重视和大力支持，在此谨致最诚挚的敬意。还必须感谢的是，在翻译出版的过程中，教育理论编辑室主任蒋伟编审做了大量的指导和协调工作，付出了辛勤的努力。

我们希望"西方教育史经典名著译丛"的翻译出版，不仅能推动我国西方教育史的学术研究和学术积累，而且能为我国教育界提供一些具有重要学术价值的西方教育史经典读物。

单中惠　徐小洲
浙江大学教育学院
2009 年 2 月

目　录

解 读

王凤玉

《西方教育文化史》(*A Cultural History of Western Education*)一书是美国著名教育史学家 R·弗里曼·伯茨(R. Freeman Butts)的代表作,其副题为"它的社会和智力基础"(*Its Social and Intellectual Foundation*),于 1947 年出版。

伯茨 1910 年 5 月 14 日出生于美国伊利诺伊州首府斯普林菲尔德市。1931 年,他毕业于威斯康星大学亚历山大·米克尔约翰实验学院,获文学学士学位。1932 年,获威斯康星大学文学硕士学位;1935 年,获威斯康星大学历史学博士学位。同年 7 月,伯茨来到哥伦比亚大学师范学院社会与哲学基础系任教。1948 年,他晋升哥伦比亚大学师范学院教授,并出任社会与哲学基础系主任,并于 1958 年荣任哥伦比亚大学师范学院"威廉·罗素讲座教授"。1975 年,伯茨从哥伦比亚大学师范学院退休,但仍继续从事学术研究。他的学术著作除《西方教育文化史》外,还有《西方教育》(*The Education of the West*,1973)、《美国的公共教育:从革命到改革》(*Public Education in the United States,From Revolution to Reform*,1978)、与美国著名教育史学家克雷明(Lawrence A. Cremin)合著的《美国文化教育史》(*A History of Education in American Culture*,1953)。2010 年 3 月 19 日,伯茨教授逝世,享年 100 岁。

《西方教育文化史》一书是伯茨教授在哥伦比亚大学师范学院从事教育历史和教育社会哲学教学长达 20 多年的实践经验基础上写就的。从其书名就可以看出,作者是从教育与文化互动的角度来阐述西方教育产生和发展的历史进程,着力强调文化运动和教育发展二者之间的相互作用。文化问题极为复杂广博,试图从文化的视角在有限的篇幅内把西方教育几千年历史阐述清楚是非常困难的。由此可见,本书的立意和撰述与一般意义上的西方教育通史著作相比有其特色和专深之处。就教育方面而言,本书以学校教育的形式和内容为主线,同时也涉及学校教育以外的社会教育,并且把教育看作是社会文化的一种重要形式和组成部分。就文化方面而言,作者是在广义的意义上使用文化概念的,"'文化'这个词在这里指政治、经济、社会和宗教制度的整个原型以及它指导人们为了个人和公共事务而做出努力时,人们所依赖的信念、思想和理想。"①因此,本书实际上是一部凸显文化因素对教育的主导性因变量功能的西方教育史,其体现了教育与文化并重的特色。

《西方教育文化史》全书,除"序言"外,共 17 章。其中,第 1—4 章主要论述古代西方教育的社会和智力基础;第 5—6 章主要论述中世纪教育的社会和智力基础;第 7—9 章主要论述文艺复兴和宗教改革的文化与教育;第 10—15 章主要论述近代西方教育的社会和智力基础;第 16—17 章主要论述 20 世纪美国的学校与社会以及思想与教育。

第一章:"东地中海国家的文化和教育的起源",阐述了人类早期文化产生的地理条件以及直接对早期教育机构兴起有重要影响的思想观念文化的形式和内容。其中主要涉及风俗习惯、道德观念和作为早期宗教思想萌芽的神灵观念以及书面语、原始文学、原始艺术等,特别强调了书面文字的教育功能。本章把埃及教育和犹太教育作为早期教育的范例进行论述,对犹太教育的介绍尤为详尽。

第二章:"希腊教育的社会基础",从介绍古希腊的政治和经济机构入手,概括地描述了斯巴达和雅典两个城邦国家和马其顿地区的政治体制形态和经济状况,并对雅典城邦不同时期的政治、经济及社会成员的身份地位等状况作了较为细致的介绍。在此基础上,对智者学派和苏格拉底、柏拉图和亚里士多德等早期思想家和教育家的思想主张作

---

① R. Freeman Butts, A Culture Historu of Western Education, New York: McGraw-Hill Book Company, Inc. 1955, Preface.

了初步的分析,其中对柏拉图的介绍较为系统全面。进而讨论了这一历史时期对教育,特别是学校教育的政府调控和私人管理以及教育的社会阶层差异和个人教育机会问题。随后,还对教师行业和校外教育问题作了简要的讨论。

第三章:"希腊教育的智力基础",主要讨论希腊教育的智力基础问题。其所使用的"智力基础"概念,主要是指超越实用范围的认知和观念文化成果,主要包括哲学和艺术两个方面。本章首先对作为理智文化的最高表现形式的哲学思想演变作了概要陈述和简略分析;其次论述文化对科学的产生和发展所产生的重要影响;第三,对古希腊教育思想进行了专门论述;最后,对斯巴达和雅典以及希腊化时期的教育特点、教育内容和教育理想进行了比较客观的述评。

第四章:"罗马社会与教育",主要是系统分析和介绍古罗马时期的社会文化背景和教育发展状况。其中,对政治和经济机构(包括宗教机构)的论述较多,对教育管理及其多样性的问题分析较为细致,对知识分子阶层及其专业著述活动也进行了专门介绍。由于古罗马时期宗教文化开始勃兴,因而还专门讨论了人与自然和上帝的关系问题以及世俗教育与宗教教育的关系问题。最后,对这一时期学校教育的课程及内容进行了较为系统的论述,还分析了世俗学校和基督教学校在教育教学形式及内容方面的主要差异。

第五章:"中世纪教育的社会基础",主要概述了中世纪的突出特征是宗教文化统领地位得以确立和世俗文化跌落并沦为附从。因此,重点论述了充斥社会生活各个方面的宗教文化与世俗文化的矛盾冲突问题,尤其是宗教势力和世俗势力对学校教育的介入和控制问题。此外,还论述了中世纪大学制度的形成和近代大学的兴起,以及教育尤其是高等教育的阶级特征和作为一种专门社会职业的教师行业的社会地位问题。

第六章:"中世纪教育的智力基础",从分析该时期思想的矛盾对立入手,重点介绍了基督教世界观与人的本性的矛盾和对立、正统教义与异教的矛盾对立、唯实论与唯名论之争、哲学与经院神学的矛盾冲突。随后,又对在上述思想矛盾乃至对立冲突背景下的学校教育中的理智精神的延续和逐步发扬光大进行了较为翔实的论述,对不同层次的学校在教育形式与方法及内容方面都有所述及。正是这种教育,才培植了走出黑暗的中世纪、发起文艺复兴运动的理智力量。

第七章:"文艺复兴与教育",是对文艺复兴运动的一般性介绍。主要内容包括近代民族国家的形成,伴随地理大发现而兴起的思想观念变化和世俗文化的发展对宗教文化的怀疑、批判和反抗,以及人文主义的抬头。表现在教育领域的则是宗教对教育的控制的弱化和教育的宗教色彩的淡化,以及人文主义教育的加强。

第八章:"宗教改革与科学革命",主要论述德国的宗教改革形成了新教,促进了教育的发展,同时也推动了印刷业的进步,这就为科学文化的发展提供了机遇,推动了随之而起的科学革命。指出这一时期作为一门独立学科的教育学也向科学和系统化的目标迈进,出现了伟大的教育家夸美纽斯,并对其教育思想主张给予了极高的评价。

第九章:"美国的宗教改革",改变了通常从政治经济因素入手的叙述顺序,对北美新大陆新的殖民文化环境下的教育作了全面的介绍,对北美殖民地教育的特殊性也从文化角度进行了比较深入的分析。其中还对哈佛大学的建立及其办学特点进行了既全面又简明扼要的论述。

第十章:"理性时代与启蒙运动",主要论述欧洲是理性与启蒙运动的发祥地。作为具有新时代意义的理性与启蒙运动既是一种社会文化新思潮,又对社会的各个方面特别是教育发展产生了深远的影响。还重点介绍卢梭等启蒙思想家的教育主张,以及受启蒙思想影响而兴起的法国大革命等重要社会历史事件。随后,转而论述现代教育的知识基础问题和教育启蒙问题。

第十一章:"美国对启蒙运动的回应",主要讨论美国的启蒙运动问题,介绍了美国继欧洲启蒙运动之后在政治、经济和宗教等领域引发的一些本土运动和一系列制度和思想观念方面的变化,以及对形成具有美国特色的学校教育的影响。其中主要介绍了这一时期美国教派、个人和民众对教育的控制,美国思想中的基督正教和理性主义以及美国的自由化特色等。

第十二章:"近代欧洲教育的社会基础",主要讨论近代欧洲教育的社会基础,简要介绍了民族主义、自由主义、产业主义、资本主义、保守主义、社会主义、共产主义乃至法西斯主义的勃兴及其对社会政治和经济及教育的影响,并着重分析讨论了在这种特定社会背景下的宗教与国家的关系。还论述了这一时期法国、德国、英国、俄罗斯等欧洲主要国家的教育基本状况和一些重要的变革。

第十三章:"近代欧洲教育的智力基础",主要论述近代欧洲教育是在新旧思潮的交叉互动、逐步更替的过程中向前发展的,既造就了许多以教育为业的教育思想家和实践家,又受到这些教育家的思想贡献和实践活动的影响,从而促进了近代欧洲教育在继承传统的基础上进行新的变革和调整。其中对裴斯泰洛齐、福禄培尔、赫尔巴特等重要教育家的教育思想进行了比较系统的分析,并对欧洲现代初等教育、中等教育和高等教育进行了全面的介绍。

第十四章:"19 世纪美国教育的社会基础",主要讨论 19 世纪美国已经走过了艰难的建国历程,开始步入追求民主、自由和维护国家统一的历史阶段,因而在这一时期教育领域的主题就是为教育机会均等奋斗。因此,用了较大的篇幅描述了美国颇具特色的公共教育制度创建的历史过程,并对从建立公立学校的思想斗争到以州为主的教育权的确立,再到全美国的公立学校制度的形成,作了详细的论述。

第十五章:"19 世纪美国教育的智力基础",与第十四章的主题相呼应,主要讨论了 19 世纪美国教育的精神基础。美国的精神观念文化虽然源自欧洲特别是英伦三岛,但在适应本土环境的过程中逐渐形成了独具特色的美利坚精神观念文化,无论在宗教文化还是世俗文化方面都有明显的体现。指出,作为把上述精神观念文化引申贯彻到教育领域的伟大哲学家和教育家杜威,在继承发展美国实用主义哲学的基础上构建了实用主义教育思想体系,并在这种思想指导之下掀起了具有划时代意义和世界性影响的进步教育运动,进而形成了有别于欧洲的美国初等、中等和高等教育制度体系。

第十六章:"20 世纪美国的学校与社会",主要论述 20 世纪美国的学校与社会的关系,有所选择地分析了制约教育的社会变量,主要涉及各种社会政治思想主张以及"新政和公平施政"等社会改革运动几个方面,对社会经济生活中的矛盾、群际关系特别是种族关系等社会现实问题也有所述及。指出,就作为因变量的教育领域而言,教育机会均等仍然是一个有待解决的核心问题;与此相关的联邦政府对教育的参与介入以及教育的管理和控制问题,其具体表现主要是各级各类学校组织形式的一些细微变化、教师职业的规范化和社会地位的进一步提升。

第十七章:"20 世纪的美国思想和教育",主要讨论 20 世纪美国的思想主张和观念变化对教育的影响。其核心是对从传统教育延续而来的哲学和科学基础的反思,以及对教育的新的哲学指导思想和科学,尤其是新的心理学基础的探求,涉及到教育中的宗教、人文主义及理智主义的反思和重新评价问题,也涉及到教育的科学基础和文化基础的再次检讨及确立的问题。指出,杜威的教育哲学及其对教育的影响成为这一时期讨论和争辩的中心议题之一,以杜威教育思想为理论基础的美国基础教育模式也趋于稳定和成熟。但随着杜威教育思想的局限性的逐渐暴露,重新审视美国教育的现状和展望美国教育发展方向的趋势已经出现,为适应新的社会文化环境而对美国教育进行改革的问题也逐步提上议事日程。

《西方教育文化史》一书具有以下的特点:

第一个特点是凸显教育与文化互动的视角。从本书的主导思路和分析论述的演进程序来看,基本上是按照教育与文化互为自变量和因变量的模式展开的。即文化作为人类生活和事件的产物,滋生教育产生的土壤和现实需求,为教育的发展提供客观条件和资源,并制约教育的规模及形态,主导教育的发展方向;教育作为一种文化活动也对文化的进步和传承发挥能动作用,通过人的培养和塑造左右文化的形态,影响文化发展的历史进程。因此,本书有别于一般意义上的"西方教育史",不是把文化因素仅仅置于背景意义上的从属地位,而是提升到与教育平行互动的层次上加以分析论述。无论在论述的篇幅上还是在行文深度上都得到了加强,从而使"西方教育文化史"的主题得到更好的体现和更充分的展开。

第二个特点是围绕不同历史时期的教育与文化的核心问题和时代精神的主要特征进行分析和论述。本书的论述程序和行文方式,除了遵循历史纪年顺序这一点之外,也有别于一般的西方教育史,尤其是中国学者所撰著的西方教育史著作,没有按照通常先介绍社会历史背景,然后把教育制度、教育思想、教育实践做相对的区分,分别加以叙述论证的写作方式。虽然本书的行文方式表面看来不够整齐规范,较为随意,但却有利于在重点突出的基础上,更好地反映和再现教育文化历史发展的本来面貌,从而给读者提供了一个更接近于历史真实的思想观念文化流变发展的写意画面。特别需要指出的是,本书并不局限于描述和阐释典型的教育家思想,对于那些在哲学、科学等领域的思想家的观念及其对教育的影响也多有涉及,体现了本书立意的博大,对充分阐述主题发挥了不可或缺的作用。

第三个特点是突出重点的分析和论述。作为一本西方教育文化史著作,本书讨论的范围诚如作者在"序言"中所申明的,主要以欧洲和北美为限。因此,本书是从传统意义上的"西方"概念出发,来确定本书的涵盖范围。从全书的内容比例分配来看,在总共 17 章的内容中,有 11 章讨论欧洲教育与文化的历史发展进程,另外 6 章用来讨论美国教育与文化的历史演进,在篇幅上占到全书内容的三分之一以上。应该说,如此的处理方法无非是为了突出重点和兼及其次。

由于《西方教育文化史》一书在教育史研究上凸显出新的文化视角,因此,在西方教育史界引起了广泛的关注。1955 年,该书被列入"麦格劳—希尔教育系列丛书"(McGraw—Hill Series in Education),在纽约、多伦多和伦敦同时出版了第二版。虽然该书在逻辑严谨、史料详尽以及论述深度方面还存在一些不尽人意的缺欠,但是,它富于启示地指出从文化的视角对西方教育史进行扩展性阅读思考和研究探讨的必要。

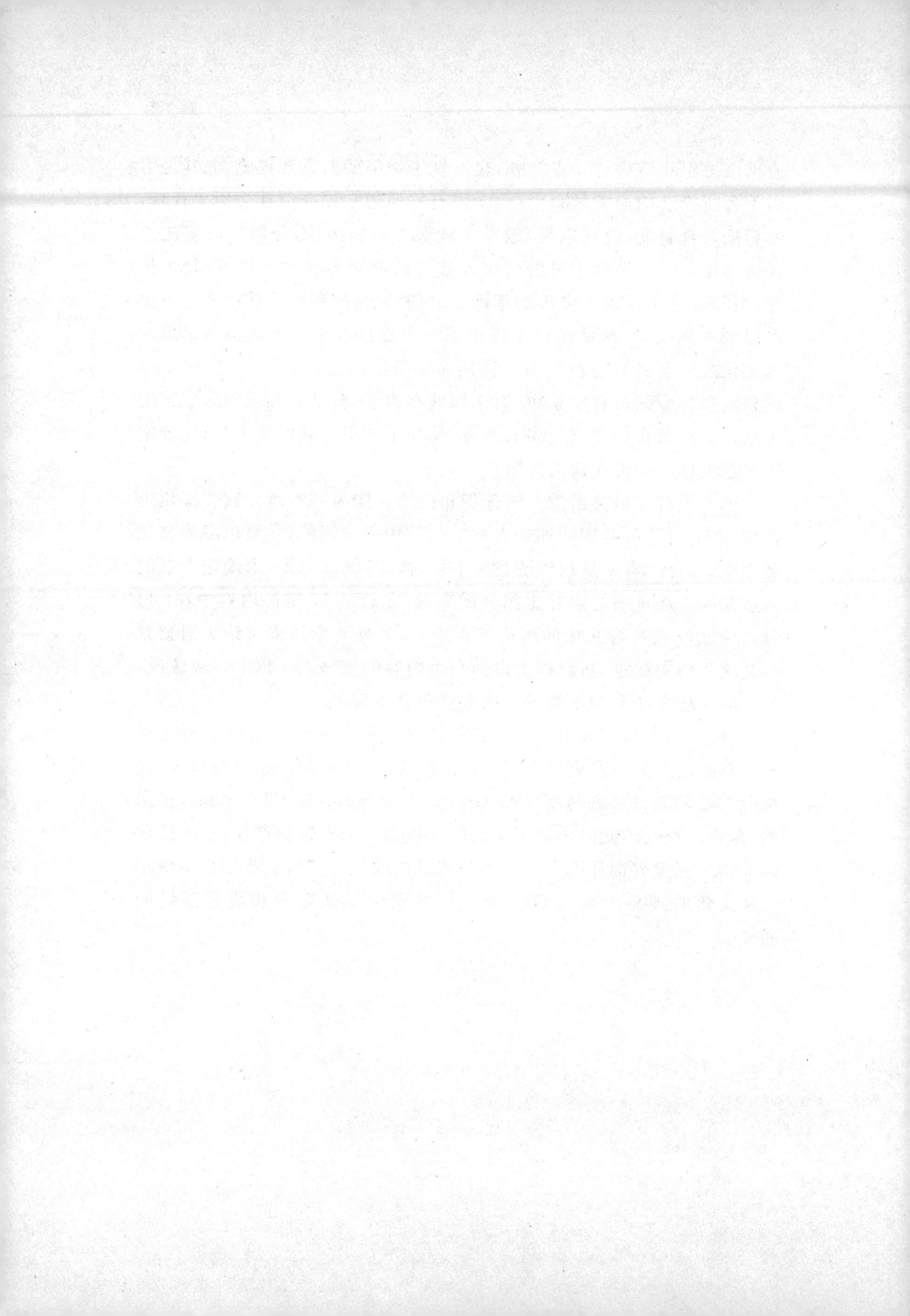

序　言

　　本书于 1947 年 1 月第一次出版,书名为《教育文化史》(*A Cultural History of Education*)。虽然自第二次世界大战以来,世界面貌已发生了巨大的变化,但该书的书名一直被沿用至今。在此期间,我们愈加清晰地意识到,仔细地重新审视我们的社会、知识分子和教育处境已成为一个非常紧要的问题。对民主以及教育中民主理念的攻击已在世界的许多地方蔓延且日益剧烈。对美国现代教育信条和实践的攻击也已愈演愈烈。因此,重新审视我们教育传统的优势与不足,已变得势在必行。而且,作者越来越坚定地认为,对文化和教育的历史研究是达到此目的一种不可或缺的方法。

　　与以往的每个关键时期一样,美国人民正在寻找办法来解决这个由来已久的问题。当人们持有不同的观点去解决这些问题而引发冲突的时候,每个人都倾向于到过去的历史中寻找自我支持的依据。这使得历史的学习成为一种必要,因为任何的现实都是历史演变的结果。一个立足现在而又面向未来的充分论证,是需要对历史进行回顾的。事实上,任何教育的决策或者其他社会实践领域的决策都依赖于对历史的解读。

　　历史至少可以做两件事:其一,它可以表明哪些历史因素已经融入到我们现在的理论和实践之中,以及我们在继承传统却遇到新形势和新要求时会面临什么问题。其二,它可以提供其他历史时代的人们是如何解决类似问题的信息。

　　战争加速了社会和历史的变迁,使旧的模式土崩瓦解。教育家们必须保证，既不要凭主观意愿去探索历史，也不要只追随每一种新的潮流。对教育历史充满智慧的研究，应该是做出正确判断的一个必不可少的重要因素。

《西方教育文化史》一书主要是为那些准备进入教育领域以及那些已经有教育经验而又希望通过历史视野来重新审视教育问题的人们而写的。作者希望，这本书也可以对那些关注美国公共教育未来的人具有同样的借鉴价值。

本书建立在教育受社会的主流文化和制度的影响，同时教育又反过来影响着文化这样一个假设的基础之上。"文化"(culture)这个词在这里指政治、经济、社会和宗教制度的整个原型以及它指导人们为了个人和公共事务而做出努力时，人们所依赖的信念、思想和理想。因此，作者在书中运用了一些历史的主要成果、历史发展规律、社会科学、哲学和心理学的知识。这本书凝结了作者20多年的教学经验，主要来自于作者在哥伦比亚大学师范学院担任教育史和教育社会与哲学基础课程的教学工作实践。

本书作者的论点在于：为了重新评估我们目前的教育计划，我们必须理解并评价曾经塑造我们的文化和教育传统。当我们站在这样一个更加有利的位置时，我们就可以利用教育的新理念，即民主教育，作为美国未来教育和一个同样也迫切需要合作的世界的路标。在本书中，作者努力将"基础"方法运用到教育历史之中，而且将历史规律使用到更加基础性的实践之中。在哥伦比亚大学师范学院的社会与哲学基础系，作者受到了来自同事们的非常广泛又全面的恩惠。在很大程度上，本书的很多可圈可点之处都归功于作者和他的同事们一起工作的经历；当然，其缺陷是作者本人的。

尽管本书主要用于教育史课程，但它对教师教育的其他阶段也是有一定借鉴价值的。例如，在初等教育、中等教育和高等教育的课程中，它可以教学生从历史视角来看待特殊的问题。同样，在诸如教育哲学、教育绪论、教育原理、课程论、教育行政管理、教育咨询以及学科教材领域的课程中，都可以方便地从本书中获取历史资料。这些历史资料不仅能很好地适应他们的专业需要，而且也关系到教育自身更大的发展。

本书虽然仅仅局限于对欧洲和美国的研究,新的修订版本的题目也反映了这个局限性,但它并不带有任何地域偏见性。删除有关我们的邻居北美大陆的讨论是必要的。如果把关注点放在殖民地人们和同时代的原始社会的问题上,其效果本应更好。但是,这个关于比较的、国际的和人类学方面的研究任务,超出了西方教育史这本书的研究范围。

《西方教育文化史》的修订版保留了第一版按年代编写的特点。被人们普遍接受的"年代"被看作是一个单位,部分是因为这些年代的相似性,部分是因为人们一直相信按年代编写的方式是历史对人们获取视角和理解的一个突出贡献。在其他方面,为了获得更多关于文化和教育相互作用的依据,必须对资料进行重新组织。

每个编年的时期分为 4 个部分,每个部分用 2 个章节来论述。

第一部分论述了各个历史时期教育的社会基础。它的重点放在人们通过不同的方式来规划生活,进而实现他们的目的。这些努力主要归纳为以下几个方面:政治、经济、社会和当时的宗教机构。本书没有去阐述每个历史时期的整个历史概要,而是简要地揭示出各个时期所特有的教育发展趋势、特征以及对我们现在所产生的重大影响。

第二部分转而论述教育机构,这是通过对第一部分组织有序的论述而引出的。这部分简述了这些教育机构的组织、管理和支持的主要方法。它的重点放在对兴趣点不同问题的把握和对不同教育方式的选择上,这些都影响着我们自己的教育组织和管理的方式。同时,它关注年轻人和成年人在校内与校外受教育机会的广度、深度以及教学成为一种职业的角色的转变。

第三部分论述教育的人文知识基础,即对教育的目标、内容和方法有着深刻影响的人们的思想、理念和价值观。这部分论述了关于世界本源、人类命运、人类本性以及人的学习能力和智力的主要思想流派,同时论述了艺术和科学中的重大发展以及教育中存在的一些结论和哲学基础,这些都具有时代的人文特征,并对我们有着重大的影响。

最后,第四部分论述对教育的计划,因为上述的人文知识和社会发展都已在形成教育计划的过程中起到了重要的作用。这部分重点关注不同层次的初等教育、中等教育和高等教育。本书的目的,不在于进行像早期学校的课程和教学法这样的细节描述,而在于通过选择和接受一种观念之后对教育的内容和过程发生的改变,以此来获得对教育本质的理解。

通过把教育看成一个正在自己的文化体系中发挥作用的整体,可以使读者得到很多启示,但我们认为还应该提供一些特殊的兴趣点。因此,对教育行政管理特别关注的读者会在阅读第一和第二部分的时候获取其兴趣点。同样,对课程和教学理论或心理学特别关注的读者会有兴趣阅读第三和第四部分。这种有目的的阅读,既保留了以年代为视角的出发点,又通过论述持续的历史问题而形成一个框架体系,从而实现了一种"问题"方法的价值。

这样,读者心中便不再有疑惑,作者所着重论述的文化,简而言之,就是一种代表民主价值、文雅传统和自由探究方法的文化。

《西方教育文化史》修订版的一些章节大部分是重新改写的;除了重新组织的内容,其他部分大多没有变化。为了使论述更加紧凑并强调总体趋势以及在一定程度上缩减内容,本书第一版中的有关文化体系部分的许多事实细节被删除了。本书着力强调文化运动和教育发展二者之间的相互作用。作者认为,在一本书中呈现出太多材料的教学法并不恰当,因此,提供了按年代编写这样一种方式;但作者也认识到,教育的稳定性对于人类的文化发展和社会制度这一宏观全局的价值所在。

本书的写作和研究任务,对于作者、老师或学生来说并不是一件轻松的工作,而且作者无法确定所找到的资料将能吸引所有的人。然而,作者希望,这个修订版能意味着比第一版具有更大的进步,并能推动教育的蓬勃发展——从长远来看最好能够保存和促进自由人类的价值观。

对于我的秘书普丽西拉•艾肯(Priscilla Aiken)小姐在为出版准备手稿的过程中给予的大力帮助,作者深表谢意! 尤其要感谢我的学院同事劳伦斯•A•克雷明(Lawrence A. Cremin)教授,如此慷慨地为这个修订版选择了大量高质量的图片。

R•弗里曼•伯茨

(R. Freeman Butts)

第一章　东地中海国家的文化和教育的起源

文化与教育

由社会科学中的现代学术研究发展而来的最具启示意义的概念，都涵盖在了"文化"（culture）这个词之中。教育工作者在试图去理解并改进教育的过程中，他们应该会发现文化这个概念和术语是特别有用的。它是理解基本的社会制度，即影响教育和教育所涉及的人的基本行为和动机的社会制度的一个关键。它有助于人类了解自己，有助于我们公正地看待我们所处的社会，也有助于我们欣赏其他社会的价值观和理念。在最广泛的意义上，文化是区分人类和其他生物的最显著的特征。

当然，社会科学家对"文化"的定义各有不同，但它通常都是指某一特殊社会团体成员创造的、学习的、共有的并代代相传的整个生活方式。文化是一个群体逐步建立并希望其成员获得、分享和赖以生存的行为方式的总和。它包括社会制度的整体；行为的组织方式；风俗习惯和期望；工具和技术；知识、思想和信仰的主要部分；人们所珍视的理想、价值观和法令；创造性表达的形式；以及语言和沟通方式。

不同的社会科学家对文化的要素给予不同的定义，也可能重视某一方面而忽视另一方面，但这种区别对我们来说可能并不重要，因为更重要的是文化这个词最便利和最简洁地反应了人类社会生活方式的总和，这也是我们的共识。人类学家喜欢使用这个词描述简单及复杂的文化。社会学家更喜欢使用"文明"（civilization）一词来关注现代社会。

历史学家可能会使用"传统"(tradition)一词来强调文化随时间的流逝而变化。而对于教育工作者来说,所有类似的观点都是非常重要的。因此,本书的基本结构就以文化的概念为中心。①

如果我们认为,文化就是社会中个体通过学习获得的、社会上多数人共有的以及一代又一代相承的,那么,我们就可以见证教育对文化的重要性。事实上,文化的精髓在于人们通过了解风俗、习惯和周围人的行为方式时,人们"学习"(learn)了文化,随之又期冀他人效仿,以"教授"(teach)文化。在更广泛意义上,所有文化,无论是有意而为还是无意模仿,都具有"教育意义"(educative)。然而,对于有意的、充满计划性的、自觉的并且有指导的过程,也就是人们有效地"学习"并参与到其文化当中的过程,保留"教育"(education)这个词会更有益。无论何时,当个人或群体有目的地试图去指导行为时,教育就会存在。因此,在文化传承和改变的过程中,教育发挥了极重要的作用。

如果教育被视为涵盖全部有意识地"教授"一种文化的努力,那么,教育就要比正规的"学校教育"(schooling)更具包容性。父母、家庭、教会、政府和多数有组织的机构形式都会尝试通过影响年轻人或者年长者的行为实施教育。但是,学校教育通常处于特定人群被指派进行特定的"教学"(teaching)任务的文化之中。就这一点而言,在人类文化史上,教师和学校登上了历史的舞台,全力进行有目的的教育。因此,教育始终是所有人类文化中一个内在组成部分,但学校教育却并不存在于所有文化之中。实际上,学校教育是一个相对新鲜的事情。当学校教育出现时,它深受文化中其他教育机构的有意识行为的影响,而学校教育和其他教育也都受到整个文化本身影响的约束。正是由于学校教育和其他教育都是其所处文化中的一个内在组成部分,所以,对于教育工作者而言,研究整个文化教育过程,同时研究正式学校教育的特殊教育功能,都是非常必要的。

---

① 参见本书英文版"序言"。

人类自己的组织

史前文化

一种阐释现代文化与教育的最佳方法,就是以人类文化的长期发展为视角来看待我们所处的时代。古生物学家、考古学家和人类学家告诉我们,人类在这颗星球上存在了至少50万年,甚至也可能存在了100万年或者更长的时间。不断呈现的考古发现,使我们对人类年龄的估计发生了改变,但总的轮廓看起来却相当清晰。事实上,我们对于人类文化早期形式的理解,必然是从通过调查远古人类所制造的物品做出推断后获得,这些物品主要是被发现的工具和武器。与通过人类骨骸遗迹重塑人类的生理特点相比,重塑远古时代的人类文化要困难得多。但我们确实已了解,从大约50万年到7.5万年前,人们逐渐制造出了更加精细的工具。据推测,因为制造工具的技术代代相传,而且因为一代人能够学习并通过初步的学习和教授的形式获益,所以,工具的形式和设计得以改进。因此,教育一定是以某种形式存在的。

当人类能够把他们学得的知识传递到下一代,人类文化便开始出现。在人类缓慢改进他们的工具这几百个世纪中,我们可以推测,他们的生活条件和文化相对稳定。当人们第一次发现,他们不是赤手空拳而是通过使用粗制的石器更好地获得食物或打猎时,文化开始改变了。当他们相互教授或者教授自己的后代如何制造类似的或更好的工具时,教育就随之产生。有些人类学家甚至认为,发明和使用工具有可能有助于加快生物演化的速度,而在工具制造和使用方面获得更好技巧的人就更有得以生存和繁衍他们后代的可能。

不管怎样,从7.5万年到2万年前,人类文化发生了更快的发展。石刀在设计和锋利度方面显示出更高的技巧,出现骨制工具,人们开始使用火,定形并缝制动物皮革,制作器皿盛放食物,居住在洞穴或棚屋中,在石头上刻制线条、作画和雕刻等艺术表现形式开始出现。据推测,人们似乎通过有组织的努力来寻找食物和获得保护,并进行某些典礼仪式。例如,下葬、祭祀神灵或者为了获得死后安息的祭祀。如果事实确实如此,那么,文化的"教"(teaching)与"学"(learnng)的方法也变得更加复杂。然而,最近的证据表明,这些文化形式的某些形式在几千年的时期中却衰退了。

此后,大约在 1 万年至 8000 年前,人类文化开始以前所未有的速度发展。人类极大地改进了石制和骨制工具;设计并建造了更复杂的住所;驯化了动物并且种植庄稼,以确保更稳定的食物供应;通过缝制、纺线和编织来制作衣服;制造木筏和小船作为交通和贸易的工具;依赖家庭、氏族和部落开展有组织的社区生活;设计出更加复杂形式的典礼、仪式和宗教信仰;并且以更高级的行为艺术方式表达情感。我们无法准确判断史前人类的思想、信仰、制度、语言或价值观,但是,我们却可以断定史前人类开始使用手势、符号和标志,而这些最终演化为表达思想的语言。之后,人类开始书写单词和构建书面语言。我们可以得到有关此时人类的观点、信仰、制度和行为方式的记录。因此,我们要获得关于史前人类的更多知识,仅仅依赖于实物遗迹是不太可能做到这一点的。当书面语言出现之后,历史开始了,而史前文化(prehistoric cultures)让位给历史文化(historic cultures)。

考虑到人类文化中这些巨大的成就,当今的学者在谈及史前人类时,很少使用"残暴的"、"野蛮的"和"未开化的"等词汇。许多人类学家甚至避免使用"原始的"(primitive)这个词。其原因是这个词暗含着人们是未开化的和非理性的风俗、巫术和迷信的奴隶。因此,使用色彩稍弱但更精确的"史前的"这个词来谈论大约 5000 年至 6000 年前还未出现书面文字时的人们则更具有描述性。相似的,不要把史前人类和现代所谓的"原始人"相混淆,因为史前人类仅仅是没有文字记载而已,这一点是至关重要的。可能使用中性的词汇——"无文字的"(nonliterate)——来表述当今那些文化在许多方面颇为复杂但又不使用书面语言的人更为确切。

但是,"原始的"这个词很难完全抛弃。它是个被历史学家和其他社会科学家广为使用的一个词,因此,它仍然在学术著作中频繁出现。

而且,只有根据针对现代"原始人"的文化和风俗的第一手研究进行推断而得出的有理有据的猜测,我们才可能对史前人类的文化进行更深入的了解。因此,本文所使用的"原始的"一词,只是用来意指史前时代的"早期"(early)文化,并用之表明我们进行的讨论主要依据的是来自于研究当前无文字(没有书面语言)社会的推断。但是,决不可以做出这样的价值判断,即当前的无文字社会是智力迟钝的、落后的或者等同于史前社会的。

当史前人类开始根据自己的意图控制环境而不是单纯向环境屈服时,人类文化开始以我们所熟知的一种形式呈现。如果人类忘记他已经学到的知识,那么,他将不会是人类。换言之,当今社会的所有人都应该感谢几千个世纪里默默无闻的人们,是他们逐渐学会控制环境,并把他们所学到的知识传授给更年轻的后代,帮助他们成为人类。在史前时代,文化与教育是一体的。

无差异的史前文化社会制度(公元前 4000 年之前)

在开始控制环境的过程中,有一点非常明显,即史前人类把自己组织成劳动群体,这样便可以更有效地控制环境。在 6000 年前人类历史长河中的某个时期,个人和个体家庭为达到共同的目的开始在一起生活、一起工作和一起作战。根据血缘关系而建立起来的家族和部落集团,很可能是最初的社会制度。人们发现,生活在一起可以使集团内所有成员增强安全感、加强保护并增加利益。他们也发现,必须制定规则来指导集团生活,并设定活动中的个人与集团之间的关系。因此,风俗、习惯和民风开始形成,这样就可以设定集团中形形色色个体的责任和义务。显然,原始人感觉到集团的利益取决于每个人如何履行其责任,因此,部落成员被施加压力以符合部落民风的标准。

民风的规则。原始部落的固有民风控制部落成员行为的程度,很可能给我们留下难忘的印记。而且,世界不同地区不同部落之间所存在的五花八门的做法,也会使我们难以忘怀。尽管它们的差别很大,但是,在单一部落中,民风长期相对稳定和相对固定却是不争的事实。民风只有在接触到不同的部落或生活条件达到危机而使其必须改变时才会变化,但是,大多数原始部落都愿意努力使其传承的民风保持不变。

很可能在此期间形成一些非常明显的规则,例如,重要的生活方式、孩子对父母的责任、性别之间的关系、对于财产的态度、对老人和领导的忠诚、打猎战利品的分配、战胜国和战败国各自的职责、某些食物的禁忌、对自然现象的正确解释以及如何参加宗教仪式和典礼等。在当代,类似的社会活动可以被划分为迥异的社会制度,例如,家庭和婚姻制度、政治制度、经济制度和宗教制度。

但是,很明显,类似的划分在史前生活中并不占据很大一部分。教育工作者要注意的重点是,正如类似的活动在史前并没有被划分为不同的制度一样,教育功能也没有成为单一的制度,而只是作为保护部落文化和民风的内在组成部分。

日益复杂的早期历史文化(公元前 4000 年之后)

原始部落组织的生活反映出这样一个事实,那就是,社会集团需要在游牧状态下仍不时迁徙以寻找食物并寻求安全保障,即要保护其成员。当人们开始在美索不达米亚的底格里斯河和幼发拉底河流域及埃及的尼罗河流域定居时,更反映出社会组织的必要性。在上述两个中心,人类的文化发展很快。当人们完善了铜器和铁器,并且设计了详细的书面语言系统后,人类文化就变得格外复杂。

在这些流域生活需要相当有效的社会组织和长期的指导,结果是领导者开始出现。这些领导者需要谋划如何在战争中击败邻近的敌人,为发展农业如何挖沟建渠以抵御洪水,以及如何保证集团成员完成其被分配的任务。这些领导者成为国王或祭司,他们可以发号施令,组织政府,也可以因为人们相信其宣扬的神的指引而使人们顺从。因此,也就出现了明确的政治、经济和宗教制度,其显著特点是满足维持人们生活的基本需要,团结部落成员完成合作性任务,以及发展某些学说和完善特殊的技能,以顺利完成工作。

在公元前 4000 年至公元前 3000 年的这些世纪里,最显著的特点是生产及与之联系的技能得以改善,战争连绵不断,最终巩固了城市并形成较大的帝国,而帝国也第一次把数以百万计的人置于同一种规则下进行统治。政治的领导者与宗教的领导者紧密结合,使国王与祭司及特权阶级中的官员和神父获得无上的权力。阶级的划分变得很正常,而且在道义上也无可厚非,随之出现法律条文来维持这些权力。商业贸易获得实质性进展,因此,艺术、建筑、雕塑、绘画、写作、文学和科学也日臻成熟。所有这些发展都增加了生活的复杂性,也使得长期培训成为必要,因为只有这样人们才可以处理文化中出现的问题。结果,学校和高等教育机构得以组织,以满足这样的需要。

正如上述所提及的发展,巴比伦出现了中央集权制政府。政府与宗教交织在一起,国王的权力被认为是神赋的,因此,他可以控制生活的各个方面。不平等被广为接受,而法律和风俗也都赋予上层阶级以特权。

在巴比伦王国之后的早期文明时期中,一系列的王国和民族兴衰更迭。最重要的是,在东地中海和小亚细亚存在过两个王国,一是亚述帝国,二是波斯帝国。亚述人创造了第一个规模宏大的帝国,征召普通大众入伍参军,并给予他们严格的训练,除改进武器外,还发展了快速移动的骑兵及火炮。他们甚至可以和当代的军事和极权主义相提并论,因为他们总是通过折磨和屠杀来完成对敌人的系统威胁,其武力遍布全国。

这一时期的最后一个大帝国是波斯帝国,它征服了包括印度西部在内的当时已知世界的大部分。波斯王国经过长期的政治发展,首先是原始人的部落组织,然后经历城市和城邦阶段,最后进入王国阶段。此时,许多城市联合起来,最终形成中央集权制帝国,掌控有大量的土地,统治着数以万计的民众。

波斯人证明,他们要比亚述人更善于治理国家,他们对待自己的民众更克制、更人道,而且视自己的帝国为一个整体。他们创造了统一的货币,建筑了军事道路,并在很大程度上准许地区自治以及自由发展地方语言、文学和艺术。结果,商业贸易和农业都走向繁荣。他们发展的政治和经济模式极其重要,因为他们设定的模式后来被亚历山大大帝、罗马帝国及最后的欧洲所接受。在这一概念上,国王的权力被认为是绝对的、无限的和神圣的。在这些东方独裁国家中,几乎没有民主自治的传统。

埃及尼罗河流域的发展轮廓,在许多方面与中东及小亚细亚模式相似。因为埃及地处偏僻,更加自闭,而且不易受外敌入侵,因此,埃及王国的文明不是十分的军事化。政治上,埃及的各个朝代以国王法老为尊。国王为确立无上的权力,便依赖祭司阶层,这些人生活在特殊指定的寺庙中,主持祭拜神灵的仪式,对尸体进行防腐处理,并为能够使逝去者的灵魂在审判日得到好的待遇发出指令。国王还有一个大的非神职官员集团,执行他对陆军和海军的命令,收税,组织公共事务,维持秩序。所有的官员都对国王负责,国王则在其认为适宜的情况下决定他们的生死和财产。

除了上面所提到的大帝国之外,在地中海东岸和爱琴海岛屿中,还有过其他许多繁荣过的文明古国。其中,腓尼基王国因为其广泛的商业贸易及完善了字母表和语言而显得较为重要。小亚细亚沿海城市和克里特岛的居民,在商业、农业和工程方面显示出杰出的能力。希腊大陆和岛屿的城市则发展了比东方王国更民主的社会组织形式和文化。这些将在下一章进行具体阐述。

游牧的犹太部落大约公元前 1500 年在巴勒斯坦定居发展。因为其文化对整个西方世界的影响,所以,它们的发展显得尤为重要。在长期的不同的主教和法官的统治下,该部族又被大卫(David)和所罗门(Solomon)这样的国王统率过一段时间。公元前 722 年,以色列北部的10 个部落被亚述帝国征服并统治。犹太的两个南方部落于公元前 6 世纪被征服,并被尼布洛尼斯(Babylonians)领导下的巴比伦王国所放逐。在被巴比伦王国掠夺后的 50 年中,犹太人被波斯国王居鲁士(Cyrus)大帝释放,又回到巴勒斯坦。巴勒斯坦随后又分别被亚历山大和罗马人征服。尽管犹太人作为国家的形式被罗马帝国皇帝驱散,但是,犹太文化一直在宗教和科学的各个方面影响着西方文明。

当我们回顾这几页简单描述的人类制度的长期发展过程,有一个突出的教育含义被凸显出来。虽然说原始部落中的个体被认为对于整个部落来说基本上同等重要,但是,随着社会制度区别日益明显,不平等和严格的等级划分成为主角。在整个原始部落中,虽然每一个体都要执行其预期的任务来保护整个部落的安全和利益,但是,东方文化开始越来越重视特权阶级,同时忽视单纯的劳工和奴隶。结果,由于教育也成为一种有差异的社会机构,因此,它自然为特权阶级所独享,为他们的利益服务,而不是为全体大众所共有。经过几百年历史之后,才出现一种文化,使所有被认为可接受正式教育的人获得教育。这就是希腊的雅典文化。

学校的兴起

原始教育机构

在原始社会,没有为教育而设置的特定且分类明确的社会机构。这意味着,主要还是家庭控制教育过程,即家庭担负着把部落公认的民风习俗教给孩子的责任。但是,在许多部落中,有一些特殊人群开始被认为在部落风俗理念的形成方面具有特殊的功能。这些长者、巫医、先知和讲故事的人开始构成某种具有神职性质的教学阶层。有证据表明,将来要成为僧侣的人通常会获得特殊技能的培训。这些培训包括课堂中特殊技能的传授,例如,特定的巫术知识、唱一些颂歌以及举行仪式的技能等。除此之外,现已了解的是,某些部落中存在着手工或职业团体,他们专门负责盖建房屋、加工金属、制造工具、制衣服或刺纹身。之后,这些团体还把这些技能和秘密传授给年轻人。

许多部落也针对部落中的青少年或即将成为成人的年纪较大的年轻人举行特殊的入会式(initiatory)或成年礼(puberty rites)。虽然说并非所有部落都举行成年礼,但是,这些仪式代表着部落的年长者为部落目的而实施控制的教育机构。很明显,教育并不是由独立的学校或教育机构实施的,而是由部落中的成人成员通过他们特定的活动实施的。教育功能并没有授权给像当今的复杂的现代文化教育机构。在史

9

前文化中,也可能存在比我们认同的更正式的学校或专门化的教育,但因为缺少书面记录,所以,也无法进行确认。

早期历史文化中正式学校的出现

通过书面文字进行文化传承并教授一些人学习写字开始变得重要,这意味着也最好地证明了正式学校的出现。而且,还可以明确的是,神职阶层或文士(Scribes)掌控着学校的发展。但是,试图要明确学校究竟在何时何地出现是没有结果的。主要的观点是,当某种文化开始越来越多地处理书面材料时,它发展成为正式教育也就越来越必要。在埃及,学校的发展是和需要书写的寺庙及国王的宫廷紧密相连,这一点非常明显。学习写字的孩子的习字簿遗迹,给予我们很好的佐证。近来,还有证据表明,在苏美尔和巴比伦王国的某些地方也因为类似目的建立了学校,用以培训祭司和参与国王事务的官吏。

在犹太人从巴比伦返回到巴勒斯坦后,他们在公元前 5 世纪的某个时间建立了学校。非神职的文士在犹太人中间担任希伯来文教师,在犹太教堂进行正式的教学。在犹太文化中,宗教控制教育的意义占主导地位。在基督教时代的第一个世纪(约公元 65 年),每一个犹太区域都被要求建立学校,要求男孩接受义务教育成为法律的一部分。

在公元前 1000 年之前的这个时期里,很明显,学校教育的组织和控制主要为特权阶级服务。教育具有一种高度的稀缺性价值,这是由这一时期宗教、政治和经济生活的地位和优先权所决定的。那些会写字的人常常被国王、商人及祭司所追逐。对大多数人来说,学校教育是可望而不可及的事情。因此,适用于他们的教育过程都是通过非学校教育机构实施的。家庭抚养孩子,让他们从事他们了解的职业,例如,种地、放牧或是从事某种手艺。埃及和中东地区的民众教育也与原始民族无异。他们周围的文化、公认的民风、使用的语言和工具、恪守的宗教仪式、统治者强加给他们的工作和作战、听到的故事和唱过的歌、遵守的行为规则,无时无刻不在影响着他们。

人类赖以生存的理想

人类和自然及超自然的关系

原始思维。当原始人见到个人和自然界其他现象紧密联系时,会很自然地去做一些事情。因为他深受物质世界和动物世界的支配,所以,他把自然界奉为神明,对大自然充满敬畏也就不足为奇了;与此同时,他也用自己的词句对其进行描述。我们很可能会认为,原始人的思想极其缺乏判断力,而且非常单纯。但是,如果这样想的话,那我们就不可能充分地理解他试图以高度的想象力并以丰富多彩的形式使自己适应周围世界的价值。巫术和宗教信仰的发展,实际上是原始人在看到周围的自然界和人类现象时尝试去进行解释其原因。这些信仰最终形成完善的民风和禁忌的条例,进而控制个体的行为,因为他们害怕如果不以某种方式行事就会遭到报应。当人类开始更成功地支配自然界之后,他接近自然界的智力方法就变得更复杂和更有逻辑性了。

道德观与神灵概念的出现。在公元前 4000 年和公元前 3000 年的某个时期,埃及人发展了更高层次的控制人类行为的道德观和伦理学。神灵除被看作是不受约束地确定人类命运的强大力量外,还被认为是可以智慧公正地进行统治的道德存在。因此,人类道德观的概念呈现出更加复杂的形式,因为人们需要表现得符合道德观念,这样才能执行神灵的意愿,进而获得更大的个人幸福。原本针对自然力进行不断抗争的原始需要,慢慢地让步给关注改善人类之间的社会关系。

在埃及,这种尝试主要表现为对未来生活的极大关注,因此,在这个生活阶段,人们进行了精心的准备。但是,在巴比伦,设立道德秩序的尝试主要呈现为法令和有序的现世社会安排。巴比伦和波斯王国虽然富有宗教传奇,但他们最关注的无疑是现世生活,他们根据星月和巫术的影响,通过占卜形式确定人在此时此地应该如何行事。

个人责任感和意识的高度发展主要出现在犹太民族中,其提出的耶和华(Johovah)①概念开始影响整个西方世界对神灵的理解。犹太人超越东方文明,赋予耶和华完全掌握生命和人类命运的能力。他们认为,生命中的一切都衍生于耶和华。在摩西(Mosaic)②的概念中,耶和华为部落之神,他指导人的行为,要求人坚定地对自己的行为负责。法律,不仅对日常的道德行为,而且对宗教典礼和仪式的细节及个人活动都做出明确规定。在公元前2000年,耶和华被想象成人类的形象,被视为一个严厉的家长,看护着家人并为之作战,并且妒忌对其他神灵的膜拜。

在公元前1000年至公元前6世纪,主要通过先知的努力,神灵的概念变得更抽象和更具普遍性。神被认为是一个神圣的存在、整个世界的创造者和所有民族的神,它具有全能、智慧而公正的特点。先知强调神的伦理和精神层面,并把他描述成超越时空,既代表着权力也代表着正义。所有知识、真理和智慧都由神传给人类,而后者被期望要接受天启的真理为神的诫命。一个万能的神而不是仅局限为一个民族或一个地区的神灵概念,从那时起就影响着整个西方文明,界定了人与自然以及人与超自然之间的宗教和伦理关系。在近三千年里,教育一直深受这个概念的影响。

书面语言和文学的出现

在人类文化史上,意义最深远的一步是人类开始把他们的思想记录下来供他人阅读。在文字出现之前的很长的史前千年中,不断积累的风俗、信仰和故事是通过口头记忆传诵的。这导致人们交流过程中的大量变异和不准确性。文字的发展使更精确地记录风俗、思想、法律、故事及自然概念成为可能。因此,随着民风以文字形式凝结,它们变得更精确、更有用。但是,它们对后来者来说也可能变得更僵化、更荒谬,因为后来者的成长生活经常依赖过去的书面材料,而不是依赖他

---

① 耶和华,对上帝的称呼。——译者注
② 摩西,《圣经》中传说率领希伯来人(犹太人)摆脱埃及人奴役的领袖。——译者注

们所处时代的生活环境。文字的发明显然是人类发展过程中最有启发性的一步，但是，我们也必须意识到，在这一过程中也随之产生了严重的教育问题。对阅读和文字的盲目崇拜可能会改变教育，例如，从一个非正式而直接的教导到正式处理过去的但对当今几乎没有任何意义的书本式文字材料。当一个人审视人类文化的惊人成就时，他必须正确地评价这些得与失。

当原始人开始在墙壁上涂画记录他见到的周围世界时，他实际上是在为公元前 4000 年到公元前 3000 年书面交流符号达到兴盛的过程打下基础。在巴比伦和埃及，这一过程通常呈现为绘画或象形图。这些表达形式不仅仅是指刻画的物体，还赋予其超越物体本身的含义，并且最终赋予其发声。最后，当这些书面符号意指词汇、音节和辅音时，当它们被置于不同的组合中，也就大大地增加了表达含义的范围。当单个字母被编排到字母表中，也就完成了文字演化的最后阶段。主要的西欧语言都源于印度和欧洲的印欧语系。希伯来文和阿拉伯文则属于闪语族。

我们所能确认的是，文字的发展绝非源于人类智慧突然迸发的灵感，而是一种文化工具，人类用其来更好地掌控他们的社会事务。当文化日趋复杂及需要记录政府事务、商业贸易和宗教活动时，书面语言的出现就绝非偶然了。最早期的书面记录包括记账、列举财产清单、书写法律文件和信件、记名单、画路线图、开药方及仙方等。最近。在伊拉克发现了在苏美尔上学的男孩使用的早在公元前 2000 年的楔形文字教材。在职业文士所在区域还发现了他们记录神话、史诗和赞美诗的书简。在巴比伦，文字常常被国王用于纪念他们自己，而在埃及，文字则常常被赋予宗教意义。从纸莎草植物中可以方便地提取物质造纸，这也加快了埃及在文字演化方面的进程。当这一过程发展到高效阶段，文字也就涵盖了法律条文、宗教教规以及通过口述代代相传的故事和歌曲，而这一点在埃及的《死亡之书》（*Book of the Dead*）、希伯来文的圣经文学和《荷马史诗》（*Homeric Epics*）中达到了顶峰。

通常说来，文字只局限于少数的特权阶层，即与国王和祭司有关的上层阶级。对于神职或非神职人员来说，能够使用文字都可谓是一种

13

特权,是备受重视的。因此,以获得书写能力、满足获得文化中特权地位的愿望为目的的正式教学安排不断得到发展。只要书面语言仍然极其难学难用,那么,写字也就只能局限于少数的、专门的甚至秘密的祭司、文士和官吏阶层。但随着书面语言的简化,大多数人都可以学会使用文字。所以,文字也产生了民主化的影响,但世界文明实际上仍然没有充分利用这一优势。当皇族或神职阶层之外的广泛的阶层可以接受教育时,一个更民主的文化基础也就随之确立下来。

艺术和科学的起源

伴随着书面语言的发展,更精细的工具和更准确的知识也发展起来,这使得人类能够更好地掌控环境,也使其从原始文化状态步入更高级的文明之中。当某些当代教育工作者称颂真理与知识的普遍性和永恒性时,他们应该记住,经过组织的知识产生于控制物质环境的社会需要和人类行为的联系之中;当他们言及需要研究"纯"科学而不是实际应用时,应该记住,科学产生于实际环境和社会环境之中;当他们对实践艺术不屑一顾而只是一味地鼓吹高雅艺术时,应该记住,实践艺术和高雅艺术在社会起源上是紧密相连的。

在公元前 3000 年的埃及和巴比伦文化中,数学和科学的进步与物质改进和经济条件的改善是同步而行的。算术成为计算的必要因素,而保留账本也出现在类似于交换货物、修路等商业过程和征税等的政治过程中。几何在控制尼罗河洪水、修筑堤坝、开凿运河、建筑灌溉水渠、建造金字塔和神殿及公共设施的过程中日益发展。天文学也因为要预测河流每年何时发生洪水以及改善商业航运而取得长足进步。它把每年分为 12 个月,每月 30 天,外加 5 天,一年计 365 天,这都是因为这些运算和需要设定宗教假日及节日的结果。每小时被分为 60 分钟,每个白天和黑夜各占 12 小时,每周为 7 天,这是一个具有重大实际意义的数学成就。随着人们使用魔力药水努力防止或治疗疾病,医药学也得到了发展。

与原始人类在获得必要的技术能力之前所进行的类似活动相比,建筑、雕塑和绘画的进步也十分引人注目。埃及的金字塔仍然是一项

14

令人难以置信的成就,它们代表着设计和力学方面的精巧。巴比伦人和亚述人在绘画盛大逼真的战争场面方面显示出超凡的能力。这些社会的宫殿建筑,尤其是波斯帝国的宫殿建筑,达到了技术的极致并极具艺术表现力。这些成就所必需的技术和知识必须通过特殊培训才能获得,而决不可能在偶然之中学到。因此,随着文化的日臻复杂,导致其必须经特别关注才可能达到更新的地步时,正式的教育过程就出现了。正是在人类文化发展过程这一点上,学校以一种区别于其他机构的形式而出现了。

教育与书面文字

在原始的文化中

通常情况下,原始社会的教育目的是使个体能够成为其所在的文化生活的内在组成部分。原始教育常常被引用为一个稳定和特定的塑造个体的可怕例证。毫无疑问,这在某种程度上是正确的。但是,某些原始部落已经具有相当大的灵活性、创造性和自由性,而且很可能允许其后代发展类似的各种素质。如果不这样假定的话,那么,先进而复杂的古代世界文化到底源于何处将可能成为永久之谜。

就原始文化寻求群体的民风习俗的永恒性而言,教育所寻求的是塑造能够把民风保持不变并能进行补充的个体。而且,要概括史前教育并非易事,因为我们对其知之甚少。我们只能推断,每个部落都试图以其长者的形象培育儿童。有些部落教授儿童对财产的尊重,而有些部落则不然。有些部落格外关注培养发展技术和职业技能,而有些部落则对这些技能听之任之,供后来者随心仿效。有些部落对巫术进行特别指导,而有些部落则不给予正式培训。有些部落对性贞洁和羞耻的态度进行谆谆教诲,而有些部落鼓励的却是男女乱交。

无论如何,原始教育对于书籍和学校都一无所知。教育的动机源于自我保护的需要,它是直接而有效的。在学习者积极模仿成人行为或看到如何制造工具、如何从事狩猎、如何在战争中作战时,教育也正

15

在进行。当时的孩童们狩猎、钓鱼和作战,就像现在的孩子料理家务、开消防车、开飞机或驾驶机动车一样普遍。他们在行为中遵守文化认同的优良品质,如果其行为被部落认为对部落利益有害,那么他们将受到警告或遭受惩罚。他们耳濡目染的民间传说和民歌所反映的是部落认同的传统,他们感受着公众认同和不认同的压力。

在成人礼仪式上,男孩和女孩要经受复杂而隆重的典礼,其目的就是要他们成为正式部落成员后遵章守纪,要明确自己的责任和义务。这些仪式很可能有各种变化,但是,遭受身体的磨难经常是其显著的特点,以此来考验参加成人礼的孩子的耐力和忍受力。布道时年轻人所获得的是直接的道德准则,这样他们就可能学到并且效法预期的性格品质。各种不同形式的诸多特点象征着一种新身份:姓名的改变、魔力的赋予、长时间沉默的强化、净身、割礼、纹身、饮彼此的鲜血和许多其他的考验和仪式。

在早期的历史文化中

在更复杂的文化中,教育的目的在本质上和原始社会的教育目的并无殊异,只是在把个体同化为自己的文化传统的方式上,更强调在学校内获取书面的传统知识。学校成为专门的场所,在这里,语言和书面材料的学习是通过记忆过去积累的知识,并学习广为接受的行为模式的方式来进行的。

埃及教育。埃及的男孩们学习神学文献中包含的道德戒律。最重要的著作即是《死亡之书》,该书详细描述了逝去的灵魂在来世应该如何表现才能获得幸福。用于教授较难的埃及书面语言艺术的习字簿还包括教诲性质的故事,并灌输公认的关于美德、顺从、敬畏、谦虚和礼貌等方面的戒律。这类书籍强调一成不变的重复和严谨性。更高层次的科学和艺术必须以某种更正式的方式进行传承,但是,我们对此方面的了解也非常有限。对所有正式教育来说,基本的是强调精通文字。

犹太人教育。在公元前6世纪犹太人被掳往巴比伦王国之前的几个世纪里,犹太人教育和其他部落社会的教育并无大的不同。这种教育主要是以父亲为绝对统治者的家庭内部的训练。因为部落要收割庄稼,剪羊毛,作战,唱宗教圣歌,举行典礼,进行祈祷,举行宴会和进行斋戒,孩子便通过观察或参与这些活动进行学习。犹太人教育和任何其他早期部族不太一样的地方,很可能是更关注其宗教活动、仪式和戒律。宗教法在几个世纪里口头相传,并以强调耶和华的道德观和仪式指令为核心。在公元前8世纪,书面语言变得重要起来,而《以赛亚书》(*Isaiah*)①中的预言所包括的章节表明,当时的孩子便开始学习写字。在公元前7世纪,如《申命记》(*Deuteronomy*)②中所反映的那样,教育的目的主要是集中培训孩子学习摩西律法(Mosaic Law),并将其作为神灵的启示而坚持遵从。

在犹太人被掳往巴比伦这一时期,犹太人视自己为一个险些被消灭的民族,因此,在回到巴勒斯坦后,他们不遗余力地重视并且加强自己的宗教习俗,以此保住自己为一个国度。犹太教堂成为主要的教诲和膜拜的场所。公元前5世纪,关于摩西律法的书籍或《摩西五经》(*Pentateuch*),包括《创世纪》(*Genesis*)、《出埃及记》(*Exodus*)、《利未记》(*Leviticus*)、《民数记》(Numbers)和《申命记》成为永久的文字,也成为教导的基础和教与学不可或缺的核心。在犹太教堂文士所给予的教诲中,男孩们大量地记忆用希伯来文写成的《摩西五经》。因此,在公元前6世纪到公元前5世纪间,随着犹太教越发变成一门关于《摩西五经》的宗教,所以,教育也就变成对该书的教导。

公元前4世纪,犹太人不再把希伯来语(Hebrew)当作口头语言,转而使用阿拉姆语(Aramaic)③。这就使希伯来语变成宗教法的书面语言。因此,神职阶层和非神职的文士必须获得希伯来语的教育,才能够保护犹太人的宗教和国别身份。对于那些希望成为祭司、学者和文士的年龄较大的孩子来说,以希伯来语作为后天习得的语言进行的教学成为主要的学习科目。另一方面,在公元前3世纪,开始遍布整个地中海世界的希腊文化逐渐侵入犹太人的领地,这种趋势愈演愈烈,因

---

① 即《圣经旧约》。——译者注
②《圣经旧约》中的一卷。——译者注
③ 古代西南亚的通用语言。——译者注

此,犹太文化便需要成为适合所有人的超越民族的文化。所以,可以想见,犹太教育开始强调《约伯记》(*Job*)、《箴言》(*Proverbs*)和《传道书》(*Ecclesiastes*)中描述的道德观和社会技能,而不是单纯地关注于摩西律法和先知的宗教观点。

但是,在公元前 2 世纪,这种超越民族的趋势在某种程度上开始反转,犹太民族主义重新得以确认,社会和道德知识的教育目标重新成为摩西律法的附属。公元前 1 世纪,在犹太教堂外更广泛地建立了小学,用以指导较小的儿童阅读和写字。具有重要意义的是,这些小学被称作"书房"(House of the Book)。而较大的儿童则继续以阅读和写字的形式来学习圣经文学。那些能够有时间学习的人常常继续学习宗教文学,以期成为文士,当时这种身份在社会上非常受人尊重。学校还很可能教授学生计算和宗教音乐,而教授男孩如何做生意则成为父母的责任。通常,教学方法几乎不容许有偏差,主要包括师生之间的简单重复讲述,偶尔也包括问答和争辩。彻底的背诵似乎是完全掌握主题的理想方式。严厉的惩罚和教鞭的频繁使用,加上宗教的训诫和规矩,成为强化学生学习动机的广为接受的方式。

从这时起,作为正式机构的学校成为了西方世界文化中的主要教育工具之一。接下来的章节将集中评估学校的作用,它的潜力和局限,以及与其他几种西方文化的教育功能的关系。

第二章　希腊教育的社会基础

政治组织的兴起

在公元前 1000 年间,原始部落和部族组织的逐渐发展的转变是希腊文化最为令世人瞩目的部分之一,也是给所有后世文化产生深远影响的重要方面。当原始部落在彼此毗邻的土地上定居,并且开始将行政权和统治权转交政府之时,人类就走上一种特定社会组织形式的创建之路,这对当今社会的巨大影响也是显而易见的。希腊文明中城邦(polis)的形成和发展改变了教育的发展方向。教育第一次承担了意义广泛的政治功能。我们至今仍然致力界定教育与国家之间到底有何关联。

政治和经济机构

爱琴文明和荷马时代(公元前 7 世纪之前)。居住在希腊半岛和爱琴海诸岛的部族起源充满了极大的神秘色彩。大约在公元前 2000 年,原始部落开始定居下来,并形成自主的社会单位。他们的生活方式多样,海上贸易、畜牧业和农耕业占很大比重。这些社会单位得名"城邦",我们可以宽泛地称之为"都市国家"(city-state)。

公元前 1200 年到公元前 700 年间的数次民族迁徙过后,来自多瑙河地区的多支印欧部落在这里定居。希腊大陆的城邦数量迅速增加,国王和贵族占据城邦的统治地位。国王是典型的强有力的领导者,能力超众、出身富裕、超乎常人地英勇善战,同时还得到声名显赫的贵族们的帮助和建议。荷马史诗《伊里亚特》(*Iliad*)和《奥德赛》(*Odyssey*)以不同的叙事方式描述了希腊文化中的这一时期。从某种程度上说,希腊文化的政治基础相对于中东文化而言具有更深厚的民主根基,这一事实对教育的发展和西方文明的政治传承是至关重要的。

在爱琴文明最早期,政治和经济活动都是以农耕生活为中心。拥有土地和牲畜的多少,很大程度上决定着人的社会地位和阶级层次。大片土地拥有者处于社会阶级的顶层,小面积土地所有者次之,没有人身自由的奴隶处于社会最底层。随着时光的推移,造船、公共防御和武器制造等方面的专门手工技能逐渐发展成熟。尽管战争不断,但是,越来越多的希腊海运商人从事来往于希腊城邦和埃及、腓尼基和中东地区的海上贸易。

极权主义与民主(公元前 7—公元前 6 世纪)。从公元前 8 世纪到公元前 6 世纪,城邦这种政权组织形式开始进入到更高级阶段,城邦完全行使其主权。城市而不是氏族部落成为了城邦社会的政治、经济、宗教中心。居住在城邦地域的人们,不再仅仅是某个家族或是直系部落的成员,而是城邦国家的公民。概括地说,这一时期政权由部落首领转移到贵族手中,之后又转移到拥有土地等财产的更大实体,最后回归到全体公民手中。这样的转移过程混乱且毫无规律,而且并非所有城邦都经历着这样政权转移。斯巴达是政权转移中止于贵族集权的典型,而雅典则是在此过程中推进全民民主的杰出代表。

无论是斯巴达政权还是雅典政权,都对法律有着同样的理解。法律是取之民意的结果,是全体公民通过努力共同制定的约束个体和集体行为的章程,这种理念的形成昭示着一个不同寻常的进步。这在文化发展和教育发展的历史中是最为重要的。在东方君主专制的政体下,君王传述神授的旨意,君王所言即是法律,统治万民,而民众不可违背和更改。然而在希腊,法律由公民制定,即便在实施过程中仍具约束力,但举步维艰,公民有权更改。在这一理念下,人们开始根据自己的意愿掌控他们赖以生存的社会,就像更早时期的埃及人和巴比伦人对自然环境施加影响一样。

斯巴达。斯巴达是当时伯罗奔尼撒半岛或者说希腊南部地区最强大的城邦国家。斯巴达的政权组织形式对现代历史有着独特而深入的影响,时代的发展见证了基于"优等民族"(master race)理念或精英统治(elite party)模式的强大的集权化和军国主义国家的兴起。斯巴达法令对社会阶级划分清晰:统治国家的斯巴达人;享有经济权利但没有政治权利的外乡人(皮里阿西人);占人口大多数、没有任何权利、实为奴隶的希洛人。

尽管整个斯巴达政体具有极权主义本质,在政权阶级内部还是存在某些民主的表象。两个国王统领政府,元老院提出治国建议,"监督官"(ephors)对国王进行监督并参与管理。元老院和监督官通过评议会选举产生,该评议会成员来自成年斯巴达公民,实际上是来自军队。这一体制旨在建立一个完全军事化的国家,由具有军人身份的上层公民治理,代表上层公民利益。希洛人为斯巴达人服务,但除参军打仗和战前军训之外不得从事经商、手工劳动等任何其他活动。希洛人服从差遣和饱受奴役,在监管下生活。表现尤为积极或思维敏捷的希洛人,则有可能以痛苦作为对自己的"清算"。斯巴达城邦的建国宗旨和治国方针与 20 世纪的一些极权主义国家有着明显的相似之处。

雅典。雅典和斯巴达之间最显著的差异之一,是雅典人主导的与阿提卡周围疆域的联合,比起残酷的军事占领,这个过程更多是通过逐渐的和解与协作而完成。因此,雅典的民权基础比斯巴达的民权基础更为牢固。在公元前 7 世纪初,一个城邦的统治者既包括国王或军事首领,也包括地方行政官或文职官员。之后,国王的军事和政治力量开始削弱,而文职官员的地位变得更为重要,逐渐得到由城邦中全体公民组成的大众议会的推选。这些地方行政官在做出决策时,得到了由贵族成员所组成的元老院的帮助。

雅典的民权基础逐渐得到巩固的这个过程,在公元前 7—公元前 6 世纪获得一定的成功。最初,拥有丰厚财产的富人构成了军队的主体;之后,由于城邦需要一支更加强大的军队,越来越多的公民在其拥有的财富被认可的基础上也获准加入军队。小土地所有者、手工艺人和工匠仍被排除在外,但在这个时期中,被剥夺基本权利的社会下层会经常起义反抗那些地位牢固不容侵犯的群体,以赢得有法律保障下的更多的平等。

历史已证明,梭伦(Solon)是雅典第一个超乎常人的伟大立法者,而且下层阶级在社会地位上的显著改善也要归功于他。人们抵押和贷款的负担减轻了；因债务所受的惩罚、监禁和奴役被废除；土地方面的投机买卖得到了控制；而且政府还鼓励橄榄油的出口贸易。最重要的是，下层阶级获得了公民权，有权在军队和大众议会中占有一席之地。因此，梭伦和皮西特拉图（Pisistratus）①大大推进了由贵族统治到民主政治的转变，他们通过把土地分配给穷人和在其他方面限制贵族机构权力这些手段延续了这个削弱贵族统治的过程。

伟大的克里斯提尼（Cleisthenes）②所颁布的宪法于公元前502年开始生效，为了让已获得公民权的阶级拥有几乎完整的民主政治，他一路扫除障碍。鉴于公民投票选举政府管辖下的众多军事、行政、立法及司法各部门，投票选举的政治基础由以部落群体分组投票的方式转变为按地域进行分组投票的方式。立法部门被大众所接受；司法部门其实要算是一个被民众选举出来的大型法院；行政部门由民众所选举的五百人议事会及贯彻执行这个委员会意愿方针的地方执行官组成。所有这些分支构成了雅典民主政治的基础。与民主政府的现代模式平行对应的另一方再次惹人注目，即贵族阶级继续稳居高位，然而由于代表人民大众的官员是无偿服务的，在很大程度上只有富有的人才能将全部时间投入到政坛。需要牢记的是，雅典民主政治的基础主要在于那些无权获得公民权也没有自由的工匠所组成的广大奴隶阶层。奴隶阶层的数量，靠那些来自被占领的战败城邦的战俘而得到补充。

正是在公元前8世纪到公元前6世纪这个时期，深刻的经济改革和政治改革在希腊如火如荼地进行。爱琴海附近诸岛和小亚细亚的希腊人发现，他们的橄榄油和酒类产品比世界其他地区品质更加优良；他们最后还确定了西方人民所喜爱的产品。因此，商业贸易活动比以往任何时候都更积极活跃，而且规模也扩大很多，这使得希腊乡村居民在他们所在的地区不再种田放牧，而是开垦葡萄园和种植橄榄树。这意味着，面积广大的大片土地比面积较小的土地能带来更多的利润。因

① 皮西特拉图（约公元前605—公元前527），贵族出身的雅典政治家。——译者注
② 克里斯提尼，公元前6世纪后期的雅典政治家。——译者注

此,大土地所有者阶层权利日益扩大,同时一直致力于商业和制造业活动的商人阶层亦是如此,而小土地所有者和自由手工艺人的境遇却每况愈下。在这个时期中,贵族在政治事务中的控制能反映上层阶级在经济领域中的霸权,无论从土地占有还是从商业的角度看都是这样。所以,这次经济革命也为日后的经济纷争和阶级冲突埋下了伏笔。

这些经济变革所带来的另一个最重要的必然结果,就是各个殖民地产生了要在自己本国生产那些在数量上从来就不充分的粮食和纺织品的需要。对市场的争夺,开创了一个最为活跃的殖民地时代,并一直持续。因而,在地中海地区几乎到处可见希腊人的殖民地,他们的殖民地范围向西一直延伸到西班牙和法国,尤其在西西里和意大利。希腊的殖民者开始接触了当地的本土文化。

殖民地内被驱逐的这些人在各个城市寻求一种新的生活方式,其他人也在试图改善自己的经济地位,城市生活比以往任何时候变得更为重要。每个城市都与其他城市成为敌人,几乎常年战事频繁。在各大城市内部,冲突也不断升级,一方面贵族土地所有者和新生的拥有大笔资产和财富的贵族之间存在不和,另一方面贵族和普通民众之间也存在纷争。随着普通民众逐渐获得经济地位,他们也开始获得政治权力。只有当人们在经济上普遍可以得到机遇的时候,雅典的民主政治才是最为健全的。

黄金时代和雅典民主政治的衰败(公元前 5—公元前 4 世纪)。公元前 5 世纪时,雅典的政治和军事权力达到了顶峰。雅典人被带入了国际政坛,也被卷入到战争之中。在公元前 5 世纪早期,小亚细亚地区的各希腊城市开始对抗波斯人,雅典人也因而变得勇猛异常,他们为希腊诸城邦提供援助。这最终引发了波斯战争,希腊的各个城邦在战争中同雅典人一起冲在战争前沿,最终以胜利者的姿态结束战争。提洛同盟(Delian Confederacy)组建的初衷是为了抵御来自波斯的进一步进攻,而雅典人把这个组织逐渐从一个原来由众多独立城邦所组成的联盟变为雅典王国,其中有一定数量的城邦由雅典人牢牢控制着。

雅典的商业和制造业发展在很大程度上使雅典成功地为波斯战争

23

画上了句号;同样,提洛同盟的组建使雅典在公元前 5 世纪成为地中海地区的经济中心。随着雅典的联邦制最终转变为雅典王国,财富也大量涌入雅典。这意味着,雅典不仅试图要成为一个民主政治实体,而且也要遵循其他国家的强大帝国政策路线。这样的强国政策对雅典的商业界人士和手工艺人阶层都有帮助,因而他们都加入其中,构成了希腊的民主政治党派。在牺牲五百人议事会权利的情况下,大众议会获得更多的权力,在历史上能确定的民主政治的最高形式最终成型。这一切都是通过雅典商人、船夫、手工艺人和农民的共同努力而赢得的。面对以古代贵族和大土地所有者为代表的保守的富人群体对民主政治的反对,他们顽强地进行抵抗。伯里克利(Pericles)是公元前 460 年到公元前 430 年间"自由民主"党的一位伟大领袖,而这一时期往往被称为是"伯里克利时代"或雅典的"黄金时代(golden age)"。

带有民主政治和帝国主义色彩的雅典,肯定会与希腊另一个军事力量最为强大的城邦国家——由贵族所组成的、风格趋于保守的斯巴达发生冲突。雅典在其所处的时代作为"自由世界"的领军者试图联合所有的希腊城邦,最终成为一个能将这个联合体纳入自己领导和控制下的强大政治实体。随着现代独裁制开始实行,斯巴达绕过雅典控制下的城邦,进而维护小城邦的自主决策权。在争夺权力和市场控制方面而出现的长期敌对,最终导致了一系列灾难性的军事战役,它始于公元前 431 年而结束于公元前 404 年,史上被称作"伯罗奔尼撒战争"。在很大程度上,这是雅典海军势力和斯巴达土地所有者势力之间的较量,是民主政治和军队独裁主义之间的角逐。直到雅典海军势力由于一系列错误及背叛行动被击败的时候,斯巴达才最终得以把自己的和平条款强加给雅典。民主政治在许多人眼中丧失了信度,尽管在伯罗奔尼撒战争后不久它仍旧能够保持其生命力。

几十年来,希腊的政治局面一直处于混乱状态,更不用说单纯的无政府状态,当时每个城邦都与其他城邦陷入一片混战。要求完全独立自主的愿望深深植根于希腊政治传统中,按照希腊的政治传统,各个城邦彼此间不会自愿地联合在一起,而且某个单一的城邦也不大可能一直强制实施其军事力量,直到最终能达到一种联合统一的状态。商业利益和资本利益的扩大发展使得一种强烈而又自私的孤立主义日趋成熟,它有碍于人们为了真正的合作与和平而形成的社会思想意识的发展。

过度的个人主义被证明是希腊民主政治中一个突出的软肋,因为它造成了社会底层阶级公民在经济地位上和富有的上层阶级人士之间日益扩大的鸿沟。这同时又带来了纷繁的冲突,削弱了人们为争取国家统一和国际合作所进行的努力。当寡头独裁者执政当权时,他们只会寻求办法加强自身的利益。当获得民众欢迎的活动获得更大权限而大力开展时,人们进行的努力就是"要向富人多征税"。民众开始对政治失去兴趣,也开始对军队生活带来的各种负担表示抗拒,于是,老练的政客们和唯利是图的士兵们最终夺取了政治这块阵地。奴隶制越来越成为家常便饭,当民众人士的数量有所减少而非民众阶层人士的数量有所上升的时候,统治阶级甚至已经打扫出空地,以准备迎接政治独立的损失,随之而来的是人们爱国热情的泯灭,而军队的备战完全取决于一支由雇佣兵所组成的职业军队。

希腊化时期(公元前 3—公元前 2 世纪)。马其顿地区的菲利普(Philip)国王曾利用自己的权势巩固了马其顿所有地区,那时从北部和东部两侧进行进攻的时机已经成熟。亚历山大大帝(Alexandr the Great)追随自己父亲的足迹,不仅征服了希腊,而且也征服了小亚细亚、叙利亚、埃及、波斯,甚至远到东方的印度。当他离开人世之后,又引发了一系列的战争,直到三个大的实体形成才结束。这三个实体分别是马其顿、叙利亚和埃及,每一个实体都被纳入自身的统治者管辖之下。它们三方在希腊文明时期也彼此互相征战,直到所有势力最终听命于罗马的统治。在希腊化时期,各种势力的统治阶层主要是希腊人和沿袭希腊文化的马其顿人。埃及的亚历山大、小亚细亚的帕加马以及罗德岛成为了当时伟大的学术和艺术中心。雅典保持着民主宪法的形式,但由于政治独立性的丧失丢掉了民主政治的活力。由于帝王君主制又一次被强加给希腊,一个漫长的过程得以完善。这是一个由国王统治开始,然后转移到贵族统治,再到民主政治,最后又返回到君主制度的过程。

与这些政治变革多少有些平行对应的,是同样也正处于变革过程

25

中的教育的实质。当希腊民主政治处于巅峰时期，希腊的教育也变得最为关键，使希腊从中受到最大益处，这一点似乎是显而易见的。当希腊的民主政治消失时，希腊的教育变得干瘪无味，仅仅是勉强在学术这个方向发展。

从经济层面上来说，一心想要获取资本的希腊城邦曾在摧毁民主政治至高无上的地位方面起到一定的作用，但它们所表现出来的过度的个人主义并没有摧毁希腊商业领域中经济至高无上的地位。亚历山大帝国为希腊商人的扩张奠定了政治基础，这些希腊商人跟随马其顿军队从众多被征服的民众中脱颖而出，与军队一起成为希腊化时期的一个统治阶级。在物质财富方面，希腊地区比以往任何时候都更加繁荣昌盛。这无疑补偿了某些在政治自由方面有所损失的人，反过来也更有助于这些人追求政治自由。农业、园艺、畜牧业以及制造业的从业方式都有所改善，整个西方世界都在从希腊人那里学习技艺。雅典人在经济事务中丧失了领导权，但希腊文却在商业界和学术界中成为通用的语言。

随着大块的土地得到开垦，奴隶阶层的规模比以往更加日益庞大。社会上层阶级和下层阶级之间的矛盾不断升级，城市和乡村两个地区的利益、农业和商业两个行业利益之间存在的冲突也不断恶化。由于自由公民的数量有所减少，上层阶级的哲学家开始颂扬"闲暇"(leisure)这个概念。随着没有自由的工匠的数量有所增加，他们的体力劳动逐渐被那些拥有闲暇时光阶层的人士瞧不起，被看成是粗活，而后者拥有的财富和地位使他们自己可以从手工劳动中解放出来。由此，这就为区分适合自由人(free man)的人文艺术和与之对立的适合不自由人(unfree man)的实际技能两者奠定基础。根据贵族阶层文化而确定的这样一种区分标准，对一直到我们时代的西方教育理论和实践都产生了巨大的影响。影响我们时代生活和教育的另一种力量，是与希腊人对城邦和良好公民的概念有关的。

公民身份的对比概念

伯里克利的民主政治理想。对希腊一代公民的品行有引导作用且是最为兼收并蓄的思想之一,是人们相信城邦能提供最终极的手段,每个人可以通过这种手段达到最彻底的自我实现。当"城邦"这个概念被局限在像战争那样的领域中,就像在斯巴达,人们会觉得,成为一名杰出战士就能最好地完成自我实现。当"城邦"的概念变得宽泛、灵活和丰富时,就像在雅典,人们会觉得,自己必须成为一个全面发展的全才,才配成为他所在城邦的一位公民。就像在现代社会一样,民主政治和独裁专政在人的性格各个方面留下了印记,有的人大度、自由而不受拘束,愿为大众的整体利益奉献;然而,有的人却狭隘、自私,同时也野蛮残忍。这些相互对立的政治观点所要求的教育目标在类别方面存在惊人的差异,在东西方现代社会彼此对应的领域中能很快通过实践加以实行。

公元前 431 年,在斯巴达的战争期间,在伯里克利的葬礼上有以下一段口头陈述,这可以说是雅典人关于民主的公民身份理想的一段经典叙述。

> 我们的宪法没有抄袭其他邻邦的法律。与其说我们把自己看作是其他人的模仿者,不如说我们自成一派。除了少数一些人,我们宪法的实施使多数人受益,这也正是为什么我们的体制被称作民主政治的原因。如果我们把眼光投向法律,尽管所有的民众彼此之间存在着个体差异,但我们的法律对所有人都能显现出同等的公正;如果我们再次从社会立场的角度来看,民众生活不断进步,这使我们获得了一定的声誉,同时我们为了尽力扩展我们的能力。针对不同阶级的诸多考虑,不应该影响我们的功绩;贫穷这个问题,也不能再次形成我们前进中的障碍。如果有谁要为他的城邦效力,他不应该因为自己身份的卑微和处境的落魄而受阻。我们在我们政府管辖下所享有的自由,也能延伸到我们的日常生活。我们根本不是总警惕地监督彼此,我们不必因为我们的邻居做自己喜欢的事而感到气愤或一味显露出一副伤人的神情,这最终一定会冒犯别人。尽管我们这样做不会给他人带来绝对的责罚,但是,我们处理人际关系的轻松并不代表我们作为合法公民却不守法。而且,我们会采取重要的保护措施来破除这样的恐惧感,学会

服从上级的指令，并能遵纪守法，尤其是类似于保护伤患病人这样的情形。不管这是否确实在法律条文中已经列明，还是属于尚未写入法典中的一个例子，我们都不能妄加违背，不能公开做这样使自己蒙羞的事情。

此外，我们有很多方式来净化我们的心灵，使之不被浓厚的商业气息所沾染。我们全年都在举办各种比赛，同时也一次次进行献祭活动，而我们这种自我发展的高尚之处成为了我们快乐的源泉，驱散了我们心中的阴霾。我们城市的地方执行官使其他地区的产品都汇集到我们的港口，所以，对于雅典人来说，其他各国的劳动果实就如同他们自己所熟悉的产品一样，将其视为珍品。

如果谈到军事政策，我们与我们的竞争对手也存在着差异。我们的城市对全世界开放，我们从未因为异国格格不入的行为而排斥国外人士，不让他们有任何机会在我们这里进行学习和观察，尽管敌人凭借自己的眼睛就可以从我们这样胸襟宽广的做法中受益。相比制度和政策，我们更相信自己公民的精神；在教育领域，我们的对手通过痛苦的教规戒律在他们孩子还在摇篮里时就培养他们的英雄气概，而在雅典，我们完全按我们喜欢的方式生活，但我们也随时做好准备以应对任何真正的危险……

这并不是我们城市唯一值得钦佩的地方。我们毫不铺张浪费，力求培养我们高雅的品位；我们也并不娇气柔弱，一直不断拓展我们的知识；我们开发财富不是为了做做样子，而是为了实际应用；我们鄙视贫穷，不是由于贫穷本身，而是要谢绝抵制贫穷的斗争。除了在政治方面仍旧关注自己的个人事务，我们的广大公民，包括我们每个普通公民，尽管还追求从事着工商业贸易，但仍旧能对所有公共事务公平地进行评判。不像其他那些因为觉得无用而不是因为自己毫无志向而不承担这些职责的国家，我们雅典人即便不能追根溯源，也能在任何情形下进行理智的判断。我们并没有把辩论看成是前进路上的绊脚石，相反，我们认为对于为了解决所有事情而所采取的理智手段来说，这是不可或缺的第一步……

简而言之，我要说，作为一个城市，我们属于希腊这一流派；同时，我也有所疑虑，如果这个世界能造就一个人，这个人只能依赖自己，这种情形如同他面临许多紧急情况，他气度非凡，像雅典人一样快乐无比、多才多艺……①

这就是黄金时代雅典民主政治的理想，但是，它很快就由于其他概念的影响而失去了自己的基础。

智者与个人理想。 能够预想得到，雅典民主公民权的画面无疑在一定程度上是一片瑰丽的玫瑰色。随着社会公民身份概念的发展，一种强大的个人压力出现在希腊人生活当中。但是，当雅典的经济条件使物质财富对许多公民来说成为一个可以实现的目标，同时也是当在伯罗奔尼撒战争这场保卫战中扬起民主政治这面旗帜时，这种个人压力才最终得以释放。人们通过有效改善表达技能和思维能力的方式更充分地行使公民职责的愿望，与他们要在政治事务中获得个人权利和个人优势的愿望同时存在。教师们往往被称作"智者"（Sophists），面对人们的这两种愿望，他们似乎担当了一种公使的角色。在任何情况下，公元前5世纪雅典这些智者的做法都加强了人们个人主义的倾向。如果有关公民权的"实际"教育以道德常识为基础，这种教导是有益的；但是，如果这种教导要走机会主义道路，它往往会削弱民主的生活方式。

似乎可以确定的是，智者们不仅能反映出雅典人日益膨胀的个人主义倾向，而且也有加速这种倾向发展的趋势。他们这样说明这个问题：既然各项法律和各种风俗都属于人所制定的"惯例"，既然个人是"一切事物的衡量标准"，那每个人都不需要受到传统法律的约束，因为他们并不拥有普遍权威。人们应该通过自己的思维和判断来确定自己对于权威的标准。语法和逻辑就可以成为每个人理清他自己思路的方式，修辞也是每个人着手改变的手段，而且，人们甚至要通过充分阐释他自己的观点，从而使他自己的观点具有影响力的方式而绕过传统法律。

---

① 修昔底德（Thucydides）：《伯罗奔尼撒战争史》（*History of the Peloponnesian War*），理查德·克劳利（Richard Crawley）译，伦敦：J·M·邓特家族图书有限公司1910年版，第121—124页。

图 1　苏格拉底

苏格拉底与自由探究的理想。 苏格拉底（Socrates）反对这样的观点。他在公元前 5 世纪后半期奋起加以抵制。显而易见，他正尝试界定有关人们品行的普遍原则，这些原则会对所有人产生约束作用，使人们变得善良、有正义感。有关道德的衡量标准，不是针对每个特定的个人，而仅仅是指如何当一个好人。一个好人的所有言行构成了公正的标准，如果人们能通过彼此达成一致来探讨他们的各种思想观念，那么，我们最终可以确定道德的标准，也可以确定有关公正的普遍概念。人们需要批评自身的习惯，也要质疑他们一直奉行并遵照的思想观念，这样他们才能得到净化，才能还原成他们自己，才能一直获得与别人思想完全的一致性和普遍的有效性。在苏格拉底早年和他执教期间，他一直奉行民主的观点。他认为，从人类普通社会生活中产生的普遍思想似乎包含了具有一致性的基本民主原则，但是，到底苏格拉底是否在其晚年也一直是个坚定不移的民主追随者，这一点无法确定。

当民主任由那些要求得到自由的人进行批评乃至破坏的时候，就出现了民主到底能够走多远的问题。无论如何，这个问题在现今也都极为重要。那些对民主进行批判的人被人们寄予希望，希望他们对民主机构和民主程序有基本的忠诚；与此同时，这个批判的过程必须一直进行下去。也许人们最终认定苏格拉底最大的失败，在于他没能强调有关公民权的教导,而这种教导一方面能使人们在民主基本价值观方面形成忠诚感,另一方面也能延伸和加强人们批判的能力,而后者正是苏格拉底最主要的闪光点。

柏拉图与他的亚里士多德式理想。柏拉图(Plato)逐渐形成自己有关城邦和公民身份的一种理念,这些理念对未来即将到来的这几个世纪影响深远。他这么做是为了反对当时完全渲染了贵族和保守思想风格的社会背景,那时民主政治在雅典正在走下坡路。柏拉图也深受雅典民主政治中极度的个人主义影响,同时斯巴达纪律严明的贵族统治所带来的明显军事优势也深深地影响了他。他在一个混沌缺乏秩序的年代长大,当时雅典和斯巴达之间最严重的争斗瓦解了人们的忠诚感,反而造成了希腊地区党派之间的冲突。我们可以关注公元前427年修昔底德(Thucydides)①对于城邦事务的一段叙述,而人们也一直认为柏拉图就是在这一年出生的。

30

图 2　柏拉图

后来,可以说,整个希腊地区都受到了严重影响,几乎地动山摇。一方面,受大众欢迎的高级首领要把雅典人带进来;另一方面,寡头政治执政者也要推举斯巴达人,结果到处都充满斗争。在

---

① 修昔底德(公元前 460 或 455—公元前 400 或 395),希腊最伟大的历史学家。——译者注

和平的岁月，政府不必寻找理由，也很不情愿对其他国家的外来人发出邀请；但是，在战争的岁月，由于同盟国任何一个集团都要求打击他们的敌人，也要赢得自己相应的利益，革命党从来都不缺乏引入外来者的机会……

有些评论常见的含义不得不加以修改，这些评论现在要被赋予新的特定含义。不计后果和大胆厚颜的行为被认为是充满忠诚感的同盟国的勇气；小心谨慎被认为是优柔寡断；踌躇思量被认为是胆小怯懦；适度有节制被认为是掩盖缺乏男子气概的外衣；多角度全面看待问题的能力被认为是自由胡乱行事的无能。焦躁狂暴成为果敢刚毅的基本属性；谨慎谋事成为自我防卫的合理方式。极端手段的拥护者永远值得信赖；而他们的敌人永远是那么可疑。制定计划大获成功就是头脑精明，让计划好上加好也算头脑精明，但却有些迂腐；但是，如果试图对这两种做法中的任何一种持对立态度就是分裂党派、惧怕敌人……

各个城市的领导者为人民提供了最能体现公平的职业，这一方面是由于人民内部发出了政治平等的呼声，另一方面是为了贵族制度的稳定。这些领导者试图从大众的利益中获得褒奖，他们假装珍惜这些利益；同时也因为找不到手段以获得自己的支配性地位而畏缩不前，他们放肆无节制，而且表现直接而赤裸；在复仇行动中，他们大举进发，不会因城邦所要求的正义或善良而固步不前；他们把党派弄得时时反复无常，并以此作为自己唯一的标准，他们同样随时可能引起人们对任何非正义法律裁决提出的谴责，或者他们会调遣强有力的权威势力，最终这个瞬间充满仇恨。然而，宗教总是与任何党派为善；但是，在最终判罚人们有罪时能公平措辞组句的做法备受推崇。与此同时，所有公民中的中间派从极端的两派中消失不见，要么是为了避开口水大战，要么是因为嫉妒心理并不会让他们逃过一切……①

---

① 修昔底德：《伯罗奔尼撒战争史》，理查德·克劳利译，伦敦：J·M·邓特家族图书有限公司1910年版，第223—225页。

不足为奇的是,柏拉图在他所著的《理想国》(Republic)中充满希望地梦想有一个能消除所有地区冲突的理想城邦,在这个理想城邦里,统治权交给既贤明又有正义感的贵族阶层,所有人都绝对服从城邦。柏拉图认为,所有人应该被分为三个阶层,每个人应该做他最适合的工作。这将是最完美形式的公正。人民大众担当全世界的所有类型的工作,勇气可嘉和体格健硕的人应该参军打仗、保卫家园;才智超群、精通哲学的君王应该统治城邦。这样,值得称道的公民行为就是响应城邦的召唤,不管是为城邦服务,为城邦战斗,还是统治这个城邦。

毋庸置疑,这是一种对历史上雅典民主政治的否定,这种民主政治建立在所有公民都有义务为城邦服务、保卫和统治城邦的这个民主原则基础上。如果柏拉图将他的才智运用到民主政治方面,而不是贵族统治方面,以这种前提推测民主政治历史的进程虽然益处不大,但却趣味盎然。他曾经倾注精力,系统地阐释了这个"伟大的传统",它也许会让一代代人对民主政治更加偏爱,而不是让他们觉得一个只有智慧卓越的精英人士才能成为最佳统治阶层的城邦才是合理的存在。在证明教育体制与城邦繁荣两者密不可分这一方面,柏拉图无疑贡献卓越,但是,他将一种反民主政治的城邦模式理想化,无疑也损害了民主政治。比起柏拉图著作里所传承下来的思想,伯里克利的民主政治理想模式更加符合民主教育的发展。

亚里士多德。 人们对于亚里士多德(Aristotle)所产生的巨大影响也各持己见。直到现今,他所著的《政治学》(Politics)和《伦理学》(Ethics)一直是很多学校和高等学府的教科书。由于他坚持个人福利不可逃避地与城邦福利捆绑在一起的理念,因此,我们肯定从中收益良多。人类作为一种"政治性生物"(political animal)这个政治经济的代名词已有两千多年的历史,但是,人们必须牢记,一位优秀的君主或贵族统治者要像一个出色的联邦一样值得人们接受。就像柏拉图一样,亚里士多德对民主政治毫无忠诚可言。人们也必须牢记,亚里士多德也认为,大多数人天生只适合当奴隶,只有少数人才可以天生贵为君王。

此外,亚里士多德坚持认为,德行最高的形式包括彻底深入的思索、沉思冥想和智慧的培养。从更具价值的公民身份这个角度看，知识者要比具有实际经验的公民地位级别更高。由此，柏拉图和亚里士多德的教育活动在教育领域产生了一定影响。他们一直把培养知识分子作为重点，而不是如何解决政治中的实际问题。现代社会的某些教育工作者将这种主智主义（intellectualism）视为一次危险的倒退，是在某一历史的特定时期倒退到只注重学术知识而脱离实际的象牙塔中去，但这一时期正在致力于培养公民社会责任的教育成为造就经久不衰的民主社会的最大希望。其他现代教育工作者则高声称颂柏拉图和亚里士多德，认为他们是带领人们走出混乱无序的黑暗世界的最当之无愧的引路人。

图 3　亚里士多德

教育的国家管理与私人管理

当教育摆脱其非正规的原始特征，而呈现出机构组建的形式，为学校的出现确立了广泛的模式，这些模式在后世若干世纪中一直被沿用。不同政治机构的划分是教育机构差异的先导。如第一章所述的，爱琴文明时期和荷马时期的教育机构在本质上还显露出原始特征。公元前

7世纪至公元前5世纪,学校作为一个独立的教育机构开始出现。到公元前4世纪至公元前2世纪时,与现代教育水平大体相当的中等学校和高等院校也开始成形。

当社会生活抹去氏族部落特征、生活中心转移到城邦时,教育摒弃了部族生活的随意性本质,在形式和内容上趋于政治化。从某种程度上说,埃及、巴比伦和犹太文化也经历了同样的演变过程,但是,希腊教育的发展在很多重要方面大相径庭。埃及和巴比伦确实已有正式学校存在,但那些学校基本上都带有为个人服务的印记。也就是说,学校的教育目的是培养公民,服务于法老、国王或皇帝,即服务于政府。而在犹太人社会,政府开办学校绝对是出于宗教而非政治的目的。只有希腊人把教育的本原视为培养塑造合格公民的手段。这意味着,教育的特征被前所未有地塑造为政府在教育中占主导地位,对公民的培养成为教育的目标。当时教育与政治的紧密结合,显现出当代社会处理教育与政府关系时所面临的某些裨益和危害。

斯巴达教育的国家监管

当斯巴达从原始部落的氏族社会演变成贵族统治的军事专政时,政府自然开始对教育实施严格的控制。这样做是出于其自身的政治目的,正如政府对斯巴达社会生活的其他方面也实施控制一样。在斯巴达社会,民选监督官或行政官同其他民事及军事部门一起对教育机构进行全面监管。他们起初实行直接监管,后来委派名为"国家监督官"(paidonomus)的特殊教育行政官员全权负责教育制度的实施。这样,斯巴达就建立了一个实际上从政府利益出发并由政府严格监管的国家教育体制。斯巴达青年(即斯巴达公民子弟)自生至死归属于国家。

刚出生的斯巴达男孩会被带到民选的监督官那里,由他们通过检查判定新生男孩是否足够健康,有没有成为强壮武士和优秀公民的潜质。如果这个男婴面露病态或看似羸弱,很可能会被丢弃在山林中任其死去或交给外族人和希洛人抚养,将来成为商人、手工艺人甚至是奴隶。可以说,不适者淘汰的做法是始于襁褓。如果男婴通过检查,那么就由其父母带回家抚育,直至他年满7岁。

年满 7 岁时,男孩们将被送往类似寄宿学校的场所,那里等同于大众兵营,是他们在 18 岁之前生活和训练的地方。他们在 7~18 岁期间处于半军事化生活状态,在军营中被编成分队或小组,由年长的青年带领和管理。男孩们吃在一起,睡在一起,一起玩耍一起劳作,像士兵一样过着普通的军营生活。国家任命的教导员有权发出指令,严明纪律,并实施惩戒。

年满 18 岁时,男青年将进入两年的强化军事训练期,接受完全正规的军事化管理。之后十年间,也就是 20~30 岁间,斯巴达青年将成为活跃的服役战士。30 岁时,他们将正式获得斯巴达公民资格。他们为了国家利益将接受强制婚姻,但是,成年男性通常在婚后仍将以常备军一员的身份继续履行公民义务,其中包括承担大量的培训任务,训练同样身处受训状态的男孩和男青年。

女孩在 7 岁前和男孩一样在家接受教育。男孩们前往寄宿军营受训时,女孩们仍然留在家里,但她们同样也将被分编成组。她们以组为单位接受身体训练,造就强壮体格,生育并抚养健康子女,保家卫国。同时,她们也接受家务培训,包括如何抚养子女、如何管制家奴。总体说来,她们享有相对较高的社会地位,在民众眼中是城邦这个军事机器正常运转所不可或缺的一环。

雅典教育的国家管理与私人管理

正如所期望的,雅典实行更加灵活的政治和经济方针,雅典政府并没有像斯巴达那样实施对教育的完全监管。雅典人具备更强的自由和民主意识,因此,教育措施仿佛更加彻底地交托给家长来制定。而且,有据可循的是雅典政府的确关注教育。然而,雅典教育管理情况的完整图景远非是一目了然的。基于对公民定义的更为宏观的理解,雅典人大量创建远比斯巴达更加多样化的学校。每所学校的办学宗旨都是要实现学生的全面发展,使得公民能够适当履行其全部职责。社会生活中更多的城市化特征,以及随之而来的商业阶层的出现,让雅典教育更加国际化、多样化,这是斯巴达的乡村式农业社会从未达到的高度。

第一所正规学校成立的确切时间难以确定,但是,我们可以确定多部教育法规都是出自雅典立法者梭伦(Solon)之手,时间是公元前 6 世纪早期。有人推测,某种类别的学校早在公元前 7 世纪时就已经存在;也有假设认为,到公元前 480 年波斯战争结束时学校已经相当普遍。实际情况很可能是,鉴于梭伦已开始制定教育法规,在其身处的时代之前,有些学校已然存在。无论这些教育法规是否由梭伦制定,在他所处的年代里,国家已经开始了为父亲战死沙场的男孩们交纳学费的尝试。这可能是第一批发放给退伍军人或阵亡军人家属的教育救济金。其他相关教育的法规则公开要求学生家长关注孩子在校习得文法,并且学会如何游泳。政府还委派公共教育监督员,法令也规定父母务必明确孩子在学校已接受体育、文学和音乐等方面的基础教育。

其他常见的法规还涉及到一些细小的条例规定,例如,学校的规模、学生的录取及录取年龄、教师布置给每个学生的必须完成的作业,以及防止教师不顾职业修养与学生在教室或体育馆内有过密交流的措施等。在雅典,国家进一步加大投入支持教育,拨出政府公共经费修建和维护主要的体育场馆,保证学生和民众正常开展竞技比赛与体育活动。因此可见,国家十分关注雅典教育机构和设施的规划与管理,可以完全肯定的是政府同时还批准通过了很多规章,并且致力于制定我们现在所了解熟知的特定法令以外的其他规章。

然而,一般而言,实际情况是,无论政府参与雅典教育的程度到底有多大,早期的初等学校都由私人来开办和经营,教师传授知识辅导学生并为此收取报酬或学费。雅典时代的政府没有采用现在社会中政府对待教育的做法,没有开办公立学校,没有动用政府开支,没有支付教师薪金,也没有规定师生必须在特定时间内在特定的教学场所中出现。在这一时期的雅典,有三种初级教师:文法教师(文法学者)、音乐教师(三角竖琴演奏师)和体操教师(角力学校教员)。① 这里,希望读者注意的重点是,当时雅典并不存在严格的学校教育体制。讨论雅典早期的教育,更准确地说,是在讨论古代雅典的教师而不是在讨论古雅典的学校;教师所在之处就是学校。父母为孩子选择教师,然后把孩子送到教

37

---

① 关于这些教师的授课内容,将在本书第三章的第二部分进行论述。

师那里学习。有时,文法教师和音乐教师会共同建立学校,这样学生可以在同一地点同时学到两种知识技能。当时最受欢迎的教师是文法教师和体育教师。根据史书记载,古雅典学生在一天中会花费部分时间在文法教师那里学习语文,然后在余下的时间里去角力学校和体育教师一起锻炼和运动。孩子们一天待在学校的学习时间很长,经常是日出而出,日落而归。社会舆论是敦促父母把孩子送出家门接受教育的最大的推动力。

图 4　希腊学校图景

14 岁或 16 岁以上的青少年将接受高级教育,他们进入公立体育馆进行进一步的身体素质的强化训练,并跟随智者学习以提升智力水平。雅典有三座政府出资兴建的体育馆。其中,阿卡德米(Academy)是最先建成的体育馆,从某种意义上说,建造这座体育馆是为了迎合雅典社会最上层的贵族势力的利益;吕克昂(Lyceum)建于公元前 5 世纪,伯里克利以此回应当时的民主运动,这座体育馆特别服务于那些刚刚获得公民权的商人和手工艺人等雅典公民;西诺沙吉斯(Cynosarges)则是为那些外邦人、生意人和尚未取得正式公民权的雅典居民而建造的体育馆。每座体育馆都由"监理官"(gymnasiarch)①负责管理。

身处政治、经济和知识界动荡的公元前 5 世纪,奔波于各地的"智者"或博学者们为私人教育提供了良机,他们有机会在这个过程中讲授

①　监理官,古希腊管理体育、竞技和学校的官员。——译者注

领域广泛的学科知识。① 智者讲授课程后收取费用，能够承担这笔费用的青年挑选他们心仪的教师求学。现代的历史学家们用"中等教育"这样的术语来解释当时学生在雅典体育馆里和智者那里所受到的教育，但是，这种做法只是想当然的时代对应错误，因为这一时期的古代希腊尚未形成在现代欧洲和美国普遍实行的结构鲜明的教育体制。更为合适的理解应该是，这里所提到的教育只是高于初级教育的进一步教育。在这些教育的实施过程中，一切都很难说是正规的，而且欠缺现代社会习以为常的相关元素，例如，规章制度、课程体系、学位制度和毕业文凭等。

　　作为雅典教育体制中的最后阶段，即为年约 18 岁左右的雅典青年而设的军事训练，这在雅典社会非常普遍，也很受欢迎。很难说，这种军事训练在公元前 4 世纪之前是否已经开始强制执行，这仍然是现今学者们争辩的话题。但是，不管怎样，这种军事训练在当时得到认可并且广为称颂，这一点是毋庸置疑的。在经历预备性的军事训练之后，雅典青年通常要以候补军士（ephebos）的身份在军队里服役 2 年，服役结束后在公开仪式上获取正式公民资格。即使是在波斯战争和伯罗奔尼撒战争期间，雅典民主中的个人主义内涵也得到淋漓尽致的展现，但许多公民自愿服役加入城邦军事武装。自愿原则一直行之有效，因为雅典民众心中有着共同的信念，例如，有外敌的时候，每个公民都能够肩负责任，投入战斗保卫城邦。但随着伯罗奔尼撒战争的持续纷扰，人们对于自发参战的期望有些淡化，更多的青年人为博学者的教学所吸引，愈加喜爱智者带给他们的心智乐趣。外敌斯巴达的猛烈进攻使得雅典的民主根基开始动摇，对智者的敬重而带来的过度个人依赖自然减弱。公元前 4 世纪，雅典开始着手施行强制的军事训练制度，但却为时已晚，结果无法保护雅典免受外敌入侵。

　　公元前 4 世纪期间，雅典的初等教育并没有展现出像高等教育那样的显著进展，但初等教育的发展却为更加系统的机构化教育和更深

38

---

① 后面对这些学科将会有详细的描述。

层次的政府监管打下基础,教育的组织化和政府监管可谓是希腊文明的丰硕果实。智者执教的非正规教育为正规的机构化教育让路,体系完备的高等教育学校开设哲学和修辞学课程。在高等学府中,具有代表性的是柏拉图建立的阿卡德米学园、亚里士多德建立的吕克昂学园、安提西尼(Antisthenes)①建立的西诺沙吉斯学堂(犬儒学堂),以及伊索格拉底(Isocrates)②建立的修辞学校。这里所提到的前三所学校都建立在闻名雅典的三座公共体育馆附近,并且以三座体育馆的名字命名。每所学校都要求严格,特别注重对入学者或入会者的管理,防止某些人以现代社会中常见的友爱互助的方式结成内部派系。它们从那些仰慕学校声名来雅典求学的人中招收学生,学生都认可和遵守学校制度,并一起生活起居。这些哲学学校吸纳了早期毕达哥拉斯信徒(Pythagorean)和俄尔甫斯教信徒(Orphic)崇尚的严格思想,同时预示着基督纪元的严谨理念,从而确立了"高等教育"的基础。

公元前335年,雅典议事会创建了埃弗比学院(Ephebic College),所有年龄在18～20岁的青年雅典公民必须接受军事训练,这标志着国家对教育的控制得以加强。雅典政府负责监管并全力支持这个训练计划。每个年满18岁的雅典青年必须证明自己的出身符合公民身份,必须修剪头发,穿着制服,然后正式进入学院而成为其中一员。因受斯巴达长期对其公民进行军事训练的有效性的影响,在柏拉图和色诺芬(Xenophon)③的建议下,军事训练被确定为该学院的必修项目。但是,在马其顿的腓力国王率军击败雅典和底比斯联军的喀罗尼亚战役后,一切都发生了逆转。

希腊化时期国家对教育管理的加强

公元前3世纪至公元前2世纪期间,雅典教育变得空前有序,制度更加完备,国家加大对教育的管理和控制,个人和民间组织也以多种形

---

① 安提西尼(公元前445—公元前365),古希腊哲学家,犬儒学派创始人。——译者注
② 伊索格拉底(公元前436—公元前338),古希腊著名雄辩家和教育家。——译者注
③ 色诺芬(约公元前430—公元前354),古希腊历史学家和作家。——译者注

式增强对教育的影响。三种现代教育的等级标准,即初等教育、中等教育和高等教育的轮廓越来越清晰。青年对体育和音乐的关注度越来越低,而文法学校成为初等教育中的常见的教学机构。随着各种知识领域的发展成熟,文法学校逐步成为公众所认可的中等学校,适合于年约十三四岁到十六七岁之间的学生。值得注意的还有体育教育逐渐淡出人们的视野。除了文法学校之外,高等教育的核心教育形式就是各种哲学学校和修辞学校。

正是在这一时期,专门的教育理念传播到罗马帝国,并由基督教教徒传入现代欧洲,那里开始出现各类教育机构。总体来讲,在教育日益机构化的同时,分门别类的教育实体开始兴起,对知识结构的传授条理清晰,秩序井然。即便是成立于公元前 300 年的埃弗比学院,教学内容也由成立之初的主抓军事训练和身体训练发展到体现更多的知识性。在之后的数年中,埃弗比学院不仅将军事训练的教学时间缩减到一年,并最终放宽要求采取自愿原则,而且改变规定,将哲学和修辞学教学纳入课程体系。因此,埃弗比学院在一定程度上失去其民主性和市民化特征,而转变成为更加贵族化、更加顺应潮流的半军事化专科院校。

如果拓宽视野,走出雅典城的围墙放眼整个希腊文明,政府对教育自上而下的支持和监管日趋加强。很多城邦或者委任或者选出专门负责学校事务的教育专员,其职位功能有些类似现代社会中的学校教育主管。国家委派教师上课,从政府开支中拨款支付教师薪水,私人组织或团体也捐赠钱财增加教师收入,政府开始实施对教育的全面监管。

在希腊化时期,高等教育的发展得以推进。雅典仍然是主要的知识文化中心。除了建立于公元前 4 世纪的阿卡德米学园、吕克昂学园、西诺沙吉斯学堂(犬儒学堂)和修辞学校,在公元前 3 世纪初,两所新的学校也加入这些院校之列。伊壁鸠鲁(Epicurus)①在其住宅的花园里开办了自己的学校,伊壁鸠鲁学院因而得名"花园"。芝诺(Zeno)②划出建筑物柱廊内的空间作为自己学校的教学场所,他的学校因而得名"回

40

————————

① 伊壁鸠鲁(公元前 341—公元前 270),古希腊哲学家。——译者注
② 芝诺(公元前 490—公元前 425),古希腊哲学家,斯多葛派的创始人。——译者注

廊"(希腊语意为"门廊"),他的哲学被称为斯多葛派。所有的这些学校加到一起产生了巨大的影响,几世纪以来吸引着数以千计的青年学者来雅典求学。一些现代历史学家用"雅典大学"(university of Athens)这样的术语来解释当时雅典众多学校的聚合现象,但这是一种用词错误,因为当时的学校或学校群几乎没有以类似现代大学的形式出现。我们所熟知的现代大学作为教学组织机构其实起源于中世纪时期,原型是公元13世纪的大学。

在希腊化时期,其他城邦同样发展迅速,和雅典竞相成为国际化知识文化中心。希腊化时期的统治者在埃及北部的亚历山大城建立了大型图书馆和博物馆,以推动高水平学习和研究的进一步发展。其他因为兴建图书馆、博物馆以及哲学学校和修辞学校而闻名遐迩的城邦还包括帕加马、安提俄克、罗得岛、塔尔苏斯、士麦那和哈利卡那苏斯。在这些城邦中,大部分教育组织或机构都是某位希腊国王兴建并给予大力支持,他们这样做的目的往往是为自己歌功颂德,但是,所带来的结果却是激发各个城邦在高等教育方面的兴趣,为教育领域的更高层次的发展做好充分准备,这同罗马帝国皇帝统治策略下的发展路线如出一辙。负责教育的主要官员和教师通常由希腊国王任免,负责酬薪和管理。到希腊化时期末期,学堂和高等院校蓬勃发展,而且分布广泛,雅典社会涌现出大批博览群书、学识超凡的学者。希腊教育在教学内容和组织形式上为罗马教育体制确立了参照基础,后者在此模式上继续发展,并为中世纪时期乃至现代世界的教育组织和机构的发展打下了坚实的基础。

教育机会

对于希腊教育实际效用和机会,我们无法用简单的词汇来加以归纳和概括。例如,我们不能轻易得出这样的结论,即斯巴达教育的方方面面都是从贵族利益出发的写照,而雅典教育从整体上讲尽显民主。相对于现代社会对民主的理解,无论是斯巴达还是雅典,它们的教育都是为少数人服务的。在这两个城邦中,奴隶阶层在人口总数中占有最大的比重,然而正规教育和他们却是毫不相干。如果用服务全民的程度来衡量教育的民主化水平,斯巴达和雅典都远远没有达到民主化教育的标准。但是,即使考虑到这样的情况,雅典从某种程度上说仍然在两者中更具民主的特征,因为雅典教育法规的某些条例的确没有把非雅典公民排除在外。居住在雅典的外邦人可以就读西诺沙吉斯学堂(犬儒学堂),外籍智者可以到雅典执教并深受崇敬,客籍学生可以到雅典求学。在希腊化时期,埃弗比学院同样招收外邦学员。然而,在斯巴达,所有相关教育设施都为其公民而设,外邦人则没有资格参与其中。

　　从某种意义上讲,同样面对享有正当权益的公民阶层,斯巴达人相比之下对待学生更为公允,它的全民教育体制对所有公民一视同仁。然而,在雅典,学生是否有资格接受教育,要取决于其父母的家庭背景和经济状况。对于想要读书的雅典男孩们而言,越是出身富贵,越有可能接受更多的教育,接受更高品质的教育。同时,斯巴达比雅典更关注女生教育。另外,在为公民阶层提供免费教育方面,斯巴达人实施得更深入,年限更长。然而,将教育与免缴学费等同在一起,并非衡量教育民主化的唯一标准,这在现代社会某些独裁国家中可以得到见证,这些国家向具有公民身份的人提供不分等级的平等教育,免费提供教育,教育经费由政府支出。

　　如果要推翻简单界定教育民主化的论断,我们不能仅凭斯巴达教育强制施行就认定它的教育本质上属于非民主化教育,也不能只考虑到雅典教育的自愿原则就肯定它的教育是完全民主的。义务教育的强制施行可以同民主理想互相结合,美国的教育发展历程已经证明其正确性。判断义务教育实施情况的要素,在于明确其强制性做法的来源。如果某一独裁的政体将教育强加在人民身上,无论这一政体归属何种类别,都无疑会造成远离民主的强制结果;但是,如果义务教育的实施符合人民的意愿,得到人民的认可,而且最终目的在于维护和促进民主的发展,那义务教育则毋庸置疑地实现了与民主理想的完美契合。同样道理,我们应该意识到强制义务并非完全等同于反对民主,权威执行的来源才是问题的关键所在。例如,没有人会认为因为交通规则限制司机的自由和禁止司机驾车撞到路人,而认为这些强制性法规剥夺了司机的民主权利。在某一民主主导的社会形态中,如果当权部门是以适当的方式并由适当的人组合而成,如果当权者决断法律从全民的利益出发,如果最终得以颁布的法令按照人民的意愿随时修止,那么,这样的权威和这样的强制绝对应该被视为是民主的。

综上所述,斯巴达教育显然比雅典教育更缺乏民主,其旨在培养军事精英,一心维护贵族专政。同样,显而易见的是,雅典教育更具民主特征,因为其民主基于雅典社会对公民概念更为宽泛的理解。雅典人认为,一个国家的公民不仅应当英勇奋战保家卫国,而且也要全面发展自我,融入民主社会。雅典的教育注重培养公民更为广泛的兴趣,公民不仅渴望增强身体素质和提升作战技能,同时也希望全面发展智力、情感和审美能力,这使得雅典教育在本质上比斯巴达教育更加民主。

从现代社会的视角来看,雅典教育本可以更加民主,但前提是雅典政府能为所有雅典青年提供强制性的义务教育和获得大众支持的免费教育。这样,雅典教育的个人主义特征可能就会被更加关心社会的民主理念所替代。这在希腊化时期被事实所证明,公民在相当大的程度上丧失了对政治的兴趣,无形的巨大鸿沟将教育和人们的日常生活分割开来,教育完全脱离了生活。对于民主来讲,持续不断的关心和参与同全体国民息息相关的公共事务至关重要,过于狭隘的主智主义教育或职业教育都可能会同专门的军事教育和身体教育一样缺失民主。民主的实现需要上述因素的适当结合。

教师职业

在希腊社会中,教师职业的地位是很难用三言两语说清的一个复杂问题。在斯巴达,负责军事训练和身体教育的教师都是国家委派的人员,其社会地位大概相当于任何一个一般的政府官员。让所有成年男性公民承担教育职责的斯巴达传统,多少还残存着原始部族时期的遗风。如果当时政府能够将其引入正途,这种惯例也不失为上佳选择。如果在一个民主社会中所有父母家长都对孩子的教育拥有更多热情和承担更多责任,那将确实是所有民众的幸福。

在雅典,教师职业的地位在极高和极低的两个极端之间大幅度浮动,并且经常随着社会形势和政治局面的改变而不时变动。雅典从事初等教育的教师社会地位相对低下,部分原因在于这些教师收取学习费用,部分原因在于当时希腊社会盛行即便在当今社会也很常见的思潮,即"无作为者教"(he who cannot do, teachers)。有些希腊作家用讽刺的语言验证了当时这种思潮的存在,他们提到某些人在任何其他领域均无建树,最后只好去从事文法教学。另外,指派奴隶教导儿童的做法,也预示着教师队伍无法指望跻身社会上层。有些教师的确是奴隶身份,但是,"奴隶"这个词常常指某个在战争中战败城邦的被俘公民,这样的奴隶教师(slave-teachers)原来在他们自己的城邦中属于普通公民甚至是背景非凡、学识出众的公民。在公元前 5 世纪的雅典,很多智者都是来自外邦,同样也得到了相当数量的雅典公民超乎寻常的尊重和礼遇。在民主形势最为平稳的时期,这些外来教师深受爱戴,学生们都喜欢聚集在他们周围,获得学问并乐于交纳学费。

像苏格拉底、柏拉图、亚里士多德和伊壁鸠鲁这样的伟大教育家,他们在雅典不同的特定时期都获得很高的社会地位。但是,最终并非人愿,苏格拉底被处以死刑,柏拉图和亚里士多德不得不离开雅典,直到人们更能接受他们的政治和社会观点。教师感受到的社会压力和他们所面临的教学风格前后一致的要求,算不上是新现象。总体上说,从事高等教育的教师比从事初级入门学科教育的教师更加受到尊重,过去和现在都是如此。那时的体育教官属于公职官员,拥有很高的社会地位。在许多希腊城市,教师和行政管理者都必须经过全体市民的评选。许多富人对教育事业大力资助,这说明教师行业并不完全受到轻视。如果有人认为雅典的哲学流派和修辞学流派已经流行大约 800 年之久,一代又一代的君王在亚历山大里亚和其他地区建立了著名的学院并给予资助,那么似乎有一点是显而易见的,就是说,从有史以来一直到那个时期,比起其他地区,希腊地区始终把教育视为一个特殊的行业,并对其致以崇高的敬意。

校外教育

希腊文化最为显著的一个方面,就是众多非学校性质的组织和机构也在对人们起到教育的作用,帮他们做好准备以适应一定的文化环

43

境。城邦结构紧凑的本质可以使绝大多数公民积极参加社会活动,并且这也是一种个人行为。相反的,这种本质也能使文化对人们产生一定程度的影响,而这种影响不像地域分布不够紧密、结构松散的大型社会对人们产生的影响那么富有特色。雅典的人民总能在城市的公共建筑物和庙宇里发现美丽绝伦的艺术品,而他们就长期生活在这样的环境之中。他们积极参与议会政治,共商大事;他们也转战集市,在经济上"审时度势"。年轻人发挥其特殊的作用,活跃在各种节日庆祝活动中,出入公共剧场,还以服务生的身份出现在像是体育、音乐或诗歌比赛这样活动的庆祝仪式上。临近乡村地区的农民和比雷埃夫斯港附近的水手也能在很多场合下参与这类的活动,而不是很少有参加活动的机会。人们普遍认为,在军队中多年的军事训练影响了雅典的大批男性公民,同时也有益于他们所受的教育。所有这些活动使教育从学校为起点延伸到校外,这种校外教育的作用不仅有利于雅典人的文化生活,而且也促进对学校中一系列广泛的活动的推广。

　　然而,教育范畴下的一类最重要的文化机构并不完全受到学校的影响,这为受教育者今后择业或从商做好准备。职业教育并不属于雅典学校本身所普遍关注的一个问题。这个遗留问题或多或少要交给一种非正规的学徒制来加以解决。在这方面,雅典的教育一直沿袭古代原始部落的路线。职业培训仅仅是家族集团所关注的问题,父亲把自己的职业技能传授给儿子。随着孩子们被领进商店或被带到别人家中,成人教授他们买卖经商的基本原则和要素,学徒制的这种学习方式变得多少有些专门化和形式化。公元前5—公元前6世纪兴起的经济革命,使市场对技术工匠产生了大量的需求,规模较小的商店往往最终转变成为工场,工匠们也在劳动业务中变得更专业、更熟练。师傅和学徒之间存在着书面协议,工匠为证明自己的技能往往提起自己的师傅的名字。学徒制在很多艺术领域都成为一种让年轻人择业而进行培训的方式,这些领域包括雕刻、石匠、木工、制鞋、医药、法律、家政和烹饪等。

　　因此,制造消费者所需商品所不可或缺的工匠技术和手工艺都是通过这种校外的教育方式一代一代传承下来。在荷马时期,连国王和贵族都凭借自己双手劳动。在梭伦时期,政府对父母们下达命令,责令他们确定他们的孩子是否学习了某个行业的技能。然而，由于终日闲暇的绅士们从来不会利用自己的双手自食其力，从公元前 4 世纪开始，雅典教育的这种贵族风格本质越来越得到强化。在希腊化时期，学校完全成为对社会上层人士提供服务的专门机构，因此，事实上，对于大部分公民来说获得谋生的工作是至关重要的。奴隶劳动量的增加，往往进一步使大众对于手工艺劳动的尊重程度有所降低。结果，希腊教育的影响使其后的几个世纪都忽视了文化和教育中诸如实际技术和手工艺的传承和改良这样一个非常重要的环节。

第三章　希腊教育的智力基础

作为一种生活方式的理性

在着手处理有关世界的问题、人类本性的问题以及社会问题的时候，希腊人在批判的自我意识方面迈出了巨大的步伐，他们更依赖于人类智慧而不是传统、迷信以及神秘主义。他们关于个人个性全面发展的理念是一种引起了人们想象的教育理念。希腊的艺术天才创造了值得全世界人们尊重的文学、诗歌、建筑以及雕刻方面的杰作。他们在把知识组织起来并将其系统化，使之纳入我们所了解和珍惜的修养方面取得了巨大的成就。希腊人创造了时至今日一直在影响西方文化和教育的世界观、思维方式和知识实体。事实上，我们按照行事的方式来进行思考，在很大程度上是因为希腊人也按照他们行事的方式来进行思考。因此，为了理解我们自己的思考方式，我们有必要了解一下希腊人是如何进行思考的。

"现实论"与"理念论"

在宇宙的起源和本质的思考方面，希腊的天才或许并没有充分地表达其思想。占卜者和有法术的人的地位开始被哲学家所替代，关于世界的思考也开始依赖哲学家在破解宇宙之谜时所利用的批判性思考方式。在假定上帝创造地球并主宰地球上发生的一切问题上，原始希腊人和其他原始民族的想法是相似的。他们用上帝的行为来解释各种各样的自然现象，其中大家最熟悉的就是，太阳神（Apollo）每天赶着他的太阳敞篷双轮马车划过天空的景象以及宙斯（Zeus）在暴风雨的时候发出轰鸣。

在公元前 6 世纪，一些人开始为自然现象寻找新的解释。对思考和教育的历史来说，重要的是他们开始为自然现象寻找自然原因。伴随着当时的政治和经济革命，一种真正意义上的智力革命开始展开。这些人不再满足于对传统的神秘性解释，而是要找出在可观测到的有规律的自然现象背后永恒的自然规律。这样的哲学家最初出现在小亚细亚，后来又出现在雅典，他们开始积累有关宇宙的理性解释，经常专注于所有的物质现象背后的一个基本因素。

　　例如，泰勒斯（Thales）①得出结论，水是所有事物的基本特征。人们公认他所进行的地理和天文观察促进了日（月）食的预测。毕达哥拉斯（Pythagoras）②发现了所有恒星运动以及音乐音调中的数理一致性。人们公认他的恒星和地球是球形的思想，从某种程度来讲，宇宙的基本物质与数字的神秘性是相呼应的。阿那克西曼德③（Anaximander）预测宇宙无限大，人是长期的进化过程中的一种高级形式。色诺芬尼（Xenophanes）④认为，世界是一个统一的整体，现实受某一个神灵指导或者直接力量的控制。阿那克西美尼（Anaximenes）⑤认为，气是物质的本质；赫拉克利特（Heraclitus）⑥认为，火是物质的本质。

　　在公元前 5 世纪，赫拉克利特和恩培多克勒（Empedocles）⑦认为，变化和不断变动是宇宙的基本特征，并在此基础上提出了进化理论。留基伯（Leucippus）⑧和德谟克利特（Democritus）⑨确切地阐述了已经存在很久的关于宇宙构造的原子论，他们提出的这一理论一直影响到

---

　　① 泰勒斯（约公元前 624—公元前 546），古希腊科学家、哲学家。——译者注
　　② 毕达哥拉斯（公元前 572—公元前 497），古希腊数学家、哲学家。——译者注
　　③ 阿那克西曼德（约公元前 610—公元前 545），古希腊哲学家。——译者注
　　④ 色诺芬尼（约公元前 570—约公元前 470），古希腊哲学家、诗人。——译者注
　　⑤ 阿那克西美尼（约公元前 570—公元前 526），古希腊哲学家。——译者注
　　⑥ 赫拉克利特（约公元前 530—公元前 470），古希腊哲学家。——译者注
　　⑦ 恩培多克勒（公元前 490—公元前 430），古希腊哲学家、医师。——译者注
　　⑧ 留基伯（约公元前 500—公元前 440），古希腊哲学家。通常把他与德谟克利特并称为原子唯物主义的奠基人。——译者注
　　⑨ 德谟克利特（约公元前 500—公元前 428），古希腊哲学家。通常把他与留基伯并称为原子唯物主义的奠基人。——译者注

46

17世纪的科学发展。希波克拉底(Hippocrates)①极大地促进了医学研究的发展,以至于他的声誉以希波克拉底誓言的形式一直传承至今,年轻的医生们用它来表达为人类服务的理想。安纳克萨哥拉(Anaxagoras)②强烈地感觉到自然界变化所带来的影响,而且在生物和物质世界也强调这一变化过程,但他又认为在所有可见的变化中一定有某一固定点;他将永恒的概念置于变化着的心灵世界之中,从而使思维变得井然有序。

随着公元前4世纪柏拉图的出现,唯物主义、相对论以及变化论受到了柏拉图理念论哲学的重创,这种理念论哲学强调永恒性、绝对性和不朽性。柏拉图特别认为,有必要强调宇宙中以及政治和经济事务现实中的固定性和不变性特征。因此,他设计了一种理想的精神世界,存在所有不朽的、固定的和永恒的理念。这种理念世界包括真理、善良、公正和美丽的一般形式,其体现形式就是我们的日常世界。这个日常世界是一个虚幻的物质王国,其中存在单个的事物,创造了一个由变化和不稳定性构成的飞逝的世界,它产生、成长、腐化和最终被毁坏。

所有单个的事物或物体,只是附属于事物不朽形式的一个不完美的摹本。以给柏拉图留下深刻印象的数学为例,圆环的理念是永恒的且从不改变的。人所能够画出来或者使用的具体的个别的圆环总是不完美的,是可以毁坏的,但圆环的理念一直存在于精神世界中,是人类无法控制的。所有的其他物体,例如,椅子、桌子和房子亦是如此。人能够制作许多不同类型的椅子,只是因为它们具有"椅子"的永恒的理念,所以,我们把它们都当作椅子。最后,它同样适用于公正、美丽和善良。人类只有具备了公正和善良的永恒观念时,才是公正和善良的。

如前所述,也许可以推断出,时至今日,柏拉图的理念论对西方思想的影响是多么的深刻。一般人都熟悉要抛弃对"现实世界"的短暂幻想和物质利益,而寻求"理念世界"的永恒价值和精神事物。人们之所

---

① 希波克拉底(约公元前460—公元前377),古希腊著名医师。被尊称为"西方医学之父"。——译者注

② 安纳克萨哥拉(约公元前500—公元前428),古希腊哲学家。——译者注

以这样做,是因为他们的观点在很大程度上受柏拉图观念的影响,尤其因为这些观念被基督教传统所吸收,并融入了西方思想。

尽管亚里士多德更关注自然和生物科学,但是,他仍然在很大程度上追随了柏拉图的哲学脚步。在亚里士多德看来,整个宇宙是由"形式"和"物质"组合而成的。形式是物质的积极的生命状态,赋予其形状和意义,就像一个建筑的设计或计划给最终建造房屋或桥梁的物质以形式和意义。在设计师的头脑中,形式先于物质存在,直到与具体物质结合,它才有物质存在的形式。亚里士多德没有像柏拉图那样建立两个分离的世界,因为他认为只有以个别事物形式存在的事物才是一般的永恒形式。

这一观点表明,亚里士多德对自然的日常生活更有兴趣,但是,他有关未来的思想基本上支持柏拉图的理念论观点。尽管亚里士多德努力使精神和物质达到平衡,但是,他强调纯粹的思考(沉思)的价值以及对现实的精神本质的沉思。

教育中理智主义的基础

与柏拉图和亚里士多德对后世的影响同样重要,而且可能与教育有更加直接关系的是他们有关人类本质、学习和思考的理念。在任何一种情况下,他们有关人类本质的观点与前面所述有关宇宙的观点紧密相连。柏拉图构想了人类本质的理论,以迎合其政治和经济活动以及他的先验哲学。正如宇宙可以分成精神和物质世界,人类的本质也包括精神(灵魂)和物质(身体)。人类的灵魂是永恒的、不可改变的和非物质的,而人的身体像所有其他变化且不断完善的事物一样,它产生、成长、腐化和最终被毁坏。

柏拉图的生理学和心理学被纳入一个简洁的三重框架。人的胃天生就主要存在着食欲、感觉和欲望,并寻求满足身体的需要。人的心脏或胸部主要存在着勇气、耐力和意愿这样的动机。人的大脑中存在人类的最高层次,即理性或者称为智慧。智慧是人类本质中唯一与灵魂密切相连的一个部分,其他部分都与人的身体紧密相连。柏拉图在他的《理想国》中指出,那些只对食欲做出反应的人是工匠,那些拥有勇气

48

和大胆品质的人适合做战士,但是,只有那些能够根据理智来行动的人才适合做统治者或者称为哲学王(philosopher-kings)。因此,人类的本质全部由遗传决定,而且是与生俱来的。事实上,灵魂不仅是不朽的,而且是一直与精神世界的永恒理念并存的。这里应该再一次指出,这种有关人类本质的观点被基督教传统所吸收,并流传至今。

亚里士多德关于人类本质的观点在某种程度上与柏拉图相似。与柏拉图的世界观相似,亚里士多德认为,人由形式(灵魂)和物质(身体)构成,但科学研究使他更倾向于研究人类和低等生物的关系。例如,人类的本质是植物、动物和人类特征的混合体。他用"灵魂"这个词代表着生命。因此,人类具有"植物"的本质,像植物生命一样生长、繁殖、腐化和死亡。同时,人还具有"动物"的本质,和其他动物一样拥有欲望、感觉印象和积极行动。但是,人类还具有低等生物所不具有的"人类"本质,即理性。亚里士多德经常在他的著作中指出,"人是一种理性的动物"。理性包括:(1)人类在做出有关道德和有关行为的实用性决定时,所进行的较低级的或者实用性的判断;(2)人类在获取普遍的永恒知识和真理时,所进行的较高级的或者理论性的判断。于是,柏拉图和亚里士多德认为,教育的任务就是发展人类本质的阶层中最高级的元素,即理性思考和沉思的能力。所有年龄阶段的理性主义者和智力主义者在这些观点中找到了动力,为教育中的智力训练进行正名。

柏拉图的学习过程理论与他关于人类本质以及宇宙本质的思想相一致。真正的知识无法通过身体知觉而获得,因为身体是不完善的,受欲望的指导仅仅代表改变的模糊的经历。身体基本上就是一个监狱,限制并愚弄理性。因此,大多数人永远无法获得知识,因为他们只是受到身体欲望的驱使。那些用心脏控制行为的人,也许能够获得一些稍为高级一点但仍不完美的知识。虽然这些人获得的观点要比感觉印象更好一些,但是,他们的观点仍然是通过身体来过滤的,所以,不能作为真正的知识。确切地讲,只有那些通过知识或理性来摆脱感觉经验和观点所带来的阴影和束缚的人,才能够获得知识。

真正的知识仅仅来源于永恒的精神世界和永不改变的观点,这种知识天生存在于不朽的灵魂之中,它在凡人的身体中增加之前就存在于精神世界中。因此,所获得的知识不是通过感觉经验,而是通过一种记忆的过程,智慧在这一过程中记住了它在与不完美的身体结合前所知悉的事情。为了完整地记住智慧,必须竭力关闭身体接触外界的窗户,而仅仅打开智慧的窗口以观察和思考永恒的真理。通过学习数学或哲学而进行的最严格的智力训练是获取知识的唯一真正途径。那么,这就是学习过程的智力概念基础,这种学习过程几乎时至今日还在主导着教育过程。现今,在美国,还有很多著名的教育家对此极度推崇。

尽管亚里士多德强调把感觉经验作为获取知识的一种方法,但是,由于他与柏拉图一样构建智力美德的等级,因此,他的影响在很大程度上与柏拉图相同。亚里士多德强调良好的学习习惯,但他认为,智力美德是最高级的人类价值。因此,他的追随者们把"智力培养"作为最重要的学习方法。然而,人们却经常忘记,亚里士多德在很大程度上把感觉经验和科学归纳作为获取知识甚至是普遍真理的特有方式。教育者和每一个其他人一样,在对过去的利用方面具有选择性。当他们发现亚里士多德认为理论的或者是思索的理智(沉思)是最高级的美德时,他们常常忽略他还强调实用的理智以及用它来做出明智的道德决定。因此,有关于亚里士多德的传统观点,集中在思考"第一原理"或者"最终因素"是永恒的绝对真理的源泉上,这可以通过数学或玄学的学习来获得。亚里士多德权威的力量被用来强调把学习作为一种绝对的智力过程,并建立与之相适应的教育计划。教育中的主智主义是我们的一种生活传统。因此,在美国教育中,柏拉图和亚里士多德仍然还存在着。他们的影响需要研究,他们的价值应该重新评估。

实用艺术和自由艺术之间的区别

希腊人不仅创造了一种伟大的文化,而且还把他们的理念、技术以及艺术组成各种形式的、系统化的知识实体。这些智力艺术符合自由人的需求,最终成为一种"自由"(liberal)艺术,而那些适用于手工艺人或者工匠的艺术成为"实用"(practical)艺术。这个传统的智力方面对西方教育产生了很大的影响,这使得人们常常忘记,希腊人在实用艺术方面也取得了巨大的成就。

技术与实用艺术。从荷马时期开始,造船、航海、工具制作、采矿、土木工程、建筑、产品制造以及农业方面的知识和实践取得了巨大进步。公元前 7 世纪和公元前 6 世纪以后,它们发展得更快。希腊人从东方国家引进技术技能,在技术和艺术方面进行改进与完善,使这些技术技巧带有希腊人的特征和个性。他们的技能既是一种使用这些材料的技术,又是一种改进提高其美感的能力。在公元前 5 世纪和公元前 4 世纪,手工艺人不仅是本行业的娴熟的技术工匠,而且也是陶器、雕刻、珠宝、伐木、皮革或者金属加工方面的艺术家。

由于人们在希腊化时期涌入城市,大规模的城市规划在很多地区得以实施,这再一次融合了手工艺人的艺术以及其美感。与此相似的,随着灌溉、庄稼轮作、施肥方法、葡萄栽培、橄榄树培育以及动物新品种方面的革新,农业和畜牧业也呈现出一种崭新的面貌。但是,出于某种原因,希腊人从来没有积极地把他们的科学知识充分应用于产品生产和经济事务中,从而产生 18 世纪和 19 世纪的那种工业革命。对于希腊人来说,技术从来没有跟上纯科学发展的步伐。

非正式的学徒制仍然是技术技能一代一代相传的基本途径。从来没有人有意识地把这些实用技能和技艺组成系统化的知识,像自由艺术那样系统化并进行改进提高。很大程度上,正是由于自由艺术的这种系统化,它们在教育上的成就高于实用艺术。不可否认,学术和教育领域缺乏人类某一领域活动的书面材料。教育非常乐于应用这些知识,如果这些知识是经过组织和系统化的,那么,教师就很方便把它们传授给学生。

自由艺术。希腊人更愿意接受适合于知识分子追求的自由艺术,在语言艺术、文学、哲学、科学与数学、历史以及美术方面取得了很高的成就。

到公元前 2 世纪,希腊文成为学术、教育、外交以及整个地中海地区商业贸易的语言。有意识地把这种语言系统化并努力创造一种文学加速了这一进程。

公元前 5 世纪,由于智者派要适应前面所述的新的生活状况,文法

51

作为询问以及学习的一个科目得到了发展。他们开始研究这种语言如何应用时态、词性、语气、数、词源以及句法和语法正确应用的构成规则。苏格拉底、柏拉图和亚里士多德强调精确定义和分类,进一步促进了文法学习。在希腊化时期,亚历山大里亚以及其他地区的学者们努力工作,归纳成了8种词性,还编撰字典和参考书,这有助于语言的标准化。

　　修辞作为一种特殊的学习,由于受到公元前5世纪雅典民主生活的影响,也因此得到了发展。它不仅在词的含义以及词的正确使用上表现出浓厚的兴趣,而且对语言使用能力的流畅、舒适、高雅以及说服力的兴趣也在逐渐增长。伊索格拉底是一位伟大的修辞教师,他把修辞作为一种知识实体,对这种学习进行了很多修饰,像德摩斯梯尼(Demosthenes)①和埃斯基涅斯(Aeschines)②一样,其演讲成为修辞技巧和应用的典范。亚里士多德的巨大贡献是,他的《修辞学》(Rhetoric)一书为未来几个世纪确立了修辞学的模式,一直为几代美国和欧洲学生所使用。

　　希腊人创造的文学形式,直至今天也经常被当作典范而使用。荷马史诗《伊利亚特》和《奥德赛》以口述的形式传诵了几个世纪,最后在大约公元前9世纪和公元前8世纪被修饰并固定下来,在希腊化时期得到进一步发展,其页码也进行了精心的编辑和更正。田园诗也用来描述日常生活的爱情、挣扎、希望和绝望,崇尚上帝和男性。悲剧诗极度推崇埃斯库罗斯(Aeschylus)③、索福克勒斯(Sophocles)④和欧里庇得斯(Euripides)⑤的戏剧形式,他们描述了人从当时的生活中崛起时的基本矛盾。喜剧在阿里斯托芬(Aristophanes)⑥尖刻的讽刺诗中也起

---

　　① 德摩斯梯尼(公元前384—公元前322),古代雅典雄辩家,民主派的代表人物。——译者注
　　② 埃斯基涅斯(公元前389—公元前314),古代雅典雄辩家。——译者注
　　③ 埃斯库罗斯(公元前525—公元前456),古希腊三大悲剧作家之一。——译者注
　　④ 索福克勒斯(公元前496—公元前406),古希腊三大悲剧作家之一。——译者注
　　⑤ 欧里庇得斯(公元前480—公元前406),古希腊三大悲剧作家之一。——译者注
　　⑥ 阿里斯托芬(约公元前446—公元前385),古希腊喜剧作家。——译者注

着艺术和政治的作用。而亚里士多德通过他的《诗学》影响着文学和文学批评。

希腊化时期的学者花费了大量的时间和精力来编辑、评论和批评当时的学术氛围中其他人创作的文学作品——在某种程度上,可以说这是一种文学交流的方法。在亚历山大里亚,所有的编辑和学术活动就是把《旧约》(*Old Testament*)翻译成希腊文,被称之为希腊文《旧约全书》(*Septuagint*),因为这本书是大约70位学者在公元前3世纪和公元前2世纪经过几年时间完成的。

希腊哲学几乎涵盖了所有领域的知识,这些知识当时又分为自然科学和生物科学、数学、社会学和心理学以及更专业的哲学——逻辑学、玄学、认识论和伦理学。公元前7世纪和公元前6世纪,爱奥尼亚(Ionian)①的哲学家们对自然界尤其感兴趣;而公元前5世纪和公元前4世纪的哲学家们不仅对自然界感兴趣,而且对人类及其在很多领域的活动中的行为感兴趣。

希腊人所创造的逻辑学,或者称之为辩证法,分析了思维的过程以及其行为法规。在对文法和修辞的兴趣中,智者派在这条路上付出了巨大的努力,苏格拉底把这种追求作为取得并检验真理的一种途径,在其提问与回答的辩证方法中使其达到完美的状态。柏拉图赋予"辩证法"一词不同的含义,他用这个词来指思考精神世界永恒理念的过程。在亚里士多德的著作《工具论》(*Organon*)一书中,他为演绎逻辑设定了一个如此权威的模式,它成为我们今天所知的亚里士多德逻辑或者是正式逻辑。

形而上学(研究事物的终极现实)以及认识论(研究知识理论)在柏拉图和亚里士多德的著作中被着重细化,他们把这些科目放置在知识价值等级的最高级别上。此后几个世纪的哲学家们以同样的态度来对待这些科目。对人类本质和人类行为的描述不可避免地与希腊哲学联系在一起,我们今天把这些称作伦理学、政治学、经济学、社会学和心理

① 爱奥尼亚,公元前11世纪古希腊工商业和文化中心之一,位于小亚细亚西岸,包括爱琴海的岛屿。——译者注

学。智者派以及苏格拉底把大部分精力都投入到这些科目上,如同柏拉图把精力投入在他的《理想国》上和亚里士多德把精力投入在他的《伦理与政治》(*Ethics and Politics*)上一样。

希腊人在组织研究自然界以及动植物生存的世界方面迈出巨大的步伐,现代科学家把这些划分为天文学、物理学、矿物学、植物学以及动物学。公元前7世纪和公元前6世纪的早期哲学家们开始了这一进程,并一直通过公元前5世纪延续到亚里士多德划时代的公元前4世纪。这时,亚里士多德基本上把当时的所有已知的知识纳入到这些领域。希腊化时期天文学、地理学、机械学和水利学方面的学者们继续着这种伟大的知识分类者和百科全书编纂者的工作。

通过这些努力,在科学地理解世界以及自然现象方面取得了巨大进步,阐明了地球是圆的而且绕轴旋转的理论,对地球进行了度量,对太阳系进行了研究,形成了以太阳为中心的理论,恒星的运动以及其距离和大小都是可以观察的。另外,在生理学和解剖学方面,也做了大量工作来确定人脑作为神经系统中心的功能以及血液流通的本质。

与科学研究工作密切相关的是数学领域取得的卓越成就。毕达哥拉斯学派和柏拉图对算术进行了改进和细化,他们对数字理论对哲学思考的作用及其产生的思维训练感兴趣。几何也受到毕达哥拉斯学派、柏拉图、亚里士多德以及其他人越来越多的关注。公元前3世纪的欧几里得(Euclid)①如此细致地组织并系统化所有已知的几何定理,以致直到19世纪,他的工作仍然是这一领域的权威研究。他还第一次构成了三角学。

希罗多德(Herodotus)②开始了真正意义上的历史写作。他四处旅游,尽其所能地认真收集他所到国家的历史资料。由于他的辛苦努力,《波斯战争史》(*The Persian Wars*)在公元前430年出版,因此,他被称为"历史之父"。修昔底德在他的《伯罗奔尼撒战争史》中超越了希罗多

---

① 欧几里得(约公元前330—公元前275),古希腊数学家。——译者注
② 希罗多德(约公元前484—公元前425),古希腊历史学家。在西方被称为"历史之父"。——译者注

德,因为他不仅精确地按照年代时间顺序来叙述事实,而且尽可能解释其原因。希罗多德真正地把批判的学术研究引进到历史写作中,并把它放在较高的位置作为解释人类事件以及社会力量的一种手段。在公元前4世纪色诺芬的著作中,历史丧失了它许多客观性和劳苦性特征,其目标更倾向于修辞的而不是科学的。许多其他的历史学家也开始对他们本国的历史或者统治者感兴趣。其中著名的有波里比阿(Polybius)①,他书写了罗马公元前3世纪至公元前2世纪的历史。

希腊人具有创造性的天才在美术方面比在前面所述的各个领域有更加突出的表现。艺术和音乐天生与宗教、民事以及雅典人的日常生活联系在一起,而在其他的文明中很少出现这种情况。音乐、舞蹈、诗歌和戏剧在宗教节日中融合在一起,出现在酒神节仪式上,在埃斯库罗斯、索福克勒斯以及欧里庇得斯的悲剧中达到了顶点。庙宇以及城邦城市公共建筑、雕刻和绘画彼此促进,在雅典的卫城达到了最高的完美境界。绘画不仅在庙宇和雕刻人物的装饰上,而且在日常使用的花瓶和瓷器上都达到很高的水平。

希腊人认为,艺术和音乐与良好的道德品质密切相关。在公元前5世纪的雅典,好人或者好公民总是积极参与城市的艺术生活,不论是宗教仪式、戏剧节还是日常事务。柏拉图和亚里士多德强调艺术与音乐的道德影响,柏拉图在他的《理想国》和其他的对话中,以及亚里士多德在他的《诗学》中,都对艺术和美感理论进行富有影响力的专题论述。

尽管实用艺术和手工艺的情况与此相似,但是,"美术"在技巧方面并没有组成为可以在学校里直接进行教学的系统化知识。艺术的理论高度系统化,但它的技能技巧没有高度系统化。这种情况再加上在教育课程中逐渐强调主智主义,希腊公民逐渐减弱对美术在教育中的作用的强调。其中唯一的例外就是音乐,那时由于柏拉图和亚里士多德强调的音乐的数学内容,因而它被列入智力学习的范畴。即使如此,音乐实践或者音乐演奏也受到非议,远远不如其技能性的理论学习。美

---

① 波里比阿(公元前204—公元前122),古希腊历史学家。——译者注

术作为教学科目在希腊化时期丧失其地位,正如闲暇的社会上层在没有政治自由和社会民主的社会中贬低体操和体育锻炼,认为它们不适合作为教育科目。

宗教观点

在爱琴海时期早期希腊文化中,其宗教信仰与所有其他原始部落相似,即某些自然事物和动物具有神秘的神圣力量,上帝居住在天堂和地球上,掌控着人类命运。荷马史诗《伊利亚特》和《奥德赛》促使这些信仰形成了经典的希腊宗教传统,清晰地描述了帮助希腊各个城市和部落使其成为具有民族观念的希腊神灵家族。

除了对神灵的公开崇拜之外,许多秘密的、有选择性的崇拜对象仅限于在希腊成长的新入会者。对德墨忒耳(Demeter)①的崇拜就呈现出这样的特点,公元前 7 世纪以后对狄俄尼索斯(Dionysus)②的崇拜可能是最普遍的。酒神节的疯狂陶醉和舞蹈,尤其吸引女性去了解受难神灵以及新生的神秘。当这种崇拜极度泛滥时,一些宗教改革家就站出来试图把这些仪式精神化和道德化。这些宗教改革家被称为"奥尔弗斯教派"(Orphics)③,在他们的教学中,强调通过一系列严格的道德和禁欲主义来进行心灵的净化,从而达到未来世界的永久幸福。奥尔弗斯教派作为一种教会社团组织在一起,在整个希腊世界巡游。毕达哥拉斯是与之紧密相关的著名教师之一。埃勒夫西斯神秘教派(Eleusinian)④构想了另外一个著名的崇拜偶像,它在某种程度上与奥尔弗斯教派相似,但是也与德墨忒耳崇拜相关。

因此,希腊的宗教机构存在两个方面:"公开"的一面是与崇拜城市神灵相关,神秘的一面是只对新入会者开放的秘密崇拜对象。公民的宗教信仰通过公共仪式、歌曲、舞蹈、戏剧、运动比赛以及在每个公民各

---

① 德墨忒耳,希腊神话中掌管谷物的女神。——译者注
② 狄俄尼索斯,希腊与罗马神话中种植业的保护神,特别是以酒与狂欢之神著称。——译者注
③ 奥尔弗斯教派,古希腊一种秘传宗教。——译者注
④ 埃勒夫西斯神秘教派,古希腊一种秘传宗教。——译者注

自所属的社会团体所举行的公共神殿活动中来进行庆祝。秘密的社团强调其成员的选择性以及与某些特殊的神灵或仪式相关的特别兴趣。公民宗教信仰的功能特征就是,指出庙宇或者神灵之家应该是公共建筑,显现出建筑师、雕刻师以及画家的建筑技能。诗歌和戏剧的伟大作品经常是为了参与敬仰神灵的比赛而撰著,这样著名的运动比赛(如奥林匹克运动会)曾经就是公民的宗教仪式。雅典的卫城就是城邦在敬拜神灵的过程中自我崇拜而保存下来的杰出的建筑物。

因此,宗教信仰在很大程度上存在于公认的定期的仪式中。在公元前5世纪,作为巡回教师的智者派开始质疑神灵的权威以及公共仪式的妥当性。雅典人认为,这不仅使他们珍视的宗教传统受到威胁,而且也使他们的城市本身受到影响。苏格拉底被指责腐蚀了年轻人,因为他传授的准则不仅颠覆了传统的宗教信仰,而且还威胁到城邦的安全。

在公元前3世纪和公元前2世纪,宗教开始丧失其民事功能,更紧密地与精神世界和非现实世界的事务相连。宗教所关注的焦点从有关神灵帮助和挽救现世人的公共仪式转移到未来世界。宗教著作开始描述人死后的情境,并对人的行为进行指导。神圣的理念逐渐与单独的神灵分离,而与上帝的总体精神观念相结合。柏拉图的哲学确实有助于这种模式的形成,同时对东方和犹太人宗教观念的意识逐渐增强。总的来说,新的"非现实世界"氛围提供了一种易于接受的态度,与基督教的发展志趣相投,就在那时基督教被引入到西方世界。

虽然归纳概括很难,但是,从关注现实世界的"公开"信仰宗教向关注未来世界精神的转变是可能的,这反映了从自由的充满活力的社会生活向严格的政治生活转变的政治变化。这种情况发生在马其顿和罗马统治时期,当时希腊城市已丧失了它们的独立性。当公民的城邦理想在希腊人的脑海中不再具有重要意义时,许多知识分子开始寻求庇护,在宗教思想和神秘主义中寻求生活意义。这种在宗教观念上的改变,是促使教育的公民的、实用的和道德的特征减弱,而强调其更狭隘的智力和学术特征的另一个因素。

56

教育理论的出现

最后一个部分讨论希腊精神文化生活的目的是,强调希腊作家们有史以来第一次开始特别关注教育在其文化中的作用。然而,对教育理论尤其感兴趣的读者应该密切关注本章的前面部分,因为许多教育理论都是在讨论人类生存理念时呈现的。这一部分仅仅表明,某些希腊作家就是在记述他们认为的学校发展应该遵循的进程。在大多数情况下,这样的教育讨论包含在较大一点的政治或哲学的专题论著中。

柏拉图的《理想国》。也许有关教育理论最重要和最有影响力的讨论存在于柏拉图的《理想国》之中,这本书在更大程度上是充分阐述柏拉图向雅典人建议的理想国家。他认为,教育应该被看作是政治和哲学这种更大的社会问题中不可分割的一部分,对现代社会来说极具激励性和价值性。因此,有关柏拉图教育建议的有效性判断,必须要与他的政治主张判断相结合。如果我们一致同意柏拉图认为贵族社会是最好的社会形式,那么,我们可能就会同意,柏拉图的教育理论是我们需要遵从的最好的理论。然而,如果贵族社会对我们没有吸引力,那么,我们必须质疑柏拉图的教育建议。

柏拉图几乎没有关注大众的教育,而大众承担着世界的大部分工作;他只对武士和统治阶层的教育感兴趣。教育不仅要塑造适合于理想社会的人才,而且要能够作为一种选择机构使最有能力的人脱颖而出。因此,儿童在 6 岁前应该在城邦的托儿所,有人教他们童话、幼儿诗歌和神话故事,强调品德高尚的神灵而去除不道德的故事。从 6 岁到 18 岁,教育的主要内容就是音乐和体育。音乐不仅包含音乐和舞蹈方面的训练,培养适宜的道德精神;而且还包括文学方面的培养,使年轻人能够进行阅读、写作和计算。体育是为了发展人类本质中的精神元素,就像音乐发展人的理性因素一样。所有教育的目的就是要使这两种因素和谐共存。从 18 岁到 20 岁,应该花时间来进行进一步的身体训练,尤其是军事训练。

20 岁时,那些成为武士的人就开始承担他们既定的任务。而那些

57

注定要成为哲学王的人应该继续一种持续 10 年的高级学习课程,这种课程主要就是数学(算术、几何、天文和音乐)。这里应该注意的是,这些学习科目就是"四艺",它们构成了中世纪的高级科目。① 这证实了柏拉图的理论对他之后的高等教育的影响。

30 岁时,能力稍差的统治阶级应该担任城邦的低级官员,最有才华的人应该继续进行 5 年的学习。在正规的哲学学习(辩证法和形而上学)之后,就进行了最高级别的学习,处理有关纯现实和纯知识的问题,真正的哲学王将在 35 岁完成作为统治者所应该做的准备。然后,他们要在现实生活中进行 15 年的实践,参与城邦的军事和政治事务。50 岁时,他们成为"年长的政治家",把他们的大部分时间花在哲学追求上;但作为一种公共职责,他们还要在办公室承担不可推卸的工作。然而他们的主要工作就是仔细考虑美好生活的本质,并以此来实施城邦的管理。

柏拉图对数学和哲学的偏好,在这个计划中充分显现出来。他认为,这种思维训练是处理公共事务最好的准则。一旦哲学王们在追求知识方面接受了训练,他们就能够解决各种问题。因此,柏拉图不仅影响了西方未来高等教育的内容,而且还建立了心理训练的模式。直到今天,这些模式几乎还是英国、法国、德国和美国高等教育的一部分。

我们对柏拉图建议有效性的任何评估,不仅要包括柏拉图所说的,而且还要包括其追随者几个世纪以来对其意图的阐释,因为柏拉图对我们的影响涵盖了这两者。在高等教育机构中,柏拉图的一些追随者们过度强调他的智力主义;然而,在较低的教育机构中,其追随者们却经常忘记柏拉图所坚持的,个人的全面发展要通过对音乐和体育的均衡关注(这些术语的希腊含义)来实现,这是发展个性和性格的一种方式。

亚里士多德。亚里士多德截然不同的教育建议更难进行描述,因为它们不完整,零散地分布在他的各本著作中,尤其是在他的《政治学》和《伦理学》中。然而,似乎很清楚的是,亚里士多德把教育看作是政治

---

① 参见本书英文版第 151—152 页。

的一个分支,意味着教育是建造有凝聚力的社区生活和提升公众士气必不可少的。因此,教育应该受到城邦的控制,并且对富人和穷人来说都应该是一样的,这样自由民之间的差异和阶级之间的不平等就不会增长。亚里士多德并不奢望所有人的平等,这可以清晰地从他对民主的不信任以及他认为有些人天生是自由的,有些人天生要做奴隶或者是不自由的理念中看出来。例如,亚里士多德坚信,教育应该是自由的(也就是说,是为自由人准备的),而不是实用的或职业性的。在他看来,自由人的适当职业就是做一个公民,而像商业贸易、手工艺或者农业这样的低级职业是不自由的,因为他们扭曲了身体,破坏了和谐发展,浪费了闲暇时间,而且使人无法追求公民身份以及知识研究。传统观念认为,自由教育是与为谋生做准备相对的,超出了贵族社会和人类本质。通过柏拉图和亚里士多德的追随者的努力,使得这些观念在西方教育中牢固地扎下根来。

亚里士多德还认为,为自由民而准备的教育组织和教育课程应该遵循儿童的成长模式。婴儿基本上是动物,应该有足够的机会来玩耍、进行体育锻炼和听合适的故事。对青春期以前的孩子来说,重要的是他们的道德和体育,因为青春前期首先是无理性或者非理性发展时期。在 14 岁之前,应该较少进行或者不进行智力教育;其重点应该放在通过实践来纠正道德习惯,以及通过很好地解释儿童的天然模仿性、羞耻感和心愿来促使其成功。这就意味着,在课程方面注重体育来控制身体,注重用音乐的道德价值来控制情感,用足够的阅读和写作来充分熟悉基本运用。亚里士多德坚信,道德教育和品格发展不是通过理论学习或传授戒律获得的,而只能是通过形成稳定的行为习惯来获得。

对于青春期的年轻人来讲,一直到 21 岁,他们的理智质料还在发展。因此,亚里士多德主张,进行像数学这样的智力学习(算术、几何、天文和音乐),可能还有文法、文学、诗歌和修辞,也可能还有伦理学和政治学。亚里士多德在这些事上并不是很确定的,但是,也许是从他自己讲学的吕克昂学园以及他的其他著作中,他认为对于那些 21 岁以上的人来说所有最高级的学习中应该包括科学(物理学、宇宙学、生物学和心理学)和哲学(逻辑学和形而上学)。这种推测是鉴于亚里士多德

59

坚持认为理论思考比实践思考具有更大的功能。科学和哲学适合于理性思考或者知识,而伦理学和政治学适合于实践思考或道德决定。

很清楚,亚里士多德建议,对于不同水平的教育来说,应该有不同的教育目的和教育程序,这正是导致后人对亚里士多德影响做出不同评价的原因。他的建议并不十分富有创新性,但在主要观点上与柏拉图一致。也许他们之间最大的不同,在于亚里士多德包含了柏拉图所忽视的自然和生物科学。柏拉图几乎没有给这些科学提供发展的空间,因为它们是有关自然界的变化,而不是有关永恒理念的。但亚里士多德认为,这些科学能够像哲学一样揭示出基本的原理和真正的知识。事实上,他强调实践以及通过归纳而获取基本的原理或者真正的知识。亚里士多德的教育方法和学习可能更加注重直接经验。实际上,这种观点的差异在中世纪导致了明显的思想分歧,当时的唯实论者(realists)以柏拉图为支撑,唯名论者(nominalists)却站在亚里士多德一边。①

色诺芬。有趣的是,作为一位主要撰写教育理论的雅典人,色诺芬是最反动的人之一。由于他不喜欢雅典的民主,因此,他很自然地转向斯巴达寻求他的社会理想和教育理想。因为被雅典放逐,他在斯巴达住了很长时间。当他在《居鲁士的教育》(*Cyropaedia*)中详尽地阐述他的教育主张时,他对军事城邦以及支撑整个城邦的军事教育描述得非常理想化。反过来,这个城邦应该按自己的意图来控制教育。男孩们应该从 17 岁或者 18 岁就开始接受军事训练,然后继续积极地服役 10 年。他的方案远远要比柏拉图的狭隘,但实际上,在斯巴达体制真正存在时,他是斯巴达体制的辩护者,很少或者几乎不关注文学、音乐和哲学追求。色诺芬还在他的《经济论》(*On Economicus*)中论述了女性的教育,他认为女性就应该完全做家务。他的《远征记》(*Anabasis*)论述了他自己在波斯率领希腊军队时的军功,这本书是后代无数学生学习希腊文的基础教材。对于任何对民主感兴趣的人来说,色诺芬的教育理论很有趣,主要是因为他提出了这样一个警告:如果愤怒的保守派控

---

① 参见本书英文版第 142—144 页。

制了教育,那么,将会发生些什么样的事情?

　　伊索格拉底。与色诺芬相比,伊索格拉底是希腊有卓越远见的教育理论家之一。他的整个一生都是很出色的修辞学教师。他的理念不仅对希腊世界产生重要的影响,而且还对罗马和罗马的教育产生重要的影响。伊索格拉底清楚地看到,真正的演讲家必须首先是一个具备良好品质的人,可以献身于公共利益。修辞不仅是说服人采取行动的途径,而且修辞学家有义务为了城邦的福利而努力。那么,演说家如果想成为一个好的演说家,那他必须是一个好的政治家。因此,为了实现这个理想,他除了必须要学习修辞原则和修辞技巧,还要注重学习包括文学、逻辑学、历史学、政治学、伦理学、艺术以及音乐在内的自由艺术,以具备广博的知识背景作为对公共政策形成正确判断的基础。

　　在广泛的兴趣中,伊索格拉底还注重知识的实践性。哲学是把知识用于做出有关行动方针的判断和决定的手段。知识本身不考虑行动,就不适合被称为哲学。因此,这就是一个最重要的民主教育理想。伊索格拉底意识到,教育作为形成一种社区责任意识的过程的必要性。他一直在为实现希腊统一而努力,但是,在希腊被马其顿征服者占领之前,他的努力从来没有取得真正的成功。

　　总之,可以认为,尽管伊索格拉底对罗马时期的西塞罗(Cicero)和昆体良(Quintilian)有影响,但是,他的理想从来没有像柏拉图和亚里士多德的理念一样在西方世界被充分接受。其中一个原因就是,伊索格拉底有关知识和行动之间的关系只适合于灵活的民主社会,而民主理想即将丧失,大约有 2000 年没有再出现。

公民和知识学科教育

61

斯巴达教育:军事独裁的理想

　　在古代斯巴达,教育的目的可以简单地陈述为:为城邦培养英勇善战的武士公民。在公共兵营生活中,7 岁到 18 岁的男孩要不断接受训练,以形成服从和尊重权威的习惯。同时,他们锻炼自己的体力和耐力,实行灌输忠诚和勇气品质的严格纪律,这些都是为了使他们获得在战争中取胜的技能。

他们的床故意做得很硬,食物很简单,衣服很轻以便男孩们适应在战场上可能出现的情况。搏斗和体育竞赛注重进行战斗训练。体育活动有助于形成强壮灵巧的身体素质,摔跤、射箭、投标枪、掷铁饼、奔跑、跳跃、骑马以及游泳——都是他们交战的基本项目。鞭打和其他严格的肉体惩罚都被用来促使他们服从,也用来促使他们的身体更加坚韧。打猎以及跟踪动物和对手,有助于形成有效的战地技能和集中精力。

军乐、歌唱以及爱国的军事舞蹈都是以密集队形的形式进行,以鼓舞他们的敏捷、斗志和团队合作,同时对他们进行身体训练。通过使男孩们记忆法律戒规和《荷马史诗》来培养他们的道德品质。很明显,文化教育在斯巴达的训练中作用较小,因为几乎没有证据能够表明对阅读、写作和算术的关注。追求像文法和逻辑这样的智力学习几乎完全不存在,而且在简洁、简短和"简明"的演讲中体现了对修辞的消极反应。女孩也主要接受大量身体和道德上的训练,目的是使她们成为健壮的母亲。

当这些年轻人18岁接受正规训练的时候,他们开始把他们所学的全部东西应用于作战实践。战争游戏成为训练的一个特征。年轻人继续进行身体和军事训练,研究他们国家的地理以及防卫和攻击的策略。有组织的军事小组活跃在乡下,学习如何照顾自己、睡在树林里以及自己寻找食物,而且以闪电战的方式攻击农民和希洛人。通过这种方式,年轻人不仅学会了斯巴达作战的方法,还有助于帮助斯巴达统治者来管辖人民。因此,形成了秘密、狡诈和足智多谋的特性以及侦探的技巧。正是因为这种与城邦军事政府理想相适应的教育理念,斯巴达没有持久的文学、艺术、科学或哲学也就不足为奇了。

雅典教育:民主理想(公元前700年至公元前400年)

目的。与前面所述的斯巴达教育相反,雅典教育的目标和内容在实现民主理想方面体现出巨大的进步。反映着雅典人更广阔的公民观念,雅典教育开始既为年轻人提供智力和美感,也为公民提供身体和军事基础。在雅典的教育理想中,这四个方面被纳入全面教育;而且,在全面教育中,排除其他三个方面中的任何一方面都不能单独存在,它们在全面教育中达到完美平衡。雅典人把这个最终的结果称为"和谐"(harmony),我们常常称它为"完整的个性"(whole personality)。最终的目标是达到情绪稳定,使个人能够在民主社会发挥其应有作用的性格特征。这是一个值得去实现的理想,但应该注意,雅典的教育理想没有给职业教育任何的发展空间。

初等教育。尽管早期的雅典教育理想寻求个人智力、美感、身体和军事能力的和谐发展,并在实现这个目标的过程中形成了一些特性。不同的教师有不同的任务,去发展公民的几个方面。文学教师(文法家)开始把注意力放在所谓的智力发展上。教授男孩们阅读、写作和计算。孩子们通过记忆字母、各种文学题材的韵律和歌曲来学习阅读,最终从《伊里亚特》、《奥德赛》、赫希奥德的(Hesiod)①的《劳作与时日》(*Works and Days*)以及《伊索寓言》(*Aesop's Fables*)等著作中选取文章来进行阅读。他们自由进行口语练习,以学会正确的发音。他们用蜡板或者莎草纸来练习写字,在教师口述的时候进行记录。计算通常是通过手指或者石头来完成。

音乐教师(三角竖琴家)逐渐在发展韵律和曲调感觉方面具有了某种特殊功能。男孩们学会了弹奏七弦琴、演唱、吟诵和跳舞。这些能力不仅促进了个人美感的发展,而且还为他们参加民俗宗教节日和城市庆典做好了准备。因此,他可以参加乐器、诗歌以及歌唱比赛,参加战阵舞、敬神仪式以及与出生、婚礼和死亡相关的家庭活动。大部分有关跳舞的直接训练不是来自于学校,而是与希腊合唱队有关,因为它是戏剧以及宗教仪式的重要特征。一个唱诗班赞助人(唱诗班领袖)受命来选择和训练各种不同公共场合唱诗班的成员。

在希腊教育的早期阶段,文学教学以及音乐教学是同步进行的,有时两个科目由一位老师来教或者是同一所学校的两位老师来教,这样的学校通常是音乐学校。然而,重要的一点是,最终文学教学和音乐教

---

① 赫希奥德,古希腊最早的史诗诗人之一。——译者注

学相分离。

身体能力的发展由体育教师,即按摩和训练男孩的人(paedotribe)负责,他们的任务就是通过角力学校中的训练发展孩子的体力和仪态,提升健康水平。男孩们要学习如何跑步、跳跃、游泳、掷标枪、摔跤以及如何站立和得体地走路。正如我们早就知道的,十分强调顺利地对身体实施仪态控制和技巧控制的能力。男孩们单个人或者两个人一起进行训练,对其进行仔细的监督,从而确保他们实力相当和公平竞争,具有运动员精神。个别指导似乎是所有初等教育的特征,而教学班级或者年级以及教学方法的作用似乎不大。

把初等教育的所有方面都联系起来时,文学、音乐和体育训练也纳入到这个有机整体之中,每一个方面彼此补充和相互促进。最终的目标就是,实现个人的道德理想,使其参与城邦的活动,并促进城邦的发展。文学和诗歌、音乐和歌曲、舞蹈和身体的高超技能都有它们合适的发展空间,不是作为单独的科目来进行学习,而是作为一个更大目标的组成部分。

高级教育。除了前面描述的初等教育之外,公元前 5 世纪之前的雅典人特别重视身体和军事训练。国家体育馆提供高级的身体训练,15 岁或 16 岁到 18 岁的年轻人可以在这里接受进一步的体育运动训练。这个时候,他们全身心为了在五项全能运动取得佳绩,这也是奥林匹克运动会里重要的比赛项目。五项全能运动,包括田径、跳跃、掷铁饼、投标枪和摔跤。现代意义的户外运动会就是建立在这些基本比赛的基础上,但摔跤比赛除外,它现今在美国已经变成了一种室内体育运动。在体育馆接受的训练以角力学校的基本训练为基础,目的是在身体技能方面使他们为参与作战做好准备。

雅典年轻人的军事训练主要是 18 岁到 20 岁这两年的军校训练。这个时期,男孩们学会军事演习、防卫方法以及进攻策略,探究国家的地形特征,开始在骑兵、步兵和海军演习方面进行专业训练。20 岁时,年轻人就准备做一个好的公民,同时作为军事部队的成熟队员。因此,身体训练和军事训练几乎成为雅典早期(公元前 5 世纪之前)高等教育的全部内容。

智者。然而,在公元前 5 世纪,一种新型的高等教育开始越来越受欢迎。这是由于公元前 5 世纪到公元前 4 世纪之间雅典的政治、经济和哲学发生了变化,促进智者实施这种智力教育。这些智者基本是来自于小亚细亚和爱琴岛的巡回教师,他们被雅典社会的活跃生活所吸引而来到这里。他们的教学形式非常不正式,来来走走,或在街角交流,或经常光顾小树林和体育场,或租用房屋,尽可能把学生召集到他们周围。有些智者在某些科目方面很擅长,但作为一个群体,他们经常就是机会主义者,迎合当时主流知识分子的需求。他们是"实践教育工作者",尽力把他们的教学与学生的潜在兴趣和需求结合起来。

渐渐地,雅典之父们开始对智者产生偏见,认为他们知识肤浅、态度不认真而且太过于辩证,他们是商业贸易技巧的销售者而不是真理的追求者。伯罗奔尼撒战争之前,雅典的繁荣和政治走向顶峰,智者们不仅被人们所接受,而且还受到年轻人的热烈欢迎;但是,当雅典在战争影响下开始动摇和衰落的时候,保守的雅典之父们开始怀疑这些新奇的教师,他们坚定地认为这些教师腐蚀了城邦中年轻人的思想。

智者们是收费的职业人士,与雅典热爱业余爱好的实践不相符。其中一些智者基本上就是庸人,敢于大胆地教任何人任何内容,甚至可以去教年轻人如何赢得辩论比赛。最糟糕的是,他们似乎对原有的风俗习惯、政治传统、城邦神灵和宗教信仰提出了挑战。在战争时期,这样的疑虑是不可忍受的。重建古代忠诚的强烈愿望,引起了对智者的攻击。许多智者不得不离开雅典,因为对他们来说这里不利于他们的"身心健康"。其中最著名的就是苏格拉底,据说因为教学不虔诚而被审讯,最后被判处死刑。

尽管受到了攻击,但智者们为教育提供了巨大的推动力。他们是时代的产物,反映了个人主义、笃信以及怀疑主义在公元前 5 世纪后期雅典的猖獗。他们在扩展教育范围以及把模糊的知识组织起来变成可教的内容方面的贡献是巨大的。但是,他们所做的就是过渡性工作,最终被柏拉图和亚里士多德所建立的教育体制所淹没。

苏格拉底。苏格拉底是公元前 5 世纪唯一一个在名声和重要性方面可以与柏拉图和亚里士多德这样的人物齐名的教育家。一些称赞苏格拉底为历史上最伟大的教育家之一的人，憎恨把苏格拉底归为诡辩学者（智者）的划分方法；但是，如果诡辩学者是用来指公元前 5 世纪所有非正式的教师，而不仅仅是那些庸人们，那么，苏格拉底是一位诡辩学者，而且是他们之中最伟大的一位。他在自己的著作中没有任何有关自己或者自己想法的记录，因此，有关他的事情只能从别人对他的描述中来进行拼凑。因为柏拉图、阿里斯托芬和色诺芬勾勒了不同的苏格拉底，所以，对他进行评价一直是最难的。大部分历史学家和哲学家主要是通过柏拉图的视角来了解苏格拉底的，他是柏拉图对话录中的核心人物。此后，困扰哲学家们的问题就是，柏拉图对苏格拉底的描述有多少是来自于苏格拉底本人，还有多少是来自于柏拉图自己的想法。无论怎样，苏格拉底作为历史上最著名的教师的地位是不容动摇的。

苏格拉底与其他的诡辩学者不同，因为他是雅典当地人，一生都生活在雅典。他不收取教学费用，但接受学生的礼物。他自称非常谦虚和无知，但他挫败那些对自己知识水平过于自信的人的方式，很多人都不喜欢。因为敏锐的分析能力、揭穿傲慢自大者的能力以及对一系列科目的广泛爱好，苏格拉底很快就受到雅典年轻人的欢迎。他提出了有关雅典未来的这个深刻问题，以及公正、真理、善良和美丽一般本质的问题。苏格拉底曾经一度是典范的雅典人，然而，由于他的语言魅力、个性力量以及观点的影响力，他被认为是当时杰出的知识分子和教师。

在所有可能有关苏格拉底的内容中，也许最重要的教育贡献就是他的教学方法、追求知识的方法以及知识在行为中作用的理念。"苏格拉底法"（Socratic method）一度非常著名，它基本就是讨论、对话和问答的方法。苏格拉底一直坚持严密和严格地界定讨论的术语和主题。他意在清晰地界定公正、真理和美丽的定义，人们一直在使用这些词，并尽力在行为中把它们体现出来。在他的专题讨论中，他设想了单纯而谦逊的追随真理者的作用。苏格拉底对别人的言论进行挑战，并利用机敏的提问来对它进行反驳和诘问，使其对手从"无意识的无知"变成"有意识的无知"，使他自身成为难以逾越的障碍，从而建立起苏格拉底自己对问题的解释。苏格拉底的问题一般可以用"是"或"不"来回答，作为对群体所接受的一般命题的指导。

66

苏格拉底每天都研究这种讨论,以及与各行各业的人讨论各种各样的话题。他承认,因为他而难堪的那些人不欢迎他的理论,但他一直坚持,他自己负有神圣的使命来进行批判,并成为这个"城邦的牛虻"(gradfly of the state)。因此,苏格拉底的方法是批判主义中的一种方法,使人们意识到不对知识进行批判的无知,用批判主义来检测道德标准和道德目标,打破自负并追求真理。他依赖人类理性,通过这种方法来获取真正的知识和对行为进行适当的指导。

苏格拉底对知识在行为中的作用感兴趣,因而使他尤其关注个人和社会的伦理与道德问题。知识,真正的知识,是通向良好行为的康庄大道。很多诡辩学者宣讲人是所有事情的衡量标准,因此,每个人可以自己决定对与错。但是,苏格拉底反对这种过度的个人主义,坚称真正的知识决定对与错。如果一个人知道、真正地知道什么是真理,那么,他就能够做出正确的行动。知识是美德,美德是知识,两者是不可分割的。把这种理念融入教育目标,就意味着教育的最终目标就是道德和伦理以及培养善良的人。这是苏格拉底留给子孙后代的遗产中最重要的特征之一。

希腊化时期教育:智力理想

公元前 5 世纪之后,个性全面发展作为良好公民的最好途径的理想,开始让位于更加关注思维能力的智力训练,与此相应的是对美感和身体发展关注的减弱。一般来说,这反映了民主的文化理想的下降。公元前 5 世纪,主要从道德和社会角度来塑造人的教育理念在更新的教育理念面前褪色。新的教育理念认为,最好的受教育者就是能把智力能力发挥到顶点的人。一种"自由"人的概念开始与知识分子而不是实践家联系在一起。

初等学校和中等学校。 到希腊化时代后期,主要的初等学校教师都是文法学家或文学教师,他们主要教授阅读、写作和计算。音乐教师和体育教师在希腊男孩初等教育中的作用开始越来越小。这就意味着,文学教育开始成为初等教育的基础,美感和体育基本上被排除在外。这样,文学教育取代了全面发展教育。这是教育上最大的改变,因

67

为文法学校确立了罗马人的教育模式，这种模式传至西欧并最终传到美国。

渐渐为人们所知的新的高级学校就像中等学校一样发生了很多相同的事情。在这里，公民对体育馆里体育的尊重程度下降，新的中等学校教师（文法学家）开始主宰这一领域。正如其名称所表示的，文法学家对文法和修辞的学习最感兴趣。文法包括句法规则、文学、诗歌以及韵律学习。修辞包括作文、朗诵技巧以及演讲技巧。文法学家有时也会教一些计算和几何，但是，他的主要目标和努力方向是语言学和文学。即使最初是为了军事训练而建立的埃弗比学院，在公元前 335 年之后，也开始要求其成员学习文学和语言课程。

无论是初等教育还是中等教育，由于公民品味的改变，音乐一直不受重视。公元前 4 世纪，音乐从宗教、民众和尚武的类型开始转向更柔和、更浪漫和更刺激感官的类型。长笛比七弦琴更受人们的欢迎，歌词开始与旋律相吻合。20 世纪的美国发生了几乎同样的变化，与宗教音乐和"古典音乐"或"道德音乐"相对的爵士乐和"流行"乐开始广泛流行。希腊之父们反对这种新型的音乐，把它排除在学校之外。因此，音乐在希腊教育中实际上已经基本失去了它的荣耀地位。

体育也遭遇了同样的情况。随着政治自由的丧失，建立一支市民军队的需求也随之消失。体育也不再与军队服务具有直接的联系，而成为上层阶级或者是特权阶级的专职运动员的玩物，他们为了金钱或者大家的追捧而从事体育运动。当观赏体育运动比参与其中更受人欢迎时，贿赂和赌博得以滋长。希腊之父们又一次谴责这种行为，体育在初等教育和中等教育中都丧失了它的地位。当音乐、体育和军事训练从希腊化时期的学校消失时，智力学习仍然存在着。

高等学校。公元前 4 世纪，伴随着高等教育的机构化，产生了一个伟大的传统，对此后的西方文明产生了影响。柏拉图的学园和亚里士多德的吕克昂学园基本上都闻名世界，并持续了几个世纪。这样，这些哲学家的著作开始一代一代相传，他们的教学开始在西方人的思想中留下烙印。这些学校的名称在法国、英国和美国一直流传至今，例如，法国的"国立中学"（lycees）、德国的"女子中学"（Lyzeum）以及美国的中学(lyceums)。因为智者们非正式的教学让位于学园（Academy）和吕克昂（Lyceum）这样的机构，所以，智者派的"实践"目的也让位于柏拉图和亚里士多德的"哲学"目标。

柏拉图学园基本上从事哲学（辩证法、物理学、玄学、伦理学、政治学、法律和文学）和数学（算术、几何、天文和音乐）学习。亚里士多德吕克昂学园继续他在科学方面的兴趣，因此，其哲学不仅关注玄学、逻辑学、美学、伦理学、政治学和修辞学，而且还非常注重自然科学（物理学、机械学、气象学、植物学、动物学、天文学、几何学、地理和医药学）。亚里士多德的很多著作大都是他的教学讲稿。我们现在所知的各种各样知识，在公元前5世纪并没有高度系统化或组织化。大部分都是亚里士多德在吕克昂学园的讲座中促进了各大领域知识的分类和组织。亚历山大大帝提供大量的资金来资助亚里士多德的研究，许多人在随亚历山大的军队在其庞大的帝国中参与战斗时，都奉命为亚里士多德收集科学资料。

公元前4世纪建立的修辞学校实施了一种更"实用"的教育，这是智者派所引起的兴趣增长的结果。在这些修辞学校中，最著名的是由伊索格拉底建立的，他反对语言诡计和诡辩派的狡诈。如前所述，伊索格拉底坚持认为，演讲的力量只是为了达到民主的目标。在他看来，如果修辞是促进民主的一种工具，那么，演说家一定是一个真正献身于公众利益的品德高尚的人。只有这样，修辞训练才能够培训出好的公民。在2年、3年或4年以上的训练时间里，他不仅在努力丰富好的演说风格所应具备的原则和惯例，而且应该在文学艺术方面具备广泛的知识背景作为修辞使用的基础。伊索格拉底非常清楚，为了培养专业技能，重要的是把适当的忠诚和理想作为其基础。

这些哲学学校和修辞学校在希腊化时期的公元前3世纪和公元前2世纪一直存在，但在雅典被征服后，它们的关注重点在某种程度上发生了改变。修辞学校的教学越来越无法找到实践空间，因为在一个没有真正民主的社会，年轻人再也无法真正地应用他们的才能。所以，他们开始强调修辞风格本身所带来的愉悦。找出一个好词或者一句妙语，要比在议会和法院中所取得的成就更重要。同样，哲学学校开始为

69

了知识而追求知识,成为更像半宗教性质的团体。长久以来,宗教信仰一直是与城邦发展同步的;但是,由于希腊化时期统治削弱了城邦的独立性,城邦宗教信仰越来越不重要,而出现了新的哲学宗教信仰,以满足人们探求自己命运和描述自然界事物的欲望。

公元前3世纪,一些哲学宗教信仰围绕着雅典的新学校而发展,其中最著名的学校是由斯多葛派和伊壁鸠鲁派创建的。当芝诺建立他的斯多葛派学校——拱廊建筑的时候,他基本沿袭了苏格拉底和柏拉图的传统。斯多葛派宣称,既然自然是生而合理的,与自然事物顺序相一致就是按照理性来生活。自然是理性的,因为它受一个单独的、全能的理智神来掌控。他教人们要平静地接受生活所带来的一切,而且冷静地处理困难状况是生活的最高境界。道德生活能够在自然中找到原因,应该坚决地按照这些发现来生活。因此,禁欲主义开始暗示要沉着接受生活的艰难。通过这些原则以及半宗教的本质,禁欲主义者成为基督教的先驱。事实上,正是他们帮助形成了基督教的思想和实践特征。

伊壁鸠鲁派学校从一个不同的哲学角度来进行。伊壁鸠鲁受色雷斯哲学家德谟克利特的影响,在雅典建立了以"花园""闻名"的学校。德谟克利特教导说,物质是永恒的、不可毁灭的和无法创造的,宇宙只是由无数物质原子组成的无限空间,由偶然性来控制而不是由创造性的智力或理智来控制。因此,伊壁鸠鲁并不相信神圣的自然界,而信仰机械的宇宙。他认为,幸福不包括身体的疼痛和心灵的痛苦,但包括寻求快乐。好的生活是在从疼痛的恶魔手中得到自由而获得的,欲望以及阻碍恐惧都是没有作用的;最好的生活就是追求知识的快乐。伊壁鸠鲁特别强调感官的愉悦不包括幸福,但尽管如此,一代一代人开始认为伊壁鸠鲁主义就意味着:"吃喝玩乐,因为明天就是我们的死期。"

斯多葛派和伊壁鸠鲁派在某些方面与福音派的礼仪相似。他们四处布道,寻求皈依他们的思想;他们举办慈善会,来照顾他们的病者,为死去的人下葬。但是,他们没有教堂,他们基本还是"思想教派"。他们没有戒律或信条,没有牧师,没有公共的信仰,也没有与教会相关的组织。

70

　　希腊化时期其他地区的高等教育没有很多这样的宗教特征,但是,与各种各样的研究机构却非常相似。在这些高等教育机构中,最著名的机构是在亚历山大里亚,在那里,学者们聚在一起追求各自的学习,年轻人和年长者一起研究。正如本章前面所述的,通过学习数学(天文、几何和三角学)、物理学、地理、医学、语言、文学和哲学,人们在获取自然知识方面做了大量工作。

　　在亚历山大里亚以及希腊化时期的其他中心,知识的积累不仅因为其自身重要,而且还因为它使希腊世界与罗马帝国以及西欧之间联系起来。在罗马帝国繁荣时期,雅典学校是派遣罗马年轻人最理想的场所。这些学校甚至在西罗马帝国的衰落中生存下来,但是,因为它们是非基督教的,最后在公元529年被东罗马帝国皇帝查士丁尼(Justinian)所关闭。希腊化时期的其他学习中心在罗马帝国时期多少有些活跃,后来在8世纪到13世纪之间得到阿拉伯学者和犹太学者的鼓舞。

　　评价希腊化时期高等教育的贡献是很难的。也许可以这样说,在通过研究和调查而获得知识和积累信息方面,希腊化时期取得了巨大的进步。这一时期,那些希望继续进行研究的学者们可以更容易地获取知识。但是,在教育目标方面,希腊化时期的高等教育并不令人满意。知识本身的智力理想被提升到如此高的程度,以至于在很大程度上学生幸福和社会福利都被忽视了。希腊化时期的教育丧失了希腊早期在自由和民主的城邦培养良好公民的热情,丧失了对个人全面发展所需的身体、美感和道德品质发展的关注。用现代术语来表达,那就是,希腊化时期的教育推崇注重研究的"研究生院理想",而忽视了为社会和个人价值进行教学的"学院理想"。它主要关注的就是追求系统化知识。

71

第四章 罗马社会与教育

大规模的社会组织

在公元前 3 世纪和 2 世纪,政治和经济的重心从东地中海国家转到了罗马。因此,我们所讲述的这段历史在时间上必须暂时打断,而来简要了解一下在罗马成为一个世界级大国之前,意大利半岛的文化发展状况。

政治和经济机构

早期的意大利(公元前 5 世纪之前)。原始社会的意大利半岛充满了不确定因素。有证据表明,许多世纪以来,意大利一直是东欧、小亚细亚和北欧的移民场所。到公元前 8 世纪,伊特鲁斯坎人控制了台伯河上游的意大利西海岸,拉丁人控制着西海岸中部地区,其他意大利部落分布在其他地域,他们的文化同其他的原始部落非常相似。传奇的罗马城建于公元前 753 年,是拉丁部落中心。

在公元前 8 世纪至公元前 6 世纪之间,原始的部落生活让位于一种类似于早期希腊城邦的政治组织。罗马的统治者及其他部落的统治者是国王或者贵族世家。在罗马,元老院由贵族世家组成,其功能相当于国王的咨询委员会,这些家族的后代被称作"城市贵族"。这些城市贵族作为土地拥有者中的最高阶级,在军队战斗中充当骑士,拥有自己的装备和马匹,渐渐成为了世袭的贵族阶级。伊特鲁斯坎人不仅征服了罗马,而且整个公元前 6 世纪一直在此实施统治,直到在公元前 6 世纪末,他们才被拉丁部落彻底推翻。由于当时拥有大量土地的贵族阶级在军事、政治和经济事务中比以往任何时候都更强大,因此,这一时期罗马作为军事和政治中心的地位开始显现出来。

罗马共和国（公元前 5 世纪至公元前 1 世纪）。一般认为，神奇的罗马共和国创建于公元前 509 年，也就是罗马人推翻伊特鲁斯坎人的统治并废除国王的时候。这些由城市贵族构成的贵族阶级在公元前 5 世纪和公元前 4 世纪继续主宰着罗马的政治权力，通过元老院行使着自己的权力。他们没有选举新的国王，而是建立一个机构，由元老院选择两个执政官来进行一年的联合执政。执政期间，这些执政官在军事、民事和宗教事务等方面拥有绝对的权力。因为他们由元老会选举产生，所以，罗马被称为共和国。然而，其民主程度远远不及当时在克利斯提尼（Cleisthenes）领导下改革后的雅典，因为罗马领导权基本掌握在城市贵族或元老会阶层手中。

当时，城市平民（或者称普通人）无论在数量还是在政治重要性方面都在提升。他们没有那种永久的世袭贵族家世，但是，作为艺术家、来罗马参观的外国人以及小土地所有者，他们却是罗马城的自由居住者。由于战争，高卢人打进了罗马，因此，拉丁人试图使自己的军队更加强大。在这个过程中，他们号召平民参军来帮助贵族阶级。所以，这些平民的军事能力变得更加重要，还经常在占领区获得土地作为封赏。随着平民中自由土地拥有者越来越多，他们的经济地位也愈加重要，最终成为真正的市民和军人。于是，由所有的土地所有者组成的市民军队建立起来了，他们依照财富的多少而划分为不同的阶层。

此后，平民拥有了共同的利益，因而需要建立一个机构来保证他们的发展。结果，他们开始推选民众领袖作为代表，这些代表一般是原来平民军队里的领导人。许多民众领袖都是每年选举一次，这样平民的许多权利就被纳入到公元前 450 年制定的《十二铜表法》(*Twelve Tables*)的民事法规里。

在公元前 4 世纪和公元前 3 世纪，公民大会建立，并以牺牲元老院为代价获取了政治权力。公民大会由所有在军队服役的市民组成，所以，它包括所有的自有土地所有者。公民大会渐渐地取得了通过法律、选举执政官以及决定战争与和平的权力。平民获得了被选为执政官的权利，而公民领袖也取得了捍卫平民不受法律歧视以及对执政官的统治进行否决的权力。这一时期,持续进行的民主化进程,使更多城邦市民开始行使自己的责任、权利和义务。

尽管取得了这些进步,但罗马的政治统治永远无法与雅典的民主政治相比。公共官员还主要来自于贵族阶级,他们有时间和金钱来从事政治;而且传统的束缚使人们依赖于贵族世家的人,因为他们更有经验,对政治事务更具有判断力。尽管公民大会在城邦已经取得至高无上的权力,但是,市民作为个人却不像雅典那样拥有投票权,而是根据财富分成五个阶层。第一阶层由城市贵族世家组成,分布在 98 个部门,每个部门拥有一票投票权。然而,所有其他四个阶层一共只拥有 95 票投票权。因此,少数的城市贵族在投票权上超过了大部分平民。

在共和制度下,平民阶层的政治和财富随着他们的经济和社会地位的改变而改变。到公元前 5 世纪,罗马的阶级划分已经建立得非常完善。顶层是城市贵族,基本上由大土地所有者、经商者和畜牧业者组成。接下来就是平民或者称为平民阶级,由拥有少量土地的自由人组成。最后一个阶层就是奴隶,他们没有政治或经济权利。公元前 5 世纪和公元前 4 世纪最大的发展就是平民数量的增长,这就意味着经济和社会生活拥有了更广泛的基础。

如前所述,我们已经知道,作为普通人的自由平民获得了被征服的土地,作为对他们在军队服役的回报。自由平民增长的另一个原因是,因为有些人来到罗马或其他的城市从事商业和生产活动,而且这些活动变得越来越重要。这些平民成为店主、经商者和技术工匠,他们组建行会,或者称为技术工匠联盟,不仅确定技术水平的标准,而且给行会成员一定的特权。这就是早期的经济组织的框架,也是后来中世纪行会最重要的部分。

公元前 4 世纪和公元前 3 世纪,这是罗马小土地所有者或自由民在经济上的全盛期。大部分土地都相对较小,这些自由民——小土地所有者用他们的双手耕种自己的土地,与后来的几个世纪相比,大块的土地相对少见。这种经济民主的广泛基础,使罗马成为一个强大的城邦,也预示着土地政策所带来的政治民主及相应的经济民主的扩展。

然而,这种经济民主的进程在公元前 2 世纪被突然中止。由于很

74

多人在迦太基战争和东方战争中死亡,因此,自由平民阶层迅速衰弱,返回的军人也无法继续耕种他们的土地。他们成为负债者,土地经常落入借钱给他们或有钱购买他们土地的人手中。于是,拥有大块地产的人开始增多,自由民和小土地所有者阶层开始变得越来越少。随着自由民也成为负债者,他们搬入城市或者作为佃户、雇工继续以土地为生。与此相似,城市里基本上无所事事的平民阶层也大量增多。这意味着,不仅经济基础变得薄弱,而且持续的政治民主的可能性也越来越小。

与小土地所有者阶层的减少相对的是,大地产所有者以及商业和商人阶层的增长。商人通过与政府签订合同,提供战争用品以及造船、修路和制造战争武器,而变得更加富有。这些有钱人买完了自由人和负债者的小块土地,并从东部购买了大量奴隶来进行劳动。

与此同时,罗马的军事力量迅速向国外扩张。公元前4世纪和公元前3世纪,一系列的拉丁战争,使罗马成功地打败了半岛上的其他意大利城市。直到公元前275年,罗马使整个意大利在它的控制下。当时,通过与迦太基人进行的迦太基战争,到公元前201年,罗马控制了西西里、科西嘉、撒丁岛和西班牙。古罗马军团把注意力转向中部,又发动了对希腊王国的一系列战争,直到把马其顿王国、希腊、小亚细亚、叙利亚、埃及和整个地中海地区置于其统治之下。希腊城邦最初把罗马人作为他们反抗马其顿统治的解放者来欢迎,但是,给他们自由的罗马军团却留下来对他们进行统治。

在罗马国内,公元前3世纪到公元前2世纪,代表平民的人与代表元老院的人进行了长期的斗争,阴谋与反阴谋经常抹杀彼此之间的清晰界限,有时候这种斗争只是在对方的组织或个人之间进行的权力之争。总体来说,元老院在这场对抗公民大会的一系列内战中取得了胜利,战争断断续续地持续了一个世纪。最初,战争是在代表人民的马略(Marius)①和代表元老院的苏拉(Sulla)②之间进行。结果是,元老院的

① 马略(公元前157—公元前86),古罗马政治家、统帅。——译者注
② 苏拉(公元前138—公元前78),古罗马统帅、独裁者。——译者注

力量进一步加强，而民众领袖和公民大会的力量进一步削弱。接着，爆发了庞培（Pompey）①和凯撒（Caesar）②之间的斗争，元老院最初支持庞培反对凯撒的民主，最终却在西塞罗（Cicero）③的领导下，站在了与两者对抗的立场上。凯撒成为一个胜利者，并基本上成为一个完全的专权者，把他所有的亲信都安排在重要的职位，但是，他忽略了元老院的后继力量，他们试图谋杀凯撒，又引发一系列的战争，在安东尼（Antony）④和屋大维（Octavian）⑤之间斗争达到最高峰。屋大维取得胜利时，整个地中海和大部分西欧都在他统治下，古老的城邦思想让位于世界帝国的理念。

罗马帝国（公元前 27 年到公元 6 世纪）。 公元前 27 年，屋大维成为罗马的元首或首席公民，取名"奥古斯都"（Augustus），头衔是绝对统治者。显然，奥古斯都非常想恢复原来体制下的政府，他认为是凯撒篡夺了原政府。事实上，他所做的就是一丝不苟地按照改正后的形式来做；他放弃了所有的特权，因此，使元老院重新有机会回到他的身边。尽管奥古斯都善良正直，但却掌握着终极的政治权力以及对军事事务的绝对处理权，因为军队处于他的绝对掌控之下。从政治的角度来讲，军队比以往任何时候都更加重要，因为它已经成为一种永久的职业军队，而不是一种市民组织。所有的军官都是贵族阶级，军团由所有自认为享有特权的市民组成。

在很大程度上，元老院仍然受到市民的尊重。对大部分需要统治广大帝国的公共管理者和官员来说，元老院在某种程度上给他们提供了训练的场所。其所有的活动，给人们提供升迁的机会，给贵族阶级提供发展的空间，关注他们的利益和忠诚。尽管奥古斯都尊重和关心元老院，然而事实上，真正的统治权仍掌握在他的手中。传统仍然很重

---

① 庞培（公元前 106—公元前 48），罗马共和国后期最伟大的政治家之一，也是当时最伟大的将军之一。——译者注

② 凯撒（公元前 100—公元前 44），古罗马将军、政治家。——译者注

③ 西塞罗（公元前 106—公元前 43），古罗马政治家、雄辩家。——译者注

④ 安东尼（公元前 83—公元前 30），古罗马统帅，凯撒的部将。——译者注

⑤ 屋大维（公元前 63—14），即奥古斯都，罗马帝国皇帝。——译者注

要,尽管它没有最终的决定权。元老们支持奥古斯都,那都是因为他关照他们。事实上,奥古斯都的权力之所以得到认可,正是因为人们厌倦了长期不断的战争,而喜欢他的统治所带来的 40 年的和平与繁荣。

在公元 1 世纪到 2 世纪,罗马帝国的势力和繁华达到了顶点。在相对和平的条件下,商业贸易更加繁荣。作为商业动脉的道路,随着海运的发展而更加畅通。随着行省城市的建立和发展,城镇生活变得越来越普遍,这些行省城市是模拟罗马的繁荣而建造的。行省城市在很大程度上能够实行地方自治,并享受合法的权益,人们对地方行政事务依然保持着浓厚兴趣。当然,在罗马,地方政府之上就是中央政府,它通过中央机构和秘密警察,对军队、金融和税收进行控制。奥古斯都的继任者之所以能够进行统治是因为奥古斯都的原因,但是,偶尔也会出现对人民负责的强大而有能力的统治者,例如,维斯帕芗(Vespasian)、图拉真(Trajan)、哈德良(Hadrian)、安东尼纳斯·皮乌斯(Antoninus Pius)和马可·奥勒利乌斯(Marcus Aurelius)。巧合的是,这几个统治者都以不同的方式对促进罗马教育发展感兴趣。

在这一时期,罗马帝国在经济和社会生活方面出现巨大的反差。一方面,是构成了"罗马辉煌"的财富、美丽、舒适和便捷;另一方面,是经济状况不健康,并显现走向衰落和衰败的征兆和迹象。

建立在不稳固基础上的辉煌最终会颠覆整座大厦。在农业方面,大块地产仍然很大,面积甚至在增加,但农耕方法的技术和效率都在下降。土地所有者搬到城市,把土地以短期或长期的租约租给小佃农,这些小佃农丢弃了科学和专业的农业种植方式,而是基本上采用了更原始的方式,因为这些地产主要由自由民或者奴隶来管理,他们不知道更好的耕作方式所带来的好处。最后一点,由于使用奴隶,因此,农民或者劳动者们无法组织起来反抗土地所有者来改变他们的地位。

与此相似的是,在商业和建筑业方面,其生产方法和产品质量的下降开始显现出来。罗马的大工场分解成小作坊,它们的产品在质量和外表方面也在下降。采矿业和工场一样,大规模生产让位于矿内劳作,由于劳动者独立地或以小组形式进行生产,其生产技能也在下降。很明显,人们还没有意识到,通过广泛的教育在个体劳动者之间传播技术信息,可能使小规模的农民和劳动者保持其较高的技能,因此,对普通大众进行广泛教育还不是罗马教育理念的组成部分。

在公元 3 世纪及接下来的几个世纪,罗马帝国开始走向衰败,它的弱点开始体现得越来越明显。在罗马皇帝马可·奥勒利乌斯统治之后,军队在拥立和推翻君主方面起着更大的作用。例如,在公元 235 年到 285 年的 50 年中,出现了 26 位君主,其中,只有一位是自然死亡的。军队和元老院之间的阴谋与反阴谋造成了一种混乱的局面。随着君主把越来越多的直接权力纳入自己的手中,地方政府的自治基本消失,与其说君主是"一等市民",不如说他是"东方暴君"。元老院无处施展它的政治才能,贵族阶级成为紧紧依靠君主的赏识而生存的娇生惯养的享乐阶层。这些情形极大地影响到教育。

在公元 4 世纪,帝国的统治分为东、西两个部分。罗马皇帝戴克里安(Diocletian)开始了这一进程,在君士坦丁(Constantinople)大帝统治时期变得更加突出,他以帝国为依靠,在拜占庭旧址上建立了君士坦丁堡。尽管许多年来,许多君主都幻想拥有一个统一的帝国,但是到 4 世纪时,这里基本上存在两个帝国。一个是在罗马,带有自己的首都和元老院;另一个在君士坦丁堡,也有自己的首都和元老院。当许多日耳曼部落开始侵入罗马帝国边境的时候,这种统一帝国的想法变得更加虚幻。

在公元 4 世纪、5 世纪和 6 世纪,日耳曼人侵扰了整个帝国边境。在 4 世纪,他们入侵马其顿、希腊和小亚细亚。接着,他们又占领了意大利、西班牙、法国和英格兰。罗马基督教的大主教还多多少少地控制着意大利的部分地区,而且东罗马帝国这种有名无实的统治在某种程度上得到了日耳曼国王们的认可,但是,他们却没有真正的统治权。

公元 6 世纪,东罗马帝国的君主查士丁尼(Justinian)通过占领意大利以及北非和南西班牙等许多西罗马帝国领土,试图恢复对西部的统治。他是一个强大的君主,且拥有巨大的权力。尽管查士丁尼在重建罗马帝国权力方面取得了巨大进展,但其继承者却无法维持这些进展。东罗马帝国被限制在东地中海地区,与希腊和拜占庭文化的关系比以往任何时候都更加密切。其反抗力很强,顽强地固守其制度并一直保持到 15 世纪。为了更详尽地了解西罗马帝国的解体以及中世纪文明的出现,我们必须特别研究一下在罗马帝国衰落的过程中,其经济和社会的发展状况。

罗马经济和社会状况最鲜明的特征,就是共和国时期其扩张和繁荣达到鼎盛时期,当时的经济基础雄厚。但是,罗马帝国时期,土地完全属于上层阶级所有,经济紧缩和萧条状况开始出现。这种发展趋势与希腊的重大经济事件发生相似。在共和国时期,经济民主伴随着一定程度上的政治民主;但在帝国时期,当贵族阶级在经济和社会地位取得优势时,政治权利和自由渐渐远离广大民众。最终,当君主把注意力转向贵族阶级并把他们消灭时,所有人都丧失了政治权利和经济权利,君主成为了最高独裁者。

随着君主成为完全的暴君,民众自由和自我管理消失了,卑躬屈膝取代了以前普遍的独立思考和态度。原来民众有参与政府的意识,而且因为拥有自由而有机会实现自我价值。平民和农民渐渐地被君主完全束缚在土地上,所有的经济自由全部丧失。这些人被称为"君主的农奴",为君主劳作和生产。从某种程度来讲,城市的工匠甚至商人和制造商也经历着这种变化。他们必须得为君主劳作,不能改变也不能放弃他们的工作,这为后来封建制度的发展奠定了基础。

除了所有这些因素外,就是持续对抗日耳曼人的战争,因为日耳曼人不断骚扰和侵袭罗马帝国。出生率持续下降,战争、瘟疫和饥荒导致人口死亡率上升。原有的贵族世家无法继续延续,而是迅速消亡,取而代之的是行省的其他新贵族。结婚率下降,单身人口增多。税收过重,富有阶层都无法维持,那些下层民众除了作为农奴继续依赖土地或者在城市依靠救济之外没有任何收入来源。

由于所有这些因素,整个社会呈现一种大金字塔的形状,君主和他的家人、追随者、军官以及高级教士处于塔的顶端,由富有的商人和投机商供养,而他们所有人最终依靠的是城市里的大众、土地上的农奴、富人家里的奴隶。当日耳曼部落入侵罗马帝国时,国王无法以足够的热情或精力号召人们起来反抗以避免灾难。极度的心理疲惫和勇气的丧失,使人们的心理和道德神经极度脆弱,他们无法用勇气、奉献和忠诚面对入侵者。在这种生活状态下,弱者及时享乐,强者有一种认为来世更好的信仰和希望。由于人世间这种美好生活的愿望显然无法实现,因此,越来越多的人开始寻求在死后的那个世界中得到救赎。这种心理状态为宗教信仰和信念的传播提供了肥沃的土壤。显然,无法建立并维持一个真正的社会经济和政治民主的社会,在很大程度上是造成罗马文明衰落的原因,希腊的状况亦是如此。

所有这些发展状况对教育有非同寻常的意义。在罗马文明衰落过程中,教育变得越来越专制和贵族化。对传播教育的重要性采取更宽容的理念,可能会带来并维持一种更健康的政治和经济环境,并可能为反抗贵族专制提供支柱,因为贵族专制是文化衰落的根本原因。

宗教机构

家庭和城邦宗教信仰。在整个罗马共和国和罗马帝国时期,家庭和城邦的宗教机构在人们的私人和公共生活中起着重要作用。罗马人最早的宗教信仰与其他原始民族相似,但是,罗马人更看重家庭关系以及家庭的宗教信仰。利用人类相信天堂和地球都是由与人类相似的神的掌管来帮助或阻碍人类事业的观念,罗马人想象出一系列掌管家人命运的神,每一种神代表家庭里某一重要阶段的活动。在指定的适当场合以及在人们非正式的日常生活中,家庭成员都期盼这些神能够保佑他们的劳作,保护家人免受厄运的伤害。

罗马市民的宗教信仰在很大程度上就是家庭宗教信仰在国家层面上的一个投影,只不过典礼和仪式更正式、更固定。城邦最终完全控制了人们对神的崇拜,城邦以行会和祭司团的形式来对宗教信仰进行特殊的守卫。古罗马时期的大祭司团在这些组织中处于最高地位,它负责确定宗教节日以及宗教仪式,基本上相当于城邦所有宗教事务的官方监管人。城邦所有的主要典礼及重大事情都要以宗教仪式开头和结尾,请神灵来看他们选择的时间和条件是否是吉祥的,并请求神灵的庇护。因此,市民有义务了解他自己在城邦的宗教生活中处于什么地位,以履行自己的职责。难怪当时家庭和城邦的早期教育实践包括了很多宗教内容。

随着奥古斯都在公元前 1 世纪成为君主,这一时期罗马城邦的宗教呈现出新的特点,主要体现在对君主本人的崇拜。人们普遍相信,某些神奇的人能够像救世主以及耶稣那样挽救整个世界。所以,当奥古斯都结束内战所带来的恐惧和破坏而实现和平的时候,人们开始相信奥古斯都拥有神奇的力量。他不仅不反对这种偶像崇拜,反而鼓励这种偶像崇拜以致使人们相信他不仅是这个城邦的最高权威,而且是神圣意志的化身。他把极端的宗教思想和所有的公民权利集于一身。奥古斯都之后的继任者意识到,保持这种将民众与宗教权威之间的结合所带来的令人满意的结果。但是,宗教仪式渐渐地变得越来越没有意义,而且越来越正式,直至最后到君斯坦丁时期,君主自己都放弃了这种理念。

东方宗教。在希腊以及罗马帝国的东部,公元前 2 世纪和公元前 1 世纪的知识分子阶层几乎无法从古老的神灵、崇拜君主或严格的纯理性哲学以及早期希腊文化的科学中得到满足。当罗马的入侵打乱了他们生活的时候,他们开始对日常生活状况心灰意冷。因此,他们开始寻求像禁欲主义、享乐主义以及犬儒主义这样的哲学,因为这些哲学更关注理性思考,把信仰体制融入人们的行为准则,结果是人们几乎毫无疑问地接受它。在奥古斯都时期,禁欲主义最受知识分子的欢迎,并在公元 1 世纪和 2 世纪时达到顶峰,从爱比克泰德(Epictetus)、塞内加①(Seneca)和马可·奥勒利乌斯的著作中可以体现出来,三个人分别是奴隶、元老和君主。

那些理性意志不太坚定的人推崇享乐主义,享乐主义几乎丧失了伊壁鸠鲁赋予它的所有特征,而变成了单纯地尽情享受生活。还有一些人对生死的神秘感兴趣,因而推崇奥尔甫斯教的埃勒夫西斯神秘教派或新毕达哥拉斯主义和新柏拉图主义,公元 3 世纪时,在普罗提诺(Plotinus)②及其信徒的领导下,这种思想得到极大推崇。所有这些对

---

① 塞内加(约公元前 4—65),古罗马雄辩家、悲剧作家、哲学家和政治家。

② 普罗提诺(204—270),古罗马哲学家,新柏拉图学派中亚历山大—罗马学派的创始人。——译者注

宗教的哲学思考,反映了人们试图把哲学兴趣与宗教情感结合起来。

在面临政治和经济灾难的时候,对于那些无法对哲学进行解释的普通民众,罗马帝国不同地区的古老地方宗教为他们的情感和宗教欲望提供了一个排遣口。这些狂热崇拜呈现出福音派的特征,形成了一系列的行为准则、既定的宗教信仰制度、指定的仪式典礼和装束以及教士等级制度。罗马帝国通过宗教信仰横扫一切,把宗教信仰与整个罗马的家庭和民众信仰结合起来。

基督教的胜利。在大部分人看来,罗马帝国统治的最初两个世纪,基督教只不过是众多东方宗教中的一个。基督教开始只是作为巴勒斯坦的一个地方犹太教派,基督教组织和基督教信仰渐渐地在罗马帝国各个地区赢得了拥护者,也得到了乡镇和城市下层人民的支持。尤其是圣保罗(St. Paul)①在普及基督教以及在东罗马帝国宣扬基督教信仰时起到了重要作用。他学习过希腊哲学,尤其是禁欲主义。在皈依基督教以后,他在希腊的小亚细亚、爱琴岛、色雷斯和希腊本土撰写大量书信,并亲自到民众中去宣讲。

随着基督教派及其会众赢得更多的追随者,它们开始与其他教派斗争,最后还与君主争斗。到现在人们也不清楚为什么君主要迫害基督徒,也许是因为他们坚持崇拜一个神而拒绝崇拜君主,这被认为是一种违法的或不忠的行为;也许是因为他们拒绝参加市民仪式和市民游戏,激怒了君主以及非基督教神灵;也许是因为他们认为军队进行无谓的屠杀而拒绝参军;也许是因为他们崇尚过一种严格的道德生活,导致他们被看作"怪人",从而被认为是危险人物。无论是什么原因,他们越来越成为城邦公共官员关注的焦点。尼禄(Nero)②发现,可以把他们作为罗马被烧的替罪羊。在公元1世纪和2世纪,其他君主统治时期,也发生过断断续续的、不定期的对他们的迫害行为,因为统治者不相信他们或者害怕他们不为惩罚所动,他们甚至因为殉道而更加发展壮大,

---

① 圣保罗(5—67),早期基督教徒,原名扫罗,信基督教后改名为保罗,被公认为是对早期教会贡献最大的使徒。——译者注

② 尼禄,古罗马皇帝(54—68),以昏暴和放荡出名。——译者注

同时他们对于自己所从事的事业和信仰的正义性极为坚定。

由于公元 3 世纪罗马帝国所面临的磨难越来越多，以及基督教徒力量的不断壮大，君主们明显地感到该是阻止这一切的时候了。在德基乌斯(Decius)和戴克里安(Diocletian)统治时期，他们通过一系列的努力来重申君主的绝对权力，并把铲除基督教会众作为实现这一目标的手段，但基督教徒是无法铲除的。因为公元 3 世纪罗马帝国开始出现衰落和动摇，教堂变得比以往任何时候都更强大。几个世纪以来，教堂首次在与城邦的斗争中取得了胜利。

最终在公元 4 世纪的时候，君主的态度发生了改变。他们明显意识到，对这些人宽容、直到最终取得他们这样一种强大力量的支持是一种明智的选择。公元 311 年，加莱里乌斯(Galerius)①发布公告，授予基督徒合法权利来崇拜他们的神灵；公元 313 年，君士坦丁赋予基督徒完全的法律权利，公元 325 年他又把基督教定为城邦的官方宗教。从这时起，教堂的领导者们开始认为城邦和教堂可以合作。圣安布罗斯(St. Ambrose)②和罗马主教格拉修一世(Gelasius Ⅰ)声称，城邦应该保护而且支持教堂，而在冲突中教堂的利益应该是至高无上的。这就是"建立宗教信仰"这种理念的基础。

尽管在公元 4 世纪罗马皇帝朱利安(Julian)统治时期，非基督教神灵声望大起，基督教遭遇暂时的挫折，但最终基督教还是取得了胜利。当时狄奥多西(Theodosius)皇帝开始压制对罗马原有神灵的崇拜，并把这定为反抗城邦罪，只有基督教能够享受合法保护。狄奥多西是最后一个统治整个罗马帝国的君主，因为在公元 5 世纪后，东部的希腊帝国和西部的拉丁帝国彻底分裂。罗马教堂在西罗马帝国享有最高权力。在公元 6 世纪，东罗马帝国君主查士丁尼进行了最后一次努力，试图再一次把这两个帝国统一成一个国家。作为达到这个目的的一种手段，他坚信基督教，并在公元 529 年关闭了雅典从柏拉图和亚里士多德

---

① 加莱里乌斯，古罗马皇帝(305—311)，以迫害基督教徒出名。——译者注
② 圣安布罗斯(约 340—397)，古代基督教拉丁教父。——译者注

时代就存在的哲学学校,从而表明他铲除异教的决心。这是古典文化让位于中世纪文化的又一个标志。

　　基督教力量的崛起,不仅得益于其行为准则和信仰力量,而且还得益于其作为一个机构组织不断的完善。几个世纪以来,由于教堂一直在参照着帝国的组织结构,因此,也迅速形成了一种分级结构。最初,基督教派与信众团体相对独立,但是,更加集中的组织慢慢建立起来了。当牧师与一般信徒区分开来时,教士的分级结构就形成了,一种新的有效的组织戒律就建立起来了。在城市的地方团体和小区域内,教堂任命教区牧师;在城市范围内,教堂设立主教来管理教区内的教堂事务;在帝国行省,教堂建立大都会或者是大主教来管理区域范围内的主教;在主教管区(包括几个行省),教堂任命主教。这种集中控制的形式到公元 4 世纪时已经非常完善。

　　最后,罗马的主教们可以在整个罗马教会认领自己的教区,并行使作为主教的权力。在公元 5 世纪大教皇利奥时期(Pope Leo the Great),这一进程似乎进展顺利。罗马主教们之所以拥有至高无上的权力,那是因为西罗马帝国还是把罗马当作整个帝国的物质、精神和经济中心。此外,自从圣彼得(St Peter)①在罗马建造教堂,这种认领行为越来越得到罗马主教们的推崇。圣彼得被基督亲自任命为主传教士,因此,通过他罗马的主教们就成了基督的合法的宗教继承者。一种联合的基督教世界理念,在政治和宗教事务中起着重要作用,同时在整个帝国和中世纪的知识和教育事业中也不容忽视。

教育管理的多样性

　　早期的家庭教育。在公元前 300 年之前,罗马的教育像其他原始部落的教育一样,由家庭来进行,其目的是使孩子遵守社会习俗,适应群体习惯和生活。我们可以假设,在孩子模仿和观察父母日常生活的

_____

① 圣彼得(1—64),早期基督教会所称耶稣十二门徒之首。——译者注

时候,向他们灌输虔诚的理想、正直、勇气和智慧。家庭教育的一般目的,就是使男孩成为一个健康强壮的人,向他灌输尊重神灵、父母和法律的思想,使其在战争与和平年代成为一个有用的人。

图 5 罗马学校图景

特权家族的男孩要学会骑马、拳击、游泳和使用长矛。而母亲们会教女孩管理家务的细节,接受训练使其在行为举止上成为一个"罗马女人"——在罗马家庭和社会中享有相对较高地位的人。到 16 或 18 岁时,罗马的年轻人会穿上市民的服装,在父亲的陪同下参加公共集会和公共宗教仪式。因此,他要了解一个市民的理想和职责,不是从抽象的理论,而是从日常生活行为开始做起。这种教育方式只适用于与元老院阶层有关的上层阶级家庭。平民和奴隶的孩子只接受能够使他们承担经济、宗教和军事职责所需的指导。

共和国时期对学校的私人控制。在罗马,正规的学校可能早在公元前 500 年就已经存在了。但是,即便如此,和我们前面所提到的家庭教育相比,它们并不能起到重要的作用。一般来讲,作为正式机构的学校,在大约公元前 300 年就以一种重要的方式出现在罗马的舞台上,在公元前 3 世纪末已非常普遍。罗马学校的机构化,在很大程度上是希腊化时期希腊文化向西地中海地区传播的一部分。罗马的初等学校被称为"卢达斯"(ludus),由"游戏先生"(ludi magister)或"拉丁文法教师"(litterator)来管理,相当于东方希腊化时期学校的希腊文法教师。

图6　一个受过教育的奴隶在其罗马主人面前做计算

　　无论是男孩还是女孩,从 7 岁到 10 岁或 12 岁起,学习阅读和书写拉丁文,用手指、小鹅卵石或者算盘来进行计算。与当时的希腊学校相比,罗马学校没有音乐和体育教育,但罗马的教育还是迈出了第一步。这些学校一般是私人的也是自愿的,几乎不受城邦的监督。在罗马教育中,带男孩上学并充当其保镖的教仆与希腊国家的教仆一样杰出。他们有时候甚至就是家庭教师或者是教师,对于上层社会来说,他经常是一个能胜任此项工作的希腊奴隶。由于初级教育是一种私人教育,因此,很明显罗马的教育基本上是为上层社会的人准备的,只有他们才支付得起让孩子上学的费用。

　　中等学校在公元前 3 世纪左右引入罗马。如人们可能预期的一样,所有的文字都是希腊文,而且基本上采取希腊化时期中等教育的形式。学校基本上是文法学校,和在希腊一样,由文法学家来上课。在文法学家的学校里,从男孩 10 岁或 12 岁开始到 16 岁向他们教授希腊文法和文学,但很少关注或不关注音乐或体育,因为罗马照搬了在希腊化时期东部地区发展的主智教育。有趣的是,罗马的第一批中等学校都是外语学校,不仅代表罗马共和党人利益而且全部希腊化。同样,这也是西部地区被普遍希腊化的一部分,是由与希腊有联系的罗马经济、军事和文化所造成的。文法学家还是私人教师或者家庭教师,进行有偿的教学活动,但在罗马共和国的大部分时间不受城邦管理或监督。

在公元前 1 世纪罗马共和国时期,拉丁文作为国家通用语越来越引起人们的重视,一种新型的中等学校出现了,那就是教授拉丁文的文法学校。到共和国统治末期,拉丁文学的发展使拉丁文法学校能够和希腊文法学校并存。在罗马几代人的成长过程中,都是两种文法学校并存,一种是希腊文,一种是拉丁文,有天赋的男孩可以到两种学校里学习以接受全面的教育。这些学校成为罗马共和国时期上层社会的男孩适应未来上层社会生活的一种手段,是他们取得成就以及在公共统治领域——元老院或是军队获得升迁的途径。

人们认为,共和国时期最好的教育应该是,在雅典或者东部地区的其他希腊化中心的中等教育中增加了修辞学校或哲学学校。在罗马帝国建立之前,西方的修辞学校并没有取得多大的进展。因此,在所有的基础因素中,罗马学校的教育基本是完全模仿希腊教育。但是,在共和国时期,早期的家庭教育在罗马仍然起着重要作用,对大部分孩子来说,学校教育和他们没有丝毫关系。

罗马帝国时期国家对学校控制的加强。与罗马共和国时期相比,罗马帝国时期学校的基本类型没有较大改变。最明显的变化就是在强调重点和对学校的支持上。整个帝国时期,文人学校(school of litterator)是最常见的初等学校,教授基本的阅读。常见的文法学校(school of grammaticus)基本是中等学校,在西方越来越强调学习拉丁文法,在东方越来越强调学习希腊文法。最后,希腊文法学校在西方基本消失了,但有趣的是,在某种程度上高卢和爱尔兰的学校似乎还在进行希腊文学习。修辞学家学校或者称为修辞学校,在帝国时期成为最普遍的高等学校,在西部地区强调拉丁文修辞,在东部地区强调希腊文修辞。在整个罗马帝国的大部分时间,哲学学校在东部城市继续发展,但并没有在罗马或者西部地区得到任何发展。其他的高等教育机构,在东部地区得到建立和发展,在西部地区也有些许发展,例如,技术学校、图书馆、博物馆以及科研中心等。

帝国时期学校最大的变化,就是一些君主和行省领导人开始给教师越来越多的赞助和支持。这样,帝国政府在罗马学校的管理中发挥了越来越大的作用,甚至从某种角度上可以说,罗马在很大范围内建立

87

了"公共"学校。然而,总体来说,这些学校基本上是提供给元老阶层或者骑士阶层的,换句话说,是提供给罗马社会富有的土地所有者和经商阶层的。帝国时期的这种赞助是很随意的,主要取决于君主的个人兴趣,或是提倡学习或是想赢得社会某部分人的支持。甚至在帝国之前,凯撒大帝就曾经给来罗马的某些外国教师以及医生以特权和公民权。奥古斯都也曾给予外国教师和医生这样的恩赐,因为大面积的饥荒,所以当时所有的其他外国人都被驱逐出罗马,但他们可以继续留在罗马。

公元 1 世纪,维斯帕芗皇帝因其对教育机构的赞助和支持而闻名。他在罗马建立了大量的图书馆,给希腊文和拉丁文的修辞学校捐赠椅子,用公共财政来支付修辞学家的工资。他还给文法学家、修辞学家、医生和哲学家很多公共义务的豁免权,免除他们的税收和兵役,不用向士兵提供住宿。内尔瓦(Nerva)皇帝向部分男孩和女孩提供补助,让他们继续接受教育,直到男孩 18 岁、女孩 14 岁。图拉真皇帝关照罗马几千个贫困儿童,并使他们接受教育。这些做法对于增加受教育机会多么有效或者多么广泛并不为人所知,但是,表面上使教育能够在最好的条件下勉强维持。尽管如此,这一时期人们对于教育的热心广泛传播,在罗马帝国东部地区和西部地区成千上万所学校教授孩子阅读希腊文或拉丁文。

在公元 2 世纪,各种学校的扩展在整个罗马帝国取得了更大的进展。这些活动大部分是在城镇以及行省当局的领导下进行的,尤其是在东部地区,当经济萧条影响城镇的时候,君主甚至也会偶尔提供帮助和进行鼓励。在东部地区,而不是西部地区,所有的城镇都有它们的体育场和体育馆,公共游戏和运动比赛使人们保持着对音乐、舞蹈和竞技运动的兴趣。然而,学校却被限制在城镇范围内,而且只有上层社会的孩子才可以上学。哈德里安皇帝帮助作为学习中心的雅典重新恢复活力,在罗马建立雅典娜神庙作为希腊文学者和拉丁文学者的机构,供对科学、文学和哲学、土木工程、建筑以及更多的实用艺术感兴趣的人使用。

罗马皇帝安东尼纳斯·皮乌斯强调,城镇有义务支付教师的工资并给他们豁免权,这鼓励了业已存在的行省控制教育的习俗以及对教育的支持。省会城市需要资助 10 位医生、5 位修辞学家和 5 位文法学家；小城市资助 5 位医生、3 位修辞学家和 3 位文法学家；其他城市按照城市的大小来进行相应的资助。总的来说，城市要用公共支出来支付这些工资，如果城市无法支付，那国王就用帝国的财政来支付这些工资。马可·奥勒利乌斯对雅典的学校尤其感兴趣，他向一位修辞学家捐赠了一把椅子，并授权为 8 位哲学家支付工资。最初由柏拉图、亚里士多德、享乐主义者和禁欲主义者建立的哲学学校，每所学校各有 2 位哲学家受到资助。

在公元 3 世纪，亚历山大·塞维鲁（Alexander Severus）皇帝在罗马新建立了一个高等学习中心，有文法、土木工程、建筑、医学和天文学方面的公共教授来讲课，还向贫困家庭的孩子发放奖学金。君士坦丁大帝鼓励接受基督教教师的教育，尤其在君士坦丁堡还重申了高等学校教师豁免权以及荣誉的原则。格拉提安（Gratian）皇帝增加了帝国对高卢学校的资助。在朱利安统治时期反对基督教的时候，他取消了基督教教师的特权。公元 362 年，朱利安发布公告，禁止基督教教师在公共学校从教，并把所有的任免权都揽入囊中。

狄奥多西皇帝进一步加强了对君士坦丁堡地区高等学校教师工资的支付，授权 10 位文法学家和 3 位修辞学家在拉丁语学校教学，授权 10 位语法学家和 5 位修辞学家在希腊语学校教学，同时还任命了 1 位哲学家和 1 位法理学家。在他的统治时期，一个有趣的规定就是公共学校的教师不能有自己的私人学生，私人教师不能在公共学校教学。查士丁尼统治标志着帝国对教育资助的减少，他命令关闭雅典学校，因为他们是非基督徒。而这正表明，罗马帝国的学校在东部地区以及意大利存在，一直到中世纪。尽管时势艰难，而且基督教教堂开办的宗教学校越来越重要，但一些意大利城镇还是成功地把他们的世俗学校保持了几个世纪。

教堂对基督教学校的控制。罗马帝国时期教育的特点，就是基督教会进入教育领域，与私人管理或平民政府管理的世俗学校并存。从学校和学生的数量上来看，在罗马帝国的大部分时期，基督教学校可能无法与世俗学校相比，尽管当时可能并没有这样的数据统计。然而，看

89

起来,好像从公元 5 世纪到 7 世纪或 8 世纪的某个时期,基督教教堂的教育投入占有绝对的优势。

无论世俗学校与宗教学校的相对比例到底是多少,在帝国统治的最初三个世纪里,基督教教堂首先建立了自己的学校。最初,教堂在建立学校方面也表现出犹豫,但是,很快越来越多的教堂领袖意识到,应该给与那些即将成为教徒的人某种特殊的指导。在基督教早期,洗礼和入教只是成年人的事情。为了确保即将接受洗礼的人(新教徒)信仰根基牢固,有必要对他进行 2 年或 3 年时间的尝试教导。最初,这种教导通常由基督教团体的年长者来进行,并不是正式的;但是,随着这种教导变得越来越正式,接受洗礼的候选人熟悉礼拜、道德戒律和信仰教义的过程被称为"教徒学校"(catechumental school)。这些教徒学校大概在公元 5 世纪发展到顶峰,然后开始慢慢地衰落,到公元 8 世纪或者 9 世纪的时候几乎完全消失,由其他类型的教堂学校取代了它们的位置。

另外一种更主要类型的学校,就是寻求在当时的希腊哲学学校中提供一种更先进的教育。比较著名的有克莱门特(Clement)①在亚历山大里亚建立的学校、奥利金(Origen)②在凯撒利亚建立的学校、圣克里索斯托(Chrysostom)③在安提克建立的学校以及殉道士贾斯丁(Justin)在罗马建立的学校。总的来说,公元 2 世纪和 3 世纪一个有教养的人应该接受的教育内容之中包含这些学校的课程,最终帝国的所有主要教育中心也都有了这些课程。这些类型的学校在形式上并不高度机构化,它们基本上由主教或者其他宗教领袖来管理。它们可能就是后来的教会学校的先驱者,在中世纪时期地位重要而且影响深远。

基督教教堂早在公元 4 世纪就开始对扩大教育投入感兴趣,这可以从君士坦丁堡的教会理事会公元 381 年的教令中得到验证,该条令要求教堂在所有的城镇和村庄建立学校,让孩子们接受免费教育。这

① 克莱门特(约 150—约 220),公元 2 到 3 世纪最重要的基督教护教士。——译者注
② 奥利金(约 185—约 254),早期希腊教会最有影响的神学家。——译者注
③ 圣克里索斯托(347—407),古代基督教希腊教父。——译者注

无疑从执行命令变成了一种要求,教堂试图取代君主和城镇在建立学校方面的世俗控制。在公元 6 世纪,教会理事会颁布教令,要求整个基督教会的所有教士都要向意大利的教士学习,注意训练他们的继任者。这样,在罗马帝国衰落之前,对可能成为教士的人进行教育的想法就成为教堂越来越关心的事情。

基督教教堂组织和发展的另一个方面,就是对教育的组织和控制产生的深远影响,即禁欲主义的增长。早在公元 2 世纪和 3 世纪,隐世而去过宗教生活的做法吸引了越来越多的基督教徒。最初,这种做法只代表隐士的生活,过着一种严格的禁欲和苛刻的生活,拒绝一切与身体和精神赞美相关的东西。克己、自律甚至极端的苦行成为这些隐士们所理想的禁欲生活。

在公元 4 世纪和 5 世纪,禁欲生活的形式发生了改变,隐士们开始就近居住,最后他们就住在一起,过着群体生活。在这个过程中,形成了最初的修道院生活,为本笃运动(the Benedictine Movement)①铺平了道路。本笃运动开始于公元 6 世纪,最后几乎传遍整个欧洲。尽管正规教育在这些早期的僧侣组织中的地位并不明确,但是,确定的是对这些教众的行为做了规定,包括对其思想和道德戒律的具体要求。最后,修道院成为中世纪早期教育和营造知识氛围的重要中心。

教师职业的地位。 对罗马时期教师的作用和地位虽然已经进行了大量的阐述,但这里还是要进行一些总结。初等学校的教师的声望一直很低,他们的工资只是随意地通过酬金或者礼物的形式来支付,其地位几乎没有任何保障。但是,重要的是在罗马时期的记载中几乎没有对他们的评价。这也许是因为对他们所付出的劳动只是粗略地进行估价。在罗马,初等学校的教师大多数往往是奴隶或者是被罗马所征服的国家的平民。

然而,对于高等学校的教师来讲,其状况就完全不同了。在共和国时期,最著名的教师是希腊人,他们最初是罗马的政治对手,后来成为

---

① 本笃运动,指遵循圣本笃(基督教修道院制度的创始人圣本尼狄克)所制定的规章的运动。——译者注

奴隶,但最终获得了罗马公民权。无论如何,希腊的学者们在罗马知识界被看作是重要人物,能够得到不同类型的赞助和特权。文法学家、修辞学家、医生、哲学家和科学家在罗马帝国的不同时期起起落落,但总体来说,一些君主和许多城镇都愿意支付他们的工资,也就是说,这些人在当时拥有相当高的地位。例如,著名的修辞学家和教师昆体良就在罗马帝国早期维斯帕芗统治时期担任较高的公职,其他的相关例子也存在。

当基督教只是得到少数人支持的时候,被认为是一种"危险"的团体,基督教教师和其他的基督教徒一样遭受着相同的命运。当基督教成为主要的宗教团体,非基督教教师反而陷入了麻烦,其中著名的事件就是查士丁尼发布公告要求关闭哲学学校,非基督教教师被迫离开雅典。在基督教教堂内部,著名的牧师同时也是教师、哲学家和学者。在帝国时期,教学是教士、主教和教堂领袖工作的一部分。总的来说,在中世纪以前,教堂里还没有出现特设的教学班级。教师的标识不是他是否拥有学位或者经过某种正规的学习之后通过考试,而是只要他在某个公认的教师指导下进行过学习,自己具有成为教师的理想,能够吸引学生或者得到君主、行省长官或主教任命的教学职位就可以成为教师。

尽管人们越来越公认,熟知人文科学是成为教师最起码的要求,但直到中世纪,获得教师特许和教学学位所需的特殊学习课程才确定下来。在那时,作为一种专业团体的教师几乎没有什么凝聚力,除非他们隶属于修辞学校或哲学学校;而且,与后来几个世纪相比,进入这个职业没有那么正规而且非常个人化。在罗马帝国统治后期,世俗教师就代表着整个社会的精神思想状况,因为他们教学方法比较缺乏创造性,枯燥乏味,宗教教师被宗教教义所限定,同时受整个枯燥的精神思想氛围影响。那时,许多教师所知道的东西,基本上不比公元4世纪和5世纪编写的课本摘要的内容多。

罗马教育的贵族特征。正如罗马文明在很大程度上贵族化的特征一样,罗马教育也基本局限在特权阶级及富有阶级中。在共和国时期,经济和政治基础广泛,在学校接受教育相对是大多数人的共同期待;但

92

是,随着帝国统治后期经济和政治基础越来越薄弱,教育基本局限在贵族元老阶层和骑士阶层。尽管在对教师的公共支持方面取得了一些明显进展,也曾有一些举措向贫困家庭的人提供奖学金,但下层阶级的孩子几乎没有机会受到这样的学校教育。总的来说,想从下层阶级中脱身的可能性很小。在公元 3 世纪之后,农奴和专制统治的增长使得这种可能性变得越来越小。

当基督教教堂开始接管大部分罗马教育的时候,它基本没有改变教育的贵族化特征;其主要目的就是为教堂培养领袖,而这些领袖越来越多地来自于更有特权的阶层。基督教教堂不是要培养全民教育的理念——为全体民众服务的宗教和教堂,因此,教育也不是为全体民众服务的。一般大众不能进行宗教教义学习,但教士们就可以,所以,接受教育和学习知识的机会基本掌握在教士和未来的教士手中。

校外的教育机构

和许多其他文化一样,罗马时期最普遍的校外教育机构就是家庭。前面已经讲过家庭在教育孩子在未来社会中立足的作用,这里只需要提及两点:(1)家庭向孩子提供机会使其融入这种文化的能力,在很大程度上取决于该家庭的社会和经济地位。因此,罗马社会越来越明显的排他性特征意味着,越来越少的家庭能够做到这一点,因而家庭作为一种教育机构几乎无法阻止罗马的衰落。(2)早期的罗马家庭给孩子提供全面的指导,包括他们即将生活的罗马共和国的宗教、政治、经济和社会等各个方面。然而,随着教堂包揽一切,任何基督教家庭的职责就是要迎合基督教的期望,整个家庭都要更加注重在宗教、道德和精神方面的家庭指导,而不进行政治和经济方面的指导。因此,家庭教育和其他类型的教育一样专注于来世的影响,而不太关注在现实社会中对孩子日常生活的生存指导。

还有一些其他的非学校教育机构。在罗马共和国时期,论坛、元老院、公民大会举行的活动以及国民宗教典礼的教育意义巨大。在罗马帝国时期,罗马市民居住的环境周围都是伟大的建筑、雕刻和艺术纪念碑,时刻提醒他们罗马以及罗马君主的伟大。与此相似的是,运动场、

93

竞技场、剧院、公共浴室、节庆日和假日都带有明显的公共特征,影响着公众的思维。对于知识分子阶层来说,除学校之外,图书馆、博物馆和研究院给他们提供了更多的教育机会。总之,基督教教堂在整个发展初期承担着教育任务,因为教育伴随着它传播福音和皈依整个文明的全过程。为了在至高无上的权力中占有一席之地,教堂从事包揽一切的教学和教育过程。

还有两个机构需要在这里说明一下。(1)在罗马公共生活的成功和成就方面,军队起着极其重要的作用。尤其在奥古斯都统治时期,特权阶级青年的教育主要面向军队的领导层,不仅强调体育教育,而且还注重军事训练。这些年轻人在罗马战神广场以及行省城市相似的地方举行的阅兵和比赛中练习自己的骑术。然而,在东部地区,体育教育只是体育场和体育馆的一项功能而已。在罗马,体育教育只是军事训练的助手,或者就是为了参与运动会和竞技场举行的专业比赛。(2)学徒制向社会下层的商人和手工艺人提供了职业教育。与在希腊一样,罗马的职业教育不是学校教育的一部分,而是交给学徒制来进行,让男孩们和有经验的手工艺人一起劳动。随着这些商人和工匠形成行会或联盟,某些入会的要求就建立起来了,以确保有志气的年轻人做好充足的准备。至于农场和城市里的平民,从他们的家人或者地主和雇主那里学习一些力所能及的东西,以从事半技术的或者无需技能的劳动。

知识的汇编

罗马人的思维周期

公元前 3 世纪之前,罗马有其自己的特性,知识分子基本上没有受到希腊文化的影响。很自然他们把自己理智特性理想化了,这些特征适用于参差不齐、从事农业以及好战的原始部落。显然,理想的罗马人注重而且几乎过度地承担家庭责任、公民责任,并怀着真诚、尊重和深虑的思想从事商业贸易或农业活动。

在公元前 3 世纪、公元前 2 世纪和公元前 1 世纪,罗马的精神文化生活受到了希腊思想、文学、哲学、科学和宗教的极大影响。最初为了与希腊商人进行友好交流的实际用途,学习希腊文的意愿快速增长,后来希腊学者开始大量涌入罗马,罗马的知识分子就开始学习希腊思想并深受影响。当然,也有人反抗这种希腊影响,例如,老加图(Cato)①就认为罗马只能从希腊文化中学到罪恶,但尽管如此,他最终也停止了抵抗。总的来说,共和国后期的大部分罗马知识分子都汲取了希腊思想的营养。

从奥古斯都开始出现了一个新时期,并一直持续到公元2世纪。在这一时期,拉丁文学代表了罗马的国家意志,开创了拉丁思想的所谓的"黄金时代"。在西塞罗、卢克莱修(Lucretius)②、维吉尔(Vergil)③、贺拉斯(Horace)④和奥维德(Ovid)⑤时期,拉丁文学首次与创造性的希腊文学匹敌,单纯模仿的拉丁文学的时代开始告一段落。然而,从文化类型上来看,大部分的拉丁思想在起源和要旨方面还是以希腊思想为基础,在精神思想历史上没有产生像柏拉图或亚里士多德那样的有创造性的超级天才。

罗马思想最后一个创造性时期开始于公元2世纪和3世纪,当时基督教思想通过来世的宗教和期望在信仰方面创造了一种新乐观主义。希腊和拉丁世界的教父们构想,向崇尚教义的人传授耶稣思想,以及吸引绝望的知识分子阶层,他们为了解决自己的理智和道德问题,已经放弃了对希腊哲学的信仰。重心从政治和社会发展转向了对精神救赎的追求,这比身体自由和幸福更为重要。

从积极的角度来讲,基督教通过向原有的希腊哲学注入救赎和神学动力,为希腊思想注入了新的希望和活力。但是,从消极的角度来看,曾经促使希腊古典哲学繁荣的创造性思想的源泉已经明显枯竭,而物理科学和政治哲学的创造性理念必须要等几个世纪才能有新的形式

---

① 老加图(公元前234—公元前149),亦称大加图,古罗马执政官、历史学家和作家。——译者注

② 卢克莱修(公元前99—公元前55),古罗马诗人、哲学家。——译者注

③ 维吉尔(公元前70—公元前19),古罗马诗人。——译者注

④ 贺拉斯(公元前65—公元前8),古罗马诗人。——译者注

⑤ 奥维德(公元前43—17或18),古罗马诗人。——译者注

和实质内容出现。随着 3 世纪、4 世纪和 5 世纪的发展,除基督教思想以外,罗马的思想精神生活进入了衰落和陈旧的时期,直到中世纪后期才重新崛起。

人与自然和上帝

世界本质的最主要形式以及人与自然的关系,揭示了非现实世界与现实世界的对立。主宰罗马思想的"非现实世界"贯穿了禁欲主义和柏拉图理想。他们强调精神世界的永久绝对性特征,与之相对的就是日常生活的短暂性。

根据爱比克泰德(Epictetus)①、塞内加和马可·奥勒利乌斯的禁欲主义,个人应该用严格的纪律引导自己的生活,不要关注物质世界的变幻莫测和过眼财富。在公元前 1 世纪,犹太人斐洛(Philo)②曾试图把犹太教、禁欲主义和柏拉图主义结合起来,他认为犹太教所崇拜的神灵和柏拉图描述的抽象的超验的神是相同的。他赞赏沉思的生活以及与神灵的神秘结合,反对肉体愉悦以及情欲生活。斐洛是犹太教、希腊哲学和基督神学之间的一个最重要的桥梁和纽带。在公元 3 世纪,普罗提诺开创了新柏拉图主义学派,强调个人通过信仰、抑制肉体欲望和提高精神生活质量,以便与神灵进行完全融合的过程。

卢克莱修走入另一个方面,把他的诗词作为伊壁鸠鲁学派的哲学武器。他鼓吹物质主义,宣传世界是由从太空落下的原子组成的,没有神灵或者神的力量来掌控人类的命运,也就没有来世重生。卢克莱修猛烈抨击柏拉图和禁欲理念中人基本是精神实体的说法,坚称人的肉体和灵魂一样永垂不朽,因此,没有必要为死后做准备,也没有必要恐惧死后接受神灵的惩罚。卢克莱修宣传无神论,对福音书充满热情,用他所有的诗词著作抨击宗教迷信,赞美他所信奉的理智生活。

然而,希腊人把人的身体和灵魂的二元性看作是两者和谐发展的机会,罗马人就是要使其中的一者或另一者发展到极致。禁欲主义和

---

① 爱比克泰德,与斯多葛派有关的哲学家。——译者注
② 斐洛,古犹太哲学家,神秘主义者。——译者注

新柏拉图主义崇尚灵魂,而享乐主义推崇身体以致于否认灵魂的存在。直至几个世纪之后,两者的矛盾才最终以基督教的胜利得以解决。

耶稣通过教育的力量和教义的影响,向世界传播其主要教义传达的一种理念,即人应该遵守上帝制定的法令和尊重上帝,每一个人都应该爱自己的同胞,期待他人如何对待你,你就要如何对待他人。耶稣宣称,如果人和上帝的关系理顺,就能够达到永久的救赎,这正符合人类的内心和情感。如果一个人想要在天国获得永久的幸福和上帝的保佑,就应该以正直的心灵和灵魂为指导,而不仅仅依靠宗教仪式和典礼。耶稣还教导人们,每一个人都是仁爱的天国神父的孩子。这种上帝对孩子的人性关怀,为疲惫的罗马帝国社会注入了新的活力。上帝所传达的这种伦理和道德戒律以及人与人之间的兄弟情谊,开始征服罗马世界。

然而,基督教想要成为罗马全体民众的宗教,就必须解决罗马帝国疆域的辽阔及其复杂性,组成民族的多样性以及希腊哲学传统的力量的问题。因此,基督教教堂必须要大规模地建立起来,以满足罗马帝国广大疆域的需要。这就为具有组织能力的实干家提供了发挥才能的空间。因为普通大众已经非常适应典礼和习俗,所以,基督教很快建立起自己的宗教典礼和宗教风俗,这与当时的很多其他宗教非常相似,例如,尊重非主流宗教的圣人、殉道士、宗教遗址、洗礼以及各种宗教节日。基督教信仰不仅从当时的各种宗教中汲取了营养,而且还吸引了那些沮丧的和非特权阶级的人们,使他们对未来充满希望。同时,还吸引了那些已经厌倦了单纯的哲学思考的知识分子阶层。

最后,在几个世纪的时间里,基督教的教旨融入了其教义实体,在形式和内容方面很大程度地与希腊哲学尤其是柏拉图学派哲学相结合。这个进程的第一步就是写下口述的《新约》(New Testament)中有关耶稣的故事,这开始于公元50年左右的使徒时代,持续了大约一百年时间。结果,耶稣的思想开始从单纯的教师转向了神圣的基督——圣子,他是上帝人形的化身,通过被钉死在十字架上的刑罚来替人类赎罪,并通过耶稣复活为人类救赎。圣保罗以及《福音书》(Gospel)的作者在把柏拉图学派的理念主义与耶稣结合起来方面产生了重要影响。

97

接着,从公元 2 世纪到公元 6 世纪的教父时代,基督教教堂的教父们利用耶稣的教导、《圣经》(Bible)及评价、主教们的教令和著作、教会委员会的决议以及希腊哲学著作,开始使基督教教义得到发展、组织、系统和细化。因此,教堂的教父们把希腊哲学内容融入基督教宗教信仰,为其注入了新鲜血液,从此希腊哲学再也没有被完全抛弃过。尤其是圣奥古丁(St. Augustine)①都帮助固定了基督教宗教信仰的模式,使其一直保持到中世纪。

总的来说,教父们的基督教宗教信仰与理想主义和柏拉图主义的二元性一起反抗伊壁鸠鲁学派的物质主义。他们认为,世界由全智、全善和全能的上帝来统治,其实质就是一种精神,上帝发动了对抗物质世界、邪恶世界和魔鬼世界的永久战争。人类是由肉体和灵魂组成的,因此,就具有潜在的善良和邪恶。身体的邪恶在亚当的堕落中取得了胜利,但是,精神的高雅和救赎可以通过不朽的灵魂来获得,教堂因而揭示并固定了通过信仰基督来达到救赎的思想。早在公元 3 世纪,塞浦路斯(Cyprian)女神就建立起来了,如果不是忠诚于教堂,那它不可能建立起与基督教的交流。

基督教教堂发现,有必要使所有有关真理的教义协调起来。公元325 年,君士坦丁国王在尼西亚会议上(Nicene Council)②把这些富有争议的教义当中最重要的一个问题解决了。阿里乌(Arius)③坚持,上帝和耶稣在本质上是相似的,但是,耶稣基本上是一位人类教师而不是真正的神;而圣亚他那修(St. Athanasius)④却认为,圣父和圣子在本质上完全一样,上帝在圣父、圣子和圣灵的三位一体中体现出来。教会委员会最后做出了有利于圣亚他那修的决断,于是,他关于基督三位一体的教义成为正统教义。从那时起,从正统教义中演化而来的所有变体

---

① 圣奥古斯丁,基督教神学家、哲学家,拉丁教父的主要代表。——译者注

② 尼西亚会议,公元 325 年和 787 年在小亚细亚尼西亚城召开的基督教会议,尤其是第一次会议,通过了基督教标准信条。——译者注

③ 阿里乌(250—336),埃及亚历山大里亚基督教司铎。——译者注

④ 圣亚他那修(298—373),公元 4 世纪埃及基督教神学家、政治家和民族领袖。——译者注

都是对教堂、对城邦和对道德的威胁,而不断遭到迫害。

尽管基督教的宗教信仰依托希腊哲学,但它摆脱了希腊哲学对理性的强调,在反对人类具有独自依靠智慧来取得幸福的能力时强调道德、伦理和情感作用。它进一步确立这样的思想,即人类在非现实世界的真正的幸福是来自于精神,而不是现实世界中的事物和事情。现在人类善行的主要动机不是在于人类的理性或者是为了社会的繁荣,而是来自于对上帝的依赖以及对来世的公正与和平的信仰所带来的力量及权力。由于道德权力的中心在转移,因此,古希腊—古罗马的古老传统正在让位于中世纪的基督教传统。

智慧的运用

在罗马共和国时期,西塞罗确定了智慧在人类事务中发挥作用的最突出的形式。总的来说,他认为,知识应该被看作是人类在公共和私人生活中处理事情时的实用指南。在伊索格拉底的指引下,西塞罗把成为最好的公众人物——演说家作为自己的兴趣,认为一个好的演说家必须接受广泛的通识教育,具备有关整个人文科学的知识和哲学背景以做出正确的决断,并引导他人做出明智的实用的判断。不应该为了追求知识而追求知识。"更多的人类学问"不是为了培养"文化",而是为了把智慧应用于工作,作为解决世界上存在的问题的一种手段。

罗马帝国早期的昆体良的兴趣跟随着西塞罗的脚步,认为人类理性是人类行为的最高指导。他坚持,道德行为的准则取决于演说家而不是哲学家,演说家应该被视为公共政策的领袖。昆体良对当时哲学家的反对,源于他认为哲学抛弃了重要的日常生活而关注非现实的精神世界。然而,整个罗马帝国的政治、经济和宗教事务都与昆体良的思想不符。因此,他的言论越来越不受人们关注,直至 13 世纪文艺复兴时期之后才重新被发现。

时势的发展有利于哲学家、斯多葛派、伊壁鸠鲁派和新柏拉图主义者,他们所有人对社团和整个帝国的公共事务都越来越不感兴趣。禁欲主义者不再像最初那样关心城邦事务,对日常生活的事情也漠不关

98

心,认为应用理智的主要目的就是要使灵魂达到同样的完美。伊壁鸠鲁派淡化了理性主义在指引和改善人类行为中的作用,放弃这种想法来享受生活中的偶然事件。尤其在普罗提诺的领导下,新柏拉图主义崇尚把灵魂神秘的精神力量作为行为的指导。因此,罗马的哲学家们放弃了在最初希腊和罗马共和国时期对理性主义的重视,而转向了宗教。

基督教通过把人类的理智和智慧作为对宗教信仰的一种解释与辩护的工具,而不是人类指导其行为的根本来源,完成了这种转化的过程。例如,圣奥古斯丁认为,上帝赋予人类理智,是为了使人类理解所有的事情,包括上帝本人。理智是灵魂的眼睛,通过眼睛人类能够不依赖感觉而直接看到事实的真相。智慧是最高级的事实,智慧就是上帝。真正的哲学就是真正的宗教信仰,两者都追求不朽的真理。圣奥古斯丁坚信柏拉图的理想主义,认为事实、善良和美丽是不朽的、永恒的和无法改变的。他们构成了上帝的意志,给人类天生的理念。尽管只有那些有理智的人才能够有信仰,然而信仰超越了理智。从顺序上来看,信仰先于理智,所以,我们要理解一件事,就必须先相信它。

由于这些论证,人类的智慧和理智就是为了服务于宗教信仰和宗教信念。当圣奥古斯丁使理智服从于宗教信仰的时候,他就建立了基督教思想的模式,直到中世纪的经院哲学斗争的爆发。与此相似的是,柏拉图时期理性主义与经验主义之间的长期斗争最后也向有利于宗教理性主义的方向发展。经验主义以感官作为知识的源泉,以人类智慧作为人类行为的指导,但其观点被搁置,后来只是偶尔会被注意到,并一直持续到文艺复兴时期。

艺术和科学的作用

学术的兴衰。如前所述,罗马时期思想文化生活的周期可以进一步用各种组织的知识实体的发展来说明。其中有三个比较突出的时期。第一个时期包括公元前 3 世纪至公元前 1 世纪,可以称为"希腊化共和国"时期。这一时期,尤其在地中海东部地区,以亚历山大里亚、罗德岛、帕加马和安提俄克为中心,希腊的科学和数学都有创造性发展。在语言艺术、文学和哲学方面,东方的希腊学者们开始把知识编撰成书并进行系统化,这就是后来我们看到的文法、修辞和逻辑。同时,西方的拉丁学者们开始消化吸收并创造性地应用希腊文学和哲学。

　　第二个时期包括公元前 1 世纪以及公元 1 世纪和 2 世纪,可以称为"早期罗马帝国"时期。这一时期,在东方,希腊思想的创造性应用在哲学、文学以及科学和数学方面失去了力量,强调系统化和重新加工利用原有材料的思想仍然盛行。同时,在文学和语言艺术方面的创造性应用转向了西方的拉丁作家,西方世界开始消化吸收希腊化时期希腊的科学和数学成就。

　　第三个时期持续了几乎整个公元 3 世纪、4 世纪和 5 世纪,可以被称作"罗马帝国后期"。这一时期,学术成就在希腊世界和拉丁世界的所有领域几乎都丧失了它的创造性,几乎完全是在编辑和消化吸收早期编撰的并进行系统化的知识。似乎罗马帝国后期的作家们已经看到了未来的艰难,并开始急切地把学术成就压缩成简练的纲要,也许这样可以艰难地度过知识衰落的寒冬。在东方和西方,因为教父们想要把希腊哲学和基督教教义协调起来,所以,只有宗教思想和宗教信仰仍然充满生气。在这一过程中的许多系统化工作和编辑工作都是沿袭原有的形式。

　　罗马形成了"七艺"。在前面所提到的三个时期,学术思想发展进程的最好见证就是自由艺术的发展,因为它们源于希腊并由拉丁学者进行修饰,准备一直传到中世纪。正如我们所见,适合于希腊"自由人"的自由艺术,一般认为,在基础水平上大约包括:文法、体育、音乐,有时候也包括绘画,在高级水平包括:逻辑、修辞、哲学、算术、几何、天文以及音乐和声。

　　与此同时,在西方,拉丁学者也已经开始利用希腊学科,并赞赏自由艺术的价值。公元前 1 世纪,瓦罗(Varro)[①]的工作是卓有成效的。

━━━━━━━━━

　　[①] 瓦罗(公元前 116—公元前 27),古罗马学者、作家。曾受凯撒之命,筹建罗马第一所公立图书馆。——译者注

他寻求建立了9个希腊学科,作为受教育者必学的科目。这些科目包括:文法、修辞、逻辑、算术、几何、天文、音乐、建筑以及医学。非常有趣的是,他放弃了希腊课程里所包含的体育和绘画,而加入了建筑和医学。瓦罗的选择可以用这个理论来解释,那就是,他只想把希腊文化中希腊比罗马更有优势的知识引入拉丁教育。

瓦罗没有把希腊系统化发展的所有领域的知识都囊括进来,他显然认为希腊在农业、机械和土木工程方面不比罗马有优势。另外,他显然认为绘画、制图和雕刻的艺术没有任何科学可言。但是,他能够为建筑和医学以及其他的7个学科证明,它们发展得如此系统化,以至于教师可以直接把它们教给学生及其他人。因此,在瓦罗的自由艺术摘要中,有两个选择原则在起作用:(1)自由艺术只限于希腊学科;(2)自由艺术只限于瓦罗所认为属于希腊科学的学科,也就是有组织的和系统化的知识实体。

在罗马帝国后期,马丁纳斯·卡佩拉(Martianus Capella)[1]把自由艺术的数目固定为"七"。有趣的是,为什么卡佩拉在公元4世纪后期会转向瓦罗所列的自由艺术的9个学科,并删掉其中的2个学科而把它缩减到7个学科,这正揭示了当时的思想文化趋势。在他富有影响的寓言概论《语言学与墨丘利神的联姻》(*Marriage of Philology and Mercury*)一书中,卡佩拉描述了一种天堂婚礼,而其中的伴娘是"七艺"(seven liberal arts),包括文法、修辞、逻辑、算术、天文、几何和音乐。他把数字缩减到"七",就是因为他只想保留那些会引起一群天人和圣体兴趣的自由艺术。他删除医学是因为圣体没有凡世的疾病,他删除建筑是因为圣体不需要实体的居住处所。换句话说,他没有包括身体和机械科学,因为他们与物质和现实的利益相关,而不适合心灵和思想,所以,也不适合自由人。音乐应该保留下来,因为它是一种"纯粹的科学",会引起"超凡者"的兴趣。因此,卡佩拉选择的第三个原则是,他感兴趣的是精神和思想,而不是实用的物质事物。

那么,到公元4世纪末,知识概要不包括希腊或罗马所熟知的所有

---

① 马丁纳斯·卡佩拉,北非人,迦太基律师。——译者注

学科,但是,它却最终确定了中世纪自由艺术课程的界限。从希腊继承的自由艺术已经定形压缩成小的文化知识包。它们就是希腊的系统学科,但已被翻译成拉丁文,被认为适合于精神和思想而不是物质事物。这就是传统形式的"通识教育"的内容经常完全是语言学、文学和数学的一些历史原因,因此它常常是与"有用"或"实用"教育相对的。

应该进一步注意,卡佩拉并不是一个基督徒,他代表的是罗马帝国后期对非现实世界事物感兴趣的人,尽管他在精神上高度符合当时的思想文化氛围,但基督教宗教信仰和基督教教义已经形成。东方的教父们偏爱希腊哲学和文学,因为它适合基督教学者学习。然而,在西方的情况与此不同,大部分拉丁教父反对进行非基督教学习,其中,包括德尔图良(Tertullian)①、圣杰罗姆(St. Jerome)②、圣奥古斯丁以及大教皇圣格列高利(St. Gregory)。然而,总的来说,要使这些人与他所生活的时代的文化和精神思想彻底分开也很难。在公元4世纪,圣奥古斯丁在皈依基督教之前曾经给"七艺"中的六艺的价值订立规约。尽管他后来反对非基督教学习,但是,他的影响还是非常大,真正地为帮助教堂消化吸收世俗的自由艺术铺平了道路,公元6世纪时,卡西奥多鲁斯(Cassiodorus)③完成了这一进程。到那个时候,基督教教堂取得了如此巨大的胜利,非基督教学校严重衰落,以至于教堂领袖已经不再害怕非基督教的自由艺术。无论怎样,他们的精神和内心改变如此之大,已经适应了中世纪的宗教非现实主义观点。

"三艺":文法、修辞和逻辑。 在希腊化共和国时期,"文法"这一词的含义远远大于它在现代社会的含义。它不仅包括句法、音节、词性、变格和连词学习,而且还包括一般意义的诗词和文学学习。公元前3世纪和公元前2世纪,无数的希腊文法学家通过编制词汇表、字典和参考书把希腊文法整理成有逻辑有系统的知识。拉丁文法学家接着开始

① 德尔图良(150—230),古代基督教神父,曾被称为"第一位拉丁神父"。——译者注
② 圣杰罗姆(约340—420),早期西方教会中学识最渊博的教父。——译者注
③ 卡西奥多鲁斯(约485—约580),古罗马历史学家、政治家和僧侣。——译者注

对希腊文法学家的工作进行消化吸收，并把它照搬到拉丁文中，以建立一个有组织的拉丁文法。

也许所有时期的文法当中最有影响力的，就是公元 4 世纪的多那图斯（Aelius Donatus）①编写的《文法初阶》（*Ars Grammatic Minor*）。这本书是对 8 种词性的简短描述，以问答的形式细化其定义和特征。另外一个最有影响力的，就是普利西安（Prician）的文法，经过更长时间更高级的工作，他的文法包含来自希腊和拉丁不同作者的 250 多条引言，以及句法、连词和变格方面的材料。这些人的文法以及许多其他人的文法，经历了多个版本，一代又一代地被其他文法学家仿效、编辑和评价。随着中世纪的临近，文法的内容越来越精简，最后作为一种汇编的学校课本而不是用作学术研究的工具被使用。

文学领域也发生了类似事情。在希腊化共和国时期，希腊文学的创造性创作顶峰已经过去了，但是，一种拉丁本土文学的创作开始了。西塞罗深受希腊哲学、修辞和文学的影响，赋予拉丁文学以创造性的样式。他在考究的风格、正式的措辞和文学典故方面的发展，使他的文学作品和演说成为几个世纪最受欢迎的拉丁风格散文样例。

在罗马帝国早期，拉丁诗词在维吉尔和贺瑞斯的作品中达到创造性的顶峰。维吉尔的《埃涅伊德》（*Aeneid*）是有关罗马国家生活最著名的史诗，成为一代又一代拉丁人的教科书，也是拉丁诗文横扫一切力量的代表。作为拉丁抒情诗的大师，贺瑞斯从一个有教养的艺术家的角度，批判了奥古斯都罗马时代及其生活。然而，拉丁文学很快在形式和内容上越来越浪漫化，采用逃避、想象、过于精妙的表达、神秘主义或者夸大的言辞替代了经典的简约、严谨和朴实。

在罗马帝国后期，最显著的文学成就就是杰罗姆的《拉丁文通俗版圣经》（*Latin Vulgate*），他直接把希伯来文的《旧约》翻译成公元 4 世纪日常使用的拉丁文。当时的很多作家编辑教科书、概略以及引言汇集，其中有许多被用作辅助拉丁文学习的初级读物。在这些初级读物中，

---

① 多那图斯，古罗马文法学家、修辞学家，基督教教父圣杰罗姆曾从其受业。
——译者注

最著名和最有影响力的可能就是 4 世纪的禁欲主义者加图的两行诗。他的《对句》(*Distichs*)被研究了几个世纪,一直持续到本杰明·富兰克林(Benjamin Franklin)[①]时期。这些教科书成为中世纪文化繁荣的土壤。其中包括很多简化的希腊文学和拉丁文学的遗产,虽然它们的养分不足,但却在保持着生命的延续。

修辞作为语言艺术的一种,主要用于研究口语以及书面语语言艺术的表现力,经历了几个有趣的发展历程。在希腊化共和国时期,它被看作是最高阶段的学习,受到有抱负的罗马青年的追捧。这可以从西塞罗的修辞作品中体现出来,他从亚里士多德和苏格拉底那里吸取灵感,在风格和内容上达到拉丁修辞的高峰。在罗马帝国早期,昆体良追随他的脚步,提倡回归以西塞罗为代表的修辞的传统理想。然而,随着罗马帝国的发展,修辞和演说艺术越来越缺少实用的发挥空间,因为公共讨论不再像罗马共和国时期的元老院和公民大会那样对公共政策具有决定力。修辞渐渐成为富有、安逸和矫揉造作的阶层在正式语言使用中的一种业余爱好。修辞学习从为广泛的公共事务服务做准备,转变成发表正式的演讲和演说时语言细节和语言技巧的狭窄学习。

昆体良摹拟地应用了希腊人和西塞罗作为高雅语言的演说艺术,却不坚信它,对它也没有很强的感觉。曾经作为商讨和决断重要手段的演说成为一种精致的语言表现方式,这种语言手法只有在葬礼、周年纪念或者举行重要的"庆祝"典礼而不是进行决断的特殊场合才采用。然而,虽然文法方面有几百本不同版本的教科书,但是,在罗马帝国后期有关拉丁修辞的书却相对较少。其中最著名的就是卡佩拉和圣奥古斯丁的书籍。西塞罗和昆体良一直被当作典范,但他们的手稿很少被广泛使用。这些小手册和指南表明,罗马的创造性文学遗产是如何被包装成小包装来供中世纪的学者和学生使用。

罗马思想文化历史上最重要的过渡阶段之一,就是哲学的意义以及对哲学关注的改变。在柏拉图和亚里士多德看来,哲学曾经是有关终极现实和事物本质的最高级学习。在罗马帝国早期,哲学声誉受损,

104

[①] 本杰明·富兰克林(1706—1790),美国政治家、科学家。——译者注

但到罗马帝国末期它又重新出现,不是作为自由艺术的一种,也不是作为最高级的学习内容,而是作为宗教信仰的女仆。

与此同时,逻辑作为"七艺"中的一种稳固地建立起来,渐渐失去其与哲学作为一个整体的身份。波尔菲里(Porphyry)①是众多传递亚里士多德逻辑学的人中的一位,这些传递者奠定了所有中世纪逻辑学的基础。他是公元3世纪的新柏拉图主义者。他写了一本教科书,编辑了亚里士多德的逻辑著作,并增加了自己的介绍。通过许多的注释和改版,这本书一直传承了几个世纪。尽管波尔菲里对整个玄学和哲学思想都感兴趣,但唯独不考虑逻辑范畴以外的问题。这种特征显然适用于卡佩拉和圣奥古斯丁,他们写了另外两本有关逻辑的著名书籍,也成为了中世纪重要的手册。这些书是有关词的定义和命题以及推论法的应用。因此,逻辑渐渐地与文法和修辞一起成为三种基本的自由艺术,即中世纪文学艺术的所谓"三艺"中的一种。

"四艺"。"四艺"或四种高级自由艺术渐渐包括了算术、几何、天文和音乐,它们都被视为数学学习的基础学科。尽管在亚历山大里亚的希腊化时期学者在算术方面取得了进展,但是,这些发展几乎没有应用于自由艺术,因此,在中世纪,人们对它们知之甚少。在有关算术的最重要的一章,卡佩拉对算术的神秘的重要性和数字特性进行了更多的阐述,但对于计算的问题几乎没有涉及。所以,算术并没有像埃及人和早期的希腊学者所做的那样被用于解决实际的问题,而只是神秘主义的知识化和理论化应用。

几何也经历了相似的衰落。希腊化共和国时期,欧几里得和其他人在几何上取得的巨大进步,在罗马帝国后期基本被人们所抛弃。这样,几何失去了很多它在数学方面的特征,或多或少恢复到词的表面含义和土地的丈量,因而基本上具有了地理特征。结果,希腊化时期几何上的巨大进步几乎不为西欧所知,一直到公元10世纪和11世纪。

天文的命运也同样相似。正如我们前面所知道的,希腊化时期东

---

① 波尔菲里(232—304),古罗马哲学家,新柏拉图学派中亚历山大—罗马学派的主要代表之一。——译者注

方的学者们取得了巨大进步。但是,这些知识中的大部分似乎没有引起罗马帝国早期天文学家的注意,他们转向亚里士多德的《论天》(On the Heavens)及其地心说理论,认为地球是整个宇宙的中心。公元2世纪,托勒密(Ptolemy)①把古代有关天文的信息组合在一起,写了一本在整个西欧都很有影响的著作,因为其原理通过卡佩拉一直传承到中世纪。托勒密的这些学说一直盛行到16世纪哥白尼(Copernicus)②重申日心说理论。

在希腊生活中,音乐与诗词和舞蹈相结合,成为当时道德、思想和宗教表达的一部分。然而,在希腊化共和国时期,音乐作为一种教导工具脱离了玩耍、唱歌和跳舞,而与理论和数学活动联系在一起。毕达哥拉斯和柏拉图强调了音乐的数学特性,柏拉图批判现实的音乐家只是一个实践者。罗马人后来正是接受了有关音乐的这个理念,而且早在西塞罗时期就对其加以赞颂。因此,毫不奇怪,卡佩拉在把音乐归为自由艺术的一种时,沿用了它的数学和理论特性。罗马人抛弃了希腊人日常生活中音乐的实用功效,沿用了希腊人音乐理论的四度音阶以及缺少和声。在实用性方面,基督教教堂音乐比希腊理论基础上的音乐理论学习更具有创造性。直到中世纪脱离音乐作为数学的"自由艺术"概念,现代音乐的发展才有可能。

其他的科学和艺术。前面已经提到,希腊化时期的学者们在物理和自然科学领域的创造性。在罗马帝国后期,科学研究在创新性方面逐渐减少,基本依靠模仿以前的著作、回忆和无端轻信,更多地与奇迹和启示联系在一起。因为科学研究的是人类生存的世界中自然现象和物理现象的改变,所以,没有归入自由艺术范畴,而归入永恒的精神智力范畴。柏拉图的理念主义战胜了亚里士多德对科学的重视,而且保持着它的优越性一直到13世纪。

在希腊化共和国时期,医学无论在东部还是在西部都取得了巨大

----

① 托勒密(约90—168),古希腊天文学家、数学家和地理学家。——译者注
② 哥白尼(1473—1543),波兰天文学家。日心说的创立者,近代天文学的奠基人。——译者注

发展。在亚历山大里亚和其他希腊化中心,医生们继续在解剖学、生理学方面进行研究,甚至建立了一些有关人脑与神经系统之间关系的基本概念,描述了静脉和动脉的特征以及消化和生殖的过程。瓦罗把医学作为一种自由艺术,表明希腊的医学得到了长足发展,因而在对罗马的评价中占据较高的位置。在所有的医生中,最著名的就是盖伦(Galen)①,他写于公元 2 世纪的书籍在整个中世纪都在广泛应用,直到 16 世纪和 17 世纪现代医学的发展。

在土木工程建筑方面,无论是在技术完善上还是艺术品位上,罗马都迈出了巨大的步伐。与以前相比,公共建筑、水渠、公路、桥梁和城市设计等方面都取得了更大进步。在希腊化共和国时期,希腊的土木工程和建筑形式被引入罗马,在罗马帝国早期,罗马成为全世界建筑的中心。在罗马帝国后期,罗马的建筑开始衰落,除了基督教教堂的建造之外几乎没有创新性可言。石匠的技术技巧明显下滑,奥古斯都时代的成就已经不复存在。

总的来说,雕刻、绘画和手工技术随着建筑的发展而发展。罗马的雕刻从希腊引进模型,在风格上高度现实化,以巨大和宏伟著称。在绘画、肖像和雕刻方面的创新性和独创性比在建筑或者思想文化领域保持的时间更久,但到罗马帝国后期,雕刻和绘画不再细化,失去了个性而代之以大块、重量和艳丽的颜色。雕刻和绘画艺术"不属于自由艺术",在很大程度上是因为它们与手工艺关系密切。

法律。在罗马对西欧所做的贡献中,罗马法律的影响巨大。司法系统、民法的编纂以及政府管理的帝国系统成为其他时代和地方效仿的典范。几个世纪以来,人们的头脑中一直存在用一个统一的城邦来统治世界的思想,他们在基督教教堂找到了自己的理想副本,后来他们的理想副本就是神圣罗马帝国。

法律建立的基础应该是理性而不仅仅是先例的观念,这种思想在共和国时期越来越深入人心,人们更加关注建立新的法律约定来跟随

① 盖伦(129—200),古罗马医师,继古希腊希波克拉底之后古代著名医学理论家。——译者注

罗马不断扩张的步伐。在罗马帝国早期,罗马帝国是一个自治的城镇和行省组成的联邦政府,由在罗马的中央政府统一管辖的法律理论赋予城邦和行省较大的自治权力。这在中世纪尤为重要,当时的意大利城邦宣称维护自己的独立权,反对封建贵族,援引罗马的法律寻求正义。① 这种理论阐述自治社团要直接管理自己的事务,上层建筑的中央政府只需要捍卫国防和海岸线,然而很明显的是,君主通过控制财政、税收、法理学家和秘密警察而越来越多地参与地方政府事务。

在罗马帝国后期,法律的编撰成为许多法理学家和一些君主关心的重要问题。在他们手中,罗马的法律成为整个文明世界规范的法律。最重要的编制工作可能是在公元 6 世纪查士丁尼统治东方的时期完成的,当时出版了《罗马民法法典》(*Corpus Juris Civili*)。它包含四个部分:"法规"包括当时公认的布告以及仍在起作用的君主法令;"法律汇编"是对法理学家们的观点进行的汇编和理解汇集;"法理概要"是学习法律的学生的教科书;"附律"包括"法规"出版之后直到查士丁尼去世之前新发布的法律。

教育中的世俗与宗教

教育理论的冲突

应用中的自由艺术。希腊化共和国时期,西塞罗对罗马的教育理论产生了最重要的影响。在他的《论雄辩家》(*De Oratore*)一书中,西塞罗概略地论述了他的修辞和演讲术理论,简要地说明了他认为适合演说家或公众领袖培养要求的教育类型。他坚持认为,演说家应该具有广泛的通俗教育背景,以便在他的职业和公共生活中取得真正的成功。只有通过这种方式,他才能成为一个有才智的和贤明的领袖。在应该接受的通识教育中,缺少任何一项都会导致演说家的判断狭隘、自私以及歪曲。西塞罗教育理论的闪光点,就是"人文科学"的观点以及适合

108

———————————
① 参见本书英文版第 162—163 页。

人性的学习。

　　虽然西塞罗对人文科学的列举不太具体,但是,很明显,其囊括了文法(最初是文学)、修辞、逻辑、几何、天文、音乐、物理、历史、民法和哲学,并把它们作为一个有教养的演说家应该学习的知识分科。应该注意到,这些学习内容的范畴比"七艺"广泛,后来被人们认为包括了整个通才教育的内容。更重要的,西塞罗不断强调,这种学习的目的并不仅仅是为了增长知识或丰富精神,而是要应用于公共生活和私人生活。所有的人文教育都要关注成为公共事务领袖的艺术。

　　罗马另外一个把理论和实践紧密联系的例子,就是与西塞罗在完全不同领域里的同辈——维特鲁威·波利奥(Vitruvius Pollio)①。他认为,理论和知识必须与实践以及手工艺紧密相连。例如,建筑师不仅应该是一个好的手工艺者,知道如何使用他的工具和熟谙实践,而且更应该广泛深刻地了解基础领域知识——数学、科学(尤其是物理)、文学和哲学——还要了解艺术、音乐、法律和医学。只有通过这种方式,一个建筑师或工程师才能在他的领域成为真正的领袖。如果后世的受教育者听从了维特鲁威·波利奥的建议,如果社会和文化运动没有转向其他的方向,那么,知识和行动、理论和实践之间就不会出现如此巨大的鸿沟。现今的许多土木工程学校以及其他的职业学校还没有吸取教训,即通识教育必须与技术相伴而行。

　　在罗马帝国早期,昆体良制定了有关教育最重要、最有影响的规定。在他的《雄辩术原理》(Institutes of Oratory)一书前言中,昆体良论述了演说家的总体特征。作为各种事务的通才人物或者是政治人物,演说家不应该仅仅是一位有才艺的演讲者。演说家在公共政策制定方面的作用,应该建立在广泛的智慧背景、知识以及良好的性格基础上。在《雄辩术原理》第一卷中,昆体良描述了孩子在学习修辞之前应该接受的教育,在这方面他的论著首次如此关注教育手段和教育程序。

_____

　　① 维特鲁威·波利奥(约公元前80—约公元前25),古罗马演说家、诗人和历史学家。——译者注

　　昆体良强调,男孩们的个人能力有差异,教师应该考虑到这些个性差异。他认为,大多数男孩都有完善提高的可能性,因此,他不仅强调个性差异,而且还希望选择学习科目以使特殊的才能得到最大水平的发挥。一个好的教师应该了解学生的性情和能力,以进行因材施教。学生通过玩耍、游戏和娱乐来放松,并提高学习效率;同时,通过竞赛和奖励而不是体罚,来激发学生的兴趣。在孩子很小的时候,就可以进行阅读和写作方面的指导。尽管昆体良强调娱乐和奖励,但他仍然重视记忆和道德告诫。孩子的保姆、父母和老师应该注意自己的语言应用以及表现出来的道德行为。在学习阅读时,孩子应该首先从希腊文开始,因为无论如何他都能够学会自己的本族语言拉丁文;因为希腊文先于拉丁文而且是拉丁文的基础,所以,应该先学习希腊文。昆体良在这方面建立了一个典范,文艺复兴时期以及后来的教育者们都用它来支持自己的论点,学习一门外语是学好自己国家语言的最好途径。

　　显然,对于教育的社会性,昆体良具有一个成熟的理念。他坚持认为,学校的公共教育要远远好于由私人教师进行的私人教育。他重视男孩们一起在教室里学习所带来的群体教育的价值,因此,经历的竞争、友谊和对成功的激励要优于在家庭里进行的私人教学。昆体良驳斥了学校会损害男孩们的道德以及教师可能出现不公平对待每个孩子的观点。他指出,在家庭里,道德也能够败坏。如果教室不是太大,那么,教师能够给予所有的孩子足够的关注。总的来说,他的观点表明了现代的思想,即学校是一个社会,在学校里孩子们在向老师学习的同时,还能够彼此学习。

　　在《雄辩术原理》的最后11卷中,昆体良详细阐述了适合培训演说家的高等教育。除了前面阐述的基础教育之外,男孩们还应该接受文法学校训练,重点强调文法、作文以及各类作家作品的广泛阅读,包括悲剧、喜剧以及抒情诗等。在第10卷中,昆体良可能第一次详尽地解释了通才教育应该包括的"经典著作"书目。除了学习文法和作文、词的应用和风格的艺术以及记忆训练之外,昆体良还提到利用音乐来训练发声,利用数学来进行方法证明和演说训练,以及利用一定的体育教育来促进身体的优雅以及有效地运用手势。在演说家的大部分高等教育中，他建议透彻地学习作文和演说，阅读散文诗歌作家的作品，研究修辞的正式理论并加以实践，包括各种演说、风格、陈述、修辞格、隐喻和类比。在法律、法理以及哲学方面的阅读也是可取的，但是，由于昆体良不相信哲学家，他并不重视哲学。昆体良有关教育的观点之所以重要，不仅是因为他揭示了罗马教育的最高理想，而且是因为他的《雄辩术原理》在文艺复兴时期被重新发现，几乎成为几代人文主义教育家的教育圣经。

在罗马帝国时期，在教育的范畴或建议的细节方面，没有人能够与昆体良相提并论。在昆体良之后，教育的发展趋势脱离了他所倡导的教育与社会紧密相连的理念。在反对教育孤立主义的并不经常性的声音中，著名的就是塞内加，他抱怨说："我们学习知识并不是为了生活，而是为了学校。"与他相似的是，塔西佗（Tacitus）[1]赞同而且怀念西塞罗所倡导的教育：应该广泛学习文学艺术、数学、哲学和科学，从有实际工作能力的学徒到法理学家都要学有所成。同样，希腊的最后一位伟大的科学家盖伦主张，经典作家的作品应该经常根据自然的观察结果来检验和核实。但是，公元 1 世纪和 2 世纪的大部分作家都开始像普鲁塔克（Plutarchus）[2]那样，崇尚记忆训练、严格的心灵修行以及通过规诫和常规来培养良好道德习惯。这为中世纪基督教的教育理论铺平了道路。

教父们的禁欲理想。尽管东方的许多希腊教父，例如，克莱门特和奥利金都赞同年轻的基督教徒要学习世俗作家和哲学家的作品，但在公元 3 世纪和 4 世纪，时势开始向着另外一个方向发展。如前所述，西方的拉丁教父们一直都不推崇希腊文学习。德尔图良就是其中一个最直言不讳地谴责希腊哲学家的人。他的态度无疑来源于他的思想，他认为人类本性是有罪的，希腊哲学所体现的人类理智是不值得信任的。圣奥古斯丁和圣杰罗姆在晚年时期否认了他们早年对世俗学习的热

---

① 塔西佗（约 55—117），古罗马历史学家、政治家和文学家。——译者注
② 普鲁塔克（约 46—125），古罗马时代的希腊哲学家，新柏拉图学派中雅典学派的创始人。——译者注

情,大格列高利(Gregory the Great)①蔑视希腊文法和修辞。总的来说,西方基督教教父们对教育理论的影响就是,否认生活中物质和日常事务的价值,贬低希腊精神文化生活的价值。他们认为,只有严格的道德生活和心灵受戒生活的价值,才能帮助人们达到精神救赎。

公元4世纪,古代基督教希腊教父圣克利索斯托有关教育的著作中有些内容是这种归纳的例外。他敦促父母和老师利用星星、花卉以及天地作为教育实体,但他把这种教育与强制命令结合起来。尽管这些场景是儿童心灵的窗口,但是,他们需要不断受到戒律的指导并记忆宗教诗词。亚历山大里亚的克莱门特在倡导体育锻炼以保持健康,以及利用音乐进行放松方面走得更远。但是,克莱门特和圣克利梭司顿都是希腊人,因此尽管两人都是基督徒,但他们的思想还是反映了希腊世俗理想的全面的个性。总的说来,西方教堂教父们的教育理论并没有很广博的见解。

在为西欧未来几个世纪设定基督教教育类型和基调方面,古代基督教拉丁教父圣安布罗斯以及圣奥古斯丁和圣杰罗姆的影响力远远大于东方的教父们。在他们看来,禁欲理想在抑制身体的欲望和提升灵魂方面是最重要的途径。感觉经验来自于邪恶,因此,与其说体育教育和体操没用,不如说它们使事情变得更糟,因为越帮助身体发展,就越阻碍救赎的进程。世俗音乐也被看作是有害的,因为它转移了人们对宗教事务的情感;但是,以安布罗斯圣歌为代表的教堂音乐却是人们所期待的,因为它把人们的情感引入正确的宗教轨道。

应该回避世俗学习,因为它错误地把人类的理智提升到宗教信仰之上。孩子的天性是邪恶的、不能信任的,必须把孩子置于不断的监督之下,而且如果必要的话,还要置于严格的戒律之下,以取得合乎体统的恭谨和服从。尤其在教育女孩方面,隐退、隔离以及谨慎的监督是人们普遍推崇的做法,人们赞赏女修道院的戒律以及称赞永久的童贞。因此,当西方基督教教父们拒绝体操、音乐、修辞和世俗哲学,以及否认教育为积极参与实际生活做准备的价值的时候,他们把希腊与罗马的

① 大格列高利(约540—604),基督教教父。——译者注

教育理想缩小到宗教学习以及与基督教教义相符的自由艺术的学习上。

学校的课程

世俗的初等学校。 当罗马在共和国时期开始引入希腊教育理念的时候,它照搬的是希腊的文法学校,而不是音乐学校或体育学校。罗马的初等学校极度重视文学的教育目标,很少关注甚至不关注希腊的全才教育理想,以及对音乐的精通和身体的健康发展,而只强调阅读、写作和算术的能力。我们不清楚它为什么把重点只放在读、写、算(3R)上,而完全排除音乐和体育,但有些原因也许是能够推理出来。在罗马共和国早期,拉丁文只有文学的形式这是事实,自然这种新语言就应该重视初等教育。另一个原因可能是公元前3世纪和2世纪罗马开始对希腊教育感兴趣时,希腊化时期的希腊和东方的学校已经不再关注音乐和体育,而崇尚知识理念,即使在教育的最早期亦是如此。据称,早期的罗马人对音乐和身体发展的价值反应冷淡,与美国的先驱者们一样几乎没有时间关注这些才能,虽然经过艰苦的努力赢得荒凉的大陆,但除文学基本原理外,人们缺少对音乐和身体发展的兴趣。

不管怎样,罗马接受初等教育的学生情况是艰难的。大部分有关初等教育的文字和画报资料都表明,严格的戒律以及体罚是这种学习过程中不可分割的一部分。学习阅读就是要牢记字母表上的字母、组成音节,学习每一个词的含义并研究句子结构。写作就是把老师口述的内容写在习字簿上或蜡板上。最初使用的教材有翻译成拉丁文的《奥德赛》以及维吉尔的《埃涅伊德》(*Aneid*),但在罗马帝国时期,诸如多纳图斯等的文法书开始取代文学著作。当时,学生只是抄写下定义以及语法规则然后把它们记下来。与此相似的是,他们还抄写阅读材料,例如,选自加图的《对句》(*Disticbs*),学习那些与道德、谨慎、自制、勇气、节制以及适时把握人生机遇相关的座右铭。利用手指和算盘或是一袋石子或卵石进行计算是三R的重要部分。算术之所以受到重视,可能是因为在商业化日益复杂的社会里,需要进行商业以及家庭计算。记忆、练习以及戒律是罗马教育手段的主要特征。

　　世俗的中等学校。 拉丁文法不仅在对罗马富有家庭的青年进行教育中占有重要的地位,而且对一代又一代欧洲和美国青年的教育产生重要的影响,直到今日。像初等教育一样,几乎出于同样的原因,罗马的中等教育内容远远比希腊的狭窄,缺少希腊那样对体育的兴趣。有趣的是,罗马的第一批中等学校是外语学校。本族的拉丁文在成为和希腊文一样的教育语言之前,经历了长期的挣扎。从罗马时期一直到现在,几乎每一个欧洲国家都经历了同样的历程,而美国的状况也与此惊人地相似。美洲殖民地英语民族的第一所中等学校,就是拉丁文法学校这样的外语学校。从教育目的来讲,其他民族的语言比本族语优越的思想有着悠久的历史。只有希腊人不相信这种思想,他们感觉运用自己的语言才自在。

　　在发展的最好时候,罗马的文法学校是一种教育自由和有效的手段,文法的范畴如此广泛以致于包括了希腊和罗马的伟大文学。在目光远大的教师看来,文法学习包含了大部分我们今天所说的历史、伦理、社会研究以及诗词、语法、作文和文学批评。然而,它往往成为常规的学习单词、语音、动词变形和词形变化、记忆、复述、句子听写以及隐喻解释。在罗马帝国早期,最好的文法学校开始包括西塞罗和昆体良所定义的所有自由艺术。但是,在罗马帝国后期的衰落阶段,文法学校重复专业文法学家的惯常做法,重视选择伟大作家的引言以及选集,而不是文学作品本身,来传承讽喻的智慧化精神食粮,例如,卡佩拉的自由艺术汇编。

　　世俗的高等学校。 罗马最著名的高等学校,就是为出身名门的罗马青年所建立的修辞学校,他们注定要从事政治以及公共服务职业。然而,有趣的是,修辞学校直到罗马共和国灭亡才得以普及,而且真正使修辞学校发挥专业才能的空间大部分都已经消失了。像公元1世纪的昆体良所宣扬的一样,修辞学校在其发展的黄金时期效仿西塞罗的理想。在这样的领袖眼中,修辞学校在训练全面发展的公共演说家和政治家方面达到顶点。但是,等到修辞学校普遍建立的时候,通过公共演讲以及政治才干来引导国家发展的状况,已经随着罗马共和国的消亡而基本消失。修辞学校的功能在开始使用之前基本上就已经过时了。

在昆体良时期，修辞学校不仅仅是学习练习修辞，其设计的学习课程包括了所有重大领域的知识，以培养全面贯通并能很好地进行实际判断的人才。在罗马帝国后期，修辞学家使修辞学习走向生命的尽头，因为他们生活在已逝的过去中，与当时的现实生活没有联系。当演讲术学习在实际生活中不再有用武之地的时候，就从主题讨论转向了正确而文雅的表达。

在整个罗马帝国时期，其他的高等教育机构也多多少少在起作用。在罗马，雅典娜神庙以及其他机构和图书馆成为医学、建筑、土木工程、法律、修辞和文学的学习研究中心。在东方，雅典的哲学学校和修辞学校开办了几个世纪，博物馆、图书馆以及亚历山大里亚、帕加马、安提俄克、罗德岛等地区的学校给学者们和学生们提供了学习中心，他们能够聚集到一起探索更广泛的知识，例如，法律、医学、建筑、土木工程、数学、语言、文学、哲学，最后又研究宗教。然而，在这些机构中，前面所提到的教育的创造性特点已消失了。

基督教学校。在罗马帝国时期，基督教建立的初级教义问答学校以及哲学学校的基本轮廓前面已经提过。基督教教育者们所面临的巨大问题，就是对于世俗学校以及他们的"非基督教"学习应该采取一个什么样的态度。我们已经知道，对于这个问题的答案因时因地而异。一些基督教领袖坚决反对世俗学校和世俗学习，敦促信奉基督教的父母断绝与这些邪恶以及非基督教信仰的联系。一些人宣扬自我约束，并告诫父母们如果能够保证孩子们不被世俗文学中所包含的宗教神话以及非基督教品行影响，他们也可以把孩子送到世俗学校。还有一些人根本不惧怕世俗学习，因此，在他们的哲学学校中包含了所有的自由艺术以及哲学，目的是为基督教教义和基督教信仰这种最高形式的学习做好准备。

总的来说，基督教教堂接受并消化吸收了世俗文化中的大部分脱离了非基督教影响的非争议性的部分。总之，文法、修辞和逻辑只要不腐蚀年轻人就可以教授，它们甚至还为基督教学者的智慧训诫做出了贡献。如果只是作为知识来学习或者作为描绘人类理智服从于信仰的工具，那么,学习算术、几何、天文以及音乐中的数学成分就不会对道德造成损害。
与此相似的是,柏拉图的理念主义哲学也被教会教义所吸收。

　　然而,从基督教学校的宗教主旨来看,它认为人类两大领域的知识
与它没有密切关系,或者甚至是对它有害的。其中一个领域,就是建
筑、土木工程、机械、医学以及法律这样的实用科学。这些学科是有关
身体控制的手段或者是在地球上创造更好的人类生存环境的手段。因
此,从宗教的角度来讲,与前面的自由艺术相比它们就不重要了。结
果,在罗马帝国时期,尽管偶尔有关这些科目的书籍也能够在教堂的图
书馆和学校中看到,但是,这些学科在教堂的手中渐渐地衰落了。另一
个领域,就是自然科学以及物质哲学知识,教堂认为这些是对教堂所接
受的精神和理念主义哲学有害的知识。因此,亚里士多德以及亚历山
大里亚的科学知识当时没有融入基督教教堂学习,这些知识也就没有
通过教堂及其学校传承至西欧。相反的,这些知识被流放到叙利亚和
埃及,后来就是在这里经过再次加工,最终在 12 世纪和 13 世纪的时候
被伊斯兰及犹太学者引入到西欧。这里想要强调的,就是基督教教会
学校对很多世俗内容加以选择和协调地进行消化吸收,但也抛弃了很
多内容,因此,这些知识基本被驱逐出西方达几个世纪之久。

第五章　中世纪教育的社会基础

为稳定和秩序的斗争

　　许多历史学家对罗马帝国的"衰落与瓦解"的重点描述给人造成这样一种感觉,公元 4 世纪、5 世纪和 6 世纪一切都破碎了,以及此后几个世纪除了混乱、骚乱以及绝望之外一无所有。尽管中世纪有文化混乱存在,但是,政治、经济以及宗教机构渐渐形成也是一个事实,生活不仅在继续,而且最终还为我们所说的许多"现代的"机构和理念奠定了基础。总的来说,中世纪早期是最艰难的日子,在本章中所体现出来的就是大致从公元 6 世纪到 11 世纪这段时间;然而,中世纪后期生活呈现出越来越丰富、越来越繁荣的景象,也就是从 11 世纪到 13 世纪这段时间。这些划分也非常随意,但是,它们在某种程度上确实表明,在中世纪后期秩序和稳定已经逐渐战胜了中世纪早期的混乱状态。

帝国、民族与教会之间的冲突

　　中世纪早期(公元 6 世纪到 11 世纪)。正如第四章所述的,从公元 4 世纪开始,罗马帝国的中心从罗马转移到了君士坦丁堡。这意味着,在政治事务中,希腊以及东地中海与西欧已经比以往任何时候分开得更加彻底。在西方,意大利是以日耳曼部落入侵者东哥特人、伦巴底人和法兰克人为代表的政治骚乱现场。

　　同时,政治权威中心开始从意大利向北部大致位于现今的法国和德国之间的法兰克帝国转移。许多法兰克国家逐渐在梅罗文加王朝(Merovingian)之王的带领下联合统一。在公元 8 世纪,查理·马特(Charles Martel)统一成立并巩固加强了法兰克帝国,同时在大主教圣博尼费斯(St. Boniface)的帮助下,加强了罗马教会在法兰克的地位。查理·马特的儿子,即矮子丕平(Pepin the Short)帮助罗马教皇对抗希腊帝国和伦巴底国王。作为回报,罗马教皇任命丕平为法兰克的国王,而丕平把贯穿意大利中部的一条带状地授予罗马教皇,这里后来成为意大利的教皇国。

后来在公元 8 世纪,丕平的儿子查理曼(Charlemangne)大帝成为法兰克的国王,开始扩展疆域,东到易北河,北到北海,南到地中海。在公元 800 年的圣诞节,查理曼大帝被罗马教皇加冕成为罗马国王,从理论上成为古罗马帝国的合法继承人。查理曼大帝本身是中世纪早期杰出的政治人物,在建立覆盖西欧大部分地区的统一中央集权政府方面迈出了巨大的步伐。总的来说,在查理曼大帝的统治之下,政治权力更加行之有效,经济和农业生活得到改善提高,宗教和教育改革也开始了。这是一个取得了众多智力成就的时期。

公元 9 世纪,查理曼大帝的国家、教会和家庭的继承者们开始为了争夺帝国的控制权而斗争。经历了一系列的内战之后,帝国分裂成三个大的部分:西法兰克王国最终成为法国,东法兰克王国最终成为德国,剩下的地方组成了意大利。在地方统治阶级、贵族阶层、教会以及土地所有者力量不断增强的情况下,统一的中央管理无法延续。

在公元 9 世纪和 10 世纪,一系列的入侵使查理曼帝国进一步瓦解。北方人或称为维京人从北方的斯堪的纳维亚入侵;斯拉夫人和马札尔人从东部向帝国发起进攻;阿拉伯人或者称撒拉逊人(阿拉伯人的古称)从南部跨海侵扰希腊、意大利、西班牙和法国。结果,目无法纪和恐怖行为以及战争变得更加普遍。安全以及政治权威越来越集中于地方实力雄厚的人士手中,他们掌握土地、牢固的城堡以及用以打仗的军队。因此,政治权力变得极其分散,尽管国王名义上行使掌控权,但是,只有这些封建地主才能够允诺保护人不受掠夺者的侵害。

随着公元 9 世纪查理曼帝国的瓦解,法兰克王国的政治史基本上只能用各个国王和贵族之间的战斗来书写。通过选举或者继承掌握权力的国王,不断努力想真正掌握权力而不做名义上的统治者,但贵族们却极力阻止出现一个强而有力的统治者。到公元 962 年,奥托一世

(Otto Ⅰ)①已经足够强大能够征服意大利,使自己成为神圣罗马帝国的统治者。他复兴了查理曼大帝继承者的论说,因此,成为罗马帝国合法的继承者。神圣罗马帝国的名字表明,教会在西欧的政治生活中起着极其重要的作用,国王被看作广大的基督教王国世俗分支的守护者。到中世纪早期结束的时候,神圣罗马帝国成为欧洲政治生活中举足轻重的一支力量。

与此同时,阿拉伯半岛发生了一些变化,并最终对欧洲产生了重大影响。在公元7世纪早期,穆罕默德(Mohammed)成为阿拉伯民族伟大的政治和宗教领袖。他拥有一群坚定的追随者以及一支强有力的军队,到公元632年去世的时候,他已征服了大部分阿拉伯半岛。他去世时,一些强有力的代号为"哈里发"(Caliphs)的人取代了他的位置,并继续进行征服。由于东罗马帝国的软弱以及阿拉伯骑兵的骁勇善战,这些哈里发征服了大部分中东地区,并把帝国的疆域跨越阿拉伯半岛向北延伸至土耳其,向东延伸至印度,向西穿越北非延伸至西班牙和意大利。

众所周知,穆罕默德信仰伊斯兰教,其追随者(无论是哪一个民族)都被称为"穆斯林"。希腊人和罗马人最初称阿拉伯人为"撒拉逊人",但这个称呼渐渐蔓延,最终包括了所有信奉伊斯兰教的人,不仅包括阿拉伯人,还包括波斯人、土耳其人以及其他从公元8世纪开始受到地中海南部和东部的宗教和文化影响的人。

中世纪后期(11世纪到13世纪)。从11世纪中期开始到13世纪末,法国和英格兰国王继续实施中央集权统治,但是,德国和意大利在这方面却几乎没有进展,因为国王一方面在与贵族进行复杂的斗争,另一方面又在与教皇制度进行斗争。在11世纪和12世纪,教皇制度在与帝国的斗争(权力之争)中取得了越来越多的权力。这种斗争一直持续到13世纪,尤其值得注意的是,教皇英诺森三世(Innocent Ⅲ)与国王弗雷德里克二世(Frederick Ⅱ)之间的斗争。英诺森三世也许是中世纪最伟大的教皇,比任何他以前或者以后的教皇都行使了更多的世俗权力。他认为,基督教王国应该是教皇统治下的统一联合体,激励各

---

① 奥托一世,即奥托大帝,德意志国王和神圣罗马帝国皇帝。——译者注

级政府要公正严明。在他看来,教皇凌驾于世俗权力之上,他是彼得和封建国王的继承者。英诺森三世与北意大利的伦巴底城联合,共同抵御弗雷德里克二世。在弗雷德里克二世去世之后,帝国太软弱,以致在13世纪教皇仍然是欧洲最伟大的独一无二的政治领袖。因为这种斗争使德国和意大利的诸侯们极端以自我为中心,所以,不可能建立中央集权的政府。直到19世纪和20世纪,这些国家也没有像法国和英格兰那样统一起来。

与基本处于分散状态的德国和意大利相比,实行君主专制的法国和英格兰变得更加中央集权化而越来越强大。在法国国王中,取得成就最显著的就是腓力二世(Philip Ⅱ),即奥古斯塔斯(Augustus),他征服了法国许多还在英格兰的诺曼国王统治下的领土;路易十一(St. Louis,即圣路易斯)给法国带来了持久的和平,改善了整个地区的法院;在法王腓力四世(Philip Ⅳ)的统治下,荷兰的议会开始成形,使贵族阶级以及商人在政府中有了更多的话语权。

与此相似,英格兰的国王在统一国家方面也取得了一些进展。从征服者威廉大帝(William the Conqueror)开始,诺曼规章建立了一个中央集权的有效的中央政府;然而,当约翰国王(John)1215年被迫签订《大宪章》(the Magna Charta)的时候,英格兰的贵族声明,他们不想在没有任何抗争的情况下归国王统治。在亨利三世(Henry Ⅲ)统治时期,大理事会包含了主要城镇以及贵族成员代表。尽管大理事会的目标只是要通过国王的决议,但是,这种组织的形式从此建立,英格兰的议会制政府就是在它的基础上建立的。13世纪末,在爱德华一世(Edward Ⅰ)统治时期,中产阶级的代表也出现了,这对于下议院的形成产生了重要影响。

在阶级差异基础上建立的社会机构

封建主义。前面所述有关中世纪政治机构的内容,可能只是提供了中世纪政治生活的一个侧面,除非你能够理解复杂的个人以及土地所有权关系支撑着整个政治体系。这个复杂的关系就是我们即将获悉的"封建主义",它随着查理曼帝国的崩溃而逐渐强大。封建主义的基础至少有两个古代根源,其形式就是两种个人关系,即封建土地占用制和农奴所有权。从表面来看,封建土地占用制,两个出身高贵的人之间的关系,以及封建领主和农奴,也许能够从日耳曼部落习俗中找到根据。在他们的习俗中,自由人要服从于一个领袖或者国王;奴隶所有权,一个贵族与一个没有自由的人或农奴之间的关系,能够在罗马帝国后期找到其根源,当时国王强迫农业劳动者继续留在土地上为其所有者劳作。

从理论上来讲,国王是最大的封建领主,所有的贵族都要忠诚于他。但是,如前面所述,除非采用强硬的手段,否则贵族并不经常表现其尊重。在法国和英格兰的国王要早于德国的国王博得这种忠诚心,当时很多强有力的贵族能够阻止君主和国王变得过于强大。因为修道院和教堂拥有很多土地,并渐渐获得更多的土地,所以,教会也参与到封建的关系中来,据说到中世纪后期教堂拥有欧洲大陆三分之一的土地。

没有土地的社会下层人民没有在马背上战斗的能力,就只能终身充当农奴。因此,为了寻求保护,他们在田间或在公路上劳作,或者在战争中充当步兵。农奴或者被称为隶农的是没有自由的佃户,不仅被束缚在分派给他的土地上,而且他不得不把土地上的农产品与地主分享。农奴也经常花一段时间在私有土地上劳作,土地的所有农产品归地主所有。由于封建主义的世袭性,一旦丧失了自由,农奴的后代就天生是农奴,而被束缚在土地上。

由于这种封建框架,在欧洲出现了严格的等级差异。人们很难从出生的等级跨越出来。教会和贵族构成了上层阶级,即一等和二等阶层;剩下的人就构成了下层人民,他们大部分是没有自由的农奴。在中世纪后期,商业的发展以及城镇的崛起使中产阶级的出现成为可能,他们处在没有自由的农奴之上,但在贵族阶级之下。由商人、贸易者以及手工业者组成的中产阶级是第三阶层的核心。

从积极的角度来看,封建主义把重视政治契约以及契约互惠条件的重要性传给现代欧洲。国王只有履行了契约上的条款后,才能得到顺从。这是贵族和国王之间斗争的焦点。从消极的角度来看,欧洲固有的世袭贵族,因为在生活的各个方面都与普通人有差异而失去了与他们的联系,也包括教育机会。从这方面来看,美国没有欧洲那么多的阶级分层,因为美国没有根深蒂固的封建贵族。

经济生活的复苏

商业和城镇的发展。在最早期,中世纪的经济生活几乎完全是农业和农村。经济单位基本上就是地主的领地,在很长一段时间它还是政治、社会、宗教以及教育单位。领地基本上就是自给自足的经济单位,由地主的家人、农奴的家人以及工匠组成。总的来说,在中世纪早期,商业和贸易是一种地方事务。

然而,罗马帝国尽管在日耳曼入侵的时候已大大衰落,但是,与东方的商业贸易显然从来没有完全消失。早在公元 10 世纪,东西方商业贸易复兴,其中,意大利的威尼斯、热那亚和比萨处于领先地位。因为需要依赖商业贸易者的船队、航道以及他们的知识,十字军进一步促进了贸易的发展。在 12 世纪和 13 世纪,随着东方货物引进到意大利城,通过商队或者是航道传入到欧洲其他地区并分散到集市或市场上,商业取得了巨大发展。贸易者们成群结伙地沿着河流出售他们的货物,有时候还驻扎在城堡或修道院的外面。作为自由人、外国人或者是异乡人,他们不受当地的地主或主教的约束。

随着商业贸易者们开始在有利的地点聚集,城镇生活变得越来越重要。其中心很可能是在老罗马城旧址上,或在修道院或城堡附近,或靠近河流桥渡。总之,就是方便人们聚集、能够作为市场的地方。当然,地方贵族或主教最初声称对城镇拥有所有权,但是,很快这些商业贸易者和城镇居民自己组织起来,建立起自己的城镇政府,打破了封建地主的控制,赢得了自己的自由。

在 12 世纪和 13 世纪,西欧各个地区的城镇在数量和大小上都迅速增长。城镇的增长促进了对农产品需求的增加,而这些需求就要求有更多可耕种的土地;森林被砍伐,沼泽被抽干,肥料以及轮作的应用提高了农业技术。因此,欧洲的人口迅猛增长,据估计,到 1350 年时,欧洲的人口比罗马帝国统治时期的人口还要多。自由度也增加了,因为如果一个农奴能够到城镇生活一年零一天,他就自由了。总之,13 世纪惊人的能量、多功能化以及活力注入到城镇机构中。城市基本上成为世俗化增长以及对现世的日常生活兴趣增加的源泉。

商人和手工业行会。中世纪生活最重要的特征之一就是协会的形成,有共同利益的人为了相互保护以及共同发展,聚在一起而组成了协会。这种为了某种共同的目的而组合在一起,几乎成为中世纪生活各个方面的特征,从教堂的唱诗班、教士、学者、骑士以及士兵到商人和各种各样的手工艺者。11世纪,城市和商业的发展与商人和手工艺者行会的形成密切相关。随着商业贸易者们成群结伙聚在一起,从一个市场到另一个市场,而形成了商人行会。这些群体选出他们自己的领导人,制定一些规则,募集公共的基金用来购买货物或者帮助每一个成员。商人行会很快获得了对外贸易的垄断权,从封建地主那里得到了对这种垄断的法律许可,转而开始对城市政府产生重大影响。有了这些开始,商人们迅速积累了财富以及权力,直至他们作为"中产阶级"进入到贵族和教士的特权公司。中产阶级掌握权力是民主化进程中的重要一步。

出现得稍晚一些的手工业者行会是为了规范商品生产而建立的。到13世纪时,几乎北欧的每一个城市都建立了手工业者行会。为了保护自己远离蹩脚货、商品低价和劣等手工业者的欺负以及获得对生产的垄断,这些手工业者根据各自手艺的不同组成不同的团体。手工业者行会以及城镇当权者对每一个店铺的工作时间和工作条件、产品质量、工资和价格以及工具和员工的数量都有严格的规定。

手工业者行会的成员的入会条件是有严格规定的,除非工人满足了入会的条件,否则他们就被排除在外。店主通常拥有自己的店铺和工具。他们试图使这种成员限制更加严格,甚至想要进行成员世袭制。然而在圈内,他们要努力做到所有成员平等。为了达到稳定性,诸如打广告、降价、改进技术等都被认为是不忠的行为,因而被严格禁止。行会也有宗教信仰以及兄弟情谊的一面。他们经常在教堂保持自己的祭坛或者资助他们自己的牧师。他们帮助贫困、生病以及年老的行会成员;他们建造公路和学校,甚至组建军队来进行军事防御。

到16世纪初的时候,严格受保护的行会经济在面对资本主义企业家的时候,开始出现衰落,这些人反对行会对产品价格和利润的限制。甚至在 16 世纪以前,由于行会入会条件的过多限制,学徒和雇工的状况就非常艰难。

宗教秩序的作用

中世纪生活最有特点的一面,也许就是基督教教堂在几乎所有方面所起的重要作用。教堂在罗马帝国的后几个世纪迅速发展,在中世纪早期政治当权者频繁更迭的艰难岁月里,教堂给人们提供了安全和稳定。在整个中世纪,教会的政治和经济权力持续增长,直到 13 世纪达到顶峰。

修道主义。在中世纪早期,教会的大部分力量都是在修道院机构内部。"正常"教士(住在修道院里的修道士,他们遵守严格的规定或者称为戒律)与"世俗"教士(直接向人们布道的教士)之间的差别越来越明显。最有影响力的修道院团体是由公元 6 世纪的意大利修道士圣本尼狄克(St. Benedict)①领导的,他在卡西诺山修道院为其追随者制订了详细的行为规范。本笃修道主义在公元 7 世纪传播到整个意大利,公元 9 世纪传到欧洲大部分地区。在其发展顶峰时期,本笃会教士拥有几千个修道院,从这些修道院走出来许多的主教、教皇和学者。圣本笃的规定强调三个原则:服从上帝和院长,简朴的生活,以及恒久不变的勤奋。

在早期混乱的经济状况下,修道士们必须自给自足,因此手工艺术和农业艺术得到高度发展。在世俗当权者和教会的世俗分支还没有高度组织化的时候,修道院通过他们的传教士传播他们的福音,保持宗教精神的活力,并在皈依西欧宗教信仰方面做出重大贡献。在中世纪早期,它们还是欧洲的文学、艺术、思想文化和教育中心。保存和抄写古代手稿成为它们重要的职能之一,这种努力在恒久不变的勤奋支持下得到了发展。然而,从 12 世纪起,受城镇的崛起、天主教领导、大学以及募缘会的影响,教会的世俗分支得到新的重视,因而修道院秩序的相

---

① 圣本尼狄克(480—547),有时亦称"圣本笃",意大利天主教教士,本笃会的创建者。——译者注

对重要性开始降低。

图7 僧侣数学家

托钵修会秩序。尽管在 13 世纪,教会享有巨大的经济和政治权力,许多人正在寻求心灵的宗教信仰以及权威和服从的信仰。本笃会修道士退隐修道院,为满足人们的需要而培养一种新的信仰留下空间。托钵修会(Mendicant)①修道士满足了这种需求,尤其是方济各会的修道士(Franciscans)和多明我会的修道士(Dominicans)。意大利阿西西的圣方济各(St. Francis)根据当时的这种需求,决定像耶稣那样出国去帮助那些穷苦人,治愈那些生病的人并传播爱的福音。1200 年后不久,圣方济各周围就有了一些使徒追随者。几年以后,他就组织了几千人进入"小僧侣"或者称为"少数人"的行列。

圣方济各的主导思想包括:对耶稣深深的爱,模仿耶稣生活的决心;信奉通过爱的力量发挥人潜在的爱;强调贫穷是服务上帝的最好方式;承认享乐权;把自然界所有的一切看作上帝的创造物来热爱。总的来说,方济各会的修道士对教会做出了巨大贡献,他们通过树立回归古代基督教那种谦逊和简单精神的榜样协调了大众。因为把当时最好的宗教精神与最好的世俗精神结合起来,圣方济各受到了赞扬。许多人认为,他的影响在于使艺术家和作家能够从一个更加人性的方面来描

---

① 托钵修会,天主教修会中的一派。其两大创始人是方济各会的圣方济各和多明我会的圣多明我。——译者注

绘耶稣,从而促进了对自然、音乐、诗词和艺术的欣赏。

另一方面,圣多明我(St. Dominic)是一个严格的禁欲主义者,因其生活的严酷以及组织多明我会中的活动而著名。他不想通过武力,而是想通过向人们布道以及展示贫穷状态下神职人员的美好生活,来使异教徒皈依。与方济各会的修道士一样,多明我会的修道士也放弃了修道院隐居生活,而是融入到人民当中,尤其在城市更是如此。受圣多明我组织天赋的启发,多明我会很快成为教会强大集权的机构。他们非常渴望教育,纷纷涌入大学,因为他们相信让教士接受教育是与异端邪说作斗争的最好方法之一。

教育的国民管理和宗教管理

正是因为以前一些有关中世纪文化的错误看法已经被现代历史调查更正过来,所以,一些有关中世纪教育的早期判断也必须改写。例如,人们一直认为,在中世纪早期,教育就基本消失了,但现在我们知道,在罗马帝国衰落之后教育基本还在继续。尽管教育的设施减少,但是,许多学校几乎没有受到影响而一直继续存在。尽管缺乏这方面的证据,但是,学校不仅继续存在,而且在中世纪后期还远比人们想象得普遍。另外一个错误的估计,就是认为中世纪所有的学校都是教会控制的。但现在已经证明,在这个时期,世俗学校和非教派教师一直在发挥作用。

对学校的世俗管理

世俗教育的连续性。在意大利,尽管从 5 世纪到 7 世纪或 8 世纪,长期的入侵和灾难一直困扰着罗马帝国,但是,罗马的生活进程一直在继续,没有彻底中断。对教育来说,尤其重要的是意大利的城市生活比西欧任何其他地区都强大。对新涌入意大利的人们进行拉丁化教育一直在快速进行,只不过有的时期快一些,有的时期慢一点。其中一个对日耳曼部落进行同化的主要方式,就是世俗学校的存在,这些学校得到后来的罗马君主以及罗马城镇的资助。东哥特国王西奥德里克(Theodoric)在位期间重建了城镇学校,由于这些学校的建立而使得混乱的状况稍有好转,伦巴底国王和贵族也做了相似的事情。

在公元 6 世纪,世俗学校仍然在起作用。尽管在 7 世纪和 8 世纪,意大利学校内部的组织水平很低,但是,对文法、医学和法律知识的渴望一直存在。从公元 8 世纪到中世纪后期,意大利主要城镇内世俗学校的存在没有中断是显而易见的。这些世俗学校由城镇资助的私人教师和公立教师来管理,不传授宗教教育,但重视文法(包括古典文学)、修辞、法律和医学的学习。

尽管这种教育不具备较高的知识水平,但是,这些学校的要求和教育的目的并不在于对宗教的感想,而在于这种学习可以带来的智力上和实际操作上的提高。诸如助祭保罗(Paul)和比萨的彼得(Peter of Pisa)可以从意大利被召唤到公元 9 世纪的查理曼大帝皇宫,这个事实表明了经典方面的教育在意大利一直存在着。早在公元 9 世纪,萨莱诺是作为医学学习的中心。公元 825 年,洛泰尔一世(Lothaire Ⅰ)颁布了一个法令,确立了八九个有资格建立高等学校的意大利城市,附近地区的学者可以到那里去学习。

尽管证据较少,但仍有理由让我们相信中世纪早期在北欧仍然存在着一些学校。有确定的证据表明,爱尔兰世俗学校和祭司学校长期与宗教学校一起存在着。在法国,沙特尔(Chartres)①的学校可能源于塞尔特人建立的祭司学校,之后一直维持着,直到 8 世纪末 9 世纪初由查理曼大帝重新建立这个学校并推动了其发展。尽管没有太多的直接证据,但我们可以推断,在中世纪早期,教育存在的时间要比之前设想得更加长久。在公元 10 世纪及之后,有更加清晰的证据证明,在意大利城镇中有相当广泛的世俗教育的存在。吉尔伯特(Gerbert)②去意大利寻找古代手稿,他知道他可以在那里得到那些手稿。在意大利,年轻人在白天被送往学

---

① 沙特尔,法国厄尔—卢瓦尔省省会,中世纪曾成为布卢瓦和香槟家族统治的伯爵领地。——译者注

② 吉尔伯特(约 950—1003),999 年至 1003 年任教皇,即西尔维斯特二世。——译者注

校进行学习,而德国人在这方面却显得非常无知和落后。1028 年,康拉德二世(Conrad Ⅱ)时期的一个牧师对此进行了比较;在 12 世纪中期,弗赖辛的奥特(Otto)主教对此也进行了类似的比较。

城镇管理。在意大利一些城镇,人们普遍认为,整个中世纪的学校是靠地方当局来维持的。在意大利一些城市,文法、修辞、法律和医学不仅没有消失,而且这些城市作为商业贸易和文化活动的中心而持续存在,正因为这些学科对意大利商人和学者都大有裨益,于是便得到了广泛的学习。拜占庭帝国对意大利部分城市的再次征服意味着,在意大利学校中可以继续学习希腊文。当意大利城市通过斗争从封建贵族那里获得独立开始,城镇中的学习便转向了法律以及像文法、修辞这类基础科目的学习。

公元 10 世纪和 11 世纪,随着商业贸易的迅速发展,世俗学习也得到了加强。维拉尼(Villani)①的《编年史》(Chronicle)估计,在 13 世纪中期,已经有 8000 到 10000 名孩子在佛罗伦萨接受教育;有 6 所学校给 1000 到 1200 名儿童提供算术学习;有 4 所高等学校给 550 到 600 名儿童提供文法和修辞的学习。这确实意味着,学校已经在佛罗伦萨存在了很长时间。相似的是,在 1250 年之前,锡耶纳共和国请教师来给学生提供文法、医学和法律方面的教育,并尽力与波伦亚和帕多瓦的学校进行竞争。另外,估计在这一时期,米兰有 70 位阅读教师和 8 位文法教师。这些推断说明,意大利的许多城市竞相提供由地方当局控制的学校。

城镇控制学校的运动在北欧的出现相对较晚,就像城市的出现也相对较晚一样。例如,在德国,在 13 世纪,许多城镇就在建立由地方当局控制的学校方面采取了很多措施。荷兰也采取了类似的举措,法国在一定程度上也采取了同样措施。总的来说,这些学校以宗教教育为教学目的,以拉丁文为授课内容,与其说这些学校代表的是为建立世俗

----

① 维拉尼(1276 或 1280—1348),意大利佛罗伦萨编年史家。——译者注

教育而努力,还不如说是在宗教学校上简单地实行公民控制。这种世俗学校在意大利的持续存在比在北欧表现得更加明显,但尽管如此,对教育的城镇化控制的热情反映了中世纪中产阶级所拥有的经济地位和政治权利。

贵族管理。在国王和帝王建立学校并将学校控制在其管辖范围方面,比较突出的是查理曼大帝。他在政治上试图建立一个强大的中央集权政府,这与他扩展教育的想法是相符的。除了关于政治事务的法令,查理曼大帝还颁布了许多关于宗教和教育事务的法令。他要求牧师增强读写能力和知识水平以便写封好的书信,还要求计算复活节的日期以及了解他们信仰的依据。因此,他要求在有需要的地方建立教授阅读的学校。主教不仅负责检查修道院院长和牧师的教育情况,而且要在缮写室里修改不正确的手稿。作为对这种做法的回应,奥尔良的狄奥多尔夫主教(Biship Theodophus of Orleans)命令他的牧师要保证每个乡镇或每个封建庄园都能提供学校,在这里儿童可以免费接受阅读和书写的教育。

除了这些大致的刺激教育发展的措施,查理曼大帝还修改了其皇宫中的宫廷学校(palace school)。宫廷学校自查理·马特(Charles Martel)①当政时期就已经存在,来自英国约克的阿尔琴(Alcuin)被任命为学校领导者。该学校是给查理曼家族和其他一些皇室贵族成年人以及儿童提供教育的,有时也包括查理曼本人。查理曼大帝还鼓励爱尔兰、西班牙和意大利以及英国的其他学者,为教会和国家提供有学问的牧师和官员。总体来说,查理曼大帝对教育做出的贡献在很大程度上展现在早期和之后的对比上,尽管他并没有提倡全民教育,但他却把它看作是维持帝国稳定的潜在动力。虽然国家的继位者实力不强,以及内战和他国入侵等因素的存在,但是,教育和学校在查理曼大帝时期从没有像以前那样衰落过。

在路易斯(Louis)和皮尔斯(Pious)的统治下,爱尔兰学者克莱门特

---

① 查理·马特(676—741),法兰克王国的官相。——译者注

(Clement)被任命为宫廷学校的领导者。在帝国西部统治者查尔斯(Charles)和鲍尔德(Bald)统治下,由这一时期最伟大的学者埃利金纳(Johannes Scotus Erigena)①来指导宫廷学校。在此推动下,公元824年在法国召开的行省教会委员会议颁布的命令规定,主教应该更加注重建立主教教区的学校,从而使教会学者可以更加了解他们信仰的依据。同时,帝国中部和意大利地区的统治者洛泰尔一世也颁布了法令,规定在一些意大利城市建立高等学校。帝国的激励措施再一次生效,因为教皇犹金二世(Eugenius Ⅱ)确保为了文法、文学作品和宗教教义的教授,教会委员会指导主教建立教区和主教区的学校,从而将洛泰尔的教义运用到实践之中。

同时,在德国地区,学者拉巴努斯·玛鲁斯(Rabanus Maurus)正在大范围地建立修道院和学校,因而他被称为中世纪时期的"德国指导教师"。在公元10世纪末期,奥托大帝修订统一神圣罗马帝国的理念的时候,他任命他的弟弟布鲁诺(Bruno,the Great,Sant)为所有帝国学校的拥有实权的校长。布鲁诺将皇宫作为学习中心,阿尔琴也做过类似的事情。他不仅推动了修道院的学习,而且召集了最好的学者,收集他所能找到的最优秀的手稿。帝王对教育的兴趣,不是仅仅指向普通民众,而是存在于整个中世纪之中。

在英国,贵族皇室对教育的兴趣是间断性的,但是公元10世纪后期威塞可克斯王国,在阿尔弗烈德(Alfed)大帝的推动下,教育获得了很大的发展。除了他对学习和学识的兴趣之外,他还在其皇宫建立了宫廷学校。为了招收贵族子女,他颁布法令规定有钱人家的孩子在15岁之前都要接受学校教育,还给英国带去了大批大陆的学者。在圣邓斯坦(St. Dunstan)的领导下,为了增强和改进神职人员的学习,教会和修道院都建立起了学校,因为圣邓斯坦认为单独的修道院并不能实现阿尔弗烈德的学习目标。在11世纪,征服者威廉(William)任命坎特伯雷大主教兰费朗克(Lanfranc)和圣安塞姆(St. Anselm)为他的继承者。

① 埃利金纳(815—877),基督教神学家、翻译家。——译者注

他们都是修道院学校和大教堂学校的赞助者，有利于加固罗马制度和强化英格兰理念。

中世纪后期，在其他众多重视教育和知识的统治者中，最著名的是腓特烈二世（Frederick Ⅱ）。在西西里岛的皇室，阿拉伯文化、希腊文化、罗马文化和意大利文化融和到了一起。因此，西西里岛成为了翻译手稿的最重要的中心，还是著名医学学者和自由艺术的聚集地。

总体上来说，世俗权威机构也积极发起和赞助教育，尤其是在中世纪早期。事实上，他们是通过牧师来实施的。国王通常召集的是牧师学者，而且国王下令修道院、教会或者大教堂要建立学校（宫廷学校本身除外）。同时，国王和君主偶尔还会激励牧师，并在教会中举办一些可以推动教育的活动。然而，多数学校仍然由牧师直接掌控。由于公元9世纪和10世纪卡洛林（Carolingian）帝王政治力量的没落，教皇和教会委员会在鼓励学校和教育方面开始采取越来越独立的措施。

教会管理学校

教会对教育的兴趣，尤其是对牧师教育的兴趣在中世纪时期继续得到增强。例如，西班牙托莱多的国会于公元531年规定：将来要成为牧师的男孩应该在主教的监视下接受天主学校的教育。一百年以后，托莱多的另一个国会制定了类似详细的规定。然而，在中世纪早期，教会在建立学校方面最重要的一环就是建立修道院学校。在西欧和大不列颠及爱尔兰的大部分地区，本笃会僧侣和爱尔兰修道院开始逐步建立起学校。从公元9世纪开始，修道院学校似乎已经包括了为男孩成为神职人员和非神职人员做准备的教育以及即将要成为僧侣人员的教育。修道院学校主导着公元6世纪至11世纪的整个欧洲教育。

教区教会和大教堂的职责，是让教会委员会和教皇不断提出建立学校的建议。国王和君主的类似提议在之前的章节已经提到过。然后，随着教会本身势力的壮大，它便开始采取独立的措施。公元853年，罗马举办的地方会议规定，基础教育应该在所有的教区实施，而且自由艺术学校也应该在所有的大教堂建立起来。公元855年，瓦伦斯会议也支持这种观点。在公元 908 年，摩德纳（Modena）大主教在任命新的牧师时把维持学校和教育男孩作为首要任务。1179 年的第三罗马拉特兰委员会颁布命令，每一个天主教堂都应该有一位教师，教师的任务不仅要教授想成为牧师的男孩，而且还要为那些支付不起学费的贫困家庭子女提供教育。这些以及其他类似的条例表明，教会采取措施给贫困家庭提供免费教育。

图 8 大教堂学校

因此，中世纪教会机构的多样性，使得不同种类的学校得以维持。城镇或者庄园的教区教会通过教区学校或音乐学校提供了阅读、写作和音乐的基础教育。修道院、主教教堂和大教堂不仅提供用于基础教育的音乐学校，而且提供"七艺"、医学、法律和神学的中等和高等教育。确定的是，不是所有的修道院、主教教堂或者大教堂随时都可以提供所有的教育。如此众多的教会委员会、教皇和大主教在不同的时机颁布的关于加强对学校关注的命令，无疑意味着，不仅早期的法令已被忽略，而且新的压力被施加到了牧师身上。尽管如此，教会的目的是十分明确的。

学校的私人管理

在中世纪后期，有证据表明，个人和团体开始建立独立于公共当局和教会的学校。最重要的是教堂学校（chantry school）和行会学校（guild schools）。寺院贫民学校多数是由富人来建立的，他们希望建立一个可以在他们死后为拯救其灵魂而颂扬大众的地方。开始，寺院贫民学校对于牧师的工作只是可以偶然地发挥其教学功能，它们通常召集一些男孩组成拉丁唱诗班。之后，学校便成为了一个整体或者是最初教育基础的最重要的一部分。相似的是，随着行会学校成为城镇生活的重要元素，它们经常指定一个牧师在拉丁行会学校教授行会成员的子女。这里的行会学校不能与之后所描述的师徒制中的行业准备相混淆。虽然这些寺院贫民学校和行会学校尚未普及，但私人控制教育的形式在中世纪后期便开始了，在文艺复兴和宗教改革时期，尤其在英格兰成为了最重要的一种控制形式。

高等教育的管理

正如之前所提到的，中世纪早期高等教育最重要的机构是修道院学校和大教堂学校。总体上来说，修道院学校在 17 世纪之前一直占据主导地位，在之后大教堂学校便开始在重要性方面超越了修道院学校。随着大教堂学校的学生数量的增加，学校的实质教学功能和直接的控制权通常由大主教委托给被称为"校长"的教会官员。权力的等级依次是教皇——大主教——校长。渐渐地，委托给校长的最重要权力是颁发在主教教区有任教资格的教学证书。随着一些大教堂学校占据了更重要的主导地位，教皇通常通过大主教授予校长颁发可以在任何地方执教的教学证书。这意味着，一些大主教学校获得了超出它们主教教区的权力。

一些大主教学校被称为"大学校"（studium generale），这是提供全面学习的地方，之所以这么称呼，是因为它吸引着众多地区的学生，用于教学的证书也被认为是普遍适用的。到 1100 年，这些最活跃的学校在沙特尔以文法和文学的学习而出名,在巴黎以逻辑学和神学而闻名,在博洛尼亚以法律而出名,在萨莱诺以医学而出名。

大学组织管理的最初形式。在 12 世纪,随着这些大学校教师和学生数量的增加,教师开始以群体行动这样一种原始形式来组织,或者他们自己组织成一个行会或组合。大学保护教师的利益,反对校长、主教、国王或其他试图控制他们的人。同样,学生经常组织成行会来反对教师和市民等。这些早期的学生型大学,通常是按照学生自己的地区或国家来组织的。

"行会"这个词最初适用于任何普通的行会团体,但渐渐地,它开始更多地适用于大学的全体教职员和学生。因为校长和学生渐渐将自己组织成行会和社团组织,大主教学校进而发展成为了大学。演变的过程是循序渐进的,从而无法给出大学在 12 世纪后期和 13 世纪出现的具体日期。文学系、法律系、医学系和神学系是那时典型的教师行会。不是所有的中世纪大学都有这些科系,而且一些大学以其中一个科系闻名,例如,巴黎大学以神学系而出名,博洛尼亚大学以法律系而闻名。

巴黎大学。因为中世纪最重要的大学是法国大学,所以,对其逐步兴起并开始掌权的过程的简短描述,可以揭示综合性大学兴起运动中的一些推动因素。直到 11 世纪,巴黎的学生数量大量增加,原因是他们被巴黎圣母院大教堂学校、圣吉纳维夫学院和维克多修道院学校所吸引。香槟的纪尧姆·德·香浦(Guillaurme de champeaux)吸引了许多学生前来巴黎圣母院大教堂学校进行学习,然后,阿伯拉尔(Abelard)[①]在吸引学生的能力上超过了他的前任教师和同事,这种才能他在圣维克托和圣热内维埃夫(St. Genevieve)寺院已经展现了很多次。有证据表明,在 12 世纪末期,这些学校的校长已经将自己组织成艺术、法律、医学和神学的行会,因为他们感觉到自己被束缚在了巴黎圣母院和圣吉纳维夫的控制之下。

---

① 阿伯拉尔(1079—1142),中世纪法兰西经院哲学家。——译者注

图 9　大学里的一堂课

　　校长想管理他们自己的事务,像其他行会一样,不仅任命新的成员,而且颁发任教资格证书。他们求助于任何可以在他们实现更多自治权的斗争中能给他们提供帮助的人。因此,有时他们为了反对市民还求助于国王,路易斯七世(Louis Ⅶ)授予他们只要有动乱就可以进行处置的权力。在城镇与大学之间的频繁暴乱中,大学逐渐获得民事法庭的豁免权,学生和教职员工得到在教会或大学法庭接受审判的权利。如果国王给大学颁布命令,正如菲利普·奥古斯都国王所做的,教职员可以求助于教皇。如果教职员被要求服从于校长,例如,巴黎圣母院学校校长,那么教职员再次求助于教皇或罢工。当教职员感到不可容忍的时候,他们会罢工并离开城市或者威胁说要罢工。由于学生经常参与到教职员之中,所以,大学经常把国王、城镇居民或者教会归于他们的支配之下。

　　在他们和校长的纷争中,人们普遍认为在 1212 年与教皇伊诺森特三世(Innocent Ⅲ)的斗争中,教职员联盟取得了胜利。伊诺森特三世曾下令,校长在任命新的教授之前要等待教职员中的新推荐者。1229年,教职员再次越过校长向教皇提出申诉。在 1231 年时,罗马教皇戈里高利四世(Gregory Ⅳ)成为了大学自治的主要防御力量。因此,罗马教皇便决定亲自统帅自己所任命的官员,以获得更加直接的控制权而保护大学。大体上来说,教职员愿意接受这样的帮助。由于教皇离得很远,而校长却在他们身旁,因此,对他们来说校长被认为是更具直接危险的。

然而,不久教职员便开始和教皇有纷争了。当多明我会修道士开始执教于法国大学时,他们经常站在教皇的一边而不是在教授的一边。在1252年到1257年之间发生了一系列的和多明我会的斗争。当其余的教授继续罢工的时候,多明我会修道士继续任教和吸引着学生。教皇支持多明我会,坚持认为教授应该继续维持工作,罢工应该被停止。但是,大学的事例已经表明了它是很难控制的。

渐渐地,文学院的教师成为了人数最多和力量最大的教师队伍,而且在13世纪末时,院长即文学院的管理和惩戒领导,被认为是整个法国大学的领导者。巴黎大学逐步被认为是伟大的中世纪大学。有句话这样说:"意大利有教皇的存在;德国有帝国的存在;法国有巴黎大学的存在;这一切都非常好。"

在巴黎大学中,为学术自治而战的最有意义的结果之一,就是它使得全体教职员作为大学完全的合法群体而受到了更多的重视。教职员作为法人而存在,他们可以制定课程、颁发教学证书、授予学位、任命自己的成员。事实上,大学兴起的最初理念源自于教职员的法人存在,教职员被赋予不用对行政官员负责而处理自己事务的权利,也不用受成员之外的董事会的控制。

其他的中世纪大学。 在13世纪,意大利最有名的大学是在博洛尼亚。大学的组织形式从学习文学的大教堂学校、学习法律的修道院学校和学习修辞的城市学校发展而来。在博洛尼亚,一个有趣的但不是很有影响力的特点是,它利用学生行会的力量来控制大学事务。行会的院长被看成是大学的校长,而且教授有义务去发誓要服从学生行会,并遵守有关课程计划和内容以及学期期限的规定。13世纪在意大利赢得地位的其他大学有锡耶纳大学、帕多瓦大学、那不勒斯大学(由腓特烈二世建立)和罗马大学(由教皇建立)。

在英国,牛津大学和剑桥大学在中世纪时期就已经形成,之后作为仅有的英语大学持续了几个世纪。直到 1167 年或 1168 年，牛津大学的教职员组织形成了大学的形式，它在很大程度上模仿了巴黎大学教职员的形式，但却不想像巴黎大学教职员那样处在教皇和当地主教的严密控制下。剑桥大学建立得稍晚一点，在一群教师变得不满意并且在 1209 年离开牛津大学之后才建立。大学的这种分离事实，是欧洲许多大学成立的另一个原因。

到 13 世纪末，在巴黎大学之外，法国的另外一些大学仅仅是在蒙彼利埃和图卢兹。蒙彼利埃大学尤以医学方面的工作而著称，图卢兹大学是在 12 世纪 30 年代为了和异教作斗争而由教皇建立起来的。大学在 13 世纪末之前出现于西班牙的萨拉曼卡和塞维利亚以及葡萄牙的里斯本。在 14 和 15 世纪，大学运动遍及了欧洲的北部和中部，有超过 75 所大学在 15 世纪末就已经众所周知了。

中世纪教育的贵族特性

从现代的视角来看，因为我们给予了广泛的公共教育以压力，这使得中世纪普通民众的受教育权利受到了限制。总体上来说，现代的判断是，就中世纪教育和我们现今教育方式相比较而言，其贵族性质是十分浓厚的。然而，从中世纪自身的角度来看，教育的机会应该没有被打折扣。尽管教会没有考虑到给每个学生受教育的权利，但很显然的是，教会也采取了一些措施为贫困家庭儿童提供免费教育。确定的是，这种教育已经有了慈善的概念，因为只要家长需要，教会还是很愿意给他们的孩子提供学费的。事实是，免费教育的存在已经不足为奇了。

而且，现今的调查显现出这样一个结论：13 世纪之前，在意大利、法国、德国和英格兰的规模大一点的城镇中，已有大批的孩子入学。甚至也有理由可使我们相信，13 世纪的教育机会要比 14 和 15 世纪的广泛得多。也有证据表明，在 13 世纪，在修道院和宫廷之外，至少还存在着一些为女孩开设的学校。

然而，在注意到这些例外之后，一般人似乎还持有这样一种观点：与中世纪以前的罗马帝国时期以及 16、17 世纪之后的宗教改革时期相比而言，中世纪欧洲的教育机会相对来说还是非常有限的。

136

教师职业的地位

因为中世纪的大部分初等学校的教师都来自于传教士、小教堂官员或者牧师，他们的地位类似于地位低下的神职人员。还有一些非专业教师，尤其是在意大利城镇，这些教师私下和家长接触后再教育他们的孩子，以通过这种方式来谋生。但是，大部分的教育工作仍由修道院的僧侣和教区的牧师来担任，他们把教学当成是日常事务的一部分。在教育的初级阶段，教会还没有组织起一个特别的机构，也没有形成把教育当成是主要工作的专业人士。牧师担任教育工作，主要是因为他们是社会上唯一的有足够的知识并可以发挥其教育功能的群体。教育本身并没有一个目的，主要是用来实现教会的宗教职责的。在初等教育的范围内，教育大致是教会的奴仆。

然而，在教育的更高阶段，教育环境在中世纪后期发生了变化。自由艺术、法律、医学、神学等高级教育迅速成为修道院中某些僧侣以及大主教学校中的校长或学者的主要事务。这就是教育从作为僧侣其他义务的偶然事情到渐渐成为一个主要任务的转变。到 11 世纪和 12 世纪时，学者和他的助手的工作开始变成全职的。许多这样的人都作为学者和教师而不是作为牧师而出名。例如，沙特尔的巴纳德（Banard）、索尔兹伯里的约翰（John）、香槟的纪尧姆以及阿伯拉尔。然而，教育成为一个独立的职业的实质性转变发生在大学组织的过程之中。

在 17 世纪，对许多有能力的年轻人来说，一种在大学里任教的生涯变得非常重要，以至于它成为了在教会和国家中任职的挑战。值得注意的是，事实上，13 世纪所有重要的思想家、作家和知识分子领导都受过大学教育。大学在塑造知识分子的生活方面，其深度超过了其他任何时期，这是因为在大学之外存在的学者非常之少。大学教学职业的地位因而变得非常崇高，被赋予特权、免税权和豁免权。尽管大学教授从未获得像贵族或大牧师那样多的财富，但是，其生活水平大大超出了一般人，而且享有公众尊重的和很高的社会地位。在哈佛大学和剑桥大学，他们从议会那里获得了特殊的代表权，而且，他们经常以作为一个群体的形式，来提出解决异教、神学或者政治争端中的重要问题的方法。

137

第六章　中世纪教育的智力基础

关于中世纪思想的矛盾观点

中世纪常常被描述为思想统一的一个时期，学者们认为，他们解决了人与自然间的根本问题，并对此感到满足。但是，仔细考察就可以看出，观点的冲突、疑惑和差异其实充斥着那段历史的大部分时期。几乎在中世纪的每一个阶段，都有人站出来想做"协调人"，试图把人们的思想轨迹规范到他们认为的所谓"正统"大道上来；但是，也总有人要做"反抗者"，企图挣脱束缚，朝着某个方向奔跑。教会融合和控制这些不同因素的能力很强。在一个阶段被认为是近乎异端邪说的想法很可能在另一个阶段被融入"正统"思想之中。

中世纪的核心的智力问题是试图将教会的主要宗教观点和林林总总的世俗利益结合起来。例如，建立一个共同的基督教共同体在整个中世纪都是一种重要的思想，但要想达到目的就必须采取暴力、威胁和争论的方式，还要通过协调封建制的世俗利益、国家主权的理想以及君主、国王、城市和大学所主张的自由理想之间的关系。

通过救赎获得来世永恒安宁的宗教思想和追求今生世俗利益的想法是格格不入的。教会本身也怀着兼顾今生和来世利益的想法，因为很多主教不仅是精神领袖，而且也是重要的政治家和经济管理者。如果说中世纪采用的完全是来世的世界观，这未免过于绝对。说宗教世界观的力量在于试图包括并控制人们的精神力量和世俗冲动，可能会更加准确一些。在这一点上，教会并不是十分成功的，但也要承认，此时的教会可能比中世纪之前和之后的任何时期都更加接近这一目标。或许，这就是中世纪精神的精髓。

在宗教思想界本身也存在着试图挣脱束缚和进行反抗的情况。正统思想的权威教义常常受到异教和近似异教的质疑，教会官员常常很警觉，以免这些反抗偏离正统思想的轨道太远。冲突常常围绕着如何协调《圣经》以及主教著作等宗教文学和希腊、罗马经典作家创作的世俗文学之间的关系而展开。这是一个极其难以解决的问题，常常导致人们把基督教的特点归因于柏拉图、亚里士多德、西塞罗和维吉尔思想的某些方面，而不再考虑其他的方面。

协调主张人类理性的观点和主张信仰的观点的努力，导致了中世纪后期以经院哲学形式出现的大争论。我们可以发现，圣安塞姆（St. Anselm）①以及克莱尔沃的圣贝尔纳（St. Bernard）②等人极力强调信仰、情感和神秘主义，而洛色林（Roscellinus）③、阿伯拉尔以及罗杰尔·培根（Roger Bacon）④等人则挣脱束缚，强调理性、智力和辩证法。13世纪时，在最伟大的"协调者"托马斯·阿奎那（Thomas Aquinas）⑤的综合思想中，信仰和理性终于得以协调，获得平衡。

总体上讲，我们可以这样看待中世纪的智力努力：一群年轻而不成熟的人在通过一个漫长而艰苦的学习过程变得成熟，使他们能够解决自己前进道路上的问题。在这个道路上，有两种重要的内容要学习，一是希腊和罗马关于异教徒世界的思想，一是包含在主教著作之中的基督教思想。对于这两方面的重要内容，西欧的年轻人倾注了自己的力量、能力和品质。意大利人、西班牙人、高卢人、日耳曼人以及北欧人都必须从头学习这些知识，才能创建自己的经典基督教传统。仅吸收这些内容并使其拉丁化，就花费了四个世纪的时间，从公元6世纪到10世纪的这个交互过程中，中世纪思想逐渐形成。到11世纪和12世纪的时候，吸收知识就变得容易得多了。到13世纪的时候，整个思想体系就可以用独特的（虽然不是全新的）语言来重新阐述了。

----

① 圣安塞姆（1033—1109），神学家，著名的早期经院哲学家。——译者注
② 圣贝尔纳（1091—1153），修士，新柏拉图主义道德家。——译者注
③ 洛色林（约1050—1112），法兰西哲学家和神学家，唯名论的创始人。——译者注
④ 罗杰尔·培根（1214—1294），英国思想家，实验科学的先驱。——译者注
⑤ 托马斯·阿奎那（约1225—1274），中世纪基督教神学家、经院哲学家。——译者注

基督教的世界观和人的本性

在中世纪早期,人们关于宇宙结构、上帝的本质、人的本质以及人与上帝的关系的主要观点,都来自于圣奥古斯丁的思想体系。因此,其哲学基础在很大程度上是柏拉图主义的,框架是以《旧约》中的犹太一神论、《新约》中耶稣的伦理教导以及早期教父时代教父的阐述为依据的。在此基础上,增加了新柏拉图主义、斯多葛派以及东方宗教的理性、情感和神秘主义的元素。在这些多元因素的影响之下,形成了一种理念框架,从而构成了基督教的基本传统。

当时宇宙观的核心是信仰唯一的上帝,上帝的存在是无限的、精神上的。至善、大智和有无上权利的上帝创造了宇宙以及所有有生命和无生命的事物。宇宙围绕着地球旋转,创造这个宇宙是有目的的——为人类这种生命的最高形式提供家园。世界按照上帝所创建的自然法则运行;但是,在必要情况下,由于道德原因,上帝会通过自然过程直接进行干预,通过奇迹和天意来惩恶扬善。地球之上是天堂,之下是地狱。人死之后,好人受奖赏进天堂,坏人受惩罚下地狱。

地球上的人类的最终目的是在上帝面前获得拯救和解脱。上帝造人时,赋予了人类不朽的灵魂,这使人类能够和上帝的精神本质相联系。人类还有智慧、道德心以及自由意志,可以帮助人们趋善避恶。同时,人类还有肉体,肉体使人与自然相连,常常诱使人们变得堕落、软弱和罪恶。亚当和夏娃的原罪使之后的所有人都要寻求帮助才能过上幸福生活,但是,上帝通过基督的生命和死亡向人们提供了逃离的方法。如果人相信基督,想要追寻他的生活方式,他就有可能在来世免受永无止境的惩罚,他的不朽灵魂就能使他在拯救和解脱中投入上帝的怀抱。但是,如果人不相信基督,不相信上帝,那么,他就会永远遭受地狱的煎熬。上帝设立在地球上的救赎方式就是普世教会,教会为人们提供圣礼,人们通过圣礼开始他的救赎之旅。

对于这些基督教世界观的基本信条,中世纪的学者们相对来说争论很少。上帝的唯一性、上帝创造世界和万物的能力、事物外部物质形态之下的基本精神、宇宙固有的道德和理性本质等,这些观点一般不会受到质疑。通常认为,物质世界的事物肯定低于精神世界的事物,低于人类反映精神和物质的区别的本性。如果人提升自己的灵魂和抑制自己的肉体,那么,他就能够遵循上帝所规划的那样的世界的道德秩序。但是,如果他注重肉体和感官经验,他就违背了世界的规则,因而是有罪的。由于今生的事物都是带有邪恶色彩的,人必须证明他可以超越今生的种种诱惑,把目光放在获得来世的解脱之上。从这个角度来说,中世纪的主导理念是来世观念。

异教。中世纪后期,各大异教主要对今世说和神职人员的权利提出了批评。阿尔比教派(也称为清洁教教徒)起源于 11 世纪,得名于法国南部小城阿尔比。他们认为,自己是"清洁的",以此来反抗教会和神职人员的堕落。他们强调,对物质事物的追求是有罪的,因为物质本身就是有罪的,所以,他们把得到物质财富、说谎、发动战争等都看作是道德罪恶。另外一个反对教会的团体是由布雷西亚的阿诺德(Arnold)①领导的,称为阿诺德教派。他们也抨击教会的堕落、主教的贪婪以及牧师对世俗事物权利的要求,他们宣扬贫穷和简单生活的价值。

影响力更大的一派是追随彼得·韦尔多(Peter Waldo)的韦尔多教派,其信徒遍布法国南部和意大利北部。韦尔多教派抨击了牧师的物欲,声称只有当主教和神父是好人时,人们才会去遵从他们;还宣称人们服从的应该是上帝,而不是人。韦尔多教派认为,任何人,无论男女,只要他们是好人,就都可以做牧师;施舍对于死去的人来说是毫无用处的;在教堂外的祈祷和在教堂内的祈祷一样有效;阅读《圣经》是获得救赎的一种重要方式。通过抨击神职人员的权利和宣扬根据圣礼的要求来生活的必要性,这些"异教"的观点成为了新教(Protestants)观点的前身。

智力和学习

在基督教世界观的大框架内,最重要的和分歧最大的观点是关于

---

① 布雷西亚的阿诺德(约 1100—1155),意大利激进派宗教改革家。原是布雷西亚修道院院长。——译者注

作为获得真理的手段的人类理智或智慧的角色问题。中世纪经院学者们的争论和论说文章通常被称为经院哲学(Scholasticism)。

"经院哲学"这一概念,曾经以多种大相径庭的方式被人们使用过。有时,它指中世纪繁琐哲学家的全部思想和写作体系。这个词来源于"scholasticus"一词(学僧,即教会或修道院附属学校或大学的教师和学者)。经院哲学作为一种思想方式,常常被人们认为等同于亚里士多德的演绎推理逻辑,就像中世纪后期的学者们解释的那样。一般来讲,经院哲学是一种方法,用来对总体原则或宗教及经典权威的陈述进行选择和分类,对这些权威进行比较,系统地对这些陈述进行评论,研究双方的论点并得出结论,利用能够支持所得出的结论的证据来详细地驳斥对方的论点。在这些过程中,争论、驳斥和辩证分析起到了重要的作用。

经院哲学的推理和内容通常都以普遍问题的形式提出。究竟是普遍的命题更真实,还是个别的情况更真实呢?真理是存在于普遍命题之中,还是存在于个别的陈述或事实之中呢?关于这些问题,虽然人们的解释千差万别,但似乎可以总结出来两种主要的观点。

唯实论(Realism)的观点认为,最普遍的观念、最普遍的事物分类,才是最真实的,因而也是最重要的。普遍观念的存在独立于且先于个别之物。由于上帝是最普遍的实质,所以,上帝是最真实的。关于人、善良、正义、真理以及美的普遍观念体现的形式,是个人、个人的善良和正义的行为以及个人所体现出的真理和美。

柏拉图式理念论,以及此处起作用的中世纪唯实论,一般支持把精神理念和精神价值的世界作为信仰的来源以及普世教会的权威的宗教观点。《圣经》、神父和教皇所陈述的普遍观点被看作是最真实的、最具约束性的观点。宗教情绪、无边无形的信念以及传统和神启的权威都支持唯实论。信仰应该是理性的,但是,如果理性和神启相矛盾的话,那么,信仰是至高无上的,应该占据主导地位。

在中世纪早期,唯实论是占主导地位的世界观,它源于圣奥古斯丁,在 11 世纪和 12 世纪由圣安塞姆、圣贝尔纳以及圣纪尧姆等人发扬光大。圣安塞姆和圣奥古斯丁指出,关于宗教事务的一切推理和讨论,都必须在揭示的真理和权威真理的前提下进行。为了获得知识，我们必须首先相信教会的教义。圣纪尧姆认为，个人的事情只不过是名称而已，只有普遍性才是真实的。例如，在人的本性中，只有人这个普遍的类别才是真实的。所有的人在本质上都是相同的，因为他们都具有人的普遍特征。人与人之间的不同只不过是一些偶然的变化，毫无重要性。

与此相对的观点称为"唯名论"（Nominalism），它从亚里士多德的科学观念而不是柏拉图的理念论观点那里获得支持。唯名论认为，最真实的是个别的物体，普遍事物只不过是为了方便而使用的术语，指的是一些有相似特征的一系列个别事物。普遍事物作为一种命题或概括，只有在个别事物得以检查并发现有相似性之后才能成立。普遍事物没有独立的力量，只是为了处理一系列相似事物而采取的方便的方法。为了获得真理，我们必须从个别事物出发，观察它们如何运作、特点如何，然后才能得出归纳性的结论，以便在发现新事物和新知识时加以分类。因此，对真理的检测不在于信仰或者权威，而在于人类理智在寻找个别事物的事实，并用普遍概念对其进行描述的过程中所付出的努力。唯名论的世俗性试图挑战宗教的正统性。唯名论依赖逻辑和辩证法作为获得知识的最高方式，它把人类理性提到了高于信仰的位置。

唯名论在 11 世纪的时候明显占到了显著地位，那时罗塞林开始批评唯实论的观点，坚称普遍性只不过是一个词语、一个名字、一个声音。唯名论以及认为理性高于信仰的观点，在 12 世纪时通过彼得·阿伯拉尔得到了最大程度的证实。阿伯拉尔算得上是一位唯名论者，但是，比他关于普遍性的具体教义更重要的，是他敢于质疑、批评、怀疑信仰和权威的信条的态度。阿伯拉尔成功地在辩证法和逻辑学领域驳斥了他的老师纪尧姆的唯实论教义之后，又带着同样的批判态度开始研究神学问题。

阿伯拉尔不把"三位一体"的三个人以及其他神话题当做崇拜的对象，而是把它们当做解析和逻辑分析对象，这种想法导致了圣贝尔纳领导下的两个教会委员会对他的谴责。虽然圣安塞姆认为我们必须先相信然后才能理解，但阿伯拉尔却说我们必须先理解然后才能相信。阿伯拉尔的一本名为《是与非》(Yes and No)的书详细阐述了他的批判性观点。他列举了大约150条宗教论题,然后援引了《圣经》和教父的论述来支持同一问题两个方面的观点。这样,他就奇妙地显示了所谓的权威是如何彼此相互矛盾的,同时也说明基督教学者的使命是使用人类的理智来获得真理。他敢于挑战的态度或许比他的思想或者系统的神学观念更为重要。阿伯拉尔的思想影响很大,13世纪的重要神学家都试图进行调和。阿伯拉尔是最伟大的反抗者,正是他为最伟大的调和人托马斯·阿奎那的著作提供了激励。

在12和13世纪,亚里士多德的全部科学体系被介绍到了西欧。这主要归功于阿拉伯和犹太学者中的活动家,他们把这些资料从希腊文翻译成了阿拉伯文,然后又翻译成了拉丁文。到13世纪中期时,基督教曾一度控制着对亚里士多德在生物学、物理学、天文学、形而上学、伦理学、政治学、诗歌等方面的科学著作的认真的逐字逐句翻译。由于有了这么多的"新"材料可供消化、吸收和争论,辩证的争论的分歧程度也达到了空前水平。基督教的信仰似乎受到了亚里士多德代表的对科学的理性探索的挑战。对此,教会开始有所警觉。

托马斯·阿奎那开始潜心研究如何使亚里士多德的思想和基督教的信仰融合起来的问题,终于在其著作《神学大全》(Summa Theologica)中获得了成功。这最终被人们所接受,成为天主教会官方教义的代表,并且直到今天仍然在发挥着作用。托马斯·阿奎那严格地区分了自然哲学和超自然神学,这样才达成了调和。哲学研究的是万物产生、变化和消亡的自然界,它包含一切可以争辩的事物或者可以通过人类的理智揭示出来的事物。而神学研究的是启示真理,涉及到的是没有变化、非创造的、永恒的和至高无上的真理的世界,这些真理是普遍的,构成了信仰的内容,它们不容人类理智的质疑。

神学和哲学之间可以没有冲突,启示真理和人类理智之间也可以没有冲突,因为上帝是一切真理的缔造者。信仰可以在理智可能的范围内进行推理,但是,有些关于信仰的文章超出了人类有限的理智的范围。它们并非"没有理智",它们只是不适合进行合理的论证。托马斯·阿奎那把信仰提到了高于理智的高度,他采用的是唯实论的观点。

同时,他的观点在科学自然界的限制范围内给了人类理智更多的主动性。学科和宗教可以处理相同的事实或者思想,但是,它们看待问题的角度不同。科学和人类理智从个别事物开始进行研究,但是,宗教则从代表万物最普遍特性的上帝开始,一直研究到个人。

这样,托马斯·阿奎那的神学思想并没有把哲学和神学对立分离起来,而是强调了两者的特性。托马斯·阿奎那给了科学在自己有限的范围内自由掌控自然现象的权力。这显示了教会的适应性,也显示了亚里士多德的理论可以被用来调整经院哲学,限制人类理智可以发挥作用的范围。如果只有理智,那么,理智可能会冲破束缚并引起麻烦。但是,如果理智能够通过亚里士多德的权威得到编排并变得正式,那么,它将得到约束,可以为神学的更高目的服务。托马斯·阿奎那基本上采用的是阿伯拉尔的方法,但是,他比阿伯拉尔更进了一步。托马斯·阿奎那不仅陈述了问题并列出了权威人士关于问题两方面的论述,而且还提出了"正确的"解决办法。

中世纪关于思想过程和学习过程的主导观念,都是由托马斯·阿奎那的这些基本观点构成的。真理存在于永恒的事实之中,是固定的、普遍的、客观的和永恒的。真理不是由人创造的,而是由上帝创造的。真理只是人类通过理智和智慧发现的。真理在超自然的世界里固定不变,因为上帝在开始的时候就把知识变得很完美无缺。但是,人类是有缺陷的,如果人类通过学习开始从无知变得智慧,那就要发生变化。因此,人类被赋予了智慧,让人可以获得真理,可以把知识用于实际。

人类智慧的主要目的是要使人获得真理,但如果没有帮助,只靠智慧并不能获得真理。他还必须依赖信仰、启示和恩惠,才能得到神学和宗教的真理。知识的最高目标是把上帝本身作为全部真理的来源。总之,人类理智被看作是由各种智慧构成的,这些智慧包括涉及到科学、数学和哲学的更高或更理论化的智慧,也包括与政治、经济、日常行为、行动和经验有关的低一级的或实用性的智慧。

在这一点上,托马斯·阿奎那遵循了亚里士多德的传统,提升了理论智慧和理论知识的地位,认为它们比实践智慧和来自经验的知识更重要。这种区分从中世纪一直到现在都是传统智慧观的一个典型特点,它也构成了许多教育和哲学争论得以解决的基石。但是,很快就出现了对托马斯·阿奎那学说的反对意见,例如,13世纪的罗杰尔·培根等。

罗杰尔·培根对托马斯·阿奎那学说的整个体系十分不满,他抨击了托马斯·阿奎那关于普遍权威性的假设。罗杰尔·培根发出了自己不满而刺耳的声音,批评了在神学和科学领域越来越多地依赖亚里士多德以获得权威的现象。他认为,关于自然界运行情况的结论应该得到实际和积极的经验的检验,在这一点上他看得很远。他可能是第一个提出用实践来检验抽象的推理结论以及用实践来重塑过去和预测未来的人。罗杰尔·培根的固执,使得他获得了破坏和平、制造不和谐的罪名,受到了抨击并遭到监禁。

在14世纪,激进的唯名论和怀疑主义者奥卡姆的威廉(William of Ockham)[①]以及极端唯实论者邓斯·司各脱(Duns Scotus)[②]还在进行争论。经院哲学开始讨论微妙的事情、复杂的论点以及抽象的术语,而正是这些最终导致了经院哲学的衰落以及14世纪和15世纪人文主义思想对它的抨击。但是,从积极的角度来讲,经院哲学家们五个世纪的艰苦讨论,为16世纪科学思想的出现铺平了道路。

艺术和科学的作用

学识的一般发展。 16世纪和17世纪是把罗马帝国后期的学术资源传承下来的一个过渡时期。在传播先前时期作家作品的中世纪早期作家中,有一些人既有能力又十分认真,而另外一些人乏味且毫无生气。最杰出的要数波伊提乌(Boethius)[③],他是那个时代唯一一位对经典真正有鉴别能力的人。他把很多希腊科学和哲学方面的书籍进行了翻译,并根据这些材料进行了很好的评述。他的《哲学的慰藉》(*Consolation of Philosophy*)一书提供了西欧人几个世纪以来所知道

---

① 奥卡姆的威廉(1285—1349),英国哲学家和教育家,方济各会修士。——译者注
② 司各脱(约1265—1308),英国哲学家和教育家,方济各会修士。——译者注
③ 波伊提乌(约480—524),古罗马后期哲学家。——译者注

的大部分希腊智慧。

另外一个传统学识和中世纪学识的中间人是卡西奥多鲁斯（Cassiodorus）①。他是一位基督教学者和修道士，他在修道院中称为"缮写室"的专门房间里采用手抄本的方式为保存经典哲学和教父哲学做出了很大的贡献。在卡西奥多鲁斯自己的著作中，他对宗教、历史以及各种人文科学进行了广泛的论述。他并不是波伊提乌那样的学者，但他的影响也很大，因为他把世俗的和宗教的材料用宗教可以利用的方式表现了出来。第三个把资源传递到中世纪的重要人物是格列高利大教皇。他的著作和书信是教堂神父的神学思想得以传播给中世纪的学者的主要途径。第四个重要人物是塞维尔的伊西多尔（Isidore）。他是西班牙主教，编撰了一本名为《词源学》（*Etymologies*）的百科全书。按照现在的标准，这本书恐怕是乏味而没有生气的，包含了数百个节选文章、术语以及定义，而且没有任何特定的顺序或体系。但对于那些天真而无组织的人来说，《词源学》肯定颇受欢迎。但是，就创造性地解读经典思想而言，该书确实没有什么可取之处，这反映了公元 7 世纪发生的学识衰落的现象。

在公元 8 世纪和 9 世纪时，中世纪学识的水平大大提高，在公元 9 世纪所谓的"加尔文文艺复兴"中达到了顶峰。在英格兰，最著名的学术活动是圣比德（St. Bede）、阿尔琴以及阿尔弗烈德大帝的学术活动。圣比德通常被称为"英格兰学问之父"，他懂得拉丁文、希腊文以及希伯来文，所论述的话题涉及音乐、历史、传记、科学、神学、教育学以及人文科学等。阿尔琴则被查理曼大帝从约克大教堂请到他的宫廷之中创办宫廷学校，设立了非常广泛的课程。阿尔弗烈德大帝在由于英格兰与荷兰交战而使学术受到破坏的情况下，采取措施促进了英格兰学术的发展。他不仅鼓励与促进科学和艺术的发展，而且自己还在使用盎格鲁—撒克逊本土语言写作散文方面取得了很大的成就。他把圣比德、圣奥古斯丁、波伊提乌、格列高利大帝等人的著作翻译成了英文或盎格鲁—撒克逊文。这块大陆上的复兴在拉巴努斯·玛鲁斯和埃利金纳统

---

① 卡西奥多鲁斯（约 485—585），古罗马历史学家、政治家和僧侣。——译者注

治时期得以延续。

在10世纪和11世纪,学术活动的水平和发展速度开始出现令人惊讶的提高,经济生活亦是如此,商业开始增加,城市开始出现。科隆大主教布鲁诺(Bruno of Cologne, Sant)召集了最优秀的学者,搜集了他所能找到的最好的手抄本。盖尔贝特(Gerbert),即后来的教皇西尔维斯特二世(Pope Sylvester Ⅱ),作为兰斯教堂学校的经院学者,是公元1世纪左右那个时期最有学问的人。

同时,在欧洲学术的边缘发生了一次十分重要的学术发展,这就是阿拉伯的学术成就。阿拉伯学术吸收了希腊哲学和科学的很多成就,尤其是亚里士多德的成就。随着阿拉伯帝国的扩张,阿拉伯人把很多这样的材料带到了意大利的西西里岛和西班牙。在把希腊材料翻译为阿拉伯文的过程中,阿拉伯人在吸收希腊思想的同时,也吸收了印度、伊斯兰以及基督教思想。这样,11世纪到12世纪的基督教学者在西班牙、西西里岛、叙利亚接触到阿拉伯文明时,在把这些资料从阿拉伯文翻译成拉丁文方面产生了很大的兴趣。犹太学者迈蒙尼德(Maimonides)将亚里士多德的思想和犹太教融合,阿维森纳(Avicenna)①和阿威罗伊(Averroes)②将亚里士多德的思想和伊斯兰教融合。随着这些著作大量涌入欧洲,亚里士多德的思想就必须和基督教进行融合。托马斯·阿奎那和其他学者在13世纪开始了这项工作。

同时,另一场智力运动在12世纪也取得了很大进展,通常被称为"12世纪的文艺复兴"。在这个运动中,人们对经典文学而不是亚里士多德的哲学和逻辑学,产生了强烈的兴趣。这个运动最重要的中心是法国沙特尔和奥尔良的大教堂学校,而"人文主义"最大的倡导者则是索利斯伯里的约翰,他成了沙特尔学校的校长。索尔兹伯里的约翰与逻辑学和哲学对语法和文学的风格研究所造成的侵害进行斗争,但并

---

① 阿维森纳(980—1037),即伊本·西拿,阿拉伯哲学家、医学家、自然科学家和文学家。——译者注

② 阿威罗伊(1126—1198),即伊本·路西德,阿拉伯哲学家、自然科学家、医学家和法学家。——译者注

没有获得胜利。因为亚里士多德的科学迅速赢得了 13 世纪大部分学者的青睐。这样,经典的人文主义思想只能等到 14 世纪和 15 世纪的文艺复兴时期才能够战胜经院哲学的辩证分析。

自由艺术的一般发展。 在罗马帝国时期结束之前,卡佩拉对七种自由艺术(简称"七艺")的数目和框架都进行了论述。虽然波伊提乌和伊西多尔都曾撰文并进行过讨论,但是,基督教的学者还是对使用这种异教自由艺术的问题普遍持有严重的怀疑态度。但是,在公元 6 世纪,卡西多拉斯在《圣经》上找到了足够的依据,支持使用"七艺"来为整个中世纪的神学研究做准备。基督教的卡西多拉斯憎恨异教的卡佩拉,所以,他写了自己的书,希望自己的书能够取代卡佩拉的论述。卡佩拉的论述曾逃脱了罗马帝国的破坏。如果卡西多拉斯保持缄默,那么,人们或许会忘记卡佩拉,卡佩拉关于人文科学的论述或许只能在中世纪早期为人们所知。

中世纪的教士们对于异教人物卡佩拉的简要论述一般都持严重怀疑的态度,但是,"七艺"中的精神、文学和哲学研究适合教会的高等教育这种观点(尤其是考虑到其他方面的材料很难得到)却发展起来了。随着这种认识日益增长,卡西多拉斯强调说"七艺"得到了《圣经》的证实,那他的说法就更不能被忽略。他成功地借用了"智慧建造房屋,凿成七根柱子"①这句话,结果,教会最终同意在修道院学校和教会学校里使用全部七艺。这样,早在公元 7 世纪初,中世纪关于自由艺术的限制就已经建立了。

但是,必须记住,随着中世纪各阶段知识的扩展,这七种人文科学中的每一种都进行了变化和修改。根据不同时代的不同需要,有些学科比其他学科受到更多的重视。在 11 世纪之前,拉丁文法受到重视,因为拉丁文是宗教研究的基础。在 11 世纪和 12 世纪,经典文学的研究得到了沙特尔和奥尔良学校这样的人文主义学校的推崇。而当阿伯拉尔使形而上学和神学问题成为当时人们最感兴趣的话题之后,逻辑学则成为了首要的学科。再往后,随着亚里士多德的哲学和科学的地

149

_____

① 《圣经》箴言 9∶1(Prov. 9∶1)。

位的提升，人们的兴趣转移到了数学、天文学、算术、几何等学科上。由此可以明显看出，教会并非完全反对世俗文化，因为在整个中世纪人们始终保持着对经典文学的兴趣。

"三艺"。中世纪最引人瞩目的现象之一就是西欧的拉丁化。拉丁文逐渐成为了有教养的人通用的交流用语。但是，拉丁文的字母却在几个世纪里发生了巨大的变化，"经典"拉丁文逐渐变成了"中世纪"拉丁文。中世纪拉丁文与人们口头使用的拉丁文，而不是经典文学中的书面拉丁文，关系更为紧密。它受到了各种欧洲人口语表达的影响。

在中世纪早期，文法是最主要的人文科学，因为必须教会不讲拉丁文的人一些拉丁文的基本知识，以便让他们能够参加当时的宗教和学术活动。多那图斯（Aelius Donatus）和普里西安（Priscian）①的著作以及加图的《格言》一直是最有影响的语言教材和读物。

关于文法学习的文学方面，中世纪对世俗文学的了解要比人们曾经认为的多得多。没有任何一个世纪不存在学习经典的情况。也许在某个时期只有少量学者在以简单的方式进行研究，但是，其连续性是显而易见的。所谓的"加尔文的文艺复兴"，与其说是复兴或重新发现，还不如说是把西欧那些虽然经历了公元6世纪和7世纪的长期内战和侵略，但仍然得以保存和流传下来的学识总结在一起。从公元8世纪开始，人们对传统文学的认识逐步提高，到12世纪的文艺复兴时期达到了顶峰。当时，古典文学最重要的推崇者是沙特尔学校的索尔兹伯里的约翰。

然而，在中世纪早期，修辞虽然位列"七艺"之中，但却不为人知。在先前的罗马帝国时期，修辞曾因其雄辩和实用的特点而获得了在自由艺术中的最高地位，但在早期教会学者的手中，修辞失去了这样的地位。在那些流行小册子里，这些材料来源于西塞罗和昆体良思想的浓缩，但是，他们关于修辞对公众的作用的强调却被减弱了。然而，修辞的一个方面确实变得非常重要，那就是对书信写作的学习和起草合同、

150

① 普里西安，古罗马文法学家。——译者注

遗嘱、豁免状、任命书等法律和封建制度的文件。在当时教会的经济、政治和法律事务扩展速度极快而使文件记录变得异常重要的情况下，修辞写作艺术具有非常实用的价值。封爵受职的斗争以及之后将其写成法律和历史文件，也引起了意大利北部的城市和学校对修辞写作艺术的重视。

虽然早在公元9世纪和10世纪，就编写了很多关于修辞写作艺术学习与实践的手册和教科书，但是，人们对它的兴趣在11世纪和12世纪才达到了最高峰。修辞写作艺术变得非常流行，以至于索尔兹伯里的约翰猛烈抨击了"奸诈的"修辞写作艺术的教授们。那些教授们高度赞美"实用"教育和行业需要的伎俩，结果却忽视了品味、判断和个性的发展，而它们只能通过学习经典文学才能获得。12世纪人文主义反对实用教育的争论同现今美国的人文主义者和主智主义者反对实用教育的争论，是同样性质的问题。

除了拉丁文语言和文学的学术发展之外，中世纪还见证了意大利文、西班牙文、法文、德文以及英文等语言写成的新颖而有活力的通俗文学的出现。通俗文学的写作早在10世纪和11世纪就出现了，但是到12世纪和13世纪才取得了较大的发展。这包括爱情抒情诗、关于战争的歌谣、传奇、寓言、动物故事、布道故事、神秘剧等，所有这些在上层社会以及下层社会那些没有受过教育的人中都非常流行。

这种通俗文学的发展对于教育非常重要，因为它预示了学校最终的要求是教授拉丁文以及通俗语言。但是，这却是一场漫长的斗争。通过长达八九个世纪的时间，这些通俗语言和文学才最终被承认与经典内容具有同样的教育价值。在某些国家以及在美国教育界的有些领域，这种平等还没有得以实现。

中世纪对作为"七艺"之一的逻辑，其学习与大部分学者对一般"哲学"进行的学习明显不同。逻辑仅仅被看作是一种演绎思维的规则，是为了对"四艺"以及哲学进行高一级学习而做的一些准备性学习。而哲学则被看作是对探讨宇宙的起源和本质的形而上学问题的学习，以及对探讨知识的起源和本质的认识论问题的学习。但是,经院哲学的方法促进了逻辑的学习,从阿伯拉尔的时代起,它使自由艺术的其他学科黯然失色。有关逻辑的最重要的书籍反映了亚里士多德的逻辑学思想的影响。

"四艺"。 算术在中世纪时取得了重大的发展,这为以后几个世纪的科学和数学学习打下了坚实的基础。在中世纪早期,算术主要关注的内容还是计算复活节的日期,同时也关注一些数字理论。在 11 世纪和 12 世纪,算术取得了很大进展,尤其是格伯特(Gerbert)的研究,他发展了一种更好的柱形算术方法,并改造了算盘,使其可以更加容易地进行加、减、乘、除四种基本运算。算术最重要的发展变化发生在 13 世纪,那时包括零在内的阿拉伯数字的使用使十进位制成为可能,这就大大简化了运算。它开始迅速代替繁琐的拉丁数字、十二进位制以及罗马算盘。这些进展对现代科学的发展来说是必不可少的。

很多同样的进展,也发生在几何学和天文学领域。格伯特把整个西欧社会所知道的欧几里得的定义以及几何学的一般知识融合在一起。然后,在 12 世纪和 13 世纪,欧几里得的全部几何知识,还有希腊人、阿拉伯人和印度人的数学著作都被翻译成了拉丁文。在中世纪,天文学在很长一段时间里都是让人非常着迷的科学,因为它有着神秘的占星术方面的可能性,与复活节日期的计算紧密相连,并且关系到地球是宇宙中心的全部观念。格伯特设计了巧妙的地球和天球的模型来说明他自己所理解的地球和上天的概念。12 世纪时,托勒密的天文学说和大量的希腊天文学理论被从阿拉伯文翻译成了拉丁文。到 13 世纪的时候,人们还可以读到亚里士多德的《论天》。

音乐作为"七艺"之一,在本质上几乎一直是理论性、猜测性和数学性的。确实,其实用性方面——演奏和演唱歌曲,并不能被看作是一种人文科学,人们认为,那些只适合于游吟歌手或逗乐小丑。将音乐知识化仍然是美国大学的一种根深蒂固的传统,但是,音乐表演并不被看作是音乐的历史或理论学习的重要方面。在中世纪早期,波伊提乌的著作几乎无所不包,几乎在把音乐作为人文科学进行教育的各地都有很大影响,并且希腊的音乐传统被传到了西欧社会。同时,音乐表演也在教会和世俗生活中变得越来越重要。圣歌、赞美诗、多声部合唱、管风琴等是教会音乐的特征,而游吟诗人和歌手则唱着他们自己的民歌,为贵族和平民提供世俗的娱乐。

教育的智慧和精神

学校教育中书卷气的一般特点

总体来说,中世纪教育具有只讲书本知识的特点。在一个书籍极为稀少的时代,书籍备受人们尊重和尊崇,这是很自然的事情。书面文字实际上是权威的核心,中世纪的教育就是以此为基础的,服从就是学校力图灌输给学生的思想。虽然很多高级学者显示了批判力、主动性和创造性,但是,人们并不鼓励学生具备这样的品质。

许多中世纪最流行的课本,都是在罗马帝国后期的学术颓废时期完成的。把以往的学问进行浓缩简化的文摘、概述和手册是非常典型的。中世纪代表了最严重依赖课本的时期。如果老师有一本课本,那么,他就是幸运的,而且很可能他几乎不知道课本以外的知识。事实上,几乎只要某人有一本课本或者一本记忆下来的课本,那么,他就可以被看作是教师。教育最主要的实用目的是让人能够读懂拉丁文,主要的方法是背诵一些教师要求的书。整个教育过程在很大程度上就是把课本的内容从教师传给学生。

中世纪的教育观必须从纳入课本的材料推断演绎而出,而不能依据论述教育目标、内容和方法的专门论文。我们可以从卡西奥多鲁斯、伊西多尔及其他人关于人文科学的概述中得到启示。我们知道,他们对学生的期待就是熟练掌握课本内容;我们可以知道,不同学者关于哪些内容需要学生重点学习,以及什么方法合适等问题的不同观点。例如,索尔兹伯里的约翰要求对文法进行人文主义方式的学习;阿伯拉尔要求对逻辑学进行辩论学习;博洛尼亚学派的修辞学家(Bolognese rhetoricians)要求培

153

养修辞写作艺术的应用能力；而伊纳留斯(Irnerius)①、格拉蒂安(Gratian)②和托马斯·阿奎那要求学习法律、医学和神学等。

在罗杰尔·培根的论述中，我们还可以知道，人们对亚里士多德学派主导教育的这种情况的一些抨击。根据修士罗杰尔·培根的论述，他那个时代的教育有四个主要缺点：对亚里士多德的权威的绝对依赖，对确定的惯例的依赖，对大众意见的过分依赖，自命不凡的知识对真正无知的掩盖。他提出的解决办法是，真正彻底地学习语言和文学、科学和数学以及研究调查的方法和精神。

关于上述概括的中世纪情况，一个有趣的例外是，最近在梵蒂冈的档案文件中发现的一个匿名著作。③ 在这份手稿中，作者建议，男孩从7岁开始学习文法，在14岁之前一直把文法学习放在首位，同时学习一些算术和音乐知识。在以后的7年中，他应该学习修辞、逻辑、天文学，直到他21岁。在之后的7年中，要学习几何学、形而上学以及自然哲学，直到28岁。然后，他可以对神学和法律进行专业学习。人们可以注意到，"七艺"加上亚里士多德的科学和哲学，在13世纪被看作是人文科学高等教育的主要内容。

同样有趣的是，这位作者非常关注7岁到14岁儿童的身体健康和智力发展。保持儿童的健康要做到防止他们受冻，身体有缺陷或者传染性疾病的儿童不能上学。所有儿童都应该有闲暇时间来玩耍、运动和游戏，把这些作为娱乐活动以便为他们将来的继续学习做好准备。要认真考虑不同学生的性格以及他们的学习能力。对于活泼的学生和被动顺从的学生，以及聪明的学生、一般的学生和学习较慢的学生，教育方法应该有所区别。

虽然这个著作颇具一些现代的意味，但是，这些告诫在多大程度上

---

① 伊纳留斯(约1055—1130)，意大利重振罗马法研究之风的学者之一。——译者注

② 格拉蒂安，教会法学创始人。——译者注

③ 参见林恩·桑代克(Lynn Thorndike)：《中世纪的学前教育和中等教育》(*Elementary and Secondary Education in the Middle Ages*)，《明镜》(Speculum)，1940(15)：405—406。

被用于实际还是一个令人怀疑的问题。毫无疑问,一些好的教师在他们每天的教学中一直都在考虑这样的一些因素,但是,同样重要的是中世纪流传下来的类似的论述非常少。主要科目的学习以及给年轻人灌输正确的宗教态度,是中世纪的教育者们主要关注的内容。对这两个方面的关注,也是中世纪在教育方面留下的最重要的遗产。

几乎没有人关注个人的发展,也没有人关注为以后参与教会之外的社会所做的准备,这一点很值得注意。同样值得注意的是,虽然希腊时代的教育理论和罗马时代西塞罗、昆体良等人的教育理论已经十分关注这些问题,但是,这些问题却在中世纪由于教会对宗教问题的关注而被忽略了。到了文艺复兴时期,教会的影响有所减弱,我们才重新看到对个人和对世俗社会的兴趣的增长。

学校的初等和中等教育

修道院学校、教区学校和教会学校的初等教育的主要内容是教会人们读懂拉丁文,并能够参加宗教活动。成为牧师的最高要求是能够读懂拉丁文,并能够进行祷告,唱赞美诗和圣歌,熟悉宗教活动的仪式。在多纳图斯和加图的课本或者拉丁文的圣诗集和祈祷书中,就能学到拉丁文的音节、单词和语法规则。当然,这些材料常常只是让孩子们背诵下来,而根本不理解其中的含义。有时也会教阅读,但并不普遍。教授音乐的形式是教词的音调,并训练演唱和吟诵。可能还会教授算术中的手算和一些基本的运算。由于书籍很少,因此,孩子们主要依靠背诵和练习进行学习,还要面临严酷的体罚和严格的纪律。

一般来讲,最常见的教学方法是这样的:教师读书本上的内容让学生进行听写,然后学生大声读出所听到的内容,并可能把这些内容写在蜡板上。然后,学生通过反复重复,记住这些内容。如果他有蜡板或石板,那么,他可以在记下来之后再把写在上面的内容擦掉,以便第二天继续使用。显然,老师一般不会去解释这些词的意思,也不会使用教具或图片。但是,一旦学生记住一些短语、赞美诗或圣歌,好的老师就可能会用本族语解释一下这些拉丁文词语。

似乎是清楚的,这种教授字母的初等教育和教授文法的中等教育,

154

或多或少地与中世纪对人文学科的更高级学习有着精心设计的区别，因为当时负责初等和中等教育的教师与讲授人文学科的教师并不一样。在中世纪早期的修道院里几乎没有什么区别，当然只是孩子们要学会用拉丁文进行阅读，然后才能学习人文学科。大部分学校并没有实现现代意义上的制度化，其实可能它们根本不能称为"学校"，只是修道士或传教士或多或少在比较固定的时间里并不很正式地教一些孩子。在没有任何用本族语表述的文学或知识，并且所有通过教会传承下来的知识都使用拉丁文的时代，学习用拉丁文阅读和写作具有最为实用的价值。不懂拉丁文，人们就无法超越自己的局限去开阔视野。但是，在西欧讲日耳曼语和凯尔特语的民族中，教会使用的拉丁文仍然是一门外语。因此，训练一代又一代的年轻人学习拉丁文确实是一项令人惊讶的成就，这些年轻人肯定觉得学习拉丁文很难，有时很令人讨厌。

对教会来说很幸运而对于年轻人来说很不幸的是，关于原罪的宗教教义使人们认为，年轻人倔强、难以管束似乎是很自然的事情，而体罚作为一种管束手段对于年轻人的思想和心灵都有好处。如果教会没有强调这些宗教教义，那么，西欧可能不会如此拉丁化，但这对学生来说太痛苦了。有些方法在它们有实用价值的时候当然毫无疑问是正当的，但是，在后来本族语成为知识载体的时候，这样的心灵和肉体上的惩罚在教育上就没什么道理了。早在15世纪，就出现了对体罚和心智训练的反抗，但直到18世纪和19世纪，这种教育方法的改变才取得了实际的进展。

通过学徒制获得的教育

培养骑士的骑士教育。作为一种与在中世纪早期贵族阶层中发展起来的封建制度密切相关的个人关系的复杂体制，培养年轻贵族承担他们责任的方法也逐渐形成起来。这种骑士制度的理想成为了贵族阶层的教育和行为的准则。骑士制度（chivalry）是建立在适合战争和宗教的、社交礼仪的一些做法的基础之上的。战争要求训练力量、勇气、忍耐力以及在马背上作战的能力。而教会则要求对被打败的敌人怜

悯、尊重和慷慨,要保护弱者,要对基督教忠诚。贵族宫廷的社交礼仪
又加上了彬彬有礼的理念。因此,理想的骑士(knight)应该是一个敢于
行动的人、士兵、廷臣和基督教绅士,他敬重教会,并忠于他的君主和封
建责任。

　　虽然没有培训骑士的专门学校,但是,骑士教育却比较标准和系
统。骑士教育一般在君主的宫廷中进行,包括三个训练阶段。第一阶
段针对的是七八岁到十四五岁的孩子。此时,孩子给自己父亲的君主
做侍者或仆从。作为侍者,他要跟从的是宫廷中的女士,为她们提供服
务,并从她们那里学到宫廷生活的知识。如果孩子足够幸运的话,那
么,他可以学习宫廷礼节、唱歌、演奏乐器和怎样参加宗教仪式,并且还
可能学习如何用通俗语言来进行阅读和写作。

　　第二个阶段是从十四五岁到 21 岁左右。孩子开始为君主或者宫
廷的某位骑士作侍从或随从,帮助整理盔甲和武器,照料马匹,并准备
在战争、比赛或追捕中帮忙。他可以通过歌唱、演奏、背诵和创作诗歌、
跳舞、参加当时比赛和讲故事活动来提高自己的社交能力。此外,他还
要了解盾徽和纹章。

　　第三个阶段是 21 岁左右。君主或教会官员就开始根据年轻人在
战场上或比赛中表现出来的价值,来使年轻人加入骑士的行列。一旦
获得"骑士"之名,他就要使自己献身于为君主和教会服务,并且宣誓永
远忠于君主和教会。宣誓的仪式可以是象征性的洗礼、祷告或者通过
剧烈运动,来表示清除了罪恶而变得纯净。

　　这样,年轻的骑士就已经准备好在宫廷履行自己作为封臣的职责
了。作为回报,他可以得到一些土地作为自己的封地。他接受的训练,
可能包括关于封建法律以及如何管理庄园和财产的知识,也有可能是
他通过观察别人怎样对待工匠和奴隶而获得的一些经验。不管怎样,
他肯定获得了比普通人更高的态度礼仪和对低下阶层的人发号施令的
手段。整个骑士训练过程,就是为了进入贵族阶层而进行的一种阶级
教育。

　　来自贵族阶层的女孩,同样也要学习宗教信仰和仪式、舞蹈、唱歌
以及演奏乐器等礼教方式,还有公认的礼仪举止等,以此来为进入成年

156

生活做准备。年轻女孩可能会学习缝纫、纺织和手工技艺,还可能学习怎样管理家里的仆人。如果需要的话,女孩还可能学习读书来与人保持沟通以及记账。女孩可以在家庭里,也可以在女修道院中接受这些训练。在十几岁的时候,女孩就可能会被派到君主的宫廷中学习骑士阶层的社交礼仪,可以在结婚之前一直做宫廷女主人的侍女或随从。与教会学校只讲授课本知识的特点不同,贵族青年的教育方式是一种建立在实践基础上的直接而实用的教育。

手工艺者的职业教育。在中世纪早期,如同在任何大部分前工业化社会中一样,职业教育最常用的方法是技艺的父子直接模仿和传承。随着 11 世纪和 12 世纪城市的兴起和商业贸易的发展,手工艺者的技艺大为改进。到 12 世纪和 13 世纪出现了中世纪行会的时候,职业教育的方式也得以改进。由于行会的首要任务是确保产品的质量,防止过量生产,因此,出现了许多关于进入某个行业的规定。一个最重要的提供教育的非学校制度就是学徒制,这是培养年轻人进入某个行业的一种方法。

手工艺者培养的目的与侍者、随从以及骑士的培养目的相似。如同骑士教育一样,其培养也分为三个阶段:学徒期、熟练工人期、精通期。第一阶段,作为一个学徒的孩子被派往某位师傅那里,通常会有一份书面的合同或契约规定双方的责任。师傅答应教给孩子该行业的技艺,负责孩子的道德和宗教信仰问题,为了帮他维持生计还可能给他一点薪水,同时还教他行业所需的一些读写知识。在大部分情况下,读写的内容都是微不足道的。反过来,当学徒的孩子要答应努力忠诚地工作,保守该行业的秘密,不给师傅带来太多麻烦。学徒期长短不一,差别较大,短则 3 年,长则 10~11 年。过了七八岁之后,孩子就可以在任何时候开始做学徒。

第二阶段是熟练工人阶段。此时,年轻人四处游历,给不同的老板做散工,或者在大一些的作坊里工作较长的时间,并根据行会的规定获得工资。然后,第三阶段,如果他证明了自己的价值,并能够用一件杰作证明自己已经掌握了该行业的手艺,那么,在经过适当的仪式之后,他就可以被正式吸纳为该行业的成员。作为一个技艺精通的工匠师傅,他可以开设自己的作坊并招收徒弟,成为手工技艺的传授者。

高等教育：七艺

在 12 世纪和 13 世纪大学兴起之前，高等教育的主要内容是前面所讲过的"七艺"。一般来讲，"三艺"（文法、修辞、逻辑）的学习先于"四艺"（算术、几何、天文、音乐）的高级学习。除了这些人文学科的学习之外，还有对法律、医学和神学的专门学习。

沙特尔的文法学习。中世纪文法教学的最高峰要数 12 世纪时沙特尔的教会学校。多纳图斯和普西里安的教科书仍然是文法学习的基础，但绝非只局限于这些作家的书籍。学生和教师都学习很多古典作家的作品，并通过写作来改进风格。沙特尔学校的教学方法、理念和态度，通过这两位著名的教师可以充分体现出来。

沙特尔的伯纳德是一位杰出的教师，他反映了对经典作品的虔诚依赖，这也是沙特尔学校的特点。对于伯纳德来说，学习是长时间的耐心思考、认真研究优秀的范例以及没有干扰的平静生活的结果。他认为，文法是所有文化的基础，反对依据课本进行匆忙而愚蠢的练习。他要求学生背诵一些经典作家的部分著作，还要求学生每天写一篇作文，要特别注意内容、风格和质量。他还认真批改学生写的散文和诗歌，对他们的知识和品位进行评论。伯纳德对基督教很虔诚，但是，他也非常喜欢经典学识，认为广义上的文法应该自成一体。

索尔兹伯里的约翰在 1180 年去世时是沙特尔教会的主教，他可以用拉丁文写出纯洁优美的文章。西塞罗对他的风格、哲学、生活态度以及写作都有重要的影响。他写作的内容多样，涉及从书信、历史、政治到诗歌、教育和哲学等领域的很多内容。约翰还熟悉《圣经》和教父们的作品，但是，他认为经典本身就很值得研究。在他看来，世俗的罗马学识和基督教学识并没有什么冲突，因此，他把二者融合成了一种全面的基督教人文主义。他痛斥了他称之为"康沃尔派"（Cornificians）的那些人，因为他们为学生提供所谓的快速学习法，以便学生能够快速完成学术学习，进入到学习维持生计的实用技能阶段。

约翰还提出了关于支持人文主义教育、反对实用教育或综合教育的几乎所有论断。他认为，真正的教育要求以对经典著作的彻底掌握为基础,来获取知识,发展评判评价的能力,区分品位以及获得善于思考的头脑所需的成熟的理解力。在他看来,如果不是以通过对人文学科的耐心学习而获得的智慧为基础,那么,修辞和逻辑就没有任何价值,甚至可能是有害的。约翰通过自己的著作证明,他对经典作家的了解极其广泛。有充足的证据表明,约翰不是沙特尔的特例,因为 12 世纪写成的拉丁文作品的文学质量似乎比 13 世纪的作品高。

巴黎的阿伯拉尔。正如沙特尔这个地方在 12 世纪因教授文法而闻名一样,巴黎因为教授逻辑而闻名。巴黎最著名的教师要数阿伯拉尔。他的名气非常大,在把学生的兴趣从人文学科转移到辩证法的过程中,他起到了重要作用。作为一位出色的教师、杰出的辩证家以及诙谐机智的课堂演艺者,阿伯拉尔勇敢大胆、思路清晰和有创造力,但同时也极具争议。他总是精神饱满和鼓舞人心,因此,他能够吸引年轻人的注意力。当时的教学方法只是枯燥的讲授、永无止境地对材料进行注解、复述命题和反命题、引用权威的论述、进行深奥的争论等。由于阿伯拉尔阅读过大量著作,因此,他在上课的时候可以运用大量具体的例子来说明讲授的内容,使课堂活跃起来。因为他的杰出才华、评判态度和好争辩的个性,所以,阿伯拉尔让年轻人充满了兴趣和热情,成百上千个学生涌入他在巴黎的学校。

当阿伯拉尔被迫离开巴黎之后,他对学生的影响仍然很大。不管他到哪里,学生都跟随他到哪里。在他的整个一生中,学生都不断地在树林之中把他找到,迫使他重返教坛。阿伯拉尔既没有让学生对他十分厌恶,也没有让他们对他极其忠诚,这就是阿伯拉尔的特点。虽然阿伯拉尔是一位伟大的教师,也是一位精明无畏的批评家;但是,在深邃的洞察力、建设性能力以及进行综合的能力等方面,他还不能和圣安塞姆或托马斯·阿奎那相比。然而,他的诗歌和情歌却显示了多才多艺的天才的情感特征,这是其他人无法比拟的。

规定科目的起源。随着大学制度的兴起,人文学科的扩展也随之而来。在原有的"七艺"基础上,逐渐增加了新发现的亚里士多德对物理学(自然哲学)、伦理学和政治学(道德哲学)以及形而上学(精神哲学)的著作。例如,巴黎大学的神学系在接受亚里士多德的科学著作方面很缓慢;而且,由于它们似乎不适合教会的教义,教皇采取了很多措施来把这些内容驱逐出大学。

但是,文学艺术系却很愿意接受亚里士多德的哲学,并开始对其进行消化和吸收。这样,文学艺术系就更具诱惑力、更能吸引学生。亚里士多德逐渐受到人们的"尊重",并且由于阿尔伯塔·马吉纳(Albertus Magnus)①和托马斯·阿奎那的努力,亚里士多德的著作与教会的教义变得调和起来。这样,对亚里士多德的哲学和科学学习就和传统的"七艺"一起成为了文学艺术课程中的规定科目。

谁有权力来做出这样的规定,并且规定人文教育只学这些内容呢?这些规定似乎源于教会为其教师颁发资格证的做法。由于中世纪所有的教师都是神职人员,而且人们认为神职人员都应该在宗教正统学说和学术工具方面都得到良好的训练,因此,教会认为有必要建立由自己控制的教师职业的准入制度。于是,教会开始颁发执教证书,获得执教证书的条件是成功完成人文学科的学习。在大学制度兴起之前,执教证书是由主教或者教会学校的校长颁发的。但是,随着大学制度的发展扩大,执教证书或者称"学位"开始由文学艺术系颁发。文学艺术方面第一门规定课程是 1215 年由巴黎大学设定的。

一般来说,学生完成了基础人文学科的学习后,可以被授予学士学位,这就说明他可以做助教了。再通过 3 年左右对高级人文学科和亚里士多德哲学的学习,他就可以获得执教证书,被授予硕士学位。为了获得硕士学位,学生一般要准备一篇论文并进行答辩,就像熟练工匠要把他的杰作展示给师傅来证明自己的手艺一样。

英国大学的专门要求是美国大学专门要求的原型。其具体内容是:在牛津大学,学生在导师的指导下进行 4 年的学习获得学士学位,第一次考试包括文法和算术,第二次考试包括修辞和逻辑,可能还有音乐。要想获得硕士学位,还需要 3 年或者更长时间的学习,在此期间学生要学习几何、天文以及亚里士多德的"哲学"(物理学、伦理学、形而上

---

① 阿尔伯塔·马吉纳(约 1200—1280),德意志经院哲学家和神学家,亚里士多德主义者。——译者注

学)方面的内容。剑桥大学和牛津大学的文科课程,包括古老的"七艺"和较新的亚里士多德的哲学学习。在美国早期的大学中,还可以看到这些要求的影子。

这里需要说明的是,我们继承了中世纪大学的组织和制度特点。例如,把学生分成不同的系,要求学生主要在一个系学习,规定一定的时间让学生修完课程并进行考试,通过仪式来授予学位等,这些显然都起源于中世纪。但是,中世纪大学教育最重要的特点是制定明确的课程内容,并规定学生阅读某些书籍。

学院和大学生活。在中世纪,孩子或青年如果想进入大学学习,他只需要找到愿意指导他学习的导师即可,他要在导师的名单上登记,把学费直接付给导师。然后,学生在他能找到的地方住下,获得牧师服以标志他已经成为了学生和初级牧师。由于很多孩子从十几岁的时候就开始进入大学学习,所以,住宿常常很成问题,尤其是对那些贫穷家庭孩子而言更是如此。后来,慈善事业慢慢介入,在这方面解决了很大问题。富有的捐助者提供了一些房子供学生居住,还有一些修道士也开始收纳学生。

因此,学院(college)的起源其实就是给年轻的贫困学生提供的学习和生活的场所。很自然的是,纪律成了一个问题。因此,有些大学开始派老师到各个学院维持秩序。在中世纪的几个世纪中,这些学院里的老师或导师也开始承担教学工作,最终学院成为了包括牛津和剑桥在内的英国大学的最重要的教学机构。大部分早期美国学院都是以英国大学的学院为理想模式的。

中世纪大学的教学方法主要是讲座、复述和辩论。讲座主要是大声朗读导师的著作,然后导师逐字逐句地进行评论。这些评论被整理记录下来就是"注解"。讲座可能会非常复杂,因为导师会引用所有进行过评论的学者的论述来讲解某篇文章。复述基本上是复习讲座和课本上的知识。辩论是学生之间的正式而详细的讨论,他们根据辩论的规则就某一问题进行争论、辩护和抨击。

在"课外活动"方面,学生的生活无疑是让人兴奋的。学生们参加各种各样的活动来调节复杂的讲座和课本生活。但是,这些活动却遭到那些根本不给学生提供合适的体育和社会活动的大学领导者的反对。规定所罗列的禁止学生进行的消遣活动，恰恰反映了当时学生最喜欢做的事情。打架和争吵可能是最普遍的。另外，还有限制斗鸡、打网球、赌博、唱歌和演奏乐器，以及禁止饲养鹦鹉、鹰、猴子、熊、狼和狗的规定。显然，学生唱歌、讲故事和喝酒占据了很多时间。这些活动在一些学院中出现是很自然的，因此，这些学院规定在进行智力训练和学习书本知识的同时，禁止进行有组织的体育活动、对自然的科学研究及社交活动。

162

专业教育：法律、医学和神学

在中世纪早期，一些修道院学校或教会学校在教授人文学科的同时，常常也会教授一些法律、医学和神学知识。例如，在 12 世纪之前的沙特尔学校，如果诸位神父的著作中或者众多编译的知识书籍中提到了法律和神学的知识，那么，学校就会对这些知识进行讲解。但是从 12 世纪开始，法律、医学和神学学习逐渐被看作是独立而高级的专业学习，而人文学科则被看作是对进行这些高级学习的准备。随着大学制度的完善，很多大学都设立了单独的法律、医学和神学系。

博洛尼亚及其他地区的法律学习。在意大利博洛尼亚对法律学习兴趣的复兴，与文法在沙特尔的繁荣和逻辑在巴黎的繁荣等学术兴趣的增长有些相似，只是意大利的这种复兴的顺序不太一样。虽然教育在北方在很大程度上只是修道院或教会的职能，但是，这种复兴却对意大利普通的世俗教师产生了很大影响。学者和成名的师傅一般都是只关心世俗事物的普通人，因此，他们也不像神职人员或牧师那样受上级基督教会的控制。在意大利，学校的学科强调的是"七艺"的学习，但是，不像沙特尔学校那样把文法当作文学和人文学科来讲授，也不像巴黎大学那样把逻辑当作辩证法的训练。在意大利，文法和修辞被看作是为了学习法律、医学和修辞艺术所做的实际准备。这样做的原因，无疑是由意大利独特的文化条件造成的。意大利人过着都市生活而不是封建生活，关心的是政治而不是神学和宗教，各个城市为了获得独立而斗争，主教和帝王为了权力而斗争。

从罗马帝国后期开始,罗马法律就在意大利北部的伦巴底城市的实践和传统中有着重要地位。东罗马帝国皇帝查士丁尼的《民法典》(*Corpus Juris Civilis*)由律师阶层传承下来,而且在人文学科的学校里面一般都会讲授基础法律知识。法律通常作为修辞的一个分支而进行讲授。早在博洛尼亚成名之前,罗马、帕维亚和拉文纳在 11 世纪就因为法律学习而知名。法律学习在意大利的学校里颇为普及,很多城市都有很强的法律传统,其中博洛尼亚就是一个显著的例子。

在 11 世纪,博洛尼亚作为一个普通讲习所(studium generale)而著名,但是,在 12 世纪的权力斗争中,它的法律学习的名气却跃居其他学习之上。在 12 世纪早期,法律学习的复兴由于鼎鼎大名的伊纳留斯而得到了推进。伊纳留斯吸引很多学生到博洛尼亚,就像阿伯拉尔吸引很多学生到巴黎一样。在他的带领下,他们非常重视《民法典》的技术性和专业性学习以开发其实用性,而不是将其作为文学或哲学学习的对象。对整部《民法典》的有组织的系统性学习成为了普通法律教育的必修科目。把法律从一般的人文学科教育中分开,导致了新学生的出现,他们比其他领域的学生年纪更大,也更加独立。

那些在权力斗争中支持国王一方的人在罗马民法中找到了依据。因此,拥护教皇的一方就必须找到更好的依据来支持教皇。1142 年,他们终于在格拉蒂安的伟大著作中找到了这样的依据。格拉蒂安对教会法规所做的贡献,就如同查士丁尼的法典对民法所做的贡献一样大。他把《圣经》中的权威论述、教父们的作品、教会委员会的教规、主教们的信件和法令、罗马皇帝的法令、查士丁尼的法律、法兰克和伦巴底国王的法规以及教会的风俗习惯加以整理,编成系统化法典。他得出的结论是,教会的法律高于世俗的法律,因此,教会的权威是至高无上的。格拉蒂安的《教令集》(*Decretum*)在法律学校里成为一本很流行的课本,后来成为了学习教会法规最基本的权威著作,而且它从来没有被彻底替代。从那时起,博洛尼亚就因为教会法和民法而知名,这就为博洛尼亚大学的兴起铺平了道路。

萨莱诺的医学学习。11 和 12 世纪医学的复兴,与文法、逻辑和法律的复兴同样惹人注目。萨莱诺这个意大利南部的医学学校,在两个多世纪的时间里获得了与沙特尔、巴黎以及博洛尼亚齐名的学术声誉。萨莱诺医学学校的起源已经无从考证，但是，萨莱诺的医学学习和实践却可以追溯到公元 9 世纪。到公元 10 世纪时，萨莱诺就以其医生的精湛技艺而闻名了。11 世纪中期，其在欧洲的声誉就确立起来了。由于萨莱诺是一所纯医学学校，它从来没有设立过其他系，也没有达到完全大学那种复杂的组织类型。但是，它却是很重要的，因为它在意大利南部复兴了希腊和罗马的医学传统，就像在意大利北部保存了法律传统一样。

　　11 世纪时，萨莱诺宫廷承认了东罗马帝国皇帝的权威，并且同君士坦丁堡联系密切。因此，伴随着对医学的关注和医学在萨莱诺的复兴，希腊文在意大利南部也复兴起来。由于萨莱诺长期以来因为其温和的气候和矿泉一直作为健康疗养圣地而驰名，这更进一步加深了人们对医学的兴趣。除了希腊和罗马的希波克拉底、盖伦等人的医学之外，阿拉伯医学也由于阿弗里卡纳（Constantinus Africanus）等学者的努力开始影响萨莱诺。阿弗里卡纳把很多希腊、阿拉伯和希伯来的医学书籍翻译成为拉丁文。这样，阿拉伯医学就得以在欧洲各大学的医学院中传播。

　　巴黎的神学学习。12 和 13 世纪见证了神学的兴起，神学可以和中世纪其他的高等专业学习并驾齐驱，而且后来还超过了它们。我们已经注意到，在 13 世纪，亚里士多德的科学的传入极大地影响了文学艺术系和神学系。例如，巴黎的文学艺术系热切地接受了这一新的科学素材。而且，当时是"四艺"十分流行的时期，因为所有其他学科的地位都位居亚里士多德的科学和数理哲学之下。很多人文学科教授都很关注伊斯兰学者阿威罗伊对亚里士多德的解读。这些阿威罗伊主义者都是严格的亚里士多德派，他们开始主导人文学科系。但是，教会开始对他们的世界永恒和物质不灭的观点有所警觉。如果世界是永恒的，那么，就不是上帝创造了世界；如果物质是不灭的，那么，它就和灵魂一样是不朽的。

　　因此，教会的第一步行动就是在 1209 年谴责亚里士多德的《物理学》（*Physics*），在 1215 年又谴责他的《形而上学》（*Metaphysics*），禁止大学讲授这些内容。教会的第二步行动是同化亚里士多德，并改正其理论的错误。在这项工作中，取得杰出成就的是黑尔斯的亚历山大（Alexander of Hales）①、阿尔伯特·马吉纳以及托马斯·阿奎那，他们都曾在巴黎大学教过书。当托马斯·阿奎那完成了他的著作，多米尼加人继承了托马斯主义的传统的时候，亚里士多德的思想也永久地融入了天主教教义之中。神学成为了所有大学最重要的学习内容，所有其他学科都从属于它。巴黎和其他地区的神学系最终成为神学方面事情的权威，也是解决争端和确定异教方面的权威，有时甚至还能纠正主教本人的神学观念。

---

① 黑尔斯的亚历山大（1185—1245），英格兰神学家、哲学家。——译者注

第七章　文艺复兴与教育

"文艺复兴"（Renaissance）一词，在历史上主要指 14 世纪、15 世纪 以及 16 世纪早期的历史时期。一些历史学家把文艺复兴看作是古典精神的突然复兴，把大部分文化上的变化都归因于对古典学识的兴趣的复兴。但最近以来，人们普遍认为，文艺复兴的内容繁多，而且其很多制度和知识上的趋势深深植根于中世纪。文艺复兴确实使得生活普遍繁荣，并加速了制度、知识和艺术的转变。如果对文艺复兴的解释只有一种的话，那么，这可能就是当时世俗主义的兴起。这可以从文艺复兴时期生活复杂地相互交错在一起的各个方面得到体现。世俗力量在中世纪时期就开始变得强大，但是，在文艺复兴时期，世俗主义开始在更大的程度上散布到文艺复兴文化之中。

近代国家的出现

政治制度的集权化和分权化

总体来说，文艺复兴时期政治发展的最明显特点是法国和英国君主政体中央集权的持续快速发展。在这一过程中，中世纪封建主义的政治传统让位给近代的民族国家制度。但与此相反，德国和意大利的政治发展却反映出了更为分权化的混乱状况。法国和英国国家主权的更早兴起使它们在全世界处于领先地位，使它们成为了巨大的殖民帝国。但是，德国和意大利却在很迟以后才具有实力取得这样的成就。

在法国文艺复兴早期，国王腓力四世（Philip Ⅳ）就开始要求有完全的统治权，而不仅仅是成为那些贵族的君主。他把在宫廷之中接受过训练的和忠诚于他的一些专业律师召集在自己身边。在这些律师的帮助之下,腓力四世对贵族和主教进行了严厉的攻击,因为他们正是阻挡他成为法国至高无上的统治者的绊脚石。他甚至通过在国会中给中产阶级一定地位来使中产阶级也站在了他这一边,因而他获得了更大支持来巩固自己的权力。在同英格兰的百年战争进入尾声的时候,法国的贵族和国会已经失去了权力,国王成为了绝对的统治者。国王可以直接向贵族和中产阶级征税,而不再需要封建制度下建立的中间组织。最后,在弗朗西斯一世(Francis Ⅰ)统治时期(1515—1547),法国成为欧洲最强大的国家之一。

英格兰经历了类似的中央集权的过程,只是速度要快得多。爱德华一世(Edward Ⅰ)比腓力四世更快地以贵族为代价成功建立了皇家机器,并建立了直接对他自己负责的法庭。国王的法官的裁决开始使英国的普通法呈现出一种新的形式,这种形式之后保持了几个世纪。封建制度的法律和地方风俗逐渐被国王法庭规定的普通法所取代。作为给国王拨款的回报,国会在 14 世纪获得了立法权。

在英格兰,下议院由来自城市的中产阶级代表和来自乡村的拥有土地的乡绅组成,它比法国的国会更早就成为了全国人民的代表。而且,由于普通人在战争中充当过步兵,他们更觉得自己是国家的一部分,因此,一种国家意识的精神也得到了加强。亨利八世(Henry Ⅷ)是英国文艺复兴时期生活最高峰的一个实例。他像弗朗西斯一世一样,迅速地进一步削弱了贵族的势力,并通过扶持英国的商业贸易和工业赢得了商人阶层的支持。

与英国和法国的中央集权相反,中欧和东欧的日耳曼、斯拉夫、马加(Magyer)等邦国的特点则是混乱、对抗以及不断地变换疆界和人口等。欧洲这一地区的大部分邦国在名义上都是神圣罗马帝国的一部分,但是,几乎不存在什么与"帝国"这个词相关的权力。有数十个邦国,不管大小,都是由家族王朝统治的,它们之间只是通过或多或少的松散的忠诚和责任而联系起来的,都应该效忠于皇帝。皇位在家族之间传承,拥有足够的政治和军事实力的王子之间相互竞争。国王由选举委员会选举,该委员会在很长一段时间里包括 7 名成员,其中包括 3

名教会领袖和 4 名世俗领袖。虽然皇帝常常试图扩大自己的权力,但是,在文艺复兴的大部分时间内,选举委员会和其他邦国组成的联盟都能够维护各邦自由的政策,反对霍恩斯陶芬(Hohenstaufen)和哈布斯堡(Hapsburg)王朝皇帝的帝国梦。

从政治上讲,意大利是由很多独立的城邦组成的。那里没有一个像法国、英国、西班牙那样的可以把各个城邦统一在一起的中央政权。经过中世纪后期长期的法律和军事冲突,意大利的城邦开始从封建贵族手中获得独立。这一过程在 14 世纪开始加剧,因为人们发现拥有枪支弹药的步兵要比装甲骑兵强大。

一些商业行会在比较强大的城市里,例如,威尼斯、佛罗伦萨和其他地方,建立了共和形式的政府。而在其他一些城邦,贵族能够保持他们的权力,例如,米兰公国、曼图雅公国、那不勒斯王国、西西里王国等。在几乎整个文艺复兴时期,意大利城市在经济和文化事物中体现了强大的领导力,但 1494 年法国的入侵预示了它们最终的衰落。在那次入侵之后,意大利沦为法国、西班牙和德国的战场。当然,意大利通过教皇权力在欧洲拥有很大的政治影响。但是,教皇的政治权力也由于很多来自世俗的攻击而被削弱了。

经济的扩张

在文艺复兴时期,开始于 12 世纪和 13 世纪的欧洲商业贸易的增长得以加速。一般来讲,意大利和德国北部的自由城市在文艺复兴早期曾是领军者,但到 16 世纪,由于达·伽玛(Vasco da Gama)①、哥伦布(Columbus)②和麦哲伦(Magellan)③开辟了新航线,商业贸易中心开始转移到大西洋航线上。他们开辟的新航线为商业贸易开拓了跨越大洋的新视野,而不是仅仅跨越了地中海、波罗地海和北海。

尤为重要的是,在英国国会和法国议会中,中产阶级政治权力的壮

---

① 达·伽玛(约 1460—1524),15 世纪末 16 世纪初葡萄牙航海家。——译者注
② 哥伦布(1451—1506),意大利航海家。——译者注
③ 麦哲伦(1480—1521),葡萄牙航海家。——译者注

大,而且他们还占据了意大利的一些城市。这种趋势反映了商人们的财富和经济实力在不断增长,这些商人被称为"市民"或"中产阶级",他们都聚集在城市之中。同样的情况也出现在意大利,那里出现了富裕的经商家族。

几乎在欧洲的所有国家里,文艺复兴时期都充斥着农民们暴力而流血的反抗。在 14 世纪中期,过度拥挤而且肮脏的城市生活条件、饥荒以及黑死病①等夺走了大量的生命。由于人口减少,对从事耕地的农民和在工厂工作的工人的需求就非常大。这有助于加快奴隶的解放和封建关系的转变。14 世纪,农民们因为他们艰苦的生存条件而起来反抗,希望能够改善生活。到 15 世纪时,大部分奴隶都获得了自由,成为佃农、雇佣工人、自耕农或城市工人。

虽然 15 世纪末农民的经济状况已经比以前有所改善,但是,由于财富分配明显不均,因此,农民们甚为不满。商人阶层炫耀自己奢华的财富,而且土地所有权制度也很不平等。因为收成不好加之物价上涨,所以,农民的这种不满情绪更加强烈了。但是,不管是贵族还是教会,天性就不是慷慨大方的。即使是宣扬在上帝面前人人平等的马丁·路德(Martin Luther),也力劝贵族采用任何他们可以采用的手段来镇压农民起义。其实,平民时代尚未来临。

对教会的反抗和起义

教皇权的衰落和大公会议运动。 在文艺复兴时期,各国国王对教皇权的抨击越来越激烈,这些斗争中最著名的就是教皇卜尼法斯八世(Pope Boniface Ⅷ)和法国国王腓力四世之间的斗争。教皇卜尼法斯八世颁布一系列教皇训令,规定牧师可以不向国王交税,不允许世俗法庭审判牧师,对其统治范围内的所有世俗统治者颁布训谕公告《神圣一体》(Unam Sanctam),宣布腓力四世被免职。作为回应,腓力四世派代表去意大利,召集了少量军队,逮捕了教皇卜尼法斯八世,要求他辞职。整个事件的结果是教皇声誉的大大下降。

---

① 14 世纪蔓延于亚欧两洲的鼠疫。——译者注

在那以后大约 70 多年时间里,教皇一直是法国人,受法国控制,教廷设在法国的阿维尼翁。在被称为"巴比伦囚禁"(Babylonian Captivity)的对教皇的运动中(1309—1377 年),罗马的竞争对手意大利教皇要求接任。由于在教会大分裂中对手之间的争斗,教会的力量被进一步削弱。最后,一些红衣主教于 1409 年召开了比萨会议来弥补这种分裂的恶果。这就预示着教会大公会议的召开。

1414 年的大公会议特别提出了这样的原则:在教会事务中,教会委员会而非主教,是至高无上的。此后,又召开了很多教会会议,所有教会会议都努力建立控制教皇的权力,使他仅成为一个机构的代言人,而不是教会的绝对权威。由于这些国家主义运动的兴起,教会委员会实际上成为了强大的各国教会的联盟,而不是一个国际性教会的代表。最终,在 16 世纪的教会改革中,各国教会已经非常强大,在马丁·路德、加尔文(Calivin)等人的领导下终于彻底独立了。

到 1500 年时,来自于各个方面对教会的攻击更加猛烈。不仅很多世俗统治者、国王、皇帝在努力以牺牲教会来扩张自己的权力,而且农民们也充满了不满情绪,中产阶级也因为教会的各种税赋而感到不安。他们认为,牧师太世故和太富有了,他们已经忘记了自己的宗教职责。

新教的先驱。 约翰·威克里夫(John Wycliffe)是 14 世纪牛津大学的神学和哲学教师,他是最有效地反对教会的世俗物欲和滥用权力并要求在理论和实践上进行教会改革的人之一。他关于宗教改革的主要思想如下:(1) 由于每个人都直接是上帝的子民,因上帝的恩赐而获得财富,因此,人们只有履行了对上帝的义务和忠诚之后才能享受这些财富。(2) 由于《圣经》规定了人们享有财富的条件,因此,每个人都应该可以得到《圣经》,以便知道这些条件。(3) 牧师应该虔诚,应该过低调的生活,应该没有世俗的牵挂,这是牧师的责任。如果牧师不能做到这些,那么,国家就有责任对教会进行改革。

威克里夫根据这些原则采取行动。他抨击主教的权力,敦促个人直接对上帝负责,推动把《圣经》翻译成英文的工作,以便使所有人都能够阅读《圣经》。他的追随者被称为罗拉德派(Lollards),他们于 1395 年向议会递交了请愿书,要求进行一系列的教会改革。但是,议会不仅

169

没有对他们的请愿书给予重视，反而还在 1401 年通过一项关于火烧异教徒的法令。1408 年，坎特伯雷大主教（Archbishop of Canterbury）颁布了一系列命令，禁止罗拉德派书籍的传播，也不允许在不经过主教批准的情况下把《圣经》翻译成英文。威克里夫显然是首先指出教会的所作所为与《圣经》不符的有学识的人之一，这就为 150 年后新教脱离教会铺平了道路。

威克里夫的思想直接传到了波希米亚，那里的布拉格大学成为了该国宗教运动的中心。宗教改革同约翰·胡斯（John Huss）①领导的民族主义的波希米亚运动联系在一起。约翰·胡斯发起了一项特别的抗议运动，反对赎罪券的销售。他被召集去参加关于惩罚异教的大众会议，国王向他保证他的安全。但是，国王的保证被收回，约翰·胡斯受到审判，被认定有罪，最后被绑在柱子上烧死了。

这种宗教上的动荡也在意大利发生，这从萨佛纳洛拉（Savonarola）的布道中就可以看出来。萨佛纳洛拉是佛罗伦萨著名的多米尼加修道士，他是一位狂热的改革者。他深刻思考了意大利道德水准低下的状况，并且预言说，如果不进行改革，那意大利将面临厄运。萨佛纳洛拉成为一个强大的教士，反对原罪说，强烈批评僧职买卖以及教会聚敛的财富和懒散的主教。他很有煽动性的布道和对厄运和毁灭的预言，使他牢牢抓住了社会下层人民的心。但是，由于他对法国很友好，而且还抨击教皇亚历山大六世（Pope Alexander Ⅵ），因此，导致市政府对他进行审判和折磨，最后将他绞死。在意大利，对教会的反抗直到 15 世纪才真正取得胜利。

对既定权威的攻击

对世俗生活的重视，可以通过文艺复兴时期社会思想的进步看出来，同样也可以从文艺复兴的政治、经济和宗教制度中看出来。

国家反对教会的权利。正如政治制度在实践中变得越来越世俗化一样，文艺复兴时期的思想也开始更多地关注人作为政治、经济和社会

---

① 约翰·胡斯（1369—1415），捷克宗教改革家。——译者注

个体的一面。14 世纪,这种思想的杰出倡导者之一是皮埃尔·杜布瓦(Pierre Dubois)。他是法王腓力四世的支持者,其主要著作是《圣地的复苏》(*The Recovery of the Holy Land*)。杜布瓦的主要观点是,教会应该放弃世俗的野心,把所有世俗的事务都交给国家来处理。他并没有批评教会的职能,但坚持认为,教会应该放弃其管理和决定商业贸易、土地所有权以及战争等活动的权力,这样牧师就可以专心研究宗教问题。实现永久和平是杜布瓦主要关心的问题。他设想的,是由主教统领的世界宗教,而不是世界政府。主教可以召开世界会议,在会上各国要发誓维护和平,以仲裁代替战争,把那些喜欢战争的人全都运送到圣地去。

14 世纪另一个呼唤和平的人是帕多瓦的马西利乌斯(Marsiglio of Padua)。他是意大利人,后来成为巴黎大学的艺术教授和校长。马西利乌斯的《和平守卫者》(*Defender of the Peace*)的立场和杜布瓦大相径庭。马西利乌斯认为,国家才是和平的真正守卫者;而教会,尤其是主教,则是和平的敌人。在他的论述中,他表述了一种真正民主的思想,认为强权的根源在于统治者;统治者是真正的立法者,但是,他们可能会把这种权力分派给某个委员会或个人。在陈述这种选举制而不是君主制的原则时,马西利乌斯坚持认为,政府的责任既适用于统治者,也适用于被统治者。如果统治者没有能够履行职责,那么,他就应该被罢免。

此外,马西利乌斯还认为,牧师不应该拥有强制性权力等。《圣经》已经说明了救赎需要什么,那么,牧师可以解读圣经,规定哪些是异教。但是,所有的惩罚都应该是国家的权力范围;而且,异教徒不应该受到惩罚,除非是他们有明显的叛国或造反的行为。这样,马西利乌斯就系统地陈述了国家在广泛的世俗领域拥有至高无上的权力的观点。

马西利乌斯在 15 世纪后期把国家拥有政治权力的原则进一步深化。他的基本主张是,人的本性是罪恶、自私、贪婪和利己的,而好的国家有利于国民的整体利益。由于人的内在本性,因此,所有国家都会消亡。阻止国家灭亡的最好方法是建立这样一个国家:它以自由为基础,并拥有可以使人们保持理智的宗教,有自己的军队和高效的行政人员。

马西利乌斯赞美了统治者的现实政治。那些统治者为了国家利益会不惜一切。在他的《王子》(*The Prince*)一书中,他在这一点上为那些行政官辩护。如果从结果上判断有利于国家,那么,这样的行政官就会毫不迟疑地愿意食言、屠杀或者采用各种残忍的手段。虽然马西利乌斯认为有限制的君主或共和政体是国家的最好形式,但是,他却忽视了国民主权。因此,他的名字被看作是残忍的极权主义的独裁统治的代名词。

人民反对统治者的权利。但是,也有其他一些人认为,政府应该经过人民的同意才能建立,只是这种观点的影响力比较小。在 14 世纪,奥里斯姆(Nicolas Oresme)①在论述关于金钱的理论时,认为没有政府的同意,国王不能改变钱币。在他对亚里士多德的论述中,他认为公民社会本质上就是自由的,不应该同意暴政。库萨的尼古拉斯(Nicolas of Cusa)②支持立宪政府,认为在这样的政府中,法律的力量取决于人们是否同意,选举自由是有序政府的基础。英国的议会事业得到了福斯科(John Fortescue)③爵士的支持。他认为,英国的立宪制度优于法国的君主制原则和罗马的法律。

个人反对权威的权利。当教会和国家为了谁应该在人民的生活中拥有更大的权力而争论不休的时候,有些人已经开始主张个人的权利来摆脱权威的束缚,按照自己理想的方式发展自我。个人主义的观点开始主张,个人应该主要对自己负责,应该在创造力、艺术、情感、身体和智力等各个方面发展自己的个性。从最好的方面来讲,这种思想很接近古希腊关于人的个性全面发展的理念;从最坏的层面来看,这种思想要求太大的自由,已经达到了放纵的程度。在贵族和新的富有阶层中,这种人文主义的精神可以而且很容易地导致人们放弃了所有的束缚,开始享受各种事情而不计后果。一种摆脱中世纪那种克己、禁欲和自律的极端做法的机会出现了。

---

① 奥里斯姆(约 1320—1382),法兰西天主教主教,亚里士多德学派学者和经济学家。——译者注

② 库萨的尼古拉斯(1401—1464),天主教主教,哲学家、数学家、古典学家和实验科学家。——译者注

③ 福斯科(1394—1476),英国法学家。——译者注

在更积极的层面上,个人主义的理想在一些书籍中得到了表述,例如,卡斯底格朗(Castiglione)①的《宫廷人物》(*Courtier*)等。在这本书中,他描述了一些宫廷中的事务大臣,他们可以自己最好地承担打仗、恋爱、绘画、赋诗以及商讨国家大事。在文艺复兴时期,这种有多方面兴趣的人的杰出代表也许是达·芬奇(Leonardo da Vinci)②。他把科学家、实用发明家和艺术家的成就集于一身,他似乎对人类的全部经验都很感兴趣。

关于教育管理的斗争

国王与教会以及人民与贵族之间的很多政治斗争,在争取学校控制权的斗争中重演。就像现代国家重新认识到,政治权力归根结底不仅在于军事和法律权力,而且还在于教育控制权一样,在文艺复兴时期也开始模糊地认识到这种重要关系。虽然教会在攻击面前保持着强硬的立场,但是,国王和其他统治者的确在设立、保持和干预学校与大学事务方面取得了很大成就。那时还没有建立起完备的学校和大学体制,但已经为几个世纪以后全国性的学校系统的出现奠定了基础。

同时,商业和贸易也开始兴起,这表现为中产阶级权力和地位的不断增长。这种趋势在学校中至少体现在两个方面。一是兴建本地学校,为中产阶级的子女提供基础的阅读和书写教育,为他们以后参与日常的商业、法律和贸易事务打下基础。二是中产阶级对拉丁文学校的兴趣不断增长,因为他们的子女可以在拉丁文学校获得通往上层社会的机会和做好知识准备。通过把他们新的财富交给学校,中产阶级让他们的孩子能够接触到"绅士风度",这是用其他方式所无法获得的。

由于出现了为普通人提供的本族语或"初等"教育和为上层阶级提供的古典或"中等"教育之分,因此,现代学校组织的基本轮廓开始显露。这种区别虽然在文艺复兴时期未能得到稳固,但是,在很多其他领

173

① 卡斯底格朗(1478—1529),意大利外交官。——译者注
② 达·芬奇(1452—1519),意大利文艺复兴时期画家、自然科学家。——译者注

域的努力中，这种区别在文艺复兴生活的土壤中生根，并为以后几个世纪的发展做好了准备。

要求对学校进行国家控制

在中世纪，学校的控制权主要掌握在教会手中，大主教拥有最高权力，主教对教区内的学校拥有管理权或者把权力交给他的经院学者。这些官员给教师颁发任教证书，他们对辖区内的学校拥有普遍的监督权。这种模式很自然地带到了文艺复兴时期，因为教会不仅一直控制着教区学校、修道院学校和大教堂学校，而且在欧洲的大学中仍然起着重要的作用。但是，随着城市的兴起，一些大城市必须在远离教区的地区和市内的不同地点设立学校，因为让学生从郊区跋涉很远去中心教堂是很困难的。对新学校控制的冲击在教会官员和其他机构之间出现。教会官员认为教育的控制权理所当然是他们的，而其他机构也开始要求有权设立并管理学校。这样的机构包括城市政府、世俗统治者、私人教师以及由愿意资助学校的个人组成的志愿联盟。

城市学校。在整个中世纪，意大利的城市一直拥有自己的学校体系，其中有些学校无疑在某种程度上传承了罗马帝国时代的传统。在弗拉拉，1443 年颁布的法令规定，如果未经城市委员会同意，那就不得设立新的文法学校。在德国，在关于城市是否有权在辖区设立学校的问题上，教会官员和市政官员之间斗争激烈。后来，城市通过向当地统治者或者当地教会上一级的主教求助，才逐渐获得了设立学校的权利。总体来说，随着城市和教会之间达成关于共同管理学校的协议，德国的公共—教区教育体系得以建立。一般地，牧师可以进行教学，但市政当局要给他付薪水，并将其看作是政府官员。随着很多荷兰城市从封建贵族手中获得独立，它们也开始要求有权建立学校、选择教师和为教师支付报酬。

统治者的权利。作为国家反对教会所提出的权利要求之一，统治者开始对教育的控制权提出要求。意大利城市的公爵和统治者常常在他们的宫廷里设立学校，既为贵族子弟提供教育，也为宫廷增了光。位

174

于曼图亚的费尔特雷的维多利诺（Vittorino da Feltre）①学校和位于费拉拉的古阿里诺学校，就是这样的学校。在布鲁塞尔，布拉班特公爵（Duke of Brabant）在 14 世纪初设立了几所招收男女生的初等学校。在苏格兰，国王詹姆士一世（James Ⅰ）在 15 世纪初下令公立学校应该作为改革教会的一种方式，也是发展读写能力的一种方式。

在英国，国王要求控制教育的要求日益增长。1391 年，查理二世（Richard Ⅱ）否决了下议院关于禁止佃户的孩子上学的议案。后来，通过法律和皇家的决议，规定英格兰所有父母都可以自由地把孩子送入学校，当然前提是他们要能支付得起学费。15 世纪的亨利六世（Henry Ⅵ）和后来的亨利八世（Henry Ⅷ）都为很多文法学校的建立起到了推动作用。

私人教师。随着要求接受学校教育的人越来越多，而且学校教学越来越赚钱，私人教师开始出现，他们靠学生交的学费维持生计。一般来说，未经授权的私人教师遭遇了来自教会和市政当局的双重阻力。费拉拉市力图阻止未经授权的私人教师从事教育。依普尔市规定，只有市内的三所学校能够在私人家庭之外提供教育，私人教师如果想被某个家庭雇佣，那么他只能给这家的孩子上课而不能招收其他学生。布拉班特公爵在布鲁塞尔建立了自己的学校，以解决一些私人教师在未获得批准的情况下坚持教授学生的问题。在英格兰的格洛斯特，文法学校的校长们采用诉讼的方式来限制私人教师在当地授课，但法院认为，在设立文法学校方面不应该有垄断。

后来，私人教师开始组织自己的行会来保护自己获得教育权。例如，在德国，教书写、商业算术和簿记的教师自己组织了代数学行会。他们招收学徒，学徒学习几年以后成为熟练工匠，称为"施莱伯"（Schreiber），最后成为该行业的一位有充分资格的师傅。

175

自愿基础。在文艺复兴时期，英国的捐赠原则超过了中世纪的弥撒费用基金会。弥撒费用基金会以宗教目的为基础，扩大到包括为建立学校而特别设立的基金会。当富有的人或者团体向学校基金会捐款时，行

---

① 维多利诺（1378—1446），文艺复兴时期意大利人文主义教育家。——译者注

使的是世俗控制而不是以前的教会控制。这些基金会就是英国公学的前身。英国最早的公学于 1382 年由威克姆的威廉（William of Wykeham）[①]在温彻斯特建立；第二所由亨利六世于 1440 年在伊顿建立。因此，教师们并不直接对教会负责，因为学校并不是受教会控制的实体。只是学校在内容和特点上仍然保持着很高的宗教特性。为了负责学校的整体管理，设立了理事委员会。在一些情况下，理事委员会至少包括来自商业和手工业行会的代表。虽然中世纪的行会学校经常由牧师执教，但是，文艺复兴后期的趋势，却是在这些公立学校和行会学校中任命世俗教师或者要求任命世俗教师。

大学。一般来讲，在文艺复兴时期，一些历史悠久的大学受到的国家控制比低一级的学校要少。无疑，这是由于中世纪时期的大学为了从教会和国家那里获得更大的自由而进行的长期斗争的结果，但是，统治者却获得了权力。在法国，在人文主义学习方面，各所大学是保守主义的中心。于是。弗朗西斯一世（Francis Ⅰ）建立了法兰西学院来支持人文主义，并在波尔多市建立了国家控制下的居耶纳学院（College de Guyenne）。15 世纪路易十一（Louis Ⅺ）发布命令，认为巴黎大学过于重视唯名论哲学，规定在艺术和神学系里只能进行唯实论教育。教师们被要求宣誓遵守这一规定；如果学生不能遵守这一规定，就不授予学位。虽然这项规定几年以后被废除了，但它表明了统治者越来越想干预大学事务的趋势。同样，亨利八世也通过在牛津和剑桥大学设立符合人文主义要求的新学院来推动人文主义学习的发展。

文艺复兴教育的贵族化性质

一般来说，文艺复兴时期的教育主要是为了社会上层和富有阶层的青年。教会主要关心的是，培养未来能够领导教会的学者和牧师；统治者所关心的是，把自己身边的人培养成受过良好教育的忠诚的追随者，既是绅士又是学者；而中产阶级关心的是，要进入教会和统治阶级这两个让人向往的阶层。但是，的确也有一些更趋向民主的方式。对

---

① 威克姆的威廉（1320 或 1324—1404），英格兰主教和政治家。——译者注

为普通人开设的国语学校的要求越来越强烈,虽然这种学校与古典学校和拉丁文法学校比起来绝对处于较低的地位。此外,在德国、低地国家(Low Countries)①以及法国的一些地区,开始出现越来越多的较低级别的女子学校。虽然有这些进步,但是,对欧洲和美国有着强烈影响的文艺复兴教育绝对是支持精英的贵族教育,所关注的是经典的人文主义思想和培养优雅的有绅士风度的人。

提高教育行业的地位

在文艺复兴时期,教师无疑获得了人们的尊重,提高了社会地位和收入,尤其那些在中等学校任教的教师更是如此。教师在宫廷学校里大受欢迎,这使那些教授皇家和贵族青年的教师具有很高的社会地位。流入到城市学校和私立学校的资金使得对教育的经济投入越来越大。教会官员非常强烈地想要继续把持教育和教书的特权,还有很多人急于想分享到教育税收,这都说明教育作为一种谋生手段越来越受到公众的重视。世俗教师越来越多,这也说明人们可以全职专门从事教育行业,而不必只把教学当作牧师的附属品。

但是,这种地位的提高并没有发生在国语学校的教师身上,他们还得经常为了有权利成为教师而斗争,而且他们常常被看作低人一等。初等学校教师和中等学校教师之间的差别是中世纪教育的一个基本特点,这一特点已经延续了几个世纪,而且在美国一直延续到现在。但是,仅仅是国语学校教师这一事实,就已经算得上是文艺复兴时期的一种成就。

其他教育机构

在各种非学校教育机构中,由行会设立的学徒制仍然是培养社会中下层青年成为工匠和市民并负起其责任的最好途径。在整个文艺复兴时期,行会在当时的政治和经济生活中都起着重要的作用。对于社会上层青年来说,由于贵族制度已经失去了昔日其在战争和政治艺术

177

---

① 低地国家,指荷兰、比利时、卢森堡三个国家,因海拔低而得名。——译者注

领域的垄断作用,因此,骑士训练也就失去了价值。这些青年转向宫廷学校和拉丁文法学校来获得正式训练。本族语文学开始为越来越多的人提供娱乐的资源。各种丰富的艺术形式,尤其是意大利文艺复兴中的艺术,也为人们提供了丰富的娱乐来源。教会虽然饱受抨击,但仍然在人们生活中起着重要的作用。最后,由于印刷术的出现,大众娱乐成为可能的期望首次出现,只是直到 16 世纪的宗教改革时期,这方面才真正取得很大进展。

世俗思想的发展

对人和自然的呼唤

在知识领域,重心开始从宗教问题转移到人类的经验问题,从对来世精神的关注转移到对现世自然的关注。现代科学的开端以这样的想法出现:人们确信自然的秘密肯定能够被解开,这方面知识的进展是不可避免的;“科学”指的应该是我们能够通过观察自然而获得的知识,而不是从过去传下来的知识体系;最后,科学方法逐渐发展起来,通过采用观察自然、搜集事实、客观调查事实、在探索过程中使用数学公式以及把研究结果应用于自然等来获得知识。

文艺复兴时期的科学发展并不能和 17 和 18 世纪媲美,但是,当时已打下了坚实的基础,发展了科学的方法,而且宗教的严格控制也被削弱了。美洲大陆的发现,使人们开始对既定的社会形式提出质疑,也使人们开阔了眼界,这样人们对自然的研究就能够显示出人和事物的本性。对在美洲发现的土著居民的探索和接触,提升了人们对“自然人类”和未受玷污的“高尚蛮人”的兴趣。那些没有受过教育的“野蛮人”既没有古老的宗教,也没有“文明的”遗产,但是,他们却表现出了惊人的勇气、荣誉感和诚实,这使蒙田(Montaigne)①感到非常惊讶。他觉得,大自然能培养出比过度发达的文明社会更纯洁和更有道德的行为。

---

① 蒙田(1533—1592),法国人文主义思想家、散文作家和教育家。——译者注

虽然世俗主义对中世纪关于宇宙本质以及人与宇宙的关系的看法有一定的冲击,但是,在人类命运方面,占主导地位的仍然是基督教的观点。文艺复兴所挑战的,也只是教会这种专权的机构,而不是基督教神学的基础。虽然批评的声音在不断扩大,但是,科学并没有像后来几个世纪那样强烈地要求人类忠于科学。然而,这种运动却在哥白尼等人的著作中开始了。哥白尼创建了"日心说",但是,这种革命性思想直到很久以后才被人们接受。总体来说,文艺复兴的哲学代言人的思想仍然是局限在基督教的框架之内的。

在对人类本性的认识方面,仍然存在着很多争议。关于原罪的教义和对人类固有的邪恶本性的强调,开始受到了质疑。自然论的精神告诉人们,人的本性也存在着善的可能。美洲土著居民的例子使得一些人开始强调说,没有受过文明和宗教熏陶的原始人类也可以是很善良的。文艺复兴对关于人类本性的悲观观点提出的初步挑战,为18世纪法国卢梭(Rousseau)等人自然论思想的呐喊奠定了基础。但是,总体来讲,能够在人们接受的宗教框架内去讨论人的个性和创造力,文艺复兴时期作家们对此应该满足了。对人的本性中"人"的因素的强调,虽然使得人们不再关心中世纪的那些宗教偏见,但并没有准备去反抗其内在的思想。

但是,在关于人类智慧对解决人类问题的作用以及使用何种方法来获取知识等方面,文艺复兴时期的思想家的反抗却是十分醒目的。在判定什么知识最有价值方面,文艺复兴时期的学者主要面临着三种主要力量的权威论断。(1)经院主义的神学方法,这种方法把宗教教义和亚里士多德的哲学当做权威。(2)科学界的归纳法,这种方法向自然寻求权威。(3)人文主义的文学和语言学方法,这种方法把古代经典当做权威。

经院哲学受到了自然论和人文主义的强烈抨击,因此,在14和15世纪其作为知识手段的重要性便开始下降。这种下降是在同一时期对教会在制度上的权威进行抨击的必然结果。经院主义的方法变得越来越复杂、繁琐和困难。维也纳的一位教授用13年的时间对《创世纪》(Genesis)中的五个章节进行详细说明和评论。随着他们的论点变得越来越深奥，经院哲学家似乎越来越沉浸于论点本身，却很少表现出思想的自由和创新。在解决人类社会面临的重要问题方面，他们所取得的成果越来越没有价值。

那些科学家和自然论者开始抛弃宗教传统，转而去研究自然。他们强调要观察自然现象和搜集事实，用归纳的方法从观察到的事实中得出概括。他们不再把很多时间花费在用演绎的方法对亚里士多德的著作进行辩论和评论上。虽然经院哲学家把逻辑学的研究提高到了人文学科中的重要位置，但是，科学家们更关注算术、几何、天文等数学学科以及自然历史和自然哲学等学科。

人文主义者开始大声对经院哲学提出抗议，并把文法和修辞研究当做人类智慧的重点。他们把读写方面的文学成就和富于修辞的说明文看作是人类智慧的最高成就，是智慧得以培养的最高形式。在这个过程中，价值和欣赏的标准以及文学精华都在古希腊文和拉丁文的文学著作中找到了。人们认为，最好的题材不是宗教教义或自然秘密，而是古代经典的风格和内容。

这种学术兴趣的转变，可以在文艺复兴时期的很多知识领域中看出来，它代表了教育史上最重要的学术趋势之一。从文艺复兴时期一直到现在，古典人文主义思想在欧洲和美国教育的理念与方法上都有巨大的影响，尤其是中等教育和高等教育。总之，由于人文主义的教育影响，古代经典学识的复兴是文艺复兴时期在学术上最有影响的因素，就像宗教改革时期宗教的复兴和启蒙时代科学的复兴一样。

艺术和科学的繁荣

人文主义和古典学识的复兴。 从 14 世纪的意大利开始，一直到 15 世纪和 16 世纪的欧洲大部分国家，人们开始对古代经典学识越来越感兴趣。人文主义者并没有彻底背离中世纪的精神和宗教，但是，对经典语言和文学的强烈兴趣使他们鄙视所有的其他权威。从狭义上讲，人文主义者就像经院哲学家一样对研究自然本身并不感兴趣。

从广义上讲，人文主义者在人的本性上产生了新的兴趣，也有兴趣使人的个性从教会、行会、庄园和修道院的束缚中解放出来。人文主义

180

者认为,关于人类本性完善和发展的最好描述,可以在古代经典文学中找到。正是从这个意义上,那些对古典学识的复兴很感兴趣的人才把自己称为"人文主义者"(Humannists)。意大利的城市首先表现了对古典文学和文化的广泛兴趣,而政治和经济生活的普遍繁荣则发生在 14世纪。

弗朗西斯·彼特拉克(Francis Petrarch)①通常被看作是重新对拉丁文经典作品特别感兴趣的发起者。他鄙视中世纪学习知识的主要方法,并努力学习古代作家的拉丁风格,尤其是维吉尔和西塞罗的风格。彼特拉克想重塑罗马帝国的辉煌,因此,他不知疲倦地寻求经典书稿;他把很多这样的书稿进行了编辑,只把一些非基督教的来源来作为他参照的权威;他知悉几乎所有可能接触到的拉丁作家。

在彼特拉克的影响下,越来越多的人文主义者开始认为经典拉丁文作品比中世纪拉丁文作品更有价值、也更重要,是人类精神的更好表达。在所有赞颂经典的主张中,最重要的主张是认为经典的风格更重要。这就意味着,人们会采取各种方法用经典拉丁文来代替中世纪拉丁文,并作为各地受教育者交流的媒介。

到 15 世纪的时候,复兴古希腊学识的兴趣仍然很明显。以赫里索洛拉斯(Chrysoloras)②为首的希腊学者开始到意大利来讲授希腊文学,并且从东方带来了希腊作品供人们编辑和翻译。罗伊希林(Reuchlin)③在把希伯来文提升到学术经典语言方面做得十分出色。在他为希伯来文的辩护中,他反对那些想要把犹太人的书籍作为异教书籍烧掉的人。他很早就抨击那些想要烧书的人,并支持学术界的宽容和思想自由。

在提倡人文主义学习的人中,鹿特丹的伊拉斯谟(Erasmus)④是最重要的人。他是当时杰出的学者。他在英国和法国的大学中教书,并

---

① 弗朗西斯·彼特拉克(1304—1374),意大利人文主义者、诗人。——译者注
② 赫里洛拉斯(约 1355—1415),在西方传播希腊文学的希腊学者。——译者注
③ 罗伊希林(1488—1523),德国人文主义者,最杰出的古典学者之一。——译者注
④ 伊拉斯谟(约 1466—1536),文艺复兴时期尼德兰人文主义思想家、教育家。——译者注

游历欧洲，传播人文主义的信条。伊拉斯谟编辑了 25 本由希腊和拉丁作家撰写的作品，还编辑了很多教父的作品，包括圣奥古斯丁和圣格列高利的作品以及圣杰罗姆的拉丁文《圣经》等。他还把《新约》翻译为学术的拉丁文版本，这成为了以后詹姆士国王（King James）翻译成英文《圣经》的蓝本。

181　　　同时，虽然几乎欧洲所有国家的人文主义者们都一致努力把经典学识提高到了无可置疑的权威地位，但是，通俗文学仍然一直大受欢迎，而且赢得了很多一流作家，包括人文主义者的支持。在意大利，但丁（Dante）创作出了伟大的《神曲》（*Divine Comedy*），彼特拉克写出了很多意大利文的诗歌，薄伽丘（Boccaccio）用意大利文写了大量的诗歌和散文，最著名的是他的故事集《十日谈》（*Decamero*）。但丁以中世纪和宗教论调为主的《神曲》和薄伽丘以描写现世生活为主的《十日谈》反映了 14 世纪意大利人们兴趣的广泛性。

在英国，乔叟（Chaucer）的《坎特伯雷故事集》（*Canterbury Tales*）和托马斯·莫尔（Thomas More）爵士的《乌托邦》（*Utopis*）越来越受人们的欢迎。在法国，拉伯雷（Rabelais）的《巨人传》（*Gargantua*）和《庞大固埃的故事》（*Pantagrue*）吸引了很多读者来欣赏对当时社会制度的讽刺；蒙田的随笔描绘了知识分子的文化追求。虽然人文主义者常常贬低通俗文学的文学价值，但是，这些文学仍然得到了发展和改进，在下一个世纪中，英文、法文、德文和西班牙文的杰作终于涌现出来。

在文艺复兴时期，哲学并没有像其他领域那样有长足的发展，这可能是因为人文主义者过于关注文学和风格而造成的。在探索哲学的基本问题方面，最主要的有组织的努力可能就是 14 世纪在意大利建立的柏拉图学院（Platonic Academy）。一般来说，人文主义者感兴趣的是调和各种宗教和哲学，使他们基本上保持统一。他们以沉思生活的方式为荣，依赖的是寓言和神秘主义。他们"证明"宗教一致性的方式，就是用复杂的方式来说明所有的宗教都是类似的，并对这种断言表现出欣喜若狂的样子。实际上，他们在追求和谐的过程中，并没有看到哲学、宗教和科学之间的差别。

14 和 15 世纪，意大利著名的人文主义历史学家放弃了按照时间顺序记录事件的简单方法,开始模仿李维(Livy)①的风格和辞令。在他们追寻李维史诗般的尊严并用西塞罗洪亮的语句来描述战争和发表演说时,所有的事件在他们的手中都成了大事件。但是,意大利最伟大的历史学家是马基雅维利(Machiavelli)②和奎恰迪尼(Guicciardini)③,他们俩都不是人文主义者。他们使用了很好的材料来源,查阅了文件和档案,并且把材料按照能够说明因果的方式进行分类。另一方面,我们对文艺复兴的很多尊敬和崇拜都是人文主义历史学家自命不凡、自我欣赏的结果,人文主义历史学家看到了自己时代的伟大,却没有看到以前的所谓"黑暗时代"(Dark Ages)④的任何价值。

182

其他科学和艺术。在 14 世纪时,对经院主义的自然哲学思想的普遍怀疑开始增加。邓斯·司各脱比其他经院哲学家更关注自然科学,但是,经院哲学还是不再受人们欢迎,而人文主义又不关注自然科学。当人文主义者确实对这个领域感兴趣的时候,他们可能会去追溯那些最古老的论述,即使那样,他们也更加重视哲学上的准确性而不是科学内容。

但是,还是有越来越多的科学家取得了不小的成就。哥白尼经过对数学、天文学和物理学的研究之后认为,托勒密提出的地球是宇宙中心的学说是错误的。他提出,太阳才是宇宙的中心,这就为以后伽利略提出的"日心说"奠定了基础。同样,维萨里(Vesalius)⑤为以后的解剖学奠定了基础;阿格里科拉(Agricola)⑥在他的人文主义兴趣之外,还推进了对采矿学和冶金学的科学研究。虽然这些进步并不是十分巨大,但是,却为现代科学打下了坚实的基础。

---

① 李维(公元前 59—17),罗马历史学家。——译者注

② 马基雅维利(1469—1527),意大利政治思想家和历史学家,被称为"政治学之父"。——译者注

③ 奎恰迪尼(1483—1540),意大利佛罗伦萨历史学家。——译者注

④ "黑暗时代",指中世纪。——译者注

⑤ 维萨里(1514—1564),比利时医师和解剖学家,近代解剖学的奠基人。——译者注

⑥ 阿格里科拉(1494—1555),德国冶金学家、矿物学家。——译者注

中世纪的艺术在很大程度上都是说教性的，目的是向人们传递宗教精神，就像在哥特式大教堂一样。但是，文艺复兴时期的艺术却开始以极强的现实主义风格来描绘人体和风景。文艺复兴早期的绘画作品描绘的是详细的现实主义内容，这在以后成为了更威严、更克制和更能表现情感内容的作品，而不是仅仅描绘自然本身。当然，文艺复兴的荣耀在很大程度上来自于艺术杰作。但这几乎没有对正式教育产生什么影响，因为人文主义者对文学的兴趣超过了一切。

在文艺复兴时期，某些实用艺术和技术的发展达到了很精细的程度，产生了巨大的社会和学术效果。一方面，民族国家的兴起依赖于新的战争技术，而新的战争技术的发展要归功于火药、枪筒、大炮、防御工事和军事工程等技术的发展。随着机械钟表的发展，科学测量也变得越来越精确。帆船、索具、船舵大小和形状的改进，满足了探险和扩展商业贸易的需要。

尤其是活字的发明以及造纸术和墨水制造技法的改进，都使得印刷术在古登堡（Gutenberg）①和其他人的努力下在 15 世纪得到了极大的发展。当然，印刷术所带来的启示是巨大的。仅仅是知识可以更容易地进行传播这一事实，就使得大众教育成为可能，以后更成为必需之物。如果没有廉价的印刷技术，那么，就不会有大众教育的广泛传播，甚至想都不敢想。

教育中的人文主义

在文艺复兴时期，关于能够与人的理性忠诚相抗衡的主张，即宗教、科学和人文主义中，教育者最拥护的是人文主义。很多教育者都赞同人文主义者提出的呼声，应该在当时的学校和大学里用古典拉丁文代替中世纪拉丁文。这种教育改革行动从 15 世纪的意大利开始，很快就传播到了德国、英国和法国，但却遭到了来自已有的教会学校的很大阻力。通过大量写作、演说和游历，人文主义者实现了他们的主张，或

---

① 古登堡，德国发明家。——译者注

者把教会学校争取过来，或者把教会学校重建，或者建立新学校。

人文主义者的教育理论

意大利。在意大利，弗杰里乌斯（Vergerius）①、格里诺（Guarino）②、维多利诺、西尔维乌斯（Aeneas Sylvius）③、阿尔贝蒂（Alberti）④以及最著名的卡斯底格朗等人都对教育理论进行了书面论述。虽然他们的观点有很多差异，但是，他们的观点总体来说可以这样概括：

人文主义教育的目的是培养接受过广泛教育的、具有全面发展个性的和可以在教会或国家中担当领导责任的人。他对于经典学识应该是得心应手的，同时又是敢于行动的人和市民。他应该在广泛的领域取得成就，可以用诗歌、歌曲和舞蹈来表达自己的思想和情感。他应该是一个身体健康灵巧并颇具风度的基督教绅士。人文主义者非常依赖昆体良和西塞罗的思想，同时还加上了自己对于文艺复兴时期适合于学者和绅士的多方面成就的理解。女孩的教育应该是这样的，理想的女子应该多才多艺和富有魅力，是追求者的理想伴侣。虽然目标广泛而且丰富，但是，这些目标已经超出了人们安排与其相符的合适课程或方法的能力。

如前面所讲，培养"廷臣"的课程十分依赖于希腊和罗马的经典文学。人文主义者热衷于经典著作，认为经典著作的价值是最高的。他们认为，这些可以发展全面的人格，可以对富于行动的人生提供实际的帮助，可以形成艺术欣赏和道德价值的品质，可以提供他们所期望的广泛学习。与经典著作相比，数学、自然历史、音乐和舞蹈很少受到重视，而本国通俗作品更是几乎不受任何关注。历史和伦理学可以从经典历史学家和作家那里学到。体育在一些学校和书面论文里是重要的，但是，真正强调的还是文法、作文、写诗和修辞。

184

———————

① 弗杰里乌斯(1370—1445)，意大利最早的人文主义教育思想家。——译者注
② 格里诺(1370—1460)，意大利人文主义者。——译者注
③ 西尔维乌斯(1405—1464)，意大利人文主义教育家。——译者注
④ 阿尔贝蒂(1404—1472)，意大利人文主义者、诗人和学者。——译者注

在教学方法方面,人文主义者虽然同意学生在学习过程中如果能够理解那些原则是最好的,但是,他们一致认为熟记才是最重要的方法。人文主义者很不情愿地承认,认识到学生之间的差别是很重要的,但是,如何在学习西塞罗和维吉尔的作品中这样做呢?关于这个问题,他们一直很含糊。此外,人们一直催促减轻体罚,激发学生在彼此之间为获得社会认同的竞争中培养自豪感和雄心壮志。毫无疑问,人文主义的理论远远超过了当时的实践,超过了人文主义者的文法学校的成就以及传统的教会学校的成就。但有趣的是,人文主义的理论并没有重视教育应该怎样对绘画、雕塑和建筑等这些艺术做出贡献的问题,尽管在意大利文艺复兴时期这些艺术引领了全世界。其原因可能是,虽然这些艺术取得了极高的成就,但是,它们并没有被看作是"人文学科"。在那些书卷气的人文主义者看来,那些艺术只不过是一些技术工艺而已。

英国。英国作家关于教育的观点和意大利的人文主义者非常相似。西班牙人维韦斯(Vives)①是阿拉贡的凯瑟琳(Catherine of Aragon)的老师,并且和她一起到了英国。他认为,学校应该缩小与社会之间的差距,应该使教育与学生的个人差异和兴趣相适应,应该把经典著作当作智慧的基础,而不仅仅是好的文学风格的典范。维韦斯是少数认为本国通俗作品在教育中也有价值的人之一,而且还强调对女孩的教育。他提出的女子教育的目的,是通过文化修养和道德的教育来培养品德高尚的宫廷女士、妻子和母亲,让她们成为有才智的伴侣和家庭主妇。

另外一个作家而且是更加重要的作家是托马斯·艾利奥特(Thomas Elyot)②爵士。他不是国教教徒,但却是政治家和学者。他推动了对希腊文明的学习,还把普鲁塔克和伊索克拉底的作品翻译成了英语。在他用英文写成的《行政官之书》(The Governour)中,他提出了适合为政治家提供教育的课程模式,即希腊文、拉丁文、修辞学、逻辑学、几何学、天文学、音乐、历史、地理、绘画、雕塑和体育。艾利奥特的书因为全面

---

① 维韦斯(1492—1540),西班牙人文主义教育家。——译者注
② 托马斯·艾利奥特(1490—1546),英国政治家和作家。——译者注

包含了社会科学、艺术、体育等内容而著称，从这一点上讲，他超越了他同时代的人文主义者。他认为，这些领域的大学教育对于宗教的重要性就像成功的事业在世俗世界中的重要性一样。但是，不管怎样，人文主义者还是把柏拉图和西塞罗的作品当做学习的主要内容。

还有一位作家是罗杰·阿谢姆（Roger Ascham），他是伊丽莎白女王的老师，也是剑桥大学的教授。他的《教师》（Scholemaster）一书充满了学问和常识，揭示了他那个时代的方法，并建议进行改革。例如，当时学习拉丁文的普遍做法显然是熟记语法规则，然后直接复述拉丁文的句子，一直到学会。阿谢姆提出了一个惊人的建议，认为学生可以先学习英文，然后把英文翻译成拉丁文，然后再翻译成英文。他还撰写了大量关于体育锻炼和户外活动的文章，认为这些对于学者和学生以及贵族和有闲阶级来说都是很重要的。

法国。 法国的一位杰出的人文主义学者是布德（Bude），他为一位王子勾画出了人文教育的框架，希望弗兰西斯一世（Francis Ⅰ）能够接受。他的建议的关键之处，在于他认为一个王子应该热爱文学，最重要的是要热爱希腊文学，并培养自己在风格和历史方面的兴趣。法国最受欢迎的作家无疑是拉伯雷，他的《巨人传》和《庞大固埃的故事》使人们嘲笑学校。拉伯雷用法文写作并赢得了一般大众的喜爱，他讥讽了人文主义学校枯燥的、形式主义的东西以及他那个时代社会上的其他过分行为。他夸张地描绘了他自己关于教育改革的想法，讽刺了那些与当时更加现实的方法相比非常古老的方法。当然，他也推崇经典著作，但他认为经典著作应该给行为提供真实而且有用的知识，而不是仅仅只代表书卷气十足的语言和文学价值。拉伯雷所推荐的课程显然包括他所能够想到的所有科目，除了拉丁文和希腊文之外，还有希伯来文、阿拉伯文、占星术、文法、算术、几何、天文学、音乐、历史、地理、民法、哲学、自然科学以及体育。拉伯雷在他自己的研究以及科学、医学以及解剖学的教学中显示了他的自然主义爱好。从这个意义上来讲，他不仅仅只是一个书卷气的人文主义者。

另外一位对教育内容有直接影响的人物是彼得·拉莫斯（Petrus Ramus）。他比拉伯雷走得更远，因为他坚持着对科学和数学的自然主义兴趣。拉莫斯同时批判了亚里士多德派的经院哲学家和西塞罗派的人文主义者,因此,人们创造了"拉莫斯派"这个词来代表他对上述两个

不利于教育的思想的批评。通过改进所学的内容,并使学习方法简单容易,拉莫斯开始改革每一门人文学科。他所努力的目标,是把古代作家的知识体系化和简单化,并去除中世纪的那些繁琐而难以理解的注释。通过这种方法,他使知识可以更容易应用于实际的社会环境,把知识从教会的控制中解放出来,最终为新的数学和科学扫清道路。关于"七艺"的每一种他都编写了教科书,此外,还有物理学、伦理学、形而上学和神学方面的教科书。这些教科书在德国、瑞士、英国的剑桥大学以及后来在美洲殖民地都受到了较大的欢迎。

　　最后,能够最好地代表卡斯底格朗和艾利奥特的生活理想的可能就是蒙田了。蒙田不是牧师,不是教师,也不是科学家,但是,他却是一位非常有学识的绅士,也是一位见过世面而有学问的人。在他的文雅又复杂的短文中,蒙田把人文主义和自然论的思想融合在一起,抨击形式主义、咬文嚼字以及盲目依赖权威的现象。他强烈建议说,绅士的教育应该把经典著作内容看作是行动的智慧指南,而不仅仅是一些文学风格;不仅应该包括现代语言,而且还应该包括历史、旅游以及广泛的社交和体育。

　　伊拉斯谟。蒙田代表了宫廷绅士和学者的理想,而对于人文主义者而言,伊拉斯谟则是学者中的学者。他对经典著作和宗教原稿的详尽研究与编撰使他自己赢得了整个学术界的尊重,而他的拉丁文课本则成为人文主义学校里无数学生的课本。在他的著作《男孩的文雅教育》(*Liberal Education for Boy*)中,伊拉斯谟也批评了西塞罗的形式主义,并赞扬了广泛学习经典著作以获得知识、审美力和判断力的主张。他强调说,男孩们的兴趣应该在身边的工作中得以激发,而不是在严格乏味的苦工中被扼杀。应该用温和的方法来代替鞭打,以吸引男孩们学习。他建议加强体育锻炼,还痛斥了经院哲学和神学的辩证方法。

　　伊拉斯谟认为,人的本性是善良的,自然是宽厚仁慈的。如果阅读经典著作的话,那人的本性就会变得更完美。在他看来,宗教只是一种事物,它不是神秘主义的或情感上的忠诚,而只是人类的智慧。如果有

合适的和学识精深的资料,那么,人也能得出正确的宗教教义。宗教改革中的神学争论以及毁灭性战争,对原罪教义的呼吁以及普遍的超自然世界等这些有强烈影响的事物,都没有给他太大的影响。他一直坚信理性,认为经典人文主义思想是获得理性的最好途径,而教育能够从以往的经典著作和宗教作品中提炼出最好的东西并把这些教给学生。伊拉斯谟的巨大影响力有力地支持了这样的观点,即所有人都应该是有文化、受过教育的并会拉丁文和希腊文。最重要的是,这是文艺复兴留给现代社会的教育遗产。

187

图 10　伊拉斯谟

培养学者和绅士的学校

意大利。在意大利众多的人文主义学校中,最出色的要数费尔特雷的维多利诺的学校。他应曼图亚公爵的要求为他的孩子建立一所学校,并开始按照自己对西塞罗和昆体良的思想的理解建立了一所学校。他不仅接收贵族的儿童,还接收了一些来自社会下层的男孩。这所学校的目的是传承罗马精神,培养具有广泛全面知识的贵族青年,使他们拥有适合统治阶层的良好的举止和风度,并使他们忠于基本的基督教教规。达到这个目标的主要方法是学习经典著作和数学。

188

维多利诺的课程安排很有趣,因为"七艺"中只有逻辑不在学习范围之内。这反映了人文主义者并不喜欢中世纪的经院哲学,而很欣赏文法和修辞。很重视从小就教授拉丁文法和希腊文法,以及通过修辞来学习演说、写作和优雅的风格。学生们要大量模仿和记忆西塞罗、维吉尔、奥维德、贺拉斯、荷马、德摩斯梯尼等人的长篇大作。学生还会学习算术、几何、天文学以及一些音乐知识。

图 11　15 世纪意大利一所学院的课堂

重要的是,一些基本的中世纪人文学科是经过人文主义者的重新诠释以后才教给学生的,强调了文学的重要性。这可能意味着,那些 15 世纪的青年可以体会到早期人文主义教育家的热情,获得充满活力和激情的经历与体验。维多利诺超越了人文学科的范围,努力重塑全面发展的经典理想,增加了很多体育锻炼、游戏、运动、体育比赛和锻炼等内容。现在很难知道,这些内容本身被看作是有益的,还是只把它们当作娱乐的方式以使学生更好地进行学习。当然,人们还把发展身体作为军事训练的一个前提条件。

与当时的教会学校相比,那种学校的整个学习经历无疑是让人耳目一新和精神振奋的,而且学习那些伟大人物的作品可以成为一种自由化的教育。但事实是,在全欧洲的其他人文主义学校里,人文主义者的最高兴趣在于风格和写作,这种兴趣掩盖了使学生全面发展的经典理念。很快人们就开始盲目地重视文法和修辞,这导致了"西塞罗主义"的盛行,此后人文主义学校再也没有能摆脱这样的影响。

北欧。类似的情况也发生在德国、荷兰和法国。学者们到意大利的人文主义学校去学习,回国以后带着满腔的热情想要按照古典路线来改革学校。在北方,宗教和人文主义的联系可能要比意大利更紧密,因此,学习古典语言的兴趣是因为想要学习和研究希腊文、拉丁文、希伯来文《圣经》的原始资料。因此,这些经典著作既被看作是神圣的宗教语言,也被看作是世俗语言。

这种趋势的一个很好的例子是"共同生活兄弟会"(the Brethren of the Common Life),这是一个由神职人员和世俗人员共同组成的协会,由格哈德·格鲁特(Gerhard de Groot)[①]于 14 世纪在低地国家建立。这个协会的成员把大部分时间都用来抄写书稿,并以此为生。慢慢地,他们开始为当地的城市学校授课,并且在德文特、布鲁塞尔、安特卫普等城市建立了自己的学校。在伊拉斯谟和其他曾就读于这些学校的人文主义者的影响下,经典文献在 15 世纪末被介绍进入了他们的课程之中。但随着宗教改革的开始,共同生活兄弟会学校的重要性开始下降。

英国。人文主义的热情在 15 世纪后期影响到英国,并逐渐在一些学校中产生影响,例如,教会的文法学校、根据人文主义而新设立的教会学校以及新建的"公学"等。公学的设立在很大程度上是受到了文艺复兴时期绅士教育理念的影响。伊顿公学很快就开辟了很大的操场,供学生能够像维多利诺建议的那样进行体育锻炼,以适应"生活的斗争"。从这一点上看,英国的公学与法国和德国的文法学校不同,后者只强调传授经典学科的精确严密的知识,而不注重其他内容。古典的拉丁文和希腊文在 16 世纪进入了伊顿公学。

在英国的教会文法学校中,圣保罗教堂的教会学校因在约翰·科利特(John Colet)[②]的带领下介绍经典学识而闻名。科利特曾去过意大利,感染了人文主义者的热情。他花费了很多资金把圣保罗教堂的中世纪教会学校转变成了人文主义文法学校。虽然这不是第一所人文主义学校,但是,科利特的名望和影响力却帮助把经典人文主义思想传播

—————————

① 格鲁特(1340—1384),中世纪后期基督教共同生活兄弟会创始人。——译者注
② 科利特(1467—1519),英国人文主义者、教育家。——译者注

到了当时很多其他的文法学校中。一般来讲，重点是学习拉丁文和希腊文的文法、名词变格、动词变位以及阅读西塞罗、贺拉斯、维吉尔、加图、伊索（Aesop）①、伊拉斯谟等人的作品等。

文艺复兴时期学校的实际做法常常与教育方面的作家所提出的理论不一致，这是很常见的现象。事实上，很多理论都是在不正确的做法的基础上得出的。对实际做法的描述似乎说明，在大部分文艺复兴时期的学校里，熟记和鞭打是最主要的学习方法。例如，一份关于 14 世纪的意大利学校如何教授文法的描述告诉我们，在一周的前 5 天，老师从一些作家的作品中选择一些让学生大声朗读，并熟记西塞罗和维吉尔的作品选段；周六就要求学生把这一周学习的内容进行复习。同时，助理教师会教年龄小一些的学生学习多纳图斯和加图的作品。在 16 世纪早期英国阿伯丁的一所学校里，其生活制度是这样的：早上 7 点之前，学生们跪着向圣母玛利亚（the Virgin Mary）敬礼；早上 7 点，教师到校，惩罚前一天犯过失的学生；然后学生吃早餐；在上午和下午的时间里，教师和助理教师会选择一些作家的作品大声朗读，要求学生熟记这些内容；晚上 7 点，学生们进行祷告，然后上床睡觉。所有人都不允许使用地方语，初学者根本不许说话。

总之，人文主义者把经典著作作为欧洲中等教育的核心，这有助于使中等教育在本质上成为为进入大学进行更深入学习的准备。最重要的是，人文主义教育建立了这样一种传统：如果一个人没有接受过经典著作的教育，那他不算真正受过教育。对于人文主义者来说，这是学者和绅士的标志。教育的目的得到了扩展，包括了为世俗生活、为国家和教会、为贵族的社会生活以及为大商人的工作等做准备。但是，人文主义者坚持认为，对于这些人中的任何人来说，真正受过教育的和有文化的人的共同背景必须是经典著作的知识和训练。

为普通人建立的学校

与人文主义教育的影响和成就相比，文艺复兴时期的母语学校的

---

① 伊索，相传为一部希腊寓言集的著者。——译者注

发展十分弱小。部分原因无疑是人们普遍认为,人的母语在家庭生活的范围内就得到了足够的练习,因此,不必进行特别的学习。只要母语只是口语,就有充分的理由不必在学校里学习母语。但是,随着法院开始在记录中使用当地语言,而且合同、遗嘱、契约、商业贸易以及对越来越复杂的社会生活的记录等都开始使用当地语言,简单的母语附带练习再也不能满足要求了。

因此,在文艺复兴时期,各地开始出现教授母语阅读、书写和算术的学校。与人文主义学校相比,这些学校遭受了很多艰辛,因为它们没有什么"知识内容"和智力训练。但是,这些学校坚持满足民众的需要,并在宗教改革时期开始真正取得了进展。在以后的几个世纪里,这些学校被承认为国家教育体系的一部分,但是,它们总是被看作为社会下层民众准备的低级学校——至少被那些人文主义者所定义的那种"真正受过教育的"人是这样看的。

高等教育中的人文主义

在意大利,经典学识主要是由宫廷和市政当局而不是由教会或大学推动的。经典学识对古老的大学没有什么影响,因为那些大学很保守,只研究中世纪的学识,因此,经典学识很难进入大学。即使经典学识进入了大学,也只是占据着很次要的地位。

在法国,情况也大体如此。宫廷引领着人文主义的兴起,但是,教会和大学却非常反对。巴黎大学一直远离人文主义运动,它认为人文主义这场改革会破坏了即有的对神学、亚里士多德哲学和教会法规的兴趣。它仍坚持着其经院主义的思维方式,并且一直关注着关于普遍原理的微妙讨论,而拒绝接受新的人文主义思想。但是,人文主义确实得到了一些高等学校的接受。弗兰西斯一世在学者布德的帮助下建立了巴黎大学,该大学设立了希腊文、希伯来文、拉丁文、法文、法律、哲学、数学和医学等教授职位。波尔多、里昂、奥尔良、兰斯、蒙彼利埃等一些市政当局建立的学校也推崇经典学识。

同样,在德国,宫廷和学校比大学更早接受新的学识。关于古典知识的讲座早在 15 世纪末就进行过尝试,但直到公元 1500 年之后才得到大学的回应。此后，随着宗教改革人士采用了这种新的学识，它才逐渐被大学接受，这主要是由于受到了埃尔夫特和杜宾根的一个改革团体的带领以及梅兰希顿（Melanchthon）[①]在威腾伯格的和纽伦堡的影响。

在英国，情况有所不同。牛津改革运动者，即一群正统的天主教徒想要对教会和社会以及学校和大学进行普遍的改革。他们得到了亨利八世的支持，使得新的学识能够在教育实践方面有很大的进展。15世纪末，牛津大学虽然已经开始讲授希腊文，但是，牛津大学和剑桥大学都是到16世纪初期才正式进行人文主义学习的，那时伊拉斯谟开始在剑桥大学的耶稣学院教授新知识。

很快就建立了承认希腊文和希伯来文的人文主义学院。伊拉斯谟从1511年起在剑桥大学执教4年，维韦斯于1522年在牛津大学执教。人文主义学习的更大进展出现在剑桥大学，那时人们开始根据阿格里科拉（Agricola）[②]、拉莫斯等人文主义者的评注，而不是中世纪经院主义者的注解来研究亚里士多德的思想。因此，人文主义逐渐在"三艺"和"四艺"的各学科中占据了优势。最终，1546年，成立了剑桥大学三一学院，有些人专门研究希腊文，而且此前亨利八世还钦定了希腊文、希伯来文、民法等领域的教授职位。这标志着从中世纪教育到人文主义教育的转变。

英国大学既定课程设置的变化意味着，逻辑重要性的降低以及重新重视文法和修辞。在人文主义者手中，文法失去了其纯粹的中世纪方面的特征，扩展为包含经典拉丁文、希腊文、希伯来文以及其他东方语言的文法和文学。修辞学也开始受到更大的关注，这是人文主义者对书面和口头言论的风格与形式非常重视的特征。在拉莫斯的影响下，逻辑学得以简化，从经院哲学的繁琐内容中解脱出来。文艺复兴时期对文科课程设置的最明显影响，是用古代经典语言和文学代替中世纪的语言和文学。随着经典成为"风雅文学"而特别适合一个"绅士"的

---

① 梅兰希顿（1497—1560），德国人文主义者，基督教新教神学家和教育家。——译者注

② 阿格里科拉（1494—1555），尼德兰人文主义者。——译者注

教育,文艺复兴准备重新确立希腊和罗马时代被高度称颂的贵族式的人文教育理念。

　　随着时间的变化,关于教育"进步"与"保守"的观点也在变化,这是很有趣的。在文艺复兴时期,人文主义者是进步的,他们强烈要求以新的、有魅力的人文主义学习来代替中世纪陈腐的和过时的学习。人文主义者主要用以下论点来支持自己的观点:人的发展是至关重要的;在教育中应该考虑到个人的兴趣和天性;应该给学生自由,使他们从中世纪的蒙昧主义中解放出来;学生应该追求更加"现实的"学习。人文主义者坚持认为,学习经典文学、诗歌、演说术将有助于达到这些目的。

　　奇怪的是,在 18 和 19 世纪时,这些相同的论断被新的进步者所使用,他们支持科学和社会学习作为一种方法,来打破人文主义者在文艺复兴时期费尽心血设立的古典课程设置。文艺复兴时期是进步派的人文主义者,在以后却成了保守派。他们不断重提文艺复兴的文化理想和文艺复兴关于人文教育的概念,来反击那些提倡更新的学科的"野蛮人"。对这种很正常的教育现象的解释可能是在文艺复兴时期的最高峰,古典课程与中世纪课程相比,可能更加能激发学生的想象力和发展学生的个性。但是,随着新的社会、知识和技术条件的出现,传统的人文教育思想不再适合已变化了的条件。因此,在新的现实条件下,人文主义者的原本灵活和自由的课程变得死板而陈旧。

第八章　宗教改革与科学革命

在 16 世纪和 17 世纪,主要的四种文化力量都是要争取人们的忠诚,争夺对教育机构、课程设置和教学方法的控制权。这四种文化力量是:(1) 政府的社会机构和经济;(2) 天主教和新教教会的宗教机构和信条;(3) 科学所描述的新前景和科学方法;(4) 人文主义的持续影响。所有这些力量都扎根于中世纪和文艺复兴时期,但是,它们开始用如此有意义的方式相互联系起来,即它们导致了现在以"宗教改革"(Reformation)而著称的文化的产生。

团体生活的集权化

民族国家的合并

王权的集中。中世纪后期和文艺复兴时期,那种把权利集中在国王手中的趋势愈演愈烈,结果 17 世纪常常被人们称为"专制主义时期"(age of absolutism)。中世纪那种以教皇为中心的大基督教世界的观念以及不朽的神圣罗马帝国遭到了毁灭性的打击。国王通过与商人和银行家建立友好关系可以为军队募集资金,而商人、银行家和国王联合起来反对贵族和天主教会也可以从中获益。国王们也发现,接管罗马天主教会的财产和基金可以很容易就获得现金,因为在欧洲的很多国家里这些教会都异常富有。因此,各民族国家的国王、商人、新教改革者组成联盟,来摆脱欧洲天主教会在军事、政治、经济和宗教上的控制的时机似乎已经成熟。

最成功地集中王权的国家是西班牙、法国和英国。由于地方统治者的强大以及战乱,因此,德国和意大利在获得国家统一上晚了几十年。在 16 世纪时,西班牙成为了最强大的民族国家和殖民帝国之一。到 17 世纪,西班牙逐渐失去了其国际影响力,但在国内,绝对王权的理念却确定了下来,而且国王与天主教会之间一直保持着紧密的联系。

在法国,皇权至上的趋势迅速发展,尤其是在最大的独裁者路易十四(Louis ⅩⅣ)时期。在此期间,由于与英国、西班牙、德国、意大利等进行了一系列的战争,法国因而成为了欧洲大国。国家主权的理想得到了科学家约翰·布丹(Jean Bodin)的成功阐述,他认为主权国家的运动应该是完全自由的,不能在法律上受到任何其他权威的质疑。当然,这是认可了对于个人行为的世俗权威而不是宗教权威。

在英国,亨利八世加快了王权联盟的步伐,他极力建立海军,接管天主教会修道院,以英国的教会代替天主教会,并赢得了很多贵族和商人阶层的支持。伊丽莎白女王的长期统治更加强了王室的权力。王室颁布的几乎关乎生活各个方面的法令,显示出了王权不断增长的重要性和地位。

当斯图亚特王朝的国王詹姆士一世(James Ⅰ)和查理一世(Charles Ⅰ)登上王位时,他们强力宣称君权神授的思想,但结果却被革命推翻了。在革命中,议会在清教徒的控制下建立了英联邦,并在 17 世纪中期持续了一二十年。随着 1660 年斯图亚特王朝的复辟,查理二世(Charles Ⅱ)和詹姆士二世(James Ⅱ)再次提出君权神授的观点。托马斯·霍布斯(Thomas Hobbes)①支持专制主义,但认为这取决于人们之间的原始契约。在他的著作《利维坦》(Leviathan)中,他认为,法律就是政治上的君主的要求,君主不受任何法律的限制;人民要遵守专制国家的法律,因为他们认识到服从才是避免混乱的最有效的方法。但是,英国人民发现他们不喜欢专制,而是喜欢立宪制。因此,威廉三世(William Ⅲ)从荷兰被召回来同玛丽(Mary)一起进行君主立宪统治。

立宪制和民权。荷兰反对西班牙的起义、荷兰共和国和英联邦的建立以及国会对威廉和玛丽的权力限制预示着宪政的到来。在宪政

---

① 托马斯·霍布斯(1588—1679),英国哲学家。——译者注

中,商人阶层和中上阶级的民权得到保护,避免专制王朝的专制霸占。在荷兰和英国,商人阶层变得非常强大,足以避免法国和德国那样的专制。在主张商人和绅士阶层的权利以及要求与贵族和国王一起分享公共事务控制权的过程中,加尔文教的经济动机和宗教动机都融入其中。有趣的是,几个重要的民权和经济自由的文件都是由伟大的清教诗人和哲学家约翰·弥尔顿(John Milton)起草的。在英国,1628 年的《权利请愿书》(*Petition of Right*)、1689 年的《权利法案》(*Bill of Right*)和《信仰自由法令》(*Act of Toleration*)为公民自由权利奠定了基础。此后,民权被写进了大多数民主宪法之中。

民族主义精神和教育。在宗教改革时期,民族国家合并的影响最深远的必然结果之一,就是民族主义精神的增长和民族区别的加强。不断的战争、本国语越来越多地使用以及认为每个民族和其他民族都不同(而且好于其他民族)的想法不断增长,这些都导致了民族重要性情绪和爱国主义情绪的产生。在构建民族主义精神的过程中,学校和教育起到了很大的作用。在学校里对民族忠诚感的教育以及本国语的教学,最终成为国家学校制度最重要的任务。这也是为什么宗教改革时期民族国家的情况对现在特别重要的原因。教育机构、目标和课程等国家控制的基础,在那个时期就已经打下了。对教育的控制权从罗马天主教会转移到由国家权威支持的国家教会的手中。

商业革命

地理大发现。由于商人阶层和国家统治者想要获得更多的经济利益,大探索和大发现时期从 15 世纪后期开始,一直持续到 16 世纪和 17 世纪。由于西班牙、葡萄牙、法国、英国等国都是强大而统一的民族国家,所以,它们是第一批控制了世界贸易航线的国家。随着荷兰成为强大的商业国家,它在 17 世纪替代了西班牙和葡萄牙的位置,与英国和法国争夺商业贸易的霸权。人们的想象力和经济欲望受到了征服和财富的前景的驱动,因新世界的发现而变得更加膨胀。宗教动机、民族主义动机和帝国主义动机紧密交错结合,以及航海、造船和战争方面科技的进步,这一切都使得探索和征服成为了可能。

中产阶级和帝国主义的兴起。商人阶层在以前几个世纪里所取得的进步在宗教改革时期获得了迅速发展,欧洲的经济也发生了相应的变化,其农业和封建经济开始动摇。物价上涨,金钱成为比土地更加重要的财富。商人和银行家开始替代封建贵族成为经济支柱。城市变得更加重要,并且取代中世纪庄园成为经济生活的中心。商业帝国主义的典型机构通过大规模股份公司、货币兑换、信贷、利息费用、保险以及银行等形式发展起来。

中世纪的行会经济受到了天主教会的保护,它坚持公平的价格,不允许放高利贷。它是建立在维持生计的原则基础之上的,认为世俗物品应该从属于来世的需要。但是,商人阶层的世俗特征(一直存在但此时得以强调)使得人们越来越尊重生产性工作,越来越重视获得财产,教会远离世俗事务的理念越来越不受重视。"快速致富"的精神开始萌发,而且活力四射。

自然的,商人们希望能够很容易就得到原材料,并希望他们的商品能够安全到达目的地。因此,他们希望国王能够镇压国内外的劫匪和盗贼。商人向一些统治者提供支持和金钱,那些统治者要在国内制定严格的民法以保护商人的财产,要建立强大的陆海军来保护陆地和海上的贸易路线,还要征服新的地区以获得原材料并为制成品开拓市场。

这种最早期的现代帝国主义被称为"商业帝国主义",或者称为"商业主义"。根据当时的思想,财富不是通过土地或劳动力来衡量的,而是根据一个国家的黄金或白银的拥有程度来衡量的。因此,各国就必须保证能够有殖民地或其他来源给他们提供贵金属。各国不仅要获得并且占据殖民地,同时还要保证国内的秩序,这样商业贸易才能安全有效地运作。各国必须尽全力通过保护性关税、补贴、税收以及新建殖民地等手段,来规定、保护和促进商业利益。事实上,商业主义意味着国家对商业的严格控制,但通常是按照商人所希望的那样维护商业利益。

这种思想为什么既吸引商人又吸引国王,这一点并不难理解。商人在国内和新的殖民地以及国外贸易中获得保护,国王则在巩固国内统治的同时获得对外战争胜利所需要的金钱和支持,双方都可以更容易摆脱普世教会对人们在政治、经济和宗教忠诚方面的控制。中世纪对国王政治权力的约束瓦解了,以什一税和其他税收的方式流向罗马的钱财减少了,禁止积攒物质财富的限令被打破了。宗教改革时期的改革者们首次可以挣脱天主教会教义和权威的枷锁,这是以往的改革者做不到的。

新的社会阶级结构。在宗教改革时期,经济发展所带来的最重要的影响之一,是社会阶层的权力发生了转变,中产阶级获得了更大的权力。总体来说,17世纪欧洲的社会阶级结构大致是这样的:

1. 农村社会阶层
    1) 贵族,他们是大地主,受皇家认可被看作是特权贵族阶层。
    2) 乡绅,也是大地主,但没有资格获得贵族那样的社会尊重和特权。
    3) 自由农民,或叫自耕农,他们拥有自己的小块土地进行耕种。
    4) 佃户、农场工人、仆人、农奴等,他们为其他人服务。
2. 城市社会阶层
    1) 商人、银行家、雇主,他们拥有的财富最多,雇佣的工人最多。
    2) 小商人和职业人,他们有较大的独立性,获得较高的社会尊重。
    3) 熟练的手工艺人,他们因为其手艺而获得一定的尊重。
    4) 仆人和佣人,他们一般不能自由活动。
3. 神职人员
    1) 高级牧师,他们像贵族和富裕商人一样重要。
    2) 低级牧师,他们传统上受人尊重,有一定影响力。

当然,社会阶层也有一定的流动性。但是,一般来说,社会阶级都是被严格地限定的。重要的是,乡绅和城市商人阶层在宗教改革时期变得比以往任何时候都强大。在从乡村农业经济向城市商业经济转变的过程中,低级阶层常常受到严重的影响,因此,国家常常需要通过一系列法律来帮助他们,就像英国的做法那样。

商业改革和教育。正如宗教改革时期的政治变革对教育产生了深刻影响一样,经济变革也对教育的组织和课程产生了深刻影响。
经济发展的首要影响,就是为学校带来一群来自乡绅和商人阶层的
学生,使他们的孩子接受良好教育是这些新的富有阶层获得尊重的
重要手段。因此,商人们开始把钱投入到各类学校之中。最简单的方
法,就是把钱捐赠给已经建立的学校或者帮助建立古典人文主义学校。
另外一种方法,是要求建立更具实用性和职业性的学校,来满足商业生
活的需要。在一些国家里,这一目的是通过为私立学校自愿捐献而达
到的。在其他一些国家,商人利用他们刚刚获得的政治权力来通过一
些法律,要求建立由公共财政支持和招收所有学生的国家和城市的学
校。社会阶层的两极也不能忽视。贵族想要建立专门学院来培养他们
的孩子学会合适的宫廷生活方式。宗教和慈善机构开始给那些没有经
济能力的家庭的孩子提供免费教育或慈善教育。不管怎样,宗教动机
总是和提供教育的政治和经济措施联系在一起的,尤其是在北欧的新
教教会之中。

宗教改革

1500 年,天主教会虽然在事实和名称上还都是欧洲的普世教会,但
是,16 和 17 世纪发生了一系列宗教起义,这都是由各民族国家提供军
事支持和由中产阶级提供经济支持的。这些起义导致了一系列不同的
国家教会的出现,它们注定以后要在欧洲和美国发挥重要作用。政治
和经济因素牵涉其中这一事实并不意味着,宗教改革没有代表人们在
信仰和态度方面的转变。这只能说明,成功的起义必须有政治和经济
的变革作为保障。在很多方面,宗教改革者代表着反对天主教会日益
增长的世俗思想的一种真正的宗教反应;在其他一些方面,它们也代表
了更加保守的乡村观念与更加世俗化的城市生活之间的冲突。

北欧的路德教。马丁·路德在德国是抨击天主教会的先锋。他用
了多年的时间,想用自己作为修道士和大学教师的能力来在教会内部
进行改革。1520 年,主教威胁马丁·路德说要把他逐出教会,于是,他
就脱离了天主教会,并开始努力创立一个新的教会。他用德文和拉丁
文写了很多小册子,号召德国的贵族、牧师和普通人摆脱天主教的枷

200

锁。1521 年,由皇帝查理五世(Charles V)召集的著名的沃姆斯帝国议会上,马丁·路德又一次拒绝改变观点,因而被国王以及主教定为非法。有趣的是,虽然西班牙人和意大利人对他的观点颇为不满,但是,德国人却非常欢迎,这反映出这件事的民族主义特点。教皇特使向教皇报告说,在马丁·路德的游行过程中,有十分之九的人高喊"路德万岁",还有十分之一的人高喊"打倒教皇"。于是,马丁·路德被萨克逊选帝侯(Elector of Saxony)监禁,在他被囚禁在瓦特堡城堡的时间里,他把《新约》翻译成了普通德国人能够看懂的通顺的德文——这是通过使用本国语来强调民族精神的又一个标志。

在以后的几十年里,路德教越来越依赖信仰该教的德国统治者的权威。1526 年,教会应该与国家紧密联系的原则得到了德国斯派尔议会的正式承认,那时相互对立的天主教和路德教的领袖聚在一起以避免更进一步的农民起义。在共同的敌人面前,统治者决定对宗教战争进行休战,每个统治者都可以为自己和自己的臣民决定哪种宗教为国教。著名的"谁统治就信谁的宗教"的原则被确立了起来。3 年后,在又一次的斯派尔议会上,占大多数的天主教徒要求路德教领袖必须要容忍天主教徒,但是,天主教领袖不一定必须容忍路德教徒。占少数的路德教徒强烈反对这个提议,因此,他们开始把自己称为"新教徒"。最后,在 1555 年的《奥格斯堡和约》(Peace of Augsburg)中,国家为自己的臣民选择宗教的权利再次得到确认,虽然国家获得了退出天主教的权利,但个人还是没有获得选择自己宗教的权利。个人只能成为天主教徒或者路德教徒,而且选择权在统治者手中。

在以后的几百年时间里,路德教时盛时衰,直到最后德国在"三十年战争"(1619—1648)中被彻底削弱,但新教在德国北部的城邦中仍然盛行。这些血腥的宗教战争的一个后果是,新教的统治者最终成功地脱离了罗马教会和神圣罗马帝国。在 1648 年的《威斯特伐利亚和约》(Peace of Westphalia)中,当代欧洲国家的基础得以建立,每个国家都被看作是完全拥有主权的国家,不再从属于罗马帝国。在一些历史学家看来,《威斯特伐利亚和约》是自从民族主义战争开始以来曾签署过的最重要的条约之一,这些战争在 20 世纪的世界大战中达到了巅峰。

201

希特勒(Hitler)的"新秩序"想法实际上是想彻底毁掉 1648 年《威斯特伐利亚和约》的成果，就像想彻底摧毁 1918 年的《凡尔赛条约》(Treaty of Versailles)一样。由于每个统治者都被看作是拥有主权的，加尔文教的统治者也获得了与天主教和路德教的统治者同样平等的权利，也可以为本国臣民选择宗教。

西欧的加尔文教。瑞士的新教起义是由乌利希·慈温利(Hulderich Zwingli)①和约翰·加尔文(John Calvin)②领导的。慈温利获得了苏黎士市的控制权，并领导了公开的起义，结果他却遇难。此后，加尔文成了瑞士反对天主教会的领袖。他首先在巴塞尔，然后在日内瓦，对日内瓦人民的生活产生了巨大的影响。

引进加尔文教是国家服从教会的结果。虽然马丁·路德对国家的依赖使教会成了国家的工具，但是，加尔文却觉得国家应该成为教会在政治和民事上的工具，发布和执行教会的命令。描述这种观点的政治术语被称为"神权政治"(theocracy)，就是上帝的统治的意思。由于在这个世界上，上帝并没有亲自出现，因此，真正的教会(加尔文教)就应该根据上帝永恒不变的、绝对权威的原则来进行统治。神权政治的原则意味着，加尔文教会的领袖对人们在经济、政治、社会以及宗教等各方面的事务进行严格的控制。当然，教育也是该控制范围之内的团体生活的一部分。纪律是生活中首要的必须要求，因为教会不能让处于高尚道德之外的有罪者处理事务。所以，设立了教会法院来执行教会的命令，调查人们的私人生活，惩罚那些没有过着虔诚生活的人，谴责那些冷酷的债权人、高利贷者、垄断者以及奸诈的、手脚不干净的商人。加尔文教神权政治的影响在新英格兰殖民地③以及美国人生活中的很多清教特点中，都可以明显地看出来。

加尔文教从瑞士日内瓦传到了德国(被称为"德国归正会")、法国

---

①　慈温利(1484—1531)，瑞士传教士、宗教改革家。——译者注
②　加尔文(1509—1564)，人文主义者、宗教改革家，新教派加尔文宗的创始人。——译者注
③　参见本书英文本第 240—249 页。

（其追随者被称为"胡戈诺派"）、荷兰（被称为"荷兰归正会"）、英国（在清教徒中传播）、苏格兰（在长老会中传播）等。后来，来自这些国家的加尔文教徒移民大量涌入美洲。

202

加尔文教徒常常把自己看作是新教中的贵族。他们通常是有效率的、有活力的和好斗的战士，极其自信地认为上帝是站在他们这一边的；他们通常也是认真的和勤奋工作的手工艺人、商人、专业人员。加尔文教徒的成功，可以从他们在波西米亚起义、胡戈诺战争、荷兰反对西班牙国王腓力的起义、长老会反对苏格兰君主政体的起义、英国清教徒的起义以及后来的美国革命等事件中所发挥的作用看出来。加尔文教徒所取得的这些胜利的必要因素，是他们坚持认为教育很有价值，教育应该提供给所有人。

英国国教和清教主义。英国的宗教改革并没有产生单一的马丁·路德或加尔文这样的伟大的宗教和福音改革家。两百年前，威克里夫和罗拉德派就挺身而出，但起义的时机还不成熟。英国的宗教改革是从上到下的模式，国王和女王不断采取措施来推翻或者恢复天主教会的权力。在这个过程中，议会有时支持国王，有时反对国王。1534 年，亨利八世使议会通过了《最高权威法案》（Act of Supremacy），把国王认定为英国天主教会的唯一的最高领袖。从宗教的角度来看，新成立的英国教会只是名称上的改变，并没有什么实质的变化，因为教义没有什么太大的变化。牧师可以结婚，礼拜仪式用英文而不是拉丁文，廷德尔（Tyndale）[①]把《圣经》翻译成了英文，出版了英文的祈祷书（包括信条、十诫、主祷文以及很多礼拜仪式的内容）作为教会的入门读物，后来成了重要的学校课本。亨利八世剥夺了很多仍忠于主教的神职人员的土地和财富，把这些钱主要用于巩固自己作为国王的权威。

亨利八世之后，新教在英国的命运多变。在亨利的儿子爱德华六世（Edward Ⅵ）时期，新教得以继续发展。爱德华六世的事情主要由坎特伯雷大主教克兰默（Cranmer）处理。但是，在玛丽统治时期，新教却

---

① 廷德尔（约 1492—1536），英格兰人文主义者，《圣经》翻译家，新教殉教士。——译者注

衰落了。玛丽重新恢复了天主教和罗马教会的控制，对教皇效忠，迫使议会撤销了《最高权威法案》，遣散已经结婚的新教神职人员，取消了祈祷书，把拉丁文恢复为教会用语，处决了克兰默这样的领导者，导致了很多新教教徒逃离英国。这些流亡者受到了荷兰和瑞士的加尔文教徒的欢迎，当他们在伊丽莎白女王统治时期返回英国时，他们把加尔文教也带了回来，这就为清教主义（Puritanism）奠定了基础。

在伊丽莎白女王从 1558 到 1603 年的漫长统治期间，达成了"伊丽莎白时代的和解"，英国教会成为英国的国立教会，并且进行了大量改革以满足英国人的要求。理查德·胡克（Richard Hooker）①在他的《教会行政组织法》（*The Laws of Ecclesiastical*）中提出，国家和教会不过是同一个联合体中的两个不同的方面，其首领是皇权，教会和国家应该是紧密联系的同盟，臣民应该同时服从国家和教会。

事实上，与其他新教教会相比，英国教会的教义、组织、形式与天主教没有太大的改变。关键之处在于，宗教和解是通过国家的权威来实现的。但是，加尔文教的清教徒们却觉得，英国国教教会在改革方面进行得还不够彻底，要求对天主教的残余部分进行更彻底的"净化"。

当斯图亚特王朝的国王詹姆士一世和理查一世登上王位后，他们开始迫害清教徒和其他不信奉英国国教的人。清教徒对罗德（Laud）大主教的攻击强烈不满，因此，要求更多的宗教自由，很多人从英国逃到了美洲。在美洲扭转了局面之后，清教徒们看到很多英国国教徒也来到了美洲的时候并没有感到扫兴。1688 年，威廉和玛丽登上王位以后，英国教会已经作为国教深深地植根于英国，但对于对立的清教徒也更为宽容。加尔文教的长老制在苏格兰获得胜利之后，爱尔兰就成为不列颠群岛唯一信奉天主教的地区。

天主教的反改革。虽然新教改革取得了很大的进展，但是，我们应该记住，天主教仍然是欧洲唯一一个最强大的教会。南欧、法国、德国南部仍然基本上忠于天主教，因为罗马教廷不仅保持着他们父辈延续了几个世纪的风俗和传统，此外还有很多其他的优势。天主教会的组织机构

---

① 理查德·胡克（1554—1600），英格兰基督教神学家。——译者注

完备,以教皇作为唯一的首领,下面有组织良好的官员的层级结构,这些官员都要服从主教。在天主教会面临着新教的几次斗争的时候,这种组织结构有效地起到了帮助作用。此外,教会还多次在教义上和军事上采取有效措施来阻止新教的风潮。1537年,一群红衣主教提交了一份关于教会需要进行必要改革的重要报告。这份报告斥责了关心世俗利益的人被任命为神职人员的问题,并批评了修道院的放纵、轻易赦免、销售赎罪券等问题,还提出各级教会应该提供更好的教育设施。

1542年,罗马的宗教裁判所开始判决教义问题,审判异教嫌疑分子,惩罚那些已经被认定的异教徒,密切监视有关教义的口头和书面言论。主教希望宗教裁判所能够在各国开展工作,但是,北欧的一些强大的国王或主教常常限制了宗教裁判所的有效性。然而,西班牙却在国家控制之下极其冷酷、秘密和恐怖地开展宗教裁判所的工作。西班牙和意大利的学校和大学都受到了严密的监控。与其他国家相比,宗教、科学和学术方面的人文主义和自由思想都被压抑了几十年。但需要说明的是,宗教裁判所的行为和态度并非只局限于天主教,加尔文教在清除异己方面也是同样的恐怖和独裁。加尔文教对塞尔维特(Servetus)[①]的迫害和折磨像任何天主教宗教裁判所一样残忍。独裁和不宽容是那个时代的特点。

天主教的另一个有效反击是特伦托宗教会议的召开,在16世纪中期召开了25次宗教会议。宗教会议在特伦托召开,目的是避免德国像英国一样脱离罗马教廷。虽然自由一派想要进行激烈的改革以便与路德教相调和,但是,还是教皇一派取得了胜利。在没有偏离天主教传统基本观点的前提下,教义和信仰问题得以重申。最后,教义方面的绝对权威还是交给了教皇。这就转变了特伦托宗教会议的精神,因为该宗教会议决议规定教会委员会拥有至高无上的权力。宗教会议还通过了很多决议,目的是要改革1537年报告中提到的很多滥用权力的事情,也包括教育改革的计划。它们列出"索引"来公示一些对天主教有害的禁书,批准一些可以接受的书籍,批评一些书籍中处于邪教边缘的部分。这样的索引一直持续到现在。

---

① 塞尔维特(1511—1553),西班牙医学家、神学家。——译者注

从教育的角度来讲,最有效的反改革机构可能要数由罗耀拉(Ignatius Loyola)①建立并领导的耶稣会。耶稣会摒弃了修道院的教会体制,改为军事化的教会体制以向异教宣战,并在地域上和教义上夺回了曾经丧失给新教的阵地。罗耀拉把机构组织为高度集中化的、有效的机构,对新成员进行严格的资格测试。耶稣会成员作为布道者、传教士和教师,遍布世界各地,建立了自己的传道团体和学校。他们成为了口才流利的和不知疲惫的传教士,要把东方、美洲及欧洲的异教徒争取过来。他们建立了极为有效的学校体系,来培养可以承担教会工作的未来的领袖。从开始的时候起,罗耀拉就认为优良的教育训练是一个抵御新教的有力而必须的武器。

耶稣会不仅如此成功,而且如此巧妙又不费力气,很快就因为坚持"只要目的正确,可以不择手段"的原理而赢得了声誉。在这一点上,他们遭到了其他教会运动的反对,其中比较重要的是推崇严格的道德约束的詹森派。詹森派与天主教会内类似清教主义的改革很相似。在它们与耶稣会和耶稣会成员的竞争中,它们被认定为邪教。但是,詹森派对教育的影响却远远超过了它们的数量和存在时间。

由于 16 世纪后期和 17 世纪天主教的反改革机构的出现,新教再也没有取得新的胜利,也没有占据新的领地。事实上,天主教徒还在 17 世纪夺回了波西米亚。教会在没有投降和妥协的前提下成功进行了重组。对教育的新兴趣通过一些新的教育机构得以体现,例如,除了历史长一些的方济各会和多明我会之外,还有演说教父会(Fathers of the Oratory)、基督教学校兄弟会等。在把天主教的宗教教义和教育理念带到美洲方面,这样的机构起到了极其重要的作用,它们在美国一直延续到现今。

国家教育体制的根基

宗教改革时期有组织的教育努力反映了在政治、经济以及宗教制

①　罗耀拉(1491—1556),西班牙军人及教士,1534 年创立稣耶会。——译者注

度上的变化。宗教改革战争的第一个影响，无疑是对已经存在的教育体制造成的损害。战争和宗教迫害对教育设备及捐赠都造成了严重破坏。16世纪中期时，教育极大地衰退。17世纪上半期，尤其是在"三十年战争"时期的德国，情形更加糟糕。但是，随着欧洲各国获得了较长时间的和平，教育秩序和组织的轮廓开始出现。在战争中被毁坏或者曾被新教教派占据的天主教学校和大学重新建立，并按照较新的模式进行了改革。在信奉天主教的国家里，教育机构自己也在天主教会手中经历了很大的变化。现代欧洲教育体制的轮廓开始在各国形成。

现代组织的基础

普及教育的双轨制出现。 新教改革者的很多努力的目的，是为普通人提供更加广泛的教育机会。社会阶级在欧洲各国都根深蒂固。首先需要的变革是让社会下层的孩子也像社会上层的孩子一样能够接受教育，但是，这两个阶层所接受教育的内容是不一样的。一般来说，宗教改革的努力是要把社会下层的母语初等教育和社会上层的古典中等教育的区别具体化。

大众的普通学校的要求并没有得到社会上层甚至一些新教改革者的多少回应。马丁·路德和加尔文更关注中等教育的古典模式，而不重视母语教育——虽然他们呼吁建立母语学校。总体来说，英国国教领导人和法国天主教领导人都更愿意扩大和改革中等教育，而不愿给社会下层提供普通教育。在宗教改革时期的教育理念中，中世纪和文艺复兴的传统的贵族教育观念仍然起着主导作用。

建立更民主的机构的建议。 但是，一种更民主的教育观念还是萌芽了。在马丁·路德的早期陈述中，他强烈要求所有的孩子，不论穷富、男女，都应该受到教育。加尔文和他在荷兰、苏格兰、英国和美国的支持者构想了面向所有人的普及教育。在宗教改革时期，苏格兰的约翰·诺克斯（John Knox）、英格兰的清教教育改革者以及荷兰的改革领导人也都提议了一些普及教育的措施，而且他们在一些方面取得了一些成就。可能最民主的提议是由摩拉维亚教领袖夸美纽斯（Comenius）提出的，他建议建立一个从最低层次一直到大学的完整的"阶梯"学校系统。虽然贵族观念在实践中起着很重要的作用，但是，民主观念已经在理论上得到了阐述，这就为 18 世纪后期和 19 世纪的民主理想的实现作好了准备。

应该指出的是，普及教育不一定等同于民主教育。在民主教育中，所有人都能得到平等的机会。宗教改革时期，在提供普及教育使每个人都能受到一些学校教育方面取得了很大的进步，然而，社会下层接受的是一种教育，上层社会接受的却是另一种教育。那种民主教育模式，即每个人都可以平等地获得他可以获益最多的教育，只是偶尔被人设想过，甚至只是停留在纸上。由国家控制学校提供普及教育是典型的欧洲做法，但是，由国家控制学校既提供普及教育又提供民主教育的做法却在 19 世纪美国首先得到实行，并在 20 世纪最早的几十年里在欧洲得到一定程度的实行。

女子教育。在宗教改革时期，也有一些人提出，女孩应该和男孩一样接受教育。作为出于宗教和政治目的的普及教育观念的一部分，马丁·路德、布根哈根（Bugenhangen）①以及态度更温和的加尔文都建议女孩要接受教育。荷兰的学校为女孩提供了在城市学校就读的机会，这实际上走在了其他国家的前面。天主教团体尤其是乌尔苏拉会（the Ursuline Sisters）②的修女教学规定，证明了天主教会也很关心为女孩提供更多的教育设施。在法国，国王路易十四（Louis ⅩⅣ）的第二任妻子曼特侬（Mme. de Maintenon）夫人在圣西尔为社会上层的女孩建立了学校。费奈隆（Fenelon）主教也提出了值得注意的建议，希望能够为女孩提供教育的机会，以使她们能够为家庭、社会和宗教事务做好准备。女子教育实际上扩展了教育机会的范围，有助于普及教育的传播。

国家和城市对教育的公共管理

宗教改革影响最深远和意义最重大的结果之一，就是对教育的公

---

① 布根哈根（1485—1558），路德教会牧师，神学家。——译者注
② 乌尔苏拉会，天主教女修会。1535 年由意大利女信徒梅里奇创立于布雷西亚，是第一个从事女童教育的修会。——译者注

共管理的日益增长,而不是私人或宗教控制。从"公共"教育意味着公共管理这个意义上讲,公共教育运动开始于宗教改革时期。但是,如前面所述的,公共教育并不一定是民主教育。公共管理下的公共教育可能是普遍的、自由的和由税收支持的教育,但不一定是民主教育。公共教育可以由修道院组织设立,就像它可以由民主国家为了全体人民的福利而设立一样。欧洲的专制国家在宗教改革时期转向了公共教育,但这不能和民主教育相混淆。只有那些国家本身变得民主之后,民主教育才出现。但是,公共教育在时机成熟的时候确实在一些方面帮助培养了民主政治组织的种子。

德国的公共管理。在宗教改革时期,进行公共管理的动机常常来源于宗教因素。例如,在德国,在政治、经济和宗教事件的影响下,教会与国家紧密联系在一起,事实上教会已经成为了民政管理机构的一部分,因为宗教领袖通常是由国家领导人任命的。因此,在马丁·路德和他的追随者布根哈根和梅兰希顿的影响下,人们催促信奉新教的统治者要对他们的学校进行研究,并利用他们的政治权威来改革学校。学校的改革常常伴随着把天主教会变为路德教会的改革。根据梅兰希顿和其他人的调查,有几个德国城邦和自由城市颁布了民法章程来规范学校的行为。但在这里只能提及一二个。

1559 年,符腾堡的学校规则具有深远的影响,要求建立母语学校,教授男女学生阅读、书写、算术、音乐、宗教等。这些学校将在各个乡村地区建立,由教堂执事进行教学。还建立了拉丁文中等学校,以准备通过高等宗教学校以及大学培养男孩在教会和国家的领导能力。其他城邦也都效仿了符腾堡的学校规则,尤其是 1580 年的萨克森。另一个重要的学校规则是萨斯科—哥达城邦于 1642 年颁布的,要求提供义务教育,支付教师高的薪酬,免费提供课本,监督教学,建立分级的班级系统以及进行更现实的学习。一些城市的学校得到市政当局的承认,这样的学校包括布伦瑞克、魏玛、纽伦堡、汉堡、威登堡、斯特拉斯堡等。在 17 世纪时,一些城邦颁布施行了义务教育法,这其中就包括符腾堡和萨克森。

加尔文教领地的公共管理。根据加尔文教的神学理论,国家在本质上是教会的武器。这种理论导致了信奉加尔文教的国家的公共管理的增长。在日内瓦和瑞士，国家建立宗教学校，要求学生入学。在荷兰，当荷兰改革的教会掌权的时候，它们让已经建立的城市学校适应其宗教目的，并为学校的扩张做准备。1586 年的海牙宗教大会为城市内建立学校做了准备；1618 年的多特会议为建立在地方行政官管理下的乡村学校以及为贫穷家庭的孩子提供免费教育做了准备。在苏格兰，长老会大会早在 1560 年就向议会建议，在每个教区都应该建立学校。1592 年长老会被定为国家教会之后，议会于 1646 年通过法律，要求每个教区都设立学校，但是，社会上层的力量在很多年中一直阻止这一目标的实现。

　　法国的公共管理。 在 17 世纪时，法国议会明确号召教会在各个城市和乡村建立学校，实行义务教育。但是，法国遵循的却是由教会管理学校而不进行太多的公共管理的政策。在天主教和胡戈诺教派的斗争中，胡戈诺派热情地想要沿着天主教的模式来建立学校和大学的做法是导致天主教派大为愤怒的一个原因。在《南特诏书》①（Edict of Nantes）颁布之后，胡戈诺派获得的民事自由之一，就是在它们在自由城市和城镇中建立自己的学校和大学的权利。路易十四掌权后，教育主要由天主教会处理，但公共管理主要在大学实行，一系列法令规定大学教师可以讲什么、不可以讲什么。路易十四要求大学讲授法国民法和教会法，还有一些法规要求禁止讲授笛卡儿（Descartes）②等人的著作。

　　英国的公共管理。 英国国教会控制着英国的教育，就像法国的天主教会控制法国的教育一样。但是，英国所有的新教领袖都对学校和大学颁布了这样或那样的法令，声明国王是教会的最高领袖。亨利八世和爱德华六世时期的《贫民学校法案》（The Chantry Acts）剥夺了天

---

　　① 南特诏书，代表宗教宽容的文件，它结束了法国扰攘达半个世纪之久的残酷内战，并奠定了日后国家统一富强的基础。——译者注

　　② 笛卡儿（1596—1650），法国哲学家、物理学家、数学家、生理学家，解析几何的创始人。——译者注

主教的贫民学校基础,亨利八世还接管了修道院学校。大学受到亨利八世和伊丽莎白女王的特使的检查和监视。亨利八世要求教会的识字课本成为学校的必读内容,这样教会的启蒙读物就成了学校的启蒙读物。他还要求文法学校要学习李利(Lily)①的《文法》(Grammer)。在伊丽莎白女王时期,要求所有教师要宣誓效忠皇室,承认英王在政治和宗教上具有的最高权威,支持关于英国国教信仰的三十九条条款,以及让主教监督文法学校。

在影响另外一种不同类型教育的其他领域,1563 年颁布的《手工业法》(Statute of Artificers),设立了该行业的国家标准,使学徒的管理远离了行会而转到了地方行政官的手中。一系列的济贫法终于发展成1601 年的《济贫法》(Poor Law),要求各教区通过税收来照顾穷人,并要求对贫穷家庭的孩子进行义务学徒培养,教区监督者有权执行这些法令。《济贫法》有助于在英国和美国播撒公共管理和公共支持的种子。

当清教徒在英国掌权后,他们的加尔文教教义使很多领导人建议建立国家学校体制。在这一点上,尤为突出的是塞缪尔·哈特利布(Samuel Hartlib)②。但是,清教徒的政权因面临很多问题而很快就结束了,因此,这些想法也就没有实现。在宗教改革时期,教育权归英国国教会掌控。1662 年的《统一法案》(Act of Uniformity)要求所有的教师宣誓支持国教,并要求教师获得教会官员颁发的证书。几年之后,《五英里法令》(Five-Mile Act)规定,对任何不遵守上述规定的教师进行处罚。英国国家为了宗教利益而强制推行教育。清教徒很藐视这些法律,他们为自己教会的民众秘密设立了学校,即所谓的"异议者学会"(Dissenters' Academies)。但是,1689 年威廉和玛丽颁发了《信仰自由法令》(Act of Toleration),这使得清教徒们又可以公开进行教育活动。

210

----

① 李利(约 1468—1522),英国文艺复兴时期学者、古典文法学家、英国希腊学的先驱。——译者注

② 哈特利布(约 1599—1670),英国教育和农业改革家,大力提倡普及全民教育。——译者注

对教育的私人和宗教管理

总体来说,在宗教改革时期,对教育的公共管理在一些信奉路德教和加尔文教的国家中比在英国、法国、意大利、西班牙等国的进展要快一些。在英国等这些国家中,虽然有很多公共管理的事例,但是,它们主要还是坚持传统的观念,认为教育是教会和私人慈善事业的主要功能。与宗教和私人资源相比,国家对建立学校的要求在提供教育方面所起的作用还是很小的。

英国。在英国,当天主教在大的宗教背景中被废除、修道院学校和贫民学校被充公的时候,国家几乎没有做出任何努力来填补教育的空白。初等教育杂乱无章,毫无体系可言。父母把他们能教的东西都教给了孩子,如果能支付得起费用的话就请家庭教师,或者把孩子送到教区的牧师那里——如果牧师愿意而且能够教他们的话。还有一些情况是,家庭主妇会边做家务边给邻居家的孩子提供一些教育,她会因此而获得一定的报酬。这样的教育模式被称为"家庭幼儿学校"(Dame School)。最幸运的孩子常常被送到文法学校的预科班,有时叫做"预科学校"(Petty School)。总的来说,只有那些家长能够支付得起费用的孩子才能接受到教育。当然,随着商人阶层的财富和数量都在不断增加,越来越多的家长有能力为孩子提供教育,也有越来越多的建议希望能够为贫困家庭的孩子提供贫民教育,但总体上来讲,正式教育没有对社会下层的孩子产生很大的影响。

人们关注更多的是古典中等教育。新建了大量的文法学校,有人估计在宗教改革时期,新建或重建的文法学校多达 500 所。这方面的经济刺激来自于中产阶级,随着他们经济地位的提高,他们也想提高自己的社会地位。资金大量投入这些拉丁文法学校,这就为英国的"公学"打下了基础。为贫困家庭的孩子提供免费受教育的机会,无疑也是这场运动的一个动机,这从克兰默大主教请求接受贫穷的孩子进入坎特伯雷学校的建议中就可以得到证明。但总体来说,能够进入这些学校的都是富裕家庭的孩子。

这些学校所谓的"公立",其含义是有限的,只是指资金和收入用于学校的利益而不是用于为那些从事教育的人谋私利。这些学校是"公立"的另一个含义是说,只要能交得起学费或者能够得到免费奖学金,那所有孩子都可以"自由"进入学校。因此,这些学校并不是美国意义上的"公立"——免费向所有人开放、由公共财政或税收支持。在这些公学中,最著名的有温彻斯特公学、伊顿公学、威斯敏斯特公学、圣保罗公学、舒兹伯利公学、拉格比公学、哈罗公学、恰特胡斯公学、商人泰勒公学等(最后一所学校的名字就反映了商人阶层的影响)。

法国、西班牙和意大利。在以拉丁文为主的国家里,天主教会对教育的控制仍然是很严格的。特伦托会议发布的政令,促使了这些国家的教会负责教育的机构建立了很多学校。精力最为充沛的教区要数巴黎主教教区,在那里建立了大量为穷人和劳动民众的孩子提供教育的学校。到1675年时,那里的300位老师已经培养了5000名学生。耶稣会学校也是在教会体制下创办的学校中数量最多和最引人注目的一种学校。这种有效的体系产生了数百所学校,截止到宗教改革结束时,估计有20万学生入学。这个数字是根据17世纪中期仅仅在巴黎地区就有几千学生入学这一事实而做出的推测。奥拉托利会成为意大利和法国的另一重要教育团体,其精力主要集中在提供中等教育上。

在宗教改革时期结束前,大约有10～12个教会机构在提供初等教育,最重要的包括乌苏林教会、圣母院修女会、皮亚里斯特会、保皇会以及基督教学校兄弟会等。建立这些初等教育机构的原因,是为劳动阶层家庭的贫苦孩子提供免费教育的机会。这些教会学校的数量及它们的成功说明,并非只有新教才重视大众的初等教育。新教借助于市政当局,而天主教会则坚持着自己的分布广泛的权利。例如,皮亚里斯特会不仅在意大利和法国建立了学校,而且还在波西米亚、波兰、奥地利、匈牙利等地建立了学校;耶稣会通过其学校改变了整个欧洲。广泛的教育活动使这些教会机构与其他国家的公共教育发生了冲突。对教育的公共管理和宗教或私人管理之间的长期冲突,达到了一个新的阶段。

教师专业培训的开始

总体来说,宗教改革时期开始强调教育的重要性和合格教师的重要性。虽然这种改进很缓慢,但是,国家和教会的正统思想的关心使得它们开始对教育行业设立标准,国家和教会开始对教师进行认证和考核。马丁·路德构想了一种受过良好训练、很有尊严并得到政府许可的教师职业。在德国,教师的报酬主要来自学生的学费,还有一部分来自政府基金和教会资助。教师必须遵守国家对课程、纪律和宗教所做出的法律和法令规定。有些国家法律甚至要求,以退休金和医疗资助等方式提供社会保障。在英国,教师也要进行类似的宣誓,遵守国王和教会对他们提出的要求。

对教育监督的起因,是宗教团体想要确保教师在进行宗教教学时能够坚持正统思想。这代表了一种对于那些心存不满的教师可能产生危害的恐惧,也代表了越来越重视教育的能量和效力。最认真地通过市政当局和宗教权威对教师进行监督的,可能要数荷兰和苏格兰的加尔文教会以及英国和美国的清教教会。

天主教的教育机构同样也对教学进行认真的监督,并在更好地培训教师方面取得了一些进展。耶稣会、演说教父会、保皇会、基督教学校兄弟会等都设立了教师培训项目,以便保证能够更好地培训教师。尤为重要的是拉萨尔(St. Jean Baptiste de La Salle)的工作,他把在初等学校教书的工作从杂乱无章的状态转变成了可以被称为职业的有价值的事业。通过领导建立基督教学校兄弟会,拉萨尔证明了有组织地培训教师和改善教育的重要性。美国教育学者爱德华·A·菲茨帕特里克(Edward A. Fitzpatrick)在他最近的研究中,精辟地总结了拉萨尔对教育的贡献。[①]

基督教学校兄弟会能够不断培养出能够胜任教师职位的专门的、

---

① 爱德华·A·菲茨帕特里克(Edward A. Fitzpatrick),《拉萨尔,所有教师的保护者》(*La Salle, Patron of All Teacher*),密尔沃基:布鲁斯出版公司1951年版,第13章。

合格的人员。虽然初等学校教师一般很少能够接受到专门培训,但拉萨尔还是认为,应该提高初等学校教师的职业地位。这样,为贫困家庭孩子提供的免费教育被看作与中等教育一样,是对社会、对宗教有价值的。为了达到这一目的,基督教学校兄弟会给那些只想把教育当作职业而不想成为神职人员的人进行神学、宗教和实用技能的培训。当然,这种培训的目的是为了给这些教师灌输宗教观念。但是,除了宗教以外,这些未来的教师还把"三 R 教学法"以及实用培训和职业培训作为教育年幼儿童和少年犯的基本内容。

基督教学校兄会的其他贡献,包括使用母语而不是拉丁文进行教学,采用更加人性化的教学方法,关心学生个体,创造有序和有效的学校氛围等。学生分班级进行学习,而不是单独进行个人教育。它们还特别关注了中等教育中的现代学科,满足中产阶级的需求;以及在周日为那些在一周中其他时间工作的人提供继续教育等。通过这些以及其他很多方法,拉萨尔表明了通过制度化和有组织的努力来改善教育的重要性。基督教学校兄弟会存在了 250 多年,传播到世界上很多国家,这充分说明了拉萨尔的远见卓识和领导才能。

改善教师培训的另一个趋势,是把新的科学原则应用于教育方法之中。这种趋势在宗教改革时期的教育文献中得到了大量讨论。马尔卡斯特(Mulcaster)[①]强烈要求建立教师培训机构,夸美纽斯详细论述了教学法的完整体系,这为以后教师培训的改进打下了基础。[②]

其他教育机构

如前所述,不仅学校,整个社会文化都在为人们提供教育。有的通过他们赖以维生的机构,有的通过他们所接受的信念。在宗教改革时期,人们的思想和行为受到了越来越重视国家和物质利益观念的影响。各个教会中牧师的权威领导也影响到各个阶层的动机和行为。

家庭作为一种教育机构,主要受到了大部分新教改革者的重视。

----

① 马尔卡斯特(约 1531—1611),英国中学校长。——译者注
② 参见本书英文本第 236—239 页。

马丁·路德强调了家庭在促进道德和宗教讨论中的重要性,在家里可以阅读圣经,通过问答进行学习,还可以培养孩子在某一行业的技能。加尔文教也强调家庭在为青年进行早期教育方面的重要性,号召大家多阅读《圣经》,在家庭范围内进行祷告,还常常考虑对那些失去灵魂的孩子进行永久惩罚的可能性。夸美纽斯认为,每个家庭的母亲都应该对孩子进行教育。

印刷书籍的传播和文化程度的提高对教育也有着重要的影响。越来越多的富有家庭开始拥有书籍,并建立了自己的私人图书馆。由于教派的冲突不断,于是,人们就宗教问题发行了很多小册子,这种做法引起了知识分子的关注。而且,他们还开始对科学事物感兴趣,欧洲各国都新成立了科学协会。这种非学校的教育机构促进了有组织的教育行为,而广泛的初等教育和中等教育反过来又促进了它的发展。

宗教信条与人的理性

人们一定会对宗教改革时期宗教信条的巨大影响感到印象深刻。这些信条就像人的忠诚加油站一样,给予人们生活、斗争、死亡的原始动力。宗教改革的文化很多依赖于宗教,因此,宗教的作用决不可小视,其作用深深植根于美国人忠诚观念的内心。但是,在宗教改革时期,国家主义的政治忠诚也起到了前所未有的巨大作用,以至于后来爱国主义情绪的膨胀,不同宗教信仰的人可以为了共同的国家事业团结在一起,去同那些与自己宗教信仰相同的其他国家进行斗争。

从现代的观点来看,宗教改革的文化最重要的一个方面是自己宗教信仰的专断性特点。人们虔诚地信仰宗教,那是因为人们普遍认为每个教派的宗教领袖都有可以看透超自然事物的特殊能力,没有人会对此表示怀疑。因此,宗教领袖的话就被当作是上帝的话。从古代一直到现代,向往人们把自己的话当作法律的领导者,一直都声称他们的权力是上天所赋予的。另外一个原因是,道德行为取决于宗教。人如果没有正统的宗教信仰,那他的道德就是不好的。第三个原因是,一些持不同意见的人可以畅所欲言的话,那么,社会文明就会瓦解。大部分宗教教派都难以忍受它们所认为是异教的教派。

新教立场的特点。 总体来说,新教比天主教更重视直接把《圣经》当作信仰的规则、宗教和道德权威的基础。新教否定把主教和天主教牧师的说法当作对基督教教义的权威解释的做法。新教的观点从理论上强调,个人有权利可以直接通过宗教信仰获得救赎,而不必求助于有权威的牧师。新教的最终结论是,可以允许个人和小的派别来按照他们自己的理解来解读《圣经》。这代表了新教改革的自由和宽容的一面。但是,实际上,除了最激进的新教教派之外,差不多所有的新教教派在处理持不同意见者时都像天主教会一样不容忍异教者,并且使用统治权来强制推行自己的信仰。从这一点上讲,新教反映了其所处时代的专制主义特点。事实上,新教在宗教改革时期的专制生活中起到了很大的作用。

新教教徒常常反对圣礼、赦免、朝圣、朝拜圣徒遗物、拘泥形式等行为,天主教把这些行为看作是为获得救赎而做的必要的"善行"。新教教徒认为,获得救赎的主要途径就是"因信称义"(justification by Faith),个人的灵魂可以直接与上帝交流。在坚持信仰的同时,新教教徒还强调通过自己阅读《圣经》来建立自己的信仰基础。这意味着,所有真正的新教信徒都必须能够读懂《圣经》。这样,大规模教育的要求就由于这些宗教、政治和经济动机而产生了。在北欧和美国这些民族国家里,这些动机结合在一起就产生了一种开展普及教育的条件。事实上,普及教育是一种新事物,其成就对现代文明史产生了深远的影响。

1536 年,年仅 26 岁的加尔文写下了《基督教要义》(*Institutes of the Christian Religion*),希望为法国国王弗兰西斯一世的新教主义辩护。加尔文比马丁·路德更大胆,他把其写作全部建立在《圣经》的正面权威的基础之上。虽然马丁·路德说需要进行一些变化,但加尔文保留了《圣经》没有明令禁止的内容。由于加尔文只保留了《圣经》中明确允许的教义和仪式,加尔文教徒在教堂中就没有使用管风琴和彩色玻璃窗,因为《圣经》中没有提过这些东西。

在很多其他方面,加尔文教在所有新教教派中代表了与天主教最极端的背离。加尔文生性严厉、严格、不容异己和专制,是天主教的一个不可和解的敌人。他尤为重视有关救赎预定论的教义,这种教义虽然在宗教改革时期的所有教义中或多或少都会有一些,但是,加尔文却把它发展成了一种可以让所有不情愿的朝拜者团结一致的工具。根据加尔文的观点,所有人都可以分为两个不变的类别:一类是圣人,上帝从最开始就选择拯救他们;另一类是罪人,上帝无可挽回地选择对他们进行诅咒。因为没有人能够在死亡之前知道他是否被选择被拯救,所以,所有人都应该过一种绝对道德和正直的生活。现代人可能会想如此严格的人类命运的观念可能会导致宿命论,但是,在加尔文影响下的人们却过起了最严格的生活,希望通过坚守信仰、过绝对正直的生活、遵守宗教责任,来向自己以及他人证明他们是上帝的选民。如果不能做到这些,那自然就意味着他们在今生和来世都没什么希望。对于任何有思想的人来说,他们都不会忽视永恒的惩罚可能带来的恶果。

216

虽然加尔文教的观点很强大,但是,还是有一些反叛的宗教派系反对加尔文教的救赎预定论把新教教义分成两部分。一些人坚持强调信仰和虔诚在获得救赎中的作用。他们认为,唯一真正重要的事情是建立个人与上帝之间的正确关系。其中比较著名的是,16 世纪在德国、瑞士和低地国家中成长起来的再浸礼教派,以及 17 世纪在英国发展起来的教友派。这类教派通常被称为唯信仰论者或道德律废弃论者,因为他们认为只要通过信仰和"内心之光"而不需去遵守道德和法律约束,就可以获得救赎。因此,他们拒绝接受要根据法律才能建立国家教会和宗教的原则,并艰苦地进行斗争。由于他们坚持着教会和国家应该分开的极端观点,因此,他们受到了残忍的迫害。

对加尔文教严格的救赎预定论的观点另外一种反应是,强调一定要坚持"善行",过高尚的生活,只有这样才能获得救赎。在 17 世纪时,一些持不同意见的加尔文教徒跟随荷兰牧师雅各布斯·阿米尼乌斯(Jacobus Arminius),认为个人的努力是获得救赎的一个重要因素,任何通过信仰获得新生的人都可以通过自由意志和高尚生活来获得救赎。阿米尼乌斯教派的这种观点在 1619 年的多特大会上被正统的加尔文教主义者否定,因此,阿米尼乌斯教派被看作异教。但是,其观点却在 18 世纪影响了卫理公会教派,很快就在欧洲和美国产生了较大影响。

基督教的一神论

关于世界、人在宇宙中的位置、人的命运等问题的观念,在整个宗教改革时期都是与基督教紧密相连的。虽然天主教和新教之间的争吵不断,但是,它们都没有过度偏离中世纪关于上帝和宇宙的思想。尽管双方的支持者可能不会完全接受这些思想,但在基督教的天主教派和新教教派之间,还是有着基本的一致点的。两个教派联系紧密,都反对经验科学的世界观。两个教派都认为,宇宙是上帝创造的,每个人的角色都是上帝赋予的。它们也认为,超自然世界与自然世界不同,超自然世界或精神世界要重要得多。

天主教和新教也都认为,人的本性是二元的,即由精神元素和物质元素构成,有精神实体和物质实体,其中精神是最重要的。加尔文教和詹森教派更强调原罪,而这只是一个强调的问题,因为当时大部分基督教派都否认人生来是善良的或既不善良也不邪恶的观点。天主教和新教都认为,对人今生所做的事的最终审判要在来世进行,此时此地的善良有利于发扬上帝的荣耀和逃避永恒的惩罚。它们对人的最后审判取决于其对社会所做出的贡献的观点都持反对意见。

天主教和新教都认为,知识和真理是固定的,是通过超自然的来源展示给人们的。他们也都主张,人的主要教育目的是得到关于上帝的法则和戒律的真正的知识。如果新教反对天主教的教育体系,那么,解决的主要办法就是建立一种语言学习体系,培养每个人都可以自己阅读上帝著作的能力,而不受天主教学者们的评论和解析的影响。天主教和新教都认为,自然世界远没有精神世界或道德世界重要;学习过程主要就是发掘上帝赋予每个人的内在思想的过程,而最有效的办法就是一种精神和道德约束,主要可以通过学习语言和文学、阅读和背诵来

217

获得。天主教和新教都在很大程度上反对新的科学探索的发现。例如,1600 年天主教会烧死乔尔丹诺·布鲁诺(Giordano Bruno)①以及伽利略被强迫公开放弃自己的意见,马丁·路德把科学斥为"邪恶的小蠢货,魔鬼的新娘,所谓的理性,上帝最坏的敌人"。

科学和新理性主义

虽然有这些权威的宗教观念,但是,宗教改革时期还是见证了越来越多的对人类生存理念的疑问、怀疑和探索。仅就各宗教派别的领袖都在与非正统思想奋力抗争这一事实,就说明了怀疑者和异教徒的存在。宗教改革末期宗教战争所造成的一系列破坏,让很多人开始怀疑是不是所有的宗教教义在某些方面都是错误的,是否可以找到一种获得真理的更好的方法。新的地理视野的影响以及对别人是怎样生活和思考的了解,促使很多人开始重新审视自己的文化。

从长远的观点来看,最重要的影响是人们越来越尊重科学和科学精神。虽然宗教改革时期专制主义盛行,但是,理性主义和思想自由主义还是在一些肥沃的土壤里得到了发展。1700 年时,虽然怀疑论者、科学家、理性主义者和异教徒尚未获得完全的胜利,但是,他们却比一百年前更加自由和安全。对人类理性和科学的依赖,当然也对教育——从最低层次到最高层次——产生了巨大的影响。

对于当今世界的现代人,无需告诉他们科学的重要性。他们在各个方面都能看到科学的重要性,但是,有时却没有意识到现代科学的基础是在 16 和 17 世纪时打下的,当时存在着不能容忍、敌对和迫害的很多情况。有些历史学家认为,在宗教改革时期,科学的发展是那个时代众多改革中最彻底的革命。不管怎样,对科学的信仰虽然面临着很多阻力,但还是在不断发展。

科学哲学。在宗教改革时期,科学的最杰出倡导者之一是弗朗西

①乔尔丹诺·布鲁诺(1548—1600),16 世纪哲学家、数学家、天文学家。——译者注

斯·培根(Francis Bacon)①。他本人并不能算是科学家,但是,他却通过自己大量的著作和自己作为英国大法官的政治立场使科学的价值得到了普及。弗朗西斯·培根真正的影响,在于他用流利而有说服力的语言阐明了科学方法的主张。他认为,人们受到了迷信和传统的太多束缚,过度依赖于亚里士多德和经院主义的哲学思想,过于专注词汇和语言。弗朗西斯·培根提出的解决这些思想和教育问题的方法,是彻底依赖通过科学方法对自然进行的研究。在他的《学问的尊严与进展》(*Dignity and Advancement of Learning*)中,弗朗西斯·培根对学问的科学层面进行了研究和辩护。在他的《新大西岛》(*New Atlantis*)中,他设想了在虚幻的南海中有一个乌托邦,在那里科学研究生产出了可以在天空飞翔、可以在水中潜水、可以永不停歇、可以从远处播放音乐的一些奇妙的机器。

219　　在《新工具》(*Novum Organum*)中,弗朗西斯·培根详细描述了可以获得真正知识的归纳法或科学法。在他看来,科学家应该观察自然,搜集大量事实材料,从这些个别的事实中推导出他们的共同特点,并用一般公式表现这种相似的特征。现在,弗朗西斯·培根可能会受到批评,因为他记录大量无用的信息仅仅是因为他观察到了那些东西,而且他忽视了数学在现代科学中的重要作用。但是,他坚持认为,知识来源于实践,而不是来源于传统的权威,还提出了使用受到控制的研究方法,这些都是非常重要的。虽然他并不是第一个建议使用这些方法的人,但是,在使这些方法受到人们重视并成为体面的方法上,他起到了重要作用。只是人们嘲笑了试图从黄瓜中提取阳光和从屋顶以下开始建房的做法,这些在任何有理智的人看来都是不可能的。

宗教改革时期由于科学研究而逐渐出现的世界观转变,就像人类历史上曾出现的任何一次革命一样重要。这种影响需要很长时间才能被人们感受到,但是,一旦人们意识到,整个人类思维的结构就会受那种以太阳为中心的宇宙观的影响而大大改变。基督教的观点一直认

---

① 弗朗西斯·培根(1561—1626),近代英国哲学家、科学家。——译者注

为,地球是整个宇宙的中心,星星和太阳都环绕着地球,这些最早都是由上帝创造的。但是,当哥白尼、开普勒(Kepler)①、伽利略、布拉赫(Brahe)②、乔尔丹诺·布鲁诺、惠更斯(Huygens)③等人完成了他们的科学研究后,以太阳为中心的宇宙无限大、地球只是宇宙中无数颗行星中的一颗的想法,以惊人的力量震撼了每个人。

所有的教会,不管是天主教还是新教,都对这种观点非常警觉,并采取了积极措施与之斗争,因为他们看到,这个特意为人类而建的世界在巨大的宇宙面前显得无足轻重。哥白尼在去世之后才发表了自己的见解;开普勒不再受路德教神学家的欢迎;伽利略被天主教会强迫发誓放弃他的著作;而布鲁诺则惨被烧死。

但是,面对重重的困难,科学革命还是在继续。吉尔伯特研究磁体并发明了“电”这个词,波义耳(Boyle)④得出了著名的气体定律,其他很多人在研究光学和机械原理方面取得了很大进展。更重要的是,在数学方面取得了很大的进展,这在科学测量和计算方面起到了重要的作用。在 16 和 17 世纪,小数和对数得到了迅速发展,代数学、微积分、概率论、三角、解析几何等也都有了迅速发展。

科学发现的应用对世界观所产生的最激烈的影响是唯物主义哲学。英国的托马斯·霍布斯和法国的皮埃尔·伽森第(Pierre Gassendi)⑤开始提出唯物主义观点。他们认为,宇宙只不过是一个按照纯机械法则运转的巨大的机器;自然中存在的只不过是移动的物质;任何事物都可以用物质来解释。因此,唯物主义观点代表了背离基督教理念的最极端的观点,因为基督教认为精神才是世界的基础。可以想象,天主教和新教都强烈反对唯物主义,而唯物主义也只是在知识分子中得到了一小部分人的支持。直到 18 世纪,唯物主义才流行起来。

220

---

① 开普勒(1571—1630),德国天文学家。——译者注
② 布拉赫(1546—1601),丹麦天文学家。——译者注
③ 惠更斯(1629—1695),荷兰物理学家、数学家、天文学家。——译者注
④ 波义耳(1627—1691),英国化学家、物理学家。——译者注
⑤ 皮埃尔·伽森第(1592—1655),法国哲学家、物理学家、天文学家。——译者注

笛卡儿和二元论。在宗教改革时期及以后几个世纪里,更流行的观点是一种折中的二元论观点,它是由法国著名的哲学家和数学家笛卡儿提出并详细阐述的。现代科学一直沿着 17 世纪的科学家所设定的路线发展,直到 20 世纪才发现了相对论。与此相似的是,哲学一直在探讨笛卡儿所提出的问题,直到 19 世纪末 20 世纪初才提出了实用主义。笛卡儿能够把他那个时代传统的世界观和新的科学成果和方法结合起来,但是,他也很注意不要过分激怒当时盛行的神学观念。

笛卡儿努力调和神学和科学,提出宇宙由两部分独立而不同的物质构成,即心灵和物质。心灵是一种精神的东西,有心灵才有思想;心灵完全独立于物质,不受机械定律的约束,可以自由选择。而物质则是构成物质世界的元素,完全由时空中的物质事物构成,根据固定的机械原理运转。心灵是一个自由体,但物质却是一种机器。心灵和物质在根本上都受上帝的控制,但是,它们彼此不能相互作用。这样,笛卡儿就把心灵交给了神学,但同时把物质交给了科学,为科学的发展开辟了道路。西方教育的启示就是建立在二元论的思想基础之上的,很多教育工作者都认为,合理的教育应该致力于头脑和精神的活动,而不是物质和实际的活动。

人的本性。在宗教改革时期,关于人的本性的观念同样也经历了变化。在解剖学和医学方面,威廉·哈维(William Harvey)[1]发现了人体结构及其运转方式,这是一个重大的进步。其他人,如霍布斯、伽森第等人,把唯物主义观点应用于人的本性,认为人体是一种物质,严格按照机械定律运转;所谓的"心灵"并非不同类别的事物,它只不过是运动的物质的另一种更精练的形式。这样的唯物主义者被批评为无神论者,是魔鬼的同盟,因为他们显然不承认不朽的灵魂的存在。

在这场争论中,笛卡儿还是通过二元论来进行调节。他认为,像宇宙一样,人的本性也是由心灵(或灵魂)和物质(或身体)两部分组成的。人的心灵包括思想物质,因此,可以思考、发挥自由意志和控制身体。但是,由于身体包括物质元素,因此,要遵守科学和机械法则。关于人的本性的二元论观点承认身体是科学研究的合适对象,但同时认为人的思想或灵魂应该受到更高层次的检验。从那以后,教育常常被看作

---

① 威廉·哈维(1578—1657),英国医师,实验生理学的创始人之一。——译者注

是对思想和灵魂的高层次的培养,而不是对身体的低层次的培养。

学习和知识。在学习过程方面出现了类似的发展。霍布斯这样的唯物主义者认为,人类通过视觉、味觉、触觉、听觉、嗅觉等感官来认识外部世界,知识来源于通过感官而进入人体的经验。这种思想被称为"经验主义"(empiricism),它来自于观察和测试外部世界的自然现象的科学方法。

唯心主义者倾向于认为,人通过头脑或理性学习是最佳的方式,因为感觉经验只局限于实际物体,而理性却可以获得永久性的、绝对的知识和真理。这种思想常被称作"理性主义"(rationalism),因为它认为在获得隐藏于日常生活经验之中的真理方面,人类理性的作用比感觉重要得多。由于笛卡儿认为数学是获得永久真理的最重要的方式之一,因此,他更支持理性主义。斯宾诺莎(Spinoza)[1]和莱布尼茨(Leibnitz)[2]亦是如此,他们认为仅靠理性就足可以获取普遍而可靠的知识。宗教思想家也倾向于理性主义,尽管他们也认为人类理性从属于宗教信仰。不管怎样,对他们来说,理性是比感觉经验更合适的学习方式。

教育,尤其是高等教育,在目标和内容上长期以来都一直被认为是理性主义的。理性主义者在教育上更强调数学、语言和文学的重要性,因为他们认为这些学习比其他科学更能发展理性,毕竟其他科学更依赖感觉经验。在 17 世纪后期,理性主义常常与宗教紧密联系在一起,但是,霍布斯和弗朗西斯·培根却开始向经验主义开火,而且很快他们就得到了洛克、休谟(Hume)[3]以及其他一些 18 世纪思想家的支持。在这种情况下,支持人类理性而不是宗教信仰、启示、神秘主义、权威以及传统的主张,在宗教改革时期再一次被提出。在 18 世纪的思想启蒙运动中,人们充满热情地发展了对人类理性的主张。

222

艺术和科学的角色

科学知识和工具。科学研究依赖新的技术工具和手段的发展,例

---

① 斯宾诺莎(1632—1677),荷兰哲学家。——译者注

② 莱布尼茨(1646—1716),德国哲学家、数学家。——译者注

③ 休谟(1711—1776),英国哲学家、历史学家、经济学家。——译者注

如,望远镜、显微镜、温度计、气压计、抽水机、钟表等。这些工具都使得科学发现变得更加容易而且更加精确,但是,其他一些技术手段也具有深远的社会影响。例如,航海技术和造船技术就对地理大发现起到了很大的帮助作用。反过来,新大陆的开辟给人们带来了大量的新产品,这更加刺激了人们改进造船业和制造业的热情。新的采矿、耕种、畜牧、织布以及水产品生产的方式都在进行革新,这都为 18 世纪和 19 世纪的更加巨大的进展铺垫了道路。

15 世纪发明的活字印刷术得到了改进,更加便宜的印刷品使得更多的人具有阅读和书写能力,也使知识传播的范围更广。中产阶级和识字民众数量的增长反过来更加刺激了对图书印刷的需求,而且这些图书涵盖的范围也前所未有的广泛。由于大学似乎很不愿意接受新科学,因此,对科学技术的兴趣及其传播便开始在大学以外的科学团体中发展起来。这些团体,如英国的皇家学会(Royal Society)、法国的科学院(Academy of Sciences)等,提供了将科学应用于社会事务的主要途径,直到 18 世纪后期和 19 世纪大学才开始觉醒,认识到科学知识可以带来无限的社会可能性。

语言和文学。虽然宗教改革时期的科学取得了长足的进展,但是,人文主义仍然是学术和教育的主导内容。人文主义的影响非常深刻,在整个宗教改革时期,拉丁文一直是许多伟大的科学和宗教著作所使用的语言。学校和大学对拉丁文和希腊经典著作的痴迷,不仅体现了人文主义的持续影响,而且也在很大程度上解释了为什么科学、本国语言和文学、艺术和音乐在宗教改革时期中等教育和高等教育系统中几乎没有什么地位。

对宗教改革时期学校和大学课程设置的粗略研究,并不能展现出欧洲各国在发展本国语言和重要文学作品方面所做出的巨大努力。但是,教育史研究必须注意到正式教育机构之外的那些领域的发展,这样后来发生的古代和现代之间的冲突才不会显得过于突兀。这里可以列举一个典型的例子,来说明传统学校远远落在了时代的后面。在宗教改革末期,本国语言普遍应用于欧洲的法庭、商业和市场等领域。由于不断增长的国家意识,加上新兴的富有的中产阶级的资助,因此,英国、法国、西班牙等国的本国语言文学的发展得到了很大的推动力。

本国语言经典著作的创作对希腊文和拉丁文经典作品构成了挑

战。人们只要举出莎士比亚(Shakespeare)、弥尔顿、詹姆士国王的《钦定圣经》(*Authorized Version*)等英文作品,以及让·芭蒂斯特·拉辛(Racine)①、莫里哀(Molière)②等人的法文作品,就可以证明这个问题。法文开始取代拉丁文成为法庭和社会的国际用语,而 1629 年成立的法兰西学院促进了法文作为标准语言的纯净化过程。当各国认识到大众掌握一种现成语言的重要性,认识到本国语言在商业中的经济优势的时候,18 世纪和 19 世纪对本国语言和文学的学习就是水到渠成的事情。

艺术和音乐。艺术和音乐方面的巨大进步,可以和科学以及本国语言文学的发展相媲美。绘画艺术倾向于对人物和景色进行越来越现实的描绘,这显示出宗教改革时期的社会越来越世俗化的趋势。宗教改革时期的著名艺术家,例如,佛兰德③的鲁本斯(Rubens)④、凡·戴克(Van Dyck)⑤,荷兰的哈尔斯(Hals)⑥、伦勃朗(Rembrandt)⑦,西班牙的埃尔·格列柯(El Greco)⑧、维拉奎兹(Velásquez)⑨,德国的丢勒(Dürer)⑩、贺尔拜因(Holbein)⑪等人,虽然深受意大利文艺复兴的影响,但都发展了个人独特的风格。

与此相似的是,在宗教改革时期,音乐在技艺及发展新的乐器和音乐形式方面也取得了很大的进展。新的小组唱形式、歌剧、宗教剧、小提琴、键盘乐器等为 18 和 19 世纪的音乐大发展奠定了基础。在这些

---

① 让·芭蒂斯特·拉辛(1639—1699),法国剧作家。法国古典主义代表作家之一。——译者注

② 莫里哀(1622—1673),法国喜剧作家。——译者注

③ 佛兰德,中世纪公国,包括今法国的北部省、比利时的东佛兰德省和西佛兰德省以及荷兰的泽兰省。——译者注

④ 鲁本斯(1577—1640),佛兰德画家。——译者注

⑤ 凡·戴克(1599—1641),佛兰德画家,鲁本斯的主要助手。——译者注

⑥ 哈尔斯(约 1581—1666),荷兰肖像画家、风俗画家。——译者注

⑦ 伦勃朗(1606—1669),荷兰画家。——译者注

⑧ 埃尔·格列柯(1541—1614),画家,原籍希腊。——译者注

⑨ 维拉奎兹(1599—1660),西班牙画家。——译者注

⑩ 丢勒(1471—1528),文艺复兴时期德国油画家、版画家、雕塑家和建筑家。——译者注

⑪ 贺尔拜因(约 1497—1543),宗教改革时期德国肖像画家、版画家。——译者注

艺术革新中,正式学校和大学没有表现出什么兴趣。事实上,新教教派,尤其是路德派和加尔文派,觉得当时的世俗音乐就像世俗文学和科学一样,不应该成为教育的一部分,因为教育的主要目的是拯救灵魂和规范思想。

这里,宗教因素再次和理性主义的宗旨紧密地联系在一起。理性主义认为,教育过程仅局限于对数学和语言的研究,这些内容不仅适合于知识学习,而且对年轻人的精神成长也很健康。但是,应该指出,贵族阶层对世俗艺术、音乐甚至科学也都很感兴趣,因为这些内容能够增加他们的社会和娱乐活动。总体来说,宗教改革时期的教育体现了宗教改革时期的文化,但是,只反映了其文化的一部分。在宗教的支持下,人文主义继续引领着教育的基本方向。

教育中的宗教和世俗

通常把 16 世纪和 17 世纪教育描述为是以宗教目标为主导的,这是正确的,但只是部分正确。虽然教育的动力在很大程度上来源于宗教,但是,即使在宗教改革最活跃的时期,政治、经济、科学和人文主义的影响也是明显存在的。

意大利、西班牙和法国的天主教教育机构的主要目标仍然是宗教。把年轻人培养成良好的基督教徒和虔诚的天主教徒的想法,主导着他们的全部行为。虽然这种目标对于新教改革者来说也很重要,但是,他们中的很多人开始拓宽视野,把国家教育也包括进来。一向言辞犀利的马丁·路德大力倡导,儿童教育应该使他们既有益于国家,又有益于教会。只是到了后来,他早期提出的每个人都应该能够读懂《圣经》的想法有所松动,因为他对普通民众失去了一些信心,认为只要学一些教义问答就够了。对加尔文教徒来说,教会和国家之间的紧密联系就意味着,为了上帝的荣誉而进行的教育也能改善国家的政治和经济等各个方面。虔诚的清教徒弥尔顿认为,学习的目的是了解上帝,热爱并亲近上帝,以便获得救赎。即便如此,在弥尔顿给教育下的很全面的定义中,他也并没有特别提及宗教:"因此,我倡导完整而宽泛的教育,使人们的行为不管是在私人场合还是公共场合中,不论战争还是和平条件下，都能够正直、娴熟和宽宏大量。"

　　夸美纽斯这位极其虔诚的、热切的摩拉维亚教主教，也认为一切知识归根结底都是由《圣经》传递的，认为儿童并非一生下来就具有人性，而是通过在某种文化中接受教育才逐渐获得人性。他对一些有关生活在远离人类社会的环境之中的野孩子的报道印象很深刻，这些孩子没有完全具备人类的特征。在某些方面，他的观点与现代的人类学家很相似，后者也提出了同样的观点。夸美纽斯把学校看作是社会的加工厂，把孩子培养成真正的人，并在改进社会方面起很重要的作用。无论如何，在他看来，教育的目标绝对不仅仅局限于宗教层面，因为孩子必须接受教育，而这不仅是为了宗教生活，而且也是为了生活的各方面。夸美纽斯显然是扩大了教育的目的，甚至还提出了民主教育的目标，因为他反对为贵族设立单独的拉丁文学校的做法，认为在宗教面前人人都应该是平等的。

　　在其他方面，教育的目标在宗教改革时期也得到了扩展。经济和政治的影响，从新提供的职业教育和教授贫困家庭孩子学会一门技能等方面就可以看出来。经济因素在中产阶级中的影响，使母语教育扩大以便能够满足商业要求的需要。当人文主义的传统融入宗教改革时期的学校之中时，它拓宽了狭隘的宗教视野，使学生接触到了希腊和罗马的世俗文化。宗教改革的文化的贵族特征，促使皇家贵族设立新的学校，来满足获得军事和社会成就的需要。最后，科学的影响为教育提供了包含科学及科学的教学法的更广泛的课程。

为普通人提供的本族语教育

　　信奉路德教的国家。 在信奉路德教国家的民众中，传播本族语教育的努力是非常成功的。原来的天主教教区学校在可能的地方都进行了重建，另外还新建了一些学校。印刷书籍的发展使马丁·路德翻译的德文版《圣经》、他的教义问答和赞美诗集，以及马丁·路德及其追随者所编写的课本可以传播得更加广泛。布根哈根在各德国城邦中建立母语学校方面起到了很大的作用，他甚至试图通过立法禁止已有的私立学校。丹麦和瑞典也采取措施沿着马丁·路德的思路改革学校。应该说明的是,摩拉维亚教派也建立了很好的母语学校,但"三十年战争"几乎毁坏了所有这些学校。

母语学校的课程包括,阅读圣经,学习路德的教义问答和他翻译的《伊索寓言》(*Aesop's Fables*),唱路德教的赞美诗,另外可能还会学习一些历史知识,进行体育活动,学习一些数学(但早期的计算学校仍然保持着其在数学方面的优势地位)。基本的"4R 学科"(阅读、写作、算术、宗教)以及一些音乐和体育,成为信奉路德教的国家里普通国语学校的主要课程。

信奉加尔文教的国家。 像马丁·路德一样,加尔文也极力倡导母语教育,以便孩子能够学习加尔文教的教义问答,用母语学习"3R"、唱加尔文教的赞美诗等。胡戈诺派把这种学校模式带到了法国所有可能的地区;德国改革教会(当然是用德文教学)尝试在德国西部地区采用这种学校模式并取得了一定成就。在荷兰,荷兰改革教会建立的母语学校可能是欧洲国家中最好的,这受到了荷兰商业城市的实际需要的驱动。荷兰学校教授学生"3R"以及宗教,这无疑对英国和美国的清教徒以及在美洲的荷兰殖民者产生了很大影响。苏格兰在 17 和 18 世纪建立学校的时候,也遵循了同样的模式。

信奉天主教的国家。 天主教会的教育机构也在宗教改革时期发展了本族语学校,可能是为了应对新教在这个方面所取得的进展。保皇会和基督教学校兄弟会用法文授课,就像一些女子教育机构一样。甚至主要关注中等教育的演说教父会也为学校低年级的本族语教育做出了很多贡献。这些学校在很大程度上都类似于新教的学校,当然所强调的是天主教而不是新教。当地牧师执教的教区学校也因为特伦托会议的批评而得到了迅速发展,这些学校慢慢都把精力转移到使用所在国家的语言进行教学上。

英国。 英国宗教改革的一个重要阶段,就是教会用语从拉丁文转变为英文。这就意味着,由英国国教牧师执教的教区学校开始使用英文。前面曾经讲到这种教会的识字课本、《祈祷书》(*Prayer Book*)、赞美诗等。天主教会修道院学校和贫民学校的破坏,同时也破坏了在初等学校中讲授拉丁文的核心力量。家庭教师、私人教师、家庭幼儿学校教师可以补充牧师进行的英文教育,这些教师或多或少都重视阅读、书写、教义问答、赞美诗,可能还有一些算术,再加上一些对孩子的行为举止和礼貌的教育。字母表和主祷文是从角贴书上学会的。角贴书是一种上面铺着羊皮纸的板子,羊皮纸上印有文字,其上面有一层透明的角质对其起到保护作用。

在英国的清教徒中,通俗英文的使用变得特别重要。在牧师主持的初等学校里,加尔文教就是通过英文来进行讲授的。《统一法案》迫使清教徒转到地下活动以后,这些学校仍然在运作。后来在 17 世纪,终于得到了比较宽容的环境,法院在几起案例中判决初等学校教师不必像文法学校教师那样必须获得主教颁发的资格证书。这样,这些非国教者的学校在 18 世纪开始繁荣起来。

甚至在中等教育阶段,在清教牧师执教的所谓的"非国教徒学会"学校里,母语教育在 18 世纪也很普遍。虽然这些学校开始强调经典著作,它们还是在经济和科学的压力下逐渐扩大了课程。到 17 世纪时,它们所提供的课程是所有中等学校中最宽泛的。除了标准的经典著作学习之外,它们还用英文讲授"七艺"中的 6 种(文法、修辞、逻辑、算术、天文、几何),还有三角、代数学、地理学、测量学、航海术、伦理学、历史、经济学、政治学、自然科学、解剖学以及一些现代语言。虽然并没有任何一所学校能够同时开设所有这些课程,但是,这类学校(有 50 到 60 所)在整体上包括了这些学习范围。在 18 世纪,它们对美国的私立学校和学院产生了很大的影响。科学的影响和谋生的实用技能的影响,在学习自然科学、实用工艺和社学科学方面显而易见。

职业教育。除了给孩子和普通人设立的母语学校之外,在职业培训尤其是为贫困家庭孩子提供职业培训方面也取得了一些进展。在德国,马丁·路德强调教给每个孩子一门技艺的重要性,但他认为这应该在家庭里完成。出于商业目的而建立职业学校前面已经讲过,主要是 15 世纪在很多德国城市发展起来的书写和计算学校。这些学校在宗教改革时期仍然存在,主要讲授写作、商业算术、簿记等。在荷兰,商业贸易教育受到了极大的关注,因为荷兰人普遍对商业很感兴趣。早在 1531 年,就有法律要求孩子必须进入学校学习或者到某个行业做学徒,

227

市政当局要建立学校来进行职业培训。这里的职业教育将会影响到在美国的荷兰和英国殖民者。在这些商业最为发达的国家,即德国、荷兰和英国,职业教育获得最良好的开端并不是偶然的。

228

在伊丽莎白时期的英国,人们已经开始采取措施,通过法律来保证能够为贫困家庭孩子提供义务学徒制和贫民习艺所。1562 年《手工业法》(The Stature of Artificers)和 1601 年的《济贫法》(Poor Law),都是为了适应从农业经济到商业和制造业经济的转变。这种转变使得很多社会下层人们失去了土地和工作。在 17 世纪,一些清教改革家建议,把职业教育扩展到学校中。配蒂(Petty)①建议设立培养工匠的工艺学校;杜里(Dury)②强调要求加强对农业、航海、商业等实用科目的重视。这些人代表了清教徒的商业和实用利益,但是,他们仍然无法打破教育中的宗教和古典传统——虽然非国教学会已经开始注意到他们建议的这些科目。

重要的是,在 18 世纪和 19 世纪,更加重视职业教育科目的经济条件已经成熟,这些内容除了通过学徒制学习之外,也开始在学校里进行讲授。把职业教育融入到学校之中,是现代教育最重要的事件之一。但是,这种做法所引起的争议也是教育史上最激烈的争议之一,即人文教育与职业教育之间的冲突。宗教改革时期至少表达了这样的观点:教育应该直接通过实用技能和职业技能的学习使孩子们做好准备,以便他们能够积极地投入到生活之中。

社会上层的教育

在宗教改革时期,最特别的一个方面是所有那些彼此敌对的宗教组织都同意一件事情,那就是古典课程提供了最好的中等教育,这种教育可以为国家和教会培养领袖。这在当时看来并没有什么特别,因为基督教会的历史文件都是用经典语言写成的,而且文艺复兴时期的人文主义已经牢牢地把古典学识作为中等教育的基础,很少会有人怀疑

---

① 配蒂(1623—1687),英国清教派教育改革家,皇家学会创始人之一。——译者注
② 杜里(1598—1680),英国清教派教育家。——译者注

其正确性。新教和天主教的全力坚持，使得古典学识的影响在中等教育和高等教育中保持了很久，否则就不会如此。宗教和古典人文主义在教育上的结合产生了很大影响，一直持续到现在。

双轨教育体制的上层包括古典中等教育，这在宗教改革时期用于宗教、政治和社会目的。古典人文学科成为宗教学识、政治优势和良好教养及行为举止的代表。经济上的成功确实可以使人跻身上层社会，但是，在古典学识方面所取得的成就在这方面的作用会更大。虽然一些教育改革者觉得可以进行一些母语教育和科学教育，但是，还是古典思想能够在中等教育中盛行。宗教改革为古典中等教育奠定了基础，这种中等教育在以后的两个世纪里一直是欧洲占主导地位的中等教育模式，在德国称为"文科中学"（gymnasium），法国称为"中等学校"（lycee），英国称为"文法学校"（grammer school）。

路德教的古典学校。虽然马丁·路德很重视为普通民众提供本族语教育，但是，他一直觉得拉丁文学校才是促进德国宗教改革的主要教育机构，才能为教会和国家培养领袖以及为大学做准备。在那个宗教冲突异常激烈的时代，只有古典学校才能使路德教的领导者准备好在与天主教领袖平等的基础上保卫和宣传路德教的信仰。马丁·路德希望连初等学校也能够讲授拉丁文。但当他对普通民众失去信心之后，他开始空前重视中等教育。

马丁·路德的忠诚助手梅兰希顿负责在路德教的德国重组中等教育。他是一个彻底的人文主义者，喜爱希腊文和拉丁文，蔑视地方语言。他在建立古典中等学校方面极其积极，他写了大量"七艺"的课本，而且还不断建议路德教领袖建立自己的学校准则和中等学校。同样很有影响的是斯图谟（Johann Sturm）①，他把中等学校按照常规课程进行组织，这为以后德国的文科中学打下了基础。他在斯特拉斯堡的学校里把课程设置分为 10 个年级，每个年级都由不同的教师授课，讲授规定的内容。其课程包括：古代世俗经典著作、古代宗教作家的著作、中世纪的人文学科、人文主义和宗教改革家的著作等，这样安排的目的是

————————
① 斯图谟（1635—1703），宗教改革时期德国新教派教育家。——译者注

为了坚持宗教改革的人文教育理念。

加尔文教的古典学校。 加尔文在日内瓦建立的中等学校基本上是相似的。他也强调,学习古典著作以使"真正的"宗教学者能够阅读《圣经》原著,而不必依赖于天主教的解释。他还认为,只有那些学习古典内容毫无益处的人才应该去学习本族语。加尔文曾在斯特拉斯堡执教,并按照斯图谟的模式设立了他的学校。他把课程学习时间缩减到 7 年,并教授一些法文,但主要的目的还是培养懂得经典学识和修辞学的未来领袖,以捍卫和传播加尔文教的信仰。

天主教的古典学校。 宗教改革时期天主教办得最好的中等学校是耶稣会的学校,称为"学院"(colleges)。这些学校通常装备良好,典型的耶稣会的全面性使得其课程系统而标准,从 1599 年起被称为《教学大全》(Ratio Studiorum)。这些耶稣会学院包括 6 个规定严格的等级,每一级都讲授拉丁文、希腊文、宗教和宗教史。读得最多的拉丁作家的作品包括西塞罗、奥维德、维吉尔、卡图卢斯、贺拉斯等,希腊作家包括克里索罗斯、伊索、伊索克拉底、巴兹尔(Basil)、亚里士多德、普鲁塔克、德摩斯梯尼、修昔底德、荷马、赫西奥德(Hesiod)、平达(Pinder)[①]等。教会教父们的宗教著作和世俗散文、诗歌、修辞、哲学等结合在一起。出于道德和宗教目的,哲学经过精挑细选,以免与天主教的教义相冲突。

除了这种标准的课程之外,耶稣会还提供一种三年制的哲学课程,学习更多的经典文法和文学,以及修辞学、逻辑学、数学、伦理学、形而上学和自然科学。在哲学课程的最后一年,还会讲授教学理论与实践。演说会的教父们也建立了成功的中等学校,他们的学校与耶稣会学校有些不同,其课程包括笛卡儿哲学、科学、数学,并在很大程度上使用本族语。

英国国教会的古典学校。 英国的拉丁文法学校相当于德国的文科中学和法国的中等学校。文法学校的名称就已经表明了它的主要任务。文法学校的课程以大量的古典内容而知名,但常常还会有书信写

---

① 平达(公元前 518—公元前 438),古希腊抒情诗人。——译者注

作技巧和练习来满足商人阶层的实际需要。其特点更加鲜明的是,英国的"公学"非常重视户外运动和体育活动。相比德国和法国的中等学校,英国的拉丁文法学校更加重视比赛,体育比赛中的公平竞争精神不仅培养了身体上的勇猛,而且还培养了运动员的道德精神以及积极参与的能力。

标准化和纪律。总体来说,宗教改革时期的中等教育一般都被精心分为等级并分班,每年要读规定的书目。这种把课程标准化的做法,为教育改革者提供了可以用来抨击传统方法的依据。在课程严格性和灵活性方面进行了长期斗争,在宗教改革时期严格性获得了胜利。

231

在宗教改革期间,中世纪和文艺复兴时期游学的灵活性特点开始让位给有秩序和有纪律、要求按时出勤、有严格规定的课程安排,同时学生还要经常面对从一级到另一级的分级和升级。而且,学校还要经常采取措施来保证学生服从命令。学校制定了很多规则,来防止打架、携带武器、说谎、作弊、酗酒、赌博、诅咒、打牌、掷骰子,甚至游泳、滑冰、钓鱼以及捕鸟。为了执行这些规则,还规定了严格的惩罚措施。规定这些纪律的部分原因,无疑是宗教改革时期的中等教育,尤其是德国和法国的中等教育开始承袭以前在大学里讲授的人文学科中的很多科目。要把这些难懂的经典内容教给学生,一定让教师们绞尽脑汁来制定这些纪律。学生开始学习这些内容的年龄从 7 到 14 岁不等,学完以后的年龄为 14 到 17 岁。

贵族的宫廷学院。宗教改革时期影响到社会最高层的政治、经济和社会变化,使他们对上述经典课程并不满意。古老的骑士训练再也不适合德国和法国宫廷的生活。在那些宫廷里,社交礼仪、决斗、马术以及其他"有绅士风度"的战斗方式成为了生活的目标。贵族子弟需要更加实际的教育,以在军事、礼节、社交等方面得到训练。绅士教育的理想模式在文艺复兴时期由卡斯底格朗、艾利奥特、阿谢姆等人论述过。到宗教改革时期,建立了很多学院来满足这些人的需求。1649 年,仅巴黎附近就有 40 多所皇家学院。德国的骑士学校(Ritterakademien)很快就模仿了这种模式。在这些学校里,那些应该和希望生活在宫廷中的孩子要学习用剑或者手枪进行决斗、骑术、炮术和筑城、音乐、纹章学、地理、历史、数学和科学，还有母语尤其是法语。

设立这种学校的最完整的建议之一，是汉弗莱·吉尔伯特（Humphrey Gilbert）①爵士在《伊丽莎白女王的学院》（*Queen Elizabeth's Academy*）里提出的，只是没有能够付诸实施。他自己几乎就是他所建议的那种英国宫廷绅士的原型。他的理想是提供能够适合战争以及平时生活的一些训练。在这本书里，吉尔伯特建议，教授经典语言、社会科学、逻辑学和修辞学、军事理论和实践，以及现代语言、音乐和舞蹈。这种理想最终影响了大学生活。学生摆脱了教会枯燥的束缚，开始佩剑，穿时髦的衣服，并通过决斗时留下的伤疤的数量来衡量社会生活的成功度。

大学教育

总体来说，欧洲的大学忽视了新的科学和哲学，而是专注于学习神学和宗教争论。文艺复兴时期把大学变成人文主义阵地的早期努力，在宗教改革时期得到了进一步发展，他们希望用经典内容来使牧师应对宗教争端。那时，大学还没有成为自由探索和研究的中心。事实上，大学远远落在其他文化发展的后面，但仍然极其严格地坚持着宗教和经典的学习，根本不重视科学的发展。

意大利和西班牙的大学。在文艺复兴时期，最自由的大学在意大利。帕多瓦大学在自由威尼斯城的保护之下成为了著名的学习科学的大学，尤其是数学、医学和解剖学。哥白尼、维萨里和很多其他人在那里做学生或老师期间，都做过很多杰出的工作。但是，由于16世纪后期和17世纪天主教的反改革措施很严格，这使得在后来的几个世纪里意大利的大学都碌碌无为。同样的情况也发生在西班牙。西班牙的大学在查理五世（Charles Ⅴ）和腓力二世（Philip Ⅱ）的带领下繁荣发展。例如，萨拉曼加大学在1561年提供了哥白尼的著作用于天文学学习，维萨里的著作用于解剖学，这是第一次在欧洲大学提供这样的书籍。但是，西班牙这样一个曾拥有强大力量的国家及其宗教裁判所衰落以后，西班牙的大学也随之衰落了。

---

① 汉弗莱·吉尔伯特(1539—1583)，英国军人和航海家。——译者注

德国的大学。宗教改革期间的争斗、教条的宗教以及国家的控制，使得德国的大学成为了神学思想的中心。路德教的领导者使他们的大学为路德教的目的服务，加尔文教的领导者同样也是使大学为自己的宗教服务，威登堡大学、莱比锡大学、杜宾根大学、罗斯托克大学都是路德教的大学，新设立的路德教大学分布在马尔堡、耶拿、斯特拉斯堡、柯尼斯堡等地。虽然人文主义的神学机构保持了一些人文主义兴趣的活力，但是，17 世纪末，大部分德国大学在神学的重压之下都丧失了活力。18 世纪启蒙时代的复兴，使德国的大学成为了世界一流的大学，这种地位一直保持到 20 世纪希特勒上台为止。

233

法国的大学。法国的大学也因为宗教狂热和国家独裁而衰落了。胡戈诺派在宽容时期建立了八九所高等学校，但是，当 17 世纪胡戈诺派被迫隐藏起来或者被流放的时候，这些高等学校也都被清除了。弗兰西斯一世试图按照人文主义的思想改革巴黎大学，但他没有成功，于是建立了法兰西学院。亨利四世在 1600 年把巴黎大学划归国家领导，并详细规定学习规则和人文艺术系的活动。但是，经典著作学习一般都很枯燥而形式化，科学和数学也都依赖于亚里士多德，而哥白尼和笛卡儿的新科学没有被接受或者被忽略了。一种新的、成果更少的经院主义被传承下来，既没有生气，也没有活力，与当时新的文化趋势毫不相干。

加尔文教的大学。加尔文在日内瓦的高等学校是其教育体系的典型代表。日内瓦学院一开始时非常成功，第一年就招收了数百名学生。其课程强调宗教的虔诚，包括经典内容、一般的人文学科、伦理学、诗歌、物理学、神学等。日内瓦学院的目的显然是培养传道士、神职人员以及为加尔文教派培养教师，这所学院曾被荷兰的莱顿大学、苏格兰的爱丁堡大学、英国剑桥大学的伊曼纽尔学院等效仿。所有这些大学都将影响到美国的大学。在 16 和 17 世纪，在荷兰建立的几所大学之中，莱顿大学、阿姆斯特丹大学、乌特勒支大学成为杰出的加尔文教的学术中心。在这期间，苏格兰也在长老会的支持下建立了几所大学，其中爱丁堡大学和阿伯丁大学很快获得了声誉，尤其是 18 世纪时。

英国的大学。在英国,由于牛津大学和剑桥大学的不同学院支持不同的教义,因此,人文主义的兴趣和不同的宗教派别是结合在一起的。人文主义和经典著作学习被当作新的武器用于古老的宗教斗争。1575年,天主教被伊丽莎白女王驱逐以后,圣公会新教和清教新教之间便展开了斗争。清教徒主要进入剑桥大学,因为那里比较支持他们,尤其是圣约翰学院和西德尼·苏塞克斯学院。这几个学院成为了激进清教徒的公开的中心,那里培养的很多清教徒后来都到了美国。从高级层面来看,神学仍然是主要的学习对象,而新科学几乎完全被忽视了。牛津大学和剑桥大学的神学教育,主要适合培养那些精通拉丁文、希腊文、希伯来文以及辩论术的牧师,这样的牧师可以去维护他们的宗教信仰,并驳斥那些攻击者。

与大学教育形成对照,学院教育体系比以往任何时候都更加根深蒂固,因为宗教改革一直强调精神、道德和宗教纪律。这些学院还保持着其集体特点,有礼堂和四合院校舍,教师和学生可以一起在那里学习和生活。集体生活在宗教改革时期消失,之后很久,英国学院仍然保持集体生活,其中教师必须过独身生活的要求起到了一定的作用。英国关于大学纪律和规定课程的想法,在美国高等教育的发展中起到了重要的作用。美国第一所大学——哈佛大学,就是模仿了剑桥大学的一个学院。

人文教育的组成部分。在美洲殖民地时代,英国的人文学科的课程包括:(1)中世纪的人文学科(文法、修辞、逻辑、算术、几何、天文学,但没有音乐);(2)亚里士多德的哲学(伦理学、政治学、物理学、形而上学);(3)文艺复兴时期对古典人文主义的学习(拉丁文、希腊文、希伯来文、修辞学)。在宗教改革时期,使这些学科或多或少服从于宗教和教派的利益以及与教会紧密相关的政治国家的要求。

所有这些历史理想,都是建立在以语言和文学学习为主的人文教育的基础之上的。因此,宗教改革的教育家认为,培养实干家的最好方式就是学习书本知识。(皇家学院是对这种想法的否定,但它们在英国不太为人们所接受。)而且,只有少数人具备接受语言和文学高等教育的能力,也只有少数人具备领导社会的能力。在这些方面,宗教改革的人文教育是以贵族的社会观念和不多的高等教育理论为基础的,学位和人文教育被看得更加高大,因为它们只有少数人才能获得。

人文教育意味着,学生要或多或少精通拉丁文、希腊文、数学和哲学。这种想法是很牢固的,这从规定的课程和训诫方式就能够反映出来。

教育方法的新理念

一般做法。最常见的教学方法,源自于盛行于宗教改革时期的那种以书本为主、注重语言和数学的方法。这意味着,学生的成就在很大程度上取决于熟记大量材料,以及向老教师复述课本内容的能力。自从把书面语言作为文化工具大规模使用以来,学校学习的最常见方式就是熟记。文法被整理成规则体系之后,文法学习就开始包括熟记语法规则。英文文法被编写出来以后,它们也遵循拉丁文法的先例。其他学科,如逻辑、修辞和数学的规则发展起来后,学习这些科目同样也要熟记规则。

在练习修辞和逻辑的过程中,人们开始使用"辩论法",学生根据逻辑学的规则进行辩论。同样,"朗诵"给了学生们根据修辞学和演说术的规则来朗诵或者复述经典作品片段以及他们自己作品的机会。一些更高级的中等学校给学生提供很多复述古代剧本台词的机会,以便学生深刻体会经典作家的风格和手法。这种以书本为主的学习方法,源自于坚持理性主义的心灵观。这种模仿经典作家的方式渐渐变得很流行,甚至有些盲从,后来被称为"西塞罗主义"(Ciceronianism)。

以前不同年龄、不同能力的孩子们在一起学习。虽然学生年纪从六七岁到十二三岁不等,但是,一位教师还是要教所有孩子。把孩子按照年龄和能力分级,是宗教改革时期的一个发展。纪律通常很严格,甚至有些残忍,包括鞭打,还有用戴笨蛋帽和站笨蛋凳等方式进行嘲笑。

感官唯实论的新方法。逐渐增长的科学和哲学的实用观点,通过感官唯实论的观点而对教育产生了影响。一些教育工作者开始对西塞罗主义的理性的形式主义和不理智的、过多的纪律提出质疑。总体来说,感官唯实论者认为,通过感官认识实际事物的方法要比仅仅学习书本词语和规则的方法有效得多。在科学的归纳法中,学习者首先对他最熟悉的事物进行实际的简单观察,然后进入到更加复杂的、不太熟悉的事物。他们强调,这种方法应该被视为教育方法的基础。激发学生对所学事物的兴趣,以及使学习材料适应学生的能力的做法,被称赞为对传统的形式主义和书本主义的一种改进。通过这样的方法,感官唯实论者指出,宗教改革的学校已经落后于宗教改革的文化。他们坚持认为,应该改进学校的教学方法和课程,以有效地应对文化上的变革。

感官唯实论的很多理念源自于弗朗西斯·培根所论述的经验主义哲学。弗朗西斯·培根认为,教育应该培养科学的精神和方法。他抨击了传统辩证法和神学的"辩论式"学习、西塞罗人文主义的"精妙"学习以及迷信和巫术的"奇幻"学习。他认为,上述内容都忽视了对自然的研究,只是依赖于猜测和权威。确实,教育应该鼓励有创造性的调查;应该培养在搜集全部事实之后再作判断的习惯;应该培养一种批判的态度,让人能够冲破既有偏见和固有思想的束缚。

马丁·路德和拉特克。在马丁·路德关于教育的各种论述中,他表述了一些与感官唯实论一致的观点,但显然这不是因为他认识到了感官唯实论,而只是因为他想使年轻人的教育更加有效。马丁·路德对古典中等教育的看法似乎与对初等教育的看法不同,他提倡初等教育应该适应孩子的能力,要通过吸引孩子的兴趣、让他们学习书本和实践知识、放松纪律要求等手段,来使学习过程更加愉快。

大约一个世纪以后,一位信仰路德教的怪人试图把弗朗西斯·培根的观点应用于语言教学。拉特克(Wolfgang Ratke)[①]在英国阅读了弗朗西斯·培根的著作,回到德国后,他神秘地宣布找到了教学的有效方法。他获得了安哈尔特王子(Prince of Anhalt)的信赖,王子为他建立了一所学校,招收了几百名男女学生。拉特克强烈要求在教学中遵循自然规律,但是,他的建议常常被搞得混乱。他建议,一次学一种东西,直到通过问答式的重复而不只是熟记彻底掌握了这个知识。在他看来,关于事物的直接知识应该先于学习对这些事物的描述。在学习

---

① 拉特克(1571—1635),德国教育家。——译者注

经典作品、算术、唱歌、宗教等内容时，应该主要使用德文。拉特克的思想狭隘，采用秘密的方法，因而受到人们的批评，所以，他的影响也是很有限的。

夸美纽斯。 显赫的摩拉维亚大主教夸美纽斯（Johann Amos Comenius）或许是宗教改革时期最杰出的教育理论家，他为 18 和 19 世纪感官唯实论的广泛应用铺平了道路。夸美纽斯试图把他所理解的科学方法应用于教育理论、课程和方法。所有的教学都应该严格分级和安排，以符合儿童发展过程中的自然规律。这就意味着，要从简单到复

237

图 12　夸美纽斯

杂，从已知到未知。在所有的教学过程中，对儿童的了解要通过适应他的感官经验而获得。夸美纽斯强烈建议，学生尽可能通过认识实际物体或通过事物的图片和图像、雕像等来进行学习。他写的很多课本都有大量的插图，这样他就提出了适合学生的图画书的思想。他的《世界图解》（*Orbis picture*）可能是最出名的。他通过同时使用母语和拉丁文简单描述图画的方法改进了语言教学。

238

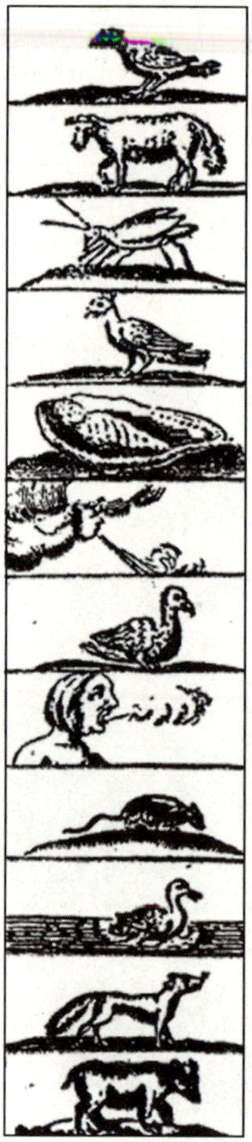

Cornix cornicatur, The *Crow* crieth.	à à	A a
Agnus balat, The *Lamb* blaiteth.	b è è è	B b
Cicàda stridet, The *Grasshopper* chirpeth.	cì cì	C c
Upupa dicit, The *Whooppoo* saith.	du du	D d
Infans ejulat, The *Infant* crieth.	è è è	E e
Vontus flat, The *Wind* bloweth.	fi fi	F f
Anser gingrit, The *Goose* gagleth.	ga ga	G g
Os halat, The *Mouth* breatheth out.	hà'h hà'h	H h
Mus mintrit, The *Mouse* chirpeth.	ì ì ì	I i
Anas tetrinnit, The *Duck* quaketh.	kha, kha	K k
Lupus ululat, The *Wolf* howleth.	lu ulu	L
Ursus murmurat, The *Bear* grumbleth.	[mum mum-	M

图 13　夸美纽斯《世界图解》中的一页

在《大教学论》(*Didactica magna*)中,夸美纽斯提出了他的教育理论以及改革学校课程的组织计划。总体来说,他对通过泛智教育——即教给孩子所有知识——进行社会改革的可能性很感兴趣。在他为 6
239 岁以下儿童设立的母育学校里,夸美纽斯要求培养感官,通过游戏、童话、韵文、音乐和手工活动来培养学生的道德、宗教和体育能力。在 6 到 12 岁的国语学校中,他要求教授阅读、写作、算术、唱歌、宗教、道德、经济学和政治学、历史、手工技艺等。在 12 岁到 18 岁的拉丁学校中,他要求教授德育、拉丁文、希腊文、希伯来文、文法、修辞、逻辑、数学、科学以及艺术。大学位于教育体系的最高级。在各个层级中,学习内容要按照学生的能力仔细分为不同的级别层次。学年以及学校中特定活动的时间都要认真确定。采用班级授课的方式,以获得更好的社交收益。各门课程要尽可能地紧密联系。各种学校活动应该对生活具有实用性,并适合正直的宗教生活。

夸美纽斯远远超出了他的时代,他或许对他自己的那个时代没有太大的影响,但是,他的想法中包含很多现代特点,这足以证明他对现代文化的洞察力。虽然波兰、瑞典、匈牙利、英国等都在追随他的建议(还有人提到哈佛大学曾邀请他做校长),但是,夸美纽斯在自己的国家却由于"三十年战争"的破坏而连连遭受挫折和失败。他的宗教教派[①]不断受到迫害,如果他属于某个主流教派的话,他的影响无疑会大得多。

英国神学家论方法。有必要提一下感官唯实论对 17 世纪一些英国作家的影响。理查德·马尔卡斯特强烈建议,教育应该适应学生的兴趣和能力,应该充分利用体育活动、音乐、绘画、游戏等在发展学生感官经验方面的作用。埃德蒙·库特(Edmund Coote)、约翰·布林斯里(John Brinsley)、约翰·杜里、查尔斯·胡尔(Charles Hoole)以及威廉·配蒂爵士等人,都通过不同的方式来强调他们的教育观点:要对事物有真正的感悟,而不是仅仅学习课本文字;用英文学习所有学校的科目;把科目分级,把学生分成不同的班级,这样就能更好地考虑到学生的能力;放松纪律要求,让学习变得更愉悦、更有效。很少有哪个学校的实际做法能够符合这些教育改革家的要求,但是,它们的重要性还是不容置疑的。这些教育改革家的思想在以后教育工作者的头脑中扎根,并使他们取得了更大的成功,因为新的文化形势更加有利。或许,这就是教育理论最伟大的价值之一。

---

① 夸美纽斯的宗教教派是捷克兄弟会。——译者注

第九章 美国的宗教改革

从宗教改革机构到美洲殖民地的转变

17世纪美洲的生活和思想潮流与欧洲是紧密相连的,因此,美洲的建立从广义上应该看作是之前所讨论的宗教改革的一部分。在这个过程中,政治、经济和宗教因素紧密相连。导致英国人、苏格兰人、荷兰人、瑞典人、德国人、法国人和其他殖民者到美洲的原因,是欧洲宗教改革期间一系列复杂的事件。有些人是由于国内的政治和宗教迫害,有些人想获得比国内更高的经济利益,还有些人是因为冒险精神、走投无路或者被强迫。幸运的是,来到北美殖民地寻找财富的军队士兵和军事冒险家的数量并不多,并没有造成像对墨西哥和南美那样的经济剥削和军事控制。有些人是由于国家的政治和经济目的而被派出来占领殖民地。但同样幸运的是,封建的经济模式和严格的社会阶层从来没有在北美殖民地扎根。

还有其他一些人来到北美是因为他们想要建立一种符合宪法的政治制度,这种制度在国内只有理论上的描述,但从来没有付诸实践。获取宗教自由的愿望使得很多人来到美洲,在那里他们可以信仰在国内被禁止的宗教。有些人还反映了典型的宗教改革的宗派主义,一旦他们在这片新大陆建立起了自己的宗教,他们就不允许与自己宗教不同的观点存在。

殖民地化和统治

新英格兰地区。17世纪,在新英格兰建立的政治体制是权力的一种奇怪组合,它源于加尔文对于国家的神权政治观念以及英国人在国内议会所获得的宪政民主。定居在新英格兰地区的清教徒充满了加尔文神权政治观念。在这种观念中,国家被看作是教会的保护者和支持者,应服从其命令并执行其决定。例如,在 1672 年的《康涅狄格州清教徒法》(True Blue Laws of Connecticut)中,该州依据《圣经》,对亵渎神明、信奉邪神、巫术、不服从父母等行为要判处死刑。这种神权政治的观念,使得当地政府有充足理由要求并支持清教徒所接受的那种宗教教育。

　　神权政治的国家结构在新英格兰地区的政治体制中得到了进一步体现,其中最典型的是马萨诸塞州建立的政治制度。国王颁布的宪章授权马萨诸塞海湾公司组建政府,包括一位州长、一位副州长以及公司的股东组成最高法院,作为政府的立法机构。这种安排有着贵族化和宗教化的基础,这从仅仅给予男性地主和教会成员选举特权的法律上就可以看出来。据估计,在 1674 年,该殖民地只有五分之一的人有资格获得投票权。因此,当时并没有现代民主意义上的民众政府,政府支持的是教会成员和拥有土地的群体。在各个时期,殖民者必须通过请愿和辩论等方式来争取选举权。1691 年,原来的宪章被废除,并制定了新的皇家宪章,政府的组成包括一位由国王任命的州长代理国王行事,还包括从财产所有人中选举出来的人组成的最高法院。选举权的宗教资格要求被取消了,只有财产要求保留了下来。这种由威廉和玛丽带来的变化,把马萨诸塞州变成了一个皇家省,并试图迫使清教徒根据 1689 年的《信仰自由法令》(the Principles of the Act of Toleration)的原则授予更多的宗教自由。

　　甚至在 1691 年之前,在美洲,就有很多个人和团体反对神权政治国家的专制教义。分离主义的精神要比神权主义的专制精神更好地体现立宪主义和公民自由。分离主义者认为,政府应该只处理公共事务或共同事务,个人在信仰方面应该有更大的自由。他们否认清教教会、天主教会以及英国国教教会以权威的姿态来决定个人的宗教信仰的权利。因此,他们认为,教会和国家应该分开,以最大程度保持信仰自由和公民自由。正是美国文化中的这种分离主义或独立主义思想,奠定了宗教自由的基础。

定居在普利茅斯的殖民者从总体的宗教信仰上讲都是加尔文教徒,但是,他们在实际上则更属于独立派,比清教徒更加相信个人主义的民主。罗得岛的罗杰·威廉斯(Roger Williams)①、安妮·哈钦森(Anne Hutchinson)②和教友会教徒都是独立运动所代表的宗教信仰个人自由理念的支持者。

中部殖民地。纽约的政治体制最初于 1630 年由荷兰的西印度公司建立。西印度公司于 1630 年派出了首批长期的殖民者,并在很大程度上由荷兰控制着新荷兰地区的事务。1624 年成立的一家瑞典贸易公司从 1638 年起开始向特拉华河流域输送殖民者。1655 年,新荷兰地区的荷兰统治者从瑞典人手中强行夺取了特拉华地区的统治权。但是,1664 年英国人接管了整个新荷兰地区,并把它辟为英国的皇家殖民地,命名为纽约。1664 年后,新泽西也成为英国的皇家殖民地,那里混杂着教友会教徒、新英格兰的清教徒、法国的胡戈诺教徒、瑞典人、芬兰人、德国人、苏格兰裔爱尔兰人和英国人。

宾夕法尼亚得名于威廉·佩恩(William Penn)③,而且也是他为人们提供了定居宾夕法尼亚的动力。佩恩虽然是教友会教徒,但还是从查尔斯二世(Charles Ⅱ)那里获得了大量土地。他发布广告,宣扬在自己的土地上会有自由政府、经济机会以及宗教自由。因此,从 1681 年起,大量人口涌入了宾夕法尼亚。到 1685 年时,宾夕法尼亚就已经吸引了 7000 到 8000 个殖民者,包括很多不同国籍和不同宗教派别的人,迅速成为了人口最多的殖民地之一。1700 年之前,不仅教友会教徒,而且英国人、威尔士人、德国人、法国人以及荷兰人都带着他们各自的宗教信仰涌入了东部的宾夕法尼亚。

南部殖民地。在英国亟需原材料的时候,伦敦公司出于商业目的率先入驻弗吉尼亚。从 1606 到 1607 年,伦敦公司成立后就马上推选

---

① 罗杰·威廉斯(1603—1683),罗得岛殖民地的创建人,宗教自由的先驱。——译者注

② 安妮·哈钦森(1591—1643),北美英国殖民地自由派宗教家。——译者注

③ 威廉·佩恩(1644—1718),亦译"彭威廉",英属北美宾夕法尼亚殖民地创建者。——译者注

了州长以及由富裕阶层组成的委员会。1619 年,还成立了代表会议——下议院。贵族委员会成为了上议院,代表会议成为了下议院,它们都是政府的立法机构。由每个县的自由公民(拥有财产的公民)选举出 2 名代表组成下议院。后来,卡罗莱纳也按这种方式建制。18 世纪时,佐治亚州建立。马里兰州的建立是由于 1634 年巴尔的摩公爵(Lord Baltimore)拨了一块土地作为给天主教徒的避难所,但是,其他殖民者也都快速涌入,到 1700 年时,天主教徒的人数还没有清教徒和英国国教徒的人数多。

在移民到南部殖民地的过程中,虽然从总体上讲商业动机是一个重要因素,但是,英国的政治和宗教事件也起到了重要作用。就像 17 世纪 30 年代劳德(Laud)大主教对清教徒的迫害促使他们移民到新英格兰地区一样,1649 年清教联盟的建立又促使英国国教徒和保皇主义者在 17 世纪 50 年代移民到南部和中部地区的殖民地。同样,法国路易十四(Louis XIV)废除《南特诏书》,导致很多法国胡戈诺教徒移民到美洲中部;德国的"三十年战争"(1619—1648)也导致很多人来到美洲,希望获得更多的宗教自由。

243

经济和社会制度

美洲早期移民都是由英国、荷兰、瑞典的贸易公司发起的,这显示了新大陆在欧洲贸易革命中的重要作用。贸易公司把股票卖给股东和商人,这些人在本国主要关注的是赚钱。到新大陆寻求殖民地,以及统治者颁发给马萨诸塞海湾公司、伦敦公司、荷兰西印度公司的特许证,强调政府和中产阶级之间的紧密合作,这种合作采用的是商业资本主义在 17 世纪所采用的典型形式。

在新英格兰,人们的经济生活集中在城镇和比较完整的社会单元中。国王把土地批给马萨诸塞海湾公司,然后土地又被分给那些共同使用的人们作为牧场或者用于其他用途。直到现今,"公共草地"仍然是新英格兰地区很多城镇的显著特点。农夫们常常一起住在礼拜堂、教堂和学校附近,他们在农田上耕作,农田从人口密集的地区向周围扩散。这种情况使人们形成了一种很强的团体精神,这是南方殖民地所无法相比的。同样,这样的团体更能够自给自足,满足食物、衣服和房屋之所需。各种各样的熟练工人成为城市生活的一部分,给城市的其他人提供各种有用的物品,也增加了新英格兰经济生活的多样性。这样,商人、农民、水手、渔民、造船商等就都能维持自己的生活。这种对熟练技工而非不熟练工人的需求意味着,奴隶在新英格兰地区不会像在南方那样成为经济财产。

关于17世纪新英格兰的人口,还要提及两个问题。一是英国的社会阶级结构也迁移到了新英格兰地区以及南方;二是在设立城市和划分土地的政策方面,更民主的社会已经开始显现。新英格兰地区出现了三个明显的阶层,与原来英国的社会阶层有些相似。这包括上层贵族阶层(牧师、地方行政官、地主、商人),自由阶层(熟练手工艺人、工匠、自由农民或自耕农),还有非自由阶层(不熟练劳动力、契约佣工以及一些奴隶)。一般来说,社会下层民众没有投票权,因为他们没有财产。但是,手工艺人和自耕农通过斗争逐渐获得了投票权,因为他们获得了财产或者土地。他们代表了一种独立的个人主义精神,这种精神从来没有被社会上层神权政治的统治者所彻底控制。把自由土地以少量的方式分给大家的政策极大地支持了自由阶层,广泛的经济民主最终为后来的政治和社会民主奠定了基石。

但是,这些民主趋势还必须与那些继承英国社会上层的特权进行艰苦的斗争。社会上层在选举时有优先权,他们的严重或不严重的违法行为都可以从轻处罚,他们的头衔、着装和在教堂内的座位都与普通人有所区别。这些差别最终导致那些边远地区农民的农业利益和城市市民的商业利益之间的冲突,以及城市内熟练手工艺人和商人之间的冲突。教育也反映了18世纪的这些经济冲突。

中部殖民地与新英格兰地区的经济和社会模式比较相似,但在南部,在18世纪初出现了一种不同的模式。例如,在弗吉尼亚,居民原来的社会阶层与英国比较相似。与一般的设想不同,17世纪弗吉尼亚的社会阶层构成与新英格兰地区没有什么太大区别。南方的贵族阶层并不比新英格兰地区多。大部分人都是自由地主。17世纪弗吉尼亚和马里兰的经济体系,几乎全都是建立在自由劳动力的基础之上的。直到17世纪80—

244

90 年代之后,非自由劳力和奴隶主阶级之间才产生了很大差别。通过种植烟草与英国人进行贸易,他们获得了很大的利润,从而刺激了种植园的发展。拥有大量土地成为人们向往的事情,因为烟草会快速耗尽土地肥力,因此,种植几茬之后就必须休耕以便使土地得以恢复。

宗教的建立

依照 16 和 17 世纪在欧洲发展起来的教会与国家的关系模式,一些美洲殖民地开始建立各自的宗教。在 17 世纪的美洲,建立一种宗教往往意味着两件事情。首先,这意味着国家被迫用法律的权力为某个唯一受偏爱的教会提供财政支持,包括向所有人征税和把公共土地划拨给教会来支持固定的牧师、建立教堂建筑以及提供教会服务。

其次,这意味着国家要运用法律的权力,通过要求人们必须接受某个受偏爱的教会教义以及参加其公共礼拜仪式,阻止其他宗教的礼拜活动等方式来支持该宗教。这包括在民事法庭进行审判,以及通过罚款、监禁、酷刑来折磨那些坚持或者表述反对意见的人。持异议者被剥夺了民事权利,包括选举权和担任公职的权利。

在新英格兰(罗得岛除外),清教主义是公理教会和其他依照加尔文教义所建立的社会组织中的领袖。清教神权政治的支配地位,从马萨诸塞和康涅狄格的"蓝法"(blue laws)[①]、搜捕巫师、因宗教原因进行的惩罚、罚款以及生活中普遍的清教色彩就可以得到证明。

虽然新英格兰的很多殖民者是分离主义者,约翰·科顿(John Cotton)[②]、约翰·温思罗普(John Winthrop)[③]和其他决心建立严格宗教的人还是制定了严格的正统规范。法律规定,所有人(不管是否是教会成员)都必须去教堂,并为全体牧师提供公共财政支持。神职人员对人民的整个公共和私人生活都会施加重要的社会影响。他们在各种事

---

① 蓝法,指禁止在星期日从事商业交易的美国法律。——译者注
② 约翰·科顿(1584—1652),新英格兰基督教清教派领袖。——译者注
③ 约翰·温思罗普(1588—1649),英属北美马萨诸塞湾殖民地首任总督。——译者注

务上都对公众观点产生重要的影响,包括教育在内。宽容绝不是罗德岛以外的新英格兰地区的宗教情形。持异议者会受到迫害,因为人们认为如果一个人不信仰正统的宗教,那么这个人在道德上就不可靠,就不能成为国家的好公民。

公理会的清教教会组织形式,由马萨诸塞和康涅狄格的立法者通过法律进行了规定,事实上在新罕布什尔亦是如此,只是没有明确的法律而已。相比之下,罗得岛虽然并没有建立教会,但罗杰尔·威廉斯和他的追随者坚定地维护着宗教自由,他们信奉欧洲的再洗礼教派在早些时候所表述的政教分离的观点。这样,罗得岛就成了宗教上持异议者的主要避难所和新英格兰地区的自由之地。

公理会的教会组织形式本身,包含了对清教神权政治来说比较困难的一些因素,因为它把教会事务的管理权交给了当地宗教团体。这种比较民主的教会组织形式不同于英国国教、路德教以及罗马教会对权威的教会阶层的观念,甚至与赋予教会长老完全权利的长老会的组织也不一样。最终,公理会的组织形式开始削弱了古老的神权政治的权威。

在中部殖民地,多种多样的国家团体和宗教派别阻碍了州立教会的建立。尽管有人声称英国国教在纽约州的南部四县已经建立,但荷兰人和长老会教徒从来没有承认过英国国教会的说法。荷兰改革派、英国国教徒、清教徒、教友会教徒、法国胡戈诺派、德国路德派、苏格兰裔爱尔兰人的长老会教徒、瑞典的路德教徒以及以后到来的很多其他团体之间在语言、风俗、命名等方面的隔阂,使一种宗教占统治地位的情况成为不可能。这种宗教上的多样性在中部殖民地的教育发展上起到了很大作用。

在南部殖民地,英国国教早期是正统教会,但据估计,只有弗吉尼亚是唯一一个大部分民众都是英国国教会成员的殖民地。南北卡罗莱纳州以及后来的佐治亚州虽然建立了英国国教会,但是,从来没有像弗吉尼亚的教会那样在财政上受到过积极的支持。在那里,教会在 17 世纪的时候甚至难以发展,因为那里缺少城市、人口稀少、牧师的薪水微薄以及原始艰苦的生活环境,难以吸引牧师从英国来到那里。但是,英

246

国国教逐渐在南部发展起来,并对当时的政治、经济和教育体系产生了很大影响。虽然定居在马里兰州的主要是天主教徒,1647年颁布的宽容法律也允许所有基督教徒按照自己的意愿选择教派,但是,在17和18世纪之交时英国国教被法定为正统教派。

虽然强调设立国教(这是宗教改革时期文化的一个重要特点),但是,美洲确实为各种宗教派别提供了一个避风港,当时这些宗教派别在欧洲是无法和平共处的。这种情况最终导致了公民自由和宗教自由方面的重要思想的产生,从而使美国避免了像欧洲一样进行可怕的宗教战争。我们在这个方面的成就是伟大的,只是我们的成就被从殖民时代的猎巫行动时开始的宗教对抗、迫害和偏狭所破坏了,这些情况直到现今还在影响着少数派的宗教团体。

在这个方面,必须提一下西班牙天主教的机构和文化对17世纪美国的影响。美国的历史和教育常常忽视西班牙对美国生活的影响。西班牙人确实没有设定美国文化和教育的主要模式,但是,在世界紧密依赖、相互交融的情况下,有必要强调一下其在美国历史中的真正影响。例如,生活和旅行在美国西南部的人不可能不注意到西班牙文化的存在及其对美国文化的影响和其遗留给我们的问题。早在1565年,西班牙人就在佛罗里达建立了奥古斯丁市,但到1650年时,西班牙人的居留地就由于印第安战争和英国人在北面建立的殖民地的影响而破坏了。

影响力更持久和更广泛的是西班牙人在美国西南部的活动。17世纪末之前,统治墨西哥的西班牙统治者开始向新墨西哥和德克萨斯推进。1540年,科罗拉多远征是西班牙政府索要美洲大陆西部地区的一系列行动的高峰。方济各会的修道士追随着新墨西哥和圣菲征服者的脚步,很快就为管理印第安人权利的问题与地方长官发生了冲突。但是,印第安人决心要自己做主,淘斯的首领领导的反对西班牙殖民者的起义就是证明。虽然西班牙人遭到了挫败,但他们的影响却一直持续着,而且后来又被更加牢固地重新确立起来了。到1689年时,西班牙已经在德克萨斯州取得了很大的进展,圣安东尼奥成为了另一个有影响力的中心。在18世纪,西班牙和天主教的影响已经扩展到西南部地区和加利福尼亚,在那些地区建立了具有重要意义的持久传统。

247

专制的集体主义与自由的个人主义之间的对抗

17世纪影响美国人行动的思想和信念最终发展为相互抵触的两个极端。一个极端是清教神权政治的专制的集体主义;另一个极端是独立派和各种持不同意见者所倡导的自由的个人主义。这些极端的思想和行为贯穿着殖民者的整个宗教、政治和经济活动之中,并且为美国本土的两种传统思想打下了基础。这两种思想都一直延续至今。

专制的集体主义在宗教和政治方面的特点,在清教神权政治的专制和贵族观念中体现得尤为明显。依据加尔文的教义,约翰·科顿、约翰·温思普罗、英克里斯·马瑟(Increase Mather)等早期的清教领袖开始对马萨诸塞海湾殖民地的生活进行完全的控制(专制主义),并把广泛的社会群体分为相互依赖的团体,每个团体都在大的环境之下发挥着自己的作用(个人主义)。作为一位牧师,约翰·科顿认为,牧师应该是把神圣意志传递给人们的绝对的解释者,"有罪者"应该绝对臣服于"圣者"。因此,宗教的统一性比政治权利更加重要。整个团体应该由"最好的人"统治——最好的人应该由以牧师和地方行政官为首的教会成员中的少部分人决定。

作为一位地方行政官,约翰·温思普罗支持那些贵族思想,强调行政官有特殊的才能和洞察力,可以使他们有资格不受大众的妨碍做出决定。如果政府的最佳形式是民主,那为什么上帝没有做出这样的命令呢? 与此相反,上帝认为,政教合一是政府的最佳形式。例如,加尔文描述的上帝是至高无上的、专制的、绝对的统治者,他的意志必须通过他任命的代理人——国家和教会——传达到人间,而国家是教会的仆从。正是上帝的意志使民众成了有罪之人,而贵族则成了少数可以决定他们命运的智者。英克里斯·马瑟在17世纪末把这种思想继续发扬,并加大了运用国家权力铲除持不同意见者的力度。清教神权政治家利用这些思想观点作武器,保持着对马萨诸塞海湾的专制统治,直到17世纪末,清教派的统治才开始有所松动。

与清教神权政治的专制主义相反,另一个极端是崇尚绝对自由的个人主义,这种观点赢得了很多殖民者的青睐。分离派既拒绝清教神权政治的专制主义,又拒绝其集体主义,这是很自然的事情。他们希望摆脱国家的宗教控制,在他们看来,他们的出路在于不仅要强调自由,更要强调个人主义。在宗教方面,分离派坚持主张宗教信仰的自由,在政治方面他们坚持要求更多的民主,而这种民主是清教派领袖不愿意给与的。

托马斯·胡克(Thomas Hooker)[1]和罗杰·威廉斯坚持认为,国家的组织结构不应该取决于少数贵族阶层的意志,而应该取决于民众。他们不承认英国国王、英国国教会和清教主义所表述的君权神授的观点,他们关于国家的完整概念是建立在这样的观念之上的:政治权利来自于民众的认同,这要书写成文或者形成宪法,这些文件在必要的时候可以进行修改,国家要对大多数人的意志负责。

罗杰·威廉斯尤其反映了原来的新教派关于个人主义的观点。他相信基督教的伙伴关系,认为个人可以和上帝建立起亲密的私人关系,因此,国家根本没有必要通过其权力建立官方的教会。他认为,精神和智力生活都不应该受到国家或者任何教会的束缚。每个小团体,甚至每个个人,都应该可以按照自己的意愿去思考,去信自己的信仰。民权自由和宗教自由的教义,很快就成了政治和经济的术语。这样,美国个人主义的种子就被种植在了这块土壤之上,而这片土壤则被证明是非常肥沃的,适合个人主义后来的繁荣发展。

从 20 世纪的观点来看,我们可以清楚地看出为什么分离派会选择那样的道路。分离派很自然就把极权主义和集体主义联系在了一起,因为它们所有的经历都表明两者是联系在一起的。他们做出的回应就是同时抛弃两者,把自由和个人主义结合起来。他们还没有完全认识到,在没有大规模极权主义的情况下也可以进行社会控制。胡克和威廉斯确实感觉到了这种区别,他们倡导一种公共服务的国家在不涉及宗教信仰的情况下处理公共事务。但是,在他们试图打败极权主义的努力中,他们只是微弱地感觉到,为全体民众谋福利的国家和社会可能会是自由和民主的。他们面临着我们这个时代的巨大的社会问题——

249

----

① 托马斯·胡克(1586—1647),英属北美殖民地基督教传教士。——译者注

同时获得自由和安全,但是他们却无法解决这个问题。

教育中的常规

　　在前面章节中提到的制度模式被一些群体和社会关系控制着,这些制度模式常常统称"常规"(standing order)。这是一种复杂的安排,为那些掌握政治权利的统治阶级和拥有宗教权利的贵族阶级服务。在17世纪的美国,对教育的控制主要是由常规的机构和观点决定的。

　　很自然,国家对教育管理的主要例子体现在美国加尔文教专制的集体主义上,而不是罗得岛的自由的个人主义原理上。当时,罗得岛还没有采取国家管理教育的措施。直到18和19世纪,当集体主义的观点和人文主义的自由观点结合在一起的时候,才出现了由国家支持的民主学校体制的观点。与此相似的是,为不同阶层提供不同学校的双轨制思想也在美国出现,作为殖民地社会结构的一个结果。

新英格兰地区学校的公共管理

　　国内权力机构对教育的最大关注出现在新英格兰地区,那里盛行加尔文教的宗教和教育理念。最初,各市镇开始设立学校。后来,殖民地的立法机构开始施加自己的影响。早在1635年,波士顿城就投票建议建立一所学校,一部分由私人资助,一部分靠特别划出的一片土地上的收入来支持。到17世纪末时,大约有30个新英格兰的市镇以相似的方式建立学校,最早的市镇是查尔斯顿、塞勒姆、多彻斯特、纽黑文、哈特福德、剑桥以及罗科斯伯力等。市政会议的权威常常是通过行政委员会或者临时性的学校委员会施加的。这个原则很快就在新英格兰地区确立起来,各市镇不仅要确保建立学校,而且至少还要为学校提供部分支持。财政支持来自于几个渠道,包括能够支付其学费的家长所交的学费,按照学生人数和在校时间在各学校征收的税款,来自城市土地、渔场以及通行费、罚款、许可证以及财产税等收入。

　　对学校管理的第二步开始于殖民地立法机构的介入,促使那些没有主动设立学校的市镇建立学校。马萨诸塞海湾殖民地率先颁布了两个学校法令,这对其他殖民地产生了很大影响。《马萨诸塞1642年法》

(the Massachusetts law of 1642)是第一个要求对孩子进行初等教育的一般法令。在该法令中,国家有权授权市镇官员要求父母对孩子进行教育。它没有建立学校,也没有要求市镇建立学校。但是,它要求父母或者教师对孩子进行强制教育,列举了一些必须学习的基本内容(英文阅读、基本法知识、教义问答、在某个行业做学徒)。该法律授权行政委员会当局通过罚款和强迫学徒等方式来强制执行。

这样,教育对社会福利有重要意义的原则,很早就被清楚地写进了北美海岸的法令中。但是,这些市镇显然没有对此足够重视,因为 5 年以后又颁布了一个法令,更进一步明确了国家在教育方面的权力。在《马萨诸塞 1647 年法》(the Massachusetts law of 1647)中,立法机构要求为每个 50 户以上的市镇提供一位初等学校教师,每个 100 户以上的市镇要建立一所拉丁文法学校。该法律使得市镇可以通过合法地征税来资助教师,并规定市镇如果达不到这些要求将被处以罚款,这种做法有助于强制执行法令的规定。

《马萨诸塞 1642 年法》与《马萨诸塞 1647 年法》相比,可以看出,1647 年的法令要求市镇建立学校,市镇当局有权管理、监督和控制学校。但是,当时还没有要求孩子必须进入学校学习。父母仍然自由选择自己教育子女、雇佣家庭教师或者把孩子送到学校。通过使公共教育更容易获得,政府试图确保孩子们能够受到教育。

1650 年,康涅狄格的立法机构颁布了类似《马萨诸塞 1647 年法》的法令。纽黑文在 1655 年、普利茅斯在 1677 年以及新罕布什尔在 1680 年从马萨诸塞独立出来的时候,都采取了类似的行动。关于这些法律在奠定美国公共教育体制方面起到了多么重要的作用,人们的争论比较多。有些人认为,它们成为了美国 19 世纪建立的国家学校体制的先驱;还有人认为,这些法律只不过是加尔文教会确保其教义被所有孩子了解的手段。不管怎样,重要的是国家确实确立了其在教育方面的权力。19 世纪末 20 世纪初,当国教从国家分离出来的时候,国家重申并且能够保持其早期就获得的管理和支持学校的权力。考虑到以后的发展,总体上来讲,新英格兰殖民地在宗教改革时期所采取的这些措施对美国教育是非常重要的。遗憾的是,当时的很多市镇没有能够达到当

251

时法律的要求。

新英格兰殖民地所做的事情,包括:(1)通过国家—教会来获得加尔文教的教育理念;(2)英国国家对贫困家庭孩子的学徒制进行控制的传统,就如 1601 年英国的济贫法所表述的那样。新英格兰的政府在要求进行语言和阅读教育的同时,还要求通过学徒制进行职业教育。相似的进展也出现在荷兰属地新荷兰地区,到 1650 年时,那里至少有 20 个市镇建立了加尔文教学校。在宾夕法尼亚,殖民地宪章要求政府应该建立学校,1682 年的法令要求父母和监护人教孩子阅读、书写、宗教等内容以及一门手艺。但是,中部殖民地没有能够把国家管理的原则保持很久,因为大量不同的宗教和民族团体都要求学校按照它们自己的语言和宗教来进行教育。这就意味着,在 20 世纪时,私人和宗教管理变得更加常见。

其他殖民地学校的不同管理

正如新英格兰地区的学校是教育的公共管理的典范一样,南部殖民地则是私人管理政策的代表。中部殖民地不仅从地域位置上讲位于中部,而且从某种意义上讲也是其他观念的融合。自从英国人在 1664 年接管了纽约之后,荷兰的公共政策就开始让位给斯图亚特王朝统治下的典型的英国政策方式。在宾夕法尼亚,德国的路德教徒、摩拉维亚教徒、门诺派教徒以及苏格兰裔爱尔兰长老会教徒也推翻了原来的州教育计划。

但是,在南方地区,从一开始起,教育就自然地被看作有支付能力的父母们的一件私事。从这一点上讲,南方地区的教育反映了英国国教会主宰教育政策这一事实。在家长能雇得起私人教师的前提下,由私人教师提供教育。或者是由有能力、有意愿的教区牧师,或者是由受捐助的学校来提供教育。这样的一些捐助学校是由热心人士资助建立的,为上不起学的孩子提供免费教育。通常捐助的形式包括用于维系教师生活的物品、土地遗产、农产品或者牲畜。但是,一般来讲,南方的"免费教育"就意味着给贫困家庭孩子提供的慈善教育,而社会上层的家长不希望他们自己的孩子接受免费教育。

在新英格兰和南方地区之间，即使是在 17 世纪，也有着影响持久的、较大的差别。新英格兰很快就建立了一种免费教育的传统，这种传统对于当地自我尊重的成员来说也是很合适的；但是，免费教育在南方地区总是显得不那么体面，因为它总是和慈善联系在一起。南方地区在教育方面所关注的首要问题是孤儿或者来自贫困家庭而无法接受教育的孩子。例如，在弗吉尼亚，1642 年的法令要求监护人和师傅认真训练学徒，1656 年的法令规定孤儿应该在其父母的社会阶层接受教育。如果父母不是自由人，那么，孩子可以到某个行业去当学徒，接受合适的道德和宗教教育。贵族阶级的社会结构由此可见一斑，人们采取行动为贫困家庭孩子提供义务的学徒和宗教教育，目的是为了防止出现流氓或者"危险"的阶层。在这一点上，南方地区遵循了英国济贫法的传统，但是并没有像新英格兰那样热衷于通过公共学校来提供公共教育。

253

在其他一些殖民地，尤其是美洲大陆的其他地区，天主教会正在开展着其教育和传教活动。例如，在马里兰，建立了一些捐赠和免费的耶稣会学校。但是，到 17 世纪末，天主教徒只占少数，而天主教的学校也几乎见不到了。在纽约，两位耶稣会牧师建立了拉丁文法学校，但直到 17 世纪末，人们对天主教的容忍程度大为下降。在西班牙属地佛罗里达，方济各会很快就开始建立自己的传道学校，到 1606 年时，一所古典学院已经同圣奥古斯丁的一所神学院一起办了。1634 年，有一些传道学校开始繁荣，但到 1650 年时，由于同印第安人和英国殖民者的战争，这些传道学校开始衰落。同样，在新墨西哥，方济各会早在 1598 年就到了那里，到 1630 年时，它们已经建立了大约 50 所传道学校，进行积极的教育活动。但是，在 1680 年，印第安人的起义几乎把这些传道学校全部清除了。虽然天主教在 17 世纪没能在美洲保持住自己的地位，但是，他们却成为 18 和 19 世纪努力的先驱，并且保留了很多西班牙文化的遗产，这些遗产在美国西南部一直保持到现今。

教师职业的地位

在宗教改革时期的美国，教师的社会地位由于地区的不同和学校

265

类型的不同而有很大的差别。一般来说,新英格兰和新荷兰地区的教师比南部地区的教师更受尊重。每个地区执教资格的限制条件范围都很广,既包括执教乡村家庭学校的没有太多准备的女教师,也包括在文法学校执教的大学生和牧师。教师没有什么财产,甚至几乎不会被列入到纳税簿或者遗产记录之中。一般来说,教师的经济状况在牧师和绅士之下,在非熟练工人之上,大概与木匠、车轮修造工、石匠等熟练工人的经济地位相当。其薪水来自于学费、自愿付给的赏钱或者出租土地的收入,有时他们还会得到牲畜或者食品之类的东西作为报酬。

通常,教师们对自己的薪酬都抱怨很大。虽然文法学校老师的收入会比初等学校教师高一些,但是,所有教师所得报酬的形式和时间都可能是非常没有规律的。结果,人员流动就很大,很多人成为了巡回教师,而更多的人则只是默默等待更好的工作的出现,尤其是一些年轻的牧师要等待得到牧师的职位。完全依靠教书来谋生是很困难的,因此,教师一般还会有些额外的事情要做。有数据研究表明,教师还会去布道、做记录、为教堂敲钟或挖墓、照顾病人、参加陪审团、看门、作评价人、翻译、写信、办小旅馆、种田、放牧、作熟练技工等。

市镇学校里的教师一般由市政会议任命,或者经牧师同意由行政委员任命。教会学校的教师通常由教会官员或者神职人员任命。这就意味着,教师资格是通过市镇、教会、皇家公司、皇家长官授予的。而英国国教会的教师常常是由伦敦大主教任命的。这也意味着,教师职业最重要的资质是宗教上的正统性。

教师资格证书由各殖民地的行政当局定期发放——这也是对教育的公共管理的又一个例子。教师受牧师、行政委员和委员会的管理和监督,他们会视察学校,看看学生们是否真的是在学习正确的宗教基础以及阅读、书写和算术等基础知识。教师的任命主要取决于宗教思想是否正统、对国家是否忠诚以及道德是否高尚。一般来说,就酗酒、渎神、法律和经济问题、暴力或性犯罪等方面而言,教师的道德水平与普通人是相似的。大部分教师都是男性,但在一些地区也有一些女性教师,她们在新英格兰的乡村家庭学校里任教,或在夏季男人们在田里干活的时候做代课老师。同样,南方种植园主的妻子们有时也会肩负起教育孩子的任务。

校外教育

像任何移民社会一样,殖民地的美洲人从学校所获得的教育,远远不及他们在日常生活中在这片全新而陌生的土地上为生存而做的斗争中学到的东西多。早期殖民者最后是从印第安人那里学会了设陷阱、捕猎、战斗以及种植玉米和烟草等新作物。在这样的先驱者环境中,年轻一代主要在各自的群体中接受教育,学习年长一代从欧洲带过来的传统。很自然,这种群体中最重要的一种就是家庭,这些家庭需要依靠自己或者与其他家庭的合作。在新英格兰,加尔文教关于牧师的观点赋予了牧师在各种关于与教育相关的事务中拥有很大的权威。因此,行为、娱乐的规则和处罚主要都是在教会指导下由家庭制定的。

市政会议的过程也对那些有资格参加的人提供基本的政治教育。总体来讲,书籍和书面材料很有限,当然《圣经》除外。《圣经》在加尔文教徒手中成为了重要的阅读材料,也是一种激励、一种行为指导。书籍并非完全没有,因为一些富有的绅士,例如,约翰·温思普罗就建立了一些有影响的私人图书馆。但是,信息和思想的交流主要还是靠口头相传,而在这个过程中还是牧师起主导作用。在人口分散而稀疏的南方地区,交流的过程则更为困难。

正统学说的统治

基督教的一神论

尽管其各个教派和分支常常不断地争斗,但是,在殖民者中占主导地位的世界观仍然是基督教。不论是天主教还是新教,不论是加尔文教还是路德教,不论是英国人还是荷兰人,也不管是不是教会成员,信仰和态度的整个大环境都是基督教的。清教徒和教友会教徒、分离主义者和英国国教徒可能会为获得救赎的合适方式而争吵,但是,他们全都承认获得救赎是非常重要的。他们可能会在牧师使个人建立起与上帝的合适关系的问题上争吵,但是,他们全都承认与上帝建立良好的关系是生活的最主要的目的。加尔文教徒可能更加强调彻底的堕落,而教友会信徒可能更强调信仰的"内心之光",但是,他们都背离正在欧洲发展起来的科学的新思想。①

伴随着每一批殖民者的到来,在欧洲发展了几个世纪的基督教传统的全部结构都在美洲文化中得以重新强化。因为这些殖民者理所当然地认为宇宙是由一种物质和自然世界组成的,而这个物质和自然世界又是被精神和超自然世界统治着的。他们认为,而且牧师不断地提醒他们,人的本性也被分为物质元素和精神元素,身体带有自然的属性,而灵魂则把人的精神同万物中最高尚的精神连接起来。在关于人类本性的内在堕落的问题上,加尔文教可能比其他任何教派都更悲观。但是,所有的基督教信仰都相信亚当的堕落以及由此给全人类带来的罪恶。最终,人们相信所有知识都来自于上帝,并且根据上帝的意志送给人类。这就意味着,最高形式的知识是通过《圣经》传给人类的。学习是这样一种过程,要约束大脑并使其具有理智,能够理解最高的真理。关于自然和物质世界的知识,只有在它们能够反映出上帝和创造物的最高本质时,这些知识才是重要的。正是这种继承下来的关于世界、人类本性的看法以及关于知识和学习的看法,主宰着 17 世纪的美国教育。

从一些对儿童做过论述的清教派代言人的著作中,我们可以得知一些关于人类本性的流行观点。他们费尽心思地强调由于儿童生来就是有罪的,所以,必须教育他们服从上帝,遵从上帝的戒律,服从父母的管教。专门为儿童设计的最早的教义问答之一是由著名的清教派圣人约翰·科顿撰写的,书名为《源于〈圣经〉用于滋润美国儿童灵魂的心灵

---

① 关于基督教有神论的画面既适用于美国殖民地,也适用于宗教改革时期欧洲,参见本书英文本第 216—217 页。

乳汁》（*Spiritual Milk for American Babes Drawn out of the Breasts of Both Testaments for their Souls Nourishment*）。科顿强调说，因为儿童受到原罪的影响，很自然就容易做恶事，所以，他们就必须特别听从家长、教师、牧师、地方法官以及所有拥有权力的人。他们应该经常祷告、忏悔自己的罪过、去教堂、学习教义问答。他甚至建议，如果孩子过于不可救药，那就应该被处死。

关于儿童本性，迈克尔·威格尔斯沃思（Michael Wigglesworth）[①]在他的长诗《最后审判日》（*The Day of Doom*）中也表达了非常忧郁的观点。他是一位牧师，也是哈佛大学教授。他特别注意了未经洗礼就在褴褛中死去的贫困家庭孩子们，以及由于亚当的原罪而永受诅咒的孩子们。当他们可怜地恳求说，他们不应该受这样的惩罚时，他们只是被告知虽然他们自己没有犯错，但他们必须为亚当的过错而接受惩罚。能为他们做的，也只是在地狱给他们找一间痛苦少一点的房间。

或许，17世纪关于对儿童的态度的最详细的陈述，要数科顿·马瑟（Cotton Mather）[②]的《一个有序的家庭》（*A Family Well-ordered*）。该书的第一部分告诉父母，应该把孩子培养得虔诚、敬畏上帝、知道祈祷和听从长辈的话。父母必须时刻警惕，能够控制住自己的孩子，要用权威、公正和惧怕等强硬手段来管教自己的孩子。如果把他们"改造"好的计划没起作用，那么，就要使用棍棒。第二部分针对的是儿童本身，详尽地描述了在无尽地狱的永恒黑暗中准备用在那些不听话的孩子身上的折磨和惩罚。相反，那些听话的孩子如果表现好、尊敬上帝、服从父母的话，那完全可以期待相当好的情况。

可见，当时的教育方式还严重依赖恐惧来约束孩子，要求孩子服从并规定严格的纪律，包括身体和精神纪律。一个专制的时代造就了一种专制的教育。

257

[①] 迈克尔·威格尔斯沃思（1631—1705），美国牧师、医生、解说清教派教义的韵文作家。——译者注

[②] 科顿·马瑟（1663—1728），北美新英格兰基督教牧师。——译者注

艺术和科学的社会角色

艺术和科学在 17 世纪的美国与同时期在英国相应阶层中的地位大致相当。由于新教强调阅读能力,人们的普遍识字能力与欧洲国家的平均水平相比要高得多。有证据表明,在弗吉尼亚的一些县,50％的男士和 25％的女士都可以在公共文件上签名,而新英格兰的比例则更高。新英格兰受过大学教育的人数,可能比世界上其他任何地区都高。

科学和迷信。 由于宗教观点的迷信性,因此,科学在 17 世纪的美国没有得到太多重视。确实,有一些牧师写了一些论文描述他们在新英格兰观察到的一些有趣的植物和动物,但是,这些很难算是科学研究。科学研究最大的兴趣中心在哈佛学院,但即使在那里,古典传统还是掩盖了科学趋势,如同在欧洲的大学里一样。

虽然有一些受过良好教育的人掌握了一些科学知识,但是,绝大多数人还是对迷信深信不疑。他们相信,在日常事件的背后发生着一些神秘的事情。相信占星学和相信星座对人类生活有神秘影响的人非常多。幽灵、魔鬼、巫师以及恶魔居住在一个看不见的可怕的世界里,准备着报复那些没有防备的人。当这些迷信的恐惧与专制的清教牧师所规定的禁忌联系在一起的时候,就开始了对巫术的迫害。在 17 世纪中期,发生了几起绞死施行巫术的人的事件,有 8 起发生在康涅狄格,6 起发生在马萨诸塞。在 17 世纪末,这种情绪在塞勒姆[①]搜捕巫师的行动中又一次被燃起。

至少,在 17 世纪的美国是没有什么宽容可言的。教友会信徒和其他持不同意见者常常被冠以施行巫术的罪名。迷信的动机常常和宗教上的不宽容联系在一起。但是,总的来说,理性主义和人类的同情心最终软化了迷信。在塞勒姆事件之后,一种更加自由、理性和人文主义的观点开始取代迷信和不宽容。

古典和本土化。 尊崇古典语言并将其当作学问和宗教基础的观点,被从英国和欧洲带到了美国。新教徒想通过以《圣经》原来的语言

---

① 塞勒姆,美国马萨诸塞东北部一市镇。——译者注

获得信仰的热情支持了人文主义的观点。在这一点上，可以很有趣地

N

Noah did view
The old world & new.

O

Young *Obadias*,
David, Jofias,
All were plous.

P

Peter deny'd
His Lord and cry'd.

Q

Queen *Efther* fues,
And faves the *Jews*.

R

Young pious *Ruth*,
Left all for Truth.

S

Young *Samuel* dear,
The Lord did fear.

图 14　《新英格兰初级读本》中的一页

注意到一位波士顿书商在 1648 年订购的书籍中，除了其他书籍之外，还包括 100 本拉丁文读物、50 本加图的书、20 本拉丁文修辞学读物、18 本希腊文法书、50 本拉丁文法书。文法学校和哈佛学院成为了宗教上的人文主义的贮藏地。殖民地人民的口头用语当然是他们所来自的那个国家的语言，包括英文、荷兰文、法文、德文、瑞典文等。从最开始起，美国语言中的多语言因素就形成了。但是，英文逐渐成为了美国人口中最广泛的用语，但也由于多种因素的影响而得到了修改。

在欧洲宗教改革时期，新兴的地方语文学的阅读相对来说非常少。一部分原因是在当时殖民地的艰苦生活中，人们没有太多的时间进行阅读。另外一部分原因是教会宣扬阅读宗教文献才是更高级、更体面的。1639 年，马萨诸塞建立了印刷社，在三四十年的时间里，其印刷的书籍中大约有一半都是宗教性质的。当然，在很多家庭中，《圣经》是唯

一可以阅读的材料。在书籍很昂贵而且大部分书籍都来自国外的情况下,细心的人一定要确保他花钱买到的是经过检验的、"真正的"传统经典著作,而不会去拿他的时间、他的金钱乃至他的道德去冒险购买诸如斯宾塞(Spenser)①、马洛(Marlowe)②、莎士比亚、琼森(Jonson)③、德莱顿(Dryden)④等这些新作家的书籍。

<table>
<tr><td>T</td><td></td><td>Young *Timotby*
Learnt Sin to fly.</td></tr>
<tr><td>V</td><td></td><td>*Vofbti* for Pride,
Was fet afide.</td></tr>
<tr><td>W</td><td></td><td>Whates in the Sea,
GOD's Voice obey.</td></tr>
<tr><td>X</td><td></td><td>*Xerxes* did die,
And fo muft I.</td></tr>
<tr><td>Y</td><td></td><td>While youth do chear
Death may be near.</td></tr>
<tr><td>Z</td><td></td><td>*Zaccbeus* be
Did climb the Tree,
Our Lord to fee.</td></tr>
</table>

图 15 《新英格兰初级读本》中的一页

美洲殖民者自己所创作的艺术作品,大部分都是受旧世界的观点的影响,而不是受新世界的观点的影响。大部分"文学"在语气和内容

① 斯宾塞(1820—1903),英国近代哲学家、社会学家。——译者注
② 马洛(1564—1593),英国诗人、戏剧家。——译者注
③ 琼森(1572—1637),英国剧作家、诗人、评论家。——译者注
④ 德莱顿(1631—1700),17 世纪后期英国最伟大的诗人。——译者注

上都是宗教性的。那时的诗歌，在安妮·布雷德斯特（Anne Bradstreet）①或者迈克尔·威格斯沃斯的手中，一般都会变得生硬而忧郁。历史以书信、传记和布道的形式出现。新英格兰的音乐被教会的圣歌主宰着，但是，现在的一些研究对认为新英格兰人没有其他形式音乐的说法提出了一些质疑。在南方地区，舞蹈音乐在种植园和分散的市镇社会生活中发挥了一定作用。总体来说，殖民地时代艺术的缺乏，从殖民地教育不涉及艺术这一事实就能够看出来。

教育中的宗教和人文主义

典型的宗教改革目标

正如人们可以预想的那样，17世纪美国的学校从最低层次到最高层次，全部受资助它们的教会的宗教目的所主宰。无论学校是清教的、荷兰人的、英国国教的、路德教的、胡戈诺派的，还是教友会的，其主要目的都是要在孩子们心中建立各教派的基础。但是，他们也很愿意教授学生阅读，因为他们认为有文化的公民比没有文化的公民能更好地为国家服务。

经济目的也具有典型的宗教改革时期的特点。其表现形式是，要求教给学生一门有用的手艺。如果父母不能给孩子提供合适的职业培训，那么，孩子可以去当学徒。这样的要求源自于中产阶级的利益，他们认为孩子通过学习有用的技能就能够养活自己。这样的技能要通过当学徒才能学到，而不是在学校里学到，但这并不意味着殖民者认为技能学习不重要。1685年，一位教友会的作家托马斯·巴德（Thomas Budd）建议，学生在学校里学习文化的同时学习一门技能，但是，他的想法没有能够被人们接受。人文主义和宗派宗教的传统实在太强大了。

人文主义精神从一开始就植根于拉丁文法学校和哈佛学院。人文主义要求学习拉丁文以便为大学和以后的职业做准备，而这些职业如

---

① 安妮·布雷德斯特（1612—1672），美国女诗人。——译者注

果没有拉丁文的话，那就不会在这样的殖民地社会存在。这就解释了为什么殖民者把人们亟需的职业教育排除在学校之外，因为"教育"尤其是人文教育，长久以来一直被看作对语言和文学尤其是拉丁文和文学的学习。因此，在一片荒原之中，拉丁文法学校建立起来了，并且被看作社会上层孩子接受教育的合适的学校。而训练熟练技能的任务则交给了学徒制。如果没有人文主义传统的话，那么，这样的情况就有可能不会出现。而它的出现在很大程度上是由于教会领袖和中产阶级想要保持其令人钦羡的社会地位的愿望。

本族语的初等学校

17世纪，所有殖民地都做了一定努力来教会孩子们当地语言。在新英格兰，纸镇学校的教师和乡村家庭学校的女教师除了教孩子教义问答之外，还会教孩子们用英文阅读，有时还教书写。书写常常比较困难，考虑到羽毛笔以及质量很差的墨水，有时甚至什么也没有，所以一般的教师就教不了。在17世纪时，一般书写学校和阅读学校会同时并存。例如，波士顿在1683年建立了两所这样的学校，它们同时还教算术。

图16　角贴书

　　虽然初等教育包括阅读、书写、算术、宗教等，但是，在所有教育中唯一非常普遍的科目就是阅读和宗教。如果孩子学到的不仅仅是阅读和宗教，那么，他就是非常幸运的。孩子们的基本阅读材料是《圣经》、教义问答及诗篇集等。儿童入门用的角贴书在新英格兰非常流行。

　　新阿姆斯特丹的荷兰学校，以及南方地区的英国国教学校、胡戈诺派学校、路德教学校的情况也大体相同，只是它们分别用荷兰文、英文、法文、德文或瑞典文讲授。学校每天上课多长时间、每年上课多少天等，几乎没有统一的标准。这主要取决于教师及其团体的热情和责任感。一般来说，加尔文教团体的热情最高，学校全年开放。在一些认真的教师的管理下，上课时间会比较长，也比较辛苦，包括祈祷、唱圣歌、背诵等，还有严格的纪律和体罚。"儿童不打不成器"是被普遍接受的至理名言。在欧洲形成的新的感官唯实论和经验方法还没有传到北美。不同年龄的孩子都到一位教师那里去学习，教师可能会在一间教室里教几个或者几十个学生。教室一般就在教师的家里，或在教堂、市镇会堂，或在一些建造条件特别差的（特别是在冬天和夏天）棚子里。

古典的中等学校

　　宗教改革时期美国的中等教育依照英国的模式，称为"文法学校"，或者更准确地称为"拉丁文法学校"。这些学校的主要任务，甚至可以说唯一的任务，就是教授拉丁文法。有时，文法学校会有一些预科，教年龄小一点的孩子一些基础英文。总体来说，文法学校在美国出现的时候就已经失去了人文主义的生机勃勃的精神，而这种精神则是欧洲文艺复兴时期那些比较好的古典学校的特征。尽管文法学校的目的也包括培育孩子以便为公众服务和为将来要从事的职业做准备，但是，其主要目的还是为学院学业做准备。在当时的美国社会，牧师、行政长官以及在学校或大学里教拉丁文，几乎就是唯一能够使用到拉丁文的一些地方。

　　因此，这种文法学校并不适合当时的社会形势。它们并没有受到大多数人的欢迎，这也是丝毫不奇怪的。结果，殖民地的立法机构曾几度对那些没有建立文法学校的地区处以罚款，希望以此来强制它们建立文法学校。即使在建立了文法学校的地区,这些文法学校也成为了富裕家庭孩子学习的贵族学校。文法学校除了在新英格兰地区最为繁荣发展外,早在 1659 年这样的文法学校也就出现在新阿姆斯特丹,还有费城,偶尔也出现在南方地区,尤其是在弗吉尼亚。

263　　有些文法学校非常知名,尤其是建立于 1635 年的波士顿文法学校。其他市镇,如纽黑文、哈特福德、查尔斯顿、伊普斯维奇、萨勒姆、陶彻斯特、纽伯里、德达姆、罗克斯伯里等都有一些重要的文法学校。

在早期的文法学校中,最知名的教师也许要数伊齐基尔·奇弗(Ezekiel Cheever)[①]。他要把自己编写的书籍重新构建,并经过自己的一些知名学生的检验之后,才能在课堂上使用。考顿·玛瑟就是他的学生中较为出名的一位。我们可以看出,学生学习的内容包括奇弗自己确定的文法,李利的《文法》(*Grammar*)、《圣经》、伊索的《寓言》(*Fable*)、维吉尔的《埃涅阿斯记》(*Aeneid*)、西塞罗的《演说术》(*Orations*)、奥维德的《变形记》(*Metamorpbos*)、圣保罗的《书信集》(*Epistles*),以及考得瑞斯、伊拉斯谟斯、奥维德、贺拉斯、加图等人的选集。这里可以明显地看出,宗教书籍和世俗书籍一起包括在内。上课时间很长,纪律严格,对学生经常严厉惩罚。其他一些文法学校也模仿了这种课程的一些基本内容,但没有能够进行全面模仿。

一些文法学校为了使学生满足哈佛大学的入学要求,还教授初级的希腊文知识。1642 年,哈佛大学的入学要求是这样的:看到西塞罗的著作就能读出来,能够谈论拉丁文的散文和诗歌,懂得希腊文的名词变格和动词变位。这就是美国大学入学要求掌握拉丁文的传统的起源,这种传统在 18 世纪所有的大学中以及在 19 世纪到 20 世纪大部分大学中被保留了下来。这里也可以看出一个清晰的例子,美国大学是如何主导中等学校课程的。这是一直延续到 20 世纪的另一个传统。

哈佛大学的教育

有 3 所殖民地学院是在宗教改革的推动下建立的。哈佛大学于

---

① 伊齐基尔·奇弗(1614—1708),北美殖民地一位有影响的校长。——译者注

1636 年在马萨诸塞建立,当时它曾是殖民地唯一的一所学院,直到后来威廉与玛丽学院于 1693 年在弗吉尼亚建立、耶鲁大学于 1701 年在康涅狄格建立,才改变了这种状况。① 加尔文教需要受过教育的牧师,而且来到马萨诸塞的人中有很大一部分都受过大学教育,在 17 世纪 40 年代已超过 100 人。于是,最高法院依法成立了哈佛大学,不仅拨地,而且从车船税中为其提取费用,利用税收收入为其提供支持。约翰·哈佛(John Harvard)②捐助的房产和图书馆显示了其私人利益。因此,哈佛大学的建立是宗教改革时期的宗教动机和公共动机结合的典型。在哈佛大学的起源上,它显示了美国大学管理的所有三种典型形式,即教派的、国家的、私人的。

可以说,在哈佛大学的建立中,宗教动机确实是很强的。但是,如果因此就说哈佛大学只是一所培养牧师的学校就不准确了,就没有领会到宗教改革时期高等教育的实质。建立哈佛大学的确曾是为那些将来从事牧师职业的人提供教育,但同时也是为那些希望获得人文教育的普通人提供人文教育。在哈佛大学的课程中,直接的宗教教育只占一小部分。在第一批毕业的 9 人中,只有 5 人成为了牧师。在后来的17 世纪,这个比例又有所下降。虽然没有忽视未来牧师的目标,但它认为,牧师应该接受所有受过教育的人所接受的那种人文教育。

人文教育的观念从 1642 年制定的课程大纲就可以看出来,这个课程大纲是按照一所英国大学的模式制定的。校长亨利·邓斯特(Henry Dunster)制定了这个课程大纲,他是剑桥大学麦格达伦学院的毕业生。美国第一所大学的课程融合了以往的三种影响:中世纪的"七艺",长期以来一直被看作人文教育不可缺少的部分;文艺复兴和人文主义对经典著作的学习,作为培养有教养的绅士的一种手段;宗教改革时期的宗教教育理念,它因为宗教的原因而受到重视,也是为培养牧师做准备。

中世纪的"七艺"以文法、修辞、逻辑、算术、几何、天文(只是没有音乐)的形式出现。学生应该在文法学校就已经掌握了拉丁文法,大学教

---

① 威廉与玛丽学院及耶鲁学院这两所学院将在后面的章节中论述。

② 约翰·哈佛(1607—1638),北美新英格兰殖民地开拓者。——译者注

育所使用的语言就是拉丁文。但是,学院课程也还包括希腊文法和希伯来文法的学习。修辞学和演说术占有很重要的地位,朗诵技巧被看作培养布道和辩论能力的好方法。到 17 世纪末,已经开始通过学习亚里士多德、拉莫斯、苏格拉底等人的著作来学习逻辑学;还常常进行辩论活动。算术和几何也会学习,但常常被忽视,因为它们被看作实用科目。在天文学方面,开始学习的是亚里士多德、托勒密和但丁的天文学,但是在 17 世纪中期,哥白尼的天文学开始进入大学。一位名叫托马斯·布拉特尔(Thomas Brattle)的教师利用在 1672 年新得到的望远镜观测到了 1680 年的大彗星,这对牛顿(Newton)[①]很有帮助。

除了"七艺"之外,13 世纪在大学里重新兴起的亚里士多德哲学,在美国大学中以物理学、政治学、伦理学和形而上学的形式出现。每周六下午,还会学习一些古代历史和亚里士多德的植物学。哈佛大学并没有反映出在欧洲宗教改革发展中占有重要地位的重大的科学发现和理论。但是,在这一点上,哈佛大学与大部分欧洲大学并没有什么区别,因为欧洲大学也忽视科学,重视古典语言和哲学的学习。

希腊文和希伯来文代表了文艺复兴对经典著作的重视,人们认为它们对学者具有普遍的文化价值,对牧师有很实用的价值,因为它们让牧师可以直接接触到《圣经》的原始语言。但是,对加尔文教具体的宗教教义的学习却只限于周六,那时所有本科生都要学习教义问答。唯一的另外一种宗教学习,就是阅读希伯来文和希腊文的《新约》和《旧约》选段。为牧师做准备的真正的神学学习并没有出现在课程大纲中,但经常是在学生毕业之后通过给牧师做学徒或者留在学院读研究生的时候进行学习。

起初,哈佛大学只有 3 个班,当 1655 年增加第四个班的时候,它开始遵照欧洲的模式,学生经过 4 年的本科学习可以获得学士学位。再经过 3 年,在交学费、通过论文答辩以及有良好表现的前提下,可以给学生授予硕士学位。通常,第一项是最重要的要求。

本科的课程具有严格的规定,一个班的所有学生都要在相同的时

---

① 牛顿(1642—1727),英国物理学家、数学家和天文学家。——译者注

间内学习相同的科目,而且在邓斯特日的时候,校长要为所有学生上课。17 世纪时,哈佛大学规模还很小,人数 20 到 50 人。学生年龄也比现在小,大约在十三四岁到十七八岁之间。学校的纪律十分严格,但骚乱也时常发生,骚乱的原因无疑是由于教学方法太过书本化。学生听教师读规定的书,然后学生自己读,接下来就是背诵,列出书的大纲,讨论书中的问题,然后再进行朗诵。

哈佛大学还会根据学生父母的社会地位对学生进行分类。有些证据表明,学校根据学生父亲的头衔、财产和职业来决定学生在班级的座位、在食堂的座位以及寝室和罚款额度等。牧师、地方行政官和绅士家的孩子位于最上层。如果这种情况属实,那么,它就反映了殖民地社会的贵族性质。但是,哈佛大学最优秀的历史学家莫里森(Samuel Eliot Morison)指出,在 17 世纪,对学生的分类有可能是把学生的智力能力作为其社会身份,而直到 18 世纪中期时,家长的社会地位才起到重要作用。

如此详细地描述哈佛大学,是因为它的人文教育理念对美国学院和大学的影响一直持续到今天。这种传统具有很大的价值,因为它把西方智力观的基本思想全都带到了美国。但是,这种思想被接受得过于彻底,不允许任何的批评,结果高等教育在接受 18 和 19 世纪的生活和文化中出现的新的伟大思想方面显得非常迟缓。宗教和人文主义之间的紧密关系,妨碍了学院和大学去适应新的经济、科学和哲学潮流。未来的律师和物理学家在哈佛大学无法受到这样的教育,而只能去给执业的律师和物理学家做学徒。而未来的测量员、航海员、造船家、农民、商人以及熟练工人等这些承担对美国如此重要工作的人,却没有得到任何的训练。直到以后的几个世纪,高等教育才能够满足这方面的需要。

266

第十章　理性时代与启蒙运动

267　　　"启蒙"（Enlightenment）一词起源于 18 世纪,意指汲取人们想象力的所有思想。启蒙是对专制主义者和独裁主义者的一种反抗——反对君主专制的、封闭的经济体系,严格的社会阶级分化,宗教权力主义,非科学的世界观,"人类生而有罪"的宗教教义以及受古代和中世纪真理与知识所驾驭的精神生活。这次启蒙运动使人们对平民、科学以及人类理性的信仰不断提升。因此,这个时期通常被称为"理性时代"（age of reason）,信奉人道主义信仰,即相信人们通过思考可以改变社会制度并提高大众福利。这些思潮曾融入到欧美伟大的自由和民主传统之中。

　　因为改革者不断为反对专制主义寻找合理的解释,所以,他们提出了"自然法则"的理念,并将其作为抨击所有既得利益的工具。他们提倡"人的本性"和"天赋人权",批判贵族的特权。自然法则理念出自新的科学世界观,它几乎可以被应用于人类活动的所有领域。尽管中产阶级利用这些理念主要是为了巩固自身的利益,但却在不经意间向自由和民主迈进了一大步。

自由主义与制度改革

社会思想的启蒙

政治自由主义。18 世纪初,英国哲学家约翰·洛克（John Locke）在其著作《政府论》（*Treatise on Civil Government*）中明确且系统地阐述了宪政民主政治。他在"契约论"中阐述应该设立中产阶级立法机

268

构,来取消国王的绝对权力。社会契约指公民向政府授予权利,而政府同意保护所有公民自然权利的协议。这些权利包括人的生命权、自由权和财产权。

从国家立法角度来看,政府必须取得公民的授权,并应通过其代表行使权力。洛克坚持认为,公民自由是所有公民的天赋权利,这个观点体现了他对自由的看法。他将国家称为"警察",即国家的权利仅限于对公民权利的保护,从中可以看出他对专制主义的畏惧。政府应该保护公民的自然权利,而不应该侵犯个人权利。洛克声称,财产权是一个自然权利,并且将公民定义为拥有财产的人,这些观点都反映了他的中产阶级思想。

洛克认为政府必须设立 3 个机构:立法机构(代表财产所有人)必须根据自然权利(生命权、自由权和财产权)限定犯罪行为;司法机构必须对犯罪行为进行公正的裁定;行政机构必须赋予立法机构制定法律、司法机构进行裁决的相应权利。如果这些政府机构之间发生冲突,那么,立法机构应为最高的权力机构,因为它代表了公民至高无上的权利。当代表违背公民利益时,革命就是正当的。不难看出,美国宪法的制定者在很大程度上借鉴了洛克有关自由主义、宪政主义和财产所有权的观点。

在《论法的精神》(*Spirit of the Law*)中,法国政治改革家孟德斯鸠(Montesquieu)阐述了法律应该依赖于人民对最高权利的意愿并为人民所制定的观点。他对政府立法机构、司法机构和行政机构之间的"三权分立"理论进行了详细的阐述。卢梭比孟德斯鸠或洛克更为激进。根据他的"社会契约",所有公民的意愿才是国家至高无上的权利。天赋权利不仅限于生命的权利、自由的权利和拥有财产的权利,而且还包括所有人对幸福和福利的一般追求权利。由于政府的目标是提高大众福利,因此,政府必须代表所有公民的意愿,而不仅仅是代表财产所有人的意愿。

这种激进的民主观给予了法国和欧洲受压迫民众很大的慰藉,并极大地影响了美国革命和法国大革命。洛克和孟德斯鸠的中产阶级宪政主义,被美国首任财政部长汉密尔顿(Hamilton)所采用,而卢梭的民主人权主义则被杰斐逊(Jefferson)①所采用。一般来说,自由的、公共的和民主的教育主要是由法国自由社会人道主义,而非英国自由个人立宪主义引起的。

自由主义和自由资本主义。 当法国自由主义受到"合作便可改善大众福利"的信念激励时,英国的自由主义却倡导更为个人主义的观点。因此,英国自由个人主义在关注经济生活的过程中不断发展壮大。亚当·斯密(Adam Smith)②发展了洛克的观点并达到巅峰,而对宗教改革中贸易资本主义的反抗却导致了自由资本主义思想的产生。他在《国富论》(*Wealth of Nations*)中清楚地阐明:如果政府不进行限制,那个人努力将会产生适当的生产效率。个人清楚什么对自己和社会而言才是最好的。因此,自然法则不应受到任何干扰,因为它们会按照自然规律工作,并产生对大家都有利的结果。

图 17 让·雅克·卢梭

这是对"自然法则"的再次呼吁。他们认为人的本性是:人们会在经济利益的驱动下不断前进。获取财富的迫切愿望使得世界在运转;而如果人们没有内在利益的驱使,那产品永远不会被生产。"经济人"(economic man)概念是经济学"自然法则"的基础,其中最重要的是供

---

① 杰斐逊,美国第 3 届总统(1801—1808),政治家、教育家。——译者注

② 亚当·斯密(1723—1790),英国经济学家,古典政治经济学体系的建立者。——译者注

求规律。根据自由经济学的规律,即当在不受任何限制的公开且公平竞争的市场上买卖商品时,价格往往会达到一个自然的水平。此时,卖方希望以最高的价格销售商品,而买方则希望以最低的价格购买商品。卖方之间的竞争会迫使价格逐渐降低,而买方之间的竞争会使价格不断上涨,因此,对商品的需求越大,价格就越高。为了实现这种自然的过程,政府最好不要干涉经济的运行——以便形成自由资本主义。法国的魁奈(Quesnay)①和杜尔哥(Turgot)②也拥护与此相同的思想,他们将这种理论称之为"重农主义"(physiocracy),即真正的"自然法则"。这些思想为美国革命和法国大革命铺平了道路。

欧洲自由主义包括两个主要派别,即个人放任自由主义和社会人道自由主义。两个派别的相互作用,直至现今仍然是欧美政治经济生活的发展特色。19世纪和20世纪的美国商人更倾向于赞扬个人放任自由主义的理念,而排斥人道主义理念,他们坚信不受限制的私有企业会实现公共利益。两个世纪以来,政治、经济和教育中的社会改革家与人道主义者更倾向于拥护社会自由主义的理念。

政治和经济实力之兴衰

18世纪,全世界范围内掀起了大规模的政治和经济抵抗运动。规模较大的国家有英国、法国、普鲁士、俄国和奥地利。大多数战争发生在这些国家之间,其中持续时间最长且规模最大的莫过于英国与法国之间争夺殖民地的战争。作为宗教改革标志的宗教对抗运动被帝国主义和民族主义抵抗运动所取代。英国在持续不断的战火中取得了从西方的加拿大和美国,至东方的印度和澳大利亚的大片殖民地。1763年签订的《巴黎条约》(The Treaty of Paris)使英国成为世界上最强大的商业大国和殖民地大国,尽管几年后英国失去了在美洲的13个殖民地,但它却一直维持着这种地位。同时,英国国内立法机构不断加强最高的政治权力,而以商人为主的中产阶级也不断增加其在立法机构中

---

① 魁奈(1694—1774),法国经济学家、重农学派领袖。——译者注
② 杜尔哥(1727—1781),法国经济学家、重农学派的主要代表之一。——译者注

的势力。

专制主义与法国革命。18世纪初,法国是欧洲乃至世界范围内非常强大的国家。然而,在路易十六长期的执政时期(1715—1774),法国与英国以及其他国家之间的一系列战争不仅使法国丧失了大量的殖民地,同时还使其丧失了在欧洲的统治地位——直到拿破仑统治时期。

在法国国内,若干小派别使得国家分裂,并最终导致了法国大革命的爆发。资产阶级或中产阶级的经济实力不断增长,他们强烈要求自由贸易,取消政府限制。另外,与欧洲其他各国相比,法国的农民阶级发展壮大的势头更加强劲。当这些团体遭受国王、贵族以及神职人员的阻挠时,他们随时会采取更为激烈的措施以实现更多的自由。

当殖民地经济灾难大范围爆发导致政府开支增加、税赋加重以及国内社会不平等现象持续不断时,爆发大革命的条件已经成熟。路易十六于1789年被迫召开中止了175年的三级会议。第三等级宣布成立国民议会(1789—1791),废除封建特权,并起草了《1791年宪法》(Constitution of 1791)。宪法确立了君主立宪制,废除长子继承权,解放农奴,没收教会的土地,并通过人民选举将神职人员转变为国家官员,禁止教堂的宗教教育。

由拉法耶特(Marquis de Lafayette)[①]侯爵起草的《人权和公民权宣言》(The Declaration of the Rights of Man and of the Citizen)在1789年被国民议会采纳。拉法耶特曾受到美国《独立宣言》(Declaration of Independence)原则的影响。《人权和公民权宣言》清楚地表达了自由原则,即19世纪大多数民主宪法的基础:在权利方面,人们生来是而且始终是自由平等的。他还提出了"主权在民"的理念。因为"自由就是指有权从事一切无害于他人的行为",所以,他肯定了宗教、出版和集会的自由。法律是人们共同意志的表达,因此,人们应参与起草法律。人权,特别是对财产的拥有权,除经正当法律程序外,是神圣不可侵犯的。

中产阶级满足于这些政治和经济改革,而工人和农民却希望改革可以更进一步。立法议会(1791—1792)希望在法国大革命更加激烈的

---

① 拉法耶特(1757—1834),法国资产阶级革命活动家。——译者注

第二阶段采取更深入的措施。路易十六宣布接受《1791年宪法》,但不久他便同玛丽·安托瓦内特(Marie Antoinette)王后一起出逃,企图得到外国势力对皇族的支援。奥地利和普鲁士与法国开战。

国民议会宣布成立法兰西第一共和国(1792—1804),处决了路易十六和玛丽·安托瓦内特王后,颁布了《1792年宪法》(Constitution of 1791),并发动了与奥地利、普鲁士、英国、西班牙以及荷兰联盟之间的战争。同时,激进的雅各宾派战胜了保守的吉伦特派而取得了内战的胜利。雅各宾派继续对外宣战,并通过铁腕政策统治法国。罗伯斯庇尔(Robespierre)①的统治从1793年6月开始一直持续到1794年7月,即他自己被送上断头台为止。之后,中产阶级在拿破仑(Napoleon)的帮助下取得了政权。

中产阶级打着法兰西第一共和国的旗号建立了督政府(1795—1799),以防止保皇党人和受欢迎的民主党派重新取得政权。当拿破仑以伟大的军事领导者身份加入时,他实际上已取得了在《1799年宪法》(Constitution of 1799)下的独裁权。拿破仑于1804年称帝,结束了法兰西第一共和国。中产阶级拥护拿破仑得到了比他们原本想要的更多利益。法国大革命引发了欧洲的民主思潮。尽管受到国王、复辟分子、反动派和独裁者等的阻挠,但自由、平等、博爱的联合能量仍然是非常巨大的。

普鲁士的崛起。普鲁士位于中欧战略要地,地处东西方交战各国的中心。普鲁士在18世纪的战争中崛起,日趋强大并扩张。腓特烈·威廉一世(Frederick William I)统治下的普鲁士王国(1713—1740)实行了高度集中的政权,建立了行政机构,并组建了强大的军队。在腓特烈二世大帝(Frederick II)的统治(1740—1786)下,普鲁士成为欧洲历史上第一流的政治和军事大国。

除了扩张普鲁士的领土以及试图控制其他德意志和非德意志国家,为实现普鲁士的自给自足,腓特烈皇帝还实施了内部改革措施,征

① 罗伯斯庇尔(1758—1794),18世纪法国资产阶级革命时期雅各宾派领袖。——译者注

收保护性关税,分发免费谷物,并降低税赋。由于腓特烈大帝在普鲁士奉行的强大的家长式君主制,不仅加强了其自身的实力,而且还安抚了不满的商人和底层阶级,因此,没有任何革命势力能与之抗衡。腓特烈大帝由此成为 18 世纪欧洲著名的"开明君主"之一。

俄国的兴起和神圣罗马帝国的灭亡。 17 世纪后期至 18 世纪,彼得大帝(Peter the Great)(1682—1725)开始向欧洲西部扩张,占领了波兰和瑞典。为将西欧的风俗和文化引入俄国,彼得大帝派遣学生留学,邀请欧洲人到俄国,签订贸易协定,按照西方的方式更改俄国的日历和数字体系,建立学校、医院和出版社。最具代表性的事件是,彼得大帝在西部边境建立了圣彼得堡(列宁格勒),取代传统的莫斯科作为俄国人的生活中心。凯瑟琳大帝(Catherine the Great)(1762—1796)继续尽可能地实行西化政策,并希望在整个国家范围内实施法律改革和建立学校。同腓特烈大帝和奥地利约瑟二世(Joseph Ⅱ)一样,凯瑟琳大帝也被视为 18 世纪的"开明君主"之一。

神圣罗马帝国仅仅成为了中欧和南欧地域的代名词。法国取得霸权后,哈布斯堡王朝便失去了势力。西班牙于 17 世纪末衰败,并在 18 世纪不断经受着西方新兴势力对其殖民权的掠夺。经过法国、奥地利和西班牙军队的不断侵略和分割,意大利各城邦不断衰落。

大觉醒

在大多数欧洲国家,合法建立的教会继续保持着它们的权利。意大利、西班牙、法国和神圣罗马帝国都以天主教为国教;英国以圣公会为国教;德国在 1648 年签订的结束"三十年战争"的《维斯特伐利亚和平条约》(Peace of Westphalia)规定以路德教、加尔文教或天主教为国教。但是,法国的天主教会在启蒙时期受到了猛烈的抨击,在法国大革命期间被废除,后在 1801 年又被拿破仑恢复。

18 世纪,在宗教方面值得注意的事情是,出现了许多新的宗教组织和教会,其中有许多源于为改善现有教会而进行的改革运动。为复兴和改革路德主义,斯宾纳(Spener)①、奥古斯特·弗兰克(August

---

① 斯宾纳(1635—1705),德国新教虔信派的创始人。——译者注

Hermann Francke)①和亲岑多夫(Zinzendorf)②领导的德意志路德虔信主义运动兴起。在英国,也出现了类似的复兴活动——卫斯理公会运动,目的在于改革英国圣公会。由约翰·卫斯理(John Wesley)③和查理斯·卫斯理(Charles Wesley)④领导的卫斯理会,旨在通过更多的信仰、情感和感觉来取代形式主义和仪式主义。虔信会和教友派信徒强烈反对多数已建教会的权威势力。

　　得益于 18 世纪启蒙时期更加开放的态度,许多其他大大小小的宗教组织恢复了它们的势力和信心。这些宗教组织都为影响欧美广大地区的复兴主义思想贡献着自己的力量。由于这次改革运动涉及范围非常广,因此,历史学家将其称为"大觉醒"(Great Awakening)。成千上万的人们被卷入各种各样的宗教组织中,宗教情感主义有时都接近了歇斯底里的地步。这次改革运动影响了所有国家的教育,特别是英国、德国和美国。传教精神以正式和非正式形式鼓舞所有的教育慈善活动。大觉醒是有别于启蒙时期常常带有理性主义的民众运动。

274

大规模的教育活动

　　启蒙运动中对教育的组织和管理,反映了政治、经济和宗教制度发生的变化。随着国家政府不断壮大,国家管理教育的思想涌现出来,特别是德国和法国,还采取了实现这种想法的初步行动。随着民主和自由势力的不断壮大,他们将目光转向教育机构,并将其作为民主国家的一种必要机构。由于中产阶级取得了政权,因此,教育的目的和内容被进行修改,以便符合他们的利益。随着新的宗教思想席卷各地,教育接受了新的宗教推动力。总之,启蒙运动为教育注入了新的人道主义动

---

①　奥古斯特·弗兰克(1663—1727),德国教育家,虔信派教育思想的主要代表。——译者注

②　亲岑多夫(1700—1760),宗教改革家和社会改革家、德国虔信派的重要人物。——译者注

③　约翰·卫斯理(1703—1791),基督教卫斯理宗的创始人。——译者注

④　查理斯·卫斯理(1707—1788),基督教卫斯理宗的创始人。——译者注

力和活力。

德国的政府和教会管理

国家管理的开始。在马丁·路德及其信徒于德国各城邦为创建公共宗教学校体系而进行的改革运动的基础上,在启蒙时期,统一的普鲁士实施了比其他欧洲国家更深入的政府管理。在这个过程中,大部分动力来自于虔信派的宗教热情。这次运动由奥古斯特·弗兰克领导,他用仁慈的心帮助不幸的人们,并通过宗教宣传《福音书》。弗兰克在哈勒市建立了一系列"机构",这些机构实际上被应用于整个教育体系。

弗兰克的机构包括:为贫穷的孩子和孤儿提供教育的学校;德国本国语小学;缴费的拉丁文中学(文科中学);招收贵族学生的高等学校,它将最终为科技学术服务;最后,一个教师培训机构,培养将来到初等学校和拉丁文学校任教的大学生。弗兰克得到了腓特烈·威廉一世的支持和资助,腓特烈·威廉一世按照他提出的模式在普鲁士王国建立了几百所学校,并于 1713 年颁布了学校法律,以及于 1717 年强制规定所有父母必须送孩子上学。社区为贫困家庭学生支付学费。1737 年的普通学校法规定,由政府资助建立校舍,并支付教师的薪酬。

图 18　巴泽多

当虔信派神学家和教育家约翰·赫克(Johann Hecker)加入到腓特烈二世的势力中时,普鲁士王国的政府管理又被向前推进了一步。腓特烈二世对贫困的和受剥削的人们表示同情,但却未采取任何实际的民主措施。他要求与弗兰克一起工作的赫克起草著名的《1763 年普鲁士教育法》(Prussian School Code of 1763),这部教育法令为普鲁士初等教育体系奠定了基础。

在这些法令中,宗教和读写能力是最主要的利益,国家为教会老师规定了要求标准。法令强制规定,5～13 岁的孩子必须上学,同时限定了上课时间。法令还要求学生通过由教会举办的国家考试。法令赋予政府的新督察员定期检查并监督学校的权力。教师必须取得资格证书,并在被雇佣之前得到政府督察员和教会议会的批准。法令还对课程、教科书和教师资质提出了具体要求。1765 年,腓特烈二世大帝为天主教国家西里西亚颁布了类似的学校法令,西里西亚是他从奥地利获得的战利品。这是迈向国家管理教育的非常重要的过渡措施,尽管它们已建立了重要的原则,但由于遭受到诸多的反对,这些措施还是未能完全实现。

国家的全面管理。几年后,即 1787 年,腓特烈二世大帝实施并完成了政府对普鲁士学校的完全控制,颁布法令,将对学校的监督权从神职人员手中转移到政府的教育机构。因教育著作和所建学校而著名的巴泽多(Johann Bernhard Basedow),对创建非宗教学校的需求具有一定的影响力。他坚信,有宗教信仰的孩子应拥有进入公共学校读书的平等权利,这个观点反映了法国的新观念。1787 年的法律规定,由中央教育机构对所有中小学进行管理,设置"毕业考试",所有中学毕业生都必须在进入大学之前通过毕业考试。自此,以专制为目的的政府对公共教育进行管理的原则在德国确立。

法国的国民教育观念

18 世纪初,法国学校在很大程度上由天主教会的各种教学规则控制和资助。以初等学校为例,基督教学校兄弟会在向贫穷和不幸的孩子提供慈善教育方面有所进步,同时一些修女会向女孩提供初等教育。

276

耶稣会和奥拉托利会修道士控制着中等教育。然而,耶稣会和奥拉托利会在政治事务上拥有很强的势力,并因其恶习和不公成为旧制度的象征。所以,它们的学校于 1764 年被关闭,而教学团体在 1773 年至 1814 年间受到罗马教皇的取缔。18 世纪中期,百科全书编撰者们及其他人开始动摇政府对教育体系的绝对控制。他们信奉新的人道主义民主思想,并坚持认为教育应该是全面的、免费的、强制的以及非宗教性的。不久之后,这个思想便成为法国大革命不可或缺的一部分。

随着革命者开创新的和更加民主的社会,他们意识到教育作为实现和维持新社会的一种工具的重要性。1789 年,由三级议会起草的诸多建议书要求减少公共教育的古典课程,而强调现代的和实践的课程。在国民会议期间,米拉波(Mirabeau)①和塔列朗(Talleyrand)②为世俗教育起草了计划,目的在于培养爱国人才而非宗教人才。立法议会根据《1791 年宪法》提交了免费的公共教育体系建议书。在立法议会的要求下,孔多塞(Condorcet)③起草了最为详尽的计划。

孔多塞为世俗学校制定了一个完整的国家体系,规定为所有孩子提供免费、强制和普及的平等教育机会。其目的是培养服务于城邦、政府和民主目标的公民。他建议,首先,应该在全国范围内建立初等学校,建立在小学生可以步行上学的位置,每所学校大约可容纳几百个孩子。其次,中间学校(intermediate schools)应该位于中等规模的市镇,并为普通人提供更多接受更高教育的机会。第三,应该在最大规模的市镇建立中等学校或教育机构,进行古典教育,并根据人们的需要教授各种学科知识。最后,应该建立 9 所高等学校,提供更高和更专业的教育,以取代传统的大学。最高的学府应为国立文理学院(National Society of Arts and Science),学者可以在那里感受整个教育体系的影响。孔多塞的计划并未被付诸实践,但它却为日后的其他计划和法律提供了原始构想。

---

① 米拉波(1749—1791),法国大革命初期国民议会中最伟大的演说家和富有才智的政治家。——译者注

② 塔列朗(1754—1838),法国政治家、外交家。——译者注

③ 孔多塞(1743—1794),法国数学家、哲学家。——译者注

在法兰西共和国建立之后,国家议会进行了许多努力,建立了一个国家管理的教育体系,并通过没收财产和取缔教学团体来摧毁教会学校。1794年的《拉卡纳尔法》(Lakanal Law)规定,每所初等学校应容纳1000人,并以法文教授"3R"(读、写、算)以及地理和自然知识。还将通过教授爱国歌曲和故事以及讲解《人权宣言》(Declaration of the Rights of Man)的信条来灌输共和思想,类似于美国年轻人学习《独立宣言》和《宪法》(Constitution)。1795年的法律规定,数以千计的社区都应建立教授"3R"的初等学校、中学或中间学校,学校应能够容纳30万人,对12岁至18岁的孩子教授古典科目和现代科目。

278

实际上,已建立了许多这种以取代古典中学为目的的学校,但它们却在拿破仑于1802年建立自己的中等教育体系后失去了存在的依据。国家议会也试图在艺术、音乐、医药、工程和科学方面建立更高级的教育机构,但它们的命运在法国大革命最高涨的后期却是岌岌可危的。如果法兰西第一共和国能够坚持真正的民主,那么,法国就有可能成为欧洲历史上第一个建立民主教育体系的国家。但是,以拿破仑和19世纪波旁王朝为代表的反应,却是重新建立贵族教育模式。

英国的私人管理

英国教育依然主要是由宗教和私人进行管理和支持。学校由圣公会教区、持异议的教会、私人捐助和基金协会支持。在这些团体中,最具影响力的就是圣公会。1699年,英国建立了基督教知识促进会(the Society for the Promotion of Christian Knowoledge),主要负责传教工作。后来作为活动的一部分,又建立了几十所慈善学校。1701年,建立了海外福音宣传会(the Society for the Proparation of the Gospel in Foreign Parts),主要负责英国殖民地的工作。它们在传教过程中非常注重教育工作,而且在中南美洲殖民地更加活跃。卫理公会非常注重学校的建设,并将此作为它们慈善活动的一部分。

除直接由宗教管理的学校外,许多被捐助的学校是中产阶级财富增加的产物。1670年,法院下达了一项裁决,即初等学校教师不需为执教而取得主教许可证,这个决定鼓励了通过捐助建立私立学校。但是,主教却具有向中等学校教师颁发许可证的权力。这些为提供免费教育而进行的慈善工作,正是 18 世纪英国对教育需求做出的回应。

与法国大革命时期的社会人道主义相比,英国的个人人道主义却以这种"自愿"的教育理念接近社会。法国可以为所有的孩子建立国家的教育体系,以便改善所有人的福利,而英国的方案则是通过慈善的方式向穷人提供免费教育。除了上面所提到的团体外,其他一些运动在 18 世纪末刚刚开始,由于其主要是在 19 世纪产生影响,因此,这里不进行详述。①

除了志愿机构和慈善机构提供免费教育外,人们还在 18 世纪末呼吁政府对教育进行支持。亚当·斯密赞成公立教育,但其提出的原因却与法国改革者不同。他强调对社会"优越"阶级进行保护,以避免未受教育的或文盲大众因从法国大革命中吸取了"错误"思想后对财产进行侵犯或造成危险。因此,他赞成向穷人提供公共教育,目的是为了向社会底层阶级提供有用的职业,并实现他们在社会中的"适当"地位。马尔萨斯(Malthus)②表达了与亚当·斯密相近的观点,他是"在人口趋势中只有适者才能生存"观点的拥护者。英国对公共教育的早期观点的最终目的是为了保护资产阶级的利益,这一点与法国启蒙运动和美国民主教育的观念存在着很大的不同。

其他国家对教育的管理

在大多数天主教国家,天主教仍然掌握着对教育的实质性管理。但是,政府对教育的管理在不断地加强。在西班牙,查理三世(Charles Ⅲ)③受启蒙运动的影响,驱逐耶稣会信徒,并希望建立非教会学校,要求未来教师通过政府考试,但他的计划却从未得到实施。但西班牙属佛罗里达

---

① 参见本书英文本第 364—366 页和第 407—408 页。
② 马尔萨斯(1766—1834),英国经济学家。——译者注
③ 查理三世,西班牙国王(1759—1788)。——译者注

和加利福尼亚却在方济各会的指导下取得了一定的成果。在奥地利,玛丽亚·特里萨(Maria Theresa)①试图采用腓特烈大帝的公共教育和学校改革计划;而约瑟夫二世(Joseph Ⅱ)②计划在帝国建立管理所有教育机构的中央集权体系。尽管所有这些"开明君主"的方向是正确的,但是,从上到下发布公告的困难却是巨大的,因此,不能在短时间内取得太大的成功,况且人们也很难在短时间内适应教育的特权。

在宗教改革时期,新教国家的教育体制依然由政府教会掌控。斯堪的纳维亚国家建立的依然是路德教会学校,而荷兰和苏格兰的学校是加尔文教学校。启蒙运动对瑞士的影响最初在 1762 年瑞士建立的新教会中得以体现,新教会致力于将松散的各行政区联合起来,并形成更强大的民族国家,而国家对教育体系进行管理是该计划中不可或缺的部分。这个联盟直到法国大革命顺利进行时才形成,但瑞士教育改革家裴斯泰洛齐(Pestalozzi)已为这种工作打下了基础。

教育中的贵族和民主因素

在启蒙时期,更多的人拥有比以前任何时候更多的入学机会。启蒙运动传播的人道主义和慈善动机使教会、统治者以及个人向教育机构提供更多的资金。提高读写能力和大众启蒙的好处是不容否认的,但是,不应该将这些与民主教育相混淆。慈善机构和公立学校的建立可以不含有任何的民主色彩。实际上,除了法国的改革家,几乎没有几个作家或教育领袖,会关心如何教导普通人去控制自己。拯救他们的心灵,使他们成为更优秀的工人,以及让他们成为更好的国民,是 18 世纪大多数"开明"统治者的根本动机。不能忽视这种教育的重要性。然而,应该记住,启蒙运动的大多数进步在于它是 19 世纪和 20 世纪更加

---

①　玛丽亚·特里萨,奥地利女大公,匈牙利和波希米亚女王(1717—1780)。——译者注

②　约瑟夫二世,神圣罗马帝国皇帝(1765—1790),匈牙利和波希米亚国王(1780—1790)。——译者注

真实的民主教育的过渡。

教育工作的地位

一般来说,教师的地位在启蒙时期依然是相对较低的。初等学校教师通常都会有一份或多份其他工作,而在学校授课只是一个兼职工作。敲钟和挖坟墓的教堂司仪可以在学校里教课;需要额外收入的妇女可以在家庭幼儿学校里教课;不再参加战争的退伍老兵也可以在学校里任教(如普鲁士)。有时候,这个过程也会颠倒过来。不能通过教课来维持生计的教师,也可能会从事裁剪、木工、编织、贸易或其他工作,以勉强维持生计。

文法学校和中等学校教师的情况或许稍好一些,因为他们会有较高的薪酬,甚至还有迹象表明他们有着更美好的未来。有些教会团体一直保持着较高的地位;德国在政府规定中呼吁关注教师资格认证;此类改革,正如弗兰克和赫克领导的改革一样,为未来教师提供了专业的资质指导。随着普及教育的即将来临,人们不久便会更加全面地认识到对教师进行更充分培训的必要性。

校外教育机构

启蒙运动的一个重要成果,在于它在扩大公共舆论和读写培训机构中所取得的进步。当时,以地方语言印制的报纸、杂志、小册子和书面材料不断增加,读者数量也增加到前所未有的水平。图书馆和博物馆变得更受欢迎,更容易进入,即使不向广大民众开放,至少也会向不断壮大的中产阶级开放,中产阶级既有能力利用它们,也会为它们提供资金。科学院不仅在本国内,甚至在国际上,变得更加流行。事实上,大多数伟大的科学发现和著作都是由在科学界工作的人而非大学里的人所做的。由于 18 世纪欧洲大学不愿放弃它们在自由和宗教方面的传统利益,因此,它们没能在 19 世纪和 20 世纪之前成为科学和社会研究的中心。

近代教育的智力基础

新的世界观

启蒙时期的大部分知识生活都来源于新科学对宇宙的解释。艾萨克·牛顿爵士的科学世界观最具代表性,他在 1687 年出版了具有划时代意义的《自然哲学的数学原理》(*Mathematical Principles of Natural Philosophy*)。基于宗教改革时期伟大的科学进步,牛顿的"自然法则"直至 19 世纪末一直维持着科学信条的地位。根据万有引力定律和因果关系原理,宇宙被描述为一个有序的原子系统,而原子在绝对空间和时间内运动着,其本质结构很简单,遵循固定的规律并以彼此联系的统一方式运行。宇宙被比作一部巨大的机械,它不受想象力、新事物或神灵的干预,而是根据数学规律自然地运转。科学的"自然法则"成为对大多数思想领域进行科学的和"自然"的解释的模式。

最为激进的新世界观无疑是唯物主义。唯物主义者,例如,拉美特利(La Mettrie)[1]、霍尔巴哈(Holbach)[2]以及爱尔维修(Helvetius)[3],很快就得出这样的结论:物质只能按照机械的自然规律以原子形式运动。他们排斥所有与精神世界、意识或精神实质有关的概念。

另一种极端的世界观以信奉英国国教的唯心主义者贝克莱大主教(Bishop George Berkeley)为代表,他猛烈抨击科学和唯物主义,坚信世界的本质是意识和精神。他信奉宗教信仰,并证明上帝的存在,他的唯心主义观点认为所有事物只不过是上帝思维的感知。这些物体之所以看起来存在于空间和时间中,那是因为上帝的思维在空间和时间内连续存在。物质仅仅是想象的片段,当感知改变时,它们的质量也将发生

282

---

[1] 拉美特利(1709—1751),法国医生、哲学家。——译者注
[2] 霍尔巴哈(1723—1789),法国启蒙思想家、哲学家。——译者注
[3] 爱尔维修(1715—1771),法国启蒙思想家、哲学家。——译者注

改变。

自然神论是盛行于启蒙运动时期学者中的一种中庸的宇宙观。以伏尔泰(Voltaire)[1]为代表的自然神论者回应了牛顿学说的科学解释。他们与传统的基督教神论决裂,但同时也与唯物主义者保持着一段距离。根据自然神论的学说,世界是一部按照自然规律运转的巨大机械,而上帝是世界的造物主。上帝被想象为物质世界背后的伟大精神,而不是在6天内创造世界并随意对其加以干涉的人类。相反地,只要世界在运转,即使是上帝也不能对自然规律进行干涉。实际上,这是对上帝智慧和力量的反思,意味着上帝需要对他的作品进行干涉。自然神论者抨击传统宗教的观点,而传统宗教相信奇迹、超自然启示和神对自然的干涉。他们只接受能够通过科学调查、数学描述和人的理性进行解释的事物。

人性的自然规律

许多启蒙时期的思想家试图以一种与牛顿所描述的宇宙相适应的方式来构思人性。代表人物是约翰·洛克。他以牛顿学说为坚实基础,开始用一种科学的方式阐释人性的规律。他的基本假设是:人性不是与生俱来的,而是环境对未形成之人类机体的可塑原材料进行作用的结果。同时,洛克并不是一名坚定的唯物主义者,他相信灵魂和思维有一定的独立性。从这个意义上讲,他属于18世纪,而笛卡儿则属于17世纪。他远离传统的宗教理念,但却努力使更陈旧的道德价值符合新的分类。

极端主义者像拥护笛卡儿一样拥护洛克。在有关灵魂或思维的存在是人性的独立因素的问题上,唯物主义者走向了一个极端。一些唯物主义者,如托兰德(Toland)[2]、拉·美特利、爱尔维修和霍尔巴哈,声称人性完全是物质的。如果没有物体运动,那就不会存在任何所谓灵

---

① 伏尔泰(1694—1778),法国启蒙思想家、作家、哲学家。——译者注
② 托兰德(1670—1722),英国哲学家。——译者注

魂或思维的存在。其他唯物主义者，如哈特利（Hartley）[1]，承认精神和物质之间存在一些差别，并声称区别仅限于程度而非类型。

另一种极端是唯心主义者，如贝克莱，他们认为人性的本质是灵魂或感知思维；身体依赖于灵魂机能而存在。休谟（Hume）[2]继承并发展了贝克莱的观念，并形成了怀疑主义。他认为，没有必要将灵魂假设为一维物质的存在，因为所有存在都是源源不断的感知和体验。不仅物质世界是虚构的，而且灵魂和思维也是虚构的。因此，在有关人性的观念，包括相信人性既是意识的又是物质的二元观上，唯物主义者坚持人性仅仅是物质的，唯心主义者相信人性实际上是意识的，怀疑主义认为人性既不是物质的也不是意识的。

18世纪最重要的人性观念之一在某种程度上避开了这些问题，并关注对善恶的分辨。卢梭的观点占据了非常重要的地位，他极力反对"人生而有罪"和"原罪"的古老观念。相反的，他坚信"人之初，性本善"。孩子刚出生时的天性是善良的，但社会环境使人们变得邪恶、贪婪和罪恶。人性的"自然法则"极大地影响了过去两百年里的社会和教育实践。它衍生出了认为人性是完美的并会越来越好的信条。当与社会人道主义信条相结合时，人性完美主义信念成为影响欧洲乃至美洲生活的伟大传统之一。它不断与相信所有人都具有平等权利和尊严的信念相适应。这进一步促进了对人格的尊重，并成为西方文明的民主遗产的一部分。

学识和智力的自然法则

在研究人类理性活动和学习方式的重要思想家中，洛克以其经验主义（empiricism）学说而著称。简而言之，他强调经验和环境是知识与学识的来源。他抨击宗教和柏拉图主义认为意识是人类与生俱来的观点。他运用培根哲学和牛顿科学去研究人的思维，试图找到人类学习

---

① 哈特利（1705—1757），英国哲学家。——译者注
② 休谟（1711—1766），英国哲学家、历史学家、经济学家。——译者注

的自然规律。洛克不相信人类生来就具有先天意识、精神，或者与上帝、正义、道德及其他价值有关的内在想法。相反的，他认为，孩子在刚出生时的心灵纯洁得如同一张白纸，并逐渐感知外部世界。观念、价值和知识都源于从外部世界和其他人那里获得的经验。

284

简单观念有两种来源：即感觉和反省。人们通过五官去感知外部世界，包括外界事物的形状、大小、数量、颜色和质量等简单概念。反省来自于心灵观察本身，包括获得记忆、判断和意志的内部运作。意识对感觉进行加工，从而使简单的观念形成有关道德行为和社会、实体关系的复杂观念。洛克的著作《人类理解论》(*Essay Concerning Human Understanding*)对欧美的教育思想产生了巨大的影响。

更加极端的经验主义的代表人物，如休谟、哈特利以及孔狄亚克(Condillac)①，他们的观点被称之为感觉主义(sensationlism)。他们几乎把所有的重点都放到五官对外部的感觉，将其作为意识的唯一来源，并否认洛克的反省观念。因此，他们因强调身体是观念的唯一来源并忽视意识的作用，而经常受到经验主义者的猛烈抨击。

感觉主义最重要的方面，是它将感觉和观念相结合。由休谟发展的并被哈特利进行扩充的联想主义(associationism)，是 19 世纪和 20 世纪大多数经验的和科学的心理学先驱。哈特利认为，最基本的自然学习法则是：如果一种感觉经常性地反复出现，那么，当它出现次数足够多时，便会在神经系统中留下痕迹。当不同感觉不断地充分结合后，一种感觉便会唤起对其他感觉的记忆。仅仅通过联想，就可将简单观念变成复杂观念。联想主义的原则听起来很像诸如"突触连接"、"适应"以及"频率和新近"之类的原理。

然而，经验主义和感觉主义并没有在 18 世纪思想家中占有一席之地。虽然他们具有令人惊讶的创新性，也获得了很多信徒，但是，理性主义(rationalism)的力量仍然很强大，特别是在学校、大学和教会中。理性主义的拥护者有德国哲学家莱布尼兹(Leibnitz)。他批判洛克认

---

① 孔狄亚克(1715—1780)，法国启蒙思想家、感觉论者。——译者注

为意识不是天生的观点。莱布尼兹坚信,尽管经验可以引发思维,但经验并不能创造思维。由于宇宙是上帝按照合理且可理解的顺序而创建的,因此,只有理性(而不是感觉经验)可以实现普遍而且确定的思想,例如数学。理性主义包含人们所熟知的另一个理论,类似于现代教育工作者所说的"智力的培养"和"智者的美德"。

最著名的理性主义拥护者是德国哲学家伊曼努尔·康德(Immanuel Kant)。康德受到休谟的怀疑经验主义的干扰,仍不愿放弃感觉经验的正确性,他调和了休谟的经验主义和莱布尼兹的理性主义。因此,他的主要哲学是以调和科学和宗教为目标的"中庸"哲学。

康德认为,知识由两个因素构成:(1)知识的内容,即对外界的经验感知;(2)知识的形式,即组织和排列经验的思维类型。以冲压机为例,它可以"预知"硬币的形式,但不能预知原材料的质地,例如,银的、金的、铜的或其他的。同样的,无论作为原材料的经验是什么,意识必须为知识提供某种形式。意识计算事物的数量,按照种类将事物分类,并发现事件之间的因果关系,而无论面对的是苹果、狗还是人类。

康德把这些意识的分类称为"超验范畴"。在获得外部经验世界之前,它们就超出外部经验世界,并存在于所有理性人类的意识中。康德相信存在一个引起我们经验的外部世界,但他又坚持认为我们无法证明这一点,从而无法对此进行了解。我们仅仅了解经过意识排序的印象和感知。并且,我们无法了解经验之上是什么,但我们可以相信存在这样的领域。康德声称,我们无法证明上帝的存在,或灵魂的不朽,或意志的自由。但他接受信仰的存在,因为他相信从信仰方面来看它们应该是存在的,因此,他从道德上相信它们的存在。他相信超自然世界的存在,而这个世界不受理性或科学的干扰,并保留了宗教领域。康德对欧美哲学界带来的巨大影响,有利于唯心主义和理性主义保持他们对唯物主义和经验主义的攻击,特别是在高等教育领域。

然而,理性主义在较低水平教育领域中的地位却很危险,因为不久之后他们就受到了自然主义(naturalism)的挑战,卢梭在他的著作《爱弥儿》(Emile)中就对这个问题进行了强有力的阐述。根据"人性本善"的观念,他认为,当孩子在自然推力下自由发展和成长时,可以达到学习的最佳状态。因此,应该去除限制条件和原则,并为孩子提供参与其感兴趣的活动的条件。与经验主义相类似的地方在于,自然主义认为,以自然的方式对待自然事务、做手工以及与人交往时,学习会达到最佳的效果。过于坚持理性主义所宣称的工具,即数学、语言和书本知识,就会使学习受到阻碍。自然主义的关键词,如自由、成长、兴趣和活动,被熟悉现代"进步"教育理论的一代人所熟知。20世纪20年代的美国进步教育家在这方面有着深远的渊源。

知识的力量

有史以来,人类从未像17世纪末和18世纪的学者和知识分子这般如此相信知识可以促进社会的进步。就自然科学的根源而言,他们认为,在所有的文理科领域中,最重要的是学习和调查。因此,在18世纪,几乎所有的有组织的知识机构都取得了很大的进步。

科学和数学。科学家和数学家的知识面扩展是最为突出的。牛顿为天文学和地理学打下了基础,他的万有引力定律为科学界开辟了新纪元,他的科学实验方法为其他许多科学领域的工作者提供了工具。光学、热学、磁学、水利学、力学、电学和化学研究都取得了重要的成果。所有这些发明以及最终在18世纪末发明的蒸汽机,使19世纪和20世纪形成新的工业社会成为可能,这也是历史上最重要的事件之一。科学基础的惊人进步体现在数学领域,以牛顿定律和莱布尼兹的微分学最为著名。

生物学界也发生了很多大事。如林耐(Linnaeus)①等诸多有才能的科学家将地球和自然物体进行了分类,但基本上并未发现可以将这些事实联系在一起的有效的普遍定律或理论。化学、地质学、生物学、

---

① 林耐(1707—1778),瑞典博物学家。——译者注

生理学以及医药学已为查理·R·达尔文(Charles R. Darwin)[1]、巴斯德(Pasteur)[2]和所有其他人在下个世纪的出现做好了准备。然而,学校和更高水平的教育机构已形成了新的主题,并最终向经典传统学科的权威性发起了挑战。

语言艺术。一般而言,古典语言保持着它在所有地区学校和大学中的地位,然而,在许多领域也不乏衰退的迹象。牛顿于 1687 年以拉丁文撰写了《原理》(*Principia*),但到 18 世纪末,大多数科学论文和哲学论文是以地方语言撰写的。更为重要的是,在报纸、杂志、短文、小说和戏剧中产生了新的方言散文体。方言逐渐变成他们自己的语言。法文几乎变成时尚、外交和国际演讲的普遍用语,而英文和德文变得更加精炼、清晰和"备受尊重"。

社会科学。随着学者及哲学家不断地寻找社会和政治经济的自然规律,在 18 世纪时,社会科学变得越来越重要。人们开始将历史资料当作科学数据进行收集、分类、检查、评论和整理,并将这些资料作为传闻或当局言论的证据。人们前所未有地将大量精力投入到社会和文化历史中,并减少了对政治、军事和宗教历史的关注。伏尔泰对拓宽历史范围尤为感兴趣,以便为他所希望的在宽泛领域内实施的改革进行历史性辩护。在这个时期,历史著作的基础是促进科学调查的乐观主义,以及相信历史本质上是有序的、简单的并符合自然定律的信仰。"发展"被视为是历史定律的一个基础。世界在不断地变好,而哲学家们相信,未来人们会用比以往更加友善的态度来对待种族问题。

启蒙运动最有特点的因素之一是普及了对改革的使命感。改革热情已成为宗教热情,启蒙运动的热情引发所有的教育机构进行改革。人们有组织的运动帮助弱者、穷人、受迫害者以及不幸者。受 17 世纪末 18 世纪初英国自由主义的影响,对著名的启蒙运动的宣传于 18 世纪中后期在法国达到高潮。它成为法国大革命意识形态的先驱。不仅

---

① 查理·R·达尔文(1809—1882),英国博物学家,进化论的奠基人。——译者注
② 巴斯德(1822—1895),法国微生物学家、化学家,近代微生物学的奠基人。——译者注

仅适用于不断壮大的知识分子和中产阶级,改革者同样也在竭尽全力改善人民大众的生活条件。

信息发布机构的数量不断增多,其形式包括书籍、小册子、报纸、杂志、百科全书、辩论、科学研究院、图书馆和博物馆等。或许,所有这些活动中最突出的当属《百科全书》(*Encyclopedie*),《百科全书》由狄德罗(Diderot)①和达朗贝尔(D'Alembert)②编辑,并于 1751 年至 1772 年间在法国出版。百科全书派抨击各种迷信、迫害以及不宽容行为,并致力于自由思考,革除苛刻不公的法律,消除贫困、疾病、奴隶制和战争。为争取公民自由、宗教和政治自由、普及教育以及天赋人权的战役,再一次为西方的人道主义民主遗产奠定了基础。正如我们所知,在这次战役中产生了公共教育。

教育的启蒙

教育理论中的现实主义和自然主义

总的来说,在启蒙运动时期,教育理论得到了蓬勃发展,但在实际应用中却不是很多。方言学校和中等学校所采用的一般方法,反映出惩戒假设与理性主义者非批判性的观点息息相关。大多数学校主要采用机械记忆、阅读、讲座和背诵来达到语言符号的习得目的。心智训练采用严厉指派、训练和背诵的形式;身体训练采用各种严格严酷的鞭策和惩罚。学习阅读就是练习各种字母,增加音节的积累,写下听写的单词和短语等。高级语言课程主要是学习语法的构成规则、动词变位、名词单复数、所有格的变化以及句式和构成训练等。总的来说,这些方法基于一个概念,即教育方法的目的是心灵的训练。

---

① 狄德罗(1713—1784),法国启蒙思想家、哲学家、文学家,《百科全书》主编。——译者注
② 达朗贝尔(1717—1783),法国数学家、自然科学家、哲学家和作家。——译者注

经验主义和感觉唯实论。洛克在超越夸美纽斯早期提出的感觉唯实论的基础上,提出了经验主义哲学。这种经验主义哲学成为了打破上述这种模式的最显著的尝试之一。通过讨论经验在学习中的角色,洛克的经验概念为教育上的感觉唯实论提供了理论依据。他坚持认为,观念和知识是外部世界与人类思想碰撞的结果,以感觉和感知的形式存在。洛克开辟了一条新的道路,对儿童感觉发展的教育方法给予了更多的关注,而这种感觉不仅仅局限于阅读,还包括看、尝、闻、触摸和听觉。根据这种观点,洛克理所当然地将重点放在了身体的生理发育上。洛克对"健全的精神寓于健康的身体"这个著名的教育观点进行了广泛的推广。

在《教育漫话》(*Some Thoughts Concerning Education*)中,洛克对儿童健康的早期关爱给予了高度关注,而这种关爱可以通过适当饮食、睡眠、服饰、卫生习惯、运动和游戏来实现。他谴责教育方法中的强制性惩戒,坚持认为儿童只有对所学的东西感兴趣才能学得最好。激发儿童兴趣的最好方式是通过游戏,这不仅提供了令人愉快的刺激,而且还能防止儿童对教育产生厌恶心理。

与认为心理能力可以通过一些语言学学科进行训练的惩戒观念相反,洛克的理论认为,课程应该基于对成人生活有用的各种学科。他抨击狭隘的古典学科,但支持英文、绘画、算术、写作、速记、地理、历史、科学和数学等。尽管在他的思想中仍流露着贵族青年的气息,但洛克提倡那些通过诸如木工、园艺等手工作业以及通过各种活动技能来获得进步。

首先,洛克反对训练要依赖各种道德戒律、口头禁令和宗教教义的学习。虽然从头至尾他都认为道德惩戒是教育的最高目标,但是,这个目标只能通过保持良好的品行,以及通过适当行为建立起来的良好道德习惯来达成。

关于洛克是否是形式训练说的创始人这个问题,已经进行了很多讨论。在洛克有关教育方法的著作中,尤其是在《教育漫话》中,他的意图很明显是要打破传统的惩戒方法,强调通过经验进行学习的感觉经验途径。然而,如洛克的关于人类理解的著作所述,他的哲学观点强调了锻炼反思能力的必要性,就如同一个人锻炼自己的肌肉来达到最大程度的发育一样。

因此,这个问题的答案取决于洛克的哪个著作更有权威性。如果《教育漫话》被视为是儿童教育的指南,那么,心智训练就不是洛克的本意。如果洛克的关于人类理解的著作被视为是成熟思想进一步发展的指南,那么,他在一定程度上认为形式训练说和训练迁移说是合理的。因为洛克的后期著作对 19 世纪和 20 世纪的美国大学有着巨大的影响,所以,很多人引用洛克的著作来支持这个被认为是大学教育理想目标的心智训练。

将经验观应用于教育实践的最显著的例子,是 19 世纪的一些德国学校都应用了感觉唯实论。赫克的实科学校(Realschule)的名称就表现出了他对感觉唯实论的兴趣。在赫克的学校中,教师们都用实物而不是书本来讲课。这些实物包括船舶、建筑和机器的小型模型,日常用品的实物模型,以及收集的一些植物、石块和小动物等。

巴泽多甚至做了进一步的研究,在各种教学活动中运用了大量的实物、模型和图片。他写了一本深受欢迎且颇具影响力的教科书《初级读本》(Elementarwerk)。在这本书中,巴泽多在解释课义时运用了大量的图片。通过游览,学生亲自认识了庄稼、商店、市场、矿山和博物馆。在通过经验进行教育的整个观念中,身体锻炼和游戏也扮演着重要的角色。通过弗兰克、赫克、巴泽多及其他人的努力,感觉唯实论首先在德国教育中进行了真正意义上的尝试。但是,他们的努力遭到古典人文主义者的强烈反对,因此,唯实主义运动不得不等到 19 世纪才获得广泛认可,并融入德国的正规学校系统中。

卢梭的自然主义。在启蒙时期出现的最激进的教育方法理论就是卢梭在《爱弥儿》中明确提出的自然主义学说。与传统的实际做法不同,自然主义从众多的方式中脱颖而出,最后被证明是教学方法探究中最有影响力的理论。尽管卢梭的想法从未在某所单独学校中充分运用,但对 19 和 20 世纪中很多教育改革家的思想形成产生了巨大的影响。

卢梭的主要观点是,教育方法应该遵循儿童成长各个自然阶段的发展。他列出了 4 个阶段:幼儿期、儿童期、青春早期和青春晚期。每个阶段都有各自的身体、智力和社会特点,适当的教育方法应该基于各个阶段的特点。

幼儿期,是指出生到 5 岁的这个时期。在这个时期,儿童实际上就是一个小动物,有生理活动的需要,有感觉依赖,呈现与道德无关的社会发展形式。这个时期的教育方式,就是让儿童充分地玩耍来刺激他们的活动,让儿童的身体自由健康地发展,通过接触各种物体刺激他们的感官发展。儿童只能通过摆弄自然物体来理解其中的必然性,而无法理解什么戒律,因此,他们应该可以自由地做自己想做的事,而不应该受到外界强制性和权威性的束缚。

儿童期,是指 5 岁到 12 岁的这个时期。在这个时期,儿童本质上仍然是对活动感兴趣的小动物,不应该受到社会的制约或道德的束缚,因而比较适合采用类似的消极教育。所以,卢梭将有害于儿童本性的书本和语言学习撇在一边,利用玩耍、体育运动、游戏和手工艺术等方式来发展儿童的感官经验。

青春早期,即从 12 岁到 15 岁的这个时期,儿童发展出现了第一次重大的变化。在这个时期,儿童的理性和自我意识开始出现。好奇心是驱使理性发展的重要因素,因此,课程应该围绕着儿童的好奇心和有用活动来展开,这是激发儿童学习的唯一的真正动机。因为在发展中儿童在很大程度上仍然是非社会性的,所以,卢梭引用了鲁宾逊·克鲁索(Robinson Crusoe)①作为这一发展时期的榜样。但是,儿童已经能够并应该开始研究事物的性质,以及观察他们的关系。因此,应该引导儿童去学习那些能够揭示自然、天文、艺术和工艺的事物,如同鲁宾逊·克鲁索一样,依靠自己的力量而非任何权威机构或其他人的训导来学习这些东西。通过观察自然,儿童应该凭借自己的努力进行学习。它的极端形式就是做中学(learning by doing)的理论,而不是通过言语来学习。

青春晚期,即从 15 岁到 20 岁这个时期。直到这个时期,青年才开

① 鲁宾逊·克鲁索,17 世纪英国小说家笛福的著名小说《鲁宾逊漂流记》中的主人公。——译者注

始处理社会问题。这个时期最重大的变化是性冲动的出现。理性的迅速发展是最为重要的，可以对性欲望做出判断，并驱使自己去做那些能被社会认可的活动。学习社会、政治、经济、历史和宗教，有助于青年理解复杂的社会关系。道德观点、精神渴望和审美趣味的发展比较重要。青年第一次能够通过学习语言、哲学、心理学、宗教和艺术来理解这些事物。这样的自然教育在婚姻中达到了顶峰。

卢梭的观念引起了很大的争议。有人认为，卢梭预见了人性从传统的和蒙昧主义的枷锁中解脱出来的可能性。而其他人却认为，卢梭为教育设置了一个错误的轨道，而且教育尚未从这个错误的轨道上转移开来。总的来说，卢梭的所作所为将人们的关注转移到了研究儿童的愿望，这样，教育才能适应儿童的独特需求。卢梭的自由、成长、兴趣和活动概念在当时是十分必要的，用以平衡教育中过于自负的权威主义和专制主义的影响。然而，卢梭过于强调人类发展的个性特点，而忽略教育和文化在人类性格形成过程中的角色。他忽视了文化在人类发展中的重要性，致使教师意识不到社会对个性发展的重要影响。现今，一种更完整的教育理论要求在一个健全的社会中发展健全的个体时，教育担当一个新的综合角色。教育必须从个人和社会两个方面一起努力。

新的教育目标

公民教育的发展是启蒙时期教育理论取得的最有深远意义的结果之一。宗教改革时期的教育目的，从政治方面来讲是对公民的培养，使公民在国家中做好自己的本职工作，而国家与处于统治地位的教会是结盟的，所以，此时教育的政治目的还有宗教的寓意。然而，启蒙运动改革家们却认为，教会和国家应该分开，这样才能在世俗方面追求良好的公民价值观。公民的世俗教育的概念很大程度上源于法国。

在法国，有些改革家，如拉夏洛泰（de La Chalotais）①、杜尔哥、狄德罗和孔多塞，都强调教育的政治目标。他们提倡将教育从教会中脱离

---

① 拉夏洛泰（1701—1785），法国法官、教育家。——译者注

出来,并由听命于国家的世俗教师来负责。只有当教育成为一项公民事务时,学校才能教育人们以公民的身份、用适当的方式为国家服务。国家应该通过向所有人(无论穷富)免费提供长期的强迫教育,来建立一个国家的教育体系,以达到这些目标。尽管这种长期的教育观点在启蒙时期得到了良好的表述,但是,却没有得到广泛的应用。

其他的目标,如宗教和人文目标,仍然支配着整个教育实践。启蒙时期的很多教育都遵循宗教改革时期的模式。德国的虔信派学校、法国的天主教学校和英国的圣公会学校在初等教育阶段都坚持各自的宗教目标;而所有国家的中等学校也都保持着宗教和人文目标。17世纪末18世纪初的智者之争(intellectual struggle),即"古人与今人之战"对教育理论产生了巨大反响。一些新的人文主义者,如莱辛(Lessing)[①]和赫尔德(Herder)[②]认为,古代经典著作,尤其是希腊的经典著作,是高品位和理性的源泉,因此,在中学课程中应该重新复兴这些经典著作。另一方面,如丰特奈尔(Fontenelle)[③]等人却坚持认为,现代科学和自然研究所产生的价值与经典著作学习一样,甚至更多。如果说现代人不比古代人高级,但至少是与其相等。

除了政治、宗教和人文目标,启蒙运动还强调教育是为了争取更高的社会地位。在教育绅士后代方面,洛克的《教育漫话》一书恐怕是最著名的建议。如果按重要性顺序排列,他认为,教育的目的依次为美德、智慧、教养和学识。美德是通过良好的道德实践形成的良好品性;智慧是指在管理个人和社会事务时表现出来的洞察力和谨慎性;教养是指养成的正确行为、仪态和礼貌;学识是通过心智训练而获得的智力,并非仅仅通过事实或知识习得获得的。这些理想不仅反映了英国社会上层阶级的态度,而且对美国大学通识教育的形成也起到了重要

---

① 莱辛(1729—1781),德国启蒙运动时期思想家、文艺理论家、剧作家。——译者注

② 赫尔德(1744—1803),德国思想家、作家,狂飙运动的理论指导者。——译者注

③ 丰特奈尔(1657—1757),法国科学家、作家。——译者注

的作用。贵族教育的概念体现在法国和德国的骑士学校、弗兰克的《预科学校》(*Padagogium*)、巴泽多的《泛爱主义》(*Philanthropinum*)以及大多数国家的中等学校上。

中产阶级的目标在启蒙时期也受到了广泛的关注。越来越多的教育工作者开始强调实用学科的重要性,因为这些学科有助于青年人应对各种贸易和职业需求。他们开始促使教育去更多地关注青年人进入商业、制造业、建筑业、农业和矿业领域所需的实用技术。

经济目标和宗教之间的关系比较有趣。虔信派教徒,如弗兰克、席姆勒(Semler)①和赫克等人,不仅强调宗教的学习,而且还强调现实和有用的科目。在英国,对从宗教中得到灵感持异议的学院在提供实用教育方面取得了巨大的成功。其原因毋庸置疑,宗教改革团体本身也是中产阶级,在他们看来,通过成为一个自恃且有才能的商人或手工艺人来更好地信奉上帝,那是一点也不奇怪的。

方言初等学校

尽管制定了新的教育目标,并进行了有效的表述,但欧洲的初等学校在本质上仍然是阅读学校。这表明,在陈述了所有其他事项并注明了所有异议之后,初等学校的基本任务就是读写能力的训练。然而,由于写作和算术在中产阶级的商业中具有广泛的用途,加上中产阶级也对这类学科比较感兴趣,因此,学校对这类学科的关注也在增加。由于宗教复兴带动了赞美歌的演唱,民族主义开始强调爱国歌曲,所以,唱歌和音乐课程也占据了比较重要的地位。无论如何,初等学校所包含的课程超过这些学科,那是个别现象而不是普遍情形。

除前述的各种学科外,弗兰克的初等学校还教授历史、地理和自然学科。根据《1763 年普鲁士学校法令》(Prussian School Code of 1763)的要求,这也是其他学校的特点。在法国,基督教学校兄弟会开办的那

---

① 席姆勒(1725—1791),德国新教虔信派牧师、教育家,实科学校的创始人。——译者注

些学校主要集中于标准学科,但也尽力让学校的学科适合各个年龄段的学生。在英国,基督徒知识促进会和海外福音传道会开办的学校经常是不仅教授 4R①,而且教授农作、航海以及诸如纺纱和缝纫等家政技能等,来反映它们的传教方面特点。贫民习艺所(workhouse)为贫困家庭儿童设置了不同的教区,除学徒制外,还提供一种职业教育。

最常见的阅读和宗教教学方式是问答教学法、文字板、《诗篇集》(*Psalter*)、《圣经》,尤其是初级读本。初级读本是宗教的入门书,包含《使徒信经》(*Creed*)、《主祷文》(*Lord's Praye*)、《十诫》(*Ten Commandment*)和《诗篇》(*Psalm*)。模仿初级读本而编辑的一整套书籍,最终成为了最早的学校教科书和宗教读本。英国国教会授权使用多本教材。而持异议的教会授权使用自己的入门书,其中最著名的美国读本被称为《新英格兰初级读本》(*New England Primer*)。在 18 世纪中期,单词拼写本成为新的阅读辅助方式。其中最有名的要属迪尔沃思(Dilworth)的《英语学习最新指导》(*New Guide to the English Tongue*)。这本书包含配有读音规则的单词表、语法规则、祷文、寓言故事和道德戒律。此外,这个时期还出现了算术书。算术书不仅使算术这门受欢迎的学科得到了进一步公认,而且还促进算术这门学科成为初等学校中的一门课程。

中等教育

有趣的是,18 世纪的中等教育对教育思想新趋势的反响比初等教育更加强烈。这种现象在教育史上鲜有发生。人们在向中等学校引入现实学科和实用学科时,取得了突破性的进展。尽管如此,在古老的文法学校中,古典传统仍然具有强大的影响力,因此,必须建立新型学校来实施这些现实学科和实用学科。新的学科在正规中等学校中并不受欢迎,这个事实表明这些学校都在推行人文主义。

德国。18 世纪时,德国中等学校受到了感觉唯实论和新人文主义

---

① 4R,指阅读、书写、计算以及宗教常识。——译者注

的双重影响。通过弗兰克、席姆勒和赫克的努力,虔信派的影响在很大程度上促进了感觉唯实论的发展。在弗兰克的拉丁文法学校中,课程设置比一般的古典学校宽泛得多,包括(但不仅仅限于)宗教和古代语言、数学、物理、植物学、解剖学、历史、地理、绘画和音乐。在他的《预科学校》中,现实学科找到了更大的用武之地,学生在这里可以利用玻璃、铜和木材学习力学,在实验室学习自然历史和自然科学。塞姆勒的数学和机械学校遵循同样的思路,甚至将古典的东西搁置一旁。赫克在柏林开办的学校还能提供数学和科学方面的社会实践。

这些学校是新型中等学校的起源,被称为"实科学校"(Realschule)。尽管直到19世纪"工业革命"出现后实科学校才盛行起来,但最终实科学校还是与古典中等学校并存。通过巴泽多的《泛爱主义》,感觉唯实论还进入了德国学校。在学校中,有用的科学和数学学科以及与木作、木工和实用工艺相关的很多手工艺学科都非常突出。

新人文主义,即德国中等教育的另一个有活力的因素,对德国中等学校有着直接的影响。中等学校课程上最重要的变化是,学校重新将重点放在了希腊文和文学上。到19世纪中期,德国文学新生代们摆脱了法国的影响,开始从希腊文学中寻找灵感。旧的拉丁文学校成了"文科中学"(Gymnasiums),这个名称源于同名的古代希腊中等学校。

法国。总的来说,法国中等学校仍保留着传统的古典模式,特别是在耶稣会士的影响下,耶稣会士们主要关注拉丁文、希腊文、哲学和古代史。奥拉托利会神父在他们的中等学校里实施了更加现代化的课程,除拉丁文、希腊文和希伯来文外,他们还教授法国本地语,并用法国本地语讲授笛卡儿数学、科学、历史和地理。尽管如此,法国改革家们还是开始大力呼吁人们,对法国历史、语言、文学、数学、科学、实用工艺、美术和体育给予更大的关注。

英国。在18世纪时,英国的中等教育受拉丁文法学校的统治。在文法学校中,文法学家们面临着不断增加的各种批判。但他们坚持认为,拉丁文法是培养接受通才教育的学生具有自律性的唯一方式。在众多批评中,有些人也承认古典学科的重要性,他们鼓励人们通过说话和阅读文学著作来直接使用拉丁文,利用这种方式来削弱古典教育的

295

途径。英国圣公会站在文法学家们一边，采用法律途径来阻止实用课程的扩展。还应该指出的是，资助文法学校的基金会规定，向优秀学生免费教授拉丁文和希腊文。文法学家们坚持认为，除拉丁文和希腊文外，没有什么可教的。

　　然而，慢慢地，文法学校在惩戒方面变得过于迂腐、野蛮和暴力，学生之间也存在着不安和骚动的情绪，所以，它们的委托人都毅然决然地离开了。就是从那时开始，即18世纪后期，这些文法学校开始进行改革。虽然它们仍然强调古典学科，但已开始屈从洛克在绅士教育方面的观点。迂腐学者或文法学家们的观点从来没有引起贵族或中层阶级的过多关注，但当这些文法学校开始强调洛克提出的美德、智慧和教养而降低学识的重要性时，却引起了社会上层阶级的更多兴趣。直到18世纪末，中等学校才能够比较自由地讲授这些课程，著名的"公学"的现代模式初步形成。

　　然而，到了启蒙时期的早期和中期，由非国教牧师为圣公会开办的持异议的学院对新的教育趋势做出了真正的响应。开始时还是拉丁文学校，但很快它们就开始更多地关注那些能够吸引中产阶级的"现实"学科。到18世纪初期，除古典课程外，学院开始教授英文、文学、现代外语、数学（几何、天文、三角函数）、自然科学、解剖学、历史、地理、政治和哲学（伦理学、逻辑学和形而上学）。

　　到18世纪中期，科学和数学与以往相比起了更大的作用，商务类学科也变得更重要。英国开始出现拼写、文法和算术的测试。直到18世纪末，随着英国国教力量的增强，持有异议的学院开始衰落。非国教团体失去了自己的阵地，"公学"开始了改革，并撤掉委托人。尽管如此，在传统学校墨守成规时，它们还是尽自己所能唤醒了英国的中等教育。它们对18世纪后期美国大学的兴起也有着一定的影响。

高等教育

德国大学的自由主义。18世纪时，德国的统治者们公开表示支持人们的兴趣，尽管他们的行动在很大程度上仅限于科学、哲学和文学，但他们允许人们去过一种知性生活。在腓特烈二世的统治下，新的科

296

学和文学不仅在宫廷得到了支持,而且还受到了大学的青睐。大学开始失去原来的教会特点,逐渐呈现出公共机构的特色,开始培训良好的公民和有才能的公务员。

在 17 世纪时,德国大学在教会的控制下已经衰落,但到了 17 世纪下半期又出现了复苏现象。1694 年,哈勒大学成立,虔信派教徒弗兰克掀起了一场反抗正统路德教会的运动。1706 年后,克利斯蒂安·沃尔夫(Christian Wolff)①在哈勒大学向学生们灌输新科学和理性的思想,他坚持认为人们拥有自由探索的权利和责任。自此,哲学与权威的神学分离开来,开始吸收现代数学和物理学。18 世纪时,沃尔夫的哲学最终渗入到德国几乎所有新教徒大学的各个角落。

1734 年哥廷根大学的建立,成为了反抗正统路德教的又一个浪潮。在哥廷根大学中,人们感受到的氛围比哈勒大学还要自由,每位教授都具有几乎完全的学术自由。尽管其他大学在追随哈勒大学和哥廷根大学时显得有点缓慢,但是,新教学院和天主教学院却逐渐开始吸收新的内容。

图 19　埃尔兰根大学落成典礼

① 克利斯蒂安·沃尔夫(1679—1754),德国哲学家。——译者注

在 18 世纪启蒙时期,德国大学中发生了如下的重大变化:经院哲学被基于物理学和数学的现代哲学所取代;固定不变的课程被体现研究和教学自由精神的课程所取代;规范文本中的解释部分被系统的讲座所取代;辩论被专题研讨会所取代;重要的经典著作学识取代了经典著作模仿;最后,德文取代拉丁文作为教学的手段。科学在德国大学中的广阔发展使一些学科成为了必修课程,并对 19 世纪美国学院选修制度的兴起有着直接的影响。

法国大学。尽管德国启蒙时期的专制统治对向德国大学中引入新科学和新哲学起到了辅助的作用,还提倡学术自由,但法国的专制统治却引起了相反的影响。法国大学仍处于君主制度支持的保守派宗教团体的统治之下,国家上层阶级一直密切关注着政治、社会以及宗教方面的教学。巴黎大学的神学院在禁止学习孟德斯鸠的《论法的精神》(*Spirit of the Laws*)和卢梭的《爱弥儿》时,便为整个学校定下了基调。这时,不少人也聆听到了改革者们的呼喊,其中比较著名的就是教区长查理·洛林(Charles Rollin)。他通过引入笛卡儿科学、哲学、法国历史、语言和文学等科目,试图革新学校的学科体系。然而,洛林的詹森派教育与强大的耶稣会团体相冲突,洛林还是被迫退休了。

英格兰和苏格兰大学。在这个时期,英格兰发生了各种知识运动和科学进步,按理说,这里的大学也应该发生根本性的变化。然而,由于大主教劳德(Laud)和复辟的国王们对传统和宗教的控制,英格兰大学在 18 世纪的大部分时间并没有跟上时代的发展。尽管出现了一些名人,例如,牛顿、格雷(Gray)[1]和布拉克斯通(Blackstone)[2],但牛津大学和剑桥大学的主要学科仍然是古典著作、逻辑学和经院哲学。不过,有一些大学在引入牛顿力学和数学方面取得了一些进展,尤其是剑桥大学。早在 1685 年时,牛津大学和剑桥大学就设立了化学教授;1724

298

---

[1] 格雷(1716—1771),英国诗人。——译者注
[2] 布拉克斯通(1723—1780),英国法学家。——译者注

年,牛津大学设立了现代历史教授;1747年,剑桥大学设立了荣誉学位考试和数学考试。但是,这些努力只不过是茫茫大海中的几个小小涟漪而已。

　　然而,到18世纪中期,苏格兰的大学进行了多项主要改革。在爱丁堡大学,数学和道德哲学教授们加入到拉丁文、希腊文、逻辑和自然哲学的队伍中,开始为自愿就学的广大学生开设公开讲座。到1741年时,爱丁堡大学的文科课程已经远远领先于众多英格兰大学。阿伯丁大学改革的功利主义精神,使很多活动如跳舞、写作、簿记和法文受到了认可。随后,这里出现了早期启蒙运动的趋势:新科学对文科课程产生了冲击;"有用"和"实用"的科目与通才教育中的古老学科等量齐观;"自愿"或选修原则得到了真正的实践。

　　教师教育。教师专业培训取得了一些进展,尤其是在德国。在哈勒,弗兰克的学院特别关注未来教师的问题,而赫克也在柏林的实科学校中设立了正规的师资培训研讨会。其他师资培训学院也纷纷在奥地利、萨克森和西里西亚建立起来。德国的新人文主义者们也对教师教育有一定的影响,格斯纳(Gesner)①、海恩(Heyne)②和沃尔夫(Wolf)③通过自己的努力而非特殊的教育学培训,向去"文科中学"的教师们透彻地讲授经典学识。教师教育的"学者型"概念变得流行起来。人们假定,一位好的教师所需的就是掌握教材。美国的教师教育就采用了这个概念,并且一直沿用到19世纪"专业型"和"学术型"教师培训之间开始持久战为止。耶稣会信徒、波尔罗亚尔信徒、奥拉托利会会士以及英国的学校会社都对教师教育给予了特殊的关注。

　　似乎值得注意的是,特殊的教师教育主要在两种情况下进行,一是受到某个组织或机构(如国家机构或教堂)驱使时,一是当此类有组织

299

---

　　① 格斯纳(1691—1761),瑞士作家、翻译家。——译者注
　　② 海恩(1729—1824),德国新人文主义者。——译者注
　　③ 沃尔夫(1759—1824),德国语文学家,新人文主义代表人物之一,德国现代语言文字的奠基人。——译者注

的团体认为有必要根据新形势进行教学实习或课程改革时。由于学校长期以来一直处于纯粹私人的管理之下,受传统大学的支配,因此,没有教师教育的压力。然而,当教学团体、福音主义运动、感觉唯实运动有条不紊地进行时,人们希望改变现有的学校形式或建立新型学校,那么,随即就出现了教师教育的专门形式。长期以来,从很多教师教育运动的改革特点来看,教师培训经常被视为是教育改革的一个战略要点。

第十一章　美国对启蒙运动的回应

从殖民地到一个国家的转变

从 1690 年至 1715 年，美国的知识分子生活或许处于低谷时期。清教徒神权的理想受到了抨击，欧洲新的思潮也没有影响到美国人民的思想。但是，当美国赶上了欧洲帝国主义战争，而且随着许多国家新的血液涌入美国时，美国的政治和知识分子的生活开始呈现出新的面貌和生命力。在城市和国家范围内，英国的中产阶级自由主义思想被许多美国商人和贸易商所接受，法国的民主人道主义思想被城市和国家的普通民众所接受。正如约翰·亚当斯（John Adams）[1]所指出的，在革命战争开始之前就已经有了革命思想，革命思想首先根植于人民的大脑和心目之中。

优秀公民的政治和经济思想

18 世纪期间，政治和经济思想中最显著的变化，是从国家专制主义到代议制政府的共和民主思想的转变。18 世纪初，统治权是在少数人的手里；而到 18 世纪末来临之时，统治权已获得了更加广泛的支持。在这个过程中，神权、英国贵族和皇家观念被推翻了，并且在统治权应该由资产相对较少的人来掌制，还是应该由全体成年男人来掌制这个问题上产生了争斗。在这一世纪中，以下三个阶级的地位得到了很好的诠释：贵族的保守主义、中产阶级辉格党和联邦主义、民主的共和主义。

保守主义。在 17 世纪英国，保守党一直是斯图亚特国王（Stuart

---

[1] 约翰·亚当斯，美国第 2 届总统（1797—1800）。——译者注

Kings)反对议会权利方面的支持者。托利党（Tory Party，亦称保守党）这个名字就此沿用起来，被在美国的英国皇家官员及皇室朋友所使用，他们幻想由富裕的美国社会上层阶级来统治美国。或许，最典型的保守分子是马萨诸塞的最后一任皇家总督托马斯·哈奇森（Thomas Hutchinson）。他认为，拥有财产的绅士统治国家是天经地义的，殖民地的福利应该由来自海外的英国人来确定。他很憎恨"暴民"，并且厌恶由民众控制的镇民大会的想法，认为无知和愚笨的民众应该由聪明的少数人来统治。一般来说，保守分子坚持普通人的主要义务是服从国王以及对当局的忠诚，因为最邪恶的事就是不服从。这就是反对多数美国人联合起来开展革命运动的一种意识形态。

辉格党和联邦主义。在反对保守分子的过程中，辉格党中的职位吸引了美国中产阶级人士。17世纪时，美国自由党是反对国王和议会权利的拥护者，而且他们在18世纪继续是中产阶级和放任自由主义的发言人。威廉·皮特（William Pitt）是美国自由党的领导者，他在诺思（North）①勋爵和托利党颁布的殖民地禁令中看到了殖民主义者对自由的申辩。

美国自由党根据他们作为英国人所具有的最基本的权利，与皇家和保守分子展开了争夺控制权的斗争。他们想不被歧视地对待，就像其他商人和贸易商在英国受到的待遇一样，但是，这个想法没能成功。他们所呼吁的"自然权利"，被洛克定义为生活、自由和财产的权利。

其中，美国自由党的一个卓越成员是约翰·迪金森（John Dickinson）②，他坚持政府的主要目标是保护财产。当他认为英国政府通过向英国征税强占美国财产权而不允许美国表态时，他准备参与这次革命。他不是民主人士或共和党人，但是，他相信立法机构应该代表财产所有者。在制宪会议上，他支持通过投票和一个强大而稳定的政府来获得财产资格，其中参议院应承担监督众议院的任务。

因此，当独立战争取得胜利之后，关于在新的国家建立一个什么样

---

① 诺思（1732—1792），英国古典政治经济学的初期代表人物之一。——译者注
② 约翰·迪金森（1732—1808），美国政治家。——译者注

的政府的辩论开始了,联邦制拥护者继承了英国自由党的传统。联邦制拥护者的卓越的发言人是亚历山大·汉密尔顿(Alexander Hamilton)①,他认为,独立战争之后的"艰难时期"是由于缺少保护财产的集权化政府才出现的。

一般来说,联邦党人反对大范围地扩展民主思想。他们认为,作为对民众无知意识的预防措施,一部文本的宪法是必要的。他们是富裕的商人和专业人士的发言人,这些人往往倾向于拥护商业资本主义的原则。汉密尔顿意识到,有必要建立一个政府,用来适应拥有良性的财政系统和经济结构的资本主义构想。他不相信民众的"动乱",并且敦促富人和出身名门的人在政府中拥有发现民众不稳定情绪的永久性义务。

民主和共和主义。虽然由于自由党和联邦党人的加入赢得了独立战争,人和社会对更加民主的元素有了更深的认识。这些领导人是富兰克林、塞缪尔·亚当斯(Samuel Adams)②、佩恩(Paine)③,最重要的是杰斐逊。这些人和其他人发现,他们的思想基础不是英国的资本主义,而是法国的人道主义。他们对宪法给予的权利并不很感兴趣。相比而言,他们对人类的自然权利,对所有人的生而平等和通过政府进行社会改善的可能性更感兴趣。这种政府是代表着全体人民权利的政府,而不是只代表了有产阶级利益的政府,这些是对民众的信任。

富兰克林主张所有成年人都有参政权,并且主张联邦联盟。在制宪会议以及在伦敦和巴黎大会上,他是贵族周围的一位民主人士。塞缪尔·亚当斯是镇民大会民主中地方角色的一个热心信徒。他认为,他自己应该组织普通士兵,使他们在政治生活中起作用。他阐明了人民有权利和能力处理他们自己的事务的道理,这正好与汉密尔顿的态度对立。他与保守分子和联邦党人进行战斗,为《人权法案》(Bill of Right)而努力工作,并且在华盛顿(Washington)和约翰·亚当斯的联

---

① 亚历山大·汉密尔顿(1757—1804),美国政治家。——译者注
② 塞缪尔·亚当斯(1722—1803),美国革命家。——译者注
③ 佩恩(1737—1809),英属北美宾夕法尼亚殖民地建立者。——译者注

邦政府之后支持杰斐逊作为总统来让民主回归。

托马斯·佩恩是法国平等和民主思想在美国及欧洲的一个卓著的代表。正如帕林顿(Parrington)所说的,他是"敦促人类自由事业的代表"。在他的《常识》(Common Sense)一书中,佩恩抨击了贵族和享受特权人的利益,表达了一种含蓄的信仰:民众的意愿是最高的法律,强烈要求人们可以在必要的时候重新制定法律。在他著名的《人权》(Rights of Man)一书中,他赞颂了在财产权之上的天赋人权。

杰斐逊代表着法国最高的人文主义思想,并且把它塑造成适合美国的方式,他的著作和共和党极大地推动了民主事业的发展。他把普通人和人的本性的信念与他自己的信念结合在一起。他认为,政治自由源于经济自由,政治民主源于经济民主。他怀疑资本主义、重商主义和城市生活,赞扬拥有财产自由权的农业社会,并认为这种社会是自由、平等和友爱的根源。

杰斐逊自己接受了卢梭的平等主义思想和法国的重农主义思想,并把它们运用到美国边疆开拓。他在美国发现了实现法国改革者思想的机会。他倾向于建立一个代表大众的民主政府,但是,他憎恨和害怕建立在少数人手中的高度中央集权的政府,无论这些少数人是英国贵族还是美国商人或地主。他介绍到弗吉尼亚的法案反映了他对宗教意识以及各种既定利益自由权的忧虑。他在《独立宣言》(Declaration of Independence)中所形成的基本的民主理想,以最好的方式诠释了美国人的"美国梦"。

303

图20　托马斯·杰斐逊

与往常一样,在启蒙时期,美国人民的动机各种各样而不能统一。他们不仅被政治和社会革命的理想主义所洗礼,而且也开始赞扬谋取金钱并最终成为最强有力的动机。在 18 世纪之前,大多数人都挣扎在生存的边缘,而现今谋取金钱和利益已经与平等和自由一样被融入到了美国梦之中。本杰明·富兰克林是这些思想的著名拥护者。他赞美勤奋和节约的美德,反映了他的商业资本主义的经济观和平等自由的政治观。

在美国启蒙运动时期,欧洲的思潮继续席卷着整个殖民地,但在这个时期结束之前,一些新的事物已经以政治、经济和宗教机构的形式出现。结果,开始出现了一种新的教育机构。

代议制政府的胜利

殖民地政府的变化。有几个最早的殖民地由欧洲商业证券公司建立并加以控制,对于这些公司,一些欧洲政府授予了很多政治和经济方面的权力。这些地方包括弗吉尼亚、马萨诸塞、新荷兰和新瑞典。其他的殖民地是由领主建立和控制,英国国王授予这些领主以政治、司法和军事权力。这些地方包括马里兰、南北卡罗莱纳、新泽西、宾夕法尼亚、佐治亚和纽约。

紧接着,在 17 世纪后期和 18 世纪初期,新的重商主义者和商业利益在英国开始强迫政府在政策上要有所变化。有几个殖民地被变成了皇家殖民地,总督由国王任命并被授予一定的政治权力。在美国革命的时候,9 个殖民地已经形成。与皇家政府一起,殖民地允许保留包括由总督或国王任命的上院和由财产所有人选举的下院。事实上,所有的殖民地都有一定的自治权,可以表达自己的不满,进而获得更多的地方自治。

在 18 世纪期间,英国通过建立理事会、特别委员会和立法机构对殖民地事务施加更大的直接控制。在英国的限制下,殖民地逐渐变得无法控制。一些殖民地开始争取更大的自治权。1754 年,当 7 个殖民地总督在奥尔巴尼一起与易洛魁人①谈判时,本杰明·富兰克林提出了一个殖民地联盟方案,建立一支军队与印第安人交往、控制土地和征税,但是,殖民地和英国都没有做好准备。

最后,因为一些事情冲突更严重了,其中包括殖民地驻军问题、波士顿港口关闭问题、镇民大会禁止问题以及在魁北克省建立天主教教堂的问题。由于类似这样的一些申诉,殖民主义者 1774 年在费城召开了一次会议,列出了这些申诉呈交给国王。列克星敦和康科德战役于 1775 年爆发,在战争爆发后一年,《独立宣言》发表了。

新的国家的诞生。 新的国家政治组织的第一阶段发生在大陆会议背景之下,这次大陆会议包括从 13 个独立自主的州来的代表,这 13 个州发动了战争(战争直到 1781 年才结束)。联邦的条款是那些人起草的,他们害怕高度集权的政府,更喜欢实际上更加宽松有自主权的联邦。在欧洲,他们与强大的中央政府在一起的经历,使他们害怕强大的、高度集中化的政府。所以,中央政府建立的最初目的仅仅在于处理一些必要的事务,例如战争、商业和造币,以及当这些州提出它们对西部的主张时产生的公共土地处理。

联邦的弱点很快就陷入了宪法代替条款的斗争中。这种斗争在联邦制拥护者中进行,他们迫切希望建立一个更加坚强的中央政府,而反联邦制拥护者则渴望建立一个权力较弱但更加民主的政府。在宪法大会中,许多对革命进行很好指导的反联邦主义的领导者,例如,托马斯·杰斐逊、塞缪尔·亚当斯、托马斯·佩恩和帕特里克·亨利(Patrick Henry)②,就没有出席。新的政府拥有了直接向人民征税、调控商务、控制货币和防止合同损害的权利。

尽管有很大的反对意见,但最终还是赢得了州的认可。一般来说,有财产的人倾向于采用这个政策,但是,负债的人和村民担心他们的权利不能像在《独立宣言》中所声称的那样受到保护。终于,有足够数量

①易洛魁人,即北美印第安人。——译者注
②帕特里克·亨利(1736—1799),美国独立战争时期的自由主义者,曾起草《权利法案》。——译者注

的州批准了这部宪法。在 1789 年国会的第一次会议上,在詹姆斯·麦迪逊(James Madison)①的领导下,起草了前 10 个修正案,最后到 1791 年被批准。

一般来说,在宪法大会上商人和有财产人的利益获得了胜利,但是,国家的《人权法案》和新的宪法反映了对于更加民主的权利和更广泛的参政权的要求。更加极端的平均地权论者和代表人民的这个群体吸引了许多新的州政府,但是,有产阶级继续倾向于一个更强大的政府,对立法部门提供至高的监督权,并且对司法和行政部门也要求更多的权力。

1789 年,在联邦主义者建立了新的政府时,华盛顿担任总统,他努力去建立一个有产阶级钟爱的有偿付能力的财政结构。当然,负债者反对这些措施,他们找到了他们自己的领导人杰斐逊,他反对联邦党人。然而,在 1792 年,华盛顿再一次当选,1796 年,约翰·亚当斯又当选。到 18 世纪末的时候,美国人已经赢得了自主,但在政治事务上还是中央集权的,就像卡尔·贝克尔(Carl Becker)②所描述的那样,通过斗争来取得国内的控制权。在这场斗争中,联邦制拥护者和有财产者的胜利一直持续到 1800 年,在那一年,共和党取得了统治,那时杰斐逊被选为美国第三任总统。联邦制拥护者在那次斗争之后就瓦解了。

经济和政治利益的冲突

商业资本主义的蒸蒸日上。在 18 世纪期间,农业继续是构成美国殖民地经济的基础,但是,这一时期最重要的发展是商业利益的上升。当欧洲战争创造了美国农业、森林和皮毛产品的巨大需求时,贸易和商业开始迅速发展起来。这意味着,商业阶级权力的增加,他们开始把美国贸易带到欧洲,也把欧洲贸易带到了美国。

新英格兰和中部殖民地的通商贸易的巨大增长,导致了在东南部

---

① 詹姆斯·麦迪逊(1751—1836),民主共和党人,曾帮助起草联邦宪法。——译者注

② 卡尔·贝克尔(1873—1945),美国历史学家。——译者注

海岸的那些具有优势的港口城市,例如,波士顿、纽约、费城、巴尔的摩和查尔斯顿等的迅速扩展。商务成为了一个比通过土地变得富有的更快捷的方式,虽然土地投机买卖也是普遍存在的。随着商业财富的增多,美国商人阶级开始挑战地主阶级和牧师的政治和社会权威。城市生活和创造利益的新的精神,成为美国生活新的特征,这个特征在以后越来越突出。在城市里,商店里的人员和制造厂里的机械工人数量也在增长,其重要性也提高了。

社会等级。1690 年之前殖民地的人口数量没有任何变化,但到1750 年时,大量的非英国人来到了美国。到革命时期,美国的总人口达到了大约 250 万或 300 万人。新来的移民者主要是德国人、苏格兰—爱尔兰人和法国人,这些人倾向于把他们的定居地从东部海岸扩展到毗邻阿巴拉契亚山脉的偏远地区。

在新英格兰和中部殖民地,由拥有并出租土地的自由土地拥有者组成的强大阶级在社会结构中变得更加重要了。在偏远地区,自由出租土地的殖民地政策导致了出租人和自由民这个强有力的阶级的产生,他们发展了强烈的民主主义和个人主义思想。与南部偏远地区的小团体一样,他们开始接受以"自由权利"而不是国王、教会或商人权利为基础的法国自由主义观念。

在南方地区,那些并不自由的劳工团体是由签有契约的白人仆人和黑人奴隶组成的。签有契约的仆人可以在工作 5 年后获取他的自由,然后获得西部的土地或者成为能挣钱的职工。白人获得自由的可能性增加,但是,当种植园主的财富增加和一批又一批的黑人奴隶的运来,一直在南部地区生活的那些人的社会地位下降了。1670 年,在弗吉尼亚,黑人大约仅占人口的 5%,但到 1756 时,他们几乎占人口的75%。在 1760 年之前,大约有 40 万黑人生活在美国,其中三分之一以上生活在南方地区。随着轧棉机的发明,南方地区比以往更加依靠棉花业,黑人奴隶制一直持续到内战时期。

在 18 世纪,阶级之间的冲突增强了,这是由于财富的增加集中在商人和大农场主的手中。负债阶级抗议立法机构的政策使得土地投机商赢利,这些人既不依靠它生活也不利用它工作,但却可以作为一个大

307

农场主而控制整个城镇。在众多方面,立法机构的这种政策使得投机商和外居地主(absentee landlords)比英格兰地权交易对农民更加粗暴。所以,他们成为了反对外居地主、高税金、高利率贷款以及抵押的大声抗议者。同样,在南方地区,小地主抵抗大农场主的权利,从而试图建立像英国绅士和贵族阶级一样的社会生活。

一般来说,在更大城镇的工人阶级和文员开始感觉他们有点类似小农户,他们也有他们自己的苦衷,即低工资。他们加入了支持杰斐逊的民主共和党的农民队伍中,这些团体开始越来越将法国的人道主义运用到政治、经济和教育过程之中。在美国革命时,他们成为了抵抗的中坚力量,并且成为了在 19 世纪期间传播政治和社会民主运动的先遣队。

308

宗教自由的胜利

清教徒神权政治的衰落。当新的思潮从英国和法国席卷美国时,清教徒牧师发现在新英格兰更难维护它的控制。约翰·科顿和约翰·温斯罗普的统治开始被科顿·马瑟(Cotton Mather)①的怨言和约翰·怀斯(John Wise)②的嘲笑所取代。神权政治再也无法抵抗民主信念、商业利益以及新的全国和宗教团体的注入。

关于教会组织的种类以及它们与国家的关系的问题,产生了剧烈的争论。科顿·马瑟反对教会被控制,而且要求由牧师全面控制教会。想要保存古老的神权统治,但这种古老的神权统治已经每况愈下,他告诉了人民他们应该是愿意由神统治的。他怨恨由商人们进行的所有干涉,并且激昂地演说反对民众的暴乱。他的观点没有自由主义的特点,但他比多数他的同辈更见多识广。用帕林顿的话来说,他是一个光明即将来临前的人物。

约翰·怀斯是民主国家里的民主教会的一个卓著的发言人。他写的文章赞同政教分离以及宗教内部实行民主自治。对他来说,教会组织的最佳形式是公理教会制度,人民自己是最高的权威。根据政治理

---

① 科顿·马瑟(1663—1728),英国基督教神学家。——译者注
② 约翰·怀斯(1652—1725),美国基督教公理会牧师、神学家。——译者注

论类推,教会可能是君主统治(主教)、贵族统治(长老会制)或者民主统治(会众)。他赞同一个好政府在正常权利、平等和一般福利方面的法国人道主义。约翰·怀斯反映了新英格兰偏远农村地区的自由和独立精神,而这种精神与波士顿保守党主义和商人的贵族精神正好相悖。

政教分离。18世纪初,关于政治与宗教的关系,殖民地提出了三种方案。在一些殖民地,创立已久的并且很强大的宗教倾向于选择单一的教会。马萨诸塞州、康涅狄格州、新罕布什尔州挑选了公理教会,而弗吉尼亚州和南北卡罗莱纳州给予了英国教会特别的待遇。

在第二组的殖民地,宗教的地位是不稳定、飘摇的或多变的。这些州包括马里兰州、佐治亚州、纽约州和新泽西州。在这些州,英国教会创立的要求仅仅在不同的时候有或多或少的成功。在第三组殖民地,长时间的并且相对大量的宗教自由阻碍了宗教的建立。这些州包括罗德岛州、宾夕法尼亚州和特拉华州。

在18世纪期间,所有的殖民地都加速了政教分离的趋势,直到18世纪末,仅四个州还有宗教创立的残余。这四个州是马萨诸塞州、康涅狄格州、新罕布什尔州和马里兰州,它们都采用了早在19世纪的做法。

从宗教的创立到政教的完全分离的转型,是一个最困难和最痛苦的过程。在一些殖民地,采取了中间步骤。它允许几个宗教团体或教会利用州的力量,帮助支持他们的牧师和礼拜。这被称为"多元宗教的创立"(multiple establishment of religion)。例如,在马萨诸塞州、康涅狄格州和新罕布什尔州,它们为支持英国教会牧师,可以使用自己的教会缴纳的宗教税。在革命以后,所有的新教徒教会都保持了这种特权。同样,南卡罗莱纳州和马里兰州继续要求每一个人交一个对宗教的评估,但是,每一个人可能按他自己的选择来交他的评估。然而,他并没有从宗教征税中解放出来。在革命期间,一个相似的提案在弗吉尼亚州也引起了争论,几乎要成功了,但是,它在杰斐逊和詹姆斯·麦迪逊的领导下被否决了。杰斐逊草拟的关于宗教自由的弗吉尼亚法规,在整个19世纪成为了其他州的一个典范。

刚经历这些战斗,麦迪逊看到了联邦机构保证宗教自由和政教分离的必要性。结果,他主持了第一修正案宣告的人权法案的战役,"国

309

会将不会制定关于宗教创立的法令,也不阻止宗教的自由行为"。

在第一修正案确定为国家政策之前,8个州已经废除它们的州教会,反映了明显的向往宗教自由的趋势。它们早在本州制定自己州的宪法时,就这么做了(《罗德岛宪章》)。值得注意的是,在制定州宪法时受到更自由和更民主的力量影响的那些州,都是同意政教分离的。更加保守的机构坚持宗教创立的原则,然而,每一次情况都是体现多元教会的原则而不是选择单一教会。这些州接下来也发生了一些诉讼案件:1790年的南卡罗莱纳州,1810年的马里兰州,1817年的新罕布什尔州,1818年的康涅狄格州,以及1833年的马萨诸塞州。

政教分离的斗争,是看谁会在国内取得控制权的另一个方面,正如我们所了解的,它们彼此都有政治上和经济上的对手。民主的和共和的力量最后在反对殖民地的长期统治中取得了胜利。这是启蒙运动在美国生活改革方面超过宗教改革的最重要的胜利,预示着19世纪教育管理和计划的重大变化。

18世纪期间,各种各样宗教团体的汇集,为宗教自由理想成为现实创造了条件。大量的德国路德教会、摩拉维亚教会、门诺会教徒在宾夕法尼亚州定居,苏格兰—爱尔兰长老会员、卫理公会派教徒和浸礼会教友在所有的殖民地赢得了追随者。在革命以后,教会断绝了它们与来自欧洲的、具有美国特征的英国国教、卫理公会派、长老会及其他教会的关系。国教会不能胜过这些大的教派团体正在上升的政治力量。

大觉醒时期。在欧洲具有美国特点的虔信派教徒和卫理公会派教徒的运动,影响了美国的大部分教派。在大觉醒时期,卓越的宗教领导人有新英格兰的乔纳森·爱德华兹(Jonathan Edwards)[①]和乔治·怀特菲尔德(George Whitefield)[②],他们在30年间进行过数以万计的布道。

由于各种各样的信仰复兴运动者的努力,数以万计新的成员加入

---

① 乔纳森·爱德华兹(1703—1758),美国基督教清教派神学家、哲学家。——译者注

② 乔治·怀特菲尔德(1714—1770),美国基督教圣公会传教士。——译者注

教会,并且每一个教派中增加了许多新的宗教团体。得益于全国运动,宗教领导人获得了更多的权利,其地位也随之提高,但事实上,许多教会也获得了更多的权利,这注定会超过衰落的国教。复兴无疑增加了人们对宗教真正的感情,但是,它也导致了在许多民众中歇斯底里的情绪化或过度热情化。宗教通过对许多不幸者的同情,或者对来世永无休止的痛苦折磨的恐惧,来增加它的慈善事业和利他主义特征。它促进商人阶层给教会、慈善团体以及学校和学院投入他们的一些金钱。

　　伴随着他的永恒的诅咒威胁和为罪人准备的灼烧的硫磺恐怖,乔纳森·爱德华兹达到了复兴的峰顶。当然,许多福音布道受到了抑制。无论如何,目的是相同的,说服人后悔他们的罪孽,再生他们的灵魂,加入教会。结果,启蒙运动时期的许多美国学校和大学强调宗教信仰超过即将来临的革命的新的政治理想。教会对美国教育的统治更加牢固,如果没有大觉醒的发生,维护这种统治的时间本应更长一些。新的学院和新的中学在宗教信仰复兴的严峻考验中被锤炼出来。

教派、个人和国民的教育管理

　　总体来讲,在 18 世纪的美国,教育管理的情况是复杂的和迷茫的,但是,某些一般的模式是可以察觉到的。大部分而言,学校的教派控制继续占主导地位。然而,在新的商业利益驱使下,产生了使用英文教学和重视实用学科的新的私人学校。在 18 世纪后期,政治动机更加显现,并且制定了新成立的州应该赞助公共教育的提案。有些作家甚至提议,新的联邦政府应该支持和管理为了民主目的的教育。

教派对学校的管理

　　很自然,在 18 世纪初,宗教改革时期被继承的传统在美国殖民地依然影响很大,因此,人们普遍认为,教育是教会的职能。除罗德岛州之外,公理教会通过殖民地居民和市镇法律来刺激教育的发展。在扩展教育方面,英国的教会在纽约和南方殖民地通过法律手段做了一些努力。除新英格兰以外,提供教育的最重要手段是福音书的传播。但事实上,所有的 13 个殖民地在英国国教的支持下建立了许多免费学

311

校。为那些起点可怜和被剥夺许多权利的孩子提供的仁慈教育,由了大觉醒的宗教热情而得到了极大的发展。

成千群众进入一些教派的教会,极大地增加了教会的力量和物质财富。伴随着利他主义、慈善事业和宗教的热忱,福音被唤醒了,民众比以往任何时候都做好了准备,更多地拿出金钱来建立宗教学校和学院。各种教会开展了广泛的建立学校运动,这些教会有:长老会、荷兰改革宗教会、国教会、公理教、路德教会、摩拉维亚教会、门诺会、教友派、浸信会和卫理公会。慈善动机与宗教狂热的结合,导致了学校控制的教派形式的出现。

312

作为倡导宗教自由的启蒙思想的产物,美国接受了教会通过建立自己的学校来实现自由这种想法。在这个意义上,教育由教派来控制是宗教宽容的一个伟大胜利。然而,也存在这样的事实,即在今后的一个时期,学校由宗教来控制将阻碍了这样一种想法,那就是,教育应该在大众管理下为所有的孩子享有,而不管他们的信仰是什么。在民众管理下的世俗教育与教会要求的宗教教育达成和解这个问题上,美国仍然存在着斗争。

私人对学校的管理

在 18 世纪期间,除了教派控制学校这种趋势的增强,还出现了一种新的私人经营的学校,提供了一种在商业社会中有利于广泛的职业需求的实用学科教育。这些私立学校建立在东部海岸的沿海市镇,因为在那里商务和贸易变得非常重要,这些地方有波士顿、纽黑文、纽约、费城和巴尔的摩。私立学校采用的是校长负责制,但不对教会或市镇负责,只是对他们的顾客,包括准商人、神职人员、簿记员、会计、技工、工程师和海员负责。这样的学校在独立革命之前大部分都停办了,但是,它们的影响是很大的,因为它们的想法被新的学校所汲取,这对美国教育产生了更加广泛的影响。

随着学院(academy)的出现,一种新的学校形式出现在历史舞台上。前面提到的私人学校的校长是一个企业家,他自己去寻找学生,去迎合民众的各种各样的利益要求。然而,当他从这个舞台消失时,没有连续性或正式组织去继续他的工作。所以,在18世纪中期,公司形式的私立学校产生了。通常,效仿英国商业公司的形式,一群人被组织成为理事会。州将授予该理事会特许状,构成了公司形式的学校和批准它的理事会拥有它自己的物产权,收学费、捐赠和遗产,然后处理日常事务,并制定学校的政策。州授予许多这样的公司理事拥有自我生存的权利。

因此,这样的学校能够保持其连续性,实现其长久性并建立独特的传统。典型的学校有:宾夕法尼亚州的威廉·佩恩特许学校和富兰克林学院,特拉华州的纽瓦克学院,新泽西州的华盛顿学院,马萨诸塞州的邓摩尔学院和菲利普斯学院,以及康涅狄格州新伦敦的联合学校。自此,公司形式的私人学校将成为美国教育的一个重要方面。州正式将一部分权力给予这些私人学校。州能对这些私人学校给予多大权力,这是一个有很大争议的问题。

国民对教育的管理

市镇和地区管理。就像州把他们的一部分权力授予了宗教学校和私人学校一样,州也开始把一部分权力给了一些规模较小的公立学校。在1642和1647年学校法的支持下,新英格兰的由市镇管理的学校模式在马萨诸塞也建立起来,类似的法律在康涅狄格和新罕布什尔也获得通过。在18世纪,出现了更加趋于分散的由州管理学校的形式。学区的学校系统成为一个新的教育形式而世代相传。

在18世纪期间,人们开始从沿海向马萨诸塞州、康涅狄格州、新罕布什尔州和佛蒙特州的农村边境地区定居。因为定居点是在相距较远的农场或在中心市镇的郊外,市镇学校对边远地区的孩子来讲不太方便,此外,农民也不看好市镇的拉丁文学校。当然,他们想要他们的孩子受到初等教育,但是,他们也不想为他们的孩子不可能去的拉丁文学校支付费用。

正如他们提供了教会并且筑路和架桥,因此,边远地区继续通过他们的地方委员会和市镇行政管理委员会成员来建立自己的初等学校。由于新英格兰的市镇包括周围的乡村地区以及中心城镇地区,这些地

313

区或者教区仍然是更大的市政当局的一部分,但是,它们开始争取对当地和地区学校更大的管理权。

　　起初,市镇的教师都会从一个地区旅行到另一个地区,并且每年在边远地区都要花费一部分时间。这个安排有时被称为"流动学校"(moving school),教师由市镇当局聘用并支付酬薪。后来,有时地区可以得到安排,借此市镇可以任命教师和支付几位教师的工资,其中有一人是固定在一个地区任职。有时,这种学校被称为"分离学校"(divided school)。最后,1789 年的马萨诸塞州法律规定,地区对于自己的学校获得了充分的法定自主权和管理的权力。因此,新英格兰也获得了分权统治。自此,地区可以自由地建立自己的学校,任命教师,制定学期的时间长度,并且制定所开设的课程。到 1800 年时,地区被授权可以征收税费以支持他们的学校。

　　学区制(district system)的发展,显然是适用于农业社会的边疆地区的和暂时性的安排。在这种社会里,其他政府机构不可能起作用,因为人口稀少而且通讯很困难。当人们在 19 世纪从新英格兰移居到西部时,他们随之也把学校体制带到那里,但很快就暴露出其局限性。它的期望值很低,周边的资源又限制着它的资金,因此,它为全美国青年提供平等的教育机会的能力非常有限。然而,它却激起了很大的忠诚和热情,而"小的红校舍"(little red schoolhouse)也成为了美国民间传说的一部分。这种精神在 19 世纪与州管理教育的理念作斗争,在 20 世纪与联邦对教育的支持作斗争。

　　州对教育的兴趣。鉴于教育的实际管理越来越集中在地方手中,而且,每当革命政治斗争取得进展的时候,由州管理教育的思想就开始获得更大的进展。尽管几乎每个殖民地的立法机构在独立革命之前都通过了关于教育的一些法律,但除新英格兰之外,它们几乎没有很大的成效。例如,纽约殖民地立法机构的尝试和宾夕法尼亚建立公立学校的尝试,在各种各样的宗教派别涌入的时候都失败了,受到大觉醒的影响,它们都希望建立属于自己教派的学校。这种形式在中部和南部的殖民地盛行,正如学区制在新英格兰盛行一样。但是,在 18 世纪结束之前各州对公共教育日益增长的兴趣,后来被看作一种力量。

314

在 1800 年之前,美国由州管理教育的最著名发言人是托马斯·杰斐逊。杰斐逊接受法国的人道主义、天赋人权、平等和自由的理念,并于 1779 年引入弗吉尼亚立法机构一份对州机构改革的全面性的文件。他的法案要求取消长子继承的法律,并且废除英国国教的征税。他也主张,为了适应这些政治、经济和宗教改革,应该实行由州管理的免费的普及教育体系。他的法案提议,在州内建立免费的初等学校,并为所有的孩子提供世俗教育;为更加聪明的青年开办中等学校的费用也应该由州来承担;然后,最有前途的学生免费进入重组和扩大的威廉和玛丽学院,而威廉和玛丽学院实际上将成为一所州立大学并作为州教育体系的顶端。杰斐逊的教育计划并没有被弗吉尼亚州立法机构通过,主要是由于宗教团体以及威廉和玛丽学院的反对。但是,免费的普及教育理想得到了陈述,19 世纪时它在美国多数州都取得了成功。

在独立革命期间,当殖民地被重组而成为州的时候,有几个州表达了对教育的兴趣。在第一批州的立法中,大约有一半州提及了教育,指出学校是必要的和应该被建立,而且在一些情况下教育费用应该是便宜的。同样的,一些州的早期立法规定州为建立学校提供经费,包括从世俗的贫民学校到教区学校,但有一些州到 1800 年时也没采取什么措施。

在新英格兰之外,建立一个全州教育体系的最全面的尝试是在纽约州,纽约州立大学于 1784 年建立,作为一个行政部门对一些学院和哥伦比亚学院进行管理。1795 年,纽约州也划拨一些州的资金来资助学校,建立了一千多所学校。但是,由州支持学校教育的时机还没有成熟,因为这笔资金在 1800 年被撤销了。可以说公共教育有一些进展,但很缓慢。公共教育在贺拉斯·曼(Horace Mann)[1]、亨利·巴纳德(Henry Barnard)[2]和其他学校改革者帮助下被完全实现之前,州管理之下的公共教育理想不得不等了将近半个世纪。

联邦对教育的兴趣。当一堆小册子、文章和论文开始宣传新成立

---

[1] 贺拉斯·曼(1796—1859),美国教育家。被誉为"美国公立学校之父"。——译者注

[2] 亨利·巴纳德(1811—1900),美国教育家。——译者注

的共和国关于教育管理的新理论时,独立还没有获得。美国哲学学会(American Philosophical Society)掀起了对教育的公开讨论,该协会对于适合于新生美国的自由教育的最好描述提供了奖励。参与这场比赛的大多数作家充满着关于人的改善的法国人道主义学说,以及通过改革社会制度而使社会进步的可能性。在这种社会制度下,教育被视为一个最重要的部分。当时以自由主义、民主主义和民族主义为代表的思潮被融入这些理论,并且聚焦在美国教育上。

塞缪尔·诺克斯(Samuel Knox)、塞缪尔·哈里森(Samuel Harrison)、本杰明·拉什(Benjamin Rush)和罗伯特·科拉姆(Robert Coram)争辩说,教育应该是实用的和灵活的,而且能适应新的情况。教育应该是民主的,对所有人普及和免费,以此提供平等机会和使他们为在一个民主社会中承担自己的公民职责做好准备。应该在国家管理和联邦支持下由初等学校、中等学校和高等教育机构组成的一个完整的教育体系,为世俗而不是宗教的结果做出贡献,以确保社会福利方面最大的进步。华盛顿总统对作为统一新国家的一种方式而建立的国立大学很感兴趣,因而提议国会建立这样的大学。他甚至在波托马克运河公司中拨出大约 50 个份额给这所大学作为津贴,但是,这个想法并没有落实,尽管随后其他总统和领导人也有相同的提议。

值得注意的有趣的一点是,这些国民教育的理论并未被付诸实践。由于宗教管理教育和分权管理教育的传统过于强大,以至于不允许联邦政府建立一个国立的学校教育体系,但对美国教育有重大影响的几个步骤被采纳了。当美国各州在《邦联章程》(The Articles of Confederation)①下实施时,通过了两个关于处置广阔的西部公有土地的法令,各州已发表了让步于联邦政府的声明。

《1785 年法令》(Ordinance of 1785)确立了公有土地销售的政策。该法令规定,这块土地应该被勘测为一个边长为 6 英里的正方形,以"城镇"(townships)著称。每个城镇再被划为 36 个边长为 1 英里的正方形。当城镇中央 16 个部分的土地被售出后,所得收入应该用于公立

———————————————————

① 《邦联章程》,美国建国初期十三州的第一部宪法。——译者注

学校。

两年后的《1787 年法令》(Ordinance of 1787)进一步确定了这项土地政策,并且提出了在西北地区安定之后再确立政府的原则。有代表的区域是:俄亥俄州、印第安纳州、伊利诺斯州、密执安州、威斯康星州以及明尼苏达州的部分地区。该法令规定,从这个地区划分出去的州应该保证宗教自由,由陪审团审判,禁止奴隶制或强制劳役,与印第安人彼此信任以及建立公共学校。

被称为公众关心的教育特许包含在以下的著名句子中:"宗教、道德和知识是好政府以及人类幸福所必需的,学校和教育方式将永远受到鼓励。"这意味着,来自 16 块土地的收入将由公共机构分配,而且一些公立学校的开支将来自公共资源。一些重要的教育政策就这样由联邦政府拟定了,尽管一个全国范围内的教育体系还未建立起来。

当起草的宪法在 1789 年被批准的时候,其中并未提及教育。很显然,联邦制宪会议的多数成员认为,其他事情是更加紧迫和需要关注的。许多人认为,教育应该是教会的功能,或者是本地或州政府的功能,而不是国家政府功能。联邦制拥护者所感兴趣的,是有一个坚强的联邦政府,而不是民众的教育,所以,他们并不渴望国民教育。反联邦制者对民众的教育感兴趣,反对一个强大的国家政府,因此,他们不想由国家来管理教育。

《权利法案》甚至都没有直接提及教育。但是,"第一次修正案"(First Amendment)保证了宗教自由,从而规定了教会管理学校的权利;"第十次修正案"(Tenth Amendment)规定,凡本宪法所未授予合众国或未禁止各州行使的权力,由各州和人民保留。这后来被解释为州有权建立和维持学校。由于放弃了联邦政府支持教育的机会,宪法的制定者使得州实现对教育的管理权以及联邦政府实现对民众教育的支持权变得非常困难。

学校支持的类型

在 18 世纪时,美国学校的收入来源渠道多样且复杂。一般来说,支持学校有两种主要方式:(1) 由父母直接付款支持他们自己孩子的教育,主要通过学费和费率单。(2)用直接或间接的方式帮助其他孩子或自己的孩子。费用支付给家庭幼儿学校的教师、南部地区的教士、私人教师、私立拉丁文法学校的教师、私立合资学校的教师以及学院和大学。除了父母支付孩子去那些由市政机构建立的市镇学校的费用外,票据贴现率基本都相同。票据贴现率通常是固定的,根据孩子上学的时间和出勤率来按比例分摊。

支持学校的第二种方式涉及许多间接帮助的好方法。例如,个人把资金、土地以及各种财产都给予了私立学校、专门的慈善学校、支持学校的教会如海外福音宣传会等团体。这些礼物、遗产和捐赠被投入到学校中,用来帮助支付各种费用,贫困家庭孩子接受的是免费的或慈善的教育,而有支付能力的父母是需要支付学费的。

市政机构采取了各种方式来支持学校,包括地方税收、赠地的收入、从一般基金中的拨款、出售牌照的收入、酒税、零售税和彩票。这些资金经常由市政机构给予私立学校和宗教学校以及市镇学校、公立学校。例如,1797年,马萨诸塞州给某些私立学院赠予土地,其他州也进行仿效。学院与更低的学校一样,经常是政府援助的接受者。在18世纪末,有些州开始设立"公立学校资金"(common school funds),它把各种收入用于公立学校的利益。

高等教育的管理

18世纪大部分时间内,对高等教育的主要刺激是来自教会的。大觉醒促使教派去建立学院,在这些学院中提供一种对它们的信仰有利的环境,并且帮助那些传教士在他们特定的信仰中进行训练。1746年,新泽西的长老会创建了普林斯顿学院。1754年,英国国教会在纽约建立了国王学院(哥伦比亚大学);1764年,罗得岛的浸礼会创建了布朗学院;1766年,荷兰人在新泽西建立拉特格斯学院;1769年,新罕布什尔的公理会建立达特茅思学院;1755年,以富兰克林学院为基础建立的费城学院被授予特许状。这些学院与哈佛学院、威廉和玛丽学院以及耶鲁大学一起,构成了美国独立革命前殖民地时期的高等教育机构。

1800年之前,在对学院管理中,美国高等教育产生了两种重要趋势。第一种趋势是法人理事会力量的增加,成为学院的最高的领导机构。哈佛学院成立时,包括校长、财务主管和 5 名住院教师(resident tutor)组成的法人团体是一个最高的法律执行机构,拥有一个法人公司在法律上的一切权利。这种方式遵循了英国模式,即学院是一个自主和自治的大学。然而,渐渐地,哈佛学院法人团体由非住院成员组成,并且管理权开始从大学教师转移到非住院非居民委员会。在 18 世纪期间,同样的事情也发生在威廉和玛丽学院。当耶鲁学院建立时,非居民董事会由 10 位牧师组成,并且直到 1745 年时才包括校长。其他学院大多仿效了这种形式,这无疑反映了教会密切关注学院事务的欲望。尽管相当大的的实际自治经常被赋予驻地教师,但是,合法权力依然是在非居民委员会这边。

第二个显著趋势是在独立革命之后,伴随着民主和共和理念的产生而出现的。由州政府管理的整个教育体制,从最低层次的学校到最高层次的大学,都深受人道主义的影响,这些民主人士采取了对他们来讲是符合逻辑的一步,那就是,把私立学校和教会学校变成公立学校。尽管场面壮观,但人们对这个从 18 世纪中期起就发生的争斗却知之甚少。哈佛学院、威廉和玛丽学院和耶鲁学院成功抵制了几次州政府加强对它们的控制的企图。由于宗教复兴及"旧灵光"(Old Lights)和"新灵光"(New Lights)两派之间的对立,致使发生在康涅狄格州的斗争更加激烈。耶鲁学院坚定地保持了加尔文主义和保守主义,而"新灵光"的信仰复兴力量则认为耶鲁更应满足信仰复兴主义团体的宗教需要,因为它同样接受了所有社会团体的资助。但是,托马斯·克拉普(Thomas Clap)校长赢得了胜利,他坚持耶鲁是一所私立的自治学院,而不是一个公共机构,所以,它有权利要求它的学生遵守严格的宗教纪律,不管他们的父母持有什么宗教观点。

如果 1779 年杰斐逊便开始领导弗吉尼亚州,那么,威廉和玛丽学院也许可能成为一个最早的州立大学。的确,如果对国王学院成立的这场斗争取得不同的结果,真正的第一所州立大学本应在 18 世纪 50 年代的纽约就有了。两个派系发生了冲突。一派代表英格兰教会和保守党成员,希望通过皇家特许状建立学院。另一派代表持有异议的长

319

老合成员和威廉·利文斯通（William Livingston）领导的民主力量，希望通过殖民地立法议会颁布法令建立学院。后者的计划本来可以将国王学院建成一所无宗教派别的州立大学，但是"教会党"（Church Party）赢得了皇家特许状的斗争，就像哥伦比亚大学的原初名字那么清楚被显露出来一样。

然而，纽约州确实在争取州对高等教育更大的管理权，当纽约州的立法机构于 1784 年创建纽约州立大学的董事会时，该州对高等教育的管理又向前迈进了一步。根据这个法律，州立大学董事会基本上是一个私立机构，可以建立学院，并有权授予学位和督查它们的事务。哥伦比亚学院被包括在"大学"之内，并给予了特别的待遇。但是，自 1787 年起，纽约州把州立大学董事会变成一个完全的州立机构，这个机构可以对高等教育进行访问、督查和做出规定。哥伦比亚大学的特殊权力被这个法案取消了。从那之后，州立大学董事会对高等教育的学术和学院都拥有特别管辖权。同样的，州立大学董事会对学院和大学的这种特别管辖权已经超出了高等教育。这种管理主要是针对高等教育的访问、督查以及立法报告，而不是对高等教育机构的实际管理。直到 19 世纪时，纽约州政府才开始对初等教育进行真正管理，而纽约州政府对高等教育体制的实质管理要一直等到 20 世纪。

费城学院最初是无宗派性的，当受到国教徒和保守分子管理时，宾夕法尼亚州的民主力量在 1779 年将这个大学改组为宾夕法尼亚州立大学。然而，这所古老的学院拒绝放弃它的特许状，并且继续与州立大学共存了 10 年时间。1789 年，当州的宗教和政治利益重新结盟的时候，这所古老的学院又获得了它的特许状。经过两年的奋斗，长老会的力量变得足够强大，以至于这两个机构在 1791 年合并成宾夕法尼亚大学，从那以后它就作为一个私立的和独立的机构而持续存在着。

同时，民主力量开始建立新的机构，这成为建立州立大学的伊始。到 1800 年时，佐治亚州、北卡罗莱纳州、佛蒙特州和田纳西州先后建立了 4 所州立大学，尤其是在没有殖民地宗教学院的各州。然而，建立州立大学的真正的推动力量是在 19 世纪出现的。

320

教师职业的地位

很自然,在 18 世纪,美国学校的强大的宗教特性意味着,获得教师资格的最基本条件是熟知宗教传统。学术的资格从具备读写能力到接受过大学教育。通常情况下,中等学校教师的资格高于那些初等学校教师。在许多情况下,要求教师对现有政府的忠诚,其他资格通常包括道德高尚、言行谨慎,而且,一般来说,要能够成为学生个人生活的可仿效的榜样。

在学校完全由宗教控制的殖民地和州里,地方牧师和教会的高层人员通常会负责任命和监督教师。在公共管理占统治地位的新英格兰,地方市镇会议、市镇行政管理委员会成员或者学校委员会承担了任命和监督教师的责任,虽然地方长官也常常同样有任命的权力。普通公民参观学校、观察学生在公开仪式或特殊场合的行为以及评估学生的成就,这都是很常见的。公民和社区家长在他们的学校中的利益,在早期的美国教育中已被提及,并帮助建立民众所关心的学校模式。这样做的优点是使学校与民众联系紧密,即怎样在民众对教育的兴趣和教师职业的责任之间达到平衡。

在 18 世纪期间,教师的薪水相当低,而且采取了各种各样的支付形式。教师们的薪酬(常常是不规则的间隔付钱)以诸如"提供住宿"、用礼物或产品或者免税等形式来支付。社会对教师的尊敬无疑高于他们的薪酬,即使现在亦是如此。学校教学工作经常被认为是兼职工作,与其他宗教或公民义务一起实施,或者,当一个年轻人等待进入法律、政府部门或某个收入更高的行业时做的兼职工作。

校外教育

在 18 世纪期间,公众启蒙和知识传播取得了很大的进展。公共报刊数量迅速增多。到独立革命爆发时,已有 30 多种报纸在发行,也有一些书籍出版中心,并且发布大量的小册子。富兰克林在报纸领域的努力以及他出版的《穷理查德年鉴》(*Poor Richard's Almanac*)是典型

321

的代表。罗伯特·佩因（Robert Paine）①的小册子被广泛传播，并与山姆·亚当斯（Sam Adams）的宣传努力一起，有助于形成革命事业的公共舆论。值得注意的是，建立了几个私人图书馆和许多公立图书馆。为了建立更广泛的传播知识的社会，最重要的是 1769 年建立了美国哲学学会（American Philosophical Society）。新英格兰的市镇会议成为了具有广泛影响的中心，在那里人们可以表达他们的观点，辩论公众话题，继续公开讨论并对共同关心的问题做出决定。几个世纪以来，经过州和地方法律的扩展，在学徒制实施的过程中使得民众有机会接受职业教育。

美国思想中的正统观念和理性主义

基督教正统观念

总的说来，关于世界及人类在其中所处地位的主要观念，在很大程度上是由基督教有神论尤其是加尔文教派正统观念的传统形成的。18 世纪中期，保守派神学最卓越的发言人乔纳森·爱德华兹重申了 18 世纪初由科顿·马瑟提出的人生来堕落的教义。他生动地描述了一个由愤怒的上帝完全掌控的宇宙，上帝控制着世界以拯救优秀子民和处罚罪人。他拒绝自由意志的观念，并且认为上帝完全控制人的意志和命运。爱德华兹拒绝了亚米纽斯派神学的观念，即认为人可以通过努力工作来获得拯救的观念，并坚持认为人只有改变信仰才能得到救赎。他极力反对人是自然的一部分的观念，并且认为"自然人"是有罪的和邪恶的。

爱德华兹直接把原罪说运用于孩子。他捍卫信仰复兴运动的传教士，这些传教士故意用地狱的恐惧来使孩子意识到自己的罪恶，并通过忏悔和改变信仰来获得拯救。他得意地说道，他的布道对小女孩菲比·巴特利（Phebe Bartlert）产生的影响如此之大，以至于她白天黑夜都在屋子里祈祷，背诵教义问答书，持续不断地与其他孩子进行关于死

---

① 罗伯特·佩因（1731—1814），美国政治家、律师。——译者注

亡救赎方面的谈话,或者被歇斯底里的哭泣所支配。

　　不是所有的宗教想法都是如此极端的。反对相当苛刻的加尔文教派的这种反应,开始得到极为迅速的增长。浸礼派、贵格派和德国虔信派因强调个人信仰和虔敬而获得了支持。另一方面,在 18 世纪后期,人们响应了卫理公会强调的努力工作是获得救赎的途径的观点,因此,卫斯理公会运动得以迅速推进。公理会教派本身是更加民主的发言人,支持人类理性发挥更大的作用,更加信赖上帝的慈悲和仁爱,以及与上帝启示一起成为救赎的途径。这样的人包括约翰·怀斯、乔纳森·梅休(Jonathan Mayhew)①和查尔斯·昌西(Charles Chauncey)②。这些观点可能更为仁慈,更符合孩子的天性。在贵格派信徒约翰·伍尔曼(John Woolman)、英国国教信徒塞缪尔·约翰逊(Samuel Johnson)和孟诺派信徒克里斯托弗·多克(Christopher Dock)的作品中,可以发现对孩子们仁慈和温和的表述。

理性主义

　　宗教的理性主义的自由学说把宇宙描述成一个比上帝承诺的更加安全和美好的地方。到 18 世纪末,这些学说开始形成唯一神教派(Unitarianism),它与法国的人道主义一起,否认专门挑选和原罪教义学说,并开始宣扬人类本性中固有的善和人的无限完美性。唯一神教派教徒反对三位一体说,而且说基督不是神,而是更像一位伟大的人类教师。他们强调了上帝的善行和同情,而不是对他的愤怒和处罚的恐惧。他们强调了宗教的人道主义、理性和道德品质,而不是神性、教条和神学。随着这些自由的观点被认同,人民在宗教中拥有了更多的个人权利和责任,而早期的政治迫害、宗教迫害和偏见则减少了很多。从这方面来讲,启蒙运动是真正的名副其实了。

------

　　① 乔纳森·梅休(1720—1766),美国波士顿的传教士。——译者注
　　② 查尔斯·昌西(1705—1787),英国北美洲殖民地基督教公理会传教士。——译者注

比唯一神教派更过于激进的是被称为科学宗教的自然神论（Desim），这个宗教在 18 世纪后期的美国赢得了一些同情。自然神论者不可能放弃上帝的构想，但是，他们也不会因坚持自己的信奉而嫉妒或恼怒上帝，因为上帝是去访问受到他处罚的可怜子民。事实上，他们不认为人是可怜的或有罪的。他们对人类的根本尊严和正派是有信心的。自然神论者对宗教争论的神学微妙、情感说教、仪式和礼拜的很多外部形式也很厌烦。他们倾向于在自然界、自然道德律和人类的理性光辉中领会上帝的意图。他们不是无神论者。他们宁可设法创建一种可以与现代科学和所有伟大的宗教的基本道德信条和谐共处的自然宗教。在威廉·利文斯通、富兰克林、杰斐逊、伊桑（Ethan）、汤姆·佩因（Tom Paine）和伊莱休·帕尔默（Elihu Palmer）这些人的身上，或多或少都可以发现这种精神。

启蒙运动时期科学家的世界观开始在美国有了一些进步。有人试图在科学分析和自然因果关系的基础上描述人类的本性，最著名的是本杰明·拉什博士，他追踪研究了人体的生理机能和心理的智力机能的相互关系。他的学生约瑟夫·布坎南（Joseph Buchanan）开始依据休谟和哈特利的感觉主义和联想主义的术语来描述人类的学习。

一些学院开始教授哥白尼的宇宙学说，在 18 世纪结束之前，也开始研究牛顿和其他科学家的著作。然而，宇宙是按照自然法则运转的以及人类是自然不可或缺的一部分的观点，仅仅是美国启蒙运动中知识分子所关注的很小一部分。大多数的时候，科学研究是受这个时期主要的宗教思想支配的，大自然仍然被认为是上帝的作品。对于这个规则来说，富兰克林、约翰·温思罗普和杰斐逊是最杰出的例外。但是，事实是，这一时期的美国还没有关于宇宙、人类本性、学习或智力的全面的科学概念。

艺术和科学

通讯。分离的殖民地之所以能成为一个国家，其中一个基本原因可能是通讯的改善。这不仅意味着道路得到了改善，依靠陆路和海路进行的殖民地之间的贸易更为迅捷，而且更为重要的是人们开始以美国人的方式,而不是英国人、德国人、法国人或荷兰人的方式进行思考和行动。这种通过写信和说话来交流观点的更好的工具的出现,更加促进了这种共同思想的传播。到 1800 年时,报纸的发行数量已经从最初 1690 年在波士顿发行的《公共事件》(*Public Occurrence*)增加到 40 多种;年鉴、小册子和书的流通也更加广泛,而且流通量更大;此外还成立了许多俱乐部和协会。如山姆·亚当斯这样的人发展了民意调查的方法,这种方法不仅通过市镇会议,而且通过公开讨论、在波士顿法尼尔厅的公民投票以及联络委员会来调查民意。山姆·亚当斯是第一个真正地把发展宣传力量作为一种形成公共舆论方法的人。没有这样的通讯方法和共同的理解,革命也许就不可能获胜;没有这些方法,也就不可能给予民主政府的未来。

324

　　英文的广泛采用,对于通讯的发展也是很必要的。这一事实把一些完全不同的群体结合起来,从而形成一个国家。大多数通信机构开始使用英文(包括荷兰人、德国人、法国人和印第安人),除学院和拉丁文法学校之外,多数教育机构开始强调英文的重要性。因此,除了学术的目的外,拉丁文的书写减少了,而对现代外国语的兴趣则上升了。美国对外贸易的增长带动了作为商业语言的西班牙文、意大利文和葡萄牙文的使用,而在 18 世纪末,对法国大革命的热情则使法文大受欢迎。

　　社会科学。在殖民地时期,对社会学的世俗学习在多个方面都有了进展。在历史著作方面,新英格兰的托马斯·普林斯(Thomas Prince)和托马斯·哈奇森以及弗吉尼亚的威廉·斯蒂思(William Stith)开始更加依赖现存的纪录,而不是神圣天意的作用。在社会经济方面,贵格派的约翰·伍尔曼(John Woolman)①以及除富兰克林以外的其他许多人士,也开始谈论贸易、制造业、农业、货币、扩张以及殖民地的相互联合等相关问题。法律专业渐渐开始通过反对教会的民事审判,而使立法逐渐世俗化。报纸新闻、定期刊物、小册子、书店和流动图书馆为人们讨论国家和社会事务以及宗教事务提供了平台。

────────────

　　① 约翰·伍尔曼(1720—1772),英属北美殖民地基督教贵格派领袖、废奴主义者。——译者注

科学。 在物理和生物科学领域也取得了一些进展。富兰克林进行的多方面调查和实验所覆盖的兴趣范围极广,包括电学、磁学、地震、气象学、农业和力学。收集动物和植物标本的兴趣传遍了南方和北方。富兰克林对所有科学的兴趣促使他组织了一个"讲读社"(Junto),由费城一群对科学和政治事务感兴趣的人组成。之后,美国哲学学会成了人们讨论学术和科学问题的重要机构。一些美国人与伦敦的皇家学会和巴黎的科学院通信,许多英国和法国的科学家来到美国继续工作并传播科学的福音,其中包括约瑟夫·普里斯特利(Joseph Priestley)[1]、博勒佩尔(Quesnay de Beaurepaire)[2]。

医学和法律。 18 世纪早期,大部分美国医生都来自英国和法国,但随着时间的推移,医学专业开始利用其本身对科学渐增的兴趣提高了它在公众心目中的地位。然而,在医学领域,大部分还保持在庸医和秘方的水平。费城学院于 1765 年对医学进行专门教学,国王学院与哈佛学院分别于 1767 年和 1782 年也进行了同样的做法。早在 18 世纪 20 年代,马萨诸塞州便引进了接种天花技术,但在科学和宗教之间引发了一场激烈的斗争。医学渐渐在它自己的领域获得了进展。

在 18 世纪之前,人们对律师有强烈的偏见,律师被视为骗子和诽谤者。然而,当以自然法则和自然权利为基础的法律论证开始获得听众时,律师便开始在美国的日常生活中找到了更大的发展空间。到 1730 年时,纽约市大约有 30 位律师,其中一些人联合起来组织了一个小型的律师协会。当贸易和商业对律师提出更大的要求时,法学专业真正诞生了。到 18 世纪中期,由于更为复杂的公司形式和合作关系的发展、土地所有权争端的出现以及商业合同裁定的需要,法律咨询成为商人、零售商和土地所有者的实际需要。1754 年的奥尔巴尼大会表明了一个事实,此后律师在表达公众舆论方面将起主要作用。牧师开始

---

① 约瑟夫·普里斯特利(1733—1804),英国政论家、教育家和科学家。——译者注

② 博勒佩尔(1834—1923),法国科学家。——译者注

失去他在帕特里克·亨利(Patrick Henry)①、托马斯·杰斐逊、约翰·亚当斯、威廉·利文斯通以及其他许多人面前的超然地位。

教育的自由化

新目标的增加

在18世纪时,早在殖民地学校中形成的宗教、人文主义和理性主义的目标仍然盛行着。由于福音传道和大觉醒时的宗教复兴,宗教改革时期的宗教动机得到了进一步的推动。学习经典名著的人文动机在拉丁文法学校和一些新学院仍有一定的地位,而语言学、书本知识和数学学习的理性动机仍然很强烈。然而,在19世纪,欧洲启蒙思想的新的经济、政治和科学思潮开始影响美国教育,虽然并未撼动其他目标的优势地位,但其势头迅猛并积极寻找相关支持,时刻准备着挑战和超越其他目标。

民主和民族主义政治力量开始影响教育理论,其影响程度如此之大,以至于一些前面已经提及的美国领导人开始指出,民主社会的教育应该面向更多的公民。然而,尽管有民主的情绪,但拉丁文法学校和多数学院依然保持了他们的贵族特点,因此,满足更多社会群体增长的教育需求便成为新的私立学校和学院的任务。商业资本主义产生的经济影响表现为需要进行更多的实践性学习,这些学习将有助于在生活中找到有用的职业。当拉丁文法学校和学院无法满足这些需求时,一些新的机构便出现了。

科学观同样也开始以各种方式进入教育体制中。自然神论作为反对大觉醒带来的高度紧张的情感开始渗透到一些学院。18世纪90年代,伴随着某些"激进的"宗教学说,如唯一神教派,一些学院出现了大量的宗教怀疑论。源于夸美纽斯、弗兰克和洛克的经验主义与感觉唯

326

———————

① 帕特里克·亨利(1736—1799),美国革命时期最杰出的演说家。——译者注

实论，也开始受到科学的冲击。一些私立学校和学院对科学学习的进一步关注就是最好的证明。

初等教育

18 世纪的初等学校主要目标是教年幼儿童英文字母、宗教和读写能力，主要是通过阅读宗教材料来进行的。因为很少尝试其他方式，所以，很难有所成就。偶尔也有学校教授写作和算术。通常，这些科目是由分散的"书写"学校施教的，一般认为这些"书写"学校比阅读学校的水平稍微高一点。新英格兰的市镇学校、私人教师开办的家庭幼儿学校、教会学校以及由海外福音宣传会所设的慈善学校都开设阅读课程。

所使用的最有影响的阅读教材是《新英格兰初级读本》（*New England Primer*），这是按照英国的识字课本编写的。18 世纪初，《新英格兰初级读本》首次在美国出版，到 18 世纪末时，该书已经多次再版。它阐明所有的学习阅读都渗透着宗教的情怀。它通常从学习大小写字母开始，紧接着学习音节表和强调道德概念的单词。年幼儿童通过记忆诸如辱骂、迷人、困惑、醉酒、能力、虔诚、鲁莽、永恒、忠诚、赞美和谦逊等单词来学习它们的字母。

接着是用著名的木刻画阐释字母表及宗教和道德韵文，其中很多反映了清教徒的暗淡前景。随后的阅读材料标题通常是"孝顺孩子的承诺"和"使徒给青年的训诫"，包括《主祷文》、《使徒信经》、《十诫》、《旧约》和《新约》等书的名字、宗教经文和故事，最后还有威斯敏斯特教义。学习罗马和阿拉伯数字，作为准备去查寻《圣经》中的任何章、篇、节的一种手段。①

18 世纪后期，新版的《新英格兰初级读本》开始反映与新国家的前景相称的爱国情怀。例如，早期描述字母 K 和表达对英国国王忠诚的韵文是这样写的："我们的国王很慈悲，他从不滥杀无辜。"在独立革命以后，爱国主义成为主题，韵文更改为："国王要仁慈，不滥杀无辜"，"英

327

---

① 关于《新英格兰初级读本》，参见本书英文本第 258—259 页。

国国王,丢了十三州",或者"国王或女王,是华而不实的东西"。其他的变化反映了爱国和民族主义的情怀,例如,"海中的鲸鱼,服从上帝"更改为"勇敢伟大的华盛顿,拯救了他的国家"。

在独立革命之后,课程中不仅开始出现爱国主题,而且很多世俗材料也穿插其中。关于惩罚坏男孩和坏女孩的故事,不再使他们陷入地狱的永恒痛苦,但强调要拒绝各种柑橘、苹果、蛋糕和坚果。此外,阅读的实用价值开始取代只是为了阅读《圣经》的用途。例如,《新英格兰初级读本》用以下方式告诫学生:

> 从不学英文字母的人,
> 永远愚昧无知;
> 英文字母学得好的人,
> 可以平步青云。

在独立战争之后,随着更活泼的阅读课本的出现,《新英格兰初级读本》开始失去其地位。其中,最著名的新读本之一是诺厄·韦伯斯特(Noah Webster)①编纂的名为《初级拼写书》(*Elementary Spelling Book*)的蓝皮拼字书。这本书强调道德和爱国的句子,自 1784 年出版后,便成为盛行百年的识字课本。因此,始于 18 世纪的初等学校的课程世俗化在 19 世纪得到了迅速发展。

某些证据显示,初等学校教学方法的改革没有受到更多的重视,人们也开始关注这一点。早在 1706 年,海外福音宣传会就给它的英文教师发布了详尽的教学指导。告知教师们所教的科目(阅读、写作、算术、教义问答、祷告和做礼拜),并要求他们帮助学生形成良好的行为习惯和诚实品德。特别有趣的是,要求在教学中对待孩子要亲切、温和,并尽量减少体罚。

同样,贵格派教师安东尼·班纳特(Anthony Benezet)提倡要耐心地了解孩子的单纯天性,特别注意孩子的天资,并强调把学习建立在

328

---

① 诺厄·韦伯斯特(1758—1843),美国词典编纂家。——译者注

快乐和兴趣的基础上而不是艰苦的劳动上。最详尽的或许也是第一本完整描写美国学校教学的书,是由宾夕法尼亚州的一位门诺派校长克里斯托弗·多克写的。他详细描述了他怎样教导不同年龄和不同能力水平的孩子,引导他们接受表扬和免受责备的欲望,而不是让他们害怕受到惩罚,并设法逐渐灌输师生之间的共同的理解、同情和互爱。"温柔教学法"(soft pedagogy)至少在美国的宗教和教育传统中存在并影响长达 150 年,但是,没有清教徒严苛的教学法存在和起作用的时间长。

新的中等教育形式

在 18 世纪开始的时候,主要的中等学校是拉丁文法学校,在这些学校任教的人主要是新英格兰市镇学校的公共教师,或是在这个国家其他地方的私人教师及宗教教师。拉丁文法学校基本上是一个为大学做准备的机构,主要向学生讲授一些拉丁文法。因此,它本质上是贵族的,因为只有相对极少的男孩可以期望去大学读书。渐渐地,世俗的生活方面开始要求一种更新型的中等教育。为了迎合这些需要,两种类型的中等学校出现了。第一种类型是私立合资学校;第二种类型被称之为文实中学,直到 18 世纪末,文实中学才开始统治中等教育领域。

私立合资学校。为了迎合 18 世纪早期新兴的商业和贸易阶级的利益,许多教师开始传授较之传统课程具有更重要和更直接的职业价值的实用课程。他们所谓的"私立学校"的基本语言是英文;因此,在美国第一次有意识地去尝试使高等教育机构适应不断变化的社会形势。由于这些私立学校的主要目标不是为大学做准备,因此,它们的课程没有被学院入学要求所规定或限定。相反,它们可以自由地为已有的需要或是可能被提出的需要提供任何的课程。

私立学校比拉丁文法学校更灵活,它们接纳任何希望学习并且付费的人,无论是青年还是成人,男孩还是女孩。学生们学习任何他们觉得可能对他们自己有价值的课程。因此,一种选修制开始出现了,因为没有毕业文凭或学位来规定课程,学生随时可以来上课,在工作时间之前的清晨、中午、黄昏前或晚上工作时间之后。因此,青年可以在他们工作的同时去上学。扩大了的中产阶级青年群体使得这些学校比拉丁文法学校更民主,由于高度专注于大学的入学目标,拉丁文法学校具有高度的选择性特点。

图 21　波士顿的拉丁文学校(1748—1810)

这些私立学校所教的主要科目是商业学科(簿记、会计、书法和商业算术),为在交易和贸易方面工作的职员、会计、簿记员、商人和银行家做准备。在一些日益重要的职业领域,例如航海、民用和军事工程,开始教授数学。在许多情况下,数学在私立学校里教得很好,就像在一些学院所发现的一样好。数学科目包括代数、几何、天文、三角学、微积分、航海、勘测、光学、设防和枪炮操作。

在文实中学或拉丁文法学校里几乎没有一席之地的现代语言,在私立学校里却相当普遍——法文作为上层社会礼貌的语言,意大利文、西班牙文和葡萄牙文作为重要的商业语言。地理和历史受到广泛的宣传,因为它不仅对每一个人具有普遍价值,而且对商人和航海家有特殊的价值。此外,私立学校还为任何想进入大学做准备的人提供经典著作课程。因此,私立学校大力发展"实用"和"现代"学科,而这些学科是一直被古典人文主义者所轻视的。

从另一方面来讲,私立学校比拉丁文法学校更民主:他们为女孩打开了她们接受高等教育之门。一些私立学校允许女孩与男孩一起就读,还有一些私立学校为女孩开设一些特别课程迎合她们的需要。多

330

数女孩的共同学科是阅读、写作、算术、地理和法文,但是,其他一些学校也提供了许多不同的学科——常规科目是英文语法、历史和拉丁文;职业科目有簿记、会计以及现代语言;文雅科目有图画、绘画、歌唱、器乐、缝纫和书法。这些奠定了女性可以接受教育的基础,随后在此基础上建立了女子文实中学及"女子研习班",最终女子学院得以成立。

富兰克林文实中学。早在 1743 年,本杰明·富兰克林首先提出了在费城建立一所文实中学,但直到 1749 年,当他的《宾夕法尼亚州有关青年人教育的建议》(*Proposals Relating to The education of Youth in Pennsylvania*)得以发行时,才真正付诸行动,并开始着手为基金会筹集资金。宾夕法尼亚州政府最终在 1753 年授予它特许状,1755 年又为另一所学院授予特许状,以此发展成为宾夕法尼亚大学。在富兰克林对学院的描述中,体现出私立学校提供为职业做准备的功利主义学科和为大学做准备的古典语言学科的主要趋势。他提议,新的文实中学应该有三个系:英文、拉丁文和数学;应该允许学生根据他们要准备的几个职业或行业来选择自己的课程。

在本杰明·富兰克林的提议中,文实中学包括了范围广泛的科目,与拉丁文法学校相当有限的课程形成了鲜明对比。富兰克林提议的科目包括:写作和绘画、算术和会计、几何和天文、英文文法、作文和文学、修辞和演说术、逻辑、历史(世界和民族的历史、古老风俗、道德、宗教和政治)、古代和现代语言(希腊文、拉丁文、德文、法文、西班牙文)、科学(观察、实验和自然史)、发明、商业和制造业的历史以及农业、园艺和机械学。他进一步提出,文实中学应该由花园、草坪和果园环绕,并用于学生的学习和体育锻炼。此外,文实中学应该配备有图书馆、地图、数学仪器和科学仪器。

很明显,富兰克林是受欧洲的经验主义、感觉唯实论和新科学以及他自己的实验的、商业的和功利主义兴趣的影响。同时,值得注意的是,他除了提及宗教的历史之外,没有提及宗教或教派的教育,这在自然神论的前景中是可取的。在实践中,文实中学并没有按富兰克林计划的那样去实施,一段时间之后,他抱怨说英文学校已经附属于拉丁文法学校。对富兰克林来说,古典的传统和大学的入学要求都太高了,他的文实中学实际上也变成另外一个为大学而准备的机构。尽管如此,但也采取了另外一步,即推广实用的、现代的和科学的学习。因此,当其他文实中学出现的时候,它们已经相当先进,超越了传统的拉丁文法学校。

文实中学运动。 尽管私立合资学校已经满足了需求,但是,他们显然已经越来越远地背离了拉丁文法学校的古典和宗教传统。富兰克林文实中学的理论是把实践和现代与传统结合起来,但是,他自己也偏离得太远,因为他没有涉及宗教因素。代替拉丁文法学校的机构实际上是文实中学,这些文实中学吸收了美国启蒙运动的主要影响,不仅有传统的、实用的和科学的,还有宗教的。

文实中学真正具有影响力是在 18 世纪下半期,由教会或是有强烈的宗教兴趣的个人所创建的。英格兰的新教徒学院已经表明,宗教学校应该设有广泛的课程,大觉醒推动了美国建立这样的学校,不仅为了宗教目的,而且也为了实用的目的。传统课程也包括在内,因为文实中学的开办人希望他们的孩子能够进入学院。总之,文实中学把升学、宗教虔诚以及职业效率目的结合在一起。

文实中学与拉丁文法学校和其他私立学校在其他方面也有所不同。它们通常是寄宿学校,学生离家而居住在一起。不久,女子文实中学也开始变得普遍起来。文实中学常常成为当地学院的替代者。确实,这些文实中学迟早都会变成学院。通常,这些机构并不是免费的,通过向家长收取学费,或是通过得到教会或富人的捐赠而获得支持。也有几个州支持文实中学,因为文实中学激起了公众的想象,并成为审慎地努力培养教师的中心。

虽然它们有私人的特点,但是,文实中学比拉丁文法学校更加民主,这是因为它们有更广泛的号召力、宽泛而灵活的课程以及更加多样化的目标。他们将英文语法、写作、文学、英文修辞、历史、数学、现代语

332

言、一些商业科目以及特别适用于女孩的科目,如舞蹈的社会艺术、音乐、绘画和缝纫,引入中学课程。

随着更新的学科的流行,在这些领域就需要更多的教科书。在美国用于英文语法教学的第一本教科书是托马斯·迪尔沃思(Thomas Dilworth)的《英语口语新指南》(*New Guide to the English Tongue*)。很快美国作家就开始尝试写英文语法,其中首先尝试的是大学的教师——威廉和玛丽学院的教授休·琼斯(Hugh Jones)和国王学院的院长塞缪尔·约翰逊(Samuel Johnson)。然而,最有影响力的文法书是由诺厄·韦伯斯特和林德利·默里(Lindley Murray)在 18 世纪下半期所著的。

在算术方面,最有影响力的教科书是由私立学校校长、哈佛学院数学教授艾萨克·格林伍德(Isaac Greenwood)编写的,于 1729 年出版。该书的标题显示了他对实践的展望——初等算术和十进制在商业和贸易方面的应用。对历史也开始给予更多的关注,尤其是关于阅读和地理方面的教科书。诺厄·韦伯斯特在他的初级读物中插入了很多历史材料,在 18 世纪后期,杰迪代亚·莫尔斯(Jedidiah Morse)[①]也在他出版的《地理学》(*Geography*)中包含了大量的资料。其他关于商科、实用数学和现代语言的课本也开始出版。

高等教育中的启蒙运动和大觉醒

在 18 世纪时,关注科学和实用价值的启蒙运动逐渐开始影响一些学院的宗教观点和课程,但是,大多数殖民地学院在早期都十分严格地持有宗教、人文主义和理性主义的目标。

哈佛学院的自由主义。从 1708 年到 1769 年,在约翰·莱弗里特(John Leverett)[②]院长和爱德华·霍利约克(Edward Holyoke)[③]院长

---

① 杰迪代亚·莫尔斯(1761—1826),美国基督教公理会牧师,当时公认的美国地理学之父。——译者注

② 约翰·莱弗里特,哈佛大学第 7 任校长(1708—1724)。——译者注

③ 爱德华·霍利约克,哈佛大学第 9 任校长(1737—1769)。——译者注

的任职期间,哈佛学院的公理会开始受到 18 世纪的自然神论和上帝一神论的影响。霍利约克的自由主义足以使严谨的加尔文主义者怀疑哈佛学院,并激怒监督者尝试从导师那里获取正教会的誓言,开始检查毕业论文。尽管大觉醒要求进行这样的检查和回归到原教旨主义,但哈佛学院还是坚持了自己的自由趋势,而耶鲁学院、普林斯顿学院和其他一些学院则跟随了大觉醒中流行的福音派的宗教主义。

到 18 世纪初,新的启蒙运动的科学开始慢慢地进入哈佛大学的传统课程中。笛卡儿的逻辑、雷默斯(Ramus)的几何和牛顿的物理学逐渐获得了听众。哥白尼、伽利略、开普勒和伽桑狄(Gassendi)①的天文学开始取代了亚里士多德、托勒密和但丁的天文学。1728 年,托马斯·霍利斯(Thomas Hollis)设立了数学和自然哲学的教授职位,为此贡献出书籍和"富余于哲理性的仪器",到 1769 年时,这些仪器包括了骨骼、地球仪、显微镜和机械仪器,还有英国皇家学会和法国科学院的讨论会。

作为霍利斯的数学和自然哲学的第一位教授,艾萨克·格林伍德(Isaac Greenwood)撰写了有关算术、气象、矿井湿气和北极光方面的书籍。他在将学院与时代的实用精神紧密联系方面做了大量的工作,并将那些可能会去私立合资学校或进入商业的有务实精神的年轻人吸引到哈佛学院。他的继任者——从 1738 年到 1779 年任职的约翰·温思罗普,被证明是继本杰明·富兰克林之后在美国最有成就的科学调查者。到 1743 年,哈佛学院课程中包括了以艾萨克·沃茨(Isaac Watts)②的《天文学》(Astronomy)和洛克的《人类理解论》的形式存在的更多启蒙运动中的科学和哲学。

通过这些方式,哈佛学院已经开始显示出其在新科学和哲学方面明确的兴趣,虽然它首要的重点仍然是古典语言和数学。到 18 世纪

① 伽桑狄(1592—1655),法国科学家、数学家和哲学家。——译者注

② 艾萨克·沃茨(1674—1748),英国 17 世纪圣诗作者,被称为"英文圣诗之父"。——译者注

末,它已经开始由古代的亚里士多德的科学和哲学向启蒙运动的科学和哲学转变。

大觉醒重申传统的人文科学。威廉和玛丽学院在英国国教会的支持下于1763年接受了皇家特许状,它的建立主要是为了宗教目的,即为了训练牧师,用良好的文学和礼仪来教育青年虔诚精神,并且将基督教扩展到印第安人。在它存在的前85年间,它的课程类似于牛津学院的课程,并没有改变太多。当托马斯·杰斐逊在1779年曾尝试改革其课程学习时,只有6位教师,其中2位教神学和希伯来文的教师,一位教逻辑、修辞和伦理学方面的教师,一位物理、形而上学和数学方面的教师,一位是拉丁文和希腊文方面的老师,还有一位教印第安男孩宗教常识的教师。其课程主要遵循了哈佛学院相同的兴趣,即为教堂和州培养受过教育的牧师作为领导者,并为那些注定成为贵族阶级的人提供通识教育。

334　　　杰斐逊为改革威廉和玛丽学院所提的建议在1779年提交给了弗吉尼亚立法机构,这形成了启蒙运动的基本思想。他本应该用以下方法来扩展课程并使课程世俗化:通过学习古代语言和基督教历史来替代神学和《圣经》的学习;现代外语应该取得比经典课程更加突出的地位;高度重视纯粹的和实用的科学,以及用社会科学来替代亚里士多德的哲学;重视法律和医学,给予其较大的发展空间。总之,学院的整体特点和目标本应该为将青年培养成在公共事务、实际工作和专业服务方面的领导人做准备,而不是仅仅限于狭窄的学问、贵族的理智主义或宗教的宗派主义。但是,杰斐逊的提案早到了50年。

耶鲁学院在那个时代的发展是更为典型的。在大觉醒的影响之下,耶鲁学院的宗教"特性"变得更加明显。1735年,康涅狄格州议会重新宣布"建立这所学院的主要目的,是为殖民地时期的教堂提供博学、虔诚和正统的牧师"。在18世纪的大部分时间里,耶鲁学院的课程发展在很大程度上与哈佛学院相似;课程渐渐地开始朝着牛顿和洛克的新科学和哲学的方向改变。

然而,在美国独立革命之前,耶鲁学院和哈佛学院之间最重大的区别似乎是,耶鲁学院是为了宗教目的而更加强调大学教育的宗教本质,以及出于宗教目的继续规定课程的愿望。而哈佛学院的宗教地位一直是相当自由化的,克莱普校长 1754 年的如下陈述说明了耶鲁学院更加传统的地位:

> 学院是一个优于其他机构的宗教社团。教区是训练普通民众的社团;而学院是牧师的社团,是为了培养能为政府工作的人。……一些人曾设想,学院的唯一目的是教授艺术和科学。……但是,在地球上,在依据这样的宪法下,找不到这样的一所学院也是可能的。①

这是典型的宗教改革态度,加强了古典的和文艺复兴的自由教育思想。这些贵族和宗教看法仍然声称,应提供适合于绅士的自由教育。所有的殖民地学院在它们对传统的忠诚和对神学、古典语言、数学和哲学学习的重视上大体都是相似的。它们在独立革命之前的历史表明,没有什么根本的不同。

自由教育的新构想。随着 1754 年国王学院(哥伦比亚学院)在纽约市的建立,从严格的宗教目的来看,这种影响的痕迹逐渐被抹去。随着 1755 年宾夕法尼亚学院(宾夕法尼亚大学)的建立,关于自由教育的更为广阔的目标和内容的构想出现了,这意味着,学院课程既要对多数人的商业的和公民的实用性有益,也要对宗教的和城市的少数领导者有益。自由教育的文学和贵族特性受到了高等教育的更加实用和更加民主的构想的挑战,尽管这种挑战是很微弱的。

国王学院代表了一个新的出发点是基于这样一个事实,通过斗争而成立的这所学院导致了不同宗教信仰公开宣布彼此之间的宽容。特

---

① 托马斯·克拉普(Thomas Clap):《学院的教会制度——以纽黑文市耶鲁大学为例》(*The Religions Constitution of Colleges*, *Especially of Yale-College in New Haven*),康涅狄格州,蒂莫西·格林,新伦敦:绿色伦敦出版社 1754 年版,第 4—12 页。

许状规定,任何人都不应该因为他的教派成员身份或宗教信仰而被拒绝进入学院,或是被阻止获取学位和学院的利益。虽然这所学院是在英国国教会支持的名义下建立起来的,但其董事会不仅包括了三一教会的牧师,而且也包括了荷兰归正会、路德教会、法国教会和长老派教会的牧师。另外,在普林斯顿大学、布朗大学和其他一些学院的特许状中,也要求不同宗教信仰的学生之间相互宽容,但其办学的主旨是培养牧师,除国王学院和费城学院外。

伴随着较为自由的宗教氛围,国王学院提出了拓展人文学科的计划,该计划包括很多实用的和科学的科目,旨在对那个时代商业活动的更有效的追求。这些计划由国王学院的第一任校长塞缪尔·约翰逊(Samuel Johnson)制定并公布,他的愿望是使学院学习在日常生活中更为有用,这种想法也许是因为他和富兰克林的联合而得到了加强。

尽管塞缪尔·约翰逊校长公开声明,但自由教育的文学和古典学科思想依然盛行。国王学院 1755 年采用的课程和 1762 年采用的课程,实际上同国王学院要与之竞争的传统学院非常相似。4 年的学习主要倾向于拉丁文和希腊文法、文学、修辞、伦理、数学和哲学。严格的纪律控制着学生生活中最微小的细节。国王学院的实际做法并没有实现它的计划目标。

威廉·史密斯(William Smith)牧师是费城学院的第一任教务长,拟定了相当宽泛的课程。威廉·史密斯曾就读于阿伯丁大学,并且他为费城学院拟定的课程很可能是由国王学院不久之前(1753 年)修正的课程而来的。尽管苏格兰训练也许影响了他,但威廉·史密斯无疑被富兰克林的理论所吸引,因为这显然是与他早期形成的理论相对应的。在他的名为《米瑞那学院的总体思想》(*A General Idea of the College of Mirania*)一书中,威廉·史密斯把整个米瑞那学院分为两种类型,一是为学问,一是为贸易,每种类型都有它自己的专门学院。由于第二种类型很少能在学院里获得有用的教学,因此,他提议建立机械学院。他说,这不需要太多的解释,因为它很像富兰克林的费城英语文实中学。

无论他的想法的来源是什么,威廉·史密斯草拟了一份"民主教育

336

计划"(A Schedule of Liberal Education)，该计划被费城学院的董事会
所接受。在当时的美国，它包括了最宽广的学习科目和多种多样的课
程。它似乎要使所有的课程都进入米瑞那学院的课程大纲。除了通常
的古典和修辞学习之外，学院计划有 3 个哲学学院，包括"工具"哲学
（技术）、道德哲学（社会科学）和自然哲学（物理学）。还有一大堆作为
规定讲课补充的各种各样读物，要被附加到课程之中。这个计划的作
用是极大地拓展了自由教育的构想，即一个年轻人应该有广博的知识，
不管他要进入的职业是什么。

　　总之，18 世纪启蒙运动给美国学院的课程带来了变化，特别是增加
科学和商业的有用科目，以跟随时代的趋势。科学知识的扩展，贸易和
商业所需技能的细化，个人主义理想的流行，对后来发生的变化产生了
很大的影响。但是，坚持自由教育应该完全按照规定进行语言和数学
方面教学的这一想法，还是占据了主导地位。

　　虽然新的科学和哲学慢慢地增加到一些教派学院的规定课程之
中，但是，这些学院本质上仍然保持了对拉丁文、希腊文、数学和哲学的
自由教育，作为教会和国家中一种贵族领导的最佳准备。直到 19 世纪
下半期，一个高度的工业社会力量开始起作用的时候，自由教育的传统
看法才真正处于守势的地位。

　　职业教育。由于殖民者仿效了英国大学的模式，他们建立了人文
学院而不是中世纪模式的大学。因此，更高层次的法律、医学和神学在
美国高等教育刚开始时是不存在的。在 18 世纪期间，这些行业的教育
主要由律师、医师或者神职人员的实践训练来获得。

337

　　在学院的学习无疑为律师这个行业提供了适当的背景，因为学生
阅读有关修辞、逻辑和政治的书籍，但是，直到 1793 年肯特法律学教授
在哥伦比亚大学设立的时候，才有了专门的法律教育。

　　同样，在医学方面，当男孩十几岁跟随医师当学徒时，他们通过医
疗工作和收集能得到的信息而获得了专业培训。一般来说，在 18 世纪
时，美国的医学滞后于欧洲的医学，充斥着庸医的医术和老巫术的传
说。然而，当科学的学习开始得到发展，并且有更多的医师来自于英国
和法国时，对医学的专门教学开始在一些学院出现，尤其是那些科学受

到特别重视的学院,例如,费城学院、国王学院和哈佛学院。

神学方面的培训的进展要好一些,因为大部分学院都对宗教有兴趣。对神学有兴趣的学生可以与神学教授一起进行专门的工作,这些神学教授常常是校长;或者,年轻的毕业生可能继续他的硕士学位学习,在与学院有关的教会的宗教学说上接受神学教育。然后,他可以作神职人员的助理或在学校教课,但要等待牧师的召唤。

第十二章　近代欧洲教育的社会基础

为人类精神的斗争

338

社会组织的主要趋势

自 19 世纪初以来,民族主义、自由主义、产业主义和资本主义这四种社会趋势一直深深地影响着教育。这四种趋势彼此之间的关系以及相关的政治回应,导致了 19 世纪和 20 世纪的诸多社会冲突。

民族主义。宗教改革和启蒙运动时期的民族主义(nationalism)倾向在 19 世纪迅速达到顶峰。民族国家成为近代社会政权的最高单位,与中世纪和封建社会形成鲜明的对比。民族主义思想的中心是君主至高无上,君主政权被认为是完全独立于自己国界之外的法律和道德权力的,无论这个国家是君主专制,还是君主立宪制或是共和制,它都被认为是一种至高的政治力量,它拥有着确定自己疆域、自己的政府形式以及自己的国际安排的权力。

在民族主义政治建立的过程中,大多数国家都坚持文化民族性的理念。人们开始把他们自己当作法国人、英国人、德国人、意大利人、波兰人、俄国人等等来考虑。每个国家都要求拥有各自共同的历史背景、共同的语言、共同的习俗,或者共同的宗教、艺术和制度生活。尤其是对于一个国家来说,将其人民联合起来组成一个民族的和政治的国家是十分重要的。为了使政治国家的边界和文化民族性的界线相一致,各国都做出了巨大的努力。为此,培养人民强烈的对国家的忠诚感和民族自豪感这个目标变得尤为重要。

因此,教育便很自然地成为发展民族主义精神的一个主要途径。

在 19 世纪的大部分时间里,民族主义倡导的自由精神旨在帮助国家群体摆脱"外国"压迫者从而获得自由。19 世纪的许多革命和战争,都是通过群体斗争将文化统一转变为政治统一而进行的。

自由主义与民主。得益于启蒙运动时期的人文主义运动,自由主义(liberalism)取得了很大的成就。19 世纪的自由主义主要集中表现在,实现了更大程度上的政治民主和争取了更大比例的民众投票权。这个运动不仅实现了政治生活的统一管理,而且使得公正、个人价值和公民自由成为一个文明社会的必要基础。许多为实现自由主义而做出的努力集中在致力于实现和保持言论自由、和平的集会和请愿、宗教自由以及追求永恒真理的人类理性的权利上。

自由主义内部一直存在着两种形式的斗争,一种是把自由主义推崇到很高的地位,它坚持一种放任的国家概念,只要国家允许个人去追求自己的权益,就可以最大可能地实现自由主义。另一种自由主义形式是从法国人文主义思想中汲取力量,它坚持认为只有国家积极地重建代表广大人民利益的机构,通过提高大多数人的福利来改善共同的生活水平,社会才可能获得进步。

产业主义。或许从漫长的历史角度来说,19 世纪最根本的变革就是工业革命。民族主义已经经历了多个世纪,自由主义自希腊时期以来也一直以各种形式存在着。但是,产业主义(industrialism)却是一种新兴的事物。像蒸汽机、水力发电、电气设备以及原子能的存在,在此之前任何形式的动力系统的发明都无法与之比拟。启蒙运动时期,现代科学的方法和思想已经发展到了很高的程度,而在 18 世纪后半期,随着科学最终被应用到产品的生产和分配中,又迎来了科学发展的新时代。产业革命的根本在于科学技术的发展,它影响到经济发展的各个阶段。

科学技术意味着,动力传动的机器取代手工操作的机器,从而使平均生产力水平得到很大程度的提高。此时,家庭和小作坊已经不能再满足大量产品的生产,而必须由可以比较集中提供能源的地方来替代,这个地方就是工厂。

产业主义还意味着,需要更多的原材料来满足更多产品的生产,因此,各个国家便开始四处寻找原材料最丰富的地方,它们把贪婪的目光投向了世界欠发达地区。最需要记住的是,产生工业革命的 19 世纪是这样一个时代:资本主义成为了经济组织的主要形式。

资本主义。就像前面一些章节提到的,资本主义(capitalism)的第一个阶段常常被称为"商业主义"(mercantilism),已经受到了政府的严格控制,而且通过了一些商业法案。第二个阶段是启蒙时期的"自由资本主义"(laissez-faire capitalism)。相应的,它的经济是靠利益驱使的,依靠的是开放市场中的自由竞争和财产的私人所有制。人类最基本的欲望和动力便是获取财富、赚取钱财和寻求利益。放任主义理论认为,如果市场在没有政府干预的情况下自由运作和自由竞争,那么,货币和价格体制便会通过供需规律而达到一种"自然"的水平。市场的目标更大程度上在于赚取财富,而不是生产财富。而且,个人必须确定市场有赚取利益的可能性,否则经济体系便会崩塌。

现今,随着动力机器的出现,资本主义的第三个阶段便到来了,通常被称为"工业资本主义"(industrial capitalism)。尽管产品的生产环境已经发生了变化,但资本主义追随者的放任主义经济思想仍然存在。资本家和工人之间的整个关系经历了非常深刻的变化。在资本主义的初级阶段,商人其实是作为中间人或者雇主而存在的,他们拥有富足的资本可以购买原材料,然后把买来的原材料交给在家中或小作坊里拥有工具去生产产品的工人。在这种关系中,劳动者是独立于雇主的技术工人。

然而,随着工厂制度的发展,雇主拥有机器和生产工具,可以进行货物买卖。之前的技术工人离开了作坊而走进了大工厂,在这里他们只需要操作机器,这使得他们丢掉了之前的技能。先前,工人在产品生产中需要负责整个运作过程,而现在面对标准化产品生产的大量工作,他们逐渐开始集中进行其中一项或几项专门的操作。由于没有生产工具,工人比以往更多地依赖工厂主给他们发工资和提供工作。他们很快就把这种劳动组织看成是保护自己免受剥削、改进生产条件和增加薪水的主要手段。现代工人运动的兴起,就是对工业资本主义生产条

341

件的反抗。

主要的社会行动计划

上面提到了4种主要的社会组织趋势,为了缓解这些模式之间的相互作用给生产条件带来的影响,由此而产生了许多提议。以不同形式出现在不同国家的5种重要形式分别是:保守主义、人本主义、社会主义、共产主义和法西斯主义。

保守主义。大体上来说,保守主义(conservatism)是一种保守的思想和态度,它强调社会安定的必要性,因此,极度害怕变化和改革。为了反对法国革命的思想,给人印象最深刻的是,英国的埃德蒙·伯克(Edmund Burke)[①]关于保守主义思想的陈述:如果可能的话,尽量让改革的可能性变得最小。在改革不可避免的时候,改革必须在充分考虑到传统、财产的所有权以及个体的基础上进行实施。个人拥有越多的自由,社会才可能更加和谐有序。

然而,保守主义者认为,个人是作为财富拥有者而存在的。他们反对公平的改革理念,宁愿选择相信少数上流人士而害怕大众,认为大众是野蛮的、愚昧的和情绪化的。他们认为,一切改革都必须是循规蹈矩和循序渐进的,因为一切威胁到秩序的因素都将威胁到整个社会。总体来说,保守主义强调资本主义的价值观、宗教传统以及一种维护贵族阶级利益的民族主义。因此,这导致了大众对自由主义的需求的怀疑和抵制,因为大众继而无法做出判断,也无法做出明智的决定。掌管国家的事务也就留给了那些统治阶级,也就是王室、贵族、教会和资本家们来处理。

总之,法国的君主主义者和僧侣派,德国的保皇主义者、保守主义者和中间党,以及英国的托利党和保守主义党派都是保守主义的代表。

人本主义。源自于启蒙时期的自由主义和民主精神,人本主义(humanitarianism)认为,民主政府应该通过制定经济法规,保证每个人

---

① 埃德蒙·伯克(1729—1797),英国政治家、哲学家。——译者注

最基本的安全需要,以及制定计划增加福利来寻求对经济不平等的改革。"福利国家"是其最现代化的形式。

在一些国家里,人本主义要求拥有共和政体、公民自由、平等和大众在政府中的参与权。在另一些国家里,人本主义是通过利用更自由的宪法,从君主或统治阶级那获得更多的权利这种方式来实现的。在19世纪,人本主义取得了巨大的胜利。这体现在19世纪30年代和40年代之间各大洲的革命运动和英国的改革运动中。改善人民大众的社会福利,是依靠政治和经济的改革来实现的。

342

人本主义凝聚着中产阶级自由主义者、知识分子和许多劳动阶级的努力,他们联合起来去同土地贵族、保皇派、传统教会和富有的实业家这样的特权阶级进行斗争。人本主义认为,社会的弊病应当通过提高政治自由来清除,但它通常也与符合文化民族性的政治自决利益的民族主义密切相关。人本主义坚信,工业主义和资本主义的罪行将通过民主的政治来补偿。一般来说,人本主义思想可以从法国的共和党和僧侣派、德国的民族解放运动和基督教民主党、俄国的宪政民主党以及英国的辉格党和自由党中得到体现。

社会主义。在19世纪中期以后,某些领域中对这种零星改革方式的热情逐渐减弱,进而为进行彻底改革而提出了激进的建议,其中最重要的就是社会主义(socialism)。根据社会主义者马克思(Karl Marx)和恩格斯(Friedrich Engels)的观点,社会改革应该是不同党派的相互斗争的过程。根据马克思的观点,社会改革是不同的阶级,即财富拥有者和出卖劳动力的阶级之间的斗争。人类历史就是在资产阶级和无产阶级的斗争中不断被谱写而成的。马克思认为,在重视个人利益的资本家统治之下,雇主和工人之间的矛盾会不断地加深,因为他们的劳动与薪水不成比例。资本主义国家是迎合资本家的利益的,真正的改革应该是让生产资料和财产归国家所有,在这种产业社会中产品的生产和分配才能得以实现。

许多社会学家认为,自由民主文明的政治形式要想得到长久维持,就必须建立社会主义社会。社会主义应该通过民意调查进行选举来产生。社会主义温和渐进的改革理论的典型是法国的社会主义者、德国的社会民主派、基督社会主义者、乌托邦社会主义者、费边主义者(Fabians)[1]和英国的工党、社会民主党人和俄国的孟什维克等社会党派。社会主义者和人本主义者不同之处在于,他们认为民主国家必须拥有和控制生产方式,而不仅仅是简单地调节它们。与社会主义革命者的不同的是,渐进社会主义者支持政治民主这个基本原则和自由主义这个最基本的权利。

共产主义。社会主义革命者或共产主义者在资本家、贵族阶级和无产者的利益之间制造出了更多的内在的不可调和的矛盾。就像列宁(Lenin)和斯大林(Stalin)对马克思进行的解读,国家就是一种工具,统治阶级利用这个工具来维持他们的权力,为其利益服务并剥削劳动者。因为统治阶级是不会主动放弃对国家政权的控制的,所以,改良派社会主义者的渐进方法是注定会失败的。获得国家政权的唯一的方法不是通过法律或民主的方式,而是要通过武力和暴力来实现。工人阶级必须通过革命夺取政权,才能为广大人民群众谋取幸福。在革命的过程中,不可能所有的无产阶级都参与进来,因此,需要一个小的、有纪律的和有谋略的政党去代表无产阶级策划革命。这就是列宁和斯大林的共产党。

在取得政权之后,共产党的第一次行动是推翻资本主义制度,清除资产阶级和一切反动派,建立一个没有阶级的、产品的生产和分配方式归国家所有的体系。这是社会主义国家的过渡阶段。一旦资本主义被摧毁了,社会主义被建立起来,共产党便可以激发无产阶级去承担社会主义者的义务。在无产阶级获得了正确的思想和态度之后,过去的国家便不复存在,共产党的专政也会得到缓解。在共产主义的最后阶段,不会有政党和人民大众之间真正的利益冲突,也不会存在无产阶级受到剥削的现象。

法西斯主义。在1914年之前和第一次世界大战之后,大多数西欧人基本上都认为,理性、自由主义和民主主义应该得到流行。在英国、

---

① 费边主义者,即资产阶级改良主义者,主张用缓进的方法实现社会主义。——译者注

法国以及魏玛共和国统治下的德国，民主主义被人们普遍接受。在瑞士、荷兰、斯堪的那维亚、捷克斯洛伐克都建立了民主政府。大多数中欧的国家也都建立了共和形式的政府。

　　然而，在20世纪20年代，理性和民主在许多国家开始遭受越来越多的挫折。领土的纠纷更加激烈，裁军会议也以失败而告终，世界范围内的沮丧情绪日益加重，德国和意大利收复殖民地的愿望更加迫切；通过耍手段而图谋政权的行为在欧洲持续不断出现；大多数国家都不愿主动放弃其统治权，不愿把权力交给国际联盟（League of Nations）来为实现和平和国际合作而发挥其真正的力量。在这种日益恶化的形势下，反对民主和支持法西斯的社会价值观，作为一种为缓解困扰全世界人民的战争弊病和萧条的新呼声出现了。

　　虽然各个国家的法西斯主义（fascism）采用不同的形式，但是，它们具有共同的特征。它是一种机会主义，通过攻击人们所厌恶的事情或者赞扬人们所需要的事情来获得政权。它在共产主义、社会主义、资本主义、民主主义和自由主义的夹缝中生存。它承认其保留私有财产权的渴望，迫切要求将产品生产和所有权由国家集中控制。它同时反对共产主义、社会主义、资本主义、民主主义和自由主义。它呼吁工人阶级对其进行支持，却破坏自由的劳动联盟。它尤其需要中底层阶级和白领工人的支持。它在恐吓和要求服从的基础上，通过鼓吹一种极端的民族爱国主义来进行统治。它鼓励战争、扩张和侵略，认为年轻而有活力的民族对颓废和弱势国家的侵袭是一件很正常和很自然的事情。

　　法西斯主义夸大了种族的象征意义，把种族作为助长和利用歧视的一种方式，目的是为了联合大众共同对付一个真实的或假想的敌人，例如，犹太人、波兰人、共产主义者或资本主义者。它宣称人民在本质上是不平等的，并反对自由、平等和民主的信仰。它反对毫无效率的政治民主，主张以政治决策的形式来进行统治。它赞美一党专政国家中统治者的办事效率，即统治者通过权力来获取力量和引导极权主义国家的命运。统治者掌握了一切权力，他们知道什么是对大众最为有利的。最后，法西斯主义依靠恐怖的组织、残酷的军队、阴谋诡计、对一切反对势力的无情镇压、间谍活动和宣传来获得政权，并维持其政权的稳

345

定。一旦法西斯主义当政,它便会利用一切方法完全控制所有的通讯机构来为其政党的政策进行辩护,传播并强迫人们接受其政策。

法西斯主义的早期形式出现在墨索里尼统治下的意大利,但是,最残忍和最强大的法西斯主义则存在于希特勒和纳粹统治下的德国。在第二次世界大战期间,只要是德国人可以强加其意志的地方,就会有法西斯政党的出现,特别是在德国占领期间的法国的维希政府。本土的法西斯组织在世界的许多国家里出现,其中一些试图通过与德国合作以发挥其作用,而另一些则只是简单地为了各自的利益而谋取政权。新法西斯组织在德国、意大利以及世界各地继续做着复兴的努力。

在 19 世纪和 20 世纪,随着经济一体化的建立,出现了许多重要的问题:民主政府和立宪政府能否解决工业社会中的问题?保守派认为注重个人主义的资本主义对民主来说是必要的;而自由主义者和人文主义者则认为应该对资本主义进行改革,从而使经济的和社会的民主与政治的民主并肩共存;激进派认为只有在现代社会彻底根除资本主义之后才能实现真正的民主;法西斯主义者开始着手破坏民主主义并开始其所有的工作。这些基础性工作是为 20 世纪法西斯主义、共产主义和民主主义之间的持续不断斗争做铺垫的。在这些斗争中,教育所扮演的角色变得越来越重要。

宗教与国家的关系

19 世纪,宗教势力依然强大,它作为启蒙时期理性主义的反对者得到了很多人的支持。然而,在许多国家中,宗教与民主主义政府之间也产生了诸多问题,尤其是在法国、德国和意大利。总的来说,国教会坚持的是保守主义思想,它和专制主义政党站在一起反对新自由主义。

法国。在法国,1801 年拿破仑的教务条约(Napoleon's Concordat)的签订,重新恢复了罗马天主教的特权和其国教的地位。之后,它的地位也是起起伏伏的,在波旁王朝复辟后获得了特权,在法兰西第二共和国建立后又丧失了其地位,在法兰西第二帝国建立后重获特权,最后在法兰西第三共和国建立后又丢掉了其地位。牧师(支持教会的政党)通常和贵族站在一起反对法兰西第二和第三共和国的共和党派和社会主义者。1901 年,法兰西第三共和国有足够的实力来通过联合法案,该法案规定,教会未经政府的同意不得私自拟定教义,任何未经认可的教义不得在学校里教授。接着,通过了 1905 年的《分离法案》(Separation Act),该法案的颁布结束了拿破仑的教务条约,废除了国家教会,并且要求在 10 年内实现所有公立学校教师必须由非神职人员来担任。

在 20 世纪,大部分坚持宗教信仰的法国人仍然选择去信奉天主教。在维希政府的统治下,教会重新争取到了一些权利,同时 1942 年的法令取消了 1901 年的《协会法案》(Association Act),使宗教团体重新全面获得了作为公共事业的合法地位。维希政府颁布了反犹太人的法规。随着天主教的观点通过大众共和党在法国获得了统治地位,牧师的观点在第四共和国统治下的法兰西的政治地位开始变得举足轻重。由于国民大会的组成常常是间断的,因此,国家给予天主教父的经济利益也不稳定,这使得共和国的形势动荡不安。共和国就像印度支那让人心生厌倦的战争和高消费的生活一样的不稳定。

除了政教分离的宪法条款,还存在着一些通过公共基金来资助天主教学校的形式。这些条款与 1929 年教皇庇护十一世(Pius Ⅺ)发表的通谕《青年的基督教教育》(*The Christian Education of Youth*)中的罗马天主教国家政策一致。它确定了国家有义务资助天主教人士,并为其子女争取天主教教育;同时,它也确定了宗教和家庭的受教育权利,因此,在教育民众方面比其他任何国家更加超前和更加有优势。

意大利。 在意大利,由于世俗化趋势严重,教皇一直在与民族主义和自由主义作斗争,尤其值得关注的是由马志尼(Mazzini)①、加富尔(Cavour)②和加里波第(Garibaldi)③实现的意大利统一。1861 年,意大利王国建立之初,罗马和威尼斯这些教皇国家并不包含在内。一些改革家未经教皇的同意,仍然希望去征服罗马,但其他人认为,不应该违

---

① 马志尼(1805—1872),意大利政治家、作家、宣传鼓动家和革命家。——译者注
② 加富尔(1810—1861),意大利政治家。——译者注
③ 加里波第(1807—1882),意大利民族统一运动的著名领袖,杰出的游击战专家。——译者注

背教皇和法国路易·拿破仑(Louis Napoleon)的意愿来采取这一步骤。因此,在普法战争中,路易·拿破仑停止对教皇支持之前,并没有进一步的举动。于是,在得到了俾斯麦(Bismarck)①的许可后,维克托·埃马努埃莱(Victor Emmanuel)征服了教皇国家,多数民众以不可压倒之势投票期望成为意大利王国的一员。

教皇不顾民众的态度,拒绝认可意大利王国,并退居到梵蒂冈,宣布自己是一名政治囚犯。意大利政府占领了罗马并把它作为首都,把教皇看作是梵蒂冈内的外国主权国家的代表。教皇宣称自己将一直作为囚犯,直到 1929 年与墨索里尼(Mussolini)签署了一个条约和协定,通过这个条约和协定,教皇最终认可了意大利王国,同时罗马天主教也被重新认定为意大利的国教。

在意大利罗马,天主教毫无疑问仍然是民众的教会,它在法西斯的独裁专制中幸存下来,甚至在 1929 年与墨索里尼签订的教务条约中获取了政治权利。其中一些条款也成为 1947 年新宪法中的一部分,这使得天主教在新的意大利共和国中受到了青睐。这些条款承认天主教教义是公共教育体系中不可或缺的一部分,为教区牧师和天主教师提供了许多公共支持,就像公务人员需要政府的支持一样,而且天主教会可以减缓或是抑制新教教义在意大利的传播。结果,公共学校体系不仅以天主教作为指导,而且为了资助天主教私人学校,在第二次世界大战之后开展了许多生机勃勃的运动。

德国。19 世纪,在德国和奥地利,国教如雨后春笋般迅速成长。罗马天主教在奥地利和德国南部的州仍然保持其国教的地位,而在普鲁士和德国北部的州国教则是路德教。在维也纳会议倡导下,俄国、普鲁士和奥地利联合起来试图在世界上建立宗教准则,但是,这些盟国在维持保守的宗教的同时,也想保持君主专制和贵族统治的现状。1850 年,奥地利与罗马天主教签订了教务条约;1869 年,梵蒂冈国会重新确定了教皇的最高权力及其稳固地位。

1871 年,德意志帝国建立之初,俾斯麦试图通过镇压罗马天主教去

①　俾斯麦(1815—1898),普鲁士的"铁血宰相"。——译者注

追寻普鲁士的自由主义,随后他的追随者在 1871 年成立了中央党。俾斯麦通过鼓吹政教冲突来反对对德国内部事务的外来干涉,特别是反对罗马天主教;他还中断了与教皇的外交关系,于 1872 年将耶稣会信徒驱逐出国,同时要求罗马天主牧师的任命要征得政府的同意,并规定只有在德国受到教育的德国本土人才可以成为罗马天主教主。大多数的罗马天主教主被投入到监狱或者被流放,而中央党仍在继续掌握政权。俾斯麦由此彻底改变了立场,接受中央党和保守党的支持,把目标转向了镇压社会主义者。

在德国纳粹的统治下,教会遭受了最严重的挫折。希特勒用尽一切手段攻击牧师,摧毁他们的权利,使年轻一代远离宗教教育。纳粹试图建立一个背离基督教精神的纳粹国家教会,迫害罗马天主教徒、新教徒,尤其是犹太教徒。通过法庭或者其他途径,孩子被迫与他们试图教授基督教、和平主义或者抵制纳粹的父母分开。希特勒试图重写基督教历史,声称神的指引是与他同在的;在反犹太人的斗争中,他甚至声称基督不是犹太人,而是优秀的德国雅利安人。然而,教会也在尽其最大努力去维护自己地位,而且在整个纳粹地区形成了一股反对纳粹的力量。随着美国在战争中的取胜,德国教会再一次获得了活动的自由,并且恢复了在学校的影响力。

俄国。在俄国共产主义革命之前,希腊正教在国家政治生活中占据着主导的地位,在特权阶级中,牧师的地位与贵族并列。共产主义者执政之后,他们立即着手清除旧资本主义和沙皇专制政权这两大壁垒。马克思认为"宗教是人们的鸦片";列宁也赞同这一说法;斯大林声称共产党代表的是科学,然而宗教是直接反对科学的。因此,教会财产被没收,牧师被禁止去布道、讲学或从事慈善活动。在教育和文化活动中,教育年轻人共产主义不会允许旧宗教的存在。

然而,1936 年的新宪法却规定了宗教自由的原则。但是,在第二次世界大战政府给予官方鼓励之前,宗教一直没有得到太多的认同。由于宗教支持反对德国法西斯的战争,因此,它不再被认为是国家安全的威胁。尽管宗教不能恢复其从前的地位,但与革命前 5.4 万个希腊正教教会这个数字相比,估计在 1945 年苏联仍有超过 1.6 万个希腊正教

348

教会在活动。宗教无疑仍然处于次要地位,但是,很显然,只要它不反对共产主义政权就可以保持其现有的地位。

英国。新教在社会中的角色被冠以复兴的宗教热情和福音主义的标签,以反对启蒙时期的理智主义。由此也产生了一些善意的举措,来减轻新工业城市中生活水平低下所带来的苦难,增加贫困儿童接受免费教育或慈善教育的机会。宗教信仰的重新确立,也导致了新教中出现了分裂和分化的过程,因而出现了许多新的宗教派别。然而,在 18 世纪,已经有了一小部分教派的存在,而大量可以确认的宗教团体在 19 世纪末也出现了。为了在世界各地传播福音而形成了许多传教士组织。在整个 19 世纪,欧洲国家与教会的关系在支持和管理教育方面起着非常重要的作用。

在英国,国教继续为人们所钟爱,并且一直占据着中心地位。在 19 世纪,它与托利党、贵族以及富人阶层组成了联盟,但英国愈演愈烈的自由主义允许对不信奉英国国教的人给予更大程度的宽容。甚至随着 1829 年《天主教解放法案》(the Catholic Emancipation Act)的颁布,罗马天主教也得到了进一步的发展壮大。这与那些坚持不宽容的国家形成了鲜明的对比,例如,在西班牙和意大利这两个国家中,天主教仍然被认为是国教。在 20 世纪,有迹象表明,英国国教对于其从属于国会的地位表示不满。在 1927 年到 1928 年之间,国会对英国国教祈祷书中提出的改变不予认可。直到 1952 年,英国国教提议继续保持其国教地位,但可以从国会的控制之下获得更多的自由权利。国教所代表的民众人数和其他所有基督教加起来一样多,国教发现在政教分离的社会中,它要想获取由法律支持的特权就必须以自由作为代价。

从社会学的角度来看,各地的教会可能会更加保守。各种教会中的某些部分开始以不同的形式有力地宣扬"社会福音",并且把基督教的道德规范应用到经济和社会事务中,以实现更大程度的社会公正。教皇庇护十一世重申了教皇利奥十三世(Leo XIII)支持劳动联盟主义的声明,莫尔文会议根据英国国教中的改革因素,为非罗马天主教基督描绘了卓有远见的社会前景规划。

世界各国之间的相互依存

在 20 世纪前半期,社会的节奏越来越快。尽管国内的社会变革已经取得了很大进展,但是,欧洲国家的外交关系仍然是以第一次世界大战之前猖獗的民族主义和帝国主义为特征的。第一次世界大战后,通过国际联盟而产生的对和平和国际合作的期望,以及对扩大自由主义与民主的期盼遍布多个国家。结果,这些期盼却因 20 世纪 20 年代和 30 年代间世界范围内的大萧条而破灭,与此同时还伴随着好战的法西斯主义在意大利和德国的崛起,以及共产主义在俄国的出现。

350

20 世纪 30 年代。随着民主主义、法西斯主义和共产主义彼此之间处于敌对状态,整个世界再一次陷入到更加激烈和更具破坏性的战争之中。甚至在第二次世界大战末之前,各国仍希望再一次通过实施联合国计划来寻求和平和国际合作。工业的全面增长和技术的发展进步,使我们更加清晰地认识到,这个世界的确是一个整体,每个国家的福利与所有其他国家的福利都是密切相关的。

原子弹这个工业主义与科学上最惊人的进步,使得我们清晰地认识到,我们必须在共同世界和毁灭世界之间做出选择。这个道理很简单,然而,现在这个选择却被这个世界上前所未见的最复杂的政治、经济和社会条件所限制。民主主义能经得起真正的国际合作的检验吗?资本主义国家可以成功地和共产主义国家共事吗?民主国家和共产主义国家能继续合作,以战败法西斯主义来保护世界永久的和平吗?这些是战胜国在开始调查二战后世界问题时必须面对的根本问题。

技术进步的速度是令人惊叹的,而最激动人心的例子就是伴随着第二次世界大战,在工业巨大进步这种社会条件下而看到的。

在短暂的几年里,莱特(Wright)兄弟发明的第一架脆弱的飞行器,已经发展成超音速的、可以在几个小时内从地球上任何地方飞到其他地方的飞机。马可尼(Marconi)①那微弱的无线电报,也已经变成了强

---

① 马可尼(1874—1937),意大利物理学家,实用无线电报系统的发明者。——译者注

大的无线电台的环球网络和能到达月球的雷达。在这些社会发明中，最重要的和最惊人的是震惊世界的原子弹和氢弹的原子能量的释放。在此之前，世界人民对工业化发展导致的国家间的相互依存视而不见、充耳不闻，那么，现在他们将无法再继续忽视它们，否则他们自身将会受到威胁。原子能时代的分歧，很可能将超出我们的想象。世界希望它将不会超越社会的才智。

351

随着技术产业化取得巨大的进步，世界上越来越多的人开始相信，自由资本主义的旧观念已经过时，世界彼此之间的相互依存需要各国的共同努力。尽管资本主义的信徒们强调自由竞争和个人努力的信条，但是，他们自身在实践中还是能够意识到共同努力这个事实。虽然国家强调提倡自由竞争和个人努力，但相信资本主义本身的人将在自身实践中意识到共同努力这个事实。

在 20 世纪，资本主义从工业资本主义转变成金融和企业资本主义。大规模的资金和生产需要导致了企业所有制的出现，只有大规模的银行和信贷组织才能够适应这种情况。这就导致了许多国家去发展垄断组织和国际卡特尔（cartles）①来控制生产、分配和价格。原材料的世界资源被这些大规模的企业所开发，通过高关税来限制贸易成为了对所有国家经济福利的威胁。

当原材料、橡胶、油、食物及其他产品的正常来源被第二次世界大战的一连串事件切断供应时，我们很清楚地认识到了这个事实。这种情况导致了用科学的方法来寻找这些缺失的原材料的合成替代品。然而，更重要的是，必须认识到国际之间的努力去控制和刺激世界贸易是势在必行的。因此，联合国开始采取措施，去促进商业合作和财政安排。一个国家的经济福利必定是与整个世界的福利休戚相关的。这意味着，一些对其他人实行帝国主义控制的旧观念，在彼此相互依存的世界里是不可行的。没有国家能够完全依靠自己而独自生存，也不会再会有任何国家可以依靠剥削其他国家而生存。

————————————————

① 卡特尔，即联合企业。——译者注

第二次世界大战后，最重要的事件是苏联的出现和美国成为世界上最强大的国家。二战时期的联盟在战后得到维持的设想，很快就被无情地打破了。东西方的"冷战"、朝鲜的"热战"、印度支那战争以及数不清的世界争端让我们清醒地意识到，动荡和紧张的局势在未来很多年内必将会让这个世界苦不堪言。联合国日复一日的争论以及四大银行间一次又一次的会议，在俄国不妥协政策的撼动下以失败告终。很明显，这不是资本主义和共产主义之间简单的经济冲突，而是大多数人生活方式以及思考方式的冲突。西方最基本的传统——自由的民族精神、人文主义和伦理，受到了专制政治和恐怖的时代风气以及思想和身体的双重压迫的挑战。关于消除战争的绝望和歇斯底里的呼唤很轻易地就高涨了起来。然而，耐心和坚定的建议是很难实现的，这是源于人们意识到了世界的大幅度破坏可以通过现代原子战争进行。

352

西方国家继续缓慢地建立防御力量的同时，还年复一年与苏联进行谈判。就政治和军事上而言，西方国家加入了 1949 年的北大西洋公约组织（North Atlantic Treaty Organization）的共同防御计划。6 个国家试图建立一个共同的欧洲军队，但是，这个计划由于法国长期反对德国重整装备而拖延。8 个国家把共产主义的膨胀看成是亚洲的主要威胁，然后便在 1954 年成立了东南亚条约组织（Southeast Asia Treaty Organization）。与其对立的是，亚洲和非洲的 30 个国家在 1955 年被邀请参加一个会议，该会议象征着反对西方国家以及白人殖民主义和帝国主义的兴起，还强调了世界最大的国家——中国和印度将来可能扮演的重要角色。在经济方面，马歇尔计划（Marshall Plan）从 1948 年开始实施，通过美国来帮助 16 个欧洲国家。经济合作使一些国家从经济崩溃中被解救了出来，它加速了第二次世界大战后欧洲经济的复苏。1950 年，在美国总统杜鲁门（Truman）的四点计划下，开始了缓慢但有力的对不发达国家的技术支持。在思想领域，以"冷战"的形式来塑造全世界人民的思想。如果"热战"能被阻止，自由的力量将会获得胜利。但是，在机会面前需要有决心坚持、合作和信仰。在全部历史中，教育承担了最主要的任务。

有组织的教育和"流派"

在欧洲,有组织的教育制度反映了许多国家为争取权利而斗争的因素。大体上来说,民族主义、资本主义、保守主义和宗教信仰这些因素加强了教育机构的贵族特性,然而,自由主义、人本主义、社会主义却倾向于把教育变得更加民主。在不同国家里,斗争的形式不同。在19世纪,法国、德国、英国的发展趋势深深影响了美国的教育思想和实践。欧洲其他国家的教育制度在很大程度上代表着这三个国家的教育形式的多样性。一般地讲,20世纪的欧洲学校体制转向了更加集中的国家和非宗教团体的管理。英国和法国的改革是逐渐进行的;而改革在纳粹德国和共产主义俄国是更加显著和彻底的。最让人印象深刻的是,意识到教育是实行政治管理的一个很重要的机构。

法国教育中的民族主义和自由主义

拿破仑与法兰西第一共和国。19世纪的法国最具意义的一个历史趋势,是建立强大的中央集权的教育体制。在法国解放运动期间,为了实现一个民主国家联盟,法国试图建立由国家管理的学校制度。当拿破仑执政时,他立刻争取加强学校的国家特色,但是,他努力的结果是因革命而减少了民主进步。他与罗马天主教堂签订1801年的教务条约后,紧接着通过了1802年的法令,该法令规定,把初等教育交给教会管理。拿破仑对基督教学校兄弟会的工作印象良好;而且,他对中等教育的兴趣超过初等教育。他期望通过中等教育来训练忠诚高效的官员以帮助他治理国家。

1802年的法令提供了在公共管理下的国家中等教育制度。虽然允许私立的中等学校继续存在,但是,国家只为两种最具普遍形式的公立中等学校,即大城市中的国立中学(lycee)和小社区的市立中学(college)提供准备。国立中学成为法国标准的中等学校,通过它可以升入大学。它提供的是一种寄宿制学校,从国家那里获得资金支持用来进行学校的建设和支付教师的工资,通过收费来迎合社会的贵族阶级,以及维持古典和人文课程的学习,来迎合贵族阶级的利益。通过在市立中学的学习,也可以进入大学,但是,它主要是从当地的社区获得资助,因此,不像国立中学那样可以在物质和精神上获得如此多的资助。拿破仑的 1802 年法令也提出,建立更高水平的有关医学、法律、科学、技术、神学和其他人文科学的学院。

第一帝国。拿破仑对国家教育制度的兴趣导致了 1806 年法令的产生,该法令在他成为皇帝后颁布,试图让所有的法国教育都在他的控制之下。法兰西大学(University of France)被作为一种最高的管理机构而建立,用来监视法国的公共教育机构。它不仅是美国人所认为的普通意义上的大学,还是一种中央集权的国家教育部门。由皇帝任命的教育总长(superior master)是其最高的教育官员。他从由皇帝任命的 26 或者 30 个成员组成的一个高级教育委员会那里获得建议。

整个国家被细分为 27 个教育行政区域,被称为"大学区";每个大学区都有大学区长官来负责,有一个委员会提供建议,并得到督学的帮助,他们都是由教育总长任命的。公共官员被划分为众多等级的目的,是把公立学校置于国家的严密监督之下,监管学校、监视老师和检查学生。1810 年,成立了旨在培养国立中学教师的高等师范学校。尽管随后进行了许多改变和调整,但是,法国教育组织按照其确定的框架体系实质上已存在了长达 150 年之久。

君主制。从 1814 年至 1830 年,在波旁王朝复辟期间,国王的全面反动政策被应用于教育领域。教会之前的地位在学校里得到了恢复,牧师被任命为公立学校的校长和教师,私立教师资格证书要从主教那里获得,而不是从国家权力机构那里获得。1820 年,教育总长的名称被改为公共教育部长。

从 1830 年至 1848 年,执政的路易·菲利普(Louis Philippe)实行君主立宪制,在一定程度上改变了之前的支持教会的趋势。在公共教育部长基佐(Guizot)的领导下,维克托·库森(Victor Cousin)①被派到

---

① 维克托·库森(1792—1867),法国哲学家、历史学家和教育改革家。——译者注

普鲁士,得出了有关德国学校组织的报告。1833 年的那个有成效的法令①创立了法国初等教育体制。

这个法令要求每一个社区都建立一所公立初等学校,发给教师薪水,提供校舍(通常也作为教师的住所)。从可以支付起学费的家长那里收费,但贫困家庭的孩子可以免费上学。如果社区提供不起一所学校,那么,国家将给予支持。私立学校(大部分是教会学校)被允许继续开办,但是,这些学校的教师必须得到社区市长和教会的一致认同。而且,规定对于父母不希望接受宗教教育的儿童,不得强迫其学习,这使得公立初等学校对宗教的重视开始弱化。

此外,在主要的城镇和城市中,高等小学的授权机构——法国的 90 个临时的法律和政治的附属机构提供了一种新型的高级教育。高等小学被设计成一种提供给小学毕业生的适合该地区商业、农业、工业方面的职业准备。此外,在每个地区都建立一所初级师范学校,目的是训练小学教师。

尽管初等教育不是免费的,也不是义务的,但是,在提供一个适合君主制国家的和保守形式的教育方面已经取得了很大进步。在 19 世纪 30 年代后期,还提供了女子初等学校,为超过 14 岁的男子和超过 12 岁的女子提供了成人班,以及为学前儿童提供了幼儿学校。

法兰西第二共和国。在争取建立 1848 年的法兰西第二共和国的斗争期间,很明显的是,一种强烈的民主精神激励了许多初等学校教师。他们提出一些具有明显的民主性的建议,要求在 14 岁之前进行免费义务初等教育,以及提供一个免费机构使更多的普通人有享受教育的机会。但是,在短暂的法兰西第二共和国中,保守派和君主制主义者占据了上风,他们开始镇压教育中的民主运动,特别是通过 1850 年的法令进行的镇压。在路易·拿破仑确保了主教和宗教官员在高级委员会及一些学术部门中的主导地位后,该法令中的保守和宗教倾向得到了显露。

第二帝国。在这个时期,对于牧师来说,在公立小学和中等学校任

---

① 指《基佐教育法案》。——译者注

教比在七月王朝时期要相对容易。国家和地方的督学等级制度得到了加强和详细阐述,这种方法是为了搜查煽动 1848 年革命的自由主义教师。1852 年路易·拿破仑一上台,加强了"迫害自由"的运动;教师被遣散和流放;私人学校和教会学校急于同公立学校竞争;师范学校被密切监视,以保证它们不会给自由社会或教育思想提供生长的土壤。

法兰西第三共和国。 然而,随着第二帝国的瓦解和 1871 年法兰西第三共和国的建立,法国走向了一个更加自由和民主的方向。通过由公共教育部长费里(Ferry)在 19 世纪 80 年代推动的一系列法令,实现了法国教育的现代形式。1881 年,取消了初等学校的收费制度。1882 年,对 6～13 岁的儿童实现了义务教育。1886 年,高级委员会丧失了其宗教性,专业教育者成为其多数成员。公共教育部完全控制了课程的细节、教材的选择、考试制度、教师的任命以及所有初等学校教师的薪水。

私人学校和宗教学校受到更加严格的监视,以确保法律、民族精神和共和国宪法不被侵害。此外,还规定宗教团体的代表不可以在公立学校里任教,宗教学校也不可以行使公立学校的权利(正如 1850 年法令规定的)。由于法国的工业革命进展迅速,小学的高年级被鼓励和扩展用以满足技术培训的需要。女子的初等教育在她们各自的国立中学和市立中学里进行。

这个简短的调查清晰地表明,民族主义是 19 世纪法国教育发展中的一个重要的因素。在波旁王朝复辟以及七月王朝和第二帝国的统治下,保守主义、贵族化倾向和宗教势力成为了主流倾向。但是,自由、宪法和民主元素在第二共和国时期得到了加强,在 1880 年后的第三共和国时期又取得了更大的进展。法国相信,无论其国家当政者是君主专制、帝国还是共和国,一个强大的中央集权国家教育体制是实现民族团结的必经之路。尽管法兰西第三共和国后期有着民主倾向,但是,贵族化思想已经深深植根于双轨制的教育体制中,一轨为社会下层阶级,另一轨社会上层阶级。

在法兰西第三共和国统治下,法国保持它的中央集权教育体制,以及在公立学校中反对宗教教育的立场。1901 年的《社团法》(Association

356

Law)利用国家控制了这些宗教教义,这些教义仍然被允许在公立学校和私立学校里教授。1905 年的《分离法案》规定,在 10 年之内,所有的初等学校教师都必须是非神职人员,而且一切宗教教学团体都不可以存在。尽管来自教会群体的对宗教指令的尝试并未停止,但是,社会主义者和共和主义者的势力打击了所有类似的尝试。私立学校大部分是宗教机构,它一直存在并招收了将近三分之一的法国儿童,但是,他们必须得到公共教育部的批准,而且不可以提供宗教教义的教育。

同时,法国教育体制保持着双轨制和阶级意识。社会下层阶级仍然只能享受初等教育,中等学校仍然只是为社会上层阶级准备的。也有偶然的尝试,让社会下层阶级通过奖学金制度进入中等学校,但它并没有多少成效。渐渐地,更多的关注在于小学高年级中的实用教育和高于小学高年级的技术学校和职业学校,但是,中等学校教育事实上仍然是社会下层阶级所不可企及的。

第一次世界大战之后,一些特定的群体尤其是战争老兵,唤起了强大的自由教育的激情,他们促进了单轨制学校体制的形成,通常被称为"统一学校"(ecole unique)。按照这个教育体制,所有儿童都可以享受免费教育,并尽可能延伸到教育的最高阶段,包括大学教育机构。这些提议促进了更好的职业和技术教育,建立了更多的继续学校(continuation schools),以及为女子提供了更好的受教育机会。然而,学校体制由学术保守主义主导,用贵族理念来管理中等学校,使这些收获显得微不足道。1933 年,国立中学开始免除学费,从最低层次开始,一年增加一个年级,直到 6 个年级全部实行免费教育。这达到了第二次世界大战初期的教育水平。

维希法国。1940 年,法兰西第三共和国被推翻后,贝当(Marechal Petain)元帅在将政权完全掌控在其手中的同时,开始着手恢复法国学校中的宗教元素。这种尝试以两种形式进行:一是试图在国立学校里重建宗教教育;二是在他们自己的教会学校中恢复宗教教学团体,这些学校由国家给予资助。在第三共和国的统治下,在公立学校中不允许宗教教育的存在,但是如果父母愿意,可以一周安排半天时间让孩子接受校外的宗教教育。在 1941 年初颁布了一个法令,计划在周二上午在学校内或附近提供宗教教育。而且，包括一个半小时正规课程学习中的宗教教育。当然，这遭到接受世俗世界观培养的教师们的强烈反对，也在当地教师和牧师之间引起了激烈的争议。后来，在 1941 年，这个法令被撤消，但是，由于重新讨论这个问题，因而已经造成了很大程度上的影响。

可以追溯到 1901 年和 1905 年的 1942 年的宗教教规的禁令被解除了；国家赋予了它们法律地位和特权；同时国家资金也被分配给教会学校。看到法国内部的异议通过这种方法激化，德国政府鼓励国家给独立的教会学校提供资金帮助，通过这种形式来获取更大的权利。1941 年，教会学校已经招收了 120 万名学生。在这种情况下，宗教争端成为法国内部最为严重的困难之一。课堂管理的加强也是一种特别的方式。小学生必须通过特定的考试才可以升入中等学校，而且对中等学校学费的恢复也增加了这种升学的困难程度。

法兰西第四共和国。随着 1944 年临时政府的建立，法国政府的注意力再次转向了教育体制的改革。在一段时间内，公立学校似乎恢复了它的世俗政策，对教会学校的公共支持也被撤消。在保罗·朗之万（Paul Langevin）①的领导下，成立了法国教育改革委员会，并于 1947 年公布了它的计划。

按照这个计划，义务教育的实施从 13 岁到 15 岁。对 18 岁的有工作的青年实施义务的业余学习。中等学校的学生数量大幅度增加，尤其在科学、技术和职业领域。它还计划削减高度中央集权的权力，使地方教育的创办更具灵活性。因此，法国社会改革运动在第二次世界大战期间获得很大的发展，转向了更多民主和更多世俗的管理，而且法国教育的中央集权制也被削弱。

改革的目标在于，让更多的人拥有受教育的机会，对个人才能和孩子学习过程的注重。最终，为了实现这些目标，它提议教育应该在学校"阶梯"体制的整体基础上进行组织。在初等教育和中等教育之间，不再有明显的界限。7 岁到 18 岁之间的所有教育都被看成是一个整体，

358

---

① 保罗·朗之万（1872—1946），法国物理学家，曾任法国 1944 年教育改革委员会副主席和主席。——译者注

被称为"第一等级"(第一级),引导从 7 岁至 11 岁之间的普通教育到 11 岁至 15 岁之间的教育和职业定位时期,最后到 15 岁至 18 岁之间的实践、职业或理论教育的选择。所有的高等教育都被看成是"第二等级"(第二级),包括大学、学院和高等学校中的高级职业和技术准备。

尽管法国教育的改革已经取得了一定的进展,但是,最大的困难来自于法兰西第四共和国不稳定的政治特征、严重的经济问题以及天主教对公立学校不断施加的压力。财政状况妨碍了公立学校的扩张,因此,尽管有法律的制约,但天主学校依然迅速增加了起来。1951 年,在保守党和中央党之间摇摆不定的联盟最终向教会妥协。1951 年 9 月,国民议会修订了第四共和国的世俗政策,通过了两项学校资助法案:一是给予天主教学校间接的支持,即授予天主教学校的学生以公款奖学金;另一项是给予天主教学生的家庭以直接的资助,即拨款给予天主教家长协会。只要受欢迎的共和党继续保持其势力,这样的资助就很可能会继续增多,天主教会学校(在 1950 年约占三分之一)的比例逐渐的增加很可能会以公立学校的减少为代价。

德国教育中的民族主义、保守主义和法西斯主义

在教育的观念和体制方面,19 世纪的法国和德国有很大的相似之处。的确,他们在很多时候都是相互借鉴的。他们都关注将学校国家化,而在 19 世纪末的主要差别是:法国的自由主义趋势占据了上风,而德国却是保守势力赢得了地位。两个国家都建立了国家学校体制,但在其观念和实践上都具有贵族性。

在 1797 年至 1840 年腓特烈·威廉三世(Frederick William Ⅲ)统治期间,保守主义和自由主义之间的斗争在德国教育中占据着最突出的地位。1807 年,在拿破仑战败了普鲁士之后的 10～15 年内,似乎是自由主义赢得了地位。受到斯坦因(Stein)①、费希特(Fichte)②、洪堡(Humboldt)③和苏佛恩(Suvern)④的推进,国王允许把自由主义思想的

---

① 斯坦因(1757—1831),德国政治家。——译者注
② 费希特(1762—1814),德国哲学家、教育家。——译者注
③ 洪堡(1767—1835),德国教育家、政治家、语言学家。——译者注
④ 苏佛恩(1775—1829),德国教育家。——译者注

表达当做重振普鲁士和将普鲁士教育国家化的一种方法。这些人认为,重振普鲁士的最好方法是建立一个阶梯形式的民主的教育体制,在这个体制中每一个儿童都有平等的机会升入他的能力所能达到的年级。通过这种方式,普鲁士社会阶级差距的划分将会削弱。

在一段时间内,教育的改革似乎是和 1807 年到 1811 年之间的社会改革并肩而行的,封建农奴制被废除,城市脱离了封建奴隶主的控制,农民获得了大量的土地。1809 年,洪堡掌管普鲁士教育,依照自由主义原则创办了柏林大学,并且推选费希特为柏林大学的校长。一部分教师被派送到瑞士,学习裴斯泰洛齐的教育思想和教育方法,这些教师从瑞士学习回国后,便担任公立教师训练学校的校长或者教育行政官员。由于普鲁士的初等教育正在成为世界最文明和先进的教育,因此,在 19 世纪 20 年代和 30 年代之间吸引了许多法国和美国教育家。

然而,自由主义倾向只如昙花一现,在维也纳国会之后便被废除了。腓特烈·威廉三世(Frederick William Ⅲ)的势力通过奥地利和普鲁士的保守行动得到加强。他放弃了民主主义,重新建立了在其监督下的对教育的宗教和等级控制。公共教育部由政府内部机构更改为宗教、教育和公共卫生部的一个分支机构。国家被分为多个省,省又被分为县和地方委员会,每个县和地方都设立学校委员会代表社区中各个宗教团体。学校督学很大程度上都在当地牧师的掌握之下。

裴斯泰洛齐的关于社会通过教育获得新生的思想,被宗教、训诫和军事服从所取代。腓特烈·威廉三世十分重视教育,但是,并不把它看作社会新生的一个机构,而是把教育看作让普通民众满足于他们的命运、安居乐业的幸福生活以及忠诚于国王的一种途径。直到 1830 年双轨制的稳固建立,面向民众招生的初等学校,即国民学校(Volksscbulen)的入学率达到了 90%,而只面向社会上层阶级招生的中等学校的入学率不到 10%。同样,1819 年的卡尔斯巴德决议试图驱除大学教师和学生团体中的自由主义。

普鲁士的保守主义行动在腓特烈·威廉四世(Frederick William Ⅳ)的统治下继续进行,他在对神权的坚决维护方面试图超过其他的普

360

鲁士国王。他不把教育看成是社会进步的一个途径,而是把教育看成是消除非法的宗教和政治思想间的意见冲突的一种手段。1848年,腓特烈·威廉四世指责普鲁士的小学教师鼓动人们要求建立宪法的粗暴行为。他的1854年法令重新强调对宗教和国王的顺从习惯和适当尊敬。他特别强调教师训练机构是实现这些目的的一个途径。德国教育的自由化再次遭受失败,但是,社会上层阶级已经意识到教育的强大力量,他们比往常更加坚定地认为学校应该为他们的目的服务。

德意志帝国。1871年,威廉一世(William Ⅰ)在成为第二帝国的皇帝之后,便开始着手利用教育来统一新的帝国中的对立元素。俾斯麦的文化争端导致了1872年的学校督察法令的颁布,目的在于剥夺牧师对学校督察的控制权,但是,他在放弃文化争端后就使得监察权很大程度上还掌控在教会手中。1872年颁布的《普通学校规程》(General School Regulations)规定,德意志帝国的不同的宗教组织不应该被排除在教育体制之外,而应该和解共存。根据社区的主导因素,公立学校应该由新教徒、罗马天主教徒或者犹太教徒组成。在每一个分离的社区,各个种类的学校都必须继续存在,或者通过不同的信仰来进行专门教育。在国家主导的学校体制中,国家为了各种宗教组织的利益而维持着公立学校的存在,这可能会产生许多困难的问题。

同时,在德国的工业化时期,职业学校和继续学校作为工人培训技能的一种方式在大多数城市中深受欢迎。德国通过地方机构资助这种形式的教育,这方面比其他国家做得要好。1872年的规程进一步意识到高于初等水平的教育的必要,提议为学童技工、小生产商和贸易商设立中间学校或者中学,他们可以借此接受高于最低水平的教育,但并不能享受中等学校带来的好处。

在威廉二世(William Ⅱ)继承王位之后,他颁布了一个学校教师法令,规定教师们的主要任务是与危险的社会主义和共产主义思想作斗争。学校应该告诉学生,宗教和父亲般的君主会给劳动民众提供他们想要的一切,只要他们坚决反对所有的社会主义信条。因此,在19世纪末,教育已经成为一种高度国家化的机构,被用来灌输民族主义和保守主义思想,由此培养爱国主义精神,成为安分守己、遵纪守法、效忠于

361

国王和国家的国民。希特勒就依赖了很多的德国教育传统。

到第一次世界大战之前,德国教育非常坚定地保持着其双轨制体系和中央集权管理。按照被保留的双轨制体系,6岁儿童进入不同的学校学习,社会下层阶级的儿童进入国民小学,社会上层阶级的儿童进入幼儿园学习,在9岁时进入中等学校学习之前要进行3年的预备教育。6岁到14岁之间的教育是强迫的,必要的时候实行男女分校。此时,教会对教育的控制依然是令人厌烦的。

社会主义者和自由组织反对修改后的教派公立学校安排,但是,他们不可能实现教会完全脱离公共教育的目的。除了教派公立学校外,还建立了一些教派间合办的学校,在这些学校中学生跟着不同教派的教师去学习特殊的宗教教义,而一些世俗学校则被建立在教派不存在的地方。社会上层贵族阶级和保守官员团体反复主张,学校应该尽最大努力去和社会主义作斗争。工业组织热衷于扩展各种水平的科学、技术、商业和职业教育。对国家效忠者的教育和从追随者中选出领导者的过程,则是德国教育最主要的目的和特点。

魏玛共和国。在第一次世界大战之后,魏玛共和国试图改变德国学校的贵族等级和中央集权的特点。在试图将学校民主化的过程中,它建立了一个提供给6岁至9岁的儿童的统一的四年制基础课程,被称为"基础学校"(Grundschule)。这个安排是为了给儿童提供一个共同的教育背景,帮助儿童在10岁时从小学到初中的转变。它也设计给社会下层阶级的儿童提供更多的机会,通过奖学金和免除学费的方法让他们顺利进入一些中等学校。

在初等学校的后四年,被称为"高等国民学校"(Obwerstufe),作为为商业、技术和继续学校做准备的一个途径。中间学校(Mittelschule)受到了更多的关注,在这个阶段学习可以培养小商人、牧师和政府官吏。之后,还出现了新型的中等学校。有点相同的但又独立于中等学校的女子学校也开办了。

通过这种方法,魏玛共和国试图让德国的多数儿童享有更加灵活的受教育机会,以及增加他们进步的机会。更多的教育决策权交给组成共和国的几个联邦州,以便让教育体制适应地方需要。教会也在各

362

个州的公立学校中保持了其稳固的地位。例如,罗马天主教会是赞同共和国的,因为普鲁士和帝国支持基督新教,然而在共和国时期,在基督新教的强大势力下,教会也可以支持不同教派的公立教育。

由于公立教派学校体制的存在,因此,就没有必要设立大量的私立学校,只有很少一部分儿童进入私立学校学习(在 19 世纪 30 年代,大约只有 3%~4%的学生)。在法国统一学校制度的影响下,一度想建立统一学校(ecole unique),但是,历史传统太过根深蒂固,而且共和国的存在时间也太过短暂。

国家社会主义。1933 年,纳粹政府当政,它为了自己的利益获得了对教育的完全的控制权。这意味着,它将剥夺联邦州力量对教育以及其他所有政治事务的控制权,从而建立一个甚至连帝国也梦想的更完全的中央集权教育管理体制。这也意味着,纳粹政府动用所有的办法来破坏教会对学校的控制。它不允许反对纳粹党,也不允许效忠除纳粹党之外的党派。

在表面上,纳粹政府还攻击两个方面,即教育的贵族等级体系,以及将注意力放在以牺牲中等学校的代价来建设初等学校,相应地停止中等学校的招收。但是,事实上,它这么做的目的,是利用这些民众学校来对儿童逐渐灌输纳粹的思想意识,如果需要的话还从中选出新的贵族阶级或者精英,根据他们对纳粹的效忠程度而不是根据经济实力或智力成就。

不仅学校课程的内容更改为适应纳粹的目的,而且各种课外活动也在课堂教学中起着更加重要的作用。这些校外活动吸引着许多青年,这不仅是因为其中包含的特权,而且因为它们自然反对多数学校中存在的高度正式、学究气和过分智力化的特征。或许,纳粹政府为了政治目的,对学校的全面控制比其他国家做得更加极端。虽然有些行为是罪恶且有破坏性的,但是,它们却向世界展示了一种教育在实现政治和社会目的方面的强大力量。

当 1945 年联合国职业权威机构开始在德国起作用时,他们立即将注意力转到创造一个真正自由和民主的教育方面,这是很重要的任务,因为纳粹政府已经把它们自己的工作做得很好,还因为德国传统要建

363

设的方面并不多。1945 年的波茨坦决议把德国分成 4 个占领区,规定应该把纳粹主义和军国主义从德国学校中清除出去,以支持民主的思想。直到 1947 年,这四个占领区的当权者赞同学校的民主改革的 10 点要求。其中包括:全民教育机会的平等;免费的教科书、学校材料以及奖学金制度;6～15 岁的义务教育和 18 岁以后的业余教育;初等学校和中等学校的阶梯体系,而不是双轨制体系;民主的公民教育体制;国际交流;健康和身体教育;教育和职业指导;大学的教师教育;对教育体系的改革的参与。美国和苏联已经废除了教派学校,但是,英国和法国并不赞同。

然而,很明显的是,到 1950 年至 1951 年时,早期的协议并没有给东部苏联占领区和西部占领区带来多少共同的意义。苏联人继续实行废除私立学校和教派学校,灌输共产主义世界观的思想体系。通过法令来治理国家,已经成为当时的规定。教科书结合了马克思、列宁的辩证唯物主义思想;根据政治倾向和对社会主义的忠诚程度来选择教师;重视俄罗斯语言和文学;针对教师拟定的说明中规定要用苏联的教学法,赞美苏联英雄,否定自由主义精神,教师也成为共产党的积极力量。奖学金制度强调 60％ 的社会科学领域的大学生由国家来资助。计划在 1955 年之前使东部占领区的大学生的数量由 3.5 万人增加到 5 万人。整个社会的目标,就在于在最短的时间内塑造出一批具有共产主义理想的青年一代。

在西部占领区,更多地关注德国人民的意愿。改革在人们的商讨中进行,而不是通过制定规则。结果,旧的双轨制在很大程度上被保留了下来,同时社会上层阶级也同社会下层阶级区分开来。而且,通过公共资金来支持宗教教育的教派学校体制也被重新建立起来,尤其是在天主教组织的支持下和占主导地位的基督教民主党力量的帮助下。宗教势力的影响日益增强。

德国教育的基本结构并没有大的改变。6～10 岁的儿童进入初等国民学校进行学习。经过 4 年的学习后,他们分别继续不同方向的教育。大多数孩子进入上层高等国民学校完成学习;一些中下层阶级的孩子进入六年制的中间学校进行学习,以为诸如在贸易、商业和行政部

364

门中的低级工作做准备。上层阶级的儿童通常继续进入中等学校——文科中学或实科中学,为进入大学做准备。

一些地区在将小学教育从 4 年延长至 6 年方面取得了一定的进展,中学的入学也相应地被延迟到 12 岁。德国的大学获得了显著的新生活力,十分重视对教师的培养。西部占领区相对更多的自由是否可以平衡东部占领区对保持一致的要求,在短时间内还需要观察。西方力量除了依靠自由,别无其他的选择。

英国教育中的保守主义和自由主义

在 19 世纪之前,英国针对初等学校的规定是通过私立机构以及教会和慈善组织来实现的,利用这些机构的捐款,建立提供给交不起学费的贫困家庭孩子的免费慈善学校。很长时间以来,人们都认为,自尊的父母可以给他们的孩子提供教育。这种慈爱政策开始于 18 世纪,在 19 世纪初得到了扩展和加强,这在很大程度上是因为英格兰和威尔士工厂的工人阶级所面临的悲惨的生活条件。由宗教复兴主义所激发的宗教情绪,推动了由工业革命引发的人文主义思潮。而且,要求保护社会上层阶级的利益,反对聚集在危险和拥挤的城市中的一些不守规矩的、无知的和毫无纪律的工人民众。

然而,法国革命刺激了法国和德国的自由主义者为了人民的利益而建立国家学校体制,它也刺激了英国的自由主义者成立一个慈善组织来帮助贫困民众。然而,反对法国革命的行动导致了法国和德国的保守主义者利用国家学校体制来安抚民众,促使英国的保守主义者建立一个更加靠自愿捐助的社会,为的是以较小的代价用尽可能少的教育来满足人民的意愿。

慈善机构开始着手给贫困家庭儿童提供贫民免费学校、施食处、孤儿学校、少年管教所、劳动学校、工作感化院等。事实上,所有的教派都会组织学校团体去提供慈善教育。然而,最重要的慈善教育机构集中在以下三种学校:一是主日学校(Sunday school),利用星期日给儿童提供教育;二是导生制学校(monitorial school),满足大量儿童受教育的需求;三是幼儿学校(infant school),给 3~5 岁的儿童提供幼儿教育,以方便他们的母亲外出工作。

　　1785 年,在英国的不同郡县建立了"支持和促进主日学校协会"
(the Society for the support and Encouragement of Sunday Schools)。
1808 年,对导生进行教育的"皇家兰喀斯特协会"(the Royal
Lancastrian Society)在非国教派教士的赞助下成立,1814 年被改名为
"英国及海外学校协会"(the British and Foreign School Society)。1811
年,在英国国教会的指导下,在英格兰和威尔士建立了"全国贫民教育
促进会"(the National Society for Promoting thr Education of the
Poor),目的是在英国国教徒的资助下促进教派的教育。1836 年,"国土
及殖民地幼儿学校协会"(Home and Colonial Infant School Society)建
立,目的是为了实施 1799 年欧文(Robert Owen)的提议。到 1850 年为
止,这些协会和其他的学校协会已经建立起了上千所学校。

　　尽管有这些自发的行动,但一些调查报告显示,英国大多数儿童面临
如此大量的教育不平等和教育机会的缺乏,促使政府参与到教育之中。
在诸如鲁厄姆爵士(Lord Brougham)①、布莱克斯通(Blackstone)②、
边沁(Bentham)③、凯-沙图华兹(James Kay-Shuttleworth)④、狄更斯
(Dickens)⑤、卡莱尔(Carlyle)⑥和约翰·斯图尔特·穆勒(John Stuart
Mill)⑦这样的人的领导下,在通过国家利用税金资助为劳动阶级扩展
免费教育设施方面做出了努力。然而,国会却进展缓慢。在 19 世纪
初,国会制定了大量的法案和一些提议来给学校提供财政支持,但直到
19 世纪 30 年代,所有这些法案都被托利党否决了,很大程度上是因为
害怕民众教育会让奴仆们不再顺从他们的主人。

366

————————————

① 布鲁厄姆(1778—1868),英国律师,辉格党政治家,改革家。——译者注
② 布莱克斯通(1723—1780),英国法学家。——译者注
③ 边沁(1748—1832),英国伦理学家、法学家。——译者注
④ 凯-沙图华兹(1804—1877),英国医生,公费初等教育制度的主要创建人。——译
者注
⑤ 狄更斯(1812—1870),英国作家。——译者注
⑥ 卡莱尔(1795—1881),英国作家、历史学家、哲学家。——译者注
⑦ 约翰·斯图尔特·穆勒(1806—1873),英国哲学家、经济学家、逻辑学家。——译
者注

在辉格党 1830 年当政后,政府就开始了对学校的支持。1833 年,参议院给予了"国家协会"和"英国及海外学校协会"2 万英镑的资助用于校舍建设。国家对教会学校进行支持是接下来的 35 年或 40 年国家对教育感兴趣的主要形式。在 19 世纪 40 年代和 50 年代,国家对学校的大量资助除了涉及以上两个机构外,还增加和扩展到其他的学校协会。这些协会将国家的资金及时用来进行学校维持、近期开支以及校舍建设方面。1839 年,任命私人校务会委员会来掌管资金和对政府资助的学校进行视察。1856 年,该委员会被改为教育部。国家工业化使得工厂领班和技术工人获得知识成为可能的论断,促使了国家开始对学校进行支持。

然而,许多自由主义者并不满意于这样的不认真的措施,在 1850 年建立了"全国公立学校协会"(National Public School Association)来促进政府通过税收资助免费和强迫教育。当然,这与保守派和宗教组织是对立的。英国国教徒试图维持宗教教育;反对者希望建立教会学校,但不想让英国国教会独霸教育领域;但两者都反对自由主义者,反对他们建立世俗学校。在这种纷乱当中,参议院于 1858 年任命了纽卡斯尔委员会(Newcastle Commission),该委员会的调查认为,免费和强迫的教育是不可取的,因为这种强迫对个人权利的侵犯程度超出了其带给个人的益处。

最后,当格莱斯顿(Glastone)①和自由党当政后,在 1870 年通过了初等教育法,被称为《福斯特法案》(Forster Act)。规定由地方学校委员会将全国划分成一些学区。给民办学校协会一年时间在有需要的学区建立学校。对没有建立学校的学区,学校委员会有权建立公立"初等"学校,部分通过国家税收和部分通过从那些有支付能力的家长收取学费来对学校进行资金支持。它们对交不起学费的那些儿童提供免费入学机会。那些地方委员会如果愿意的话,也有强制 6～13 岁儿童入学的权力。

---

① 格莱斯顿,英国首相(1868—1874,1880—1885,1886,1892—1894),自由党领袖。——译者注

通过要求这些学校提供世俗化教育进而解决了宗教问题,然而,民办学校(voluntary school)可以给予宗教教育,只要不是在父母们不情愿的基础上强制实施就可以。宗教教育应该被安排在一天学习的开始或者结束的时候,以方便那些父母不希望孩子受到这种教育的孩子可以不出席,这预示着现代宗教教育的"自由支配时间"计划的产生。

在 19 世纪末,将教育、科学和艺术部合并为国家教育委员会,由这个机构处理初等教育、中等教育和技术教育。然而,与法国和德国的教育部所不同的是,英国国家教育委员会没有任命和管理教师、选择教科书、规定课程或者提供考试的权力。它最初的职责,只是增加出勤率、提供教学设备和教学楼以及规定教师的任教资格,并在课程和方法方面给予建议和提供帮助。这个安排是基于这样的一种区别:国家教育委员会强制实行的教育的外部环境和由地方设置与创始的课程和教学方法的内部问题之间的不同。

从 1900 年起,英国的教育变化是以委员会报告、争论和暂时没有完全实施的法令为标志的。然而,在接下来的 50 年里,在建立一个更加统一的、公共的学校体系方面取得了很大的进展。这个进展可以从 1902 年、1918 年和 1944 年的教育法案中体现出来。

1902 年的《巴尔福法案》。《巴尔福法案》(Balfour Act)非常重要,因为它确立了直到第二次世界大战后期的教育的公共管理的基本特征。它废除了旧的学校委员会,将管理教育的职责交给新成立的地方教育当局,即郡理事会、郡自治城市、自治城市和城区可以征收税费用来资助初等学校和中等学校。旧的"初等学校"(board school)被改为"市立学校"(conucil scjool),即由公款来资助的学校和由地方理事会管理下的学校。私人和教派资助的学校继续被看作"民办学校"。保守派和神职团体可以在法案中加入给予民办学校以政府税收资金支持的条款。自由派和宗教改革团体反对这方面的法令——但是产生不了任何作用——因为它意味着宗教教育的公共支持,特别迎合英国国教会的利益。

1902 年,一共有 5800 所委员会学校和 1.4 万所民办学校。因为民办学校的建立是指令式的,而且还需要使其达标的资金,所以,决定使教育设施为更多学生利用的最简便方法就是资助已经存在的民办学

367

368

校。这个二元的教育体制导致了关于管理权、资金和宗教教育的无休止的争论和困惑。在 1905 年自由党和工党执政后,它们开始通过立法来给贫困家庭儿童提供膳食、保育学校、医疗护理、娱乐和其他设施,但是,还是不可能去除公立学校对于宗教的重视。

1918 年的《费舍法案》。第一次世界大战的改革运动促使了 1918 年《费舍法案》(Fisher Act)的产生,该法案规定,儿童在 14 岁之前必须接受义务教育,14~16 岁必须在继续学校进行业余学习。它还规定,初等学校的教育必须是免费的。地方教育当局负责征收税费,而且可以从国家教育委员会获得资金来建立一个全面的公立初等教育和中等教育体制的计划,包括对民办学校的持续支持。地方教育当局可以为 5 岁以下的儿童提供保育学校、医疗看护、身体教育和娱乐活动,以及为中等学校提供更多的奖学金。

总体上来说,对教育的管理权在理论上是地方教育当局有足够的自由来提供可以满足它们自己利益的教育,同时从国家教育委员会那里获得意见和建议,国家教育委员会也具有对公立学校和民办学校的视察权。然而,这些详细的提议从未实现,因为在 19 世纪 20 年代初保守派的经济推动计划削减了教育预算。1921 年通过了进一步的法案和 1936 年试图实现这些条款,但是,都没有很大的成效。

《1944 年教育法案》。然而,全面教育改革运动在 20 世纪 30 年代后期和第二次世界大战期间获得巨大的推动力量。最终,1943 年,国家教育委员会主席巴特勒(R. A. Butler)向参议院递交了关于教育重组的白皮书,该白皮书的主要提议成为了后来的《1944 年教育法案》(Education Act of 1944)。该法案受到了众多机构的推崇,例如,商业联合协会(Trades Union Congress)、合作联盟(Cooperative Union)、全国教师联盟(National Union of Teachers)、工人教育协会(Workers' Educational Association),以及劳动党和保守党中的自由主义者。该法案的条款逐步扩大了对所有人实行免费公立教育的规定。

国家教育委员会被改成教育部,进而拥有更加集中的领导、管理和指导权。地方教育当局主要有两个:郡理事会和郡自治城市理事会,这两个机构递交在其管辖权范围内的教育发展计划要征求新的教育部的

369

同意。每一个地方教育当局为类似"阶梯系统"的三个教育阶段制定条款或者提供安全的教育设施,在这个体系中每一个孩子都可以根据他的需要和能力获得受教育的机会。

这三个教育阶段如下:一是 2~11 岁之间的初等教育。为 2~5 岁儿童提供保育学校或保育班,为 5~11 岁儿童提供独立的初等学校。二是 12~18 岁的中等教育。可行的话,对 15 岁和 16 岁的学生实施义务教育。三是继续教育。这种教育被定义为提供给 15 或 16 岁受过中等教育之后的学生的所有教育。它包括郡学院的每周一天或两个半天的强迫教育,主要提供给那些在其他教育机构没有受到全天教育的 18 岁的青年。它还包括成人教育以及技术、商业和艺术教育。

为了管理与支持初等学校和中等学校而制定了一些条款:(1)郡立学校(原来的市立学校)由地方教育当局来管理和支持。(2)民办学校被指定为(a)"公款补助学校"(aided schools),私人管理者支付让学校达标的修建和管理费用的一半,任命或者解聘教师,以及进行教派宗教教育;(b)"政府兼管民办学校"(controlled schools),地方教育当局担任着完全的财政责任,在私人管理者的允许下任命和解聘教师;(c)"公助民办特许学校"(special-agreement schools),在 1936 年的法案下开始了整合国家和私人支持的计划。(3)"资助学校"(Assited Schools)是所有的私立学校和教会学校,这些学校接受部分的公款资助,但并不是由地方教育当局来维持。(4)"独立学校"(Independent Schools),主要是旧的公学,包括所有的其他私立学校。它们必须接受教育部的注册和视察。在这些方式中,公共教育机构的权力和管理通过利用和改善现有的私立学校来得到加强,而不是通过建立新的公立学校体系。

最受关注的并且可能是困难根源的条款是与宗教教育有关的。该法令规定,所有的郡立学校和民办学校的每一天都应该从学生对不限于一种教派的集体礼拜开始,所有的学校都应该提供宗教教育,如果家长不愿意,其孩子的宗教教育可以被免除。在郡立学校中,宗教教育不只限于一种教派,并相应地由四个委员会组成的会议制定一致的教学大纲,这四个委员会分别代表英国国教、地方社区的其他教派、教师协

370

会以及地方教育当局。

在政府兼管民办学校中,可以按照被认可的教学大纲,与教派的教育一起进行教学,对那些他们的家长提出要求的学生可以每周不超过两次。这样的教学由为了这个目的而被任命的"学校有权任命的教师"(reserved teacher)来承担。但是,这样的教师不能超过学校教职人员的五分之一。

在公款补助学校中,教派的宗教教育是在管理者的管理之下的,但是,被认可的教学大纲可以提供那些选择它的家长同意的学生。因为在郡立学校、政府兼管民办学校或公助民办特许学校中,教师有资格坚持他自己的宗教观点。这一切意味着,英国学校中的宗教色彩依然非常浓重。

一般的行动条款(包括自由主义和人文主义的原理)如下:初等和中等教育分别在不同的学校进行教育;对初等学校学生的选择不再根据以前的 11 岁特殊名额考试,而是根据学生在校期间的整个表现记录和预期展望;尽可能地根据家长的意愿来给学生提供教育,包括寄宿学校的条款;制定给心智障碍儿童设立特殊学校的特殊条款;免费的医疗检查和治疗;给那些需要的学生提供免费的牛奶、膳食或衣服;提供野营的娱乐、社会和身体训练设备,以及游戏场地、日托中心、运动场和游泳池;禁止雇佣童工或者地方教育当局认定的对学生的健康和教育机会有害的任何工作。

非常明显的是,在第二次世界大战结束之后,通过渐进主义的和妥协的方法,英国在实现至少是更加统一和民主的国家教育形式方面取得了进展。然而,在 1944 年时,只有十分之一的英国学生有机会接受中等教育,进入高等学校的人数就更少。但是,通过这个法案,会有更多的儿童享有更多的教育机会,进入更高的教育阶段。

1945 年苏格兰的教育法案将以上的条款进行了合并,1947 年北爱尔兰的教育法案进行了类似的整合。1872 年,苏格兰已经为单轨制学校建立了基础,几乎比英格兰和威尔士早 75 年。随后,苏格兰的大部分学生都进行了长时间的地方公立学校的教育和强迫的中等学校教育,在某些程度上类似于美国的中学。宗教教育并不是由中央机构管理的,而是由地方当局来控制,并且一般根据长老会的教义。然而,信仰自由允许任何家长如果他希望的话,可以不让他的孩子接受宗教教育。

当然,过于简单地概括已发展了一个多世纪的整个国家及它们的教育体制是危险的,但是,有关法国,德国和英国教育组织的某些事实似乎可以应该指出。在国民中形成民族精神方面,法国和德国的自我意识比英国更加强烈。它们建立了一个相似的中央集权的国家教育体制,而英国则满足于给予私立和宗教机构更多的灵活性和机会。法国和德国在欧洲大陆的军事竞争或许是源于它们对民族性的重视。德国必须在几年内激起人们的民族同一意识,而这在英国早已实现了。法国对秩序和逻辑形式的偏爱使得它形成了适合自己的中央集权体制,而英国则只满足于多样性而且缺乏一个整体的体制,因为它虽然强大但却不拘形式,尽管政治和经济多样但却重视民族统一的意识。

然而,这三个国家的共同点就是它们本质上都是贵族等级社会组织,与美国相比,它们的等级差别已经被人们接受并根深蒂固地存在于人们的思想之中。这意味着,这三个国家的教育体制反映了社会的阶级差异。尽管法国和德国的集权式管理体系与英国的分散式管理体系形成了鲜明的对比,但这三个国家都一致认为初等教育将为普通民众开设,而中等教育则应该为上层阶级建立。

初等教育的目的不在于培养出民主的公民,而是让民众适应既定的国家生活。然而,中等教育被视为是让国家的未来统治者在国家、宗教和商业世界中找到他们自己的正确位置。在将美国教育和欧洲教育进行比较的时候,社会结构和教育目的上的这种本质差别是应该考虑的因素。

俄国教育中的社会主义

沙皇俄国。沙皇俄国对民众教育所做的事情相对来说不是很多。包括希腊正教教会在内的社会上层阶级认为,过多的教育甚至仅仅是自由就会威胁到专制政府。因此,与传统形式保持一致,俄国教育是建立在更早一些世纪的高度贵族特权形式基础上的。几乎只有中层和上

层阶级才可以享受到教育的好处,尤其是在农奴制时期。然而,1905 年
革命刺激了沙皇政府对教育采取措施。在之后的 10 年里,俄国各个年
龄段的所有受教育的人数达到了 700 万或 800 万人,虽然还有 60% 的
人口不识字。当 1917 年十月革命发生的时候,革命者面对的是一个世
界上最不被重视的和最贫困的教育体制。

苏联。 在共产主义者开始掌权时,他们开始将俄国教育世俗化、社
会化和集中化。他们没收了教会学校的资产,废除了私立学校,开始建
立一个国家管理下的面向民众的免费的教育体制。渐渐地,出现了一
个统一的教育体制,包括为 3 岁以下儿童开设的托儿所和幼儿园(多数
开设在工厂里);为 3~8 岁孩子提供的全日制幼儿园;四年制的初等学
校(8~12 岁);三年制的中等学校(12~15 岁);以及三年制的高级中等
学校(15~17 岁)。

在中等学校之上,还有技术学校、科学学校、农业学校以及大学教
育机构。与中等中学平行的,是工厂中为贫困市民阶级和农场中为农
民提供的专门的劳动者教育机构。此外,还出现了一大批为成人而开
设的在工业、农业、商业和职业方面的教育机构和推广班。在扫盲和提
高技能、文化和政治教育方面给予了专门的重视。

面对宣传共产主义理想的需要,学校教育完全转向了这个目标。
随着有产阶级的孩子被拒绝接受高等教育和更多的机会留给工人阶级
的孩子,旧的贵族特征的和不平等的教学方法被完全消除了。男女同
校在很多学校里成为被普遍接受的规则,但是,从 1943 年开始出现了
明显的性别分离现象。尽管中央集权管理占据主导地位,但是,也允许
自治共和国拥有用自己的语言实行教育的自由,尽管共产主义理想是
必须接受的事实。任何团体的专门权利的获得必须是建立在共产党和
红军的利益之上的,用严格的方法在专门的学校里进行训练。

作为这些变化的结果,苏联的入学人数迅速增长到 1929 年的1500
万人;1936 年增加到3500 万人;1939 年又增加到4700 万人。在仅仅 20
年内,苏联教育的迅速发展的速度是其他国家无法企及的。在 20 世
纪,苏联的教育比其他国家有更长的路需要走,但它发展的速度非常之
快。共产主义者展现了在一个有明确方向、有权力按照其方向形成所

有教育机构的以及有较好组织和严格纪律的政党的统治下,在制定一种指导政策的理想和忠诚方面,教育将是多么强大而有效的工具。

教师职业的演进

在 19 世纪,教师成为了一个比以往都广泛受到认可的职业。政府想在短期内建立基于民众基础的国家学校体制,这意味着,整整一代教师都需要在专门的教师训练机构里接受培训。有一个迹象表明教师的职业化越来越重要,那就是,在 19 世纪法国和德国的改革中,教师被保守派们认为会对他们构成威胁。当时,那些极端保守主义的领导人想寻找一些替罪羊,无辜的教师团体就成了他们很自然的选择。但事实上,他们之所以选择教师这个团体,那是因为他们意识到:一个社会拥有什么样的学校和教师将会对社会产生相应的影响。

尽管法国、德国以及英国的教师培训方式并不一样,但是,它们都坚持一个原则,那就是,初等学校和中等学校的教师应该接受不一样的培训。这个原则遵循社会教育和学校教育的不同,建立在一个双轨制的学校体制上。大多数中等学校都是为升入大学做准备的,因此,可以让大学来培训这些中等学校教师。但是,初等学校并不是为了升入大学做准备,需要确立一种独立的和"低级"的教师训练机构来培训那些低年级教学的教师。从此以后,社会教育和学校教育作为两种培养教师的途径得到了广泛认可。

法国。1810 年,拿破仑建立了一所高等师范学校,来为国立中学和市立中学培养教师。在这一时期,中学教师的培训在法国得到了社会力量的大力支持。高等师范学校被认为能够为中学的文学、数学等各个科目培养出大学水平的教师。到 19 世纪中期,高等师范学校最负盛名的几个专业是文学、哲学、历史、科学和数学。在教师培训中,专业知识和系统知识被认为是主要的教学手段。要想进入高等师范学校学习的学生,至少需要是中学毕业的,而且要经过严格的选拔。

法国 1833 年的法令规定,各级政府要在各地建立初等师范学校。这极大刺激了小学教师训练机构的发展。几年以后,这些初等师范学校也招收一些年长的女子,以培训她们去给那些初等学校里的女孩当

374

教师。小学毕业并通过全国的统一考试是进入初等师范学校学习的必需条件。十分自然的,那些有较高的能力、有资格进入中等学校教书的人是不愿意进入初等学校教书的。19世纪30年代和40年代,教育课程和裴斯泰洛齐的实物教学法被引入师范学校的教学之中。这些新的教学方法自然被第二共和国以及第二帝国的保守分子们视为威胁。这些保守分子谴责教师们支持共和主义,师范学校为他们攻击的矛头所指。

因此,初等师范学校被迫缩减了它们的课程,减少了一些理论和方法的教学,只保留一些必需的课程。甚至一些高等师范学校也被要求缩减它们的课程,延缓给哲学专业的学生授予学位,拒绝给那些支持自由主义的学生授予学位,一些讲师也被迫离开。当法兰西第三共和国建立的时候,这些初等师范学校的课程又丰富起来,但是,所有的招生、课程教学、教材使用、师范学校的资格认定等,都由公共教育部来管理。这个教育体系变成了一个完全封闭的和在政府管理之下的体系,旨在培养高效的、有才能的和忠诚的教师。

在法兰西第三共和国时期,教师训练的等级区分比英国还要严格。初等学校教师的训练要遵循如下的准则:所有的初等学校在完成小学的课程之后,还要参加为期两年的专门培训,然后进入初等师范学校学习3年;之后,在他们大概18岁或19岁的时候回到小学去当教师。在法国的每一个地区都设立一个初等师范学校。几乎整个法国的初等学校教师都是由这些师范学校培养的。

另一方面,中等学校教师都是毕业于国立中学或者市立中学,然后在18岁左右的时候进入那些大学附属的教师训练机构进行为期2～3年的培训,在通过一系列严格的专业考试之后回到中学教书。他们都有强烈的人文主义精神和经典的教学方法,这些可以保证法国的中等学校保持传统的和保守的教学风格。在这些高等师范学校中,影响最大的当属巴黎高等师范学校。

在维希政府统治时期,那些反动分子自然把矛头指向了教师训练机构,旨在清除那些小学教师中的自由主义者和激进分子。1941年,政府废除了专门的初等师范学校,强制那些想做教师的人去学习常规的

375

高级初等学校课程。这无疑冲击了在这些师范学校里所教的自由和世俗的学说。反犹太人的法令，也使得很多的犹太人教师难以在学校和大学继续从事教师工作。尽管在通敌卖国者变少以后，其中部分人又悄悄地重返教师岗位。当维希政府的教育部长成为一个公开的法西斯分子后，各种教师组织提出了强烈的抗议，还有一些教师参加了地下的反抗运动。

在第四共和国的改革计划中，政府尽力去消弭传统的初等学校教师和中等学校教师的培训方法之间的不同。但是，与美国一样，那些把重点放在教学方法上，准备进入低级学校教公共课的教师和那些把重点放在基础科学上，准备进入高级学校教专业课的教师之间还是存在一些区别的。在如何统一这些在专业学科、教学方法、教学理论以及教学实践等方面各有所长的教师们的教育原则问题上，法国仍然没有解决。但是，教师们的职业地位仍然是受到保护的，这通过实行严格的认证制度、详细规划的工资等级、养老金及社会保险等方面来实现。

德国。 19 世纪初如火如荼的自由运动的成果之一，就是普鲁士的教师训练机构成为了全世界所效仿的榜样。1840 年之前，在培训初等学校教师方面，德国取得了巨大的进步。通过吸取裴斯泰洛齐的很多思想，政府建立了一些公共管理之下的新的师范学校。在这些师范学校里，课程被极大地拓宽，一些涉及到教学方法、教学理论和教育学原理的内容也被加入课程之中。在 1848 年，那些具有自由主义思想的教师提出了一个议案，以促进一个更加民主的教育体系，那就是所有的小学教师都应该和中学教师一样在大学里接受培训。但是，反动的保守运动扼杀了他们的提案。

1854 年的法规严重打击了那些看起来"危险"的教学理论和教学方法，它们限制这些课程在初等师范学校里的教授。但是，1872 年的法令恢复了一些专业课程，这让那些拥有很长历史的教学方法、教育学和逻辑学等课程在教学上有很大的自由。但是，德国是不允许大学培训小学教师的，这个原则一直作为严格的法则被保留下来。

与此同时，早期的自由运动也影响了那些准备进入中等学校教书的教师。一些大学开始针对中等学校开办专门的教育学院。那些教师候选人必须通过国家统一的考试，才能得到教师资格。这些考试包括文学、数学、自然科学、历史和地理等方面。所有的新教师在正式任教之前，还需要进行为期一年的实习。这些先进的理念很快就吸引了很多美国教育家的注意，他们效仿普鲁士的教育法则来提高美国的教师训练体系的水平。事实上，美国一直都在沿袭欧洲的双轨制教育培训体系的模式。直到这一时期，美国的初等学校教师才有资格进入大学学习。

在 20 世纪初，德国的教师培训体系仍然与传统的双轨制体系是相似的。初等学校教师候选人先学习 8 年的小学课程，再进入预科学校学习 3 年，然后进入正规的师范学校，接受将在初等学校里所教的那些常规科目的训练。在多数的公立初等学校里存在着的宗教派别，同样也存在于那些国立师范学校中。1912 年时，在 201 所普鲁士的国立师范学校中，126 所信仰新教，71 所信仰罗马天主教，只有 4 所是无教派的。

同样，中等学校教师候选人需要先进入中学（大多数是文科中学）读 9 年，再进入大学。在大学的 4 年中，他们要学习专业知识，然后通过主修专业和相关学科的严格考试，才能获得教师资格。但是，他们一般很少接受教育方法和职前培训等。学问和智力被看作成为中等学校教师的主要能力。当这些候选人在学校试用了一年或者 2 年后，只要他们再通过职业教师资格考试，那么他们就成为正式的教师。

在魏玛共和国时期，政府打破传统的双轨制教育体系，努力在初等学校和中等学校教师的培训中架起桥梁。联邦各州的独立初等师范学校都被废除。初等学校教师候选人将先进入基础学校学习 4 年，然后进入中学学习 9 年，之后进入大学的教师学院或者师范大学学习 2～3 年，学习的重点是心理学和教学方法。这样做的目的是把对初等学校教师的培训提升到和中等学校教师培训一样的水平。

当纳粹政府上台以后，教师训练机构都走上了纳粹教育的道路。学生们都被穿上褐色衫，教育的主要目的就是把他们培养成为忠诚的纳粹党卫军和突击队成员。教师候选人无论在思想上还是行动上都要完全和纳粹党的路线一致。教师能不能保住他的职位，就看他是否坚定支持纳粹党的立场。所有在共和国时期幸存下来的教师都会被仔细地审查他们的政治立场,那些被视为"危险"分子的人将从教师队伍中被清除掉。所有的教师组织都被国家社会主义教师协会所取代,这个教师协会是为了再教育那些教师去支持纳粹党教义和在学校控制这些教师而专门设立的。在 20 世纪 30 年代后期,美国的报纸读者们读到的在萨尔茨堡及其他地方焚烧书籍的新闻,就是由国家社会主义教师协会这个组织在主持操纵的。

当联合国占领当局计划重建德国的教育体系时,寻找合适的、具有民主思想的教师就成了第一要务。当时的情况是,前纳粹政府的小学教师远比那些中学教师和大学老师更容易接受二战后德国的改造。这是因为他们多数出身于社会中下阶层,一般都具有自由主义思想和反纳粹的思想,同时,社会民主力量也期望能够建立一个民主的教育体系。

纳粹时期超过 70% 的教师都要被解雇,同时也需要花费很大的力气把那些共和国时期的教师们重新招募到学校中来。占领当局很快就建立了 40 多所师范学校,到 1947 年时这些师范学校每年可以培训8000多位教师。这些学生都在二十五六岁之间,他们渴望通过自己的努力成为一位教师。他们中的很多人被送到美国和其他西方国家去扩展他们的视野,激发他们的热情。当时,最迫切的需求就是那些在大学里教书的教授。他们中的太多人都保留了那些陈旧的贵族化的教育思想。他们虽然不是纳粹主义者,但是,他们也没有民主的教育思想。当面临来自东方的挑战的时候,在教师训练中需要在短时间内克服几代形式主义者和权威主义者的思想。

英国。 从英国民办教育体制中可以看出,19 世纪英国初等学校教师的培训都是由社会上的私人或者宗教团体来进行的。建立公立师范学院的提议,遭遇了和建立公立学校的提议一样的命运。结果是,政府出资资助那些社会团体,以帮助它们办好教师培训机构。在 1860 年,这样的社会团体有 32 个。除了其中的两个团体以外,其他的团体都接受了政府的资助,同时也将接受政府的监督。但是,这些学校的教职人员一般都代表着掌控学校的不同的宗教派别。

1846 年,英国设立了学徒制的教师培训体系,每一个学徒教师将被

378

分配给一位正式教师,同时他还能领取到政府的补贴。而那些被指派的正式教师也能领取到一份政府的补贴,他们工作和教学的规章制度都是由政府制定的。这些实习学校一般都和教师培训机构保持密切的联系。这种教师培训体系的发展很大程度上来自于当时的导生制的刺激,因为当时大量的学生迫切需要一些新的教学技巧来代替那些个别教学。到 1890 年时,允许大学设立师范学院。但是,在当时,一般来讲,那些中学毕业生或者曾在大学里学习过文科或科学专业的学生,都是被认为有能力成为中学教师的。

因此,英国的教师培训就遵循了这样的两级培训体系。那些想成为初等学校教师的人在他们完成小学课程的时候大概 17 岁,之后他们跟随那些有经验的教师做 2～5 年的助教后就有资格去教书。那些由私人和宗教团体管理的教师培训机构也被确认有资格培训初等学校教师,以作为学徒制教师培训体系的补充。

中等学校教师都是从那些中学毕业生中招聘的。他们中的一些人经过简单的实习就任教了,另外一些人则进入大学学习专业领域的知识,间或有些人会到大学的教育系接受为期一年的教育专业课程。

同法国和德国一样,这个教师培训体制在初等学校和中等学校体制之间确立了一个程度相当高的教师培训体系。直到 20 世纪 20 年代初,国家教育委员会一直管理着公立的小学教师训练学院,并且规定了这些学院的学习课程。从 20 世纪 30 年代初开始,这些法令开始有所松动,一些地方的好的做法也渐渐得到允许,国家教育委员会只是简单地指出教师应该要具备的条件。

1944 年,在阿诺德·麦克奈尔(Arnold McNair)爵士的主持下,一个全国委员会推行了一些紧急和长期的政策,来缓解由于第二次世界大战而导致的教师缺乏。当局迅速建立了 55 所应急的教师训练学院,这些学院为一些曾经在政府部门供职的青年男女们安排密集的一年课程。在 4 年之内,这些应急的教师训练学院培养了大约 1.8 万位教师。为了鼓励教师培训的长期发展,区域教师培训组织成立了,它们把管理中心建在一些大学里。这些管理中心努力去协调师范学院、学校系统和大学之间的关系,使教师培训更加标准化、师范课程更加规范化,同时激励那些在职的和即将入职的教师们。在初等学校教师和中等学校教师中实行统一的工资标准,就是为了打破传统的双轨制教育体系而做出的努力。

苏联。共产党在俄国执政以后,他们需要先任用那些已经在学校任教的教师进行教学,直到他们培养出忠诚于其革命思想的新教师。首先,他们并没有给予教师多大的权力,他们的目标是通过共产党领导的青年运动来赢得那些孩子和青年们的内心。之后,他们对那些不愿接受新思想的教师们进行批判和施压。学生们也具有纪律和行政权力,他们还可以"报告"教师们的情况,这些都成为使教师们接受新思想的有力武器。

当教师训练机构建立以后,新一代的教师们就可以分配到学校中去。在1930年左右,已有足够多的新教师们任教,学校里的很多的老教师也都接受了"再教育",这时他们就可以被给予管理学校的权力。苏维埃政府在20世纪40年代颁布法令,要求学生们无条件地听从教师的指令。青年组织被责成去帮助教师维持纪律,以确保教师的指导能在学生中得到执行。不允许学生们对教师的工作进行批评。对于教师来说,政治立场的正确是政府对他们的首要要求。

专业化成为苏联教师培训中的一个准则。与美国两年制师范学校相对应,苏联设立了专门的师范学校,为初等学校前四年级的学生培养教师。对那些准备去教授五、六、七年级学生的教师分别设立其他的教师培训机构。也与美国四年制师范学院相类似,对那些将要去八、九、十年级等高年级教学的教师也设立了专门的师范学院。在所有的技术培训机构中,最重要的就是教导学生们遵守共产主义者们制定的苏维埃理念和苏联的共产主义信仰。为了达到这个目标,特别强调政治学习就成为师范学校教学的首要基础。

380

校外青少年教育机构

在20世纪,校外教育机构将会对青少年产生巨大影响的概念越来越清晰。收音机、动画、报纸、期刊、书籍等各种快速的通讯工具,不仅能够促进公众的讨论交流,而且能够使公众更好地表达其观点态度。

例如，在英国，政府通过商会、政党、宗教团体、合作组织以及大学继续教育机构等中介，使成人教育取得了大跨步的发展。总之，在全国各地，工人教育组织的分支机构、演说家和讨论小组的领导人、出版图书和电影的出版社等都充当着校外教育的角色。在第二次世界大战期间，战时军队事务局主持了旨在提高英国士兵和军官之间在重大问题交流效率的项目，另外，他们还主持了在社区运作的民防计划。青年服务组织也大力鼓励那些在俱乐部或者青年中心进行的健身、娱乐等休闲活动。

但是，这些西方的民主国家在大范围地组织校外青年运动方面远远落后于德国、意大利和俄国。在 20 世纪初纳粹政府前的德国，卡尔·费舍(Karl Fischer)领导下的青年运动在德国 15～18 岁的男女青年中非常受欢迎。这种青年运动是为了反对日益发展的工业化、城市化及当时的物质文明，它代表了自由浪漫主义的复兴和对局限于知识教育的反抗。深入乡村的旅行让年轻人有回归自然的感觉，也让他们对民俗文化和淳朴的乡村风俗更加感兴趣。

第一次世界大战把这种浪漫主义思想转化成了侵略性和破灭的幻想。那些青年们被证明是纳粹党的工具，纳粹党领袖们很快就认识到掌握一批忠诚的青年组织具有很大的作用，因为他们可以利用这些青年作为工具去对抗那些反纳粹政府的人以及政见不同的人。

为后人所熟知的"希特勒青年团"(Hitler Youth)就在这个时候建立起来，以吸纳那些 14 岁以上的青年。10～14 岁的孩子们加入青年团的预备队，在这一时期重点进行性格教育和身体训练。青年团为 14～18 岁青年提供他们感兴趣的活动，使他们成为忠诚的纳粹分子。郊游、远足、野营、各种艰苦的身体训练活动、夜晚的歌会、讲故事、游行以及电台娱乐，这些活动组成了他们丰富的校外活动。刚开始时，他们宣称这些所谓的"地面运动"(terrain sports)并不是出于军事目的的训练。但是，到 1939 年时，他们就公开声明将重点放在针对假想战争背景下的进攻和防御而进行的手枪和步枪的训练。加入青年团在开始的时候是自愿的，但到 1939 年时，加入希特勒青年团就成为了 10～18 岁的男女孩子们的一个义务。

381

纳粹国家秘书兼帝国青年团领导人巴尔德尔·冯·席拉赫（Baldeo von Schirach）最喜欢说的一句话就是："德国的青年是属于国家元首的。"不断给这些青年们灌输责任、忠诚、德国荣耀、性格、精神、勇气、纪律和领导力等思想，把他们培养成愿意为元首和国家而奉献生命的纳粹分子。为了培养纳粹党的精英，他们还设立了一个进行严格和残酷的领导力培训的专门学校。希特勒青年团的人数超过700万，这几乎占了德国青年的绝大部分。在相当长的一段时间内，西方的民主国家都没有意识到这些青年们拥有这样的"信仰表白"是一件多么可怕的事情。"信仰表白"是德国劳动阵线的头目罗伯特·莱伊（Robert ley）于1937年在柏林对1500名青年们发表的演说中提到的。

　　我们在这个地球上完全信仰阿道夫·希特勒。我们相信，国家社会主义是一个纯粹的信仰，它能够拯救我们的人民！我们相信，冥冥之中有一个上帝创造了我们，领导我们，同时为我们祈福！我们坚信，上帝为我们送来了阿道夫·希特勒，让德国成就不朽的永恒！阿道夫·希特勒，胜利万岁！

　　希特勒青年团的运动使得学校的那些正规训练黯然失色，作为军事和思想训练的补充，纳粹政府还强调热爱劳动和热爱泥土的理想。通过把那些14～18岁的男女孩子送到农场里参加一年的实地劳动，来促进他们的身体健康和强化他们的身体素质。这就是被称为"乡村生活年"（land year）的一段时期，在这个时期，他们白天在农场里劳动，进行身体训练；晚上接受纳粹党的思想和政治教育。同样，18岁的男孩在他们接受2年的义务兵役之前，都需要到劳动服役营去呆半年时间。

　　因此，纳粹党通过对所有的青年建立完善的校外教育体系，为"冲锋军"、"精英卫队"以及纳粹党自己培养了一大批具有忠诚信仰和良好纪律的人才。纳粹党完全控制了广播、报纸、书籍、艺术、戏剧娱乐和其他各种各样的宣传和通讯手段，这使他们拥有了巨大的权力。他们很聪明地鼓励年轻人要勇于自我牺牲、忠诚以及乐于从事服务事业。通过这些手段，他们培养了大量有力而又狂热的忠诚信徒，这一切都是常常容易被那些民主国家所忽略的。

382　　　苏联注意发展青年组织的方法。十月党人(8～12岁)、少先队员(10～16岁)、共产主义青年团(14～23岁)这些组织,都是为了培养青年的共产主义思想,并且为加入共产党提供一个途径。苏联大力发展文化、戏剧和艺术,通过这种途径使其政治主张深深地影响着青年和成年人。

第十三章　近代欧洲教育的智力基础

旧的思潮与新的思潮

哲学、自然科学与宗教之间的对立

纵观 19 世纪和 20 世纪的总体知识动态,可以从中列举二三个主要的知识流派,了解这些流派尤其有助于理解教育观念和教育方法。19 世纪上半期,处于主导地位的知识观可称为"绝对观念论"(abesolute idealism)。唯心观念论源自康德、费希特和黑格尔(Hegel)等德国哲学家的著作,体现出对 18 世纪启蒙运动中所倡导的科学理性主义的有力反驳。唯心观念论主要致力于创建完备的思维体系,重新组合人类、自然和神灵,将三者统一成为一个大整体,唯心论的术语称之为"绝对精神"。这个知识观有如文学和艺术作品中的浪漫主义表达,一般说,势必强化宗教理念的影响,制约科学主义和实证主义思想。

在所有 19 世纪的伟大科学成就中,进化论的形成或许对人类发展的整体影响最为重要和最具革命性。进化概念出自林奈、伊拉斯谟·达尔文(Erasmus Darwin)①、拉马克(Lamarck)②等人的著作中,尤其体现在查尔斯·达尔文的著作中,进化理论不仅从生物学的角度详尽阐述地球上的生命起源,而且全面阐释了人类及人类社会组织形态的发

---

① 伊拉斯谟·达尔文(1731—1802),英国博物学家,进化论的先驱,著名博物学家、进化论的奠基人查尔斯·达尔文的祖父。——译者注

② 拉马克(1744—1829),法国博物学家。——译者注

展过程。赫伯特·斯宾塞（Herbert Spencer）①和托马斯·赫胥黎
（Thomas Huxley）②是推广进化学说并使之得到更广泛应用的卓越代
表。结果，他们自然陷入了同关于世界起源和人类起源的固有理念和
传统思想之间的激烈冲突。

19世纪下半期，进化理论和自然科学在其他诸多知识领域的科学
研究中得到验证和支持，并且开始挑战宗教思想和唯心观念论至高无
上的权威。尽管在19世纪末，托马斯·希尔·格林（Thomas Hill
Green）③、弗朗西斯·赫伯特·布拉德雷（Francis Herbert Bradley）④
和伯纳德·鲍桑葵（Bernard Bosanquet）⑤重新定义和宣扬唯心主义哲
学，但是，自然科学、进化理论和现实主义已经势不可挡，开始展现出空
前的影响力。

有时，进化理论和宗教思想之间的冲突带来的结果却是试图调和
两种势力的尝试，很多宗教现代主义为此付出努力，但是，两者之间的
对立更意味着对传统宗教理念的全面抨击。反宗教主义运动的领导者
包括英格兰的斯宾塞和赫胥黎、法国的克莱孟梭（Clemenceau）⑥和德国
的海克尔（Haeckel）⑦。他们不仅在言论上和著作中大力抨击宗教传
统，而且还成立社团传播和宣扬自己的思想。理性主义者出版协会
（Rational Press Association）在英格兰得以创建，此外，国际自由思想
者联盟（International Freethinkers league）在1880年成立。

当然，宗教势力也并非孤立无援，他们针锋相对地迅速展开同反对

384

---

① 斯宾塞（1820—1903），英国近代实证主义哲学家、社会学家、早期进化论者、教
育理论家。——译者注

② 托马斯·赫胥黎（1825—1895），英国近代生物学家、教育家。——译者注

③ 托马斯·希尔·格林（1836—1882），英国哲学家。——译者注

④ 弗朗西斯·赫伯特·布拉德雷（1846—1924），英国哲学家，新黑格尔主义
者。——译者注

⑤ 伯纳德·鲍桑葵（1848—1923），英国哲学家，新黑格尔主义者。——译者注

⑥ 克莱孟梭，法国政治家、新闻记者，第三共和国总理。——译者注

⑦ 海克尔（1834—1919），德国博物学家、达尔文主义的捍卫者和传播者。——译
者注

者们的论战。19 世纪"基督证据"(Christian Evidence)运动就体现出宗教势力的自我辩护,该运动的理论是约瑟夫·巴特勒(Joseph Butler)[①]编著的《自然宗教与启示宗教之类比》(*Analogy of Natural and Revealed Religion*)和威廉·佩利(William Paley)[②]编著的《自然神学》(*Natural Theology*)。他们辩论的主要论点,在于自然科学证实和昭示了上帝的存在。他们认为,自然现象不可思议的变换要求人们必须坚定信念,千变万化的自然出自上帝之手,而非偶然所致或是顺应自然法则。法国最有影响力的宗教和天主教辩护者是夏多布利昂(Chateaubriand)。英国著名的辩护者来自牛津运动(Oxford movement)的成员们。他们公然抨击科学,维护对神的信仰。其中最突出的代表就是约翰·亨利·纽曼(John Henry Newman),他转而信仰罗马天主教,成为天主教皈依者,还被尊为天主教堂的红衣主教。

在 20 世纪,宗教与科学和哲学之间的冲突和论战继续深化,而且形式多样。这一时期,有很多响亮的名字,他们可谓诸多复合知识思潮的典型代表。法国的雅克·马里坦(Jacques Maritain)[③]是罗马天主教的主要代言人之一,他倡导回归到圣者托马斯·阿奎那的宗教哲学大行其道之时。活跃在德国和瑞士的卡尔·巴特(Karl Barth)[④]则主张,以新教思维复兴正教。他强调上帝神权超凡,正直公允,凡人罪恶深重,若无上帝的恩赐宽恕,凡夫俗子就无以自救。他提出复兴马丁·路德和加尔文的思想,推崇门徒圣保禄和先知耶利米(Jermiah)。

相比之下,法国哲学家让·保罗·萨特(Jean-Paul Sartre)则是倡导无神论存在主义的杰出代表。他坚决主张,上帝的存在并非事实,人类是自主的个体,个人的成败得失只能通过自身努力并以自己的意志为转移。人的是非价值不受上天神灵左右,在所谓的天堂也无从体现;个人命运只是基于人类在现实世界中自身行为的客观事实。

---

① 约瑟夫·巴特勒(1692—1752),英国圣公会会督、伦理学家。——译者注
② 威廉·佩利(1743—1805),英国圣公会牧师、功利主义哲学家。——译者注
③ 雅克·马里坦(1882—1973),法国哲学家。——译者注
④ 卡尔·巴特(1886—1968),瑞士加尔文宗神学家。——译者注

在哲学领域,意大利人贝内德托·克罗齐(Benedetto Croce)[1]有力地重述唯心论,与此同时,伯特兰·罗素(Berrand Russell)[2]、艾尔弗雷德·诺思·怀特海(Alfred North Whitehead)[3]和霍尔丹(J. B. S. Haldane)[4]等人,则特征鲜明地创立更新的数学和科技哲学理论。20世纪的学校和大学在宗教与哲学之间以及政治与经济之间激烈交锋论战的过程中逐步得到发展。

进化理论与宗教思想。正统派基督教信徒根据新教教义逐字逐句解读《圣经》,世界是由上帝在过去某个特定时间,以某种特定方式创造而产生,自上帝创造世界之时起,生物物种没有经历任何的演变过程。他们以《圣经》段落中关于上帝造物的描述为依据,认为万物出现皆为神灵所致,因而是不容怀疑的。

在 19 世纪中,人们对新教信徒们所持立场的抨击包括两个主要形式。第一个形式是基于当时越来越多地关于《圣经》起源的科学研究和历史性分析。一些研究指出,就像创作其他传世文学一样,《圣经》是若干不同群体的人们经历数百年的光阴,收集记录各方传说和轶事最终编著而成。专攻《圣经》评论和比较宗教研究的学生或学者们认为,《圣经》中关于上帝造物的教义出自古代人的创作,而当时他们无法以任何现今社会科学知识作为创作依托。当反宗教学者以这种观点步步为营时,进化论原理更加理所当然地得到了拥护。

对传统宗教进行抨击的第二种形式自然是基于进化理论关于生命本原的理解。进化论认为,经过数亿年的时间,不同生物物种在形态上逐渐完成由简单到复杂的演变,而在这个过程中,没有任何的物种保持原样或丝毫不变。在这一自然进化过程中,有机个体同其所处的物质环境和社会环境相互作用和影响,各类生物随之出现,其中生命组织形

---

① 贝内德托·克罗齐(1866—1952),意大利哲学家、美学家,新黑格尔主义者。——译者注

② 伯特兰·罗素(1872—1970),英国哲学家、数学家、逻辑学家、教育家。——译者注

③ 艾尔弗雷德·诺思·怀特海(1861—1947),英国哲学家、数学家。——译者注

④ 霍尔丹(1892—1964),英国哲学家。——译者注

式最为复杂的就是人类。科学发展和历史事实可以证明,地球和人类的历史要比人们可以想象出来的时间更加久远,所有的生物物种都是生命共同主干的不同分支,物种进化是自然演变的过程,而不是神灵创造所致。

受到马尔萨斯的社会学理论和人口论的影响,达尔文立足于适者生存和优胜劣汰来解释生物物种的演变方式。进化理论还依据地质学和古生物学的研究结果来说明,地球已有20亿~50亿年的历史,现今生物有机体比生物化石中遗留的远古有机体具有更加复杂的机体结构。生理学、形态学和化学研究表明,人类和其他各种动物在身体结构和生理过程方面有着极大的相似性和延续性。可以说,演变进化的概念不仅在生物学领域意义重大,而且对其他学科领域也有很大影响。

很多学者提出,如果说演变是整个自然界发展和人类繁衍生息的内在组成部分的话,那么,它同时也是作用于社会制度的一个重要特征。也就是说,社会制度不仅可以变革(如启蒙运动中人文主义者所期望的那样)而且必须变革,因为这恰恰就是人类生活和社会发展的本质。变革这种发展性理念在社会中的应用,激起了人们在人类发展方面的乐观情绪和希望。这也推动了政教分离的世俗主义的发展,因为政教分离论更为关注即时和当前的情境,而不是未来的状况。这也激发了人们系统科学地研究社会生活的方方面面的愿望,人们愿意像研究生物学一样,同样关注、精细和准确地研究社会学。

唯心主义与唯物主义。唯心主义与唯物主义之间的对立,在先前关于物质本原的争论的基础上进一步发展,到19世纪时呈现出新的争辩形式。物质本原是两者过去论战的主题。唯心主义认为,观念和精神的突出作用是一切之本;而唯物主义认为,自然存在的客观世界和物质才是基本现实。希腊唯心主义认为,观念是生活的最大现实,自然界万物都只是偶然的虚幻。笛卡儿曾经说过,宇宙间有两个同时存在的现实世界,即精神世界和物质世界。19世纪初的绝对观念论则试图将精神和物质结合为统一整体,保证观念和思维不仅成为人类个体所关注的重点,而且成为构造天地万物的基本元素。唯心论者极其注重人的信念、情感及神秘感知。赞同这一唯心哲学观的杰出代表包括费希特、谢林(Schelling)①和黑格尔。

康德曾经说过,如要获取知识,个体精神决定自身行为;而费希特则认为,在这一过程中,观念或绝对精神决定了世间万物,包括自然界、人类和社会制度。因此,所有事实的发生都源自绝对精神,都是绝对精神发挥作用并自我实现的过程使然。客观自然世界只是绝对精神所致结果的展现,所有人都是依据绝对精神来行事,因为人类也是这一自然过程中的一部分。绝对精神在理清人类与自然关系的过程中总是存在并发挥作用,从某种意义上讲这是一个不断发展变化的过程。

唯心主义观认为,在整个物质和社会发展过程中,上帝并非是外在创造者或是凌驾于他所创造的物质世界之外的创造者,而是创造性智能或精神的象征。绝对精神存在于万物之中,因此,世间万物在精神力量作用之下得以创造。最高级的绝对精神显现存在于人类思想之中。人类的每一个体都是展现绝对精神的道德和精神特质的外延;因此,当不同个体在共同的社会生活和精神生活中相互合作之时,他们在表达绝对精神的同一意愿。只有当个体在社会制度变革的进程中积极合作之时,才能造就自身的出众。在拿破仑失败之后,费希特的爱国主义热忱使得他的哲学成为德意志民族主义发展的根基。他极力强调,当德意志人民团结一致而建立德意志国家时,他们同时也促进了对物质世界中绝对精神的意愿的表达。

这一唯心主义的理想哲学最后由黑格尔加以最终定论,他的历史哲学进一步促进德意志民族主义的理论依据的形成。黑格尔哲学认为,绝对精神起始于相对主观并且紊乱的个体精神世界,几个世纪以来社会体制的变革经历了不同的发展阶段,并最终因黑格尔时代普鲁士国家的建立而达到其最高级阶段。在这一过程中,绝对精神一直在展现它的强大作用力。基本的社会和道德进程都要经历三个辩证阶段,即正论、否定正论的反论、否定之否定的合论。这一观点也反映出黑格尔的辩证法思想,其中的一些理念也成为马克思主义思想形成的理论

---

① 谢林(1775—1854),德国哲学家。康德之后德国唯心主义运动的三巨人之一。——译者注

基础。马克思辩证地认为,每个经济制度的出现都伴随着其对立面的产生,并因而播下将导致该经济制度灭亡的种子。

面对唯心主义的形而上学式阐述和神秘高深的解读,唯物主义哲学在19世纪也得到了极大支持,重现其光辉。唯物主义哲学不同于唯心主义,无意尝试创建完美无缺的、至上的思想体系,确立绝对精神的至高权威。唯物主义在自然科学的发现之中追根溯源,提倡外在世界的客观性。它漠视万物之间的所谓同一,也不迷信依赖至高无上的道德权威。现实并非存在于观念之中,也并非存在于自成理论的圣人的意志之下,而是存在于约束客观世界的自然法则之中。客观事实、世间万物以及各种客观实在之间的联系都是客观实际,而且是独立于道德标准和人类精神的客观现实。

19世纪中期哲学家康德主张"实证哲学",在他的哲学体系中也同样陈述了哲学对自然科学的倚重。康德将哲学的发展描述成三个历史阶段:(1)神学权威阶段。在这一阶段中,神灵旨意和超自然力量被推崇为解释自然现象的说辞。(2)形而上学阶段。在这一阶段中,哲学家们致力于创建包含诸如物质、形式以及绝对精神等抽象名词的完备体系,并以此来解释自然。(3)实证阶段。在这一阶段中,科学和科学方法成为代替哲学家完成对自然现象实证阐述的手段。

总体来讲,唯物主义者致力于确立自然世界独立存在的理念,通过科学实践验证自然世界发展有序,体系分明而且可以认知,自然世界的存在并非基于宗教或是不可思议的神话或是超自然的理解。约翰·斯图尔特·穆勒、斯宾塞、赫胥黎不遗余力地宣扬这一世界乃客观存在的唯物主义思想。例如,穆勒曾经含蓄假定客观现实固定存在,客观存在遵循确定无疑的同一法则,并且基于一般因果定律以可以预知的方式自然发展。他假定世界乃客观现实,并遵循完整的规律不断前进。唯心主义可能意在提倡宗教和情感,而实证哲学和唯物主义则意在呼吁时代世俗化,努力将科学与哲学结合在一起。

20世纪的科学新发现导致了新的宇宙观和对物质本原的理解,颠覆了19世纪基于牛顿物理学的旧科学观。这也使得修正传统的唯心主义哲学观和宗教观愈加必要。牛顿物理学所依据的绝对自然法则呈

388

现出僵化刻板,取而代之的是关于天文宇宙的相对论学说和变幻莫测的亚原子宇宙论。

天文学家和物理学家们开始描绘出一幅不同以往的宇宙图画,宇宙之大无法想象,太阳在地球所处的银河系中只不过是万千天体中的一个微不足道的星体,而银河系也许只不过是宇宙中千百万大小相当的星系的其中之一。物质不再是坚固结实、一成不变和不可毁灭的代名词,也不再严苛遵循诸如牛顿物理学中的万有引力定律和因果关系原理等类似的固定法则,物质逐渐被视为能量组织的特定方式。从某种意义上讲,学者们所构想的物质的最终物理本原是能量。原子不再是单一的、完整无缺的实体单位,而成为一个由活动方式纷繁复杂的若干电子和中子构成的物理能量体系。相对论原理、量子物理学、电子机械学和能量放射学,开创了物质和能量理念的全新纪元。

能够充分阐释物质和能量关联的唯一途径就是开创全新的数学,取代牛顿和欧几里得的定律和学说。实效研究已然开始,在实践中原子击破回旋加速器等新设备仪器投入使用,证实亨利·庞加莱(Henri Poincare)[①]、马克斯·普朗克(Max Planck)[②]和阿尔伯特·爱因斯坦(Albert Einstein)[③]等理论数学家们的推断和计算结果。随着原子的裂变及对其的分析和研究,发现迄今为止仍然未知的物理元素和实现物质由一种形式向另一种形式的转化已成为可能。

物理学家们的实验室中接二连三的成功实验,无疑昭示着原子时代的开启。这并非因为原子弹在日本的投放和爆炸,而是因为数学家和物理学家们在 20 世纪的元年起逐渐奠定了时代的基础。无论如何,20 世纪的新兴科技使得对传统宇宙观的革新势在必行。

有关人类本性的对立观念

唯心主义和唯物主义之间的基本争论,不仅在于对宇宙和自然的

---

① 亨利·庞加莱(1854—1912),法国数学家、物理学家、天文学家。——译者注
② 马克斯·普朗克(1858—1947),德国物理学家。——译者注
③ 阿尔伯特·爱因斯坦(1879—1955),现代物理学家。——译者注

理解,而且还在于对人类本性理解方面的对立。宗教理论强调,人类自身的精神、道德和才智方面都是人类对神灵旨意的表达。由于具备德行和心智特征,人类与自然界的其他万物被一条无法逾越的鸿沟隔开,成为一种截然不同的特殊生物。这种对人类本性的理想化理解往往扩展成为对人类浪漫的和神话般的赞颂,这尤其体现在对人类情感的感知而不是对人类才智的颂扬,并将前者提升为人类行为的向导。

另外,实证主义者最惯于借用科学和进化理论中的描述,指出人类发展与自然发展是同步进行的,人类是自然界所有生物中最高级和最复杂的生命形式。人类在自然发展进化过程中,显现出自身在思维和意识方面的优越特征。与其对自然、宇宙和社会制度的科学阐释相同,实证主义引领了对人类本性的科学研究,构造出解释人类行为的人类行事自然规律。科学研究方法在人类本性探究方面的应用,是现实主义对 19 世纪教育方法的主要影响。

科学家们对人类生理机能、神经系统、感觉和感知运行机制、感官生理机能以及遗传规律展开研究,并且进行对人类心理变化过程的实证研究。在科学家的这些尝试中,加尔(Gall)①、高尔顿(Francis Galton)②、斯宾塞和冯特(Wundt)③的论著尤为突出。他们着手研究穆勒关于道德伦理科学规律方面的假设。他们认为,如果了解一个人的所有情况,就可以推测他的行为,这一过程就像推测客观事实一样确定无疑。我们可以创建人性科学,其中人类思维、情感和行为毫无疑问将影响事物的因果。人类思维的相关规律同样具有普遍性,通过观察和实验可以发现的一般规律如同自然规律一样,也可以通过科学研究来认知。

基于这种科学心理学的研究,我们可以演绎出人类性格的形成规律。如果我们了解到人类的思维规律,那么,这就等同于我们具备了展

① 加尔(1785—1828),德国解剖学家、生理学家,颅相学的创始人。——译者注
② 高尔顿(1822—1911),英国科学家、探险家、人类学家。——译者注
③ 冯特(1830—1920),德国心理学家,在德国莱比锡大学创建世界上第一个心理实验室。——译者注

示教育技能的现成模式。这一自然主义人性观迅速演变成科学研究，旨在实施对人类传统学习和智能观念的彻底变革。这将最终带来教育方法的变革。

在天体物理学中，科学家们对宇宙无限构想，相对而言，对人类的研究则被降低到不可思议的次要地位。尽管如此，20世纪的科学依然开始更多地关注对人类本性的研究。大体上说，进化理论逐渐受到前所未有的关注，人类学家立足研究物种起源，心理学家则专研人类行为的基础。人类学研究表明，在漫长的人类发展过程中，人类同其所处的环境相互作用和影响，从而实现人类在身体与人文两个方面的发展和进化。由于科学研究不受限制，人类学家利用科研结果列出大量的证据，来反驳纳粹和法西斯主义的种族纯洁理论和民族优等理论。

人类学家认同人类拥有一个共同的祖先。人类种群之间在肤色或眼睛颜色、身形、头部或鼻子形态轮廓、面部特征等方面的任何可见的差异，都属于相对次要的差异。即使人类学家将主要人种划分成高加索人、蒙古人和黑肤色人种，同一人种内部的差异幅度还是要远远大于种群之间的差异。种族血统异常分散，各族人群在世界各地混杂聚居，以至世上根本不存在所谓的"纯正"人种。人类学家公认，人类种群间的主要差异在于文化差异、语言差异、习俗差异和教育差异。

然而，我们必须承认，无论具有何等种族或民族背景，人与人之间的差异的确是巨大的。心理学热衷于转向研究人类个体之间的差异。出于对这一主题的研究热忱，在冯特及其他欧洲心理生理学家的引领下，学者们开始致力对人类的感官知觉和运动反应进行科学研究。

欧洲地区对人类本性理解产生巨大影响的另一个成就是精神分析学的发展，这一学科的主要奠基人包括西格蒙德·弗洛伊德（Sigmund Freud）[1]、阿尔弗雷德·阿德勒（Alfred Adler）[2]和卡尔·古斯塔夫·

---

[1] 西格蒙德·弗洛伊德（1856—1939），奥地利心理学家、精神病医师，精神分析学派的创始人。——译者注

[2] 阿尔弗雷德·阿德勒（1870—1937），现代精神病学家，个体心理学的创始人。——译者注

390

荣格（Carl Gustav Jung）①。他们的兴趣主要在于，通过研究来解释人类成年时期心理异常的原因。他们一致认为，在很大程度上，研究的难点应该归结为对人类处于成长初期的少年时代（主要是 2～5 岁这一时期）所产生的对自身和社会的欲望的研究。

精神分析学家们所持的基本观点，在于精神和身体同为人类本性要素的二元论。但是，他们的观点与 20 世纪初期盛行并处于主导地位的理性主义观念背道而驰。他们认为，人类的精神同样也是二元的，包括做出理性选择的意识心理和实际上对大部分人类活动给予刺激的潜意识动机和本能欲望。如果一个人自身的观念、欲望和信仰发生冲突，那么，他一定是出于某种原因遭遇社会压力带来的各种要求。有些观念和信仰会因此而受到抑制，但是，这些观念和信仰非但不会遭到丢弃，而且会被压低至内心中的潜意识状态，并继续发生作用，从而常常导致人们的种种反常行为。

弗洛伊德将大部分处于压力之下的欲望根源归结为人的性欲受到干预，宽泛地将性界定为人全部的行为驱动力。阿德勒认为，人的基本能动性在于其对权力的欲望，这种欲望来自于人在儿童时期面对社会压力时所感受到的卑微和无助，这促使其意欲实现自己对他人和社会的优越。一旦努力受到阻碍，人对权力的本能欲望在儿童时期就会受到挤压，然后在成年时期重新显现，但它往往是以不同的形式表达，做出反常或不为人所接受的行为。荣格则将人的内心总驱动力界定为人在面对自身必须适应的社会外部压力时，要展现自我个性的愿望。

尽管精神分析学家们对人性的独特理解遭到很多人的反对，但是，他们的努力确实带来巨大的影响，这使得教育工作者们的注意力发生了转移，开始关注儿童早期教育对塑造人类品行的重要意义。他们是侧重研究心理保健的先驱者，到 20 世纪后期对心理健康问题的研究逐渐显示其重要地位。这就意味着，教师和父母也应该了解到这些情况，使他们自己能够意识到儿童早期教育对于人的个性发展产生强大的影

---

① 卡尔·古斯塔夫·荣格（1875—1961），瑞士心理学家，分析心理学的创始人。——译者注

响力。

有关学习和智力的新观念

同以往一样,通过对理性主义观和经验主义观这两种主要观点的分析,我们可以理解这一时期占主导地位的知识观和学习过程理论。理性主义观对理想主义和宗教思想表示赞同,而经验主义观则以科学研究为自己提供论据。

总体来说,理性主义观坚持源于亚里士多德和托马斯·阿奎那的传统观点。人类思想是一种心理和精神官能,赋予人类独特的能力去接近和掌握最终事实的普遍原理和必然原理。大主教纽曼主张唯智主义知识观和学习观,理所当然地将科学知识放置在理智德性评价等级中的一个较低的位置。科学知识所处的这一地位,在前面的章节中已经作过详细论述。

经验主义知识观和学习观包含多种形式。穆勒认为,人们可以利用归纳法通过实践经验来构建普遍真理和必然真理。像理性主义者一样,穆勒确信永恒真理和必然真理确实存在。但是,穆勒的观点和他们相比也有不同之处,他坚持认为,永恒真理和必然真理并非由某种理性推理能力揭示,而是在经历应用科学手段和归纳方法的实验过程后才得以显现。穆勒的论点为 19 世纪时期科学哲学和科学心理学大半框架的建构奠定了理论基础。

19 世纪中期最著名的学习心理学是联想心理学,这一学说是在反映外在世界的现实主义观和分析知识本质的经验主义认识观的基础上建立的。联想心理学背离了理想主义和理性主义官能心理学,试图把所有人类思想过程简化归纳为联想过程。

联想心理学的杰出倡导者是穆勒和赫尔巴特(Herbart),按照联想心理学的理论,思维和意识形成于某一特定过程,其间人体对外界事物的简单感觉与其他感知之间产生了联系。当这些感觉在无数次复杂的组合之中互相关联,人的意识中就会形成对其所经历事物的"统觉团"(apperceptive mass)。统觉团构成了人类的思维体系。在人的经历中,如果两种观念产生关联,那么,之后外因的刺激不仅会使人回忆起他的原本观念,同时也会让人想起已经和原本观念发生关联的其他观念。

思维被当作人类生命的核心,在统觉团中观念和感知竞相争取得到识别。当感觉转化成观念、思想或意图的时候,思维就开始形成。感知不会在意识中停留,而是被推回到潜意识之中,他们在潜意识中储存直至受到新的感知或经历的召唤。观念联合的次数越是频繁,时间越是新近,方式越是生动,那就越容易受到召唤,从而由潜意识转移到意识。在20世纪的科学心理学中陈述的关于频率和新近程度的最新学习法则,在这些内省的联想心理学理论中有所预兆。

关于人类学习状况的另一种经验主义研究模式,来自19世纪后期实验心理学的发展。心理学逐渐被视为对意识的科学分析,在分析过程中将进行受控的对照试验,得出大量有助于推测人类行为和学习状况的数据和结果。很多科学家和研究者开始主张,心理学和对人类精神的研究必须要以生理学为研究基础。因此,心理学家们转而投入对人体感官官能的生理学研究。他们调查感觉神经和运动神经的功能状况,测量神经脉冲的跳动速度,研究人的眼睛、耳朵和发音器官如何发挥作用,同时他们还检验让皮肤和触觉能够感觉得到的最小压力数值。

特别要提到的是,科学心理学的实验方法是由威尔海姆·马克斯·冯特(Wilhelm Max Wundt)在莱比锡大学的实验室中开发和使用的。冯特对科学心理学在美国的发展产生了极大的影响。由高尔顿实施的感觉辨别力试验,也推动了人类个体差异的研究,并且促进了智力测验的进一步发展。

20世纪初有两种心理学派尤为重要:行为心理学和格式塔心理学。行为心理学将严谨的科学方法应用到人类行为的研究中去。行为心理学的拥护者注重研究外显行为,抵制对心理意象、观念、意识、愿望等方面的内省研究。他们拒绝谈及"思维"或心理活动,只是研究行为,因为行为可以通过对观察外在情况而获取信息。他们的研究非常倚重苏联心理学家弗拉迪米尔·别赫捷列夫(Vladimir Bechterev)和伊万·彼得洛维奇·巴甫洛夫(Ivan Petrovich Pavlov)的著作,这两位学者以动物为实验对象,从而获知条件反射的原理。

巴甫洛夫在受控条件下给狗喂食并且同时摇响铃铛,他发现仅仅是让铃声响起,就可以刺激狗分泌唾液,而唾液分泌原本是狗在看到食物时才会发生的。由此,可知这一原理在于:如果两种刺激(食物和铃声)中的一种足够强烈并引起狗的身体反射(分泌唾液),并且两种刺激经常同时发生,那么,另外一种或是先前较弱的刺激(铃声)足以引起身体反射。基于条件反射的基本理论,行为心理学家逐步建立起一套完整的学习理论。他们认为,所有所谓的"高级"思维过程,都产生于生物对关联刺激产生反应的类似反射条件。

一些欧洲和美国的心理学家逐渐不约而同地不再满足于联想心理学所采用的分析方法和对条件反射的纯粹客观研究方法。这种不满足体现在源自德国心理学家的不同论点上,这些论点可集合称为格式塔心理学。20世纪20年代,在德国心理学家马克斯·韦特默(Max Wertheimer)、沃尔夫冈·科勒(Wolfgang Kohler)和科特·考夫卡(Kurt Koffka)的引领下,格式塔心理学家们否定了先前的理论,反对学习行为的发生归因于特定刺激和特定反应之间产生联系这一说法,反对刺激与反应导致条件反射的关联性。他们极力主张整体情境影响学习过程,学习行为涉及到身体的总体活动情况,而不仅仅是感觉神经和运动神经的活动情况。

由此,格式塔心理学家强调学习过程的有机本质。学习者作为一个有机整体,对整体情境做出反应,而且并非只是以自动的、机械的或是零碎的形式做出反应。洞察力和目的性成为学习过程中的重要因素。他们认为,学习过程中一味的重复是远远不够的,学习者要通过自身领悟明确与教师或实验实施人相同的学习活动目标。格式塔心理学家们还强调,个体成长和成熟阶段是重要的学习过程,学习者在这一阶段中与他们所处的环境沟通联系,逐步认识他们所经历的学习情境的意义。格式塔心理学发挥着自身的重要影响力,推动了20世纪20年代和30年代美国更新的心理学理论的发展。

欧洲另外一个影响深远的心理学成就来自法国心理学家阿尔弗雷德·比奈(Alfred Binet)和教育家西蒙(T. Simon)的实验研究。他们主要关注如何快速识别鉴定低能儿童,即智力低于正常水平的儿童,以便为他们提供特殊帮助。比奈认为，人的思维能力由联想能力、记忆力、运动技巧、注意力、推理能力和意志力等不同的生理机能构成，其中每一种能力都可以接受独立的测量。他进一步设想上述机能将以同样的速率发展，所以，在特定时间完成的对一种或多种机能的测量，将为确定其他机能发展状况提供线索。由此，他设计出测量联想能力、记忆力和注意力的测验方案，按照检验项目的难度进行归类，制定适用不同年龄段儿童的测验标准。在此基础上，他提出了"心理年龄"的概念，制定一个颇为客观的标准，用以衡量5岁、6岁或其他年龄段儿童的心理年龄。比奈的尝试在20世纪初期迅速得到认可，大批在该领域具有一定权威的美国心理学家将其扩展成为一场壮观的智力测验运动。

394

艺术和科学的发展

通过学者们精深的学术性研究和富于创新的发展而形成的不同学科领域，在一定程度上体现出关于世界本原和人类本性的基本思想观念之间的反差。欧洲文学、艺术和音乐等学科中所体现出来的浪漫主义，同唯心主义哲学观颇为相似；而自然科学和社会学等方面的主要动向，则多少反映出现实主义哲学观。

由浪漫主义灵感催生的中世纪传奇充分体现着冒险开拓的精神和多愁善感的情怀，追溯到中世纪的历史，浪漫主义可谓脱离了注重简单朴素、整洁有序、清楚明晰和完整和谐的传统。浪漫主义接受奇怪异常、体现主观、流露情感和神秘莫测的事物，崇尚个人主义，向往自由，歌颂自然。

相对而言，现实主义思想观则促使学者们专心于严肃认真的研究工作。在这个过程中，他们的任务就是去调查、测量、观察、检验和归纳分析在物理、自然科学和社会学领域研究所得到的数据。详尽和准确的描述，成为实证主义者研究自然科学和社会学的最终目标，也是现实主义者研究文学和艺术的终极目标。

在19世纪，整个世界的白话文学已然步入其发展的成熟期。甚至有些古典学者都开始承认，这一时期是文学发展的创新期，即使难以同古典时期和文艺复兴时期的影响相提并论，但其地位仍然仅次于那两个时期,几乎达到了同样的高度。20世纪见证了创新方法及学术性方法为语言学和文学艺术领域所带来的卓越成就。欧洲主要国家专攻学术的学者们积累了大量有关语言文献学、文本批评和文学批评方面的知识。而在文学、戏剧和诗歌等方面的创新研究,则体现出由新兴资本主义工业制度、社会改革、自然科学以及弗洛伊德心理学引领的社会发展新趋势。总的来说,对社会力量的更为现实的描述和对希望、失望或者焦虑的个性化表达,开始替代19世纪文学中浪漫主义和非理性情感的要素。

同科学的发展、工业的发达和技术的进步相比,也许19世纪美术领域的创造性表达会黯然失色。除法国之外,欧洲其他国家的人们似乎把精力都放在科学研究或者如何创建新型的工业社会,而并不关注绘画和雕刻艺术。因此,法国轻而易举地成为在绘画艺术方面处于领先地位的国家。在经历了浪漫主义和夸张生动的戏剧化绘画主题之后,一些画家的绘画风格开始转向现实主义,尝试对自然界中具体景物的精细描画;而另外一些画家则无限关注对景色的光影色调的准确描绘。画家塞尚(Cezanne)对现实主义和印象主义风格的改变为20世纪各种现代主义画派的发展奠定了基础。英国画家罗塞蒂(Rossetti)和威廉·莫里斯(William Morris)极力主张艺术与工业设计的紧密结合,认为绘画应该抹去现代文明的丑陋,主张恢复艺术在生活和文化中的社会作用。

然而,19世纪音乐的发展则达到了创造性表达的巅峰,其他任何时期的成就都无法与之相提并论。在这一时期,音乐的影响力和广泛性得到充分认可,很快被冠以"经典"音乐之名,并成为衡量所有其他时期音乐水准的标尺。在建筑方面,工业城市文明的出现为建筑样式的发展指明了方向,建筑风格不仅体现出功能性设计理念,而且注重满足居民对公众集合住宅和更加完备的社区规划的需求。

启蒙运动时期科学领域的伟大尝试在19世纪得到进一步扩大。以进化理论为发展顶峰的生物科学所取得的巨大成就在前面已经有所提及。动物和人类机体的细胞结构的研究、遗传学、病理学、胚胎学和生理学等方面的研究齐头并进,更不用说,医学领域中细菌学、疫苗学、麻醉学、疾病病原理论以及杀菌外科学等方面也在不断发展。地质学、古生物学和地理学提出解释地球构造及其各种表现形式的新理论,从而有助于为进化论理念提供依据。非欧几里得几何学的出现,也显示出数学和天文学不可忽视的发展趋势。改进的望远镜和天文观象设备的制造,更好地辅助了天文学领域的研究实践。

在物理学领域,光能的基本原理、能量守恒定律、电子本质原理和热力学法则都得到详尽的阐述。在化学领域,原子理论和化学元素周期定律也得到深入的探究;有机化学逐渐打破无机物质与有机物质之间原本存在的刻板界限。科学研究也开始涉猎到人类生理学和心理学。

这些伟大成就使自然科学得以在人类认知生活的世界中获得巨大的声望和权威。对"科学"这一名词逐渐形成了至少三种释义:(1)科学是指不同的条理有序的知识体系,各个体系都体现对验定理念规划系统、连贯一致的阐述。(2)科学意为在可操控和可量度的情况下,通过细致的观察、假设的形成、对结果的详尽论述和对假设的检验与证实等过程,去发现和改进实验知识的方法。(3)科学的涵义即为整个哲学或世界观。事物的发展遵循可以凭借感觉去发现,可以精确度量,也可以用计量方式表达的有序过程,而科学则为这一过程提供依据。在这种科学哲学中,连续性原理将取代二元论;真理将被视为一个相对而不是绝对的途径,去指引人们了解更新的、更有据可循的知识观,采取更新的、更有效的行动。

受到自然科学领域的伟大成就的鼓舞,而且由于人们在努力实现19世纪民主运动之后出现的更先进的社会组织形式,人际关系研究显现出不同以往的重要性。实证主义和现实主义引导许多学者和作家将科学方法应用于社会学研究中。独立的和截然不同的社会科学知识体系首次出现,全新的社会科学从归类概括涵盖一切的"哲学"中分化形成。自从古代和中世纪时期以来社会组织形式一直被视为归属哲学范畴。历史、政治学、经济学、社会学和人类学也分门别类地以独立学科出现。

19世纪的大部分历史论著都受到了当时在大多数国家里盛行的爱

国主义热忱的强烈影响,法国、德国和英国都出现了带有民族主义色彩的国家史。于是,学者们致力于改变编写历史的重心,主要注重历史的准确性,保证编写细节与事实相符。引领这一运动的领袖是德国人利奥波德·冯·兰特(Leopold von Ranke)。在经济学领域,古典经济学家马尔萨斯、里卡多(Ricardo)和詹姆斯·穆勒(James Mill)制定了经济学中的"自然法则",并以此来表示拥护资本主义制度,但到 19 世纪末,经济学家确实开始尝试将全新的统计分析法和历史分析法应用于经济领域中经济事务的处理。

政治学家则主要致力于定义政治术语和根据政府组织结构和类型划分不同的政权组织形式,但同时也有些政治学家也在极力准确描述和有根据地归纳整个政治组织情况。在亚历克西斯·德·托克维尔(Alexis Tocqueville)①和詹姆斯·布莱斯(James Bryce)②的论著中,两位学者都把美国当作研究对象,对其政治进行分析。在圣西门(Saint-simon)③、康德、斯宾塞及其他许多学者的论著中,都提及社会学类别形式和地位,其中多数学者试图将社会描述成类似人类的有机体。同其他社会科学相比,人类学在研究范围上尚未形成自身的文化研究领域,而在很大程度上只是局限于测量研究人类骨骼状况,描述人类进化不同阶段所使用的工具和器具的发展过程。

法律常规和法律理论的形成受到了《拿破仑法典》(Napoleonic Code)的影响,该法典在欧洲大陆诸国的法律体系中一直占据主导地位。依据 19 世纪盛行的说法,法律是由统治者或是国家中执行权力的权威部门颁布的法规和条例的集合,法律研究只不过是对在任意情况下、在任意时间和地点中法律条文实施情况的分析研究。然而,有一种观念却在社会中逐渐蔓延,这种观念认为法律不应该脱离道德伦理和社会惯例,而应被视为是植根于整个社会文化的产物。英国普通法由此赋予法官更多的判决空间,规定他们可以基于公正原则和常识情理

397

---

① 亚里克西斯·德·托克维尔(1805—1859),法国著作家。——译者注
② 詹姆斯·布莱斯(1838—1922),英国法学家、历史学家。——译者注
③ 圣西门(1760—1825),法国空想这会主义者。——译者注

做出判决。随着这种观念的传播,法理学专业的学生更加需要掌握更为广泛的历史知识以及国家的各种常规和制度,并以此完成根基更为牢固的法律评价。

社会学领域的科学和文化研究激起了教育界的非宗教的世俗风尚。越来越少的人认为社会生活应该服从上帝的神圣或超自然的旨意,而越来越多的人认同社会之福善来源于社会生活和福利机制所带来的影响。在社会生活向实用功利主义变化的过程中,杰里米·边沁(Jeremy Bentham)和约翰·斯图尔特·穆勒提出,聚合最多人数的群体认可的最大善行决定道德善行。当然,其意思是说,人们对道德和善行的理解随着时间的推移而变化,随着地点的改变而不同。进化和发展在这一理论中占据重要的地位,很快人们就意识到,对社会善行的合理解释必须考虑到与国家或社会福利相关的复杂的社会组织机构。

在 20 世纪,关于社会和社会影响力本质的探索和研究是基于客观科学的理论和不同的社会观。历史研究和史书编写由记录战事和政治转向描绘世界文明和民族文化的发展进步,阐述社会制度的形成和衰落。大多数社会科学家都意识到,他们极其需要把社会科学的效力水平提升至自然科学的高度,并且加强组织机构的管理,关注民众的福利,从而避免让偶然因素决定社会的发展。

教育的传统和变革

民族主义、保守主义、自由主义和宗教深深影响着 19 世纪教育的内涵和方法。一般来说,保守主义可能强调狭隘的课程,而抵制一些新的科目。在初等教育中,保守主义提倡宗教和民族主义价值观。在中等教育中,它也赞同阶级界限清楚的贵族主义和人道主义观念。自由主义则提倡在各级别教育中实施范围更广的课程,并在教育过程中引入更新的科学和技术研究,注重开拓学生的视野,弱化阶级划分,同时像社会上层阶级的培养一样,培养和发展普通民众的个人智能。

教育工作者不仅为这些互相对立的社会观烦恼不已,而且他们的

398

思想也在本章前面提及的不同知识观之间摇摆而难以确定。人文主义、宗教和理性主义互相紧密结合,而无视或是竭力抵制对教育方法的全新理解所带来的冲击,这些对教育方法的诠释有时来自自然科学,有时来自对人类本性的自然研究,有时来自唯心主义哲学本身。

教育理论

裴斯泰洛齐。阐释裴斯泰洛齐的思想及其对教育产生的影响的论著实在太多,以至于这里很难叙述他的全部理念,只能归纳他的一些重要理论。裴斯泰洛齐的声名远播,无疑是因为他不仅著书阐述教育理论,而且开办学校将他的理论付诸实践并广为世人所知。很多教育人士和学者都前来考察,他们对眼前所见的情景无不心潮澎湃和满怀热情。

此外,裴斯泰洛齐并不是一个激进分子。他是虔诚的宗教主义者,并且总是将对儿童的宗教和道德教育置于重大教育目标的首位。毫无疑问,他曾经提及社会改革问题,也曾和自由主义团体有过联系;但是,他把社会变革当作通过帮助别人去帮助他自己最终完成的一件事情。很明显,即使他的这种理解,对于普鲁士和法兰西帝国的保守主义者们而言还是过于激进,但是,他对不享有任何特权、生活困苦的社会下层民众的同情,触动了乐善好施的中产阶层的心弦并得到了他们的响应。而且,裴斯泰洛齐还强调让儿童参加实用性学习活动,其范围涉及从运动技巧到农业、商业贸易和工业等方面的职业技能培训。他的做法非常吸引那些对当时大部分学校只重视文学和语言教学的状况感到不满的人们。

然而,最重要的是,裴斯泰洛齐的学习理论吸引了那些寻求教育平民大众孩子的新方法的教育者。在这一方面,他并没有因为他自己的激进主义而引起不满,反而赢得了人们赞许和热情关注,其原因是他在不放弃官能心理学理论和宗教感受学说的前提下借鉴应用了洛克的经验主义和罗素的自然主义。他的儿童发展理论由此成为对教育理论和方法做出的最有影响的贡献。他将儿童视为一个由精神道德、身体素质和思维智力等不同天赋官能组成的统一体,而通过教育可以实现所有官能的和谐发展。

裴斯泰洛齐对自然主义的偏重,体现在其坚持主张儿童的学习动机应该源自他们的天赋本能,而不是外界的刺激和强迫。进行合作和关爱同情,而不是实施体罚,是保证孩子遵守纪律的途径。只有这样,孩子的自身潜能才能得以发展,才能得到自由表达和自然发挥。因为本性是人的生命的原动力,所以,教师的职责在于根据儿童正在变化发展的天赋和自然发展的不同阶段调整教学策略和方法,以适应不同儿童的个体发展。

图 22　约翰·亨里希·裴斯泰洛齐

感官唯实论是裴斯泰洛齐的思想依据,这在他的教育方法实施中也是显而易见的。由于感觉是年幼儿童心理发展的最重要因素,教育者有必要在儿童发育的最早期重视培养儿童观察现实事物和自然物体,而不是书本和阅读。裴斯泰洛齐设计出一整套"实物教学",旨在充分激发儿童与生俱来的欲望,促进儿童视觉、触觉和听觉的发展,并以此教会儿童认识语言、数字和形状的基本原理。植物、动物、特殊模型、工具、图画、实物模型、音乐和地理知识等,都是裴斯泰洛齐在发展儿童感觉官能的教学计划中的重要主题。

　　裴斯泰洛齐的教育方法给那些只熟悉书本阅读、记忆和背诵的教育者们留下了深刻印象。它注重开展从个别到一般、从具体到抽象的教育，这种教育方式对孩子们在拉丁文学习中难解其意之时尤其有效，孩子们也深感受益。

　　最重要的是，裴斯泰洛齐教育方法的实际效果很好，因而发展迅速并很快得到了认可。如果教师想要使用这种方法实施教学的话，那么，他就必须接受新式培训。自此以后，教师需要更加细致地研究儿童的天性，以此来引导儿童的正确发展，并根据儿童的需要和兴趣调整教学方式和内容。这种需求一旦得到认可，教育的发展就会更大。最后，学校教育被视为一种需要专门的专业准备的职业，而不仅仅是随意找个人制造羽毛笔和削桦木棍并用它们来教育孩子的一个简单任务。裴斯泰洛齐对教学职业的兴起和发展做出了最深远的贡献。

　　18 世纪末，法兰西战争使瑞士遭受了毁灭性的打击，贫困和家庭生活的支离破碎突然降临下层社会，这一切让裴斯泰洛齐深受触动。他深信，通过帮助个人开发自身的心智和能力，培养自尊和安全的意识，人们能够推动社会的改善。出于这一目的，裴斯泰洛齐在新庄和斯坦兹分别成立孤儿院，收留和培养那些父亲战死疆场的贫困儿童。后来，他先在布格多夫，最后在伊弗东建立儿童寄宿学校，他在那里所取得的成功使得他获得 19 世纪前面 15 年间最大的声名。

　　裴斯泰洛齐以爱心和温情开办小学校，努力使儿童重新体会完满美好的理想的家庭生活，他在教学中注重管理中的宽容慈爱，对孩子们的关爱，以及从宗教和道德层面对孩子们给予启发和鼓舞。裴斯泰洛齐也许比其他任何个人都更广泛地拓宽了初等学校课程的理念，在课程中引入地理、自然研究、绘画和音乐，同时还包括更普遍地为人们所接受的阅读、书写和计算方面的学习。

　　在所有科目的学习中，裴斯泰洛齐重视结合模型和实物进行教学，描述其形状和意义，以此发展学生的感官和知觉。裴斯泰洛齐凭借感官唯实论教育和温和管理，注重培养学生在心理、身体和道德方面的能力，从而展现出比同时期普通初等学校的教育方式更加自由的初等教

402

育理念。

图 23　位于斯坦兹的裴斯泰洛齐学校

　　此外,两个反映裴斯泰洛齐影响力的教育运动后来对美国教育产生了很大影响。其中之一是建于霍夫维尔的费林别尔格(Philipp Emanuel von Fellenberg)①的学校,该学校在教育过程中注重农艺和工艺实用培训,向下层中产阶级和农民传授技术和技能。费林别尔格希望,这样能够帮助社会下层民众提高自己的能力去生产粮食,制造服装,制作手工艺品及其他各种物品,从而能够提升他们的社会地位和经济地位。另外一个给教育带来影响的运动来自弗里德里希·福禄培尔(Friedrich Froebel),他为幼儿创建幼儿园,使之成为儿童在入小学之前得以发展他们的心智、道德和表达能力的一个重要途径。

　　福禄培尔。弗里德里希·福禄培尔同裴斯泰洛齐一起从事教育活动,并在瑞士和德国开办了自己的学校。他不仅对裴斯泰洛齐的感官唯实论印象深刻,而且还受到当时的唯心主义哲学的影响。他构想出一个绝对观念论哲学,其中他设想了教育和个体发展的地位。福禄培尔将世界和宇宙视为一个伟大的统一体,其中精神领域和物质范畴之间没有界限,个人和社会之间也并非彼此相隔。绝对精神作为导向意志和所有客观现实的终极目标而存在于世上万物;当上帝的旨意显现于人间之时,所

————————————

① 费林别尔格(1771—1844),瑞士教育家。——译者注

有事物都从中找到它们的同一性，并且发现它们的本质。

　　福禄培尔将儿童视为人类在其本性方面理解上帝意愿的中介，将教育与其理论体系融为一体。通过教育的实施，儿童的心灵同绝对精神的非物质统一体建立了联系。教育的目的在于，帮助儿童显露自身能力从而可以实现与上帝神灵的精神统一。生命的成长是认识绝对精神的一个内在过程，因此，儿童的成长也是人类表达神灵本意的一个部分。绝对精神的精神本原是积极向上、富于创造和道德高尚的，所以，儿童与生俱来的天赋必须得到自由的发展，最终帮助儿童实现其自身发展与绝对精神的统一。自身活动的自由使儿童有机会发展他自己的潜能，激发天生的求知欲并开发其本能。

　　福禄培尔认为，人接受教育的过程应该起始于 3 岁或 4 岁的儿童期。他将面向少年儿童的教育机构称为"幼儿园"，即孩子们成长的乐园。促进幼儿成长和学习的有特点的教育手段就是游戏活动。正如工作是成年人生活的正常部分一样，游戏对于幼儿的成长而言同样是自然的和适用的。因此，福禄培尔设计了种类繁多的游戏活动，发展儿童的全部本性天赋，促进儿童道德、情感以及智力天性的发展。为达到这一目的，福禄培尔为儿童安排泥塑模型制作、绘画和着色、唱歌、跳舞、戏剧故事表演以及对木块、纸张和硬纸板、球体和立方体的熟悉与操作等活动，所有这些都适用于教学的内容。

图 24　弗里德里希·福禄培尔

403

为了保证与其绝对观念论哲学协调一致,福禄培尔为所有这些教学活动赋予了象征性意义。所有的教学实物都被视为"恩物",所有的活动都被当作是神灵授意的"作业",所有这一切引导儿童进一步认识神灵和社会统一体。儿童对球类或球状物的操作,潜移默化地帮助他们理解世上万物的和谐统一。围坐成一圈的学习活动是要使儿童意识到,他们自己同其所处的社会集体以及最终同在绝对精神指引下的所有人类的统一体之间的联系。

脱掉实物教学的象征意义的外衣,抛开其与绝对观念论论证的契合,福禄培尔的教育思想本身必将极大地影响美国教育。对儿童不同以往的尊重和关爱,对他们的个性培养,以及对儿童本性中充满活力、积极向上的品质的开发,意味着对严酷的教学纪律和传统的学校教育氛围的弱化。重视对实物的操作训练以及自由发展潜能和表达自我,使得教育本身更加注重替代一成不变且刻板严格的书本阅读的游戏活动和感官唯实论。作为一种自然的表达方法,团体活动的教学理念促使儿童认识到,作为学校和社会生活带给他们的理想结果——良好的人际关系是至关重要的。

认定儿童天生美善可塑,促使教育者们研究儿童的天性和个体差异,并以此作为教育过程的正确向导。合作、创新、活力、成长和自由成为了教育理论和实践的代名词。通过这些不同教育方式的实施,对年幼儿童的教育逐渐成为学校教育的一个重要的功能,这不仅被视为是后来教育的一个开端,而且也是对儿童个性全面而正确发展的一个重要阶段。福禄培尔的幼儿园教育为后世"儿童中心"学校理念的形成铺设了重要的基石。

赫尔巴特。19世纪欧洲教育对美国教育产生的第三个重要影响来自德国著名哲学家和心理学家约翰·弗里德里希·赫尔巴特(Johann Friedrich Herbart)。裴斯泰洛齐尤其关注初等教育,福禄培尔特别对学前教育有兴趣,而赫尔巴特则得到中等学校和大学教师们的广泛认可。赫尔巴特对教育的两大主要贡献,在于他对教育的社会和道德特征的重视,以及他形成的教学"方法"体系。

赫尔巴特最初的设想是,教育最重要的目标在于学生完美品格的

404

发展,此后他更坚持认为教育观念和教育目的应该以道德为主要核心。对赫尔巴特来说,这并非宗教意义上的道德观,而是事关个人对自身的调整以及对社会的适应。为了达到这一目的,他重视历史和文学方面的学习,并将两者视为儿童自己形成理想的社会态度的最佳途径。他甚至更进一步地提出,历史和文学学习应该是学习的"核心",儿童应该为此不遗余力,所有其他学科都将与之相互关联。这些对历史和文学学习绝对专注和学科学习相互关联的理论,促使很多美国学校引入社会学科的学习,当时在美国学校中,经典著作和数学正在同自然科学为占据课程中的主要地位而竞争。

405 尽管赫尔巴特坚持教育的道德目标和社会目标,但是,他认为这些目标主要应该通过在学习过程中采取理智方式来实现。他的整个观念联想主义哲学强调学生在学习过程中形成清晰观念的重要性。他并不重视情感、意愿和感觉,而是将它们降至依附思维中观念联合的次要因素。因此,教师应该把注意力主要集中在学生通过感官和知觉来形成观念的过程。

图 25　约翰·弗里德里希·赫尔巴特

最重要的是,教师必须关注学生的兴趣问题。由于意识是以多种方式联系在一起的观念的集合,因此,教师应该保证学生的新观念与已经成为其经验一部分的固有观念的联合。所有的学校在课堂教学过程中,都
406 应当明确学生的新观念和已经在其思维中形成的观念"统觉团"的联系。

赫尔巴特的追随者们将其所强调的观念联合和兴趣学说理解并发展成为一种相当固定的教学模式,即后来广为人知的关于学习与教学的"五段教学法"。这五个步骤包括:"预备",在这一步骤中,教师通过唤起学生在过去经验中可能与新事物、新教材相关的观念记忆,帮助他们在思维上做好准备;之后的步骤是"提示",即教师向学生讲授新事物或新教材;然后是"联合",教师和学生切实努力揭示新旧观念的联系,加以对比和区别;第四步骤是"概括"或"抽象",通过这一步骤,教师帮助学生分析个别情况,并总结出一般规律;最后是"应用",在这一步骤中,一般原则将得以应用,学生根据具体事例和实际情况赋予其现实意义。

当阅读、记忆和背诵仍然作为主要的教学法时,赫尔巴特的系统的和"科学的"教学方法开始大受欢迎。这些教学法在美国的教师教育机构之间迅速得到传播,并且推动了整个教师培训过程的发展。在一些教育家的努力下,这些新的教学法促进了生机勃勃的教育职业化进程;而在其他的教育家手中,这些教学方法却转化为僵化的和一成不变的教育模式,使得几代教师及他们的学生都承受着僵硬呆板的"教学计划"的重压。

也许意大利教育工作者玛利亚·蒙台梭利(Maria Montessori)并没有给美国教育带来太多的直接影响,但是,她的确为近代欧洲教育理论和实践开辟了新的道路。20 世纪 20 年代,蒙台梭利的受欢迎程度达到了顶峰,她的著作广为流传,许多来到意大利的访问者都为她本人及她的学校体现出来的活力惊叹不已。蒙台梭利强调通过感觉经验完成学习过程的现实主义教学方法,这使人联想到裴斯泰洛齐和福禄培尔的教学理论,但是,她更加注重儿童在学习过程中的自由。在她的"儿童之家"中,蒙台梭利向所有人灌输着一种思想,即对儿童个性发展的尊重。此外,她还寻求为儿童解脱的途径,通过安排儿童参加激起其兴趣并对其构成挑战的活动,使儿童得以自由发展。在人们的眼中,就教学而言,她竭尽全力帮助儿童自主学习,而不是强求他们通过正常的学习方式获取知识。尽管墨索里尼下令禁止发表蒙台梭利的著作,而且因为它们违背法西斯主义的一切服从国家利益的要求而遭到查禁,但是,她的著作仍然极大影响着瑞士、荷兰、英格兰以及第二次世界大战后印度的学校。1933年被驱逐出意大利之后,蒙台梭利依然寻求在其他国家继续自己的事业,但结果常常是遭受重重阻碍。蒙台梭利卒于1952年,同年约翰·杜威也在美国辞世。她是欧洲近代教育近五十年来的标志性人物,其地位如同杜威之于美国。如果有生之年她有机会通过有序组织或在教师预备学校中的实际教学整合她的理论,并使之形成体系,那么,她的教学理论可能会更广泛地在欧洲大陆的学校中转化为实践。

初等教育

英国。概括19世纪初期英国的初等教育状况并不容易,因为当时与课程相关的法令凤毛麟角,政府也并没有集中安排的课程编制。然而,大体上来看,民办学校中最为常见的初等教育课程包括阅读、书写、计算(3R)和宗教教义,而公立学校的情况则有所不同,1870年颁布的《福斯特法案》明令禁止公立学校中的宗教教学。

1780年,罗伯特·雷克斯(Robert Raikes)[①]发起了针对儿童教育的主日学校(Sunday School)运动。作为一位报社编辑,他用文字竭力唤起民众关注童工教育。他认为,在工场工作的童工日出而发日落而归,每周要工作6天甚至7天,他们同样需要接受教育。在他的倡议下,多家民办学校在格洛斯特成立,面向利用周日休息时间来校学习的童工,授课内容为读、写、算三门基本学科和宗教教义问答。随着"主日学校资助和促进协会"(the Society forSupport and Encourgement of Suday Schools)在英国一些郡县的成立,主日学校演变成一场"教育运动"。主日学校教育理念于19世纪上半期传入美国,并受到民众的欢迎。

教育界对英国工业革命的又一个反应,是由苏格兰工场主、慈善家和社会主义者罗伯特·欧文出资兴办的幼儿学校。除了倡导减少童工的劳动时间之外,欧文还推动社会兴建学校,教育那些在工厂全日工作

---

① 罗伯特·雷克斯(1736—1811),英国传教士、慈善家,主日学校的创始人。——译者注

的父母的年幼孩子。尽管主要是针对 3 岁、4 岁和 5 岁儿童的简单的游戏、歌唱、舞蹈教学和幼儿保育，但是，这些幼儿学校同样讲授宗教教义和阅读、书写、计算的基本要素。随着裴斯泰洛齐教育思想的引入，幼儿学校的教学也减少了书本教学，而更多注意自然界实物的教学。为了宣传幼儿学校而成立的协会，是使公众意识到社会需要为年幼儿童提供教育机会而迈出的另一个步伐。

　　另一个让更多儿童能够得到受教育机会的教育模式，是几乎由公谊会教徒约瑟夫·兰喀斯特（Joseph Lancaster）和圣公会信徒安德鲁·贝尔（Andrew Bell）同时提出的导生制。导生制教学就是由年长的学生作为"导生"，或者称之为"助手"，辅助教师管理班级。教师向各个导生讲授课程，之后每个导生负责给 10 个或 12 个年纪小一些的学生"讲课"，重复他们所学到的授课内容。无论从导生那里间接学到什么知识，那些年纪小一些的学生们都会声音洪亮、整齐划一地背诵起来。课堂的墙面贴有布告和图表，用来辅助分组教学并节省课本开支。授课内容仍然以宗教教义问答、阅读、写作、拼写和算术为主。体罚被取消，对学生的惩罚仅限于戴纸帽和站墙角，取而代之的是按成绩奖励的考试制度，目的在于使学生对学习产生兴趣。学生们开始喜欢队列练习、喧闹的活动和取得好成绩后的奖励。这种导生制学校在 19 世纪初期风行美国。

408

　　英国初等学校的主要特征之一是其课程的变化多样，这是由于英国初等教育在课程建设方面实行地方创建和自主的原则。英国人往往认为，家庭和家庭环境是学习的基本机构，而学校则主要是提供家庭未给予教育的附加机构。甚至英国的教育法规，通常也指令父母保证子女接受教育，而并未着重规定孩子必须进入学校接受教育。这意味着品格和道德教育在英国社会占有重要的地位，而掌握学科知识相对而言则处于从属的地位。而且，学科本身非常狭隘。这在《1921 年教育法案》（Education Act of 1921）中有所体现，该教育法案只是规定父母必须确保孩子在 5～10 岁期间接受阅读、书写和计算方面的初等教育。

　　以上列举的学科是几乎所有初等学校设置的全部学科。此外，每所学校可以根据教育实施程度扩展学科的范围，包括地理、历史、自然研究、绘画、音乐、体育和保健以及手工和家政。这些学科的授课时间长短不定,教育部门既没有为其指定通用教材,也没有规定这些学科应包含哪些教学内容。在大部分初等学校里,宗教教学依旧发挥着重要作用。学校的实际情况一般是组织免费学额考试,确定哪些 11 岁适龄学生升入中等学校学习,哪些学生继续参加更高级的初等学校学习,接受初等知识分支学科的附加教育。

然而,新的《1944 年教育法案》则强调初等教育的范围和观念的扩展,规定教育应该满足儿童和社会在道德、心智和身体方面的需求。新的教育法案试图消除教育中的传统二元论和等级划分,学校教育体系中"初等"一词不再被使用,陈旧的免费学额考试也被废除。它的教学计划要求所有学生应该经历从幼儿学校和保育学校(6 岁以下)到小学(5~11 岁),再到中学(11~15 岁,终至 16 岁)的学习过程。英国政府认为,新的教育法案规定的学校教育体制已经建立。但初等教育的课程仍然因地而异。许多地区除了组织常规的系统教学之外,更加重视设计教学法、社区学习和活动教学。教学目标是清晰的,而实现目标的实际步伐无疑是有些地区快,有些地区比较慢。形式多样和传统将继续在英国初等教育发展中各显其能。

法国。法国初等教育的传统理念在 1808 年由拿破仑确立,当时他的言论令全体民众信服。他认为,学校应该教授罗马天主教教义,教诲学生对帝王忠诚,培养忠于教廷、忠于国家和专心于家庭的守纪公民。遵照这一教育思想,法国于 1833 年制订法规,将初等学校课程实际确定为阅读、书写、计算(3R)以及宗教和道德教学。1850 年,这一课程设置有所扩展,如果学校愿意的话,初等教育课程可以增加历史、自然研究、地理、绘画和音乐等。

法国的高级初等学校基于上述基础学科,又增加了几何、测量、农艺、实用工艺和商学等实用科目。由于建立高级初等学校的经济动机在于提高学生在农业生产、工厂工作和城市建设等方面的实用技能,它的出现遭到中等学校的反对,因而难以得到社会的认可。社会上层的贵族显要们不愿把他们的孩子送到低等级学校,而社会下层的工人阶级则无法承受让孩子接受基础学科之外的教育,因为他们需要年长的孩子待在家里劳动,以保证家庭的收入。

　　法国初等教育的主要变革出现于 1882 年《费里法案》(Ferry Law)的颁布之时,该法案要求扩大课程的世俗方面,减少它的狭隘的宗教教学。虽然学校并不教授具体的宗教教义,但是,课程内容中仍然涉及很多道德教育,以培养孩子履行职责,忠于上帝、家庭和共和国。因此,初等学校的基础课程逐步形成,其内容包括道德教育和公民教育,阅读、书写和计算,历史、地理、自然研究、科学和数学、绘画、音乐、手工和家政,以及体育和军事训练。

　　教师的绝对权威、严酷的纪律和学生的服从以及严格遵从国家的教材和课程,这一切标志着法国初等学校的校园生活。在法国初等学校中,民族主义一直都是教学方法和课程的直接的和影响巨大的构成元素。伴随着民族主义的情结,对主要学科的完全掌握成为课程教学的主体。因此,教学方向在很大程度上侧重于帮助学生获取基本技能以及事实和系统的知识。教材的种类和内容由国家教育部严格规定,所有年龄达到 11 岁的学生必须参加全国性的口头和书面考试,而且在从高级初等学校结业之前必须再参加一次统一考试。法国初等教育中最为常见的教学方法,是教师在课堂上的直述讲解、提问与回答、学生在笔记本上抄写听课内容以及记忆和背诵抄写内容。

　　在德国纳粹占领时期,政府在学校教学中大力引入亲德的教科书,清除那些揭露德国在第一次世界大战中的罪恶和暴行的课文内容或者其他各种反德的内容。在法兰西第四共和国时期,政府依照更为进步的美国路线制定教学计划,使得法国初等教育顺应现代潮流,但是,课程仍然鲜有变化。如果说有变化的话,那就是前所未有地更加重视为中等学校做准备的基本技能和知识。公立学校继续依靠世俗的而不是宗教的标准来提供道德、理性和文化的教育。

　　德国。在 19 世纪初自由主义思潮的推动下,德国面向民众的国民学校也受到裴斯泰洛齐教育思想的影响。因此,基础课程得以扩展,教学内容除阅读、书写和计算外,还增加了自然研究、地理、绘画和音乐。然而,对宗教和道德教学的倚重以及对培养学生忠于国家的爱国教育的加强,仍然占据最为重要的地位。歌颂德意志的历史和文学很快加入课程体系,成为向学生灌输民族主义忠诚思想的一个途径,体育作为

410

今后公民参加军事训练的基础也应运而生。

贯穿 19 世纪的大部分时间,上述这些学科构成了当时德国初等学校的基本课程。由宗教和民族主义形成的课程,目的在于培养出顺从、忠诚和谦卑的王国臣民和帝国子民。教学方法的设计同样强调纪律,要求学生绝对服从教师的权威,教学应该基于政府审定的教科书,而不是对学生主动性或创造性的培养。

在德意志共和国时期,许多初等学校教师对"进步的"教学方法感到心潮澎湃。他们反对帝国时期学校中过于严厉的管理、过度集权和过于知识性的学科设置,提倡让学生从限制不断和单一的学科学习中解脱出来。他们非常注重学生对地方环境、旅行、游戏、音乐和艺术等方面的学习,把它们视为学生进行自由表达的媒介。"启发"式学习替代了拘泥于书本的课堂式学习。

在教学过程中,教师关注学生心理,激发学生学习兴趣,建立更为和谐的师生关系。这些变化取代了以学生不断鞠躬、教师鞋跟触地有声为特征的普鲁士军事式教学传统。当然,也有很多德国人憎恶这样的自由和个人主义。对上述活动教学方式的过于偏重,在纳粹统治时期又不可避免地使得教学管理方式的钟摆以更强的反作用力摆向另一个极端,回归到严格管制、绝对服从、纪律严酷和教师权威的状态。

在纳粹统治时期,课程教学内容完全遵照纳粹的构想,以纳粹分子所理解的德意志国家的过去、现在和未来为中心。历史被限定为专门学习德意志国家历史的学科,称颂古代传奇英雄人物,赞扬帝国军队的丰功伟绩。对本国历史的歌功颂德从一些教科书的书名就可见一斑,例如,《回归远古》(*In the Mists of Antiquity*)、《北欧日耳曼英雄》(*Nordic Heroes*)、《日耳曼胜利》(*German Battles*)、《从舍生取义与统领千军见日耳曼之伟大》(*Greatness in Sacrifice and Leadership*)。

对德意志国家当时国情的颂扬,则体现在对外来语言教学重视程度的下降。国民教育更加注重日耳曼语言、文学、文化、艺术和音乐。"日耳曼"自然应理解为"雅利安人的"和非犹太的民族,这意味着,犹太人在所有这些领域中做出的巨大贡献必须一笔勾销。地理教学也开始用来宣扬德意志荣耀,教育德国儿童对国家的每一片疆土更加忠诚。

对于国家未来的教育构想,则集中于在生物学、优生学和"种族纯洁科学"等学科的学习上。这样的学科设置考虑到诸多利害关系,例如,民众的健康卫生、雅利安人内部同根同族的"对等"婚姻以及为国家生育和抚养子女。与德国的未来角色有关的经济和政治学习,强调德国有必要夺回失去的领地,集合全世界拥有日耳曼血统的人们并建立统一的伟大国家,保证德国自给自足直至能够支配世界经济和政治格局。

联合国后来将一切法西斯变革恢复常态,重现德国学校中真实的教学内容和民主的教学方式。这一恢复过程也相当于一项巨大的教科书修订和改写工程,新版教科书要体现民主思想,同时还要兼顾引人入胜、趣味性和生动性就如纳粹神话所包含的。

俄国。在最先尝试改革俄国初等学校教育的时候,共产主义者们采用他们心目中进步教育的方法,例如,活动教学法、设计教学法、以学生为主的自由教育、政治思想的融入等方法,向年轻一代灌输新的政治理念并且"转变"教师的信念。学生突出的个性和相互竞争的做法因被视为资本主义意识形态遗留之物而最终废止,而把能够在团队合作活动中表现出众作为理想并受到称赞。

然而,在经历了第一个五年计划之后,共产主义者感到回归更为传统的教学才更加稳妥。这种传统教学方法就是要让人民大众了解到系统的和有逻辑性的知识信息,并以此作为在短时期内将俄罗斯建设成为高度工业化国家的一贯途径。乔治·S·康茨(George S. Counts)[①]教授下面的描述很好地说明了俄罗斯对教育的新态度。

> 俄罗斯教育体制下的教育资源逐渐用于"掌握知识"的目标。1929 年,苏维埃教师普遍认为他们肩负的重任是尽力实现第一个五年计划的目标;而在 1938 年之前的一段时间中,他们则认为他们的主要职责是以严肃认真的态度帮助青少年掌握俄文、数学、自然科学、技术、地理和历史等学科知识。国家重新启动学科教学,组织人力细致地编写"稳定的"或者说是统一规范的教材,在各个学科领域建立起编

412

---

① 乔治·S·康茨(1889—1974),美国教育家,改造主义教育的主要代表之一。——译者注

排严密的学习方案,引入严格的考试和评分体系,总之就是制定一个在严格性、严谨性和普适性方面与法国相似的系统的课程体系。①

教师的绝对权威和纪律惩罚得以重新建立。学校重视学生是否尽到自身职责、认真严谨、力争高分、考试合格、学习勤奋刻苦、严格服从教师安排和管理、注重个人仪表以及态度礼仪和行为举止。实现建立共产主义国家和工业化社会的国家目标,使得教育方法和教育内容相应地呈现全新的形式,这些国家目标不断渗透到学校的各个方面。确切地说,在俄罗斯整个国家命运完全掌握在共产党人手中的情况下,初等教育是国家政治的一个分支。

对俄文和不同地区本族语言的学习占初等学校教学总时数的一半以上,在初等学校课程中占据主导地位。数学的学习约占课程内容总量的四分之一,而在余下的时间中则安排苏联历史、地理、自然研究、音乐、绘画和体育等学科的教学。

中等教育

在几乎所有的欧洲国家中,中等学校起初都是为社会上层阶级的子女而设立的为进入大学做准备的预备学校,也是为确保他们父辈所在的社会上层阶级处于领导地位的教育机构。对这种中等教育体制的逻辑理解,在于一个真正受过教育的人应该具备一种自由教育即古典知识的传统印记。由于在一个国家中只有相对少数儿童能够学习掌握这样的学科,因此,在公众看来,他们是唯一有权获得真正教育的人群。

人文主义的巨大影响力在 19 世纪中等学校中显示出更加强大的作用。保守派竭尽所能阻止将科学和新兴学科引入中等教育。尽管他们无法完全抵御自由主义者对一种更灵活和更宽广的课程的需求,但是,他们可以保护那些"最好的"学校,使之免受变革思潮的侵袭。有时,他们不得不允诺在中心地区之外建立新型中等学校,但是,与初等教育不同的是中等教育的基本框架能够成功得以继续维持。在 19 世

---

① 乔治·S·康茨(George S. Counts):《重塑俄罗斯思想》(*Remaking the Russian Mind*),《亚洲和美国》(Asia and the American),1945(10)年,第 482—483 页。

纪期间,大部分意欲废除刻板的初等教育和中等教育双轨制的努力都失败了。

　　英国。在英国中等教育中占有重要地位的"公学",长久以来一直 *413* 为所有其他类型的中等学校设定教学标准和理想目标。9所知名的"公学"通常是指伊顿公学(Eton)、温彻斯特公学(Winchester)、恰特豪斯公学(Charterhouse)、威斯敏斯特公学(Westminister)、拉格比公学(Rugby)、哈罗公学(Harrow)、什鲁斯伯里公学(Shrewsbury)、圣保罗公学(St. Paul's)和麦钦泰勒公学(Merchant Taylor's)。在这些公学中,传统的人文主义仍然发挥着核心作用。英国人不仅极其重视古典文学,而且也非常看重学生在寄宿学校里的集体生活。他们认为,这种集体生活能够营造良好的宗教、道德和智力生活,塑造在礼仪和行为举止上与绅士男孩相符的模范学生。英国中等学校的社区生活是区别于法国和德国中等学校的主要特征。

　　尽管以著名的拉格比公学校长托马斯·阿诺德(Thomas Arnold)为代表的许多人支持和维护英国社会中的"公学",但是,在19世纪时对公学支持者们的批评和攻击仍然不断增多。更加民主和实用的教育体制也成为了社会的需求,但是,这种需求相对来说很少转化为实际的教育形式,尽管威廉姆·休厄尔(William Whewell)[1]、托马斯·赫胥黎和赫伯特·斯宾塞等自然科学拥护者都在努力推崇科学,希望人们把科学作为一种自由教育的基本要素。新型学校在成立之初一般都仿效"公学",吸引社会上层阶级的生源。种类繁多的捐助学校、私人团体办的学校(学校收入须返还给管理学校的公司或企业)和私立学校(以盈利为主要办学目的)都建立起来了。

　　在19世纪中期后,英国议会针对社会对中等学校教育的种种不满做出了回应,成立多个皇家委员会调查中等学校的教学组织和管理情况。其中,克拉伦顿委员会(Clarendon Commission)[2]通过对9所"公学"的调查,认为传统的古典课程教学的确是塑造英国绅士的主要决定

---

　　[1] 威廉姆·休厄尔(1794—1866),英国哲学家、历史学家。——译者注
　　[2] 克拉伦顿委员会(1861—1864),旨在研究公学教育问题的皇家委员会,由第四任克拉伦顿伯爵弗雷德里克(George William Frederick,1800—1870)担任主席。——译者注

因素。此外,该委员会还建议,公学应该加大对自然科学、现代语言和社会学科的关注,但总体来讲,公学得到了该委员会报告的肯定。

由汤顿男爵(Lord Tauton)担任主席的学校调查委员会(Schools Inquiry Commission)[①]对英国所有的中等学校展开调查,发现各个学校教学质量和教学标准差别很大,其中很多学校的情况不尽如人意。学校调查委员会提出了很多意义深远的建议,其中包括课程的改革、国家对学生成绩确认和教师资格认定应实施更为严格的监管、更加系统的组织等。然而,这些建议明显过于激进,英国议会对该委员会提交的报告并未给予重视,于 1869 年通过《捐助学校法案》(Endowed School Act),仅仅指派一个委员会协助捐助学校制定更加合理的资金分配计划,管理学校由各方捐助所得的资金。国家对"公学"的管理是 19 世纪英国政府采取的过于激进的一步。

尽管英国由政府支持建立的中等学校处于稳步发展的态势,但是,中等教育的发展步调和节奏仍然主要由私人出资兴办的"公学"决定。这些公学采用的古典的、宗教的和贵族化的教育模式,仍然为捐助走读学校和其他私立寄宿学校所大力效仿。在英国社会的评估中,这些公学处于很高的地位,成为培养政府和企业公司的领导人以及教会领袖的教育机构;但同时,它们也因其单一的和选拔性的招生特点而不断地遭受批评。这些学校极力坚持着重培养在公共事务、政治和管理方面身处高位的英国领导者的定位。

尽管中等学校提供数量更多的"免费学额"和奖学金,但是,阶级背景和家庭经济状况仍然在学校选拔学生方面起到最为关键的作用。由于奖学金考核有着极大的古典传统特征,因此,参与奖学金资格考核的初等学校学生数量不断增多,并远远超过从前。在那些公学中,品格培养和"绅士风度"比严肃的智力训练起着更加重要的作用。

第二次世界大战引来了人们对公学的新的批评,甚至有人建议应该由政府接管这些学校。随着新的《1944 年教育法案》颁布,由政府兴

---

① 学校调查委员会,即汤顿委员会(1864—1868),旨在研究中等学校问题的皇家委员会,由第一任汤顿男爵拉布谢尔(henry Labouchere,1798—1869)担任主席。
——译者注

办和管理的真正意义上的公立中等学校得到了蓬勃发展,所以,公学的未来地位难以确定,但是只要保证地方自主和课程管理权力仍然归属学校校长和私立学校管理者,这些公学无疑会继续发挥重要的作用,即使不会在数量上也会在影响力上长期发挥作用。然而,变化是这些公学很可能再也无法在双轨的学校体制中发挥几百年来由于它们的特权而起的绝对主导的作用。

在第二次世界大战后的英国社会,出现了其他四种形式的中等学校:文法中学、现代中学、技术中学和综合中学。文法中学极力效仿"公学"的做法,重视人文教育,学校毕业生将走入大学和专业职位。其课程显示出非职业化和高度学术化的特点。文法中学重视外语教学,尤其是拉丁文和希腊文教学,同时注重在英国语言和文学、数学、自然科学、历史和地理学科的标准教学。此外,也在一定程度上关注手工、家政和身体训练。1948年时,这些文法中学招收的学生大约超过50万人。

现代中学由传统的高级初等学校转变而来。这些现代中学强调对低年级学生实施普通人文教育,然后为高年级学生提供满足学生职业需要和社区生活需要的实用教育。社区或地区教育的发展,常常是依照美国以社区为中心的学校教学或核心教学计划而设置。在学校教育的后期,常常准许学生到商店和实验室中去进行直接的职业或职前的培训。1948年时,这些现代中学招收近100万名学生,很可能发展成为英国最受欢迎的中等学校。

技术中学自1905年成立以来同样得到一定的发展。这些技术中学自称并非职业学校、工业学校或商业学校,但注重那些社区依靠的、占主导地位的工商业所需的科学和技术。20世纪40年代后期,它们招收了大约7万学生。

最后要提到的是综合中学。在伦敦建立了一些综合中学,其在组织形式上有些类似于美国的公立中学。这些综合中学在同一个学习场所学习文法中学、现代中学和技术中学所提供的课程,为学习一种或其他种专业的学生提供机会,以拥有一种共同的社会和社区生活。

法国。国立中学是法国最高级别的中等学校,重视拉丁文、希腊文

415

和数学的学习,并在最后一年提供一些哲学和自然科学的教学。市立中学也是一种公认的中等学校,但是,这类学校相对而言处于不为人们重视的地位,一般建于更小的城镇,学校声誉较低,教学设施也不够齐全。这两种学校都是七年制教育机构,学生11岁或12岁入学,到18岁毕业。它们都是面向社会上层的贵族学校,以古典的人文主义为主导思想。

19世纪下半期,有人努力在国立中学和市立中学中给予自然科学和现代语言教学更重要的地位,但是,这些努力大多以失败告终。有人提出,古典和科学这两种不同的学科在学校的最后三年中同时作为教学科目,学生可以在两者之间做出选择,但这一方案未能最终生效。教师在科学方面所受到的训练无法同他们在古典方面所受到的训练相提并论;因此,人文主义者怜惜地看轻自然科学课程,认为它是缺乏训练和脆弱无力的。

在19世纪80年代到90年代期间,古典主义学者和现代主义学者之间爆发了激烈的争论,但法兰西第三共和国并没有丢弃人文主义传统,并且将其视为处理公共事务和大学教学的优先选择。现代学科在很大程度上被中等学校拒之门外,并且降为高级初等学校的学科。人文主义学者们如此确信真正的教育意味着古典教育,他们在争论中毫不退让,这种情况一直持续到20世纪。

1902年,路易斯·利亚尔德(Louis Liard)①推行在中等教育中引入现代和古典并重的学科,内容涉及现代语言和自然科学学习,同时进行强调希腊文和拉丁文的古典学科教学。现代和古典这两类学科中都包括一定内容的历史、地理、数学和自然科学,但是,新的学科在教学标准上从来没有同更传统的古典学科完全对等。

在反对现代学科教学的回应中,并且经过法国议会的激烈论战,莱昂·贝拉尔德(Léon Bérard)②于1923年颁布法令,规定4年拉丁文学习和2年希腊文学习为国立中学和市立中学全体学生的必修课程。然

① 路易斯·利亚尔德(1846—1917),法国教育家、哲学家。——译者注
② 莱昂·贝拉尔德(1876—1960),法国政治家、律师。——译者注

而,2年以后,在现代语言和拉丁文之间的选择性学习机制重新得到恢复,国立中学最高年级的学生可以在哲学和数学之间做出选择。中学毕业时,国家组织全国性中学毕业会考,向通过考试的学生颁发学士学位证书,学生可以被大学录取或者进入技术部门。

令人文主义者们感到害怕的是,维希政府宣布了依照德国青年运动使法国中等教育"去知识化"(deintellectualize)的意图。遵循以"厨房、教堂和孩子"为主的思想,政府提议,将手工、家政、身体训练以及其他实用性和职业性很强的课程引入传统的国立中学。政府还完全革命性地提议,取消国立中学最后一年的哲学课程。当然,这些提议遭到坚决的抵制,而且从未得到彻底的执行。

在法兰西第四共和国时期,智力教育依然是法国中等学校的主导特征,但是,具有非常重要意义的新趋向开始出现。甚至在第二次世界大战前夕,中等学校的严谨性开始有些放松。越来越多的奖学金不考虑社会等级地颁发给那些能力出众的优秀学生。从初等教育转到中等教育的"轨道"更加容易,1937年时学生的学费逐渐被取消,新的学科也得到社会的尊重。学生在中学的最后学年里可以选择主修自然科学,也可以选择主修数学或哲学。对低年级的古典课程的教学投入有所下降,但仍然还是很大的。

1945年,一个引人注目的实验性教学计划开始施行。该计划采取类似美国进步教育的一些方法,对大约5000名11岁学生实施活动教学。这些"新的"班级学生每年都成功升入高年级学习。在这个计划中,学生上午的课程内容仍然集中在法国语言和文学、历史、地理、现代语言、自然科学和数学,下午的课程内容就可以从美术、音乐和应用艺术中进行选择。文娱、健康卫生和体育活动同社会学习一起成为必修课程。关注学生的成长和发展、考核和测验、对学习的指导,还有更和谐的师生关系等,这些基本教育原则都与美国的现代教育潮流相似。关注学生的创造天赋,并且关心他们的思想和个性发展,这有助于打破教师的权威主义的教学管理模式。

417

然而,法国教育不会在现代教育潮流的冲刷下失去其本色。传统并没有被丢弃,仍然同法国教育紧密结合,人们对新课程下新奇的"软性教育学"(soft pedagogy)给予了尖锐批评,而对唯智主义价值观的忠诚既坚定而又强烈。人们对社会科学的忽略是司空见惯的。教师讲课和学生记录仍然采取基本的教学方式。学校图书馆的设施几乎没有,其他教学设备和视听材料也非常匮乏。在严格的管理下,寄宿学校的荒凉景象到处可见。

法国社会对作为工业和国防安全根基的科技教育的巨大需求,并未得到中等学校教育者的充分关注。职业和技术教育是通过这些学校提供的,具体包括:地区或社区的职业预备学校(2~3年)、国立职业学校(3~4年)。这些学校所招收的学生人数的迅速增长为法国教育带来了希望,使得这一时期的法国教育最终可能获得应有的关注。但是,职业教育仍然有可能继续与只在中等学校流行的人文性和理论性教育分开。

德国。19世纪上半期,传统的文科中学(gymnasium)成为德国标准的中等学校。这类中学是面向9~18岁男孩的九年制学校,在其中学习的学生将来升入大学,以获得政府和军队中的职位。总体来说,文科中学重视拉丁文的学习,也提供希腊文、数学、自然科学、历史和地理的学习,但是,学校对这些学科的重视程度则要逊于拉丁文。宗教在学校教学中仍然占有重要的地位。当学生在文科中学毕业需要参加的"毕业考试"得到确认并成为大学录取的根据时,文科中学在德国教育中的地位得以确立。

崇尚变革的自由主义者对于增加科学的比重和引入现代语言的所有努力,都以失败告终;他们也尝试以新人文主义为指导思想,把传统教学转变为创造的和自由的教学过程,但仍然遭到19世纪20年代保守的反对势力的封杀。相比之下,狭隘的拉丁文法和句型学习在学校教学中仍然占有统治地位。这也符合《卡尔斯巴德法令》(Carlsbad decrees)中的严格规定,该法令要求加强对课程的严格监管,如有任何教师或学生胆敢偏离正统、减损服从和忠于国王的威严,学校应该予以清除。

然而,科技领域的成就和工业革命的成果毕竟是不容抹杀的,19世纪中期后,新型中等学校终于得到认可,即使这些学校无法与文科中学相提并论,但它们的状况至少要优于初等学校。这些新型学校中包括文实中学(realgymnasium),它采取折中做法,取消希腊文但保留拉丁文,以此留出更多的时间来实施自然科学和现代语言教学。尽管保守势力对这些文实中学进行抨击,认为它们并没有给予学生心智训练,但是,这些学校最终仍然被赋予权力以组织自然科学、数学和现代语言等学科的毕业考试,拥有向大学输送其毕业生的权利。

418

第三类学校也是在保守势力的反对声中得到一定的认可,它属于边缘性中等学校。这类学校就是高等实科学校(oberrealschule),它在教学组织上如此激进,取消拉丁文和希腊文,课程完全以自然科学、数学、现代语言和社会学为中心。当然,这类学校也遭到了抨击,反对者认为它缺乏古典语言和文学,也就完全缺乏"文化"和训练。

所有这些学校都是九年制学校,但各个学校都有其相应的同类六年制学校,就读于六年制学校的学生可以选择到同类九年制学校中继续学业。这些六年制学校分别为前文科中学(progymnasium)、前文实中学(realprogumnasium)和实科学校(realschule)。

德国中等学校种类繁多,其增长的趋势要远远超过法国或英国,这种情况在魏玛共和国实施的民主教育改革的推动下尤为突出。实际上,法国在学生通往大学的道路上只有两种不同形式的同类中等学校(国立中学和市立中学),而德国至少有六种不同类别的中等学校,可以保证学生毕业后在科技和学术科目上继续接受高等教育。然而,在纳粹统治时期之前,文科中学仍然是学生的优先选择,其地位如同法国的国立中学和英国的公学。

纳粹党人开始削弱传统中等学校作为大学预备学校的地位。他们停止每周第六天的正常课堂教学,把那天定为希特勒青年团活动日;他们降低了古典语言和文学的教学比重;禁止犹太学生入学。结果,德国文科中学的教学计划中的课堂教学时间减少了2~3年,入学学生人数降低了25%~30%。同其他大部分西方国家的学校体系相比,德国中等学校体制在其知识性和学术性声誉方面大幅度下滑。坚持民主路线来重建德国,是否能够挽回以前的声誉尚有待观察。

二战后,西德的中等学校仍然保留其教学特色,但是,不同类别的学校数量被大量削减。德国主要的中等学校仍然是文科中学和高等学校(oberschule)。文科中学注重英文、拉丁文和希腊文,同时设置德文、历史、地理、数学、自然科学和宗教等学科。高等学校则给予学生选择权,让他们能够专修自然科学或外语(主修外语的学生大多要学习英文、拉丁文和法文)。第三种中等学校是建立于魏玛共和国时期的上层建筑学校(aufbauschule),招收初级中学中的一些社会中下层学生并培养他们最终升入大学,但是这类学校尚属中等学校群体中的边缘性学校。

俄国。20世纪40年代,苏联政府通过采用获得知识和文化的全新方法,使其中等学校课程恢复了生机。课程教学重新注重俄罗斯历史、文学和艺术,同时也重视科学和技术方面的教学。经历了第二次世界大战时期协约国之间的军事合作之后,苏联学生对美国、英国和加拿大等国家产生了极大的兴趣,尽管苏联同美国和英国之间存在着对立的经济前景,但苏联学生想要了解美国和英国式生活的强烈愿望仍然是显而易见的。对英文语法和文学的学习,也激起学生们的广泛兴趣。

到1948年时,苏联的完全的十年制中等学校课程对数学、物理和自然科学等给予最大程度的关注;之后,是俄文和文学;余下的教学时间则安排苏联历史、现代语言、身体训练和军事训练,以及写作、绘图和歌唱等。在大部分中等学校中实行男女分班教学,尤其是在城市中心的学校里非常普遍。20世纪50年代开始"冷战"升级,一个国家对国际形势的更广泛关注看似无法替代围绕社会主义建设核心的孤立主义。

高等教育

英国。19世纪初,英国大学开始逐渐恢复它们原有的生机。在19世纪上半期,牛津大学着手在学校内部改革它的考试制度,学生需要更加充分准备才能通过考试。牛津大学开设荣誉课程,这类课程比常规的"普通课程"更加专业化,并且能够进一步激励学生争取获得高级奖学金。最先开设的荣誉课程是古典课程和数学课程。后来,英国议会颁布多个法案实施大学改革,牛津大学又增加了其他学科的荣誉课程。在剑桥大学,数学教学在 19 世纪初仍然占据着重要地位,数学是第一个设立荣誉学位考试的科目(荣誉学位考试是 1747 年出现的)。后来,荣誉学位考试增加了民法(1815 年),又增加了古典文学(1824 年)、伦理学(1851 年)和自然科学(1850 年)。

尽管相对于 18 世纪英国大学的毫无生气而言,大学的改革标志着英国大学教育的进步,但是,英国大学在科学研究领域以及教学自由方面仍然远远落后于德国大学。教学课程仍为学校指定必修的,除国教圣公会之外的所有宗教相关学科也都是如此。直到 1871 年,英国大学才脱离宗教教义考试的羁绊,取消了针对所有学位的获得、研究员职位及大学和学院公职认定的教义测评。对于未来的牧师来说,则必须证明他自己对国教正统的了解和掌握。

学者们关于大学功能的争论体现在两个方面:一是在科学和古典的价值对比中什么是主要学科,二是对于英国当时的大学体制的诸多批评。斯宾塞在他撰写的著名论文《什么知识最有价值?》(*What Knowledge Is of Most Worth?*)中坚持认为,科学知识不仅对于引领和指导生活,而且对于自身的心智训导是最有价值的。他倡导,应该在教育中将自然科学置于更重要的地位,因为对于促进人类生活主要机能的发挥来讲,科学知识比古典知识更具效用。这些机能包括自我保护、身体健康的保持、生计的把握、父母和公民应有的作为以及休闲生活和艺术娱乐与消遣。

赫胥黎高举科学的旗帜,通过著书立说,并在整个英国以及美国各州到处宣传演讲。他极力称颂科学的价值,认为科学能够促进人对自身的心智训练,同时科学本身也传递着可应用于生活实际的信息。在他的论著《科学与文化》(*Science and Culture*)中,赫胥黎指出,科学的引入起初遭到古典主义学者甚至是商人们的不断反对,但是,他认为无

420

445

论是古典文学所包含的主要知识,还是古典文学带给人们的所谓心智训练,两者都无法证明对其花费时间的价值何在。对于真正的文化而言,专门的科学教育和专门的古典教育是同等重要的,文学和科学学习对于防止有识之士的心智扭曲来说同样是不可或缺的。

马修·阿诺德(Matthew Arnold)①是赫胥黎和斯宾塞最强大的反对者。他抨击了科学和实用学科的功利性目的,因为它们可能会驱散真正的"文化"。他辩驳道,古典语言和文学学习是培养个人心灵和道德品质的最佳方式,也是帮助他领悟并提出著名的文化理念的最正确途径,他认为,所谓文化就是要"认知世界上最好的思想和言论"。对于在英国关于科学和古典的地位与效能的类似论断,在美国同样也有学者不断提出并进行了激烈的争论。

获得对欧洲和美国大学教育理念更为明晰的阐述的另一个途径,来自众多针对大学现状的广泛批评。其中,纽曼主教对于大学的理解是:大学是一个讲授普遍知识的场所,"智力文化"(intellectual culture)是大学教育的目的。在自由教育中,学生应该为了知识本身的目的去追求获得知识,而没有其他更进一步的动机。相对而言,在职业和实用教育中,知识的获得将是为社会服务的基础。大学应该是仅仅在自由教育中传播知识的殿堂。因此,大学教育的最高目标是开发智力。

在就任阿伯丁大学校长的就职演讲中,赫胥黎阐述了一种截然不同的大学理念:"我认为,在一所理想的大学中,学校应该使用一切有助于学生获得知识的方法,使个人有机会获得所有类型和所有学科知识的教育。"之后,他列出他自己心目中大学教育应该涵盖的各个学科领域,所有这些知识领域不应该存在比较孰重孰轻的问题。然而,显而易见,赫胥黎对自然科学的推广要远远大于当时英国大学提及的一些科学科目的惯例做法。

在19世纪下半期,欧洲和美国对于大学教育展开了广泛的讨论,

①马修·阿诺德(1822—1888),英国近代诗人、教育家。——译者注

而斯宾塞、赫胥黎、阿诺德和纽曼只是其中的参与者。在不断争论的过程中，有一种理念逐渐成为了主流，这种理念认为真正的大学是一个教授和研究所有分支学科知识的场所。教师应该能自由地追随和领悟任何指引他们进步的真理，学生应该能自由地学习能够激发他们的兴趣或是最能满足他们的需求和最能体现他们自身能力的任何方面的知识。德国大学最为接近这个大学理念，并因而成为19世纪美国高等教育诸多变革的灵感之源。

英国的高等教育一直由牛津大学和剑桥大学这两所大学主导。从传统意义上讲，对照迎合英国统治阶级的意志以及体现社会、道德和政治特征的学科教学，这两所大学对科学研究的重视程度不是很大。尽管这两所大学都在不断增加奖学金和免费学额，但是，主要的入校学习机会无疑属于那些享有更多特权的社会上层家庭的成员。牛津大学或剑桥大学的学位与获得较高的政府职位是密不可分的，这一点长期以来都是显而易见的。

多年来，也许多少受到美国州立大学模式的启发，英国高等教育机构一直在稳步增长。其中，著名的地方大学有：英格兰地区的伯明翰大学、布里斯托大学、达勒姆大学、利兹大学、利物浦大学、曼彻斯特大学、雷丁大学、谢菲尔德大学，以及苏格兰地区的阿伯丁大学、爱丁堡大学和格拉斯哥大学。

伦敦大学由约30所种类不尽相同、松散的半自治学院组成，其中包括本科教育学院（如国王学院和大学学院）、一些根据学生特别兴趣开设的学院（如伦敦经济学院、帝国科技学院、教育学院）、多个研究院、医院、教师培训学院，还有诸如此类的其他学院。伦敦大学也是一个独立的行政机构，有权对大学下属的各个学院、英国地区和其他国家的同类学院组织考试和颁发学位。

新的中等学校不断出现和发展，政府启动国家资助奖学金，扩大奖学金范围和数量，奖励那些能力出众和应受奖励的学生，这使得更多的学生能够获得大学教育的机会，因此，第二次世界大战以来，英国大学

422

的学生入学率翻了一番还多,而且还可能会继续增长。在英格兰的大学中,荣誉课程以其专业化和更高的学术标准通常比普通课程更受欢迎;而在苏格兰的大学中,更为普及的一般性课程注重内容宽度和全面性,可能会更受学生的偏爱。关于科学学科教学和人文学科教学在高等教育中的地位问题,学者们仍然争论不休。两个阵营的激烈争论尤其同政府援助向科技研究倾斜这一几乎不可逆的趋势不无关系,尽管迄今为止大学补助金委员会(University Grants Commission)规定,政府的补助金应该无任何附带条件地向大学发放,并且保证接受补助金的大学的自主传统。

　　法国。和法国其他大学一样,巴黎大学在法国大革命时期曾一度停办,直到1896年才得到重建,新的巴黎大学是在拿破仑成立的独立学院的基础上重新组合而建立的。在19世纪的大部分时间里,大学教育都是通过相互分离的独立学院的教学来实现的。这些学院包括文学院、科学院、医学院和法学院,其教学管理和运行都须严格遵照教育部制定的规章。在教学期间,学生必须参加课堂学习和练习;学校每年都特别规定教学课程;学生升入下一年级学习,必须参加并通过全国性考试。与德国的情况相反,法国很多有影响力的科学研究工作通常都是在学院之外,通过与国家科学院合作而完成的。

　　在法国,许多不同类型的国立学院都提供高等教育的机会。在第二次世界大战之前,法国共有17所大学,每所大学在性质上都属研究院(有行政权力的全国性教育机构)。这些大学有两个主要形式:一是学院,负责一般性教学和研究,通常进行文学、科技、法律、医学和药剂学等方面的教学;二是研究院,负责在学院内部开展专业研究和学习或进行传统学科领域的教学,例如,工业化学、镭元素研究、光学、心理学、统计学、民族学、语言学、艺术和考古学、体育等。

　　法国还有一些高等学校,提供常规大学院系教学领域之外的专业教学。其中,有些高等学校属于专业和科技研究院,例如,理工学校、军事和航海科技学校、航空学校、矿业学校、林业和农业科学学校以及工

423

程和工业学校。其他教育部统一管理的高等学校,还包括培养中小学教学师资的高等师范学校、艺术学校、手工艺术学校、音乐学校和职业技术学校。

这些学院、研究院和高等学校通常要求准备入学的学生除了通过资格考试外,还要出具中等学校毕业文凭或学士学位证书。经过2年或3年的学习之后,学校颁发各类毕业证书;博士学位通常必须通过2年或3年的附加深造学习方可获得;中学或大学教师资格的获取,也是根据面向中学教师和高等教育机构教授的选拔考试的成绩而定。

除了最终授予学位的高等院校之外,法国社会中还存在许多政府资助的教育机构,其教学课程面向大众而且完全免费,但不组织考试也不授予学位。在这类教育机构中,比较著名的有法兰西学院、国家自然历史博物馆以及国家艺术和手工艺学院。最后要提到的是私人建立和宗教教会组织的高等教育机构,这些教育机构提供涉及许多领域的、范围很广的学科教学,但总体来说,与公立教育机构相比,这些教育机构在社会认可和支持方面可谓相形见绌。

尽管法国高等院校种类繁多,但是,最终获取学位和通过全国性考试的机会往往是非常有限的,这种局限性体现在学校相对的排他性,以及只考虑那些由中等学校升入高等院校的学生。如果法兰西第四共和国自始至终坚持其早期的目标,拓宽中等教育领域并覆盖范围更广的人群,使更多的人能够更加充分地接受中等教育,那么,法国的大学教育改革可能会沿着同一方向发展,使更多的民众受益。

总体来说,法国的高等教育没有跟上其他国家高等教育的发展步伐。法国高等教育与传统的学科以及传统的教学和研究方法紧密联系在一起。高等院校的教学设施和实验室已经陈旧过时。由朗之万委员会发起的教育改革运动,摒弃了将科学技术教育同长久以来作为法国高等教育标志的纯理论教育完全分离的做法,促使法国高等教育的活力重现。体现这一改革的例证是国家行政学校的成立,该学校的目标是更好地培养公共管理方面的后备人才。如果这类或同类运动的范围得以扩大,把文化和智力基础与实际训练经验结合起来,那么,法国专业教育的新时代将会到来。关于法国高等学校,也有人建议把技术训练同大学的学院和研究机构更加紧密地联系起来。

德国。在19世纪期间,德国大学取得了许多跨越性的进步,为教授和学生提供个人学习和教学方面的自由。尽管19世纪前几十年反对势力试图扼杀大学中的自由主义,但是,洪堡仍将柏林大学建成了一所独立的和自由的高等学府。它并不实施规定课程的教学,而是营造一个自由的教学环境,教授有自由教他认为最佳的内容,学生有自由学习他想学的内容。在19世纪初期,最重要的课程包括哲学、古典人文学科、语言文献学和历史。然而,19世纪20年代末,数学和自然科学获得了蓬勃发展;到19世纪下半期,这两种学科已经成为高等教育中占主导地位的学科。

当自然科学研究的兴起冲散了人们对思辨哲学的兴趣时,科学研究领域的专业化程度得到不断的加深。结果,院系的数量有所增加;每个院系的教授人数也成倍增长;为了能够获得奖学金,专业化学习的需求加大,从而促使在教学管理上采用自由选修原则。根据这一原则,学生不再必须选择一系列规定课程,而是可以自由选择他们所希望的学科领域,并且可以自由听取获得学位所必需的讲课。德国大学中的院系几乎等同于美国教育体系中的研究生院和专业学院。英国和美国的本科生"学院"概念并非德国高等教育的一部分。德国大学的最高理想是要培养专业研究人才。

到19世纪30年代时,很多美国教育家认为,德国大学拥有最高水准的教学和研究,因此,可以称得上是世界上最好的大学。声名远扬的柏林大学、慕尼黑大学、海德堡大学、哥廷根大学、哈勒大学、耶拿大学、弗赖堡大学、汉堡大学、波恩大学、科隆大学、法兰克福大学、布雷斯劳大学、哥尼斯堡大学等,以及其他许多知名大学,都给世人留下了深刻印象。教授的教学自由和学生的学习自由;哲学院(包括文科和理科学习)、医学院、法学院和理工学院实行自主管理;科学研究的高质量;科

学研究与知识的客观性受到高度重视,德国大学的这些突出之处都得
到了极高的评价。此外,在德国,大学范围之外也有相当数量的科学和
技术研究机构,这些机构也因其先进的研究和教学的高水平而同那些
知名大学一样享有盛誉。

　　然而,在纳粹上台执政的时期,他们改变教育计划,把大学转变成
为纳粹所利用的教育机构,把对纳粹党的忠诚确立为学生和教师必须
遵守的基本要求,清除学校中关于科学和知识应该客观真实的"颓废
的"自由主义观念。知识和科学教育在观念上不应再是非民族的或是
国际化的,而是必须服从于符合纳粹意志的思想意识。1936 年,纳粹政
府的教育部长伯恩哈德·鲁斯特(Bernhard Rust)曾这样声称:

　　　　科学并非自由的和独立的结构,即不能用空间也不能用时间
　　来界定,而是一个国家精神的专门体现。因为青年科学家的政治
　　义务同其科学责任将首次实现了统一。至高无上的元首召唤他
　　们。他们将努力投身于德国的科学研究事业。

不愿迎合纳粹的种族、宗教或政治思想的教授们受到了严重的非
难。许多无法适应时局的教师被纳粹党人清除出校或者是遭到"清
理"。学校宣布民俗与民族、纳粹哲学与种族理论、国家社会主义哲学
的理论基础以及古代日耳曼宗教本质等这些科目将成为全新的课程。
新的课程施行后,在 1932 年到 1935 年间,学生入学率下降了几乎
50%。1936 年,纳粹政府举办海德堡大学建校 550 周年校庆典礼,并且
邀请全世界主要大学的代表参加。许多大学接受了邀请并派代表参
加,有些大学有所保留地答应参加,还有一些以伯明翰大学、剑桥大学
和牛津大学为代表的大学则拒绝参加。

　　在 1937 年哥廷根大学建校 200 周年校庆典礼上,纳粹官兵身着军
服,全副武装地列队表演,与会者大声欢呼,演讲者陈词激昂,其景象一
片壮观。30 所国外大学派代表参加了庆典。《纽约时报》(New York

Times)记者对当时情景的文字报道是,"大部分国外大学的代表同他们的德国同行们一样身体僵直,并向元首希特勒立正致敬。"

很显然,许多教育者对于眼前纳粹分子控制德国大学的壮观景象疑惑不已。有些教育者认为,德国大学中自由和客观的研究与教学思想遭到了破坏,纳粹党人应该对此负全责。另一些教育者也对纳粹的做法提出全面的批评,同时还认为德国大学自身也并非毫无过错而可以脱离干系。当时德国大学的状况,让他们回想起德国大学中传统的贵族利益至上的专制特征,这种传统特征引导他们退回到他们的象牙塔中去,在那里他们不问时事政治,不关心社会动态。在当今社会,没有人敢否定大学需要面对的不幸:大学在危机到来之时不能规避它们应承担的社会责任,无法保持它们传统的自由主义而不去积极引领社会并促进自由和民主国家的继续发展。

俄国。在 19 世纪,俄国贵族阶层傲慢地拒绝大学教育,而农民和工人阶层却被大学拒之门外。因此,学生中比例最大的群体往往来自自由的和有立宪思想的中产阶级。占据统治地位的贵族阶层往往将学生们视为危险的革命势力。贵族阶层的恐惧绝不是空穴来风,学生们的做法足以证明这一点,因为他们不断鼓动自由改革并全力支持 1905 年革命。

在第一次世界大战期间,沙俄政府制定计划,恢复先前大学所享有的一定程度上的自治,将学校工作重心置于科学研究和高层次调查,而不是对公共服务事业人员的专门培养。俄国的大学一如既往地代表中产阶级观点,反对 1917 年的十月革命,因此,遭到共产党人的全力抨击。

苏维埃政权时期,政府首先采取的措施就是取消高等学校入学要求、全国范围的考试和学位制度,向全体人民敞开大学之门,无论男性还是女性公民,无论年龄为 16 岁还是高于 16 岁,都可以接受高等教育。年轻的农民和工人们没有任何教育背景,不适合直接进入大学学习,因此,被称为"工农速成中学"(Rabfacs)的新的教育机构得以建立,为社会下层学生提供 3 年的集中学习机会,使他们达到大学入学标准。到 1932 年为止,50 万学生进入工农速成中学,尽管遭到了强烈反对,但这些学生最终还是涌入大学讲堂。

1922 年,苏维埃政府宣布彻底重组高等教育。大学成为国家教育体制的一部分,其他许多类型的高等学校得以建立,目的在于培养不同工作或职位所要求的专家和技术人员,同时也向人民大众传播知识。高等学校入学考试得到恢复,这时要优先选择那些有无产阶级出身和背景的学生,他们在高等学校中的生活费用全部由国家承担。

由于高等学校已经成为服务于苏维埃政府的政治武器,因此,高等学校和大学在课程中加大社会学科和政治学科的比重,目的在于传播马克思主义思想。体育课和军事训练也被列为必修课程。同 20 世纪 20 年代初等学校和中等学校的情况一样,学生组织和青年组织承担参与学校管理的重要职责,以此作为一种制衡手段,打破那些反对苏维埃思想意识的教职人员对学校事务的控制。学生集会、编辑和阅读报纸、参加会议、短途旅行、娱乐和讨论等活动,在整个学校活动中占有相当大的比重。遵照平等奖励和集体互责的原则,政府废除为争取高分而考试竞争的学习体制。学生开始充当教育者角色,降低成人中的文盲比率;假期时到农场或工厂中劳动,帮助建立集体农庄并协助选举。

1929 年后,苏联高等学校的特征再次发生改变,这种变化同第一个五年计划实施初期中等学校的变化相似。高等教育的重心也发生了转变,注重帮助学生掌握知识,以此来培养职业人才和专业科技人才。无政治倾向的或反对共产主义的教授教师们被清除出校,学校发起了以无产阶级的共产主义者来充实学生群体的伟大运动。科学必须服务于共产主义学说成为高等学校教学的总目标。有些高等学校的建立同许多工厂密不可分,由此生产制造中心也成为了教育中心。

在 1933 年第二个五年计划实施期间,高等教育的教学方法更趋于标准化。个人成绩评定、考试和学位授予得到了恢复,同时学校也更加注重学生的纪律以及给予教师更大的权威。除了旨在提高生产劳动效率的职业和实用培训、体育和军事训练外,学校还提供更多的社会学科和自然科学的通识教育。

到 1946 年时,高等学校的数量大幅度增长,除了一些教育部下属的教育机构外,所有的高等学校都接受统一的国家管理。1949 年,苏联共有大约 31 所大学、19 所工业学院,还有其他上百所专攻冶金、医学、交通、航空、教育等学科的专业院校。苏维埃高等教育注重建立大量独立的、具有特色的专业院校,而不是将若干学科领域组合到一起形成规模更大的大学。在第二次世界大战结束后的几年里,苏维埃高等学校的学生入学率迅速增长,又有数以万计的学生就读于高等学校。到 1955 年时,苏联在一年之内培养出的科学家数量超过同时期的美国。

世界范围的教育合作

当第二次世界大战临近结束时,许多国家都呼吁联合国(United Nations)在战争时期的通力合作应该扩展到和平时期的教育领域。越来越多的人开始意识到,如果教育体制完全服务于侵略国的民族主义目标,那么,教育对战争就有相当大的推动力。1944 年,在伦敦和其他城市召开了多次预备会议,会议内容是要草拟准备建立一个国际教育机构方案。1945 年 11 月,联合国 43 个成员国的代表聚集在伦敦,审议并通过章程,成立了"联合国教育、科学和文化组织"(UNESCO)。当时处于苏维埃政权领导下的苏联拒绝参加相关会议,也从未加入教科文组织,并将其研发升空的人造地球卫星置于联合国教科文组织管辖和利用范围之外。

联合国教科文组织的主要目标,是要增进世界和平,通过不同国家教育体制的相互影响和交流,加强国际合作和理解,通过大量广泛实施基础教育计划来降低文盲比例,实现让不同国家的所有人民都享有接受教育的平等机会,抵制种族优等论和种族劣等论,消除国与国之间的误解和分歧。无论男女,无论何地,只有全世界人们都接受教育,想往世界和平,和平才能真正实现。正如联合国教科文组织成立的序言所

428

陈述的："既然战争源于人的思想，因此必须在人的思想中筑起保卫和平的屏障。"

图 26　联合国教科文组织的工作

　　实现这些目标的主要方法，包括促进学者、学生和教育材料的广泛交流，帮助修复或新建遭到战争或灾难破坏的国家中破损的教育设施，提出扩大科学和文化研究的合作方案，修订教科书和教材，以及召开国际研讨会讨论当前教育和科技问题。显而易见，除非得到各种大众传播媒介（包括新闻、无线广播、影视等）的全力支持和宣传，仅仅靠学校教学相对而言很难实现联合国教科文组织的远大目标。

　　尽管有人提出希望赋予联合国教科文组织更大的权威，并以此来监管那些可能成为潜在和平威胁的教育体制，但是，教科文组织章程中特别规定，保障各成员国学校的完整性和独立性，使之免受国际组织机构的干预。联合国教科文组织的成功，无疑是要依靠各成员国促进世界和平的真实意愿和渴望。只要成员国一直具有这种强烈的意愿，联合国教科文组织毫无疑问能够推进国际合作。

　　如果联合国教科文组织做到了促进和增强世界各民族人群的和平意识，那么，它将有可能成为人类有史以来所建立的最重要的国际机构之一。由于原子弹和一触即发的苏美对立关系成为第二次世界大战后最为重要的政治问题，因此，越来越多的人开始意识到，如果要实现国与国之间的相互理解，那就必须进一步做出巨大努力。

越来越多的人意识到世界范围的教育合作是非常必要的,这一点体现在"世界教师职业组织"(World Organization of the Teaching Profession)的出现。1946年8月,该组织在纽约州的恩迪科特举行的有30个国家的代表参加的一次国际会议上成立。哥伦比亚大学师范学院的院长威廉·F·拉塞尔(William F. Russell)被选为世界教师职业组织的第一任主席。该组织的主要目标是,实现全世界职业教师组织更大程度的统一,没有歧视和区别地将全日制教育和免费义务教育向全世界扩展,提升教师的社会地位,向联合国的一些部门机构提出建议,创造世界和平和安定必须依赖合作的物质、社会和学术条件。1952年8月,世界教师职业组织和其他两个国际教师组织达成协议,共同组成"世界教师职业组织联合会"(World Confederation of Organization of the Teaching Profession)。

怀有美好愿望的有识之士和全世界的教育工作者所面临的任务,就是要创建一种和谐的氛围,在这种氛围下人们通过讨论来实现相互理解并达成一致,并自由地应用智能,而不是采取恐惧、武力和暴力的方式。

第十四章　19 世纪美国教育的社会基础

新的国家发展的艰辛历程

　　在整个 19 世纪，来自许多欧洲国家的制度和思潮不断涌入美国。许多人来到美国时也将各自不同的文化带到了这里，但是，美国不再仅仅是一个制度和思潮都能繁荣发展的旧世界的复制品。新的环境、新的气息和新的氛围都滋养着这个民族，使她创造出了自己独特的文化，并为西方文明做出了自己的贡献。其中，最重要的就是公立学校思想。

　　在 19 世纪的美国，新的政治和经济生活方式令宗教统治黯然失色，这对人们的精神和信仰都提出了新的要求。美国开始逐渐成为了一个不受宗教束缚的社会，尽管在这样的社会里宗教团体仍然起了很大作用，但它不再处于领导地位。如果不是艰苦的奋斗与人类用心和智慧去探索，那么，这种转变也不会发生。在政治权威和宗教力量为了中小学、大学以及教育方式的管理而发生的冲突中，这些艰苦的奋斗也找到了自己的参照物。尽管有诸多反对意见，但是，政治民主的发展、政府职责的扩大以及民族主义的发展，都为公立教育思想在美国的扎根和发展做出了很大的贡献。

为了民主的斗争

　　总体的政治发展。自 1800 年杰斐逊当选总统到 1860 年，除 1840 年到 1848 年辉格党赢得选举之外，共和党人以及杰斐逊的接班人赢得了每一次选举。总体上说，在 19 世纪早期，共和民主党人得到了来自南部和西部地区独立的农民阶级和东部地区城市工人阶级的支持。选举出了杰斐逊、麦迪逊（Madison）①、门罗（Monroe）②、约翰·昆西·亚当斯（John Quincy Adams）③、安德鲁·杰克逊（Andrew Jackson）④和范布伦（Van Buren）⑤等领导人。直到 19 世纪 30 年代，当奴隶问题和工业利益对商业的影响使这个政党发生巨大的改变时，民主党人通过强调国家权力、低关税、普选和反对特权主义，使广大民众对于耕地感兴趣。

联邦主义者和他们的继承人辉格党，在 1840 年选举了哈里森（Harrison）⑥和约翰·泰勒（Tyler）⑦，1848 年选举了扎卡里·泰勒（Taylor）⑧和菲尔莫尔（Fillmore）⑨为领导人。辉格党提出高关税来保障商业及工业利益。随着奴隶问题的加剧，1860 年，新共和党（辉格党的继承者）选举林肯（Lincoln）⑩为领导人。他提出解放土地、高关税、反对奴隶制度，并提出维护西部农民和东部工人的利益。

19 世纪后期，联邦政府的管理得以彻底转变。到 1900 年为止，共和党选举了除格罗弗·克利夫兰（Grover Cleveland）⑪两届任期之外的所有总统。在林肯和约翰逊（Johnson）⑫之后，所有共和党的总统，包括格兰特（Grant）⑬、海斯（Hayes）⑭、加菲尔德（Garfield）⑮、阿瑟

---

① 麦迪逊，美国第 4 届总统（1809—1816）。——译者注

② 门罗，美国第 5 届总统（1817—1824）。——译者注

③ 约翰·昆西·亚当斯，美国第 6 届总统（1825—1828）。——译者注

④ 安德鲁·杰克逊，美国第 7 届总统（1829—1836）。——译者注

⑤ 范布伦，美国第 8 届总统（1837—1840）。——译者注

⑥ 哈里森，美国第 9 届总统（1841）。——译者注

⑦ 约翰·泰勒，美国第 10 届总统（1841—1844）。——译者注

⑧ 扎卡里·泰勒，美国第 12 届总统（1849—1850）。——译者注

⑨ 菲尔莫尔，美国第 13 届总统（1850—1852）。——译者注

⑩ 林肯，美国第 16 届总统（1861—1865）。——译者注

⑪ 格罗弗·克利夫兰，美国第 22 届和第 24 届总统（1885—1888，1893—1896）。——译者注

⑫ 约翰逊，美国第 17 届总统（1865—1868）。——译者注

⑬ 格兰特，美国第 18 届总统（1869—1876）。——译者注

⑭ 海斯，美国第 19 届总统（1877—1880）。——译者注

⑮ 加菲尔德，美国第 20 届总统（1881）。——译者注

（Arthur）①、本杰明·哈里森（Benjamin Harrison）②和麦金莱
（Mckinley）③，或多或少都是军队的重要人士。共和党大体上起草了有
利于高关税、土地解放、行政机构的重组和健全货币的政策。这些政策
对商业、工业和美国东西部所有有产阶级很有吸引力。然而，以许多新
的党派形式所体现出来的主张平均地权的人和债务人群体的不满却日
益上涨。尽管这些在选举中只起了次要的作用，但他们经常强迫其他
许多党派采纳他们的建议。

　　早在1872年，劳动团体就已组成了一系列的劳动党派。反对奴隶
在美国土地上扩张的自由土地党，以及试图使罗马天主教徒和外来人
口无政治权利的无知党，这两个党派都是由于各种不同的原因而引起
了人们的不满。工人和农民在以下两大党派的帮助下已经取得了很大
的进步，一个是人们熟知的独立党，以"绿背党"著称；另一个是人民党，
以"人民党主义者"著称，它在1892年的选举中获得了100万张的支持
票。1896年，在人民党主义者的大力支持下，民主党与共和党进行了一
次势均力敌的较量，结果布莱恩（Briyan）④得到了65万张选票，而麦金
莱得到了71万张选票。

　　政治民主势力的扩大。 在美国人未来的政治生涯中，获得越来越
多美国民众的支持是极为重要的。在19世纪初期，只有富人以及有宗
教信仰的人才有投票的特权，但是，到了19世纪中期，白人选举权获得
了实际上的胜利。特别是在19世纪20年代和30年代，美国西部的几
个新加入联邦政府的州保护了选举权（至少是白人的选举权），在共和
民主党的影响下，许多东部的州放宽了它们的选举要求。1828年，安德
鲁·杰克逊的选举通常就被视为是农民和劳动人民扩大选举权进程的
标志。

432

　　随着19世纪60年代《解放宣言》（Emancipation Proclamation）以
及第13、14、15次宪法修订案的出台，尽管废止先前原则的方法在美国

---

　　① 阿瑟，美国第21届总统（1881—1884）。——译者注
　　② 本杰明·哈里森，美国第23届总统（1889—1892）。——译者注
　　③ 麦金莱，美国第25届总统（1897—1901）。——译者注
　　④ 布莱恩，1896年美国总统选举时的民主党候选人。——译者注

南部通过文化水平测试、人头税、"不究既往条款"(grandfather clauses)体现了出来,但是,包括黑人和白人在内的大众投票权的原则建立了起来。在19世纪,为扩大女性的投票权,人们也进行了巨大的努力。19世纪90年代,怀俄明州、犹他州、科罗拉多州和爱达荷州实现了女性投票权的扩大,但是,直到1920年通过第19次宪法修订案,才在全国范围内实现。

与此同时,特别是通过工人和农民团体的努力,民主党的政治统治也有其他的收获。对持有财产的限制逐渐被废除。匿名投票取代了党派选举,这一举措消除了政客与雇主对投票人的威胁。总统候选人和参议员不再由州立法机构或党派选举产生,而是由人民直接选出,总统候选人由国会提名,取代了政党预备会提名。这些措施都使得选举的过程更加民主。

政府职责的扩大。即使有很多赞成和反对扩大联邦政府权力的舆论,但是,在处理新的国家事宜上,这种政府权力扩大的趋势是很明显的。尽管与州政府的职能相比,杰斐逊式的民主主义者坚持限制联邦政府的职能,但事实上,总统们经常提供帮助来扩大联邦政府的权力。杰斐逊总统在1803年买下了路易斯安娜,这一举动扩大了美国西部的领土,1807年,禁止英国货物进出美国港口,这实际上极大地影响了美国的工业和农业。

门罗总统提高关税,占领了佛罗里达州,制定了门罗主义,警告欧洲各国远离美国海岸。当杰斐逊总统协助南卡罗来那抵制高额关税时,他不会追随各州的权利条例。在波尔克(Polk)①总统的领导下,德克萨斯州、加利福尼亚州、新墨西哥州和亚利桑那州被规划到西部领土里,一直到美国的领土跨越了一个大洲。当马修·佩里(Matthew Perry)②海军准将打开日本市场而引入西方贸易时,富兰克林·皮尔斯(Franklin Pierce)③总统实施了国家的权力。通过所有这些方式,民主

---

① 波尔克,美国第11届总统(1845—1848)。——译者注
② 马修·佩里,美国海军将领,1854年率领舰队打开了日本国门。——译者注
③ 富兰克林·皮尔斯,美国第14届总统(1853—1856)。——译者注

党在全国范围内奠定了基础,联邦政府的职能也随之扩大。一个分散的政治当局是不再有效的。

然而,随着内战的临近,民主党开始加强统治它们的州的权力,共和党拥有了联邦政府的大部分权力。共和党继承了由丹尼尔·韦伯斯特(Daniel Webster)①和其他辉格党成员所提出的永恒的联邦政府的说法,赋予林肯总统阻止联邦政府在内战中分裂的任务,因此联邦政府的权力自内战开始不断提高并得到了加强。

在19世纪后期,联邦政府采取了一些措施,来控制猖獗的个人主义和大公司的独占主义。尽管州际贸易委员会(Interstate Commerce Commission)提高个人所得税、控制铁路运输价格、通过《雪曼反托拉斯法》(Sherman Antitrust Act),解决垄断问题等措施最初并未充分实施,但是,这仍然预示着联邦权力扩大的趋势。非常有趣的是,在19世纪后期,由共和党人推行的福利比民主党人所推行的福利更受人们的欢迎。

民族主义与帝国主义。美国这一新国家诞生于国际革命战争中,它在建国初期尽量避免与外国交战,并与其他国家结为同盟。尽管有帮助以前的同盟法国的需要,但是,亚当斯和杰斐逊总统并没有涉足于拿破仑的战争,然而,麦迪逊总统最后投入了战争。由于1812年的战争,民族主义的新精神席卷了整个国家。我们"走我们自己的路",通过与墨西哥和印第安人各部落的盟约、购置和战争,去建立一个新大陆。

尽管有来自四面八方的反对呼声,但是,每一次新的成功都增强了民族主义精神。有时候,看起来似乎内战使得整个民族瓦解,但在恢复重建后民族主义精神比以前更加强烈了。正是在这一过程中,完成了西部的拓展和工业力量的发展。到19世纪末,整个国家已经准备好去进行经过深思熟虑的帝国主义的冒险行为,这将再一次提高民族主义精神。

---

①　丹尼尔·韦伯斯特,辉格党领袖之一,曾任美国国务卿(1841—1843)。——译者注

1890 年,像阿尔弗雷德·萨伊尔·马汉(Alfred Thayer Mahan)①、约赛亚·斯特朗(Josiah Strong)②、约翰·卡伯特·洛奇(Henry Cabot Lodge)③、西奥多·罗斯福(Theodore Roosevelt)④和艾伯特·耶利米·贝弗里奇(Albert Jeremiah Beveridge)⑤这些人开始宣传他们的主张,称当时美国已成为一个成熟的国家,必须要在政治权利方面起到一个榜样的作用。国家已经赢得了美洲大陆,因此,开辟新的市场是必要的。庞大的海军力量、世界范围的海军基础以及积极的对外政策,将为农产品和和更多的工业原材料打开新的销路,这将对农民、劳动者这些人有很大帮助。同时,这也将把美国文明和基督教引向全世界。

朝着帝国主义发展的意图越来越强烈。在美西战争⑥(Spanish-American War)取得波多黎各、菲律宾、关岛和夏威夷,镇压中国的义和团起义都是由此导致的结果。很明显,世界在规模上正在缩小,原来的自然的隔离已随着一个世纪快速的改变和扩大稳固而被打破了。到 19世纪末,美国的几个州已经结合起来成为一个国家,但是,创建"我们的世界"的设想仍在人们的考虑之中。

个人主义与人道主义。在美国社会实现所描述的政治发展上,有两种关丁政府职能的基本看法。一种是个人主义,它是由自由主义和传统观念发展来的。⑦ 根据个人主义的观点,政府应该抑制规章的控制,并且最大限度地允许个人的创造和公司的发展。只有通过每个人的努力,社会的机构才能最大限度地达到高效,个人也可以在工资或利益方面获得与其努力和创造相称的补偿。

---

① 阿尔弗雷德·萨伊尔·马汉(1840—1914),美国海军理论家、历史学家。——译者注

② 约赛亚·斯特朗(1847—1916),美国新教牧师。——译者注

③ 约翰·卡伯特·洛奇,美国共和党参议员。1919 年曾任国会外交委员会主席。——译者注

④ 西奥多·罗斯福,美国第 26 届总统(1901—1909),共和党人。——译者注

⑤ 艾伯特·耶利米·贝弗里奇,美国演说家、历史学家、参议员。——译者注

⑥ 美西战争,1898 年,美国为夺取西班牙属地古巴、波多黎各和菲律宾而发动的战争。——译者注

⑦ 参见本书英文本第 338—341 页。

如果在这个过程中,任何一个人没有得到很多的回报而处于贫困或失业的状态,那只能怪他自己没有远见、懒惰或是粗心。这些人不能指望政府来给予帮助,只能依靠想要创造更多财富的本能来帮助他自己摆脱困境。私有的慈善机构是解除贫困的最适当的途径,因为政府的帮助不仅将使得穷人更加不能自立,而且阻碍了有能力人的本能,使得富人变穷,所以,政府不能帮助那些更加贫穷的人。个人主义的观点不仅很好地适用于资本主义的利益,使其成为公司实践的很好的理由,而且在19世纪前半期许多自立的农民和私有者的生活状况也证明了它的适用性。

二是人道主义。在19世纪后半期,日益严峻的社会状况、财富集中在少数人的手中以及贫困和恶劣的工作环境的蔓延,促使了人道主义的产生。依据人道主义的观点①,政府是唯一能与公司协商的恰当机构。人们认为,政府应该在提高公民福利方面积极主动些,也应该为创造大部分民众得以谋生的环境方面主动些。持有不同意见的改革者,从人道主义者到社会主义者,都开始急切地想要政府积极参与到公民事务中。小的政治团体、工人组织、农民组织、学者以及知识分子,都在宣传与欧洲自由主义、社会民主和人道主义学说相似的改革方案。

在美国的传统中,"应有法律存在"的理念是根深蒂固的,人们需要州政府和联邦政府颁布多项法令:用以提高工业安全和卫生的工厂法,有关最长工作时间和最低工资的法律,雇主对工伤员工的赔偿责任的法律,失业保险的法律,养老金的法律,政府对公众管理的法律,保障公民健康的法律,城市规划和改善住房环境的法律,保护自然资源的法律,监狱改革的法律,以及对于罪犯实施更加人道的处罚的法律。

随着这些需求,特别是由工人组织、人道主义者和中产阶级发起的社会立法的需求,对公共教育的议论逐渐增多。其他团体也组织起来,主张废除农奴制、禁酒以及保障妇女权利。到19世纪末,不仅废除奴隶制已经完成,而且在公共教育上所取得的成就已经远远超过其他的改革。

435

---

① 参见本书英文本第341—342页。

为教育机会均等的临界

　　也许在 19 世纪,美国最为重要的、长期的经济趋势是从农业社会到工业社会的转变。19 世纪初,大多数人都是依靠土地生活;到 19 世纪末,工业化和制造业影响了整个国家。农业利益和工业利益之间的冲突,逐渐在政治、经济和人们的社会生活中起了很大作用。城市生活质量的提高,更为简单便捷的交流和运输方式的出现,资本主义企业优势的凸显,以及有组织的劳工的增多,都伴随着工业的改变应运而生。随着移民的涌入和人口的快速增长,使得这些趋势加快了步伐。对于美国的教育事业来说,所有这些发展都产生了意义深远的影响。

　　由于大量人口快速向西部发展,因此,大片土地很快成为了私人或公司的私有用地。1893 年,政府宣布将不再有未开拓的土地(限定每平方英里不得少于 2 人,但不能多于 6 人)。在长达一个世纪的时间里,这些未开拓的土地吸引了来自东部和国外的各种各样的人。这比世界上任何地方都更为鼓励发展个人主义和平等理念,而且所有人也将这些理念看作为美国梦而创造机会的一部分。然而,甚至在 19 世纪末之前,一些新的情况的出现使得实现这个梦想的可能性变小。

　　始于 18 世纪 60 年代的英国工业革命,在 19 世纪上半期席卷了整个美国。然而,当 19 世纪最具代表性的技术工人和机械工人在家里或者小作坊里完成他们的工作时,制造工厂在 19 世纪 20 年代也很好地得到了发展,美国东北部迅速用机器开始工业生产。到 19 世纪中期,美国工业生产总值已超过农业生产总值;到 1890 年时,工业制造品的价值已超过所有农产品的价值。同时,作为这种由农业利益转向工业利益基础的转变,停止开拓土地是非常重要的。

　　与工业发展紧密相连的是在科学和技术方面取得的成就,因为新的发明使得工业化变得有可能。由于这些技术进步促使了大批量生产,因此,这也加速了产品的运输和销售。通讯方式与运输方式并行发展。国家的各个地区相互信任,比当时仅仅一部分地区所意识到的互相依赖又迈进了一步。

　　工业化的另一个重要方面是城市生活的出现。随着工厂制度替代

436

了家庭作坊,人们开始在工业区聚集,首先在新英格兰地区和中部的一些州,然后在中西部地区。随着工人在城市中聚集,严重的垃圾污染、过于拥挤的贫民区严重威胁了人们健康、道德和卫生环境。这些影响依然存在于现今大城市的住宅区之中。

从1840到1870年这三十年间,美国的人口数量翻了一番,从1870年到1900年这三十年里,人口数量又翻了一番。当然,这惊人的人口膨胀的根源主要是来自欧洲的移民。1900年,美国760万人中有100万人是出生于国外的,这还不包括那些早期移民者的后代。同样重要的,还有移民的特征方面的改变。

在1820年到1860年之间,移民大都是来自欧洲北部的国家,特别是爱尔兰和德国。自19世纪中期以后,移民主要来自于欧洲南部和东部的国家。来自欧洲南部和东部的移民人数,从19世纪20年代不到移民总数的十分之一增长到19世纪末的三分之二。在许多大城市中,国外出生的人口占总人口的30%、40%,甚至超过50%。

尽管这些新的移民面临着很多困难,但是,他们从未像美国黑人那样在法律上要面对如此多的约束。内战结束时,美国南部的几个州采用一些黑人法令(black codes)①,通过这些法律来保护白人的优越地位。联邦政府以民事权利法案和第13、14和15次宪法修订案来反对它。1868年通过的第14次宪法修订案,最终成为这些宪法修订案中最有争论的一个。它禁止国家在没有法律的情况下去侵犯任何一个美国公民的生活、自由和财产,禁止各州否认对任何一个公民的平等法律保护。但是,南部的各州依然继续执行着《吉姆·克劳法》(Jim Crow laws)②和宪法的条款,在公共场所、交通工具、剧院、旅馆和学校里对黑人依法隔离。在美国南部的17个州和华盛顿地区,建立了一个为白人而另一个为黑人的双重学校制度。

---

① 黑人法令,指美国南北战争后在以前的南部邦联各州颁行的许多法律。——译者注

②《吉姆·克劳法》,指1877年美国重建时期结束后到20世纪50年代的民权运动开始前的阶段,在美国南部执行的种族隔离法律。——译者注

州和联邦法院裁定的这种原则,即黑人和白人隔离在法律上是合法的,遭到了打破法律上种族隔离的抗争。这至少可以追溯到1849年波士顿的罗伯特事件(Roberts Case)。当时,马萨诸塞州最高法院裁定波士顿可以保持种族隔离学校制度。"隔离但平等"(separate but equal)在1896年著名的"普莱西诉弗格森案"(Plessy v. Ferguson)中已充分地体现了出来,当时美国最高法院就表示坚持铁路有权按照种族来隔离乘客。"普莱西诉弗格森案"成为了支持公立学校实施种族隔离的最重要的法律堡垒,这种情况一直持续到了20世纪中期。

同时,美国黑人在社会、经济和政治各个方面都遇到了困难。在南北战争时期,南部大约三分之二的人口是由黑人组成的,而且他们大都是奴隶。在黑人解放后,大部分黑人发现,他们虽然获得了自由,但经济状况并没有得到改善。事实上,许多人发现他们自己的状况甚至更糟,因为他们成为独立的土地拥有者的机会很小。一些人回到种植园工作,一些人成为了佃户,其他一些人漂流到北部的一些城市,在那里他们发现由于他们缺少技术培训,所以,很难在那些技术行业里面进行竞争。

黑人被来自各方面的社会、政治和经济上的差别所包围着,经常发现他们很绝望,但最好的方式也只能是忍耐。随着19世纪即将过去,机会平等和自由的理念本是美国人梦想的一部分,但对于很多美国人来说却变得更难实现,他们发现由于种族或国籍背景的缘故,他们并没有在"真正意义上"被美国人所接受。因为大部分美国人发现,由于他们的种族和民族背景,他们不能作为真正的美国人被接受。这种对美国梦的否定,使公共教育在一种没有其他文化发展的方式中受到了考验。

438　　　资本主义的影响在19世纪达到了顶点。在19世纪,实现了从商业资本主义到工业资本主义的转变,或者正如许多作者所描述的那样,是从商人资本主义到雇主资本主义的转变。正如在欧洲一样,资本家转变了他们的角色,从工人和购买者之间的中间人转变成了劳动者的雇主,工厂、机器和生产工具的所有者,以及企业经理和产品的销售者。资本家这种在角色方面的转变,始于19世纪初期工厂制度刚刚建立之时,而且内战后的发展越来越迅速。在这个过程中,企业作为商业的而且是非常成功的产物,进入了人们的视野。企业在规模上不断扩大,以至于它们获得了原材料、自然资源、工厂、铁路以及其他生产和销售的方法。

虽然工业资本主义公开表示人人机会平等,但是,这种平等的理念在很多地方却没有得到真正的实施,例如,边界的封锁、垄断的蔓延、工厂苛刻的制度、财富的集中以及根据富人的利益的政府控制。

同时,因为资本家运用个人主义和自由放任主义去证明他们在社会中的角色,劳动人民开始用社会人道主义者的自由主义理想来保护自己。作为对过剩的资本主义的反抗,美国像其他地方一样出现了工人运动。在19世纪初,工人们开始失去他们的地位,因为资本家在雇佣工人的过程中对他们进行了相互比较,致使他们的工资下降。因此,有技术的工人开始组织行业同盟或工业联盟,来提升他们的谈判能力,并保持工资的上涨。

1827年,15个行业同盟在费城联合在一起形成了商业同盟协会(Mechanics' Union of Trade Associations)。伴随着初步的成功,这个运动的范围迅速扩大,在1828年便组织了政党,取名为"工人党",它主张为扩大劳动人民的权利而立法。工人团体借鉴了人道主义和民主的自由主义理想,支持免费的公立教育,使之作为改善劳动人民状况的一种手段。有组织的劳动者不论是在扩大杰克逊时代的政治选举中,还是对"公立学校的复兴"所做的贡献上,都是一种强有力的影响因素。

资本家的反对、1837年的经济大萧条、由主要政党提出的许多改革建议被采纳以及工人党的解体,都导致了19世纪40年代工人运动的衰退。但是,在南北战争之后,这种势头再次上涨。1866年,为了把地方和城市的同盟联合成为国家的协会,"全国劳工联盟"(National Labor Union)成立了。它的影响迅速就从简单的为高额工资而奋斗转为实际上通过劳动者合作来实现真正意义上的商品生产。对于当时来讲,这样做过于激进,劳动者的强烈反对导致了6年的生产衰退。

劳工骑士团(Knights of Labor)接下来在国家组织中做出了更重要的努力,它出现于19世纪70年代,致力于将所有工人统一为一个联

439

盟,不论他们的种族、肤色、性别和信仰。劳工骑士团有着相当大的力量,拥有 70 万名成员,赢得了几次著名罢工的胜利,特别是在反对铁路当局方面。实行八小时工作制成为了他们的一种运动,但是,这种对抗变得极其艰苦,而且劳工骑士团的管理也处于无政府主义和极端激进的状态。

与此同时,从 1886 年起,以"美国劳工联合会"(American Federation of Labor)而闻名的一种不同类型的工人组织开始获得了支持。它立足于把所有的行业工会联合成一个全国工商联合会,而不是所有美国工人的一个大的工会。美国劳工联合会主要呼吁,提高技术工人的工资和集中为提高工资而进行的集体谈判,缩短工作的时间,并且提供更好的工作环境。它反对激进的马克思主义者、社会主义者和无政府主义团体所做的更加激进的努力,也从不和一个政党有着直接的政治联系和隶属关系。从 1886 到 1924 年间,除其中有一年外,塞缪尔·龚帕斯(Samuel Gompers)①一直担任美国劳工联合会的领导职务。在他的领导下,美国劳工联合会致力于为州政府和联邦政府的劳动局服务。州的工厂法旨在提高工人的安全、伤者的赔偿、男女同等工资、废除童工以及扩大公立学校的规模。

总体上说,包括强大的铁路兄弟会在内的各种劳工组织的成员,从 19 世纪后期开始逐渐壮大,其成员人数很快就超过了百万人。组织起来的劳工不仅为自己更好的工作环境而奋斗,而且支持实现公共教育的社会立法、扩大选举权、控制垄断以及废除由于欠债而设的监狱。它是反对不平等特别是贫穷、弱势群体面临的不平等现象以及超出其个人能力的工作条件阻碍的最有效的机构之一。

由法国的社会人道主义、德国的先验哲学和英国的浪漫主义思想发展而来的美国人道主义,开始从许多方面来改善社会环境。它采取了无数的社团形式,来防止贫穷,废除农奴制,完善刑事立法,改善监狱环境,扩大妇女权益,阻止酗酒,以及帮助有精神疾病的人、盲人、聋哑人和残疾人。

---

① 塞缪尔·龚帕斯(1850—1924),美国劳工领袖。——译者注

　　其间,形成的各大团体以多种方式进行改革,以实现特定人群的更加人性化的社区生活。宗教团体开始隐居起来并寻求完美生活,远离工业社会和资本主义社会所产生的破坏性影响。例如,完美主义者约翰·汉弗莱·诺伊斯(John Humphrey Noyes)[①]在基督教的激进和原始的共产主义基础上,创建了奥奈达社区。

　　19世纪初期,出现了许多非宗教的团体。罗伯特·欧文和罗伯特·戴尔·欧文(Robert Dale Owen)[②]在美国印第安纳州的新和谐公社(New Harmony)以及其他地方所建立的有社会主义特色的团体吸引了很多人。根据查尔斯·傅立叶(Charles Fourier)[③]社会主义学说而建立的几个团体影响更为广泛,傅立叶宣传土地共有和共同劳动,并把它视为实现自给自足社会生活的有效方法。马萨诸塞州西罗克斯伯里的布鲁克农场很可能是其中最著名的一个。

　　总之,在19世纪,有几十种不同的沿着这种路线或者那种路线所进行的尝试,反映出了在污秽的和令人窒息的工业条件下而出现的改革思想的不断高涨。如果单靠小的、孤立的社会团体所做的努力,而没有更大的、有组织的团体的努力,那么,工业化和资本主义的发展趋势要想取得更大范围的成就是不可能的。因此,社会福利运动开始出现,以斯坦顿·科伊特(Stanton Coit)[④]在纽约的居住区和简·亚当斯(Jane Addams)[⑤]在芝加哥的赫尔会所这种社区的建立为标志,也以雅各布·里斯(Jacob Riis)[⑥]攻击当时住房条件的出版物为标志。到1900年时,100所娱乐教育和社会活动中心(settlement house)出现在美国各个城市。美国红十字会开始在全国范围内,为那些突然遭受超出他

---

　　① 约翰·汉弗莱·诺伊斯(1811—1886),美国空想社会主义社区奥奈达社区的创立者。——译者注

　　② 罗伯特·戴尔·欧文(1801—1877),美国社会改革家,罗伯特·欧文之子。——译者注

　　③ 查尔斯·傅立叶(1772—1837),法国空想社会主义者。——译者注

　　④ 斯坦顿·科伊特(1857—1944),美国伦理学家、社会活动家。——译者注

　　⑤ 简·亚当斯(1860—1935),美国女社会活动家、教育家。——译者注

　　⑥ 雅各布·里斯(1849—1914),美国新闻记者、社会改革家。——译者注

们能力控制的灾难袭击的人提供援助。

宗派主义和世俗主义

19 世纪,基督教依然占据着主要的地位,但它没有 19 世纪初的影响那么大。在 18 世纪后期和 19 世纪初期,通过自由主义者和民主主义者的努力,实现了宗教自由和政教分离两个重要原则。然而,传统的宗教观点通常伴随着保守的宗教思想和经济观念。在 19 世纪初期,东正教教会与联邦制联系密切,而自由主义和激进的宗教目标往往体现在了这一时期的改革运动之中。在前面提到的乌托邦和追求完美的社会中,新英格兰的一神论为社会改革提供了一条出路。

宗教复兴和感情主义在 19 世纪的第一个十年里很有影响力,几乎与 18 世纪的大觉醒并行。复兴运动在新的西部地区有着十分良好的发展环境,因为定居者们带着他们自己的教堂,对边疆生活的灵活性和非正式性以及个人主义做出了更好的回应。东部地区的教堂十分关心在西部地区教堂的福音传播。1816 年的美国圣经协会(American Bible Society)和 1826 年的美国家庭传教士协会(American Home Missionary Society)改变了西部地区的教会,并且向国外派遣传教士。这些巡回的牧师和传教士成为了西方生活的一个共同特点,就像当地的教会成为了边疆社会生活的最重要的中心一样。成千上万的新成员就是通过这些方法加入教会的。从 1800 年到 1850 年这五十年里,教会的成员人数增加了 10 倍,而美国总人口数仅仅增加了 5 倍。

与此同时,在 19 世纪 30 年代和 40 年代涌入了大批新移民,在 19 世纪 80 年代之后再次涌入了数以千计的有着天主教和犹太教背景的新移民。大部分早期的爱尔兰移民和德国移民都是忠诚的罗马天主教徒,大部分后期来自奥匈帝国、波兰、意大利、俄国和欧洲东南部的移民也大都是罗马天主教徒或者犹太教徒。

由于新教徒感到他们的生活方式遭到了罗马天主教的挑战,因此,他们往往将天主教视为不民主的和非美国的。19 世纪 50 年代的无知党和 19 世纪 80 年代及 90 年代的美国保护协会(American Protective Assocition)把这种不满集中体现在其组织形式上。这些运动大都是中西部农村表达对工业城市的反抗。这些工业化城市是大多数罗马天主教徒定居的地方。美国保护协会是一个秘密的社团,它的成员保证投票反对罗马天主教徒以及雇佣中的不平等待遇。公平竞争与宗教信仰自由经受了严峻的检验。

也许与其他国家相比,美国见证了宗教团体的分化过程,建立了许多新的教派,引起了民众的不满和不安的情绪。到 19 世纪末,美国有150 个对他们自己宗教忠诚的教派。如果新教堂被组合在一起,那么,它们代表了 1800 万名成员,其中,卫理公会派、浸信会、长老会、路德教会和公理教会是最大的组织。罗马天主教会远远大于任何一个新教教会,代表了 1000 万名成员。犹太教大约有 100 万名成员。纵观整个 19世纪,按比例来说,教会成员人数的增加比总人口数增加的速度还要快。詹姆斯·布赖思(James Bryce)①断言,在欧洲没有一个国家在尊重教会对民众的影响方面能与美国相比。

美国教会的实力和活力在很大程度上是由于宗教信仰自由和政教分离的结果,正如在第一次宪法修正案以及几个州宪法的权利法案中体现出来的那样。实际上,每个州在 19 世纪加入联邦的时候,就采用了各州保障宗教信仰自由、各州不用公共资金援助或支持一个或多个教会的原则。新加入联邦的州要么遵循像宾夕法尼亚州、新泽西州和北卡罗来纳州的早期宪法规定,要么遵循弗吉尼亚州杰斐逊的宗教自由法令,要么遵循第一次宪法修正案的规定。

直到 1876 年,新加入联邦的州都自愿地遵循具有历史意义的政教分离原则。1876 年后,美国国会为了达到同样的效果,规定新加入联邦的州必须接受这种不可撤消的法令。到 19 世纪末,美国民众比其他任何时候都更加赞同这些原则。人们也广泛认同在教育中不为宗教学校提供公共资金,在公立学校中不进行宗教教育。然而,在 20 世纪期间,这些原则面临着巨大的挑战,许多战役不得不再一次打响。

在 19 世纪的最后十年里,生活的世俗化不断增多,特别是由进化论演变而来的工业化、城市化以及新的智力倾向的诞生,这些都以不同

_442_

①　詹姆斯·布赖思(1838—1922),美国政治家、外交家、历史学家。——译者注

的方式影响着宗教。城市中财富的增加为教堂的建立提供了巨大的财政支持。许多大的教堂建立后,投入的资金都用来提高教堂的服务和音乐,城市教会的集会往往变成贵族的和排他的。人们很快就清晰地看到,劳动民众很难轻松地和毫无尴尬地参与一些迎合富人阶级的教会服务。在一些排外的城市中的布道,也很清晰地表明人们很少重视劳动阶级的状况。

然而,自由主义和改革精神确实在许多教会领袖身上显现出来。在贺拉斯·布什内尔(Horace Bushnell)[①]、华盛顿·格拉登(Washington Gladden)[②]、约赛亚·斯特朗,以及19世纪80年代基督教社会主义协会(Christian Socialist Society)的领导下,一些自由教会直接帮助劳动民众。自由的圣公会教徒为了增强劳动民众的权益而建立了一个团体,1891年罗马教皇的通谕也认识到了劳动民众权利的重要性。

随着欧洲移民把他们的对于安息日活动略显不太严谨的思想带到美国之后,清教徒传统的周日做礼拜的风俗被削弱了。这引起了很多人的关注,于是,他们组织了安息日协会(Sabbath Societies),用以稳固并加强周日做礼拜的风俗习惯。其他教会则转向以非宗教和世俗的方式来稳住并吸引其成员,开始组织诸如缝纫组、体育活动、儿童保育机构以及阅读和讨论小组等日常活动。

各宗教派别之间存在着许多不同形式的合作,例如,青年男子基督教协会(Young Men's Christian Association)、青年女子基督教协会(Young Women's Christian Association)、基督教奋进协会(Christian Endeavor Society)和世界学生基督教同盟(World's Student Christion Federation)。有宗教信仰的人与禁酒党、女子基督教禁酒联盟以及许多其他组织共同努力,以实现他们的改革理想。在19世纪的后几十年里,在诸如德怀特·L·穆迪(Duight L. Moody)[③]等人的领导下,各

---

① 贺拉斯·布什内尔(1802—1876),美国基督教公理会牧师、神学家。——译者注
② 华盛顿·格拉登(1836—1918),美国基督教公理会牧师、新闻工作者、作家。——译者注
③ 德怀特·L·穆迪(1837—1899),美国基督教公理会牧师。——译者注

个教派之间的复兴活动对许多新教教会有着很大的帮助作用。

19世纪末,对教会最有智慧和世俗的挑战无疑是生物进化论的传播。一些教会与之抗争,极力主张正统派基督教,逐字逐句解释《圣经》,否定了进化论的有效性。在亨利·华德·比彻(Henry Ward Beecher)①、华盛顿·格拉登、约翰·费斯克(John Fiske)②和莱门·艾博特(Lyman Abbott)③的领导下,其他教会开始尝试调和进化论的科学知识和宗教信仰。这场关于进化论所展开的战斗标志着,世俗力量正在削弱教会对人们思想的禁锢,并且使得公共教育变成更加敏感的问题。

一种独特的公共教育制度

在美国成为一个独立国家的进程中,尽管其拥有高度自信和乐观的精神,但同时也面临着各种各样困难的挑战。在19世纪,美国教育既肩负着这些困难,又分享着其乐观的精神。当美国人决定应该扩大政府的职能并使之惠及全体公民的时候,他们自然而然地认为公共教育是体现政府职能的重要手段之一。当美国人决定他们必须成为并且始终保持为一个联合的国家时,他们认为公立学校能够帮助他们实现这个目标。

教育陷入巨大的冲突和争论之中,以如下这些决定为标志。我们应该给予每个人平等的生活、自由和追求幸福的机会吗?那就让学校来帮忙吧。我们应该给予每个人追求更好生活的机会吗?那就让学校为工作进行培训吧。我们应该为世界上被压迫的人们提供一个安息处吗?那就让学校帮助他们成为真正的美国人吧。但是,这些决定远没有听上去那么简单。

444

---

① 亨利·华德·比彻(1813—1887),美国基督教公理会自由派牧师。——译者注
② 约翰·费斯克(1842—1901),美国基督教公理会牧师。——译者注
③ 莱门·艾博特(1835—1922),美国基督教公理会牧师,社会福音的主要倡导人。——译者注

许多美国人认为，只有相当少数的人才能受益于教育，因此，他们反对广泛建立公立学校。许多美国人认为，工人阶级的社会地位不应该被迅速提高，因此，他们反对扩大公共教育。然而，历史的趋势是无法阻止的。民主力量、工业主义和人道主义都指出，在阳光的普照下，一种致力于教育机会均等主题的、全新的和免费的公立学校制度的建立，应该成为一个真正的民主社会所追求的主要目标。

公立学校思想的胜利

正如我们所知道的那样，为了实现民主的目的，用国家经费来支持公立学校制度并非一个全新的思想，但在19世纪初，还没有一个国家真正实现了这个制度。尽管还有明显的不足，但是，到19世纪末，美国已先于其他国家提出并完善了这个制度。这是通过激烈的斗争和争论才实现的。

一般而言，公共教育思想是在19世纪后期由中产阶级自由主义者、改革者、人道主义者，由劳工运动和城市的工人阶级以及被组织起来的土地改革提倡者和平民运动推进的。通常，公共教育思想会遭到很多人的反对，例如，各阶层在社会、政治和经济上的保守者，包括广大的纳税人在内的工业和商业的利益者，南部地区的贵族们，以及那些意识到这可能对他们控制各自的宗教和外语学校造成威胁的宗教组织和非英语组织。

从私立管理到公立管理的转变。在19世纪20年代和30年代的杰克逊时代，随着民主思想的高涨，真正的战役打响了，直到合法的公立管理获得胜利为止。这场激烈的战役持续了三四十年时间。在19世纪的最后十年里，将这一原则付诸实践的运动得以开展，于是这场战役又持续了下来。赞同公共教育的主要理由是，民主社会的未来依赖于为所有的孩子提供一个免费而平等的机会，以发展他们的全部才智。不仅州和社会的福利依靠这样的学校制度，而且想有机会自我发展和改变命运的人们也依靠它。只有通过公共经费来提供免费学校，才能使社会和个人的目标得以实现，但这个争论仍然在继续。只有通过提供与各宗教教派相分离的世俗学校，才能维持政教分离的原则，以便避

445

免大多数欧洲国家在建立国家教会的过程中所遇到的困难。

反对学校的公共管理的主要观点是，公立学校削弱了私人的利益和主动权。对于社会上有特权和有能力的阶级来说，他们的财富不应该被收税用以支持穷人和遭到社会忽视的人的教育，这些人也无法从教育中得益。教育应该向那些在智力方面能从中获益、在财力上能支付得起费用的人提供。人们假定，智力与收入之间存在着自然且较高的关联。此外，许多宗教组织认为，世俗的、无宗教教义的学校将会破坏社会的道德和宗教基础，而且实际上损害了建立私立学校和宗教学校制度的财产捐赠体系。在这两种主要观点的反对下，在政治、经济和法律上的激烈争论在整个19世纪一直持续着。

从私立学校思想到公立学校思想的转变是非常困难的，这种转变在美国的不同地区有着不同的表现形式。但是，这场战斗通常有三个至关重要的方面。首先，也是最重要的方面，实现这一原则，即真正的公立学校必须对所有孩子都是免费的，因而必须由公共税收来支持。其次，为了给全州的所有儿童提供正规的学校教育，因而必须将地方对公立学校的管理和支持扩展到全州的范围。最后，如果公立学校希望加强民主国家的团结而不是使他们产生观念上的分离，那么，公立学校就必须脱离宗教的管理。这里的任何一场战斗都是异常困难的，难以单独获得胜利。当它们彼此结合起来时，这个任务又是如此的庞大。

公共支持的增长。19世纪的主要成就是，消除了只为贫穷的和社会地位低下的人提供免费教育的传统思想，而形成了为所有人（不考虑其经济状况）提供免费教育的理念。

19世纪初，除新英格兰以外的所有地区所实行的最普遍的计划是，在私人的资助下开办教育，向有能力支付费用的人收取学费，并且以慈善为本向支付不起学费的人提供免费教育。总是有一些贫困儿童的家长，为了给他们的孩子争取到免费教育的机会而声称他们自己是穷人。因此，"免费"教育意味着教育与慈善相关，并且是贫困的象征。中东部和南部的一些州已经把免费公立教育属于贫困的理念写入到本州的法律或宪法中。

因此，改革者和人道主义者有两个主要任务要去完成。首先，他们

446

必须与免费教育和公立教育只是为穷人提供的思想作斗争。他们只采纳那些符合社会民主观念的思想,强调只有公立学校由公共资金来进行资助,并且向所有经济层次和社会层次的人公平开放,免费教育和公共教育才能够得以实现。其次,他们开始着手改革法律,让社区和州的立法机构为免费公立学校提供资金。为了实现这一目标,杰斐逊共和党、杰克逊民主党、新英格兰自由党和人道主义者以及工人和平民主义运动,都以不同的方式参与了进来。

正如前面所提到的①,学校已经获得了多种形式的支持,包括学费、税率法、捐赠、遗赠、赠予、彩票、特许以及税费。公立学校拥护者的任务是,直接用足够的税收来满足每个人对公立学校的需要,进而取代这些专门的、有限的资助形式。当然,这是最为艰巨的任务,因为这意味着把支持公立学校的重任平摊给了所有纳税人,甚至包括没有孩子在公立学校里就读的人。要赢得这场战争,就需要整个公共生活和私人生活领域中的有识之士及公益人士的支持。

以下两种形式的间接公共支持为直接支持奠定了基础,这就是,联邦政府的教育补助金和各州的永久性公立学校基金。公立学校大部分的间接公共支持来自于联邦政府划拨给各州的土地和资金。据估计,联邦政府把近 1.5 亿英亩的公有土地划拨给了各州,并把由此得来的收入用于教育。根据 1785 年和 1787 年条例②的规定,这笔金额的一半以上来自于每个市镇十六分之一的土地所得的收入补助。1803 年,俄亥俄州作为第一个从老的西北地区脱离的州加入了联邦,该州每个市镇划拨出十六分之一的土地补助用于资助公立学校。后来,在西部一些土地价值低廉的州中,每个市镇甚至得到了其八分之一甚至更多的土地补助用于资助公立学校。

19 世纪期间,各州也为公立学校提供了多种其他形式的联邦援助。例如,所谓的"5%基金"就是以下协议的产物,该协议规定:如果州政府不向其州界内的联邦土地征税的话,那么,联邦政府将把出售该州公有

447

---

① 参见本书英文本第 317—318 页。
② 参见本书英文本第 315—317 页。

土地所得收入的5%拨给该州。其他形式的赠予,包括划拨给各州用于改造和出售的盐碱地及沼泽地,由此得来的收入通常也都应用于公共教育。另外,1837年的《盈余收益存款法》(Surplus Revenue Deposit Act)为各州财政部划拨了2800万美元的盈余收益,然后剩余的部分才归入联邦国库。这是根据每个州在国会中的国会议员人数进行分配的。1841年的《内部改善法》(Internal Improvement Act)也惠及了许多州,因为他们所理解的"内部改善"不仅包括校舍的修建,而且也包括道路和桥梁的修建。

高等教育也从联邦政府的资助中获得了利益,因为每个州整个市镇的神学院经费都被应用在高等教育上。除了最初的13个州,佛蒙特州、缅因州、肯塔基州和德克萨斯州等其他所有州都可以得到这些补助金。从长远观点来看,对高等教育来说,更重要的是1862年的《莫里尔法》(Morrill Act)以及后来的额外赠予,这种赠予把大量公有土地拨给各州,用于建立农工学院。这些学院就是所谓的"赠地学院"(land-grant Colleges)①。另外,1887年的《哈奇法》(Hatch Act)为土地资助的农学院提供了额外的联邦基金,以促进其与农业实验站进行的科学研究。

对教育进行间接公共支持的第二种形式是永久性公立学校基金,各州利用这部分收入对公立学校进行管理和维护。大部分州的基金通常由上面提到的各种联邦补助金(神学院和《莫雷尔法》的补助金除外)、罚款以及没收归公的财产构成,有时也包括通过工矿税(mill tax)征收的财产。起初,永久性公立学校基金拥护者对于这些基金抱有很大的希望。他们甚至激起了反对者的异议,反对者认为这些基金会提供远远多于各州学校所需要的费用,因此州政府是在挥霍他们的金钱。

然而,因为学校体系在扩张以满足不断增长的需求,所以,对于公立学校需要的资金来说,州立基金通常只能提供可怜的一小部分。总之,由于基金的管理不善、挪用和投资失误,需求的不断增长导致支出的金额越来越大,这意味着基金数额远远低于最初的期望。然而,它们

① 参见本书英文本第466—467页。

确实对于公共基金应该用于公立学校这一观念的确立产生了作用。

19世纪30—40年代,对学校公共支持的主要斗争变成了直接税收的问题。当时,存在着两个障碍。一个障碍是免费教育只提供给穷人或"贫困"儿童这种观念的盛行。另一个障碍是税率法的应用,也就是公立学校向有就学孩子的家长征收一种特殊的税。一个家庭中的就学孩子越多,家长就要支付越多的税费来补充贫瘠的基金。当然,这极大地加重了大家庭贫困人群的负担,他们支付不起昂贵的税费,因而也就不能送他们的孩子去公立学校就读。这场战役在19世纪中期开始猛烈进行,但似乎直到1875年才在所有的州取得真正的胜利。

总的来说,需要把法律中关于贫困教育的法律以及税率法进行变更或删除,然后颁布新的法令。这个过程在各州的表现不同,但是,都存在着三个明显的发展阶段。在早期阶段,最好的情况是,许多州在人们投票赞成的前提下,通过法律来批准它直接为学校向人们征收税费。在一些情况下,它采取以下形式进行征税,即只对渴望被征税的人进行征税;在其他情况下,如果通过投票做出了决定,那就可以对所有人进行征税。第二阶段,州政府通过法律把提供政府资助作为对地方社区自行征税的鼓励,并且只对这样做的地区给予政府的资助。最后阶段,大部分州政府通过法律,强制要求地方社区自行征收一定数额的税费来支持公立学校。

当进入最后阶段的时候,地方的大量不动产税费都被用在公立教育上,从那时起,它承担了公立教育支持的最大负担,其金额大约占美国全部公立学校基金的是四分之三。其他部分依次由政府税收(包括遗产税、企业税、销售税和所得税)、联邦资助和永久性学校基金构成。在19世纪,最大的任务是建立把直接税收用于公立学校的原则,并将其付诸实践。在20世纪,最大的任务则是把对学校的支持从以州为基础扩大到以国家范围为基础,以便对全国所有儿童——无论他们生活在哪个州——提供更加公平的教育机会。

中央集权管理的加强。为了实现面向所有儿童的更大程度的教育机会均等,美国采取了真正的公共支持。很明显,对于教育改革者来说,原有的地方管理的学区制需要更加高度统一和高度集中的州管理作为补充。在前面的叙述中可以发现,18世纪产生了很大程度上的地方分权管理方式。而在19世纪,改革者们为争取更大的州管理权而做的努力扭转了这一趋势。在美国,教育管理权存在着两种真正的传统,一种传统导致了分权的地方管理,另一种传统导致以县、市和州管理单位为代表的更为集中的管理。

在19世纪,随着伟大的西进运动的发生,新英格兰人把他们的区域管理传统带到了西部地区,而来自南方的人则带来了他们私人、教会和县管理的传统。在州政府没有进行强大管理的时期,对于拥有着这样的边疆环境和土地条件的西部地区来说,这些传统似乎已经足够了。

然而,在为所有儿童提供足够学校的能力方面,学区制很快就显现出很大的局限性。尽管美国人极其热衷于学校的区域管理,并且他们相信这种方式比起更加集权的管理方式显得更为民主,但是,应该针对教育目的而进行组织的时代趋势还是朝着扩大社区规模的方向发展了。显然,对于在19世纪新的工业化社会中认识到真正的民主教育需求的人们来说,社区应该是以州为单位,而不是以地方为单位的。

因此,美国做出多种努力来促使各州立法机构对县、市或区域单元进行管理,运用多种方式重新确定它们对于公立学校的权力。于是,到19世纪的最后25年,通过公共舆论、立法机构颁布法律以及州法院和联邦法院做出的合法裁决,基本上确立了各州对公共教育的最终的合法权力。所以,一些更小的机构必须在州的授予权力的法令下以及在州的领导下进行工作。

随后,各州开始建立学校管理体制来执行立法机构通过的法律,对划拨给地方机构的州基金进行分配和监管。1812年,以纽约州为首的一些州设立了州教育厅,厅长作为本州的主要学校长官。这一职位被设立,废除,再设立,在经历过这样的反复推敲和错误尝试之后,到19世纪末,这个制度终于在大多数州中普遍而又完善地建立起来了。接下来的必要事情,就是建立各州教育部门,以监管执行学校法律,发布报告,监督学校,建立税收最低标准,授予教师资格,订立法规以及设置学习课程等。

很显然,在19世纪中期,比起学区制的地区自治,这些任务的实现需要更大的管理和组织机构。因此,县管理体制通常会设置一名受制于县学校委员会或教育委员会的县学校督察长,负责管理学校。作为州政府依法指定的县首席长官,县学校督察长要在其县内执行本州法律,为州政府收集数据,监督地方学校官员,分配州基金以及协助学校征税。

随着自治的学区规模的扩大以及数量的大幅增长,许多城市也出现了相似的过程,看起来每个城市的税收职能都不能适应现代城市生活的需求。各州开始要求城市建立教育委员会,在城市学校督察长的领导下管理城市体系中的各项事务。19世纪30年代初,在布法罗、路易斯维尔、普罗维登斯、圣路易斯以及马萨诸塞州的斯普林菲尔德这些城市中,这一运动逐渐开展起来;到19世纪末,大部分规模合理的城市都建立起了统一的学校体制。因此,从另一种角度来看,由城市或地区学校会议中的人和选举出的学校委员会的委员们面对面地解决学校问题的这种过时方式,在成千上万的人都能受到公立学校教育的城市生活条件下已不再可行。

于是,现代城市的学校管理模式开始出现。起初,教育委员会试图保持其管理学校系统中各项活动的权力。教育委员会的成员由市民进行选举或由市长直接任命而产生,他们试图通过常务委员会的管理来直接处理教学、课程、考勤、财政、建筑等具体问题。在19世纪后期,随着学校体系的扩张,这种程序越来越明显地显现出了它的极大不足和没有效率。

对效率和专业的要求,导致了对督察长及行政管理人员的极大依赖。这是向以大规模、高效化的工业运作管理模式而著称的当代工业和商业组织形式的自然转化。行政管理者们考虑到并且担忧,与其信任那些大量的缺乏专业培训甚至不能胜任的教师去参与管理,更合乎逻辑的是由行政管理者自己保持高度的权力去行使学校管理。

因此,民众通常认为,教育委员会应该代表公众和社会而限制其自身在广泛的教育政策事务中的权力,并且把董事会政策的日常执行权和管理权下放给督察长及其下属官员。督察长通常是由民众选举或由教育委员会任命的,他在获得委员会的批准后选聘官员和教师,制定预算,并且让其官员直接监管各项制度的执行。然而,随着教师资格认证和培训体制的不断完善,有人宣称,教师应该在职业政策和学校管理中扮演更重要的角色,并把它作为实现全民直接参与教育事业这种民主参与的一个途径。

尽管美国人愿意看到公共教育在县、市和州的范围内向更加中央集权的方向迈进一大步,但是,他们还是不愿意把这种原则扩大到以联邦或国家为基础的范围内。很明显,联邦政府有权为军事目的提供教育设施。因此,1802 年为了培训军官,在西点建立了军事学院,类似的为培训海军军官而设立的机构 1845 年在安那波利斯建立。另外,联邦政府在内务部印第安人事务办公室的督促下,承担起了为印第安人保留其教育的责任,在 1865 年自由民局成立后,联邦政府也为建立黑人奴隶教育提供了特别的资助。

然而,一般来说,联邦政府的职能仅仅限于前面提到的大量的联邦补助金。这意味着,各州愿意甚至渴望得到联邦政府的财政支持和资助,但是,他们又不愿意联邦政府扩大它们在各州教育体制中的权力。19 世纪 70—80 年代,一些议案被提交给美国国会以为普通教育提供支持,但是,这些议案一直未能作为法律而被颁布。

其中最重要的是,1870 年由马萨诸塞州的共和党议员乔治·F·豪(George F. Hoar)提交的议案。该议案旨在迫使各州建立有效的教育制度,进而建立起有效的国家教育制度。任何被证实在这方面存在违法现象的州,将受控于联邦政府任命的州学校督察长和联邦督察员,并且接受联邦的税收要求来支持该州的学校建设。这引起了公众和教育工作者的强烈反对,因此,这一议案甚至都没有进行相应的投票。19世纪 70 年代,还提交了其他关于为教育出售公有土地的议案。众议院通过了《珀斯法案》(Perce Bill),参议院通过了《伯恩赛德法案》(Burnside Bill),但是,这两部法案都没有得到两院的一致通过。

19 世纪 80 年代,新罕布什尔州的共和党议员亨利·W·布莱尔(Henry W. Blair)曾 5 次提出议案,要求为各州提供资金以建立其有效的公立学校制度。参议院曾 3 次通过此项议案,但众议院却从未采取任何行动。《布莱尔法案》(Blair Bills)引起了很多公众的讨论。总的来说,这项议案得到了劳工组织、部分重要的商业组织、公立学校的教育

451

工作者们(特别是全国教育协会)、一些新教组织以及大部分共和党人的支持。反对意见则主要来自私立学校和高等教育机构的领导人、教会(特别是罗马天主教)学校教师、一些新教组织和大部分民主党人。这是第二次世界大战之前普通教育为争取联邦政府支持所做的最后的也是最大的努力。

然而,人们意识到,联邦政府在某种程度上应该参与到国家教育领域之中。因此,在 1867 年建立了联邦教育部。由于担心这一部门会失去控制,许多州纷纷提出反对意见,因此,这个独立的部门就变成了内政部的教育署。1870 年,又成为了教育局。尽管在名称上有所改变,但其主要职能仍然是收集信息并进行数据统计,开展研究,传播美国教育现状和发展的相关信息。亨利·巴纳德是美国第一任教育部长,在 19 世纪期间,该职务先后由约翰·伊顿(John Eaton)、N·H·R·道森(N. H. R. Dawson)和威廉·T·哈里斯(William T. Harris)担任。在一个世纪里,法国和德国已建立起强大的国家教育制度,而美国看上去似乎并不愿意采取任何措施来把很多的管理权放到国家政府的手中。美国充分地考虑到用于特殊目的——尤其是职业教育的财政资助,但这并不是完全由联邦政府来进行支持和管理的。这种分散的权力对于这种情况来说太过于强大了。

宗教学校不享有公共资金。美国能建立起强大的公立学校制度,不仅是因为人们开始相信公共教育,而且是因为公共资金并不支持私立学校和宗教学校。这方面的激烈斗争成为了 19 世纪美国教育的标志。到 19 世纪末,美国终于广泛地建立了公共资金不应资助教会学校的原则。这种做法遵循了美国宪法第一修正案、宪法条例和许多州的法令中所规定的政教分离原则。这是建立公共教育制度的一个关键因素。如果美国遵循了英国或加拿大某些省份或其他国家的模式,那么,很可能这种普及公立学校制度的独特价值就不会实现。

在南北战争之前,几个州相继发生了关于这一问题的争论,其中最著名的就是纽约州和马萨诸塞州的那些争论。19 世纪最初几十年间,纽约州的立法机构把公共基金拨给"纽约市免费学校协会"(Free School Society of New York City)和其他三个宗教慈善协会,以帮助其支撑它们的慈善学校。此后,在 19 世纪 30 年代时,罗马天主教教徒激增,天主教教会开始寻求公共资金来支持它们的教区学校。19世纪40年代初,约翰·休斯(John Hughes)主教领导了从税收资金中为天主教学校谋求资助的运动,但是,这些要求遭到了纽约市政当局的拒绝。尽管这些努力一直在与政府的选择作斗争,纽约州的立法机构仍然在1842年针对该议题颁布了法案。该法案宣称:

> 上面提及的任何学校或是应依照本法案进行组织的学校,如果教授、灌输或实行任何宗教学说或教义,那么,依照本法案,它们将不能得到对其分配的那部分学校资金。

在马萨诸塞州,同样的斗争在南北战争前也一直持续着,但正如1855年的宪法修正案确定的那样,胜利又一次属于了公立学校势力一方。该法案宣称:

> 城镇及城市通过税收得来的所有资金应该全部用于资助公立学校,由政府拨出的所有资金可以用于对公立学校的资助,除此之外,任何的学校都将依本法案而行事,由城镇或城市投入资金的学校要服从城镇或城市当局的命令和监督;这些资金不得用于对任何宗教教派的维持,包括其学校的维持。

在南北战争之后,禁止将税收资金用于教会学校的趋势仍在继续。各州的主要态度以伊利诺斯州1870年的新宪法为代表。该新宪法规定:

> 无论是全体大会还是任何县、市、镇、区、学区或者其他公共机构,无论如何,都不得从公共资金中拨款对任何教会或宗教计划进行任何资助,也不得资助和维持由任何教会或宗教教派管理的任何学校、学会、研讨班、学院、大学或其他教育机构;州政府或任何类似的公共机构都不得划拨和捐赠土地、资金以及其他个人财产给予任何教会或用于任何宗教目的。

1900年时，政教分离的原则几乎已经应用到所有教会学校关于公共资金的问题中。到19世纪末，这场为公立学校专门提供公共资金的战役比以往任何时候都要更接近胜利。然而，在20世纪中期，整个争论在国家层面上再一次发生，正如之前在州和地方层面上发生一样。

454   州是如何取得这场战斗胜利的

放弃从英国继承的学校应由私人或教会机构来管理和支持这一传统的问题，说到底应该通过唤起公众要求建立公立学校的意识的方式来解决。1800年，大部分民众认为，教育是由私人发起的或是由教会负责的事务，而且只有具备足够的财力才能有资格办教育。随后，贫困家庭儿童应该得到更好的基础教育机会这种人道主义和慈善思想开始流行。一些人认为，针对穷人的免费教育应该由教会的和世俗的慈善机构或政府来提供。因此，教会开始为穷人提供慈善教育，免费学校协会为那些不被教会学校接受的贫困家庭儿童提供免费教育，各州也开始通过一些为贫困家庭儿童提供免费学校的法律。

各类学校团体参与了这个运动，并接受了许多具有慈善思想的人士的捐助。他们寻求私人的捐助，成立协会并建立学校。有些协会怀有着专门的兴趣，这是英国同类协会的直接产物。19世纪20年代，波士顿、费城、纽约和其他城市建立起了幼儿学校协会，为7岁或8岁以下的贫困家庭儿童提供免费教育。这样的城市还建立起主日学校，每周日为贫困家庭儿童提供世俗的基础教育，但不久，教会就控制了主日学校的教育思想，并且把宗教教育作为了其主要目标。以英国兰喀斯特学校为模式的导生制学校协会（Monitorial School Societies），由于为许多学生提供学费相对较低的教育，而得到广泛的普及。这些团体有助于展现教育对于普通人来说也是有可能的。

与此同时，巴尔的摩、华盛顿、费城、普罗维登斯、奥尔巴尼、纽约及其他地方涌现出大量免费学校，为城市给贫困家庭儿童提供免费教育做出了重要的努力。最著名的是1805年德威特·克林顿（DeWitt Clinton）市长和其他杰出的市民所建立的纽约市免费学校协会。这个协会申请资金，建立校舍，为教师提供培训和薪酬，在50年里为50多万名儿童提供了教育。随后，该协会将其资产移交给19世纪40年代开始出现的纽约市公立学校。

在 19 世纪的前 20 年里,随着具有民主思想的人士开始对免费学校协会的活动予以关注,在为富人提供的私立教育和为不幸的穷人提供的慈善教育之间开始出现了差别,并且这种不公平差别是与民主社会不相符的。因此,从 19 世纪 20 年代起,许多协会就开始进行了为所有人平等开放免费公立学校的努力。中产阶级和劳动民众为这个运动提供了坚实的基础,尽管遇到了强烈的反对,但这个运动在 19 世纪 30 年代到 40 年代间取得了进步。

为了达到这个目的,美国成立了许多组织,其中著名的有波士顿的美国教学协会(American Institute of Instruction)、宾夕法尼亚州促进公立学校协会(Pennsylvania Society for the Promotion of Public Schools)以及辛辛那提的西方学术协会(Western Academic Institute)。随着美国的学会以及许多技工和工人教育机构的发展,美国出现了为普通民众传播通俗知识的机构。在 19 世纪的最初几十年里,来自纽约、费城和其他地方劳工组织和代表的呼声,迫切要求消除公立学校属于贫困救济的烙印,而应该由公共资金来支持。从美国劳工联盟 1881 年的实践活动记录中就可以看出,这个组织一直积极提倡公共教育。

公立教育运动的领导人来自社会中产阶级,他们已经在享有教育机会上占据优势。但是,如果没有来自工人和劳工阶级在投票中显示的强大力量作为政治上的支持,那么,他们是不可能实现他们的目的的。在城市和州的选举中,许多劳工组织都拥护那些支持公共教育的候选人。在这场斗争中劳工们所扮演的重要角色,往往被论述这一主题的作者们所忽视,他们总是有意或无意地忽略劳工阶级中那些默默无闻的支持者们所做出的努力。中产阶级领导人的贡献的确是巨大的,但他们所获得的所有声望已经足够了而且有些多余了。

新英格兰地区。回溯 1642—1647 年的法律,正如公共教育的长期利益所期盼的那样,马萨诸塞州很快就成为了积极参加拥护州政府管理和支持公立学校运动的阵地。詹姆斯·G·卡特(James G. Carter)[1]和贺拉斯·曼领导了这场公立学校运动。1837 年,他们说服州立法机构建立了州教育委员会和学校基金会来帮助地方机构支持学校。卡特为建立公立中学和师范学校进行了长期而艰难的争论。

---

[1] 詹姆斯·G·卡特(1795—1849),美国教育家。——译者注

从 1837 年到 1848 年,贺拉斯·曼作为州教育委员会秘书,执行了州政府支持的公立中学和州立师范学校的计划,并且加强了对其他公立学校的支持。他强调由州政府来组织和监督学校的理念,反对分权管理的学区制,主张提高教师的工资,改进教师的培训和资格认证,延长就学的年限,提高校舍的标准。最重要的是,通过他广泛的演说和著作、他的 12 份年度报告以及他编辑的《公立学校杂志》(*Common School Journal*),贺拉斯·曼扮演着州立学校的公共利益的宣传者和传播者的角色。随着他四处访问和参加会议,贺拉斯·曼的影响已经远远超越了马萨诸塞州的边界,他的积极行动受到了公众的注意。

多少有点相同的过程也发生在康涅狄格州和罗德岛州。托马斯·H·加劳德特(Thomas H. Gallaudet)①和亨利·巴纳德积极参与了康涅狄格州教育委员会的建立,1838 年,巴纳德担任该州教育委员会的秘书,一直到 1842 年州教育委员会被废除。巴纳德在罗德岛州花了 4 年时间组织成立新的州教育委员会的工作,随后又返回康涅狄格州。在那以后的许多年里,巴纳德在 1855—1882 年担任了《美国教育杂志》(*American Journal of Education*)的编辑,在 1867—1870 年担任了美国第一任教育部长,因而在提高专业教育的标准方面产生了重要的影响。

图 27　贺拉斯·曼

中部各州。受 19 世纪初期民主力量的鼓舞,纽约州通过了 1812

---

① 托马斯·H·加劳德特(1787—1851),美国教育界的慈善家,第一所聋哑学校的创建人。——译者注

年学校法,在该州教育督察长的领导下开始建立州的公立学校制度,这在美国开创了先例。它代表了一个双重的体系,因为对于1784年在州立大学董事会的管理下建立的纽约州立大学来说,要承担中等教育和高等教育的双重任务。1812年学校法规定从每个市镇中选举出学区督察长,从每个学区中选举出学校董事会成员。教师的工资是由市镇税收支付的,这是与来自州立学校基金的资助相匹配的,这些经费根据地方学区5~15岁儿童的人数来进行分配。地方机构通过税收来筹集资金去建立和管理学校。另外,还利用税率法来根据每个家庭的在校孩子数量向家长征收税费。

1821年,保守力量竭力废除了这一制度,但斗争仍在继续。例如,1829年纽约市工人的一次会议要求,州政府应该向学校提供更大的支持,"以确保每个人在成年之前都能拥有获得充分教育的机会"。1851年,州的教育管理体制又恢复它的效力;1867年,废除了税率法。至此,公立学校制度开始完全依靠税收和政府的资助。

宾夕法尼亚州的1802年学校法建立了这样一种制度——表称自己是穷人的家长的孩子可以免费进入私立学校学习,学习费用由县政府来支付。各种公立学校协会对这个贫民学校法案提出了抗议,劳工组织再一次开始承担起他们的重任。1829年,费城工人协会(Workingmen's Association of Philadelphia)通过了解决方案;1830年,纽约市采取了同样做法,并通过合法候选人的表达公布了对公立学校的态度。1834年,该州立法机构通过了学校法,在整个州建立了公共学区,但很多县特别是德国路德教占优势的县,反对公立学校采用英文进行教学的理念,导致整个学校体制陷入了濒临崩溃的危险。最后,在撒迪厄斯·史蒂文斯(Thaddeus Stevens)①的领导下,这种反对意见被否定了,该学校法得以保留下来。到1838年时,许多县接受了这一法律,州立学校制度也得以发展。在新泽西州,类似的贫民学校法被驳回,在1838年后,一种真正的公立学校制度的建立变成了可能。

---

① 撒迪厄斯·史蒂文斯(1792—1868),美国南北战争后重建时期激进派共和党人的国会领袖。——译者注

南部各州。公共教育运动在南部各州比美国其他任何地方进行得都缓慢。在南北战争之前,南部的几个州开始出现州学校制度的形式,但是,私人学校和宗教学校的强大的贵族传统一直是个障碍。"免费"教育在南方依然意味着慈善教育或贫民教育,这种状况比其他任何地方持续的时间都长。由于社会上层阶级迫切希望维持原有的政治、经济和社会权利,因此,严格的等级差别在白人和黑人、种植园主或小土地所有者以及佃农和穷苦白人之间仍然牢固地存在着。在 19 世纪初,南部的几个州建立了公立学校基金,并且很多州已建立起州管理的学校以及其下属县级教育体制。

南北战争之前,对黑人教育的关注少得可怜。一些州甚至通过法律,禁止黑人在学校接受正规教育。大部分与黑人相关的教育,仅仅是使他们能够在种植园里做农活或完成一些半技术性的简单劳动。战后重建初期,在林肯总统的支持下,南部的一些州颁布了为黑人提供教育的法律,并在 1868—1876 年国会重建期间推动这一进程得到了更深远的发展。

当然,这些努力激起了大部分白人阶级的强烈反抗,因为对于他们来说,为黑人提供教育的想法是相当荒谬而愚蠢的。他们认为,黑人生来就是劣等种族,在智力或接受教育方面的能力较差,因此,他们害怕为黑人提供教育的这些做法。而且,这种为所有人提供真正的公共教育所必须的教育经费,才是最令他们苦恼的事情。他们对北方人推动南方黑人接受教育的观点持怀疑态度。

然而,许多北方的宗教和慈善团体却向南方的各类学校派遣专人并且拨款。1865 年,美国政府建立了被解放黑奴事务管理局(Freedmen's Bureau),作为对黑人教育进行全面监管的机构。随后,几所黑人学院建立起来,其中著名的有:1865 年建立的菲斯克大学、1868 年建立的汉普顿学院、1867 年建立的亚特兰大大学和 1881 年建立的塔斯基学院。同时,乔治·皮博迪教育基金(George Peabody Fund)和斯莱特基金(Slater Fund)向南方注入大量资金和人力用于支付教师工资,完善教师培训和建立新学校。

尽管有了这些努力,但是,为黑人和白人共同提供公共教育的进程依然很缓慢。1876年后,当上层白人阶级重新在南方掌权时,许多公共教育的法律或被废除或被忽视。最简单的做法,就是不给黑人学校提供所需的资金。与美国其他地区相比,南方的经济资源极其有限,但是,统治阶级坚持对白人和黑人实行双重教育体制,实际上使得有限的教育经费更加紧张。没有足够的资金,黑人学校显然受到巨大的打击。尽管南方的有识之士和北方的人道主义者们共同努力,黑人学校在这个民主国家里依然是一个耻辱的象征。白人教师的工资已经很少,而黑人教师的收入就更加微薄。

所有的努力尝试都得益于以下各个领导人,其中包括:弗吉尼亚州的亨利·拉夫纳(Henry Ruffner)、查尔斯·F·默塞尔(Charles F. Mercer)和杰娜勒尔·S·C·阿姆斯特朗(General S. C. Armstrong),北卡罗来那州的卡尔文·H·威利(Calvin H. Wiley)和S·S·阿什利(S. S. Ashley),南卡罗来那州的J·K·吉尔森(J. K. Jillson),田纳西州的约翰·伊顿(John Eaton),肯塔基州的罗伯特·J·布雷肯里奇(Robert J. Breckenridge),密西西比州的A·G·布赖恩(A. G. Broen)和亨利·R·皮斯(Henry R. Pease)以及阿拉巴马州的威廉·F·佩里(William·F. Perry)。即便如此,他们努力的效果是,事实上直到1900年,义务教育法仍没有在南方的任何州出现。在南部地区,只有不到一半的儿童真正上了学,而且在每70个儿童中,只有1个儿童从一年级一直上到八年级。国家的其他地区虽然也没有任何完善的教育措施,但无论如何,南部地区所进行的教育机会均等尝试却愈加短暂。

西部各州。总体上讲,西部各州的公共教育制度发展迅速,并且在一些方面甚至超过了东部地区。这里没有兴办私立教育的传统,在西部各州成立之初,它们的宪法中就有大量的声明和条款用来保障公共教育资源。1785年和1787年,在旧俄亥俄州的西北部、印第安纳州、密执安州、伊利诺斯州和威斯康星州的法令中,都确立了公立学校的教育原则,作为日后进一步发展的框架。从新英格兰和东部地区迁来的定居者们,也带来了他们兴办公立学校的传统,并很快就适应了西部各州的教育组织,进而对抗那些在俄亥俄州、印第安纳州和伊利诺斯州南部

459

地区定居的南方人。

因此,到 19 世纪 50—60 年代,中西部的这些州在废除比率税制度、为公立学校征税以及组建州教育机构方面迈进了一大步。这些卓有成效的进步,是通过诸如俄亥俄州的塞缪尔·路易斯(Samuel Lewis)、卡尔文·E·斯托(Calvin E. Stowe)和塞缪尔·加洛韦(Samuel Galloway),印第安纳州的凯莱布·米尔萨(Caleb Mills),伊利诺斯州的尼尼安·爱德华(Ninian Edwards),密执安州的约翰·D·皮尔斯(John D. Pierce)和艾萨克·克拉里(Isaac Crary)等人的执着努力而完成的。

在平原、山脉及横贯密西西比州西部的太平洋地区的一些新成立的州,相似的进程先后发生。任命或选拔产生了教育督察长,建立了学校基金,征收了教育税并且通过了义务教育法案。尽管私立学校和宗教学校在初期仍然占居主导地位,但是,在西部边疆更加自由和灵活的环境中,这些教育传统很容易被改变。机会平等的理念成为西部地区发展中的重要一环,西部人意识到需要迅速实现用公共经费为所有人提供免费的义务教育。

460

美国公立学校制度的形成

尽管每个州的形势各有不同,但是,19 世纪是美国教育理念形成的时期,各种教育制度都已表现出相当清晰的轮廓。尽管欧洲大部分国家施行将社会上层与社会下层相分离的双轨制教育制度,而在美国却开创了一种民主的教育制度,为每个儿童提供平等的教育机会,满足他们天资和能力充分发展的需求。而且,这种平等的教育机会应该得到各州公共财政的支持,同时,对每一个受教育者的经费保障,应该从他进入最初级的学校开始一直持续到大学。

这种被称为"阶梯制度"(ladder system)的教育制度,是指中等教育是初等教育的延续,而高等教育又是中等教育的延续。美国这种大众的、免费的、男女同校和义务的教育制度,与欧洲那种为社会下层阶级提供免费初等教育、只为社会上层阶级提供收费中等教育、男女分开受教育、意在使上层阶级和下层阶级分开的双轨制教育制度形成了强烈的对比。

同时,美国脱离宗教控制的自由教育理念,与欧洲那种在大主教或国家授权的宗教组织影响下而进行的学校实践也形成了鲜明对比。然而,这种世俗公立学校的理念也是经历了激烈的斗争才得以建立。在19世纪初的前几十年里,许多州将公共教育基金授权拨给宗教学校,当时的一些人特别是马萨诸塞州的贺拉斯·曼看到了这种做法的深层隐患,从而强烈反对把税收支出用于资助宗教教育。针对公立学校将成为"无信仰的学校"的控告,贺拉斯·曼和他的支持者极力声讨宗教教育对公立学校的严重破坏。贺拉斯·曼甚至还与宗教组织试图废除州教育委员会的阴谋展开了激烈的斗争。

在其他州,一些宗教组织试图阻止公立学校的发展,他们想把公共基金分给公立学校和教区学校共同使用。19世纪30—50年代,对于整个国家来说都是一个至关重要的时期。在19世纪40年代的印第安人党和19世纪50年代的无知党的影响下,公立学校思想被卷入到反对罗马天主教的各种斗争中。尽管到1900年时,世俗的公立学校取得了显著胜利,但这个问题一直持续困扰着美国教育,并一直延续到现在。

与世俗教育相关的,是一个真正民主的国家对义务教育的要求的增长。在19世纪,从欧洲各国涌入的大批移民使同化问题变得比以前更加尖锐,带有不同语言、风俗和传统的移民群体逐渐在大城市中聚集,并形成独立的群体。因此,这就要求公立学校提供某种方式来加快同化融合的过程。 *461*

当自愿接受教育的方式还不能迅速展开时,强迫教育的法案开始在州的立法机构中出现。1852年,这种法案第一次在马萨诸塞州被通过。到1900年时,除南方以外,其他大部分州都实现了这种理念。当然,各州在入学年限、学期长度以及执行法案的严格程度方面,都是各不相同的。众所周知,尽管美国是一个有着深厚宗教背景的国家,但美国的公立学校也不可能支持哪种特殊的宗教教育。因此,公立学校首先面临的就是宗教学校和私立学校的问题。

美国既确保那些对私立学校和宗教学校持有偏爱的人的自由,又继续为世俗学校提供教育经费。这是建立在这样的理论之上的,即政教分离不仅要体现在政治功能上也要体现到教育功能上,以及一个民主社会需要一个普及的公共教育制度。到 19 世纪中期,在初等学校和中等公立学校注册的学生人数已多于私立学校和宗教学校。一旦这种原则被确立下来,那公立学校便开始迅速而显著地发展起来。

初等学校。随着大量的儿童就读于公立学校,那种只有一间小教室、对不同年龄的学生进行个别授课的地区学校,显然已经无法满足教学的需求。因此,在初等学校中有两个原则性的改变,那就是,班级授课方式的改进以及按年龄将学生分级的制度。单一的地区学校逐渐被分成从 5、6 岁到 9、10 岁的小学和 10 岁到 14 岁的中间学校或文法学校。

这一进程在不同的城市和州有着不同的变化,但是,很快就产生了 1～4 年级的小学和 5～8 年级的文法学校的划分。总体上说,在分年级的学校里,每个年级依据年龄设立不同的教学目标,这种教学方式在南北战争结束之前被广泛地采用。在之后的 20 或 25 年里,小学和文法学校又逐渐被合并到一起,形成一个单独的从 1 年级到 8 年级的初等学校。到 1900 年,八年制的分年级学校已成为美国初等学校中最普遍的形式。

分级制度以及班级授课制度的改进,不仅是由于学生数量增多的原因,而且也受到初等学校课程扩展的影响。这种变化同时也受到欧洲特别是德国的教学范式的影响,正如美国教育家贺拉斯·曼、亨利·巴纳德、卡尔文·E·斯托和约翰·格里斯科姆(John Griscom)①等人所述的那样。教师只面向一个年级的学生进行班级授课,而不是面向所有年级的学生进行单独授课。这种分级制度首先在 19 世纪中期被波士顿的学校督察长约翰·D·菲尔布里克(John D. Philbrick)所采纳,进而迅速在整个国家得到实施。

中等学校。在 19 世纪初,最普遍的中等学校是由私人或宗教团体赞助的"学院"(academies),也有一定数量的拉丁文法学校由新英格兰的市镇提供支持。入学年龄通常是 10～12 岁左右,需要 4～6 年可完成学业。随着这些中学逐渐重视英语课程,他们也开始为年龄更小的

---

① 约翰·格里斯科姆(1774—1852),美国教育家。——译者注

学生开设预备学校。如果这个进程不被打断的话，那么，美国很可能会建立起与欧洲国家相类似的双轨制制度。

　　然而，在 19 世纪 20 年代后，美国的民主力量要求学生在完成初等学校的初级和文法级教育之后，应该接受在公共经费支持下更为实用的中等教育。公立中学的建立就是为了满足这种要求，并克服"学院"中日益显现的不民主和"等级"特征。只要拉丁文法学校和"学院"依然是仅有的中等学校，那么，劳动民众将没有机会接受更加实用且没有学院预备的高等教育。

　　因此，1821 年，在波士顿一个专门为 12 岁及 12 岁以上的不打算读大学的男孩们而设立的英语古典学校成立了（之后成为英语中学）。最初，它是一个以教授英文、数学和社会实用知识为主的三年制中学。随后，1827 年马萨诸塞州通过一个法律，要求在每个拥有 500 个家庭或以上的市镇都要建立这样的中学。

　　到 1860 年时，这种中学在全美国有 300 多所，其中绝大部分设立在马萨诸塞州、纽约州和俄亥俄州。到了 19 世纪最后几年里，这种中学向全国范围扩张的趋势开始凸显。到 1900 年时，在 6000 多所公立中学注册的学生人数，占所有中学生人数的 80％ 还多。在这个过程中，公立中学已超过了"学院"，成为一个男女同校的四年制教育机构，既可以为升入大学做准备，也可以使毕业生直接步入社会。

　　1870 年之前，建立公立中学的进程发展缓慢，这是由于纳税人群体的反对以及宗教组织将大量资金投入私立学校，因为他们把公立学校视为一种危害。正如在其他的大萧条时期，随着 1873 年的恐慌涉及经费开支，实业家们开始抨击公共教育。他们要求节省教育预算，特别反对公立中学的大规模扩张，他们认为这会使工人对现行的工资比例感到不满。

　　而且，学校董事会也不确定自己是否有权力来为中学征收税费。然而，19 世纪 70 年代，在密执安州、伊利诺斯州和其他一些州，一系列的案例判决为公立中学的发展奠定了强有力的法律基础。

　　在这些案例判决中，最著名的是 1874 年密执安州最高法院判决的"卡拉马祖案"（Kalamazoo Case）。起诉方反对通过税收来支持免费中学并提供外语教学的卡拉马祖案 1 号学区条款（School District No. 1 of Kalamazoo）。起诉方承认州具有建立公立学校的权力，但是，他们要求中等教育只能教授古典著作和现代英语。并且只有那些极少数能自己承担学费的学生才可以完成学业。中等教育不包括用公共经费支持给所有人提供的实用教育。

然而，密执安州最高法院坚决反对控诉方。判决指出，长期以来州的立法和政策不仅支持每个公民应该享有基础教育也同样应该享有高等教育，无论他是穷人还是富人。而且这是全社会所参与的有益的实践，而不是只为少数富人提供的文化消遣。库利（Cooley）法官在上述判决中引用了如下的相关法案，其中包括：1642、1647 和 1787 年马萨诸塞州法；1787 年法；1817 年密执安土地法；1821、1827 和 1833 年学校法；以及 1835 和 1850 年的密执安州宪法。

这些法律程序的目的，就是要建立一个完整的教育制度。因为法官发现如果国家仅仅提供法定的初等教育和高等教育，那样的后果将是不可想象的，因为家长不得不把他们的孩子送到国外或者收费的私立学校接受中等教育，以此来完成进入大学前的准备。因此，法律明确规定，学校董事会有权为公立中学征税。

随着法律权益的明晰以及教育需求的增长，地方学校董事会对兴办公立中学感到如释重负。州立法机构也鼓励依靠立法手段准许地方学校董事会继续为那些已经建立起公立中学的地区提供资助，最终使公立中学在全州的一些地区得以建立。到 19 世纪末，公立中学已经成为初等学校的正常延续。

高等教育。19 世纪见证了高等教育民主化实验的开始，它毫不逊色于初等教育和中等教育。当时，没有其他国家创建如此多的高等教育机构。几乎每个宗教派别都积极建立学院，既为地方年轻人提供一种普通的高等教育，又作为传播各教派教义的一个途径。其中最积极的教派有长老教会、卫理公会、浸信会、公理教会、罗马天主教会和美国新教圣公会，这些教派独立开展具体工作，但它们又在诸如西部神学教育促进协会（Society for the Promotionof Collegiate and Theological Education at thr West）这样的组织中共同协作。据唐纳德·G·蒂克斯伯里(Donald G Tewksbury)的记载,除了10多所开办时间或短或长的学院外,南北战争前共建立了182所永久性学院。

尽管高等教育应该处在教派管理之下的理论一度盛行,但是,始于18世纪末的州立大学运动在19世纪呈现出上升的趋势。受法国启蒙主义思想的影响,许多慈善家相信,托马斯·杰斐逊关于民主国家既需要公共基础教育也需要公共高等教育的主张。

大部分决定性的法律保障,有力地促成了民主力量对达特茅斯学院的管理权。当约翰·惠洛克(John Wheelock)于1799年继任他的父亲当选为达特茅斯学院校长时,他试图摆脱他父亲那种保守的政治和宗教信条。然而,他所持有的杰斐逊共和思想将他自己卷入到联邦主义者的董事会成员的冲突中。学院董事会在1815年将惠洛克辞退,但共和主义者的州立法机构却在1816年通过法律,将达特茅斯学院改为州立大学,在大学董事会中加入11名新成员,并指派惠洛克出任达特茅斯大学的校长。但这所旧学院拒绝接受州立法机构的改革,两种机构尝试并行了一二年。旧的学院董事会成员向新罕布什尔州最高法院起诉,要求恢复对学院的管理权,但他们的请求被驳回了。因此,他们聘请丹尼尔·韦伯斯特在1818年向美国最高法院再次提起上诉。

在1819年著名的达特茅斯学院案件中,约翰·马歇尔(John Marshall)法官推翻了新罕布什尔最高法院的判决,并宣布了1816年的审判无效。共和党人认为,州对达特茅斯学院的发展有所贡献;还认为,学院的旧董事会是不民主的组织,它的自治不符合自由政府和免费教育的精神。然而,联邦政府认为,达特茅斯学院最初是由英格兰国王授权颁发特许证而创建的法人机构,州无权损害它自身的权益。这个判决不仅对经济和政治有着深远的影响,而且对教育也有特殊的意义,私立学院的捐赠将不会再受到州的侵犯。这种情况鼓励了捐赠者将钱捐给私立学院,同时也激发各州建立它们自己在州的管理之下的大学。

州立大学运动是对公共高等教育民主化需求的重要呼应。20所州立大学在南北战争前建立,但它们却遭到来自私立学院和宗教学院多方面的强烈反对。宗教组织常常试图阻止州立法机构通过有利于公立高等教育的法律,还试图将州的资金和土地赠予宗教学院。甚至在许

466

多州立大学建立后,宗教组织仍然继续在新建的州立大学里植入宗教内容以吸引学生,或者减少州立大学的公共基金使之发展困难。州和教会在高等教育管理权上的竞争十分激烈,由州来接管私立学院的情况很少,而多数情况是宗教组织试图掌控州立大学。

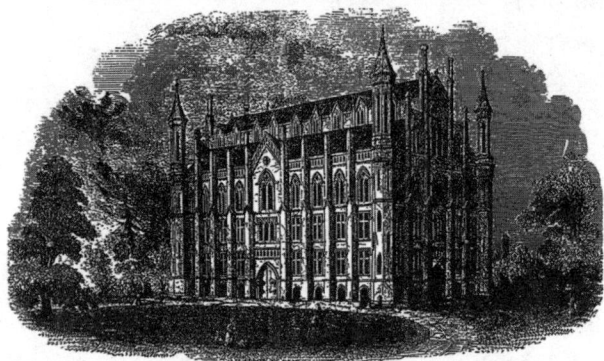

图 28　纽约自由学院(现属纽约市立学院)

直到南北战争,州立大学对美国高等教育的影响远远不及私立学院。然而,随着 1862 年《莫里尔法案》的通过,声势浩大的州立大学运动开始了。《莫里尔法案》规定,联邦政府依照每州参加国会的议员人数每人拨给 3 万英亩土地。用这些土地得来的钱将被用于建立农工学院,在讲授人文学科的同时,也传授适用于农业、工程学、矿业和林业的理论知识。一些州建立独立的农工学院,其他一些州将土地拨给了州立大学。在这种力量的巨大推动下,到 19 世纪末,州立大学已成为美国高等教育中一支强有力的力量。

总的来说,伴随大量私人财富的捐赠,哈佛大学、耶鲁大学、哥伦比亚大学和普林斯顿大学获得了极大的发展,一些新建的大学如约翰斯·霍普金斯大学、芝加哥大学、斯坦福大学和康奈尔大学也得到了大量的筹建资金,这使高等教育向前迈出了一大步。医学、法学和神学的专业院校也获得了发展,例如,伦斯勒理工学院、麻省理工学院、珀杜学院和其他技术学院,满足了美国社会不断增长的技术需求。在 19 世纪的最后 25 年里,大学本科生的学生数超过原来的一倍还多;到 1900 年时,大学本科生的人数增长到 10 万人,同时在上述各种高等教育机构注册

467

入学的学生总数几乎达到25万人。

　　教师职业的开始

　　教师职前培训。贯穿整个19世纪,随着公共教育范围的显著扩大,对后备教师的需求也与日俱增。19世纪初,教师培训大多是在文学院和"学院"进行的,当时对教师工作的专业要求还没有引起太多的注意,而且人们认为教师只要掌握学科知识就足够了。对于初等教育而言,除了正统的宗教教育和良好的道德教育之外,其他教育资质的要求都是模糊不清和非正式的。

　　然而,早在19世纪20年代,当师范学校建立时,为教师获得专业训练的运动就开始发展起来。这个运动的特征是以欧洲为榜样,师范学校的设立是为了对初等学校的教师进行职前培训。"师范"(normal)这个词来自法文,意思是一个模范或一种规则,表明学校的目的是给教师的教学提供规则。

　　美国第一批师范学校,例如,1823年由塞缪尔·R·霍尔(Samuel R. Hall)[1]在佛蒙特州的康科德建立的以及1827年由詹姆斯·G·卡特在马萨诸塞州的兰卡斯特建立的这些师范学院,都是私立性质的。第一所州立师范学校是1839年在马萨诸塞州的列克星敦市,由贺拉斯·曼、查尔斯·布鲁克斯(Charles Brooks)和塞勒斯·皮尔斯(Cyrus Peirce)作为校长的共同努力下建立的。1860年,在8个州共建立了11所州立师范学校;而到1898年时,美国已有167所州立师范学校。这个数量仅比私立师范学校少一点点(其中包括那些教派管理的私立师范学校)。在19世纪后期,在波士顿、费城、巴尔的摩、特灵顿、圣路易斯和旧金山这些地方,县立师范学校和市立师范学校开始出现。

　　早期的大部分师范学校都是从初等学校直接招生,甚至到1900年,最普通的入学要求只是两年制中学毕业即可。在课程设置方面,2年学习时间是最普遍的。总体上说,师范学校的大部分课程都用来学习和熟练初等学校的学科,此外也学习哲学、心理学、教育史以及观察

――――――――

　　① 塞缪尔·R·霍尔(1854—1925),美国教育管理家。——译者注

与教学实践。尽管在教授课程中各有不同,但是,几乎所有的师范学校都要求学生在师范学校附属的"示范"学校或者在公立学校中进行教学实践。

普鲁士和法国的国家教育制度及教师培训实践的影响,激发和帮助了美国人发展他们自己的师范教育。维克托·库辛关于普鲁士教育制度的报告在美国非常流行;同时,美国的贺拉斯·曼、亨利·巴纳德、卡尔文·斯托(Calvin Stowe)①、查尔斯·布鲁克斯、约翰·格里斯科姆、威廉·C·伍德布里奇(William C. Woodbridge)和爱德华·谢尔登(Edward Sheldon)②这些教育家的思想在当时也产生了重要的影响。在纽约的奥斯威哥师范学校,爱德华·谢尔登非常欣赏裴斯泰洛齐的教育方式,并在19世纪60年代引进了裴斯泰洛齐教学法来帮助教师提高他们的教学实践。当奥斯威哥成为一所州立师范学校时,这些思想被其他师范学校所采用,其影响迅速在美国得到扩大。其他有影响的师范学校,还包括设在诺马尔的伊利诺斯州立师范大学和设在奥尔巴尼的纽约州立师范学院。

一些自由主义的文学院开始举办关于教学艺术和教学法方面的讲座,著名的有:建立于1832年的纽约大学、建立于1850年的布朗大学和建立于1860年的密执安大学。在19世纪70—80年代,一些大学也开始设立规范的教授职称并建立教育系,例如,衣阿华大学、密执安大学、威斯康星大学、北卡罗来纳大学和约翰斯·霍普金斯大学。

19世纪末,教学作为一个专业得到了充分的认可,由此推动了教育研究生院的建立。1888年,纽约大学开设了研究生课程。同样,1888年也开办了纽约教师训练学院,尼古拉斯·莫雷·巴特勒(Nicholas Murray Butler)担任院长。1892年,该学院更名为师范学院。当师范学院首次正式请求哥伦比亚大学董事会成为它的附属机构时,得到了

---

① 卡尔文·斯托(1802—1886),美国圣经学教授,对美国公共教育的发展有很大的影响。——译者注

② 爱德华·谢尔登(1823—1897),美国教育家,纽约州奥斯威哥运动的领导人。——译者注

这样的回复:"没有其他学科能够像教育学这样,可以把不被大学所接受的女性带入大学。"在 1898 年,师范学院成为哥伦比亚大学的附属学院,并发展成为研究生教育学院,1897—1927 年由詹姆斯·E·拉塞尔担任院长。

虽然当时的研究生教育在学院机构和学科领域方面遭到了偏见,但是,研究生阶段的学术研究在学院和大学中迅速地展开,这对小学和中学教学的提高做出很大的贡献。

有经验的教师的提升。除了大规模在教育机构对教师进行职前培训外,也通过对有经验的教师在职培训的做法来提高教学质量。大多数监管职能是由州、市、县的管理者和校长来承担,设置视导员职位就是为了改善在职教师的质量。

1839 年,亨利·巴纳德首先在康涅狄格州开始了为期一二天到五六周的教师培训,这想法在大部分州得到了迅速的传播。暑期学习源于 1873 年哈佛大学的路易斯·阿加西兹(Louis Agassiz)在南塔科特市为教师开设的自然史课程。最后,暑期学校成为了为在职教师提供培训的最流行的机构之一。一些大学开始将其课程延伸为校外课程、在家自学课程和图书馆讲座。

图 29　1878 年纽约师范学院的幼儿师范学校

教师期刊的出现,可以追溯到 1818 年《学会会员》(*Academician*)的出版。其中,威廉·拉塞尔(William Russell)①在 1826—1831 年以及前面提到的亨利·巴纳德在 1855—1881 年主编的《美国教育杂志》是具有重要意义的。1829 年,塞缪尔·R·霍尔的《学校管理讲演集》(*Lectures on School Keeping*)一书开始作为教师的参考书。但是,他们的影响还是相对较小,直到 19 世纪末,教育专业的教授们大量出版主题丰富的教育著作,才产生了广泛的影响。

教师协会。在 19 世纪,另外一种提高教师职业地位和质量的主要方式是大量涌现的教师组织。在众多的协会中,其中比较重要的是由新英格兰学者和大学教师在 1830 年组成的美国教育协会(American Institute Instruction)和 1857 年成立的全国教师协会(National Teachers Association),后者于 1870 年更名为全国教育协会(National Education Association)。尽管全国教育协会到 1900 年时只有 2300 名成员,但它是国家教育组织中最具有影响力的。它不仅与任课教师直接接触,而且还与遍及全国的市、县、州的教师组织保持联系。

这种教师组织通过出版杂志、举办学术会议、制定各种各样的学校政策以及向立法机构和市议会请愿的方式,明显提高了教师的经济地位,使教师获得了更多的工资,改善了工作环境和教学设施。从任何意义上说,他们都不算是社会的激进派,但他们开始意识到有组织的力量对学校改革的重要性。

与此同时,教师的工资也逐渐得到了提高,到 19 世纪末,教师的工资稍高于普通劳工而略低于技术工人的收入水平。而且,男教师和女教师、城市教师和乡村教师在工资待遇方面还存在明显的差别。尽管教师工资有了提高,但是,仍然是低于其他领域的专业人员。大量女教师的加入和公众对教师职业的不重视,阻止了教师工资的持续增长。

在这一时期,教师任职资格在继续提高,例如,学生在师范学院的就读时间被延长,州开始集中颁发教师资格证书,这些都使得地方社区提高了教师的任职标准。同时,教师生老病死的养老金也逐步被州的

---

① 威廉·拉塞尔(1821—1907),英国记者,最早的战地记者。——译者注

退休和补助金系统所取代。

教师大多出身于美国中产阶级以下的社会阶层。他们个人面临着来自于较低社会阶层的沉重压力。许多女性都将教师工作视为婚前的过渡性职业。这些事实和较低的收入结合起来,意味着很少有人会在教师职业中从事很长的时间。尽管这种情况在 19 世纪得到了很大的改善,但是,距离教学成为社会中一个真正的专业还有很长的路要走。

校外教育机构

在 19 世纪,为美国青年和成人所组织的校外教育机构也得到了巨大发展。慈善机构和人道主义组织共同推动了校外教育的发展。这些有组织的运动在所有社会阶层中传播开来,既包括城市中的工人,也涉及到白领和专业人士。

机械协会、工人图书馆和商业图书馆以及针对工商业的演说,这些都变得非常流行,因为人们开始相信知识就是力量。波士顿学徒图书馆于 1820 年建立,波士顿机械工人学院于 1826 年建立。到 1829 年时,纽约学徒图书馆已有 1 万本图书;到 19 世纪中期,它为 75 万人服务,其中主要是工人阶级。19 世纪 20 年代后期的"商业图书馆",在公司的青年职员中也非常流行。

在这些社会教育机构的组织资助下,开展了各种各样的演讲、讨论、辩论等公共教育活动。富人阶级中具有慈善思想的人士也积极促进成人教育的发展。例如,1836 年在波士顿建立的罗威尔学院,1859年在纽约建立的库珀联合学院和在巴尔的摩建立的皮博迪学院。

在更大的范围内,校外教育不仅在城市里提供服务,在乡村里也展开各种活动。吕克昂学园运动(lyceum movement)是 19 世纪上半期成人教育的代表。学园运动最初由约赛亚·霍尔布鲁克(Josiah Holbrook)①在马萨诸塞州的米尔伯瑞(Millbury)开展起来,1826 年该组织发起各种演讲、讨论会、公共研讨会和阅读科学与社会学科方面的材料等活动,

---

① 约赛亚·霍尔布鲁克(1788—1854),美国教育家,学园运动的发起人。——译者注

同时它也为公立学校运动做出过贡献。吕克昂学园成立之初,作为本地区讨论小组,组织者会邀请当天最受欢迎的演讲者到周边地区巡回演讲。到 1834 年时,大约进行了 3000 多场团体演讲,这让吕克昂学园极其引以为豪。

在 19 世纪后期,在宗教组织的激励下,肖托夸运动(Chautauqua movement)①也为全国很多成年读者提供教育服务。1874 年,在纽约州的肖托夸湖成立的肖托夸集会是由路易斯·米勒(Lewis Miller)和卫理公会圣公会的约翰·H·文森特(John H. Vincent)主教共同组建的。它专门为宗教工作者们开设夏日培训课程。很快便有数百个社团参与肖托夸集会。1878 年,肖托夸文学和科学社提供了一个四年制的有关文学、社会、科学和宗教方面的阅读课程班。出于宗教动机而组建的青年和成人教育机构,还包括:基督教青年会(Young Men's Christian Association)、希伯来青年会(Young Men's Hebrew Association)和基督教女子青年会(Young Women's Christian Association)。为了帮助年龄更低的儿童接受教育,美国童子军(Boy Scouts of America)很快成为一个全国性的校外教育机构。

公众对知识的渴望,还通过其他许多方式表现出来。与公立学校运动同步进行的,还有公共图书馆的迅速发展。在 19 世纪初,免费的公共图书馆就在波士顿和其他新英格兰市镇出现了。新罕布什尔州第一个通过了关于允许将公共资金用于建立州立公共图书馆的法律。19 世纪末,在伊诺克·普拉特(Enoch Pratt)②和安德鲁·卡内基(Andrew Carnegie)③的推动下,美国图书协会(American Library Association)在 1876 年成立,这使公共图书馆运动得到了巨大的发展动力。

印刷技术的改进以及公众阅读需求的增长,使得各种简便且容易获取的出版物大受欢迎。"便士"报纸和价格低廉的书刊杂志大量出

---

① 肖托夸运动,19 世纪后半期兴起于美国的以成人和函授教育为主的教育运动。——译者注

② 伊诺克·普拉特(1808—1896),美国商人、慈善家。——译者注

③ 安德鲁·卡内基(1835—1919),美国钢铁企业家。——译者注

版。数以百计的女性俱乐部及文学沙龙的成立极大地满足了女性对自我提升的迫切要求,并且最终于1889年成立了联邦大众女子俱乐部。

　　对教育的渴求涉及到了社会各方面的民众:中上层妇女俱乐部以及贫困阶层的娱乐活动和社会教育中心;学术和专业团体以及机械协会;吕克昂学园和肖托夸集会以及大都会艺术博物馆(1870年)和美国自然历史博物馆(1869年);既有纽约的地方活动,也包括全国性的大规模运动。在所有这些正规学校教育和各种校外教育以及美国民众其他多方面的共同努力下,美国的儿童和青年在学校和学院里所接受的教育获得了巨大的发展。

第十五章　19世纪美国教育的智力基础

关于美国精神的对立主张

　　在19世纪,美国人的精神生活在很大程度上一直借鉴于欧洲,但与此同时,他们也确立了自己的价值观念。这不仅使从欧洲引入的文化适应了美国本土的国情,而且还做出了独特的贡献,那就是反过来又影响了欧洲。在19世纪上半期,法国人道主义的呼声仍然很强烈,它所倡导的自由、平等和社会进步的理念深入到美国的民主观念之中。来自英国的科技发明、经济上的个人主义以及浪漫主义文学作品,尤为满足了美国中产阶级的需求。伴随浪漫主义而来的,还有德国的理想主义和先验哲学。渐渐地,欧洲其他国家的各种精神理念和众多移民一起融进美国人的生活之中。

　　与此同时,美国的民族主义精神开始确立。美国南北战争前的几十年见证了这种观念的增长,那就是,美国人的精神生活应该打破与欧洲的联系,创造出更适合美国国民愈加自由的表达方式和思维方法。南北战争后,美国人的民族观念极大地增强。但是,欧洲思想的影响力仍然很大,特别是像德国大学的那种精深而科学的理念的影响。到19世纪末,美国在哲学、文学和艺术方面都做出了突出的贡献,几乎所有欧洲国家的精神成就都体现在了美国人的著作和思想中。

宗教与哲学

　　传统的宗教观。在整个19世纪,传统的超自然宗教观影响着宗教领导人的同时,也影响着广大民众。基督教神学依旧是世界上最普遍的也是最能阐述人与自然之间关系的宗教理论。它把精神世界与物质世界进行对比并做出界定。正像《圣经》中所描述的那样,上帝创造了世界,人类由灵魂和肉体两部分构成,这两部分是人体内固定不变的对立面。正是由于上帝赋予了人类精神品质,人类的天性才从其余品性中超越原本不可逾越的鸿沟而被激发出来。

在 19 世纪初期,像纳撒尼尔·沃克(Nathaniel Walker)这样帮助建立耶鲁神学院的人再次宣称,加尔文教派的传统体现了乔纳森·爱德华兹特有的风格。加尔文派教徒在 1808 年建立了安多弗神学院,为的是反对之前在哈佛大学出现的一神教派的自由宗教倾向。在 19 世纪后期,联合学院主席劳伦斯· 珀修斯·希科克(Laurens Perseus Hickok)、普林斯顿大学的查尔斯·霍奇(Charles Hodge)以及联合神学院的威廉·G·T·赛德(William G. T. Shedd)这些保守神学家们,再次宣扬了原教旨主义观点。除了东正教以外,各种形式的超自然主义的流行观念都在诸如唯心论、通神论、基督神学里有所反映。

自由的宗教观。与此同时,使传统的超自然主义宗教观自由化的努力尝试正在进行。其中最为重要的就是一神教派,它否认愤怒的上帝和原罪说。它反对基督教关于圣父、圣子、圣灵的三位一体的说法,强调上帝的善行和慈爱、耶稣的人性以及与生俱来的仁慈,还有对人类天性的日趋完善。正像威廉·埃勒里·钱宁(William Ellery Channing)所说的那样,宗教已经不仅仅是信仰和培养人类伦理道德的问题。从人文主义的角度看,宗教在很大程度上促进了人们依据《圣经》来寻找真理。在日趋进步的社会中,表达他们自己的宗教信仰。在 19 世纪初期,一神教派促进了新英格兰的社会改革运动,并且从根本上体现了对回归自由的重视,这正是早期的新教所认为的比良心的自由更应该受到重视的内容。

在 19 世纪后期,当自然科学和进化论开始对传统的超自然宗教观的权威发起挑战的时候,为调和宗教与进化论之间的矛盾,人们做出了不懈的努力。一些美国学者沿袭了欧洲高等教育对《圣经》知识批评的引导以及对比较宗教信仰的研究。其杰出的代表有:联合神学院的菲利浦·沙夫(Philip Schaff)、圣劳伦斯大学的科恩(Orello Cone)以及詹姆斯· 弗里曼·克拉克(James Freeman Clarke)。通过吸收进化论科

474

学的发现而解放传统宗教观的现代行为是由以下一些人来领导的,其中有:亨利·沃德·比彻、菲利普斯·布鲁克斯(Phillips Brooks)①、华盛顿·格拉登、莱曼·艾博特,尤其是约翰·费斯克。尽管原教旨主义者通过异教审判和猛烈的攻击试图阻止现代主义的发展,但是,19世纪末的超自然主义还是不如19世纪初那么有力量。

理想主义和先验论。 源于一神教派但又增加了对德国理想主义改进的内容,美国先验论哲学家在19世纪初期就在诸如拉尔夫·沃尔多·爱默生(Ralph Waldo Emerson)②、西奥多·帕克(Theodore Parker)③和亨利·戴维·梭罗(Henry David Thoreau)④这些学者的著作中找到了相当多的描述。他们深受康德、费希特和施莱尔马赫(Schleiermacher)⑤的玄妙的理想主义的影响,但是,他们不接受德国理想主义中专制主义和民族主义的特性,而赞同个人主义的重要性。这看起来似乎更符合美国人的性格。先验论者重视上帝的仁慈,强调上帝赋予人类内涵的这种观点,导致了他们把人类的意愿和良知视为道德的主导,对所有的政治团体或经济团体进行了抨击,因为这些团体限制了人类努力获得更美好社会的活动。

在19世纪后期,黑格尔的理想主义吸引了像乔治·赫伯特·帕尔默(George Herbert Palmer)⑥、乔赛亚·罗伊斯(Josiah Royce)⑦、乔治·西尔维斯特·莫里斯(George Sylvester Morris)⑧、乔治·H·哈里森(George H. Harrison)⑨和C·C·埃弗里特(C. C. Everett)这样的美国哲学家。因此,理想主义成为了对美国哲学家们最有影响力

---

① 菲利普斯·布鲁克斯(1835—1893),美国基督教圣公会牧师。——译者注
② 拉尔夫·沃尔多·爱默生(1803—1882),美国散文作家、诗人。——译者注
③ 西奥多·帕克(1810—1860),美国上帝一神论派神学家、牧师、学者。——译者注
④ 亨利·戴维·梭罗(1817—1862),美国超验主义作家。——译者注
⑤ 施莱尔马赫(1768—1843),德国哲学家、神学家。——译者注
⑥ 乔治·赫伯特·帕尔默,美国教育家。——译者注
⑦ 乔赛亚·罗伊斯(1855—1916),美国哲学家,新黑格尔主义者。——译者注
⑧ 乔治·西尔维斯特·莫里斯(1840—1889),美国哲学家。——译者注
⑨ 乔治·H·哈里森(1842—1919),美国哲学家。——译者注

的观点,这更多是受圣路易斯的学校督导威廉·T·哈里斯(William T. Harris)所创办的《思辨哲学杂志》(*Journal of Speculative Philosophy*)的激励。哈里斯的影响大大不同于巴特勒(Nicholas Murray Butler)和杜威(John Dewey)的观点。杜威受理想主义者的影响,重视社会与个人之间的有机关系,也在很大程度上受到进化论和实用主义的影响。

进化论和实用主义。或许美国人对19世纪精神生活所做出的最独特的贡献,就是发展了实用主义。实用主义是主要基于进化理论的一种哲学取向。进化论向宗教学说发起了挑战。宗教认为世界和人类都是由上帝的介入才被创造出来的,人类是绝对区别于其他物种的生命形式。进化论直接反对宗教的观点,认为地球并不是一瞬间就被创造出来的,而是在亿万年前就产生的,通过大自然的作用,简单的生命形式变得更为复杂了,人类和所有的生物都是不同的生命形式。托马斯·赫胥黎和罗伯特·英格索尔(Robert Ingersoll)①向神学阵营发起了攻击,并且斯宾塞将进化理论和适者生存理论应用于伦理学、政治学、历史学、经济学以及社会发展之中。

不仅是宗教权威受到了进化论的挑战,而且整个理想主义哲学的位置和"文雅的传统"也受到了新实用主义的攻击。在美国,最早的加尔文主义传统以及19世纪初期的德国理想主义的影响,使大部分美国哲学家对一元论的宇宙产生了设想,在这个宇宙里,任何事物都是宇宙整体的一部分,在宇宙里有其固定的位置,并且真理被视为是同一的和固定的,而且是永恒的。

然而,美国国内的生活状况和将要被征服的荒凉地带以及其生存的危险性、不确定性和为了求生的斗争,已经形成了一种"美国人心态"(American mood)。这种心态并不赞同理想主义哲学的结论。对于美国人来讲,所制定的秩序、惯例以及结局,变得远没有主动、创新那么重要。从美国人的生活态度、达尔文主义以及科学的角度来看,查尔斯·

476

----

① 罗伯特·英格索尔(1833—1899),美国政治家、演说家。——译者注

皮尔斯(Charles Peirce)①和威廉·詹姆斯(William James)②形成了一套他们觉得更适合于这种变化的生活的实用主义哲学。

实用主义认为,宇宙从本质上来讲是不完整的和变化的。各种形式的存在以及经验,都是以反对理想主义有机体和同类而存在的。人们认为,新奇事物的出现是经验的现实表现。对人类直接经验的信任而不是宗教或是哲学的吸引,被认为是使想法变为现实的最后手段。换句话说,真理并非是单一的、封闭的,包含人类所有好的经验的知识体系;真理取决于当人类以某些特定方式活动而产生的结果。无论人们什么时候设计更好的活动以及思维方式来满足生活中的危急情况,真理都是会变化的。

因为人们把法律、宗教信仰、政府、艺术和科学看作是有意义的、有价值的,所以,它是一个在教育完成人们所期望它完成的范围内的一部分,并把教育看作是有价值的。在19世纪和20世纪之交过后,约翰·杜威及赞同他观点的人们所主张的经验主义,使那些拥护一个完全封闭的形而上学理论以及真理是静止的和不动的人坚持他们的教育观点变得更加困难。

心理学的趋势

与前面所提到过的那些趋势略有几分相似,有关人们怎样学习的观点在19世纪也发生了很大的变化。在19世纪上半期,美国研究者运用欧洲传统的理性主义作为学习过程的基础,来支持官能心理学和心理训练。人们把思维看作一种特殊的精神层面的创造。它与人的身体在本质上有很大的区别。思维使人区别于其他动物,包括独特的、可识别的能力,以及控制和指向某些特定的心理能力。在19世纪下半期,官能心理学遭到了建立在科学方法基础上、在研究人的本性方面更

---

① 查尔斯·皮尔斯(1839—1914),美国哲学家,实用主义的创始人之一。——译者注

② 威廉·詹姆斯(1842—1901),美国哲学家、心理学家,机能主义心理学的创始人之一。——译者注

加适用的心理学观点的挑战。结果,学习过程开始强调特定的学习,而不是普通的心理训练。

官能心理学对经验心理学。官能心理学认为,思维包括独立的、准备好了的能力,例如,记忆力、判断力、推理能力、意志力、想象力以及欣赏能力。人们认为,这些能力都是潜力,直至被训练并与现实相联系才发生改变。一种能力的训练和加强会迁移到其他能力上,使之同样变强。

人们已经建立了思维能力的发展方向,特别是通过作为最高教育目的的 1828 年的耶鲁能力报告,把古典文化和数学视为训练心智能力发展的最好方法。对于能力的训练来说,学习的形式要比学习的内容更为重要。因此,例如,当学习较为久远的学校或学院课程,因为不实际或不适用的原因而受到攻击的时候,那些支持学习这些课程的人就会以能力心理学的理论来为自己辩护。他们认为,古典文化和数学应该在课程中保持它们原有的地位,因为与那些像自然科学和现代语言这些所谓的实践学习相比,古典文化和数学的形式对于训练心智能力来讲是更有价值的。

只要官能心理学能够保持其在学习过程中的主导地位,那么,对心理的训练和传统的规定学习的拥护者就会牢守他们的位置。然而,更新的学科倡导者对古典文化、数学以及传统哲学发起了攻击,因为它们未能完全适应变化的事物、学生的能力以及对未来的追求。后一观点越来越多受到新的经验主义哲学的发现所支持,随着 19 世纪的结束,官能心理学在教育哲学和教育心理学中失去了它的主导地位。

例如,在欧洲,心理学的"联想学派"认为,官能心理学与心理能力的区别非常大,事实上,两者之间并非是相互排斥和彼此孤立于另一方而单独存在的。联想心理学试图把所有的心理活动都减少至一个联想过程,认为思维由各种组别的思想构成,这些思想已经以不同的方式和变化着的侧重点联系在一起。人们不应该认为记忆、推理、情感以及发明创造是思维独立的能力,应该把它们看作不同的方法并通过这些方法,使简单的理解与更加复杂的观点联系起来。因此,它被认为是特殊的思想,而不是独立的心理能力决定了一个人的记忆力和推理能力。

478

在美国,随着经验主义心理学的发展,对心理学的科学研究给予了密切的关注,认为感觉活动、运动神经活动以及生理活动都会极大地影响心理的发展。受冯特的实验室方法和进化论的影响,G·斯坦利·霍尔(G. Stanley Hall)[①]、约瑟夫·贾斯特罗(Joseph Jastrow)[②]和爱德华·李·桑代克(Edward Lee Thorndike)[③]的实验是基于思维的功能理论而进行的。思维本身不是一种独立的能力,而是由集体对其行为进行调整,使之更适合周围环境的一种活动。在学习领域,"行为"变得比"意识"更重要。威廉·詹姆斯说,在哈佛大学,思维就是"它在那个方面起了作用"。

此外,经验心理学是得到弗朗西斯·高尔顿、詹姆斯·卡特尔(James Mckeen Cattell)[④]和桑代克所倡导的遗传和原有天性的研究支持的。早在 19 世纪 80 年代,"个体差异"这一惊人的发现,就使进步教育家逐渐强调人与人之间不同的能力,认清了在学习过程中把这些变化的能力和兴趣考虑在内的需要。随着心理训练理论和锻炼的迁移在经验主义心理学那里变得可疑,每一个人都开始把自己看作是以自己的方法和为了自己的利益而值得去发展的个体。由于人们已经发现一个人的天性要与其他人不同,因此,下述观点得到了肯定,那就是,如果每个人想获得生长和发展的最大值的话,那么,他应该在学习中得到特别的重视。

美国教育理论的发展

在 19 世纪末,人们也听到了另外两种呼声,那就是最终帮助改进美国教育的两种重要方法。G·斯坦利·霍尔曾在约翰斯·霍普金斯大学任教,并在克拉克大学担任校长职务。在此期间,他展开了许多调查,并且写了很多有关解决儿童和青少年心理发展问题的著作。他的

---

① G·斯坦利·霍尔(1844—1924),美国儿童心理学家、教育家。——译者注

② 约瑟夫·贾斯特罗(1863—1944),美国心理学家。——译者注

③ 爱德华·李·桑代克(1874—1949),美国心理学家。——译者注

④ 詹姆斯·卡特尔(1860—1944),美国心理学家、编辑。1891 年在哥伦比亚大学创立心理实验室。——译者注

伟大贡献就在于,他把注意力从教育者身上转移到了认真研究儿童发展的需要上面。他把进化论的观点运用到儿童研究的过程中,G·斯坦利·霍尔经常会提出一些假想的奇特类比,正是这些类比日后给他带来了诸多批评。例如,他反复强调的儿童的成长过程符合人类的进化论发展这一理论,不仅使他深受欢迎,而且也给他带来了诸多反对意见。他发现,个体发展的特定阶段与人类社会的变化相似,从远古时期到狩猎时代,到在洞穴里居住,再到早期的文明,最后到现代文明。G·斯坦利·霍尔的大量著作几乎囊括教育发展的所有阶段,特别是有关青少年心理学的著作,使他被大众所熟知,直到20世纪仍然很著名。

更具持久影响力的当属约翰·杜威的著作。杜威在19世纪90年代开始了他的教育理论创作。在1900年以前,他最知名的著作是1896年的《与意志有关的兴趣》(*Interest as Related to Will*)、1897年的《我的教育信条》(*My Pedagogic Creed*)以及1899年的《学校与社会》(*The School and Society*)。这些著作陈述了杜威的总体理论,是构成他在芝加哥大学实验学校(1896)里产生教育实践兴趣的真正起因。这些著作

图30 约翰·杜威

宣告了对贯穿整个19世纪在宗教激励下而产生的道德目的、学科目的和知识目的的反抗。他强调学校对道德目的的衡量,应该基于人类文明和社会经验、有实用价值的职业训练以及个体的发展。在这些著作

中所包含的思想要点,构成了杜威教育哲学的基本原理。杜威对其进行了详细阐述,并在 20 世纪上半叶前使之广泛应用于实践之中。

　　杜威的教育哲学是以重申教育目的的形式存在的,是伴随着 19 世纪美国社会的飞速变化而产生的。在杜威看来,教育具有两面性,即心理的和社会的。而且,任何一个方面都不是次要的,都不能被忽视。一方面,教育的基础是儿童的心理天性。教师必须利用源于儿童天性的活动,并使之与他的努力相一致。另一方面,教师必须对当前的社会情况非常熟悉。这是为了用适当的语言对儿童的活动进行描述,并把这些活动迁移到社会中去。教育是在社会关系中个人和他的人类同伴的参与中产生的。

　　当心理学方法从社会学方法分离出来的时候,教育产生的要么是一种不实用的、形式上的心智能力的发展,不知道它们该如何实际运用;要么是一种不得已的校外教育,导致的是使学生的自由意志服从于社会这一先入为主的观点。杜威既抨击了那种古老形式的正规教育,又批评新形式的教育,因为它们都试图把人培养成无法应对具体的成人生活的个体。相反,杜威提出,儿童应该完全拥有他自己的权利、能力、技能和判断力。只有当教师开始洞察学生心理、兴趣、习惯并运用它们使之成为社会发展的出发点时,他们才会获得这些能力。因此,教育是一个积极的过程,直接经验会连续不断地转变为更重要的社会行为。

　　人们建立学校必须既有社会目的,又有个人目的。杜威认为,学校作为一种主要的社会机构,在校内进行的教育活动基本上无异于在校外进行的教育活动。学校仅仅是社会生活的一种形式,在这里集中了各种因素,这些因素会最有效和以最快速度使儿童获得人类积累下来的知识和技能。学校必须把家庭和游戏生活这两方面因素考虑在内,它们是儿童们获得经验的最重要的来源。最好的道德训练并非来自于教师的命令,而是源于学校中儿童们与他人发展了适当的社会关系。因此,教师们不应该强制命令,或是试图去使儿童形成某些习惯,而是应该为孩子选择适当的学习环境,并帮助他们对环境做出良好的反应。

在杜威著作的名称中,"学校"与"社会"这两个词的联系不仅对外行人,而且对教师有着很大的作用——它所强调的是存在于两者之间的密切关系。杜威指出,方法和课程的改变应该包括努力满足新的社会需求。把科学运用于生产和销售的过程中,大规模的制造业中心、快速的交流手段都是这个变化着的社会环境的特征。早期形成于农业和家庭经济体系中的纪律性和责任感这样的习俗已不能满足社会的需要,而学校的责任就是利用教育的作用来帮助新的社会规则的形成。

杜威认为,学校是社会进步与改革的一个根本手段。教育应该是重要的媒介之一,通过它,社会能够形成它自己的目的,能够组织使它获得成就的方法,还能够沿着它希望前进的方向塑造自身。这就是民主社会的精髓。继承已有的观念是专制社会的标志。政治民主和社会进步都需要不断变化和完善,以防止它们又回到专制社会中去,因此,一种新的"社会教育"是需要的。在杜威看来,这种社会教育应该致力于使各种职业的或专业的兴趣成为促进公共生活的一种方式。

杜威还坚持,要通过不断的实践,更多研究儿童的天性,目的是使学校实践适应于儿童的有效发展。由于儿童天生就有积极的本能,而且具有做的冲动,因此,教育的作用就是在学校里释放和指导这些冲动。依照杜威的观点,冲动分为四种:在社会中交流或交谈的冲动;建设性地做事情的冲动;调查研究问题的冲动;美妙地和有创造力地进行表达的冲动。

因此,学校不应该只依赖于听,而应该对其进行安排,以达到儿童能够从积极的经验中学到知识,并且通过成功的经验学会去思考的目的。因为只有通过明智的思考,才能得出一个适当的解决问题的方法。所以,思考就成为了想出新的解决方法的能力的一个重要方面。杜威把思考定义为,根据已有的有价值的经验对新的解决方法做出的说明。

所以,学校的课程应该适应学生的需求。杜威发现,人们通常会犯一种错误,那就是,把与儿童生活毫无关联的专业知识过于唐突地介绍给儿童。当然,儿童的社会生活应该以他们的成长和发展为基础。因此,那些所谓的"富于感情的"活动或"有建设性的"活动,例如,手工、家政、绘画、音乐、自然学习等,应该作为一种途径介绍给儿童,使他们能够了解更加正规的科目。例如,语言原本是社会交流的工具,然而,它的价值已经失去了,因为人们现在把语言作为一个独立的学科来讲授,而忽视了语言的社会性。

在强调儿童兴趣的重要性上,杜威对丰富的教育内容也做出了贡献。他认为,兴趣是儿童成长的动力,需要不断地去仔细观察。既不能对儿童的兴趣过度纵容,也不能对其过分压制。压制会导致儿童失去好奇心、缺少主动性;而无指导的纵容会造成儿童无常、善变等特点的产生。对儿童兴趣的误解,源自于对其动态的、发展的特性的忽视。为了使教育理论不受思维定势和主观判断的影响,杜威认为,人们应该把兴趣视为一种使儿童与教材相联系的统一活动。

当儿童认识到自己应该学习这一事实的时候,就涉及到了真正的兴趣原则。兴趣提供了动力,而努力会在困难阻碍活动的成功进行这一点上起作用。克服困难和完成任务的努力刺激了思考与反应的产生,这就是真正的教育活动。兴趣不会真正地增加或附属于一个正式的科目;它必然包括在儿童所参与的活动之中。这些活动包括身体的、建设性的、智力的以及社会性的活动。指责杜威反对智力活动,这是对他的误解或误读。

这就是 19 世纪后期杜威有关教育的观点。在他的儿童与社会之间应该互动的理论中,杜威强调儿童的心理特征不能与社会环境割裂开来,而必须把它作为指导儿童成为社会有用的成员的基础。卢梭的自然主义强调儿童天性的重要,而忽略了环境。人们把儿童的天性看作是固有的优势,如果不受环境的约束就会自然而然地成为一个成年人。另一方面,宗教传统强调环境的重要性,它抑制了儿童的天性,而且儿童的天性向来被看作是负面的。杜威尊重自然主义以及其他类似的理论,但他认为,儿童心理特性与社会文化环境两者都不能忽视,要想建成一个民主的社会,就必须使这两者适当地结合起来。

知识的价值

19 世纪的美国给人留下最深刻的一个印象,就是几乎在所有知识领域里出现的巨大和迅速的发展。一些发展对美国教育产生了如此大或如此直接的影响。在这一过程中,科学、科学方法以及进化论起到了巨大的作用。对于知识在社会和教育中应该起什么样的作用,也产生了更加激烈的争论。

知识的扩大和专业化。 随着调查和研究要把大量的资料加入传统的知识体系中,由此产生了一些新的、相对独立的学科。旧的知识体系被细分成更加专业的部分。19世纪初,教授"自然史"的学院教授研究的是整个有机生命。但是,在19世纪末,自然史已被分成多种生物学以及自然科学,包括植物学、动物学、生理学、心理学、古生物学、鸟类学、昆虫学以及人类学。以前被称为"自然哲学"的学科,也被细分为天文学、物理学、化学、矿物学、地质学、气象学以及自然地理学这些更加专业的学科。同样的,道德哲学也被划分为社会史学、经济学、政治学以及社会学。事实上,到19世纪末,学者已不能再依照自己的专门兴趣来研究更新的领域,而是要在动物学、物理学或是史学这些研究范围更窄的领域里变得专业化。

通过尝试把科学方法应用于几乎所有的知识领域,以及由各个领域里的学者和专家们组成的专业协会,促进了知识的扩大和专业化这一进程。科学方法的成功是显而易见的,因为通过学院和大学、工业和商业、调查整个自然现象和物质世界的政府,都促进了科学家们的研究。实践目的和利益动机非常强,理论上的刺激亦是如此。为农作物创造出更好的机器,以提高农产品的质量;找到更好的海上航线,以开发海上以及陆上的交通,这些需求都在发挥着它们的作用。

学者和科学家的专业协会的成立,也加快了发展的步伐。在南北战争之前,除了一些非常杰出的组织,例如,美国艺术与科学院(American Academy of arts and Science)、美国医学学会(American Medical Association)以及美国科学促进会(American Association for the Advancement of Science),大部分的团体都是地方性的。在南北战争之后,全国形式的协会变得更加流行,并且在19世纪的70、80和90年代都成立了大量的协会。但是,在众多协会中,只有少量的协会值得一提,例如,美国语文协会、美国图书馆协会、美国律师协会、现代语言协会、美国化学学会、美国数学学会、美国历史协会、美国经济学协会、美国心理协会以及美国哲学协会。正像人们所看到的那样,在这些协会形成的过程中,专业化的原则一直在起着作用。例如,矿业工程、机械技师、电学工程师都是在 10 或 15 年中形成了专业团队。

这些范围广泛的活动不仅受到了现实因素的影响,而且受到了应用于除自然科学外的其他领域的那些科学方法的影响。社会科学、语言学、文学以及艺术领域的学者正努力使他们的工作变得更加"科学化",搜集详细的信息和准确的事实,并像自然科学工作者在实验室所做的那样仔细地把他们所搜集到的信息进行归类和描述。

对于这种理想,许多美国学者都渴望能从德国大学那里得到一些灵感。在 1812 年之后的近一百年里,差不多有 1 万名美国学者去了德国,多数人受到了专门化研究的学术理念的影响。那种广泛的学术研究要涉及尽可能多的知识和领域的传统观点,已经被一个学者应该把一个相对较小的领域彻底研究的观点所替代。

"文雅传统"对社会责任。随着各种知识的重要性的不断增长,自然而然地关于知识应该用在何处——事实上也就是知识的整体目的——出现了不同的观点。有一种观点认为,知识的价值就在其本身。文学、语言、自然科学、历史、艺术以及音乐都是文化和学术的标志,应该表达出人类本性中那种最精炼和最纯粹的想法。

依据这样的"文雅传统",这种对美的真理的不懈追求并不应该被外界的严酷现实所扰乱。正如朗费罗(Longfellow)[1]、A·劳伦斯·洛厄尔(Lowell)[2]和霍姆斯(Holmes)[3]这样的作者所列举的那样,浪漫主义,"休闲"文学作品,感情冷淡、非理性和好冒险的特点,都是文雅传统的标志。

当文雅传统的唯美文学很有可能沉湎于浪漫主义或高尚优雅的氛围中时,自然科学虽然不太可能是浪漫的,但它却可以而且的确提升了

---

① 朗费罗(1807—1882),美国诗人。——译者注

② A·劳伦斯·洛厄尔(1856—1943),美国律师、历史学家,曾任哈佛大学校长。——译者注

③ 霍姆斯(1809—1894),美国民族学家、考古学家。——译者注

客观现实和社会中立的理想状态。在德国大学的引导之下,美国的自然科学家和社会科学家都开始认为,"纯"真理和"纯"知识是所有研究和学习的目的。就真理本身而言,口号不应被社会中的实际应用的东西所污染。直接的结果就是,通常作为真理与美的守护者的精英知识分子认为民众本来就不能进入真正的学术之门。

在对"文化"升华的回应过程中有一种观点,那就是认为知识有一种社会功能,这种功能不应该被埋没在象牙塔之中。这种回应带来了许多不同的形式。一种形式是19世纪初期的民族主义的加强,它开始颂扬新大陆中新的共和国,赞颂它的理想、人民以及环境。由于受民族主义热情所激励,许多文学作品、历史和自然科学开始从注重知识和表达形式向新的国家这种民族主义的热情方面转变。

另外一种形式是从企业以及工业化中获取灵感,它们结合起来使生活的现实理想化,并坚持知识应该促进实际的生活事务。这种刺激不仅包括运用技术来改进生产方法的欲望,而且包括人们的乐观精神,认为知识就是敲门砖,通过它人们可以提升自己的社会地位。"实用性"意味着不懈地坚持工业社会的福利取决于科学对自然的适应,或者也可以意味着一种小小的要求,即历史学家和经济学家捍卫着企业制度利益中的利润动机。

社会责任学说的第三种形式是知识应该提升民主社会中大多数人的利益。从19世纪初期的改革运动到19世纪末的社会福利运动,人们的需求在持续增长,对文学、自然科学、社会科学和艺术的检验应该在于它们对公众利益的功能上。知识不能被藏匿起来,不能对非正义和腐败持中立观点,不能一直与贵族精英联系在一起,也不能维护特权以及根深蒂固的利益现状。相反,研究应该在一种民主的状态下进行,而且研究成果应该尽可能广的传播开来。

受到以上对于文科和理科的社会作用的不同观点的影响,许多著名的学者和作者都写出了大量的不同知识领域的著作,美国的教育从这些著作中汲取营养,并且选出了一些方面加以强调。对于应该选择什么样的著作以及为了什么目的而选择,这些不同的观点引起了许多教育争论。

语言艺术和文学。在 19 世纪,语言和文学艺术的诸多发展对于教育具有重要的意义,这里只提及几个方面。首先,传统的人文主义观点一直强调经典著作的影响,但毫无疑问,这种观点即将被否定。在 19 世纪初期,对保持古典语言的至高无上的地位以及古典文学的地位高于现代语言和文学地位的问题,古典主义者之间产生了激烈的争论。古典主义者用文雅传统来反对现代主义者;现代语言的支持者也很多,十分有趣的是,他们用实用性的观点来证明现代文学具有与古典文学同等重要的地位。

随着现代语言在整个 19 世纪所取得的发展,古典主义者和现代主义者经常联合起来保护文学传统,以防止其被他们共同的敌人——自然科学所侵害。正像英国的赫胥黎、斯宾塞、托马斯·阿诺德(Thomas Arnold)①所说的,在美国文学和自然科学之间的争论一直在反复上演着。尽管如此,但是,不论是古典主义的学生还是现代语言的学生都强调专门的研究以及"科学的"调查,这在德国的大学已经是很普遍的事情。更多的新版本的以及更好的世界名著译本的大量出现,而且人们对语言学和文学的批判性研究也广泛地进行着。

在反映美国作者具有创造性的著作中,对当前思潮的研究远远多于对文学的学术研究。尽管对英国的信赖感依旧很强,但是,在 19 世纪初期就兴起了独特的美国式文学,它反映出了文化的民族性发展。一些作品逃避了现实而非常理想化,还有一些作品强调社会改革;一些作品表达出了对人民大众的极大热诚,还有一些作品明确地表达了反民主的观点;一些作品颂扬"衰落的"东方,还有一些作品描述西方人的活力和冒险精神。

在 19 世纪的后半期,伴随着凌驾于社会下层群体的产业主义与商业资本主义的大力冲击的这样一种现实,出现了社会改革的呼声。换句话说,支持改革的作者们把商业描写成贪婪、腐败和垄断,他们作为人民大众的一部分,代表了处在困境中的农民和工人的利益。

正是以这样的和那样的方式,美国文学对这种极强的社会责任做

---

① 托马斯·阿诺德(1795—1842),英国教育家。——译者注

出了回应。然而,总体说来,正是这种"更加安全的"和更加精炼的文雅文学传统,使美国学校和大学找到了应该走的道路。教育家们不仅受到学术研究和纯粹的知识分子美德的影响,也受到当时保守的政治和经济观点的影响。

自然科学和数学。19世纪知识领域的一个重大事件,是自然科学的各个领域的兴起,并取得了非常重要的地位以及影响力。在自然科学领域里,也许最具创新性的发现是由欧洲人创造的,但是,美国人所取得的成就的范围和质量正在大幅上升。1818年,本杰明·西利曼(Benjamin Silliman)所创建的《美国科学杂志》(*American Journal of Science*)的出版标志着真正的美国科学的出现。

科学家们对于知识的社会角色持有不同的观点。在19世纪初期,许多科学家不是反对进化论的观点,就是试图证明进化论与宗教信仰之间没有必然的矛盾。在19世纪后期,那些文雅社会传统思想根深蒂固的科学家忽略了这个问题,并且继续他们自己的工作;而对这一问题十分在乎的科学家们联合在一起,维护进化论和自然科学的现实性观点,反对学术界的知识孤立主义观点。渐渐地,由于科学研究的比重逐渐加大,学术界里自然科学和文学之间的争论也取决于自然科学。大学和学校的课程开始接受科学学习,它起初还处于次要地位,之后逐渐处于平等地位,最后则处于主导地位。

自然科学的运动也是打破知识分子与普通民众之间隔阂的最重要因素之一。特别是在19世纪初期,人们对于自然科学已经产生了强烈的兴趣。以传播自然科学知识为目的的团体在整个国家骤然增多起来,而且成千上万的人们通过研究所、图书馆、书籍以及听演讲的方式,更加近距离地接触到自然科学。与此同时,科学家自己也关注这个运动。一些科学家更喜欢认为,自然科学具有一种让知识分子精英在大学的实验室研究的特殊作用。

社会科学。受到自然科学影响的社会科学家从中借鉴了许多经验,同时沿着自己的方向有了不小的进展。纵观整个19世纪,他们在自己的领域里取得了很大的成就。社会科学家们使自己的研究领域变得专业化,并把已有的研究细分为诸如历史学、经济学、政治学、社会学、人类学等学科。在 19 世纪的前几十年中,美国革命是历史学家更感兴趣的一个问题。人们一直续写着不同殖民地的历史,但总的来说,新的民族主义精神使得其他历史学家把注意力转向了美国。在 19 世纪中期的几十年间里,历史学家下了更多的力气,开始就更为广泛的各种题材进行著述。

与此同时,经济学、政治经济学以及政治学开始受到特别的关注。美国革命和南北战争刺激了一大批著作的诞生,这些著作都是关于新的民族的政治本质的。在 19 世纪的后几十年里,正像达尔文主义和新的工业生活条件所刺激的那样,政治经济学家们就个人主义和社会改革之间的冲突产生了分歧。

在 19 世纪,社会学和人类学变成了独立的"学科"。许多关于远古社会、原始文化以及美国印第安人的研究都根植于现代人类学。社会学在 19 世纪的后几十年里仍然有着广泛的影响。一些社会学家把社会演化看作达尔文主义中自动的和不可控制的变化;而其他一些社会学家则强调控制社会变化过程的可能性,把它看作通过社会变革来提高人们整体福利的一种方法。学校和教育手段通常被认为是社会改良的一种伟大力量。

教育计划的发展与改革

19 世纪遗留下来的大部分教育问题,从某种程度上来说,都可以追溯到学校体系的大发展。19 世纪的美国最显著的特点就是人口急剧膨胀,以及在开发新大陆资源所需要的基础建设上也有巨大的需求。所有教育领域的课程迅速发展,许多课程的设置是为了满足当时的社会需要。正像之前所指出的那样,美国的文化显现出多种有代表性的因素相互作用的特点,其中包括:民主性、民族主义、资本主义、自然科学、产业主义、宗教传统、人文主义和新的心理学。正是在这些庞杂的推动力下,产生了许多独特的、起主导作用的教育目的。

教育目的

在 19 世纪,主要的教育目的可以从很多方面来界定。但是,至少有 6 种突出的教育理念在教育体系的不同层面发挥着很大作用。尽管在某种程度上它们是重叠的,但是,这里把它们列举出来,作为随后讨论的一些指导。

个性发展的目的和道德发展的目的。 在美国,有组织的宗教信仰对美国的教育产生了巨大影响。正是源于这种影响,宗教信仰中的个性发展理念在 19 世纪才成为了一个具有主导性的教育目的。受宗教传统和人文主义传统的影响,道德训练是通过 19 世纪基督教观点来证明的,并且通常被认为是不可能与具体的宗教教育分开的。尽管在学校中对宗教的介绍不是很多,非宗教价值在道德上也取得了进展,但是,个性的发展就要继续强调公共学校的作用。从初等学校一直到文理学院,这一目的都有着影响。

心智训练的目的。 在 19 世纪,源于欧洲理性主义哲学传统的心智训练理想是十分流行的,它在 19 世纪中后期也得到了很大发展。心智训练的目的并不太强调知识和信息的获取,相反的,它强调心灵的训练以及与具体的实际应用相分离的智力能力的培养。这一心智训练理论受到了宗教和人文主义传统的强烈支持,经常用来证明大量的经典名著和数学的教学作用。与此同时,这一心智训练理论在文学院也特别普遍,经常被用来支持"学院"和中学的大学准备功能。

读写能力的目的和知识的目的。 全民读写能力和具体知识的获得的理想,对现有的学科标准提出了挑战。通过 3R 的基础教育过程所获得的读写能力,已经成为初等教育的一个目标,并且从新教改革开始就从宗教传统中得到了支持。在整个 19 世纪,民主的大众选举为普通学校的首要的扫盲职能增加了推动力量。社会各阶层的人对科学知识的普遍获取,也推动着人们对信息的掌握。

通过科学的传统、学术研究的理想以及桑代克的新的刺激——反应心理学的支持,知识的目的在心理学科方面取得了很大进展。它被用来证明,把所有的科学知识和具体知识介绍进中学和大学是有道理

489

的。它有助于学校认定一种观点,那就是,教育事实上等同于对被编排在各个学科领域里的系统知识的掌握。它还被用来证明,以学习教科书为基础的讲述、记忆、练习、背诵这些方法,以及通过考试来检查对学科的掌握情况是有道理的。

职业的目的和实践的目的。随着人们在自然科学、技术、产业主义、资本主义以及民主方面取得的巨大进步,职业的目的在19世纪的美国教育中也取得了一席之地。随着与知识的目的结合,实际应用的观念对于心智训练的观念是一种挑战,并且它证明了讲授具体学科是有助于中学和大学的学生将来在更广泛的领域内找到工作。资本主义学说中关于每个人都应该被培养成在社会上能够谋生并取得进步的理念,以及民主思想所体现的每个人都应该得到适合自己毕生事业的机会,这两者加强了自然科学的发展以及它们在工业、商业和农业领域里的应用。

在学科研究或文化研究的支持者与职业研究或实践研究的支持者之间,一直存在着激烈的争论。当学科处在仍然被人们认为具有更新的需求时,这证明了新的学科在实践的基础上已经获得了认可。进入传统的教育机构去追寻更新的研究课题,是因为新的学科和传统的学科一样具有强烈的学科价值。一旦它们得到了允许,新的学科就会宣称它们比旧的学科更具有优势,那就是它们的实践性。各种自然科学和现代语言的发展历史,都为这些策略提供了实例。当然,在中学的非大学准备的学习以及大学的技术课程里,实践的目的和职业的目的体现得非常明显。

公民的或社会的目的。鉴于早期的中等教育和高等教育的社会目的是为贵族阶层和领导阶级培养人才,19世纪民主和民族主义的力量开始强调全体公民教育的重要性。随着社会生活的复杂性与日递增,对于很多人来说,学校和大学显然需要花更大的力气来培养有责任感和义务感的国家公民。这一目的为在各种层次教育中引进社会学科提供了很大的支持,并且激发了对历史学、政治学和经济学的兴趣。尽管美国化的培养经常带有极端的爱国主义和民族主义情怀,但是,这一目的却是非常重要的,因为它可以帮助学校在融合自己的国家与其他国家之间的关系上起作用，也可以在人民中逐渐形成基本的民主态度。

个体发展的目的。在 19 世纪，个人主义观念受资本主义、民主观念以及个体差异的新心理学的影响，在教育领域取得了一些进展，源于卢梭和裴斯泰洛齐的民族主义哲学为美国的教育家提升了全面发展个人能力的兴趣。这一观念首先进入了教育体系，在较低层次表现得尤为突出，而且逐渐在更高层次上起作用。它得到资本主义的个人主义的支持，这种个人主义认为每个人都是十分重要的，把社会看作良好发展的个体的总和。当这一观念得到强调个体差异的心理学的进一步支持时，可以很清楚地看出，教育的主要目的是使每一个儿童根据自己的需要、兴趣和能力得到发展。

总体来说，在 19 世纪，个人主义的教育目的并不如其他的教育目的那么有影响力，但是，它的确在一些人中广为流传，并且帮助证明了选修制是一种方式，通过这种方式学生可以自由地选择对他们来说最有价值的学科。所以，它支持了实践的目的和职业的目的，并在反对心智训练观点的非大学准备的学科里经常被找到。在 20 世纪，个体发展在教育理论中成为了一种起主导作用的思想。

491

初 等 教 育

在 19 世纪的初等学校里，尽管实践的、社会的和个人的教育目的是聚集在一起的推动力，但是，对培养良好道德品质和读写能力的渴望，超过其他所有的教育愿望。当然，在其他所有的教育目的看似不成功的时候，作为一种维护学校秩序、惩罚不良行为的方法，纯粹的身体训练也会被教师所依赖。

欧洲的影响。纵观整个 19 世纪，一系列来自欧洲的专门影响对美国教育起着作用。主日学校、幼儿学校以及导生制学校①都来自英国，它们都帮助学校从私立转向公立。幼儿学校流传着这样一种见解，那就是学校对 4 岁、5 岁和 6 岁的儿童负有责任。导生制学校也帮助证明了班级教学可能比个别教学更好，或者至少说对道德、读写和知识的目

---

① 参见本书英文本第 407 页—第 408 页。

的是有效的。同样的,它们也显现了通过奖励与社会惩罚结合的训练要比单纯肉体上的惩罚更有效。

裴斯泰洛齐、福禄培尔和赫尔巴特的思想①都来自德国,这些思想都适应了美国的实际情况。更新的 3R 教学方法发展了起来;把更多的注意力放在自然及具体事物的研究上;对地理、绘画、音乐、家政和工艺美术在实践中的有用性有了认识;为了满足个人的学习需要,设计了一种心理学方法以替代严格按逻辑来组织教材和教学方法。在热情的和受过很好训练的教师手里,这些更新的方法促进了更好的学习;但是,随着这些方法变得过于形式化,一种更为有效地和简单地传递知识的思想开始起了主导作用。

福禄培尔的幼儿园②强调宗教的教育目的、社会的教育目的以及个人的教育目的。他的两个学生,约翰尼斯·克劳斯(Johannes Kraus)③19 世纪 50 年代生活在美国,卡尔·舒尔茨(Carl Schurz)④女士 1856 年在威斯康星州的沃特敦建立了美国第一所用德语教学的幼儿园,帮助了幼儿园思想的传播。贺拉斯·曼的妻妹伊丽莎白·皮博迪(Elizabeth Peabody)19 世纪 60 年代在波士顿建立了一所用英语教学的幼儿园。威廉·T·哈里斯把幼儿园纳入了圣路易斯的公立学校体系中。1880 年,美国已经有 30 个州设立幼儿园;到 1900 年时,美国共有 4500 所幼儿园,其中三分之二是由私人赞助的。

幼儿园强调儿童能力的发展,通过游戏活动、更多的活动自由以及合作的态度,逐渐帮助他们减轻初等教育的严厉训练和过于正式的环境氛围。弗朗西斯·W·帕克(Francis W. Parker)⑤在担任马萨诸塞州的昆西学校督学和芝加哥的库克县师范学校校长期间赢得了广泛的

492

---

① 参见本书英文本第 398 页—第 402 页。

② 参见本书英文本第 402 页—第 404 页。

③ 约翰尼斯·克劳斯(1815—1896),德国教育家。——译者注

④ 卡尔·舒尔茨(1832—1876),美国教育家,美国第一所德语幼儿园创立者。——译者注

⑤ 弗朗西斯·W·帕克(1837—1902),美国教育家,进步教育运动的先驱。——译者注

声誉,推动了 19 世纪 80 和 90 年代的幼儿园运动的成功开展。

赫尔巴特的思想①在 19 世纪最后 20 年的美国十分流行,就像早期的裴斯泰洛齐思想那样流行。最初,赫尔巴特的思想是强调通过社会学科和文学来达到社会的教育目的。然而,当赫尔巴特的教学法通过五个正规步骤系统化为讲课计划的时候,知识的目的就变得尤为重要。最后,人们广泛地应用赫尔巴特的教学法,来获得并掌握更有效的学科知识。在查尔斯·德加谟(Charles De Garmo)②、查尔斯·A·麦克默里(Charles A. McMurray)和弗兰克·麦克默里(Frank McMurry)③这些人的推动下,以及在全国赫尔巴特协会(National Herbart Society,1895)——后成为全国教育研究协会(National Society for the Study of Education)的影响下,赫尔巴特主义的贡献在师范院校里变得尤为突出。

尽管这里不能提及所有其他国家对美国基础教育产生影响的全部事例,但是,对残疾儿童与日俱增的教育关注是值得一提的。所有的儿童都应该有机会来发展他们自己这一民主理想,把人们注意力转移到了那些不幸的聋哑的、盲的、残疾的和低能的儿童上。托马斯·H·加拉德特在 1816 年访问法国后,于 1817 年在位于康涅狄格州的哈特福德为聋哑儿童建立了一所学校。他倡导用手指或是符号语言作为主要的教学手段。公立的聋哑学校早在 19 世纪 20 和 30 年代也出现了。盲童教育的推动力也来自法国,在塞缪尔·格里德利·豪(Samuel Gridley Howe)④博士的努力下,1832 年在波士顿为盲人建立了珀金斯学校。随着这一思想传播到纽约、费城以及其他地方,盲童公立学校开始出现了。采用盲人阅读用的点字方法以及国会允许邮局部门通过邮件的形式免费为盲人发送材料的行动,给予了这项工作强大的支持。

---

① 参见本书英文本第 404—406 页。
② 查尔斯·德加谟(1849—1934),美国教育家,赫尔巴特主义者。——译者注
③ 查尔斯·A·麦克默里和弗兰克·麦克默里,一般称为"麦克默里兄弟",美国教育家,赫尔巴特主义者。——译者注
④ 塞缪尔·格里德利·豪(1801—1876),美国教育家。——译者注

对低能儿童的研究是法国的塞甘（Edouard Séguin）①和美国的加拉德特工作的一部分。第一个国家研究机构就是 1851 年为低能青年建立的马萨诸塞学校。随着这项工作的逐渐展开，为智力低下儿童开设的班级于 1893 年在普罗维登斯的公立学校中出现了，并且此后在其他学校里得到了迅速发展。

19 世纪 60 年代，为残疾儿童所设立的私立学校在纽约建成。19 世纪后期，在全国不同地区的公立学校和一些特殊的国家机构里，残疾儿童受到了特殊的关注。城市的拥挤和不健康的生活方式，使人们也关注过失儿童的教育改造。尽管早期的观念大多是纪律性的，并且强调在州政府运作下的"改造学校"（reform school）或是"工业学校"（industrial school）里实施惩罚，但是，公立学校开始逐渐采用更合适的再教育方法。

初等学校课程的发展。在 19 世纪，初等学校课程发展的许多细节不能在此一一描述，但是，其发展过程这一事实却是十分重要的。初等学校课程发展方式的差异是很大的，因为在学校、城市以及各个州里，没有一种形式是通用的。纵观整个 19 世纪，在家庭幼儿学校、地区学校、阅读学校以及写作学校里所讲授的相当狭窄的 3R 课程，后来发展成为众多的学科课程，这些课程一直在"学院"和早期的中学里被教授。

在初等学校课程中，首先的也是最重要的，就是按照民众与日俱增的读写能力的目标而进行的英语课程。不管它在不同的学校叫什么名称，一般都包括：阅读、书写、拼写以及后来的文法、修辞和作文。

在成百上千位著书的作者中，最具影响力的无疑是诺亚·韦伯斯特、林德利·默里以及威廉·霍姆斯·麦加菲（William Holmes McGuffey）②。诺亚·韦伯斯特的"蓝皮拼字书"、语法以及初级读物都极为流行。毫无疑问，在 19 世纪大部分时间里，人们在教科书里广泛使用蓝皮拼字

---

① 塞甘(1812—1880)，法国医生、心理学家。——译者注
② 威廉·霍姆斯·麦加菲(1800—1873)，美国教育家，以编小学课本而闻名于世。——译者注

书。它表达了爱国主义思想,代表了新的社会教育目的以及读写能力的目的。林德利·默里的《英语语法》(*English Grammar*)代表了学科的以及读写能力的目的,像人们定义拉丁文语法那样,它分成几个部分,包括正确的拼法、词尾的变化、句法以及韵律学。麦加菲的按年级编排的初级读本,反映了居于主导地位的中产阶级的美德,那就是宗教道德、爱国主义和谨慎的实践道德,以此作为生活中不断前进的一种准则。

20. 比利(Billy)看见了一个人非常悲伤,就上前问他怎么了。

21. 这个贫穷的老人说他非常饿。他已经很久没有吃任何东西了,并且他不能工作,因为他年龄大,又看不见。

22. 比利什么也没说,就把剩下的蛋糕给了老人。比利说:"老爷爷,这有块蛋糕给您。"并把蛋糕放在了老人的帽子里。

23. 老人谢过了比利,比利觉得这比自己吃了十块蛋糕还要开心。

练习——你能讲述有关哈里(Harry)的蛋糕的所有故事么?彼得(Peter)的呢?比利(Billy)的呢?在这些男孩儿中你最喜欢哪一个?

图31 麦加菲读物中强调道德教育的一页。摘自《麦加菲读者的喜好》(*Old Favorites from the McGuffey Readers*)一书。

接下来一个在初等学校里有影响力的学科无疑是算术,它的发展动力主要来自训练和实践的目的。在 19 世纪的最早的几十年里,算术教学中最普遍的程序,就是教师把要解决的问题写下来或是让同学听

494

写下来,然后学生们运用合适的方法进行解答,最后教师再对答案进行指正。

在算术教学方法中,最重要的方法是沃伦·科尔伯恩(Warren Colburn)①所创造的,他在1821年发表的关于心算的文章遵循了裴斯泰洛齐的心理学思想以及归纳的学科组织形式。19世纪初期,因为实际应用性广泛,使得算术非常流行;在19世纪后期,因为算术的学科价值,它被进一步证明是合适的。自然学习也在更小的规模上以不同的形式出现,作为裴斯泰洛齐的实物教学方法(object methods)的一个结果。

接下来很重要的就是各种社会学习,主要是地理以及美国历史。1824年和1827年马萨诸塞州的学校法律规定,要教授地理,还要开设英语和数学。在美国历史发展中,1827年佛蒙特州和1857年马萨诸塞州也已经提出此类要求。美国历史的教科书作为对民族主义的兴起以及公民和社会教育目的的回应,早在19世纪上半期,就大量出现了。由查尔斯·A·古德里奇(Charles A. Goodrich)、彼得·帕利(Peter Parley)、塞缪尔·G·古德里奇(Semuel G. Goodrich)所编写的教科书领导着这一领域。社会公民的利益也造成了早在19世纪30和40年代对政治学、公民学以及政治经济学的学习。这一趋势在19世纪后期又得到了进一步的发展。

关于19世纪初期主要的政治和经济思想在学校课程上的影响,其最好的例子在一本小学课本中得到了体现,书名为《政治经济学的第一课》(*First Lessons in Political Economy*),它是由哥伦比亚大学的约翰·麦克维克(Reverend John McVickar)教授于1835年所著的。由此可以清楚地看出,宗教道德目的、爱国主义与经济个人主义的公民社会目的以及正在进步的现实成就。麦克维克所赞扬的是传统的自由放任主义的经济体制,他反对政府对商业的干涉和捍卫经济学中的自然法则贯穿他的整本书。在最后一章有关如何赚钱(How to Make Money)上,麦克维克把美国梦的个人主义观点理想化了。其论述如下:

----

① 沃伦·科尔伯恩(1793—1833),美国教育家,以心算方法而闻名。——译者注

如果一个人有健康的身体而又很勤奋,那么,我们国家里最贫穷的一个人都有去交易的资本;如果一个人除了受过良好的教育外,还有工作的专门技能、良好的道德习惯以及宗教信仰,那么,雇佣他的人就会十分信赖他并且给他足够的自信,作为国家的一个公民,这个人可能会带有足够多的资本来开始做生命中的每一件事情,当然,他会有机会成为独立的而且很有名望的人,有可能变得十分富有。"每一个人都是自己财富的创造者。"所有这一切,都取决于开始做事时要有正确的原则,它们是:

1. 要勤奋——时间和技能就是你的资本。

2. 要节俭——无论做什么事情,都要在自己的收入范围之内。

3. 要谨慎——不买不需要的东西。

4. 要坚定——让你的经济始终指向今天,而不是明天。

5. 要感到满足和感激他人——振奋的精神会使人有劳动的灵感,香甜的睡眠,以及对周围所有事物都会感到愉悦,所有这些都比单纯经济上的富有好得多。①

除了英语学科、算术和社会学科外,初等学校课程还逐渐把一些注意力转向了绘画、音乐、体育,尽管它们在时间和比重上处于次要地位。绘画在19世纪初期就进入了导生制学校的课堂,到19世纪60年代,波士顿、纽约、费城以及美国西部城市的一些学校都开设了绘画课。起初,绘画课是通过几何图形中的圆和椭圆来临摹标准的物体,例如,花瓶、有柄的大水罐等。但是,后来徒手绘画变得更加流行。绘画教学受到两种因素的影响,一种是工业目的的机械制图中的现实利益,另一种则是手工和身体技能发展的心理学兴趣,延续着裴斯泰洛齐作为个人能力发展的一种方法的思想。

音乐主要在唱歌和合唱中表达出来,在19世纪的早期几十年里非

496

---

① 约翰·麦克维克(John McVickar):《政治经济学的第一课》(*First Lesson in Political Economy*),波士顿:希利亚德—格雷图书有限公司1835年版,第86页—88页。

常流行。尤其是洛厄尔·梅森(Lowell Mason)①促进了音乐课程的发展,他为音乐老师写了教学指南,并且在 19 世纪 30—40 年代说服波士顿的公立学校开设音乐课,使之成为教学的一部分。这一思想很快在其他城市传播开来,在 19 世纪后期,教师训练机构开始对音乐给与特别的关注。

到 19 世纪中期时,一些教育工作者开始对健康和体育感兴趣,但是,人们的接受却是相当的缓慢。反对酗酒和反对吸烟,促使了卫生学和生理学学习的发展。在 19 世纪 50—60 年代,体育就以健美体操、运动练习以及操场活动的形式出现了。在 19 世纪 90 年代,芝加哥、纽约和费城的学校都开始了健康检查。

中等教育

19 世纪见证了中等教育的特点和教育目的的实质性变化。在 19 世纪初,文实中学是主要的中等教育机构,通常会有为大学准备的古典部以及为非大学准备的“英语部”。随着时间的流逝,文实中学开始更多强调的是为大学准备的古典部,随之是强调宗教道德目的以及学科目的。

与此同时,公立中学的原有目的是提供实践的和非大学预备的学科。在 19 世纪下半期,公立中学开始扩大它的课程,既有为大学预备的功能,也有非大学预备的功能。因此,公立中学通常有古典课程、英语和历史课程、自然科学课程、商业贸易课程、技艺及工艺美术课程和家政课程。到 19 世纪末,其宗教道德的教育目的受到了更多来自世俗教育目的的挑战。由于为大学预备的需要,严格训练的和人文主义的理念很难消失,但是,它们通常会被知识的、社会公民的、职业的和实践的以及个体发展的目的所遮盖住。

这些变化反映了一个社会的文化层面,在这个社会中,宗教和人文主义的传统一直面对着民主、民族主义、科学技术、产业主义以及资本

---

① 洛厄尔·梅森(1792—1872),美国圣歌作曲家,美国公立学校音乐教育创始人之一。——译者注

主义的现实趋势。从欧洲继承下来的贵族的、宗教的和人文主义的中等教育观念,在一种期待着为了全体美国青年的中等教育的民主的和世俗的力量面前失去了优势。

不仅更多的男孩进入中等学校,而且女孩接受中等教育的机会也成为了民主的中等教育中新的实验一部分。19世纪初期,在像埃玛·威拉德(Emma Willard)[1]、凯瑟琳·比彻(Catherine Beecher)[2]和玛丽·里昂(Mary Lyon)[3]这样的改革家的领导下,出现了女子文实中学和女子学院。她们不得不和传统的社会习俗进行斗争,传统的社会习俗坚持认为女人的位置就是在家照看孩子和照顾整个家庭,女性在智力方面天生不如男性。尽管存在这些障碍,但是,许多女子学校还是建立了起来,其中有威拉德1821年在纽约州的特洛伊建立的女子学校,比彻1828年在康涅狄格州的哈特福德建立的女子学校,以及莱昂1838年在马萨诸塞州的蒙特·霍利约克建立的女子学院。

随着这些成就的取得,当时政治和社会民主的推进使得妇女活动范围的扩大成为可能,包括商业、工业和职业领域,尤其是教学领域。当这种现象出现的时候,自然的结果就是女孩允许进入中学与男孩一起接受教育。到19世纪末,相当多的女孩进入到中学学习,并且很快在学业上与男孩一样优秀,这体现了女孩的兴趣和能力。有了这样一大群学生,中学要相应地扩大和增加学习课程也就不足为奇了。

中等学校课程的扩展。从初等学校的例子来看,中等教育中的基本事实就是学科数量的迅猛增长以及学生在校学习时间长度的增加。尽管由于学科名称的变化,这个数字并没有太多意义,在19世纪初,10~12个名称就能涵盖中学所教的大部分学科却是事实;但是,到19世纪末,100个名称都不能涵盖中学讲授的所有学科。然而,不论学科数量有多少,可以很清楚地看到,到19世纪末,没有一个学生希望学习

---

① 埃玛·威拉德(1787—1870),美国教育家,毕生致力于女子教育。——译者注

② 凯瑟琳·比彻(1800—1878),美国教育家,毕生致力于女子教育。——译者注

③ 玛丽·里昂(1797—1849),美国教育家,1837年创建了美国第一所女子学院——蒙特·霍利约克女子学院。——译者注

一小部分学科,即使这些学科是由一所规模相当大的中学提供的。因此,选修制的发展就成为了必然。让所有的学生都进行封闭式学习和学习规定的课程,显然不可能再继续维持下去。

498

然而,加入了新学科的课程,并没有遭到支持传统的为大学预备的学科的人的强烈反对。如果从整体角度来看待 19 世纪的话,那么,包括文实中学和其他中学在内的为大学预备的学科起着主导作用当然是事实,它反对非大学预备的学科。在为大学预备的学科中,长期受欢迎的科目有:外语、数学、英语、自然科学和社会学习。

为大学预备的学科。外语长期占据着受欢迎的地位,因为它们受到了来自在大学中占据主要地位的宗教和人文主义传统的保护,并且人们坚持认为语言学习是为大学所做的最好的准备。当然,在 19 世纪的大部分时间里,外语就意味着拉丁文,其次是希腊文,它们在公立中学并没有像在文实中学里那样取得很大的进展。尽管取得了很大的成功,但是,最常见的拉丁文课程包括了第一年的语法课,然后接下来几年是恺撒的《高卢战记》、西塞罗的《演说辞》以及维吉尔的《埃涅阿斯纪》。19 世纪 80 年代以后,法文和德文艰难地取得了与拉丁文同样的地位。尽管现代语言的地位从没有得到顽固的古典主义者的完全承认,但是,它到 19 世纪末已经取得了一定的稳固地位。

数学同外语一样占据着重要的位置,因为数学所拥有的不仅是宗教和训练传统的认可,而且是实践的教育目的的认可。算术在中学和文实中学里普遍设立,但是,它最终却成为了初等学校的学科。代数和几何成为了在中学里讲授范围最广的数学学科。不论是为大学预备的学科,还是非大学预备的学科,都强调代数和几何的重要性。从训练的目的看,对于定义、公理、规则和等式的记忆与能够训练思维的逻辑组织是不一样的观点,是存在争论的。从实践的目的看,争论很容易就得出代数和几何的知识与航海、测量以及整个科学和技术学习是同样重要的,这些学科支持了整个 19 世纪工业社会的发展。三角学、测量学以及天文学也在一些中等学校里讲授。

499

各种科学的学科设置表明了整个 19 世纪各种学科都呈现出增长的势头。那是因为科学的普及和有用的知识"自然哲学"在 19 世纪的前几十年里掀起了流行的热潮,而且受到了知识目的和实践目的的支持。在 19 世纪后半期,物理科学领域取得的伟大进展推动了物理和化学的教学,为了证明物理和化学与那些古典学科具有同等的训练价值,甚至有更多的价值,人们把它们看作有逻辑地组织在一起的学科。相对的,自然地理、地质学以及矿物学受到的重视程度是比较小的。

在文实中学以及早期的中学里,被简单地认为是"自然史"的学科逐渐被认识到就是生物学。它可以分为植物学,学习的是植物的类别;以及动物学,学习的是动物生命结构。早期的自然史教学表明,生物学揭示了地球上的神圣现象,因此,受到了宗教目的以及知识目的和实践目的的支持,但是,随着进化论的观点引起了宗教与科学之间的激烈冲突,生物学的教学变得更为重要。为了证明生物学的学科价值,人们试图把生物学组织成像其他学科一样具有逻辑性,但在这方面,它永远没有物理一样具有竞争力。在 19 世纪中期之后,作为达尔文主义者和改革者对酗酒和吸烟抨击的结果,生理学取得了一些进展。

对英语语言艺术与日俱增的学习,也是中等学校课程中最重要的发展之一。在 19 世纪初,英语的学习绝对处于劣势。拉丁文法学校对其关注甚少。尽管文实中学给予了一些关注,但是,在许多文实中学中,古典学科仍然占主导地位,以至于"英语课程"处于绝对的劣势,而且是为那些不愿意学习古典课程的学生所设立的。然而,在美国生活中民主的和爱国主义的浪潮,对于促进英语学习起了很大作用。人们更多关注的是,英语学习的社会和公民的价值、实际的价值和个人(休闲)的价值。这些是 19 世纪上半期对于非大学预备学科学习常见的争论,但是,有关学科的争论很快就变成了对英语的青睐,这证明它作为一门大学预备学科已得到认可。

语法是英语教学中最常见的一种形式,但是,人们很快把越来越多的注意力放在英语作文、修辞学、诗歌朗诵与辩论术、逻辑学和英语文学上。英语文学的各个组成部分试图证明,它与古典文学一样具有学科价值,但古典主义学者是不会认同这一点的。当美国文学取得一定地位的时候,英国和美国的作家之间就英语的价值就发生了争论。到 19 世纪末,英国作家们在中学里给予英语学习的时间和注意力远远超

500

过了美国作家。

　　同样,社会学科的学习始于 19 世纪,当时处于劣势地位,但它的地位后来得到了提升。宗教道德的、知识的、社会公民的和实践的目的促使了历史地位的提升,但历史在很大程度上是一个非大学预备学科,这一点在 19 世纪后半期的学科领域里也得到了证明。但是,其观点并没有完全建立起来。与现代的欧洲历史相比,古代历史持续的时间更长,这一事实反映了古典的和人文主义的传统。

　　欧洲历史通常超过了美国历史,尽管 19 世纪不断增长的民族主义促进了以爱国主义和美国化为目的的美国历史的学习。随着越来越多的有关美国历史的文章的出现,以及各州开始要求对美国历史进行教学,在 19 世纪 90 年代,美国历史开始被作为大学入学要求的一门科目。从本质上来说,大部分的历史教材都是政治的和军事的历史,对社会和文化的历史关注得相对较少。

　　地理也开始受到重视,尤其是在中学的第一年,并且逐渐被作为大学入学要求的一门科目。从内容上看,它在很大程度上都是知识的描述,强调的是河流、城市、国家的位置。"道德与政治哲学"也受到了一些关注,例如,政府和立法机构的形式、公民学和政治经济学。特别是知识的和社会公民的目的促进了这些学习的发展,美国社会中民主的和民族主义的因素也是一种推动力量,此外它看到了对美国年轻一代的公民教育的需求。

　　非大学预备的学科。其他学科是作为非大学预备学科进入中等学校课程的。事实上,它们在整个 19 世纪都处于较低的地位。职业的和实践的目的为工艺美术、家政、商业学科以及农业学科的发展提供了主要的推动力。如美术、体育这样的其他学科,则主要受个体发展的价值观的影响。总体来说,在 19 世纪中期,所谓的"职业学科"是在公立中学以外的私立学校受到了重视,而且逐渐进入到课程被扩大的中学以及一些特殊的职业学校中。

　　在 19 世纪初期,源于欧洲的裴斯泰洛齐和费林别尔格的手工劳动运动(Manual-Labor Movement)在美国受到了广泛的欢迎。这一思想得到了很多人的赞同,例如,威廉·麦克卢尔(William McClure)和约瑟夫·内夫(Joseph Neff)，他们为了促进教育机构中手工劳动的发展，于1831年组织了"手工劳动协会"(Manual Labor Society)。许多文实中学也采纳了这一思想，并且尝试把农业和工业劳动同日常的学习结合起来。手工劳动的拥护者阐明了这场运动形成的特点以及社会的和实践的目的。他们认识到，这一思想会为学生们从事有用的工作带来机会，这些工作在他们养成民主合作、独立、健康和勤奋的习惯的同时，还会帮助他们支付在校的费用。然而，学术传统的力量太过强大，手工劳动运动在19世纪50年代就迅速减弱了。但是，这场手工劳动运动是很重要的，主要是因为它表明了人们的一种情绪，即逐渐强迫中等教育去关注手工劳动。

在美国中等教育中更有影响力的就是手工训练运动，它在19世纪下半期变得十分盛行。手工训练运动主要分为两个阶段。它延续着裴斯泰洛齐思想的路线，通过练习来培养运动神经技能以及心智和道德训练。它被赋予了很高的地位，通过感觉活动来实现自我发展的个人目标，这也正是它的训练价值的体现。然而，在19世纪的后20年里，手工训练运动变为更多地吸收实践的和职业的目的，因为商人和手工艺者看到了这种工作的价值，即为了训练男女孩子为日后的工作进行更好的准备。

在费城百年博览会上展出的由芬兰、俄罗斯和瑞典的学生制作的手工训练展品，给麻省理工学院的校长约翰·朗克尔(John D. Runkle)留下很深刻的印象。他强调说，美国的中学里也应做类似的工作。于是，在麻省理工学院、圣路易斯的华盛顿大学以及其他与大学和公立学校体系有联系的地方，建立了用于手工训练的中学。1895年，麻省理工学院要求在所有拥有3万人口或更多人口的城市的中学里开设手工课。在手工训练课程和手工训练学校里，具有代表性的科目有：木工、粘土塑形、炼铁、铸造、制作金属薄板、机械加工和机器制图。绘画不仅受到了作为一种表达方式的个体发展观念的促进，而且也受到了使工业和商业对职业培训是有用的实际需求的推动。

家庭经济学或者说是家政，在美国要比手工训练有着更为悠久的历史。它可以追溯到埃玛·威拉德、凯瑟琳·比彻、哈丽雅特·比彻·

斯托（Harriet Beecher Stowe）①以及埃伦·H·理查兹（Ellen H. Richards）②的时期。它也是学科内部各种矛盾和冲突的产物。伴随着对物理、化学和生物的充分学习，一些人想要使家政变得科学化和学科化。还有一些人想要使家政变成以女性的家庭责任感为目的，进行实用的和实践的训练。当时的一些进步教育家把家政看作对智力学习进行补充的一种有益的实践活动，例如，在芝加哥大学的约翰·杜威的学校，以及在纽约教师学院的贺拉斯·曼学校。人们也把家政看作是女孩所学的一种职业课程，与男孩所学的手工课略有一些相似，它以缝纫、裁剪、制帽和家庭管理等形式出现在那些手工训练中学里。

由于19世纪工商业的不断发展，从职业和实践的角度来讲商业学习变得越来越重要。一些文实中学和早期的中等学校都教授记账、书法以及商业算术课程，但南北战争过后不久，私立的商业学校就为商业科目带来了巨大的繁荣，事实上，这些学校到19世纪末以各种规模出现在了所有的城市中。在19世纪的后20年里，商业学习开始在中学里大规模的出现。到19世纪末，在纽约、费城、匹兹堡、华盛顿以及其他地方都建立了一些商业中学。

人们的兴趣最后转向了农业，从某种程度上来说，农业对于很多人来说似乎是与大学预备的思想离得最远的，因此，它也是智力追求范围内的最低层次。到19世纪末，主要通过美国政府赠地学院的努力，大约建立了12所农业中学。

音乐、美术以及体育这些学科，没有大部分"实际的"职业学科发展得好，因为它们仅仅是通过个人发展的目的来证明自己。它们甚至在职业领域不具有实用性。音乐和美术从宗教道德的、训练的、知识的以及公民的角度来看并不合格。事实上，人们认为通过这些肤浅的学习而产生的思想可能只适合女孩们，并且人们常常认为这都是在浪费纳税人的钱。尽管美国文化已经在经济领域和商界取得了巨大成功，但这些学科仍处于美国文化的边缘。

① 哈丽雅特·比彻·斯托，美国女作家、慈善家。——译者注
② 埃伦·H·理查兹，美国女化学家，家政运动的倡导人。——译者注

　　体育得到了一些发展,因为它是支持身体健康的一种活动,这更容易能被人们理解和接受。身体训练、练习以及健美操这些新的思想是从德国、瑞典和法国引进的,它促进了对运动的兴趣。到19世纪80和90年代时,许多城市的学校体制都包括了模仿德国和瑞典练习模式的身体训练课程。尽管越来越多的中学提供了音乐、美术、身体训练这些课程,但是,对学术水平的总体评估从这样一个事实里就能反映出来,那就是这类中学很少对毕业生实行学分制度,因此,几乎没有学生能够凭借这些训练课程而得到升入大学的学分。

　　中学课程的标准化。 随着时间的推移,很快就能清晰地看出,那些非常关心中学课程扩展的人大都是大学教师。他们对中学的课程发展感到十分困惑,这成为了讲授大学课程的障碍。当这些中学的毕业生敲开了大学大门而被录取的时候,他们将会做什么呢? 当大学指望着大部分中学毕业生已经学习了古典课程和数学的时候,它就成为了一个问题;当他们开始学习自然科学、英文和社会科学的时候,它就会受到干扰;但是,当他们开始要求提供手工训练或家政的时候,大学就会感到这个标准降低了。

　　中学对于为学生们提供范围广泛的和灵活的课程越来越有兴趣,因为它们接受了高比例的中学适龄青年。另一方面,大学对那些具有更为同一教材背景的学生更感兴趣。大学教师们认为,对这种情况最好的补救办法,就是通过为那些想要进入大学学习的学生规划中学课程,把规则带到中学去。他们开始想按照他们最了解的方法去做,使学生通过大学的入学要求。

　　当一些独立的学院开始在一些中学产生影响的时候,在问题变得过于严重之前,人们已经采取了一些措施。1871年,在密执安大学校长詹姆斯·伯里尔·安吉尔(James Burrill Angell)的领导下,成立了一个委员会来检查州的中学的工作,并对教学质量、课程特点以及学生的标准成绩进行评估。如果中学获得这个委员会的认可,那么,该校的学生可以不参加进一步的考试而直接进入大学就读。到19世纪末,已经有200所大学采用了这种认证体系的一些形式。

　　然而,人们很快就发现,学生可以跨越州的界限而直接进入大学。

因此,这种认证体系还不够广泛。结果,就是地方的标准化机构的建成,如果中学想让它们的学生更容易地进入大学,那中学就必须达到大学与中学之间共同认可的标准。

到 19 世纪末,美国大部分地区被下列机构所覆盖:1885 年成立的新英格兰大学和预备学校协会,1892 年成立的中部地区和马里兰州大学和预备学校协会,1894 年成立的中北部大学和预备学校协会,1895 年成立的南部地区大学和预备学校协会,以及 1899 年成立的大学入学考试委员会(College Entrance Examination Board)。这些协会对于提升中等学校的课程标准起了很大作用,这也正是大学所希望看到的。他们支持中学为大学作预备的思想,但是,标准化的过程还没有在全国范围内实行。对于这一问题,在 19 世纪 90 年代,全国教育协会就把注意力转向了两份非常有影响力的报告上。

1892 年,在哈佛大学校长查尔斯·威廉·埃利奥特(Charles William Eliot)的领导下,任命了"中等学校课程十人委员会"(Committee of Ten on Secondary School Subject),于 1893 年发表了报告。该委员会由 7 位大学校长和 3 位中学教师组成。它指派了 9 个专门小组来对下列学科领域里的细节问题进行深入思考:(1) 拉丁文;(2) 希腊文;(3) 英文;(4) 其他现代语言(法文和德文);(5) 数学;(6) 物理、化学以及天文学;(7) 自然史(植物学、动物学以及生理学);(8) 历史、公民政府以及政治经济学;(9) 地理(自然地理、地质学以及气象学)。大部分的专门小组成员都是大学校长或教授,也有极少数的中学管理者和教师。由专门小组进行研究的这些学科都是中等学校课程十人委员会认为适合于中等学校的学科,也就是为大学预备的学科。

中等学校课程十人委员会对所推荐的这些学科都很有兴趣,因为它们主要揭示了一种以训练性、知识性和教材为原则的教育观,同时还带有一种道德和社会目的的价值。有人建议,所有学科的学习应该早些开始,而且应该比现行的时间长。但负责拉丁文和希腊文科目的专门小组认为,目前提供的时间已比较充裕。也有人建议,所有学科的学习应该是等值的。不管一个学科有多少学生学习,学生都应该进行 4 年有强度的和有效的心智训练。进一步讲,对于有进入大学读书愿望的学生和没有这种愿望的学生,不应该区别对待。

　　尽管存在着这些关于学科等值的主张,但是,当被推荐的4种课程模式都需要外语的时候,可以看出,中等学校课程十人委员会还是偏重语言学习。四种课程模式为:古典课程包括3种外语课程(两种古典语和一种现代语);英语—古典课程包括2种外语课程(一种古典语和一种现代语);现代语言课程包括2种现代语;以及自然科学课程包括一门外语。

　　同样的,大学入学要求委员会(Committee on College Entrance Requirements)在它的1899年的报告中,支持了下列为大学预备的学科:拉丁文、希腊文、法文、德文、英文、历史、公民学和经济学、地理、数学、生物以及化学。在中学里,每一个学科所学的时间长度都变得与其内容同等重要。如果一个学生在一个学年里每周上4小时的课,那么,这就被算作一个单位(unit),它被大学的入学要求所接受,并且与其他大学入学的科目是平等的。尽管大学入学要求委员会认可选修制度,意识到学生们不可能学完中学提供的所有课程,但是,在推荐一些每个大学生都要学的课程时,对外语的偏爱又再一次显现了出来,其中包括:4年的外语课程、2年的数学课程、2年的英语课程、1年的历史课程以及1年的自然科学课程。

　　显然,从大学的角度来看,外语的重要性是英语和数学的重要性的2倍,是历史与自然科学的重要性的4倍。同样的,英语和数学的重要性是历史与自然科学的重要性的2倍。尽管大学入学要求委员会声明它希望中等学校的课程会有一定的灵活性、实践性和训练性,但是,它实际上依赖于人文主义传统在所推荐的学科里是非常明显的。它反对这样的观点,即如果学习的时间相等,那么所有学科在价值上等同的观点,很显然,它赞同一些学科要比其他一些学科有价值的看法。

　　尽管标准化运动和定量安排已经为判定大学入学做出了规划,但是,人们还是不能真正面对所有美国青年在共同普通教育上存在的潜在问题。

505

高等教育

促使美国高等教育的性质发生了根本变化,有如下这些文化因素:社会活动、政治活动以及生活中的心智活动逐步替代宗教的权威;工商业领域的发展以及与之相适应的人们精神层面的发展;系统化知识的极大拓展,特别是自然科学和社会科学的发展;民主的进步以及个人自由思想的发展;民族主义观念的增强和对个人固有价值的肯定。最重要的一点变化就是,通过这些因素的作用,人们对传统课程的兴趣的降低以及对选修制的接受。在这个过程中,一种新的通识教育的观念出现了。结果,就是长期存在的宗教—道德目的和训练目的,受到了来自教育中更新的知识目的、社会公民目的、实践的目的以及个人目的的挑战。

19 世纪初期的改革。通过促成弗吉尼亚大学建立的托马斯·杰斐逊的努力,一些世俗思想被更多地引入了美国的高等教育。1818 年,在弗吉尼亚大学的计划中,杰斐逊就希望所有近代的有用学科都应该在大学里讲授。自然科学、历史、政治以及现代语言,都应该放在与古典学科、数学和哲学同等重要的位置。他还希望,大学不仅要培养出政治领导,还要培养出实践的、科学的和学术的人才。杰斐逊的大学改革计划对于美国高等教育来说是十分重要的,因为他阐明了这样的观点:大学应该在更大的范围里来构想,应该得到州的支持,应该脱离宗教派别的控制,应该允许学生为他想在将来获得的任何成就而自由地学习。

乔治·蒂克纳(George Ticknor)①的著作也很有影响力,1819 年他把优秀奖学金思想以及教师与学生自由的思想引入了哈佛大学。他打破原有的课程,而改为选修课程和全面的奖学金制度。对于这些改革,蒂克纳的理念是哈佛大学必须满足社会的需求,提供一种在科学、技术和工程领域都有用的教育;此外,还要满足越来越多技术学校之间的竞争需求。他认为,现在规定的学科由于新领域知识的增加而变得种类繁多,以至于学生在不牺牲某些知识的前提下不能完成所有课程的学习,因为适当的学习应该更适合学生的能力、兴趣以及对未来的追求。

---

① 乔治·蒂克纳(1791—1871),美国作家、教育家,曾促使哈佛大学课程现代化。——译者注

蒂克纳以此作为进一步支持自己计划的依据。

　　然而,高等教育的这些目标在 19 世纪 20 和 30 年代绝不是没有遭到过挑战的。或许,处于反对地位的最有影响力也最全面的观点,是由耶鲁大学教师在著名的 1828 年报告中所提出来的①。通过把古典课程的学习当作文雅教育的最佳方式,耶鲁大学捍卫了宗教和道德课程的学习。耶鲁大学变成了大学教育中保守观点的拥护者,就像哈佛大学是进步思想的拥护者那样。

　　激烈的冲突愈发强烈,许多大学都追随了改革的脚步。然而,一些计划落空了,面对着强烈的反对,只有少数的支持者仍然坚持自己的立场,但差不多就是相当于由理事会草拟的一个声明,或者持进步思想的教师所作的报告。其他一些计划也是无精打采地维持了几年,最终被放弃。还有一些计划在南北战争后时机成熟的时候,作为进一步发展的出发点。在 19 世纪上半期,对课程改革要求作出的回应有以下三种。

　　1. 平行课程。最常见的一种对改革大学课程所做出的努力,就是建立完全独立的课程,与现有的古典课程并行。因此,古典课程的完整性可以被保留下来,并且学士学位也并没有被削弱,但学生们还是有机会在"科学的"或是"文学的"课程里受到教育。在这些新的并行的课程里,要么减少了古典课程,要么使古典课程完全消失,以便给物理和生物科学、英语和现代语言以及社会科学让路。

　　在这种方法中,在一些大学里就会尝试对时代的实际需求做出让步。但是,在大多数的教育和宗教领域里,传统的古典课程仍然被看作获得真正的通才教育的唯一途径。新的课程通常并没有像古典课程那样设立很高的入学标准,也就是说,它们对拉丁文和希腊文的要求不是很高。允许授予的不是古典课程小心翼翼保护起来的文学学士学位,而仅仅是一个毕业证书,或是后来演变出来的诸如理学学士、哲学学士这样的学位。课程和学位的增加,成为了美国大学的一个最有标志性的特征。

　　2. 独立的技术学院。大学变得对自然科学课程和实践课程越来

------

　　① 参见本书英文本第 477 页。

越感兴趣,其值得人们注意的原因就是在那里开始了高等技术教育。具有代表性的就是伦塞勒理工学院、伍斯特理工学院和麻省理工学院的建立。

例如,斯蒂芬·范伦塞勒(Stephen Van Rensselaer)于1824年建立了自己的学院,目的是"……为农民、技术工人、教士、律师、医生及商人,简单地说,为从事商业的人或者休闲的人提供一个机会,无论叫什么,就是要使他们更具科学的实践性"。它强调了学生们不仅要接受文学的训练,而且要通过适当的肌肉练习来获得操作能力的发展。通过这种方法,学生就会熟悉最重要的科学操作,并且学会"特别是在日常生活中将最有用的知识"。这就是对文学院产生竞争的直接威胁和源头。

3. 附属科学学院。一些历史较为悠久的大学努力去适应这种竞争,并且通过建立与旧的大学相分离的"科学学院"方式,在改革者的呼声中保持沉默。通过这样的方法,大学能够继续强调古典学科,并把传统的训练传授给那些相当于牧师、教师、学者或单纯的"文化"人,而科学学院能够把这些训练传授给那些想在商业领域和工业领域里成为领导者的人。这样的学院有:耶鲁大学的谢菲尔德科学学院、哈佛大学的劳伦斯科学学院、达特茅斯学院的钱德勒科学学院以及其他一些在普林斯顿大学、宾夕法尼亚大学、哥伦比亚大学里的科学学院。

19 世纪后期的大学改革。在 19 世纪中期,高等教育中最有效的理论是由布朗大学的弗朗西斯·威德兰(Francis Wayland)校长提出的。他倡导通过提供所有知识分支的课程和开设新的课程来满足人们在机械制造、农业以及工业方面的需求,以使布朗大学变成真正的大学。他认为,由于学科数量过多,因而不能覆盖学习的整个领域来满足学生的需求,大学必须使自己适应这种情况,并满足社会各个阶层的需求,或者是减少对技术学院的必要资助。

另外一个创建真正的大学并且允许选修学习的杰出思想,是由密执安大学校长亨利·塔潘(Henry Tappan)提出的。他从德国大学那里获得了灵感,认为大学必须是世俗的,并且为了达到能够提供所有人类知识的学科,确保研究和学习的自由以及使它自己很好地适应国家需求的目的,大学必须由州政府来支持。此外,大学应该是一个完整的州

508

学校体系的王冠。

　　最重要的是,使美国大学适应现代科学力量的最有影响力的发言人,就是哈佛大学的校长埃利奥特。由于他公开的意见表达,在现实中改变了哈佛大学的课程,以及他为实行自己的想法来筹措资金的能力,无论是作为高等教育的领导者,还是为美国选修制的发展做出的贡献,埃利奥特的 40 年贡献是十分卓越的。埃利奥特努力使哈佛大学成为一所教授和研究所有现代知识的学校。他发展了以文学学士学位为代表的通识教育的观点,既包括旧的学科,也包括现代学科,例如,英文、法文、德文、历史、经济学、政治学物理学。

　　埃利奥特倡导在大学生活的所有阶段的更多自由——这种自由通过选修制和学生自治来实现,以达到培养学生们的责任感和自我信心的目的。他鼓励学生更深地认识到人的本性,目的是为了让使他们根据自身的需要、兴趣和能力来充分发展。如果成绩更好的学生有所要求,那么,就应该允许他们按照自己的情况来取得进步,并且允许他们在 3 年内完成所有的大学课程,这些可以通过选修制来实现。快班学习计划的思想是与选修制一起诞生的。埃利奥特把哈佛大学的大门向更多需要专门的、技术的和专业的训练的人敞开。

　　其他做出突出贡献的大学改革倡导者有:康奈尔大学校长安德鲁·迪克森·怀特(Andrew Dickson White)、哥伦比亚大学校长弗雷德里克·A·P·巴纳德(Frederick A. P. Barnard),约翰斯·霍普金斯大学校长丹尼尔·科伊特·吉尔曼(Daniel Coit Gilman)、斯坦福大学校长戴维·斯塔尔·乔丹(David Starr Jordan)以及芝加哥大学校长威廉·雷尼·哈珀(William Rainey Harper)。受到普鲁士的例子和密执安大学的影响,康奈尔大学校长怀特的理论体现了非宗教机构里德育和实践的结合,这与公立学校关系密切。所以,把更多的重点放在了现代语言、历史和科学学科上,通过选修制的形式使学生拥有相应的自由。与怀特的领导相联系的,就是康奈尔大学的愿望和《莫里尔法》的意图,它们促进了农业和机械制造业学科的发展,这些学科吸引了社会的农民阶级和工人阶级。

　　对哈佛大学、密执安大学以及康奈尔大学在吸引学生方面取得的巨大成就,哥伦比亚大学校长巴纳德有着很深刻的感触,他推翻了早期

509

对选修制的反对,并认为选修制是使哥伦比亚大学拥有那些更多进步的高等教育机构的最佳途径。他坦率地承认,对大学学科的普遍判断一定是学科本身的价值标准,而不用理会教育者们所考虑的判断。

在约翰斯·霍普金斯大学,校长吉尔曼为 7 种不同类型的本科课程提供了文学学士学位,因此,他完全承认了与通识教育和古典学科地位相同的新学科。在斯坦福大学,校长乔丹着手为学生们提供他们所渴望的专门课程,但是,他也要求学生们在大学的最后 2 年里集中学习一门"主修"课程,其他的作为选修课程。在芝加哥大学,校长哈珀为那些渴望并且愿意花 2 年时间学习的学生创建了一所初级学院(junior college),还建立了一所允许多种选择的高级学院(senior college)。

还有一大批保守的大学教育者反对这样的改革,最具代表性的是耶鲁大学的诺厄·波特(Noah Porter)、普林斯顿大学的詹姆斯·麦科什(James McCosh)和安德鲁·韦斯特(Andrew West),他们都维护着传统大学。他们提出保留规定的课程,因为这些数量不多的课程能提供心智训练,强调古典和数学,以及反对专门的、技术的和专业的学科,这些思想是与指导学生的生活和道德密切联系的,并且有着浓厚的宗教色彩。他们认为,一种自由教育受到了大学生活的这些条件的最有力的推进。

高等教育的普遍趋势。尽管保守主义者们进行了不懈的努力,但是,经历了整个 19 世纪,大学的特性开始发生了变化。具体表现在以下几个方面:

1. 一些学科的范围很窄的规定课程让位于许多学科的选修课程。

2. 通识教育(以文学学士学位为代表)的概念得到了扩展,包括与传统学科地位相同的新学科,例如,英文、现代语言、物理学以及社会学科。

3. 在像德国大学那样的大规模的大学理念面前,学院式的理想已失去了光辉。在这样的大学里各门重要的知识的教学和研究都可以得到发展。讲座和实验室开始替代作为教学方法的课堂背诵。

4. 所谓的"文化"学科(古典学科、数学和哲学)以前长期在规定课程中占据垄断地位,而现在开始让位于科学和技术的学科(即所谓"实践"学科)。这些学科在为诸如商业领域、工业领域或学术界所作的准

510

备是非常有用的。研究生课程的专业化要求本科生课程越来越专
业化。

5. 通过古典学科和数学的学习来实现心理训练或者"智力"发展
的观点,已经让位给了特别适合于每个人的学科知识的观点。在学习
的过程中一视同仁地对待所有学生的实践,已经被根据不同学生的兴
趣、能力和未来的职业规划对其进行不断的尝试所替代。

6. 大学教育中的宗教色彩开始削弱,而世俗的色彩越来越强,这
是课程中为培养公民的世俗目的的结果,同时也是重要的职业需求。

7. 在大学管理中对学生生活的所有阶段进行密切且严格的监督
开始减弱,转变为使学生有更多的自由来培养他们的责任感和发展自
信的能力。

8. 作为在稀有的大学学位中表现出来的高等教育的贵族性开始
让位于民主的观点,也就是说,大学教育应该对社会的所有阶层开放,
并且应该努力发展公民责任感和社会理解力,以及提高大多数年轻男
女的职业效率。

高等教育的民主运动在大学层面为女子提供了更多的教育机会。
在东部地区,主要是通过独立的女子学院来实现的,例如,瓦萨学院
(Vassar)、韦尔斯利学院(Wellesley)、史密斯学院(Smith)、蒙特·霍利
约克学院(Mount Holyoke)和布琳·莫尔学院(Bryn Mawr)。其他的
女子学院都是依附于一些规模大的大学而建立起来的半独立机构,著
名的有:哥伦比亚大学的巴纳德学院(Barnard)、哈佛大学的拉德克利
夫学院(Radcliffe),以及杜兰大学的索菲·纽科姆学院(Sophie
Newcomb)。在西部地区,更为常见的女子学院都是以男女同校教育的
形式出现的。19世纪30年代,建立了奥伯尔林学院(Oberlin),它是以
性别平等和种族平等为基础的。在19世纪50年代及以后的时间里,
男女同校教育在安迪奥克学院(Antioch)和其他私立学院出现,但主要
还是在犹他州、密执安州、俄亥俄州和威斯康星州的这些州立大学里。

在大学里,技术和专业教育不仅把注意力放在法律、医学和神学这
些设立时间很长的学科上,而且还放在一些新的职业领域上,这些领域
正在努力使自己成为充分发展的学科。这些新的领域包括:农学、商
学、旅游学、建筑学、图书馆学以及教育教学的各个专业方面。

511

第十六章 20世纪美国的学校与社会

5 12

对安全的探究

20世纪美国的教育既受到了多样的社会观的影响,也受到了将在本章进行讨论的体制性因素的影响。许多想法都是与之前讨论过的观点相似。[1] 这些观点产生了一些基本的争议,而这些争议反过来又影响教育领域。这里不能详述每一种观点,仅列出其中的一部分。

社会观点

在20世纪的不同时期,美国人民有四五种社会观作为政治和经济活动的思想。这些思想可以归结为传统的保守主义、人道主义、社会主义、共产主义以及法西斯主义。

保守主义的立场与18世纪和19世纪发展起来的个人主义和自由放任主义的历史观点极为接近。总体来说,这种观点认为,传统的资本主义以及自由的企业的原则基本上是对的,而且公共福利最好能从脱离政府控制的商业和工业中获得。保守主义者们把责任归结为20世纪30年代中期限制性的新政政策而引起的经济大萧条,新政导致了商业机构失去了自信及利益,其原因就是由于政府的干涉。他们的主要计划,就是使商业机构脱离政府的控制,使之成为确保在个体企业自由利益中的自由竞争以及抑制垄断的仲裁人。对于他们来说,民主意味着用最低的政府规划对资本主义以及利润制度的重申,如果任其发展,唯一导致的就是对自由主义的严格控制和摧毁。在他们看来,美国社

---

① 参见本书英文本第338页—第345页。

会的特点是健康的。对他们立场的主要支持,似乎来自共和党、富有的上层中产阶级以及众多的小商人和农民。

有越来越多的人对于自由主义改革提出了更具攻击性的观点,其思想可以追溯到人道主义、18 世纪的社会潮流以及 19 世纪的自由主义。最具代表性的,就是民主党中的富兰克林·D·罗斯福(Franklin D. Roosevelt)[1]总统的"新政"(New Deal)以及哈里·S·杜鲁门(Harry S. Truman)[2]总统的"公平施政"(Fair Deal)。总体来说,依照他们的观点,资本主义需要极其强烈的改革,以使资本主义适应工业社会中变化的情况。这一观点的支持者们开始扩大政府的势力,来规范商业机构和垄断行为,增强人民的购买力,以及确保社会治安和大部分人民的福利。在计划经济事务中,与政府、商业机构、工人以及消费者们的合作变成了活动的基本原则,也被认为是一个真正的民主理想的抱负。总体说来,自由主义改革者们认为,如果想要让历史的资本主义能够承受 20 世纪的政治和经济风暴的话,那么,必须对它进行重建。这一观点主要吸引了来自于社会中下层阶级群体、工人、小商人、农民以及自由主义知识分子的支持。人们认为,集体行动是必要的,但它可以并且一定要在政治民主的框架下实行。

社会主义者和共产主义者的取向可以追溯到马克思主义者的观点。他们认为,资本主义从根本上来讲是一种病态的经济,在这种环境里利益动机阻止了世界上物质的公平分配。因此,必须远离资本主义,国家控制也必须替代非盈利计划经济中的民营企业。现在的国家仅仅是一个控制的工具,资本主义者们通过它继续掌控着自己的权力。这一主张分裂了基本的程序方法。在诺曼·托马斯(Norman Thomas)[3]这样的人领导下的社会主义政党坚持认为,政治民主的形式运用既要有短期的努力,又要有长期的坚持。应该用宪法的投票方法来赢得支持,并且当基础工业由政府接管时,其拥有者们应该得到相当的补偿。

---

① 富兰克林·D·罗斯福,美国第 32 届总统(1933—1945)。——译者注
② 哈里·S·杜鲁门,美国第 33 届总统(1945—1952)。——译者注
③ 诺曼·托马斯(1884—1968),美国社会改革家。——译者注

在厄尔·白劳德（Earl Browder）[1]和后来的威廉·Z·福斯特（William Z. Foster）[2]的领导下，共产党认为应该在危机中通过影响力来掌握权力。在短期内政府应该在共产党手里，直到在将来更长远的无产阶级社会中才能达到真正的民主。

社会主义者和共产主义者在战争上已经大大分裂了美国的政策。许多社会主义者坚持认为，应该维持本地和平主义者和孤立主义者的政策，任何一场战争都是错误的战争。共产主义者反对第二次世界大战是帝国主义战争的观点，直到苏联遭到袭击后，才支持美国参与作为反法西斯的世界大战。总体来说，美国的共产党遵循了世界共产主义秩序必须在苏联的支持下建立起来的规则。

当然，法西斯主义认为，民主的和自由的社会观本身就是错误的。政权应该掌握在精英的手里，应该攻击的是一切以暴力和阴谋诡计为手段的，站在资本主义者、工会、自由主义者以及共产主义者一边的那些人。为了从弱势群体那里得到支持，以及建立一个更强大的、纪律严明的单一政党，法西斯主义强调应该对犹太人、黑人以及其他"外来的"少数民族进行抨击。只是一小部分美国知识分子公开表达出了法西斯主义的暴力、武力和权力主义的思想，最明显的就是劳伦斯·丹尼斯（Lawrence Dennis），但在其他措辞的掩饰下，法西斯主义倾向在吸引从最富有的到最贫困的各类人群的仇恨团体中出现。

政治趋势

在 1900 年之后，尽管有来自保守主义势力的反对，但是，旨在促进人们整体福利的政治改革以及社会立法方面取得了令人瞩目的成就。尽管在极端主义者看来这些成绩是不充分的，但在 20 世纪 50 年代，政治生活的特点表明了从 1900 年以来发生的巨大变化。到 20 世纪中期，那些在 19 世纪被认为是不合理的内容已经变成了有关政府责任的可接受的原则。

---

① 厄尔·白劳德(1891—1973)，美国共产党领袖。——译者注
② 威廉·Z·福斯特(1881—1957)，美国共产党领袖。——译者注

　　走向更为广泛的社会立法的趋势是清楚的,但在共和党人的领导下进展得极为缓慢,而在民主党人的领导下则相反。总体来说,共和党中大部分人的观点很可能代表了保守主义的观点,民主党中大部分人的观点则很可能代表了人道主义的观点①。各小党派的抗议投票情况在 20 世纪初期共和党的控制下达到高峰,随着新政加大了政府的参与,取得经济社会福利措施方面的成就似乎回应了市民的愿望,这种抗议投票情况有所下降。

　　随着商业和工业在影响力和规模上的扩大,政府的管辖力度和控制范围也有所增加。联邦政府具有更大的权力的趋势是 20 世纪主要的政治事实。无论这是否是一种理想的趋势,但争论一直在热烈地进行着。一些人认为,受到欧洲的极权主义势力警告,扩大政府授权是不可避免的"通向农奴制的道路"。另一些人则认为,在社会发明方面,美国人的创造力可以使美国政府变得比以前更强大、更有力量和更加民主。

　　改革运动。 当麦金莱 1900 年再次当选为美国总统的时候,共和党已经有了前几年留下的良好的商业记录的基础。当麦金莱在 1901 年遭到暗杀后,西奥多·罗斯福成为总统的时候,罗斯福得到了改革者的支持,因为他的"公平交易"(Square Deal)政策抨击了托拉斯组织②,他的努力保护了联邦政府控制下的国家资源,并且他在 1902 年无烟煤矿大罢工中维护了工人的权利。在威廉·霍华德·塔夫脱赢得 1908 年的大选之后,他也抨击了托拉斯组织,支持宪法中的所得税修正案。然而,尽管有这些政策,但 1909 年的高额关税以及其他措施引导了一些进步主义者们,在威斯康星大学的参议员罗伯特·M·拉福莱特(Robert M. La Follette)的领导下,组织了 1912 年大选中对于共和党的反叛。

　　当共和党人再次提名塔夫脱为总统候选人的那一年,进步主义者

515

----

① 参见本书英文本第 341—342 页。

② 托拉斯组织,指为了减少竞争、垄断价格而成立的企业联合组织。——译者注

们提名了罗斯福,而民主主义者们推举了伍德罗·威尔逊(Woodrow Wilson)①。由于共和党人的分裂,威尔逊当选了;但是,很大一部分的选票都投给了罗斯福,并且有接近 100 万社会主义阵营的选票投给了尤金·V·德布兹(Eugene V. Debs)②,这也揭示了人们对两个主要政党表现出越来越不满的情绪。威尔逊在他的"新自由主义"学说的基础上,立刻开始增强社会立法。他通过进一步的努力来削弱被指控贸易约束的大的托拉斯组织,最终于 1941 年建立了联邦贸易委员会(Federal Trade Commission),承认政府不应该允许无限制的竞争,而应该从公共福利的角度来调整商业和工业。

与此同时,20 世纪的前 20 年的社会改革的动荡不安,在各州社会立法的广泛战线上都有反映。各州通过法律来规定工人劳动的时间、安全及卫生的衡量尺度、强制性的意外保险和公共健康措施、住房、公共事业、自然资源、收入及遗产税、老年人的养老金以及寡妇和受抚养子女的福利。通过这些方法,人们的观念逐渐加强,这种观念就是民主的政府有权利和义务来阻止那些使人们的健康以及安全受到威胁的商业活动,也有权利和义务通过公共调整及控制来提升公共福利。

除了加强政府所扮演的角色外,在提高民主社会的政治程序方面也获得了很大的收获,通过这种过程,更多的控制权被直接地交到了人民的手中。这主要是通过采取了攻击党派领导人以及立法机构的议会成员所制定的规则的形式。1913 年,通过了第十七次宪法修正案,该修正案提供了几个州的参议院议员直接选举的机会。到 1910 年时,南部和西部各州都要求把直接的初选作为各个政党选出候选人的方式。

不仅对无记名投票制度进行了改革,而且采用澳大利亚式无记名投票法以及投票记录机的方法作为预防措施来确保其保密性。女性的投票权在接连数州的试行取得了成功,直到 1920 年的第十九次宪法修正案才最终在全国范围内给予了女性平等的投票权。当然,这些改革并没能完全阻止政党权力的滥用,大城市的政党领导人学习新的方法

516

---

① 伍德罗·威尔逊,美国第 28 届总统(1913—1920)。——译者注
② 尤金·V·德布兹(1855—1926),美国社会党的创始人之一。——译者注

来投出选票,并且在美国南部民主党的初选(等同于选举)中通过各种方法把黑人排除在外。尽管有许多不完美之处,但 20 世纪 50 年代的选举从总体上来看,要比 19 世纪的选举更加公开,并且更能代表人民的真正意愿。

共和党的正常状态。伴随着第一次世界大战而来的不满与动荡,民主党人被扫地出门,而共和党的候选人沃伦·G·哈定(Warren G. Harding)①和卡尔文·柯立芝(Calvin Coolidge)②先后当选。从 1920 年到 1932 年,共和党人一直掌握着政权,争辩着是在他们的领导下才又回到了"正常状态",人们所知道的巨大繁荣是由他们创造出来的。总的来说,规模巨大的商业和工业感觉到在没有政府的控制与管辖下,具有更多的自由来处理各种事务。

尽管 20 世纪 20 年代繁荣的总体感觉对于持续不断的社会立法提案产生了不利的影响,但也取得了一些进展,有时是在柯立芝和胡佛(Hoover)③的支持下,而有时是在他们冷漠态度的反对下。柯立芝支持修正案废除童工的制度,但是,他反对收入和遗产税的提高,政府有着马斯尔肖尔斯(Muscle Shoals)④的拥有权,并且来帮助农民。

胡佛支持《农业市场经营法案》(Agricultural Marketing Bill),使之能够为农民减轻困苦。同时,在共和党人参议员乔治·W·诺里斯(Senator George W. Norris)以及代表人物菲奥雷洛·H·拉加第亚(Fiorello H. La Guardia)⑤的领导下,1932 年的《反禁令法》(The Anti-Injunction Law)加强了工人们对于集体谈判的斗争。当 1929 年的经济大萧条发生的时候,胡佛预见到繁荣是指日可待的,但渐渐地,他采取了一些措施来适应这种大萧条,提出一个符合大众工作的项目,为大型商业机构和公司企业贷款,并且向富人贷款。然而,这种大萧条如此

---

① 沃伦·G·哈定,美国第 29 届总统(1921—1923)。——译者注
② 卡尔文·柯立芝,美国第 30 届总统(1923—1928)。——译者注
③ 胡佛,美国第 31 届总统(1929—1932)。——译者注
④ 马斯尔肖尔斯,美国亚拉巴马州西北部田纳西河的一段。——译者注
⑤ 菲奥雷洛·H·拉加第亚,美国国会议员,纽约市市长(1933—1945)。——译者注

严重,导致了所有的支持者们对共和党人扭转局势所做的努力都感到不满,并于 1032 年以压倒性的大多数选票推举富兰克林·D·罗斯福和民主党。

新政和公平施政。罗斯福总统任期达 12 年之久,打破了二届任期的传统,并且以无比卓越的成就获得了总统的第四任期。罗斯福在 1933 年 3 月的黑暗日子里就职。在国家的许多主要的银行都关闭的情况下,他开始恢复人们的自信并减轻痛苦,为商业的崛起做好准备,并且推出社会改革。新政所采取的许多措施都不是新的,但是,它们却可以如此迅速有力地使社会在 1933 年至第二次世界大战前这段时期发生巨大的变化。这里只提一些重点方面。

建立大规模控制和管理银行、信贷以及国家货币结构,以防止银行倒闭和货币价值的巨大波动以及保护银行储户的存款。巨额的存款借给了各种机构和个人。做出各种各样的努力来促进就业,规范价格和商品、股票和债券以及公共事业。

对于失业问题所采取的措施,不仅是为商业贷款做好准备,而且直接帮助那些拥有较少特权的美国人恢复购买力,以此来刺激生产。联邦紧急救助总署帮助各州来应对不断增长的需救助的人员;公民保护队以及全国青年总署为年轻人提供了工作以及培训;公共工程管理局为许多暂时的服务性工作提供了补助;市政工程局促进了公共建筑事业的发展;而且公共事业振兴署为上百万的失业者提供了大量的工作岗位。大规模的公共规划的新理念通过下列机构来执行:田纳西流域管理局、土地保护服务局、农村电气化管理局、移民安置管理局以及国家住宅机构。对于那些不幸的人的直接帮助,以及一个安全的最低限度下的政府不会允许人们去参与社会保障的原则,则涉及到了《社会安全保障法》(The Social Security Act),该法案为失业者、需要照顾的人、残疾人以及老年人提供了广泛的利益。

《全国劳工关系法》(National Labor Relations Act)的颁布鼓励了有组织的劳动力,这一法案创立了全国劳动关系委员会(National Labor Relations Board)执行集体谈判的原则和做法。由于无组织劳动力的存在,《工资和劳动工时法》(Wages and Hours Act)规定,在多数企业里,工人的工资每小时不得低于 40 美分,工作时间每周不得超过 40 小时。尽管有许多人反对,但是,新政中的大多数要求似乎都是对大萧条时期出现问题的解决办法,这也获得了大多数美国民众的支持。

在 1943 年,罗斯福总统委派国家资源规划委员会提交关于发展社会安全保障、社会服务以及充分就业问题的战后计划的陈述。尽管它遭遇了国会中保守主义成员的敌视,以及由于众议院拒绝向委员会继续拨款使委员会不复存在,但是,它制定的"新的权利法案"对于社会中有思想的人们做出了很好的回应,这些人感觉到政府和私人企业应该合作来使全体人民获得更加充实的生活。该委员会所制定的计划包括以下几点:

518

(1) 工作的权利,在生产年份里使其有用而且有创造性;

(2) 获取公平报酬的权利,能够充分满足就工作、思想、节俭以及其他社会有价值的服务进行交流的日常必需品和生活福利设施的需要;

(3) 拥有充足的食物、衣服、住房和医疗保健的权利;

(4) 安全保障的权利,不用担心年老、需求、依靠、疾病、失业以及意外事故;

(5) 生活在自由企业制度下的权利,不用担心强制性的劳动、不负责任的私人权力、专横的公共势力以及无管制的垄断行为;

(6) 来去自由、言论自由的权利,不用担心秘密政治警察的间谍行为;

(7) 法律面前人人平等的权利,在事实面前拥有平等的司法权;

(8) 受教育的权利,为了工作、公民的身份以及个人的成长和幸福;

(9) 有休息、娱乐以及不寻常经历的权利,有机会去享受生活并参与推进文明的活动。

由于 1945 年 4 月罗斯福总统的突然逝世以及反抗德国和日本的战争的结束,杜鲁门总统为了免除战争时期的控制,也是为了加快转型以及发展社会立法,迅速地制定了计划,该计划绝大部分都是在新政的框架下进行的。在他的第一任期余下的时间里,以及 1948 年再次当选之后,杜鲁门总统的公平施政的揭议前后一致的有以下几点:由联邦政府支持的对事业人员进行补偿的方案;提高最低工资的标准;"完全就业"规章制度,根据这个制度,如果私营企业不能为所有人提供工作的话,政府的公共事业就得不到发展;建立一个永久性的公平就业实施委员会,来阻止雇员以及劳工中的种族歧视和宗教歧视;对于农业价格以及家庭作物保险措施方案的支持;强制性的服兵役;消除贫困计划以及联邦政府帮助建造上百万的新房子;慷慨地为人们提供医疗保健和教育,及时解决退伍军人的安置问题;大力保护自然资源的方案;大量的医疗保险、社会保障以及援助教育的联邦政府计划。尽管公平就业实施委员会制定的方案执行起来有一定的困难,但是,它暗示了联邦政府在为美国人民创造更好生活的过程中所要满足的条件。

新共和党人的保守主义。随着德怀特·D·艾森豪威尔(Dwight D. Eisenhower)将军在 1952 年当选为总统,许多标志都暗示出,新共和党人的管理意图就是要在美国政治和经济事务中削弱联邦政府的作用,增强商业和工业的作用。有着不多政治经历的知名商人进入了高层职位,公务员和外交官都退休回家,成千上万的员工也被取消了在联邦工作的机会。联邦预算削减,税收降低,而且劳动阶级感觉到他们在政府中的朋友很少。广阔的近海油田转交给国家来控制。教育者们曾经希望参议员利斯特·希尔(Lister Hill)的修正案能够通过授权联邦政府去保留对沿海油田的控制,并且用此收入来作为联邦政府提供的教育援助,但在 1953 年新共和党的国会成立的早些时候,这项提议就被否决了。

在艾森豪威尔总统执政的前半段时期,他的立法计划由于共和党内部的控制斗争而蒙上了一层阴影。1952 年的共和党竞选主题已确定下来,即民主党不再有资格执政,因为他们对朝鲜战争、华盛顿的腐败以及政府中的共产主义都负有责任。朝鲜的早期停战为共和党人提供了一个索赔的机会,这是他们对一部分战役做出的信贷承诺,但是,另外两个问题困扰着共和党并使之分裂。威斯康星州的参议员约瑟夫·R·麦卡锡(Joseph R. McCarthy)及其管理者之间的不和使陆军部和麦卡锡的势力之间爆发了一场公开的冲突。

持续了数月时间的总统的立法计划,陷入了麦卡锡主义问题之中而不能得到解决,因为立法调查试图在国务院、海外信息服务部、国民警备队、国防工业、学校、大学、媒体、神职人员以及慈善基金会里发现共产主义者。1953 年,被称为"指控年"(Year of Accusation)。1954年,人们要求国家调查对麦卡锡调查团队所起作用的控诉以及反控诉,然后对参议员麦卡锡本人进行调查。教育者们尤其被当时盛行的恐惧、猜疑以及对于思想自由和教学自由的攻击的氛围所扰乱,这些都是共和党在第一次执政的 20 年里的前半期的标志。

美国经济的矛盾

在 20 世纪的前 50 年里,愈加显而易见的就是 19 世纪的资本主义的承诺与美国经济事务中的现实情况之间出现了巨大的矛盾。或许最引人注意的差异,就是要解决产品生产以及收入分配之间的问题。20世纪 30 年代的科学研究表明,甚至在 1929 年,国家总的生产力比现有工厂生产力的 20％～30％还低。在 1932 年的经济大萧条时期,产量降到了原有能力的 50％～60％。

最引人注目的是收入分配的不公平。来自国家资源委员会的数字表明,从 1935 年到 1936 年,27％的美国家庭年收入低于 750 美元;42％的美国家庭年收入低于 1000 美元;64％的美国家庭年收入低于1500美元;83％的美国家庭年收入低于 2000 美元;91％的美国家庭年收入低于 3000 美元。令人震惊的不仅是"三分之一的人口住不起房,买不起衣服,吃不饱饭",而且较高层次的收入情况也令人感到惊讶。排在前面 3％的美国家庭所拥有的总收入相当于后面 50％的家庭的总收入。前面 1％的美国家庭的收入总和相当于后面 40％美国家庭的收入总和。显而易见,在这么多的贫困家庭中,生活贫困的状况会愈加严重。

然而,在两次世界大战期间,收入和产值的波动非常剧烈,国民总收入前几项所占的比值都在下降。从 1920 年到 1944 年,员工数量从4200万上升到了6300 万,总的国民收入也近乎翻了一番,从 480 亿美

520

元上升到了1210亿美元。这些成就的取得,很可能是因为工业技术以及大规模生产的提高。当平均周工作时间由1920年的接近60小时减少到1944年的46小时,每个工时的净产量几乎翻了一倍。这些成就证明了高产量和高就业很有可能挽救了美国的经济。根本的问题就是怎样保持"正常"状态下的高水平。

很明显,持续扩大的就业问题并没有得到解决,因为调查者发现在每一次的经济大萧条中失业者的人数都变得越来越多,最严重的几次是1907—1909年、1921—1922年以及1930—1933年。自由企业的倡导者们认为,经济萧条仅仅是商业周期中自然的一部分,是可以被预期的。但是,随着失业的人数越来越多,而且在20世纪30年代已经达到了峰值,许多失业者把失业看作很自然的事情,而且转而求助于政府。人们把历史悠久的自由放任的资本主义学说看成是使政府远离商业的依据;但是,当经济大萧条的强度之大而使商业和工业受到严重伤害的时候,商人和实业家们就会像那些失业者们一样热心地去向政府求救。然而,历史悠久的资本主义学说认为对利益动机有信心,这是人类本性中必要的经济组成要素。很明显,有90%的人没有任何资产,要靠工资作为收入来维持生计,盈利已让位于安全保障成为他们工作和努力的主要动机。

在开放的市场,根据供求自动调节法则的自由竞争的历史理论,也被大企业和垄断企业决定的价格调节和产品管理的实际做法所取代。越来越多的人们开始感觉到,如果这些做法能够持续下去的话,那么,他们宁愿价格、产品及工资由政府、劳方和管理者共同决定,而不愿把这些事情完全交给私营业主管理。然而,自由企业的倡导者们认为,计划体制对于美国方式的生活来说属于舶来品,很多人看到了大量经济计划都流入了大公司的管辖范围,同时,他们开始坚持政府和工人应该拥有更大的份额,确保计划的收益将产生普遍的福利。

然而,个人主义的资本主义曾经坚持机会和企业的自由只有在私有企业的帮助下才能存在下去,许多美国人也开始认为,不加限定的资本主义对于大多数人民的自由和福利来说是一种威胁,这些人的机遇会变得越来越少,在经济领域内成为无人帮助的群体。所有这些对于

521

历史上重要的资本主义的质疑和提问,都导致了在政府的领导下对社会立法越来越多的支持,这样的政府正是在"新政"和"公平执政"的主导下产生的结果。始于 19 世纪的工业和科技的趋势现在已经取得了如此迅猛的进步,以至于如果经济体制能够持续有效地运作的话,那么技术效率会为所有人创造出更高标准的生活。随着 20 世纪时间的推移,这也成为需要民主党解决的主要的政治和经济问题。

社会的趋势

20 世纪最重要的社会发展之一,就是有组织的劳工的增多。随着经济力量变得更加集中在银行家、金融家、大公司、雇员以及拥有者的手里,没有财产的工人的唯一资源就是更加团结地组织起来,赢得一点点平等的经济权利。对于上百万的工人们来说,这一趋势似乎是有希望的,而对于雇主来说似乎是最不利的。尽管工人运动中的激进分子以由尤金·V·德布兹(Eugene V. Debs)和其他人在 1905 年组织的世界产业工人联盟(Industrial Workers of the World)以及 1920 年之后的共产主义者为代表,但是,那些有组织的劳工的主流仍然满足在已经建立的经济体制下工作。

总体来说,劳工组织着手取得在全国的经济商品中获得大份额的目的,通过罢工以及集体谈判作为获取更高工资、更短工时、更好工作环境以及为工人们和他们的家人获得更多的安全保障的方法。进入到 20 世纪之后,不到 100 万人加入了劳工组织,运动发展起来,尽管在经济大萧条时期出现了妨碍发展的因素,但到 20 世纪中期,大约有 1500 万人加入了劳工组织。

另外一个非常重要的社会趋势,就是人口增长率的下降。20 世纪,美国人口持续增长,但是,移民的人数越来越少,人口增长率在 25 年里下降到这样的程度,据估计,到 1970 年或 1980 年左右,美国将会达到有一个固定的人口数量。然而,在过去的几十年间出生率稳步下降的状况,被 1941 年开始的人口增长停止了。这一情况的发生使得学校过于拥挤,因为人口的"膨胀"导致了 20 世纪 40 年代后期和 20 世纪 50 年代的入学人数迅猛增加。或许有一个事实更为重要,那就是城市的出

522

生率要比农村低得多,而且最高的出生率发生在南部农村,这就使得国家存在着最差的经济和教育状况。大城市不再由他们自己的出生人数来维持人口总量。

同样,在家庭中地位非常重要的妇女开始大量涌入商业和工业,第二次世界大战极大地加速了这种趋势。少年犯罪迅速增多,基于道德和精神福利所做的努力很难估计其成效。来自全国各地背井离乡的大量战争移民,引发了无数团体令人不安的社会适应性问题。由于发明、技术和交流的增多,使普通的生活变得复杂;而由于第二次世界大战一些悬而未决的情况,更加剧和扩展了这种生活的复杂性。在二战后的一段时间内,家庭和教育都面临着重大的调整。

群际关系

让所有的人都享有民主机会的美国理想在实践中没有充分实现的一个重要的领域,就是在宗教、民族以及种族群体之间的关系。美国宣扬机会平等,但是,偏见、仇恨以及对大多数美国人的歧视一直都是冲突和动乱的根源。许多这样的偏见,促使了经济不稳定情况的发生以及对失业和经济竞争的恐慌。值得注意的是,在战争期间和经济大萧条时期,厌战的情绪十分强烈。群体之间的关系也对美国教育提出了重要而又难以解决的问题。

宗教群体。在 20 世纪美国人的生活中,有组织的宗教群体继续起着重要的作用。宗教群体的人数不断地增长,到 1952 年时,已经有超过 9200 万人代表着 250 个教派,所有的人都是作为教会成员而得到认可的。根据美国基督教协进会(National Council of Churches of Christ)编写的《美国教会年鉴》(*Yearbook of American Churches*)的记载,这些数字代表了所取得的飞速发展的成就,也是有史以来记载的最高数据。

最大的教派就是罗马天主教会,有 3020 万人;各种浸礼会教派有近 1750 万人;卫斯理宗(亦称循道宗)有 1100 万人;主要的路德教会有 600 万人;长老会(指基督教教会,尤指苏格兰国教会)350 万人;基督教 180 万人;公理会 120 万人;以及犹太教堂会众 500 万人。在所有这些人中,主要的新教徒有 5420 万人,罗马天主教会成员有 3020 万人;犹太教堂会众 500 万人,还有东正教教徒 230 万人。

　　当然,主要宗教团体的官方立场,就是反对宗教间的互不相容说,以及那些固执的态度和行为,但是,许多教派群体也鼓吹宗教对立,这些群体吸引了来自一个或多个公认的教派的注意力。第一次世界大战之后,美国的三 K 党(Ku Klux Klan)①得到了新教追随者的支持,并且扩大了他们仇恨的对象,主要包括罗马天主教徒、犹太人以及黑人。20世纪 20 年代初期,他们的势力几乎遍布了美国的大部分地区,据估计,1923 年,大约有 250 万个成员。有组织的反犹太人运动在 20 世纪 20年代初期变得非常流行,不仅通过许多组织及出版企业,而且还在工作场所、商业机构、教育机构、俱乐部、宾馆以及度假胜地散布流言进行诽谤。由于 20 世纪 30 年代初期的经济大萧条以及欧洲纳粹主义的兴起,美国的反犹太主义也是由亲纳粹的德美协会以及所有的纳粹党员、银衫党员以及白衫党员所资助的。

　　有着良好宗教信仰的人们开始组织起来,打击那些在第二次世界大战之后再次出现的仇恨运动。在众多组织中,值得注意的有全国基督教协进会、全国基督徒和犹太人会议、美国犹太人大会以及全国天主教福利理事会。在法律和政治面前,这些组织采取了一些措施来增进友好,以防止对种族以及宗教群体的偏见。其中最杰出的是公平就业实践委员会(Fair Employment Practices Committee),它是在全国范围内由罗斯福总统任命、杜鲁门总统支持的。还有像纽约州反对歧视委员会这样的州组织和许多州的政府官员的行动,以及数以百计的对于种族间和宗教间相互合作的当地市长委员会。然而,公平就业实践委员会于 1946 年 6 月 30 日对第二次世界大战后的反应不再抵抗。该委员会的最后报告表明了歧视性做法的上升。

524

　　民族群体。在 20 世纪初期,从欧洲涌入的移民数量达到了顶峰,特别是来自欧洲中部、东部和南部的移民。尽管在 20 世纪 20 年代大规模的移民有所缩减,但是,外来的第一代或第二代移民的后代所占的

---

　　① 三 K 党,美国南部的白人基督教徒的种族主义秘密组织。——译者注

比例还是非常高的。1930 年,人口中的 12％ 都是由外来人口所生。此外,还有 10％ 的美国人是黑人。因此,基本上有不到 60％ 的美国人是由本土父母所生的纯白种人。美国真正成为了世界上几乎所有民族的融合体。然而,尽管有欢迎世界各地人们的理念,但是,美国人仍然有意无意地鼓吹着对于新移民群体的歧视。《麦卡伦—沃尔特法》(McCarran-Walter Act)以及联邦立法,出于对共产主义的恐惧,很难为来自法西斯主义和共产主义国家的人赢得进入美国的权利。

有组织的仇恨团体鼓励对外来者的歧视,但是,由书籍作者、报纸、收音机、电影以及电视剧所运用的老一套思想却更为普遍了。1944 年,作家战争委员会请求哥伦比亚大学的应用社会研究机构调查那些常用的形式。调查发现,作者们普遍会加深一种假的印象,那就是美国是一个新教的、白人的、盎格鲁—撒克逊的民族,有着少数不同宗教、不同种族、不同民族的非常"不受欢迎"的人。短篇小说似乎是最严重的冒犯者,有超过 90％ 的主人公都被塑造成像盎格鲁—撒克逊人,而恶棍或不讲道德的人差不多都是"外来者"。不可否认,广告商们在他们通常的宣传中也很势利,报纸以及广播电台通常也不会像卡通书籍、舞台和小说那么严谨。然而,随着第二次世界大战的推进,越来越多的作者为更好的理解群际关系做出了显著的贡献。

种族关系。在美国,最大的种族群体就是由黑人构成的,大约占美国人口的 10％。黑人与白人之间的关系问题包含了最重要的一点,那就是,美国的机会平等理念还没有实现。

第二次世界大战带来了种族和肤色的问题,使之再次出现在人们的面前,因为美国人民反对纳粹和日本同反对他们的政治学说一样激烈。在国内,随着战争工业中心的大规模黑人运动以及在许多工业中心暴力的发生,这种问题也变得十分尖锐。住房情况十分恶劣,就业中的歧视情况在许多行业里十分严重,然而,通过公平就业实践委员会、进步思想及其一些联盟的共同努力,还是取得了很大的成绩。

尽管在美国南部地区以及美国参议院的有影响力的人物对白人权利至上进行辩护,但是,在美国南部的民主党初选中,在反对人头税和支持黑人自由方面还是取得了许多政治成就,结果就是美国参议院决定在得克萨斯州举行初选。尽管在许多有势力的地区还存在种族隔离的情况,但是,在二战结束以及陆军和海军受到批评时,这种情况还是得到了改善。不仅报纸、舞台和电影都支持黑人的机会平等,而且许多社区团体和全国性组织也为了这一目标集结力量。所有的重要教派也开始了类似的运动。

在开始加倍努力的其他群体中,值得注意的有:为了美国联合共同委员会、反对不相容委员会、朱利叶斯·罗森沃尔德基金会、国家有色人种发展协会、全国城市联盟以及美国南部区域委员会。它们制定了大量的文学行动计划,因为有着良好意愿的人们感觉到了二战后时期的艰难,并意识到如果群际关系恶化并完全否定上百万美国人民一直为之奋斗的价值观念的话,那么就有可能会失去国内所取得的成就。

意识到了作为美国民主理念一部分的民权的重要性,杜鲁门总统委派民权委员会(Committee on Civil Rights)在 1947 年发表一个题为《保障这些权利》(*To Secure These Rights*)报告。这份影响广泛的报告是对基于种族、肤色、宗教信仰以及民族血统而产生的种族隔离和歧视状况的控告。该报告建议,用立法和教育计划来消除美国人民生活中的隔离与歧视。其内容包括:采用私刑是犯罪行为,宣布人头税非法,结束国家武装力量的隔离,确保就业、医疗及公共服务、住房以及教育中的机会均等。这份报告的伟大意义,就是提出了国家立法机构应该颁布"为公立的和私立的教育机构提供公平的教育实践法律,禁止在学生入学和对待学生方面出现种族、肤色、宗教信仰和民族血统的歧视"。作为公众利益的觉醒以及有组织的努力,其结果就是在住房、平等的旅游设施、军队服务以及教育领域里取得了巨大的成就。

教育机会与教育管理

使教育机会平等

526

在过去的 50 年里,教育管理所面临的最重要的问题之一,就是为所有的美国儿童和青年提供更多的平等教育机会。入学人数的迅速增长并没有让细心的美国学生失去对现实的思考,这个现实就是教育质量和数量上的巨大不平等继续存在于人口的各个群体之中。工业化程度越高,那些较富有的州就可以在教育上投入更多,从而可以提供更好的教育机会。例如,1940 年,整个国家中,每个小学生的平均费用刚刚超过 80 美元,但是,美国南部的 9 个州每个小学生的平均费用还不到 50 美元,而在另外其他 8 个州每个小学生的平均费用却超过了 100 美元。密西西比州每个小学生的平均费用仅有 25 美元,比全国平均水平的三分之一还要少,还不到纽约州的五分之一。到 1950 年时,一些州每个小学生的平均费用仅是其他州的四分之一。与那些富裕的州相比,一些贫困的州不得不做出更多的努力来维持这种关系。

显然,在美国,城市和工业地区要比农村和农业地区更有优势。只要地方单位提供大部分的学校支持,那些拥有更多人口、更多财富的单位将会为学校花更多的钱,从而能够提供更好的学校。同样,与白人儿童相比,在向黑人儿童提供教育机会的问题上出现了很大的不平等;在美国南部地区,平均花费在每个黑人小学生身上的费用大约是白人小学生的四分之一到二分之一。因此,总体来说,这种不平等是巨大的,或是因为政府实在没有足够的资金来提供良好的教育,或是因为他们不想在所有人身上花费一样的费用,或者是两种原因都有。

为了平衡这些差异,采取了多种形式的尝试。在各州范围内设立了平等基金,把州的援助分配给那些需要帮助的、更为贫穷的地方社区。通过发展各种各样的计划,把州的援助按照各个地区的需求和能力、受教育儿童的人数以及纳税人的意愿提供给他们,尽可能充分支持学校教育。许多地区通过州的收入税或其他税收来筹措资金,通过这些资金来达到帮助那些没能满足他们自己需求的独立的地区。

同样的,为了以较低的成本来提供更有效的学校教育,许多州开始合并地方乡村学校使之成为一个更大的单位。通过集中一个县的所有资源,地方就能够提供花费更少但质量更好的学校,有校车接送以及配备薪酬更高和受过更好培训的教师。这种合并运动遭到了来自地方和分权管理拥护者的强烈反对,他们担心县或州会夺取他们的权利。尽管有反对的情况,但这种趋势还是持续了下去。

527

对黑人的不平等或多或少在州的层面遭到了激烈的攻击。一些私人基金会为提高黑人学校做了许多努力,例如,普通教育委员会(General Education Board)、皮博迪基金、索尔特基金、珍妮丝基金以及朱利叶斯·罗森沃尔德基金。甚至美国南部各州也有试图改善黑人教育的愿望,但是,由于资金的缺乏不能满足他们的愿望,因而使改革受阻。一些州的确着手在各自的学校体制下使黑人和白人的教育设施以及教师的工资平等。一些州或多或少都愿意对公平的要求做出回应;但另一些州只是试图去阻止更大变化的发生。

然而,法院迅速采取了措施来推动这种平等。1938年,美国最高法院(United States Supreme Court)在"盖恩斯案"(Gaines Case)中规定,密苏里州立大学必须为黑人学生的法律教育提供公平的设施。1950年6月,最高法院在"斯韦特案"(Sweatt Case)中再次规定,德克萨斯大学必须允许一名黑人学生进入到法学院学习。在"麦克劳林案"(McLaurin Case)中还规定,俄克拉荷马大学必须在教育领域为黑人研究生提供免费且平等使用学校设施的权利。到1954年时,《纽约时报》(*The New York Times*)估计大约有2000名黑人学生已经被准许进入美国南部的白人大学,他们中的大多数进入的都是研究生院和专业学院。所有这些迹象似乎表明,对于所有关心平等的人来说,这一问题以最低的难度和最大的满意度被解决了。

接下来的成果就是,通过具体的法律行动来彻底消除17个州以及哥伦比亚地区的公立学校里的种族隔离,在这些地方法律仍然要求实行种族隔离的体制。1952年12月,美国最高法院接到关于种族隔离合法性的5个案件。人们要求美国最高法院宣布种族隔离本身是违反宪法的,并且推翻"普莱西诉弗格森"(Plessy v. Ferguson)的"隔离但平等"原则①。这些被推迟了一年多的裁定,是美国最高法院在其历史上所面临的最重大的裁定。如果美国最高法院宣布种族隔离是违反宪法的话,那么,至少美国南部有两个州(佐治亚州和南卡罗来那州),对于废除公立学校体制以及把学校转变为私立机构采取了措施。美国人的

---

① 参见本书英文本第437页。

教育平等的理念将会受到最严峻的考验。

1954 年 5 月,美国最高法院颁布了法院一致通过的决议。在这项决议中,普莱西观点被彻底推翻,种族隔离的学校体制在第十四次宪法修正案规定中也属于违反宪法的,因为它们都否定了对黑人儿童的教育机会平等。最高法院认为,不仅种族隔离本身就产生了不平等,而且尽管在物质设施方面可能是平等的,但独立的设施本身就是不平等的。该决议的基本理由如下:[①]

现今,教育可能是州政府和地方政府的一项最重要的职能。义务教育法以及在教育上的巨大花费,都表明了在当今民主社会我们对教育重要性的认识。这就对我们最基本的公共责任表现方面提出了要求,甚至是在海陆空三军的服役方面。这是良好公民的基本条件。现今,这是唤醒儿童文化价值观的最重要的工具,使他们能够为日后的职业训练做好准备,帮助他们顺利地适应所处的环境。在这些日子里,如果孩子们没有享受到受教育的机会,那么,合理地期待任何儿童在其生活中取得成功这一点就是值得怀疑的。每个州承担提供的教育机会是一种权利,它必须对所有人都是平等的。

我们提出的这个问题,也就是,尽管物质设施以及其他"有形的"因素可能是平等的,但是,在公立学校里,仅仅以种族的原因对儿童进行的隔离是剥夺了少数儿童的平等教育机会吗?我们认为,的确是这样。

……把他们与其他年龄和素质都相似的儿童分开的唯一原因,就是他们的种族使他们有一种正像他们在社会中的地位那样的自卑感,这就可能影响到他们的心灵和思维不能再像以前那样。"自卑感影响了儿童学习的动机。因此,法律准许的种族隔离是一种趋势,即阻碍了黑人儿童教育和心理的发展,剥夺了他们在种族综合的学校体制下本应该得到的利益。"……

总体说,在公共教育领域,"分离但平等"的观点没有任何的地

---

① "布朗诉教育委员会"(*Brown v. Board of Education*),1954 年 5 月 7 日。

位。分离的教育设施本身就是不平等的。因此,我们认为,这些行动所引出的原告们和其他处于相似情况中的人,因为他们抱怨被剥夺了由第十四次宪法修正案所保障的平等的法律保护。

然后,美国最高法院向所有有兴趣的人士求助,来陈述与法令的颁布有关的、为了实施该项决议以及解决学校的隔离问题而提出的再次讨论的议题。这仍然有很大的困难。这种灌输了二百年的观点不会这么容易就改变的,而且一些群体和一些地区必定要想法拖后腿,甚至可能反诉到美国最高法院。但是,到1955年中期,在美国边疆的一些州和华盛顿地区,在有序地消除种族隔离方面取得了显著的成就。然而,问题决不是完全解决了,但是,美国最高法院的决议是一项伟大的、具有历史意义的决策,它重申了致力于教育机会平等的这个最好的美国传统。

教育中的联邦政府参与

尽管通过县、州以及私人机构的共同努力,在教育机会平等方面取得了可喜的成果,但很快就变得越来越明显的是,特别是在20世纪30年代初期的经济大萧条时期,除非联邦政府以一种实质性的方式来支持学校,否则所有美国儿童并不能取得真正的平等。联邦政府支持教育的压力来自四面八方,而且国会也收到了一系列需要联邦政府资助的议案。然而,到1954年时,美国连一项需要联邦政府资助普通教育的议案也没有通过,而且似乎在可预见的未来也没有通过的可能。尽管当《塔夫脱—托马斯法案》(Taft-Thomas Bill)于1948年在参议院通过了,并且在1949年再次通过的时候,似乎可以见到联邦政府的资助是可行的,然而,每一次都在宗教问题上受到了众议院的阻拦。很显然,真正的障碍是一些群体不愿意将国家的资金提供给教区的学校,以及罗马天主教会决定反对联邦政府的资助,除非资助的对象包括教区学校。

1953年,在利斯特·希尔对海洋石油土地议案的修正案被否决的时候,联邦政府对教育资助的问题似乎解决了,至少是在共和党控制着国会的这段时期里。1955年2月,艾森豪威尔总统提议,联邦立法机构为学校的建设提供资金,以满足教师短缺的需求,但是,他的提议却遭

529

到了大多数学校人士的反对，因为它太复杂、太慢和数量太少。人们感到非常好奇的是，两大主要党派的角色自 19 世纪以来转变了。然而，在 19 世纪 70 和 80 年代，共和党支持了联邦政府提供资助的议案，这也正是民主党于 1944 年、1948 年和 1952 年在其政治纲领里为教育提供了资助，而且杜鲁门总统在他的几个提议的预算里面为教育留了一些资金。

越来越多的教育者开始逐渐意识到需要联邦政府资金的帮助，但是，许多人仍然对联邦政府的控制感到恐惧。在政治和经济领域的中央集权，会令人们对教育问题更加担忧。许多人反对联邦政府的支持，因为他们觉得控制权仍然掌握在国家手里，并且认为联邦政府的控制必然会伴随着联邦政府的支持而来。南部地区以及南部国会成员反对任何一个为黑人学校提供平等的资金分配的议案。大多数新教徒和犹太人反对任何一个把联邦政府的资助提供给教区学校以及公立学校的议案。罗马天主教群体支持这些议案，但反对任何一个规定着支持私立学校以及教区学校的联邦政府资助议案。纳税人联盟以及经济群体反对所有任何形式的联邦政府资助。由于这些群体的意见不能统一，因此，争端没有能够解决，问题依然存在。

也许教育者们就这一问题所做出的最具权威的政策陈述，就是 1945 年的一本题为《教育中联邦与州的关系》（*Federal-State Relations in Education*）的小册子，它是由全国教育协会教育政策委员会（Educational Policies Commission）以及美国教育委员会（American Council on Education）的问题与政策委员会（The Problems and Policies Committee）共同参与编写的。这些组织谴责了联邦政府的中立倾向以及其对教育控制的趋势，坚持认为联邦政府必须参与到支持教育的行列中来。他们反对民间保护组织（Civilian Conservation Corps，简称 CCC）、全国青少年局（National Youth Administration，简称 NYA）以及《军人复员法》（Servicemen's Readjustment Act，通常称为《军人权利法案》）作为联邦政府的永久机构。然而，他们注意到在州还没有对紧急事件做出反应的时候，国会却已经做出了反应。

所提出的这些准则，就是教育的主要管理权应该保持在州以及地方政府层面上，但是，联邦政府应该在适当明确的限制下行使一定的教

530

育功能。联邦政府应该在学校人数和各州财富的基础上,为各州提供经济资助。联邦政府应该处理好与已建立的州机构的关系,把资金拨给这些机构,并对预期的回报以及应该如何使用这些资金进行简单的审计和公布。联邦政府也应该通过调查、研究、会议以及出版物的形式,起到有激励性但非强迫的领导作用。在特殊事务方面,联邦政府对教育的控制应该如陆海军军事院校这样的机构对其进行限制。这些观点很可能代表了大多数美国教育者的想法。

尽管没有联邦政府资助普通教育的这一事实已经历了半个世纪,但是,联邦政府到1950年时,每年仍需花费35亿美元。始于19世纪的联邦政府对教育支持这一趋势在20世纪得到了加强,然而,这仅仅有一些支离破碎的基础,而不是认真规划好的综合性支持。国会看到了一种特殊的需要或是对特殊需要的回应,于是开始对教育提供特殊的资助。这里,仅仅只能提到一些显著的发展。1914年,《史密斯—利弗法》(Smith-Lever Act)在全国各地的农村地区推广了农业服务,以传播与务农方法和家政相关的有用知识。县农业代理人被授权与农民们和家庭主妇们一起劳作,来改善他们的操作技能,并提高他们的生活水平。讲座、集会、讨论会、讲课、出版物以及示范操作都是由联邦基金提供的,用以配合那些接受了该法案所提供的资助的州。

图32　一幅要求改善学校设施的漫画(1905年)

1917 年,《史密斯—休斯法》(Smith-Hughes Act)提出,应该在中等学校提供职业指导,开设农业、家政、贸易以及工业课程。建立联邦职业教育委员会(Federal Board of Vocational Education)以及州委员会来管理联邦基金,由各州来配合这项基金能够切实的实施。这笔联邦基金的款项用于支付农业、家政、贸易以及工业课程授课教师的工资,并在这些课程领域为各州培养教师,以及在各个领域指导调查和研究。1929 年,随着《乔治—里德法》(George-Reed Act)的颁布,拨给职业教育的款额增加了。1936 年,《乔治—迪恩法》(George-Deen Act)的颁布,扩大了联邦在中等学校里对于分配或职业进行指导和资助的力度。通过 1920 年的《职业恢复法》(Vocational Rehabilitation Act)以及 1935 年的《社会保障法》(Social Security Act)的颁布,残疾人职业的恢复也受到了联邦政府的资助。

在经济大萧条时期,"新政"为联邦政府支持特殊的教育需求提供了巨大的推动力。民间保护组织于 1933 年成立,为失业青年提供救济、就业和职业培训。为军队的人们制定了一项教育工作计划,使青年能够在军营里帮助保护和发展国家公园、森林以及其他资源。全国青少年局于 1935 年成立,为失业青年提供工作,为找工作的人们提供帮助,给予职业训练并为入校提供经济援助。尽管最大的用处就是培养为战争做准备的人,但是,民间保护组织和全国青少年局在 1942 和 1943 年间遭到了越来越多的批判,直到最后被解散。

美国公共事业振兴署在为失业的教师提供工作救济金,为护士学校、失业培训与恢复、工人教育、成人教育提供广泛的教育计划,为美国移民后代的国民教育提供资金。美国公共工程管理局为社区和州的学校建设提供广泛的拨款和贷款。通过上述以及其他一些方式,在联邦政府的努力下,教育满足了经济紧急情况下的需求。

在 20 世纪 30 年代后期,随着国际关系的恶化,联邦政府开始资助国防教育措施。1938 年,民航管理局资助了飞行员的培养计划;1940 年,大量的联邦资金开始通过美国教育部(该名称于 1929 年恢复)为在学校和大学里的国防工作者的培训做出了贡献。在 5 年时间里,战争培养计划为 1200 万人做了职业准备,花费了 5 亿美元。最流行的课程就是航空和汽车服务、广播和电力、机械加工、造船和焊接等。

1945 年,随着国民的战争培训计划的逐渐减少,政府对退伍军人的教育福利计划进入了高潮。1944 年的《军人复员法案》为退伍军人提供学费、生活费以及在学校或大学里学习的补助。在 1945 年至 1954 年期间,超过 800 万名退伍军人在大学、学校以及在职培训中获得了总计为 140 亿美元的补助。1952 年,通过了一项为解决朝鲜战争退伍军人福利问题的特殊法案。残疾退伍军人可以获得额外的福利以及略多的生活费。

第二次世界大战之后,联邦政府为了保证国防的基础研究以及重要领域里的个人培养,继续给大学大量拨款。其重点放在自然科学、技术、农业、工业、医学和公共健康上。到 1952 年时,联邦政府为达到上述目标花费了 3 亿美元。

1939 年,美国教育部由美国内政部转到了新建立的联邦安全局,其他的机构如公共卫生服务以及社会安全保障委员会也是如此。自 20 世纪 20 年代以来,为了建立由一位总统内阁作为领导的联邦教育部门应该发起一个运动,但之后的 30 年里人们都没有意识到这一点。1953 年,在一位总统内阁秘书的帮助下,联邦安全局被改成卫生教育和福利部。

管理和控制的问题

公共管理对私人管理。不再有人质疑州支持从学前教育到成人教育这些公共教育机构的权力。到 1918 年时,即使在学习时间长度以及入学所需的年龄限制上有所不同,但是,美国所有州都以某种形式通过了强迫入学法律。所有的州都成立了州教育部或州教育委员会,而且州立法机构的法律权威完全建立起来了。然而,直到 20 世纪 20 年代初,在一项重要的司法决定中,私立学校和教会学校的权力问题才得到解决。

俄勒冈州的立法机构 1922 年通过了一项法律,要求每一个在俄勒冈州的儿童都要在 8~16 岁之间进入公立学校。这就沉重打击了教会学校和私立学校的系统,但是,在 1925 年,美国最高法院规定了一项非宪法的法律。最高法院认为,孩子是由父母创造的,而不是由州创造的,因此,父母就有教育他们孩子的固有权力,可以把孩子送到任何一所他们认为是最好的学校里去。

最高法院重审了州政府有要求所有孩子都要接受教育的权力,但是,并没有明确规定孩子们必须要进入公立学校来接受教育。最高法院也重申了州政府有监督和检查所有学校,包括私立学校、教会学校和公立学校的权力,以便确定它们满足了民主社会教育的最低要求。因此,生存在公立学校边缘的私立学校和宗教学校的权利就得到了保护,但是,问题仍然存在。大部分人还是相信,公立学校应该是美国青年接受教育的主要机构。然而,也有人坚持己见,而且越来越多的少数人认为,私立学校的教育应该受到更多的关注,甚至应从公共资源中得到资助。

公立学校的教育者十分关切地注意到,孩子们进入非公立学校的比例正在飞速增加。1937—1938 学年,大约有 9.5% 的小学生和中学生进入非公立学校学习;到 1949—1950 学年时,这一比例达到了11.8%。据推测,如果这种趋势持续下去的话,到 1960 年时,这个比例就会达到近 14%。大约有 90% 的私立学校都是在罗马天主教学校招生。天主教的领导人开展了持续而且强烈的运动,目的就是要使所有的天主教儿童都能够进入天主教学校学习。一些新教徒也加倍努力来扩大其宗教学校的数量。在 19 世纪,这种情况对于在如此的代价和努力下建立普通学校体系的观念是一种潜在的威胁。

在回答"公立学校的基金是否应该用在宗教学校上"这一问题时,有三种答案。

1. 总体来说,罗马天主教派的人会回答"是"。罗马天主教派的发言人认为,教会学校通过帮助孩子们符合强迫入学法律要求的方式提供了一种公共服务。因此,应该帮助教区学校来减轻天主教家庭孩子的父母们"双倍纳税"的负担,也就是说,减轻既要为公立学校纳税,又要维持自己孩子在学校开销的负担。这一论点背后存在这样一种基本假设,即教会和家长对教育的控制权优先于州政府对教育的控制权。在这一问题上,教派和州之间是否应该进行"合作"也存在着争议。只要州政府能够平等而公平地资助所有的教会学校,并且不会偏爱某一教派超过其他教派,那么,政教分离的原则就不会受到损害。

2. 第二种答案是由许多天主教徒和新教徒给出的,就是有限制的"是"。在此,所争论的就是州不应该对宗教学校提供直接的帮助,因为这会违背教派与州之间分离的原则。然而,从另一个角度来看,对于州来说,用公共资金提供一种间接的支持,使之作为孩子们转移到教会学校所需的费用,并为孩子们提供免费的教科书、午餐以及医疗保健服务,这又是非常合适的。这一论点是以这样一种假设为基础的,即这样的辅助服务对于学生来说是福利待遇,但对于学校来说却不是帮助。这样的福利应该给予所有的孩子,不论他们进入的是什么样的学校。在 1948 年的"艾弗森案"(Everson Case)中,美国最高法院所做出的大多数裁决似乎都是在支持这一调整,尽管宪法的条款明确规定"不征收任何税款,无论金额大小,用以支持宗教活动或宗教机构,无论它们如何称呼,或者采用何种方式传播或从事宗教事业"。

3. 对于公共基金用于宗教学校这一问题的第三种答案,就是"不"。许多新教徒、大部分犹太人以及多数公立学校的教育工作者们,包括全国教育协会在内,都是这一答案的支持者。这种观点认为,如果长期的政教分离斗争的价值应该得到保留的话,那么,对宗教学校的间接帮助以及直接帮助都应该禁止。"艾弗森案"的裁决也用到了这里,以证明不论是哪种形式的帮助都违背了宪法第一修正案,而且实际上在美国又重新建立了宗教。在"艾弗森案"中,最高法院曾经这样说过,宗教的建立既不意味着联邦政府,也不意味着州政府,可以"通过帮助一个教派,或是全部教派,或者是更倾向于某一教派的法律"。这就意味着,不仅是要禁止对一个宗教的偏爱和帮助,而且同样要禁止对许多或是全部教派的无差别帮助。真正的分离不仅是原则上必须的,而且一旦开始资助宗教学校,即使是小范围的,那似乎就没有停下来的余地。

在 20 世纪中期,这些问题不仅一直困扰着公共教育,而且一直没有做出明确的决定。在将来的几年里,几百个地区和几十个州一定会通过斗争去争取解决这些问题。

对于第二个问题:"在公立学校中是否应该进行宗教教育",也有三种答案。

535

1. 对于这一问题的第一种回答主要是新教徒和罗马天主教徒给出的,那就是:"是的,在公立学校应该进行宗教教育。"这一观点的一些支持者们可能希望看到自己所属的教派成为公立学校教育的基础,但是,他们知道只要还有许多强大的教会在美国继续繁荣下去的话,这实际上是不可能的。因此,使宗教教育进入公立学校最有希望的方法就归结到了平日的自由时间计划。这就为家长们提供了机会,通过每周留出一定的时间让孩子们参加常规课程外还要学习宗教课程的方法,让他们的孩子接受他们偏爱的宗教教育。

美国最高法院在 1948 年判决"麦科勒姆案"(McCollum Case)的时候引起了激烈的论战,那就是,不可以在伊利诺斯州的公立学校里讲授宗教课程。正像最高法院在"艾弗森案"中所解释的那样:"这无疑是在利用由税收建立和支持的公立学校体系帮助宗教团体传播他们的思想。这正是宪法第一修正案禁止的……"然而,当最高法院 1952 年在"佐拉克和格鲁克案"(Zorach and Gluck Case)中裁决纽约市的自由时间教学计划通过的时候,宗教团体略感欣慰,因为宗教课程并没有排除在学校课程之外。最高法院的很多人将这一裁决视为一种逆转,认为"麦科勒姆案"中制定的规则在此处都被忽略了。

2. 对这一问题的第二种答案是:"是的,在公立学校中应该有更多的宗教教育,但它应该是非教派的教育。"这一观点几乎完全被新教徒所采纳。他们认为,美国文化的公认的基础是以基督教为源头的,这些基本的宗教教育可以形成非教派教育的基础。这种教学大部分是采用每天在学校里朗读《圣经》的形式进行的。在新教徒的鼓励下,有 12 个州通过了法律要求诵读《圣经》,还有 25 个州允许以诵读《圣经》或是其他方式进行宗教教育。

这项举措遭到了天主教徒和犹太人的反对,因为他们认为所用的《圣经》大多都是钦定本。所以,在他们看来,这是属于教派教育的。至少有 6 个州的法院规定《圣经》属于教派读物,因而不允许在公立学校里诵读。1952 年,美国最高法院对"多里莫斯案"(Doremus Case)做出裁决时,作了一项明确的决定,然而,多数裁定上诉人在法律面前并没有表现出受到损害,因为他们的孩子不再去公立学校上学,所以,宪法对这一问题还是悬而未决的。与此同时,在已经规定或是允许学习《圣经》的这些州里,一直进行着要允许学习《圣经》的努力。

3. 对这一问题的第三种回答就是:"宗教教育——不可以,宗教事实学习——可以。"越来越多的公立学校教育工作者不认同前两种回答,仍关心着公立学校应该提供一些宗教教育。他们既反对教派的宗教灌输,也反对非教派的宗教教育。然而,他们认为,作为美国文化如此重要的一个阶段,宗教应该在合适的地方同历史、社会学科、文学、音乐和美术这样的常规学科一起学习。通过这样的方式,美国的年轻人就能够在不违背政教分离原则的情况下成为具有宗教知识的人,而且能够获得重要的宗教价值鉴赏能力。对宗教进行仔细、客观和实际的学习,将会达到这些目的。这种观点是由美国教育委员会的宗教与教育委员会(The Committee on Religion and Education)以及全国教育协会的教育政策委员会提出的。

应该指出的是,在宗教团体之间这些不同反应的可取之处存在着观念的分歧。在出现不同的提议时,公开的辩论引起了许多社区的轰动。许多公立学校的教育工作者和市民认为,所有的这些计划都存在着威胁教派与国家分离的因素。这些计划也维系着为美国的民主服务,阻止公立学校里宗教教育带来欧洲经验的负面影响的最好方法就是保持两者尽量分离的状态。

地方的学校管理。自20世纪20年代以来,一些教育工作者渐渐清晰地认识到,在全体人民利益最大化的现实情况下,通过一个非专业的教育委员会提出对教育的公共管理理论是不起作用的。研究表明,市长所指派的学校委员会,甚至由人们所推选出来的学校委员会,都不能代表社会的各个层面。学校委员会是由一群专业人士(医生、律师以及神职人员)和商人构成的,所代表的是社区里中上层和较为富有的阶级。随着有组织的工人阶级和大多数群体的代表开始成为学校委员会的成员,他们所构成的部分在整个群体中变得越来越有代表性。

当一些学校教师开始在学校政策的制定中,也就是在1930年之后发生的大发展过程中获得更多的呼声的时候,另外一个更加民主的教育管理的趋势开始显现。因为学校在运行过程中采用了商业和工业的

537

"效能"模式,自19世纪承继的管理体制被高度的集权化和专制化。逐渐地,许多教育工作者开始辩论教育机构与工业、军队的建立并不是相似的。如果教师们想要培养出有思想的学生,那么,他们自己必须通过参与与其自身有关的决策来养成民主的习惯。大多数学校的行政人员非常冷漠地或是非常敌对地面对这种观点,但是,也有一些人开始对之进行尝试。

例如,在俄亥俄州的谢克海茨成立一个教职员工委员会,全权负责学校政策的制定,学校委员会通常都会把它交给学校的负责人。学校负责人同意由48人组成的教职员工委员会来做出决定。其中包括负责人在内的学校管理人员15人,以及教师33人。该教职员工委员会负责人阿瑟·K·卢米斯(Arthur K. Loomis)报告,教职员工在政策制定方面的参与已经提高了全体教师的精神面貌,并且有了比以前更好和更明智的决策,而没有出现政策制定和执行权混淆的错误。教职员工委员会的职责是制定政策,然后由管理人员全权执行和实施这些政策。

民主管理运动的进展是缓慢的,然而,它似乎开始向课程建设、监督实际和教学方法这些最好的观念渗透。由于管理者和教师就像教育事业中学会合作那样,所有人所最关心的利益就是越来越多地得到服务。有些学校甚至开始让学生、家长和社区成员对与他们有关的问题发表意见。在20世纪中期,"社区学校"(community school)的概念就与受到广泛关注的周围社区的需求和福利密切相关。

对学校的压力。教师人数的日渐增加,证明了包括管理者和教师在内的专业人员的合作和一致的价值,虽然这些人员面临着来自多个方面的、渐增的学校压力。明智的管理者很快就意识到,当权威走向两极时,他们的位置比当所有的决定都落在他们手里或是仅仅取决于教育委员会时更有利。在经济大萧条期间,巨大的经济压力强迫学校削减预算。所有的纳税联盟和群体都在施压,要求削减学校的预算。管理者发现,在制定预算、宣传学校项目的教育和社会价值以及领导社区方面,全体教师的协作努力会比管理者单独面对这些需要时取得的成效更大。

爱国者和退伍军人组织要求,尊敬国旗、教师的忠诚宣誓以及强调爱国主义。宗教组织要求,在公立学校中实施宗教教育或抵制性教育、进化论或其他方面的教育。立法机构通过法律,要求教美国历史或阻止德文教学。通过这些方法或其他方法,有着特殊利益的群体就把学校包围住了,使学校为他们服务。学校的一种优柔寡断的立场仅仅意味着,最有权力的群体可以左右立法机构、教育委员会或其负责人。出现在公众面前的公共教育中经过深思熟虑的教育计划,事实上可以在很大程度上帮助教育工作者来抵御那些不明智的和欠考虑的压力。

明智的教育工作者会引领社区中支持良好教育的组织以及他们的专业人员,制定良好的教育政策和维护提供给公众的良好教育。似乎可以明显看出,专业不可以也不应该将其自身从社区中孤立出来,而应该在做出决定时充分考虑到社区的需要。人们希望能够满足社区的需要,但是,仅仅依据极力表达自己的想法或是组织好的少数人的意见来判定社区的需要,这又是很危险的。学校体系是十分强大的,它已经形成了一个连续不断的而且相互合作的沟通和交流计划,在社区中有着前瞻性和民主意识。

组织中的变化

20世纪上半期,为了适应招生人数增加、社会对学校的需求,以及教育者为满足不断更新的需求而制定与之变化相适应的计划,美国学校的结构体系经历了很多变化。各州之间教育机构的组织形式不尽相同,许多州的教育机构组织形式也存在地方差异。这种不同和差异使得学校具有能够适应各种不同状况的弹性,但是,它同时也意味着国内不同地区的教育质量和数量是不同的。然而,总的趋势是利用公共资助提高较低和较高年龄层次的教育数量。在20世纪初,最常见的教育组织形式就是八年制小学、四年制中学、四年制大学,以及初等教育之前的幼儿园和大学之外的职业学校、技术学校以及研究生院。在20世纪上半期,它发生了十分重要的变化,延伸并且扩大了这种组织形式。

学前教育。到20世纪中期,可以清楚地看到,教育的公共责任已经延伸到了包括对2岁或3岁的孩子开放的保育学校,以及对4岁或5岁的孩子开放的幼儿园。直到20世纪30年代的经济大萧条时期,当联邦所支持的幼儿园通过美国公共事业振兴署这样的新政组织成立之前,幼儿园运动的发展是十分缓慢的。到1988年时,已经有30万名儿童进入到了1500所临时幼儿园,大多数幼儿园是建在公立学校的教学楼里的。有前瞻性的教育者鼓励这种在经济大萧条以及战争条件影响下的临时形式的幼儿园、妇科保健,以及对家长的教育应该成为公共教育的永久的一部分。然而,到1948年时,仅仅有大约10％的城市继续保持着幼儿园,而且幼儿园的趋势似乎是在削减而不是增加。

幼儿园在19世纪已经得到了发展,为那些正常6岁上学年龄前的儿童提供教育设施。到1950年时,约有75万名儿童进入了公立幼儿园,还有14.5万名儿童进入了私立幼儿园。正如人们所期望的那样,大部分的幼儿园都在城市中心。大约有60％的城市学校仍然保持着公立幼儿园。

无论是保育学校还是幼儿园,在很大程度上都是对20世纪的城市生活和工业特性的反映。在这种环境下,有很大一部分母亲把注意力由照顾自己的孩子转到了对工业和商业的关注。然而,这些机构的出现是合乎情理的,甚至是非常急迫的,因为年龄很小的孩子们需要集体生活这样的社会活动,也需要心理、道德和情感发展方面的指导,这些都可以由经过专业培训的教师来辅助家庭教育而进行的。事实上,经过专业培训的教师能够通过与家长们的共同合作,来增加他们的知识和扩大他们的视野,从而为儿童的发展服务,以此来帮助提高家庭生活的质量。对于教育工作者来说,早期的儿童教育以及家长教育已经成为一个非常重要的工作领域。

初等教育。正如前面已经提到的那样,在1900年时,最主要的初等教育形式就是八年制学校,孩子们通常6岁入学,14岁毕业。然而,就是这种形式也有不同之处,因为美国南部的一些州有七年制小学,甚至在新英格兰的许多地区有九年制小学。从1910年起,对这种学制进行批判的呼声越来越多,而且在加利福尼亚州和俄亥俄州,初级中学(junior high school)的思想开始传播。有人认为,作为从初等教育到中等教育过渡的手段,13、14和15岁的青少年的成长模式需要给予特殊的关注。

因此,作为包括七年级、八年级和九年级在内的独立机构的初级中学开始受到人们的欢迎。这一发展意味着,形成了六年制小学、三年制初中和三年制高中的形式,也就是人们熟知的"6—3—3制"。到1950年时,"6—3—3制"已经远远优于"8—4制"。到20世纪中期,在制定的种类繁多的学制中,六年制小学绝对是最受欢迎的。初中在农村地区也从未变得如此流行,这些地区教师短缺以及学生数量很少的状况决定了八年制或七年制的学校仍然占有主导地位。在那里,合并的农村中学变得很普遍,初级中学很受人们的欢迎。

541

20世纪20和30年代这一时期见证了初级中学如此迅速的发展,以至于很难确定小学是包括6个年级还是8个年级。然而,很多教育者并不十分关心小学包括几个年级,他们更关心的是要看到孩子们在一种统一且综合的学制中接受到适合他们年龄阶段发展的教育,最关心的一个方面就是小学招生人数的急剧增长。从1900年至1930年,小学入学人数已经从1600万人迅速增长到了接近2400万人,然后经历了20世纪30年代,入学人数又稳步下滑,直到1938年时的不足2000万人。这与出生率的下降和对移民的限制是有很大关系的。与之前的预料恰恰相反,小学入学人数并不稳定。1947年后,受第二次世界大战引发的出生率增长的影响,小学入学率又大幅增加了。到1954年时,小学入学人数已经达到了空前的最高记录,超过了2600万人,预计到1957年会达到2900万人。

中等教育。中等教育组织形式的定义甚至更难确定。但在1900年,这种定义的确定变得较为容易,因为中等教育通常指的都是4年的中学教育,它衔接着8年的小学教育和4年的大学教育。然而,随着初级中学的发展,许多教育者开始把初级中学归在中等教育范围之内,这就使得中等教育的时间又延长了2年。同时,另外一种人们熟知的、非常重要的新机构"初级学院"(junior college)在20世纪初就出现了,人们通常认为它是在中等教育之后又增加的2年。

从1920年起,初级学院运动迅速发展,特别是在美国的西部地区。1915年,约有74所初级学院共招收了2300名学生。到1952年时,约有586所初级学院招收了57.5万名学生。这些现象表明,初级学院的招生人数一直在持续增加。这一运动已深深植根于美国的教育体系之中,而且在概念上包含了技术学院(technical institute)和"社区学院"

(community college)。因此,职业教育、技术教育和半职业教育就可以与服务于个人和公民目的的普通教育同时进行。

可以清楚地看出,关于中等教育的组织形式有很多不同的观点。一些地方采取的是"8—4 制"。还有一些地方建立了"6—3—3 制",并且把初级学院看作是高等教育的一部分。另外一些地方开始试验"6—6 制",把 7～12 年级看作是统一的六年制中学。一些支持八年制小学的人认为,六年制中等教育就是包括初级学院在内的教育(8—6 制)。也有一些人认为,应该是"6—4—4 制",7～10 年级是一种较低的中等学校,11～14 年级是较高的中等学校。

不管学制是什么样的,这个趋势绝对是沿着一个方向发展的,那就是,大多数的美国年轻人一直到 20 岁都会很容易地找到可利用的教育设施。教育是否会超越这个年龄,没人敢说,但很明显的一点就是,在这一百年的过程中,人们的期望越来越高。这就引发了 19 世纪的一场激烈的争论,争论的焦点就是要不要为所有 13、14 岁的儿童们提供公共教育。而关于把 17、18 岁(中学的结束)作为终极教育年龄的争论,则更为激烈。

在 20 世纪,中等教育发展的道路似乎平坦了很多,因为公众开始意识到推动学校教育的价值。事实上,不久之后出现的公立高等学校入学人数的增长,恰好验证了人们的这一认识,入学人数从 1900 年的约 50 万人上升到 1910 年的 100 万人,再到 1930 年的 400 万人,最后到 1940 年的 700 万人。在 20 世纪 50 年代初期入学人数回落到 600 万人之后,中等学校的入学人数在 1954 年时突破了 700 万人,并且有望继续上升。

高等教育。为美国的高等教育下定义,变成了很难完成的任务。首先的一个问题,就是大学的前两年是否应该看作是中等教育。一些教育者认为,应该算是中等教育。罗伯特 · M · 赫钦斯(Robert M. Hutchins)①校长竟然建议,在大学第二年结束时末被授予学士学位就标志着普通教育的结束。然而,坚决反对这些建议的人都是四年制文

---

① 罗伯特·M·赫钦斯(1899—1977),美国教育家,曾任芝加哥大学校长。——译者注

理学院的倡导者,他们坚持认为应该保留大学教育的完整性。

在 20 世纪初期,四年制大学是高等教育的主要机构。然而,随着初级学院占据了前两年时间,职业技术教育也开始热衷于后两年时间,四年制大学就开始失去它的独特地位。包括专业学院、技术学院和研究生院的规模更大的大学发展开始控制着本科院校,目的就是为高级的专门工作做好准备,这已经成为了大学教育特别是在四年制大学的后两年教育的主要目标。

高等教育的入学人数急剧增长,从 1900 年约 25 万人到第二次世界大战前接近 150 万人。在战争期间猛烈的回落之后,高等学校的招生人数又在 1949 年达到了最高的 250 万人。由于退伍军人的大幅减少,大学入学人数连续几年呈下降趋势,但 1952 年的大学入学人数再次增长,到 1954 年时达到了 250 万人。

20 世纪高等教育发展的显著趋势之一,就是公共资金在支持高等教育发展方面所占的比例逐渐增大。州立大学、赠地学院以及市立大学的入学人数,都使私立高等教育机构的学生数量变得相形见绌。自从 20 世纪 30 年代经济大萧条以来,支持大学捐赠资金的私人财产开始枯竭,而且许多大学发现它们自己也陷入了经济困境。第二次世界大战的爆发,使得这个问题变得更加严重。高额的税收以及男生入学人数的大幅缩减,都使得许多依靠捐赠的私立高等教育机构处于灾难的边缘。许多大学在第二次世界大战期间,通过增加女性入学人数和依靠政府因战争而发放的资金的帮助来渡过难关。从州和联邦资金那里得到支持,是美国高等教育的另外一个显著特征。在第二次世界大战后,来自商业和工业的新的收入,也被用以支持研究、奖学金、教师工资以及其他项目。

教师职业

教师的社会地位。 20 世纪时,教师的地位有了很大的提高,但与其他职业相比,教师所获得的经济回报却是相当低的。公立学校所有教师的平均工资从 1900 年的每年大约 325 美元增长到 1940 年的每年约 1350 美元。在 1940 年之后的十年间,教师工资增加了一倍以上,在 1951—1952 年达到了最高值,全国的教师平均年工资达到了 3300 美元。然而,这仍然低于全国所有的有收入者的平均工资,医生的收入是教师收入的 4 倍,律师的收入是教师收入的 3 倍,牙医的收入是教师收入的 2 倍还要多。

3300 美元的年平均工资决不能代表所有的事情。全国教育协会的研究主任发现,在 20 世纪 50 年代初期,密西西比州的教师的平均收入是 1475 美元,而纽约州教师的平均收入已超过了 4500 美元。有 16 个州付给教师的周工资只有 25 美元或者更少。农村教师的收入低于城市教师的收入,黑人教师的收入低于白人教师的收入。因此,在 20 世纪 40 年代初期,成千上万的教师离开学校而加入到报酬更高的战争工作中就不足为奇了。据估计,在第二次世界大战结束时,教师短缺人数达 7.5 万至 10 万人。此外,约有六分之一到二分之一的小学教师的收入水平达不到教师职业的最低标准。

教师的低收入回报已经成为许多教育者迫切关心的一个问题。他们强烈呼吁,教师的工资应该以生活消费的需求为基准,以确保教师的生活能够达到与其他需要类似待遇和收入的职业相当的标准。他们也呼吁,教师的工资应该基于培训和经验,而不是基于所教授的年级或学科,因为就传统上来讲,中学教师的工资通常要高于小学教师。此外,应该为已婚男教师提供额外的补助,并且定期为教师加薪以确保他们能够在相当长的时期内保持创新精神和高度兴趣。近些年来,资格认证、任期条款、病假补贴以及退休津贴等方面的待遇都已经得到了提高。所有这些,在某种程度上都有助于针对经济收入不足而实行的更安全的财政补偿措施。然而,在这些方面需要做的事情依然很多。

毫无疑问,造成教师职业经济地位低的部分原因就是大部分教师都是女性这一事实,人们对于女性能够维持生活的期望总是低于男性。如果女教师们是单身,或者她们的丈夫有工作,那么,这种假设就很有可能成为现实。此外,女教师往往认为像其他一切组织团体那样,要求高薪或者呼吁成立教育立法机构和教育委员会是"没有尊严的或是不体面的"。1900 年,大约有 70% 的公立学校教师是女性;而到了 1920年时,这个比例增长到了 85%。紧接着第一次世界大战爆发了,当时多数男性都去服兵役了。女性的比例在 1934 年降到了 80% 左右,在第二次世界大战期间这个比例又再次上升,此后,在第二次世界大战结束之后一直稳定在 80% 左右。

教师们所承受的社会压力是巨大的。公众非常渴望教师能够承担一定的社会责任,并且能够顺应社区的需求。研究表明,除了神职人员以外,教师的私人生活和公众生活受到了比社区中的其他任何团体更多的承认或反对。吸烟、喝酒、打牌、"约会"以及跳舞与激进主义一样受到了公众的反对。对黑人、罗马天主教徒、犹太人和平主义者、军国主义者以及离婚或已婚妇女的歧视,在许多社区大行其道,这取决于现今的时代以及人们的特点。

就像一种规则一样,美国的教师一般都是从美国社会中的农民阶级以及中下层阶级中招聘的。教师职业的这种社会构成在近些年有了一些变化,但是,这样的事实仍然大量存在。通常来讲,教师并没有把教学带入到一种为了追求更高的薪水来促进他们努力工作的有组织的劳动环境中去,也没有一种富裕的环境来使他们能够面对相对较低的薪水。提高社会对教师的尊重也就是加薪的问题,是为了吸引更多有能力的人加入到教师这个行业之中,而提高待遇和教学条件的标准就是为了要求更高的服务回报。

学术自由。在 20 世纪时,学术自由已经成为了一个棘手的问题。教师为了拥护某些事情,同时避免出现其他问题而处于各种各样的压力之下。热点问题的本质随着时间的推移以及地区的不同而不断变化着。在某个地区的某个时期,和平主义教师可能会招致不幸;而在另外某个地区,则可能是军国主义教师陷入这样的困境。20 世纪 20 年代,原教旨主义宗教和进化论科学之间的论战十分激烈。20 世纪 30 年代,"红色恐慌"(red scares)流行起来,许多自由主义的甚至是带有"新政"倾向的教师都被贴上了共产主义者的标签。到 20 世纪 20 年代末,加入工会或是坦言支持工人的教师们都被要求签署"黄犬"契约("yellow-dog" contracts)①。该契约规定,如果教师们加入工会就会被解雇。这

---

① "黄犬"契约,来源于英美劳动法的熟语,指雇主以不参加工会或退出工会等为条件,与劳动者签订的非法雇用契约。——译者注

一观点在美国的许多地区依旧盛行，但其收效已成定局。

在 20 世纪 40—50 年代，最热门的话题集中在教师们"具有颠覆性"的思想和活动上。由于与苏联的"冷战"以及与朝鲜以及其他国家的"热战"所引起的国际紧张局势，已经与国内的政治操控联系在一起，这种政治操控把为爱国主义和极端爱国主义群体培养教师的忠诚作为首要目标。政府为了确保教师的正统性，以及清除那些具有危险性或不忠诚的想法的教师，采取了多种相关的措施。

到 1952 年时，已经有 30 个州通过法律要求教师们宣誓效忠于州和联邦政府。大多数专业组织都反对这种宣誓，主要基于以下两点原因：一是它歧视教师，并侵害了他们信仰自由的权利；二是由于真正的破坏分子不会顾及这样的宣誓，因此，它也起不到什么效果。1952 年，美国最高法院在宪法第一修正案和第十四修正案，即威曼诉厄普德格拉夫（Wieman v. Updegraff）案的支持下，宣布俄克拉何马州对于教师的宣誓法律是违反宪法的。

另一种方法就是通过法律来使发现和辞退那些属于共产党或其他已确定的颠覆性组织的教师成为可能。最著名的法律或许是 1949 年纽约州通过的《范伯格法》（Feinberg law）以及 1952 年通过法庭测试最终由美国最高法院宣布合法的"6—3 号决议"（six-to-three decision）。《范伯格法》授权州评议委员会列出一个颠覆性组织的名单。于是，任何在听证和审讯后被认定属于某个颠覆性组织的教师，都被认为是没有资格在州内公立学校担任教师职务的。支持《范伯格法》的人都认为，教师协会必须把教学能力评估计算在内。而反对《范伯格法》的人则认为，政治信仰和组织是不受国家监督和批准的，并且该法接受了那些组织的令人反感的行事原则。

主要的专业组织赞成不留任那些不忠诚和不称职的教师。但它们并不同意确定不忠诚和不称职的评价标准。全国教育协会以及美国教师联合会（American Federation of Teachers）认为，共产党员应被自动取消教师资格。美国大学教授协会（American Association of University Professors）和美国公民自由联盟（American Civil Liberties Union）认为，学术能力和教学能力应该被看作是检验任教资格的唯一标准。所有的组织都认为,除非可以确保能够胜任教学工作的教师在职,否则不应该有教师因为谣言或毫无根据的指控而被免职和解雇。

比这场正统战役中所有其他方面都要危急的,是遍及全国中小学和大学的日益浓厚的恐惧、怀疑、胆怯和焦虑的氛围。自封的监察员和指控者积极地跟随在教师身后,因此,很少有人敢于对报刊、广播和电视中出现的甚至是很基本的公共政策问题进行议论。州和联邦层面的立法调查浪潮在第二次世界大战之后持续了很多年,并且在20世纪50年代初期到达了顶峰。1951年5月的《纽约时报》发现,"一种微妙的、迟缓无力的自由思想"在大学校园中盛行起来。教师们都避免在课堂或公共场合谈论一些有争议性的问题,学生们也因为惧怕被贴上颠覆分子的标签或担心将来找工作时会对其不利,而拒绝加入人道主义的队伍中来。1953年6月,全国教育协会公布了学校教师惧怕与他们的学生讨论的最平常的有争议性问题,并且报告说教师的学术自由正处于比过去的一百年中任何时候都更加危险的境地。

这些社会因素相互作用的结果就是,一些教育工作者认为,有争议性的问题不应该完全由教师来探讨,教师们应该只教社会上普遍接受的东西。还有一些教育工作者认为,教师应该处理一些有争议性的问题,但应该公平地对待各个方面并完全保持中立,然后把这些问题留给学生,让学生自己决定他们应该处于什么立场。这种观点通常被总结为这样一句话:"教会学生如何去思考(how to think),而不是教会他们去思考什么(what to think)。"

也有一些教育工作者强调,教师们必须公开和公正地面对这些有争议性的问题,表明不同社会群体对于这些问题的立场以及教师自身的信仰。他们坚持认为,教师们必须在所有可能要讲授的材料中做出选择,并且这种选择必然会揭示出教师的潜在的假设和观点。因此,他们认为,这更有利于教师在教学中表达其观点,而不是试图去隐瞒这些观点,或声称其自身对于某些问题没有任何的想法。

如果教师们能够通过这些问题认真地进行思考,并且基于他们坚实的研究和学识基础做出判断,那么,教师们就应该像他们所看到的那样来自由地讲授民主的价值观。说到底,当社会深信教师的正直和诚

547

实时,学术自由就会赢得胜利。可以通过以下方式来促进学术自由:改善教师的待遇,通过延长任期的法律,建立强大的教师专业组织——这些都会有助于支持诚信教学,防止来自压力团体只为满足自己特殊利益的恶意攻击。另一方面,一些制定出的基本规范应该在经过公平的听证会以及达成准确无误证据的考虑之后继续运用,淘汰那些不称职的或真正有颠覆性的教师。

教师的职前教育。准教师们的职前教育已经从许多方面拓展了其目的,并提升了其标准。正如早期的师范学校里所体现出的那样,"培训"(training)这一旧的概念已经被含义更广泛的"教师教育"(teacher education)所替代。从 1920 年开始,已经逐渐远离了师范学校(normal school)的概念,而向师范学院(teacher college)的理念靠拢。1920 年,有 137 所州立师范学校;到 1952 年时,它就已经很少了。然而,师范学校通常会提供 1～2 年高中后的培训,但师范学院要求学生要有高中毕业证,提供 4 年的大学课程,并且在课程结束时授予学士学位。

许多新的师范学院建立起来了,而且很多师范学校也逐渐变成了师范学院。1920 年,有 46 所师范学院;到 1952 年时,已经有 200 多所被正式认可的师范学院,其中大部分师范学院都是州立机构。其中,最重要的私立机构有:哥伦比亚大学师范学院以及田纳西州纳什维尔的乔治·皮博迪师范学院。许多师范学院都授予硕士学位,一些师范学院还授予博士学位,此外也授予学士学位。一些州政府要求在新教师开始在中学教课之前,他们要获得硕士学位。

教师的职前教育逐渐因其包含以下四个要素而被人们所熟知:通识教育(General Education)、学科专业化(Subject-matter Specialization)、教育原理(Foundations of Education)以及教学入门(Induction to Teaching)。

通识教育是为了使准教师们能够对系统知识以及人类活动的主要领域有一个广泛的了解。现今,通识教育通常被看作社会科学、物理和自然科学、人文学科以及艺术。

在准教师将要教授的领域中,通常要求把学科专业教育作为一种特殊的能力来对通识教育进行补充。学科专业教育通常包括该学科及相关领域的课程，以及在这些领域中应用的教学方法、对课程发展的一般研究以及教师的本职工作。

教育原理通常能够使准教师们对处于多种社会关系中的教育目的和教育功能，以及无论教授哪门学科时，所有教师都可能会碰到的共同的教育问题有一个广泛的了解。基础的作用通常会体现在教育哲学或教育原理、教育史、教育社会学、教育的社会基础、教育心理学以及人类的成长和发展上。一些教育机构试图把这些相互分离的基础方法整合成为整个教育领域的综合取向。

教学入门为准教师们提供机会，使之在真正的教学情境中应用已经学过的原则和知识。因此，教学入门被视为一个持续的过程，包括教学观察、对教学过程的准备、实验室练习以及在实际的教学环境中的锻炼。

在职教师的教育。美国在过去50年间，除发展教师的职前教育外，还为在职教师提供大量的在职教育机会。定期为在职教师提供教育的最重要作用之一，就是对他们进行监督指导。以前，监督是通过行政人员的检查以及教师的课堂管理进行的。现今制定了检查表，行政人员和管理者通过这个检查表，就能在很多细节方面对教师进行评定。对学生会进行标准化的测试，以此作为检查教师的教学工作成效的方法。通过这种方法，监督人员就能指导教师如何来改进教学工作。

近几年来，这一趋势已经朝着更加民主和合作的监督概念上发展，监督人员和教师们在学生们的个人学习和个性问题方面，以及发展适当的课程教材和教学方法方面共同合作。当督导部门和全国教育协会指导部门成为督导与课程发展协会（Association for Supervision and Curriculum Development）的时候，就已经预示了督导概念的发展。

在高等教育机构中参与的暑期学习，已经成为了在职教师专业发展的另外一种最流行且最重要的直接途径。大多数的教师教育机构都会提供特别的课程，教师可以进行业余学习，参加学校外的傍晚班或是晚间班，或是在附近的教育机构，或是在家里进行学习。

近几年来，在职教育另外一个最重大的进步就是实习运动的开展，它提高了教师对其专业发展的参与程度。最重要的是，实习的重点已经放在了教师将独自面对的、对个人问题的特别关注上。许多会议、小

549

组工作、阅读与研究以及娱乐与艺术方面,都是在实习过程中出现的最有特色的事物。

除了以上的方法外,各种专业组织也提供了一些直接的方法来帮助在职教师的提高。美国最大的教育组织——全国教育协会包括许多专业的分支机构。隶属于美国劳工联盟的美国教师联盟(American Federation of Teachers)、全国教师教育学院协会(National Society of College Teachers of Education)、约翰·杜威协会(John Dewey Society)、美国教育研究协会(American Educational Research Association)以及全国教育研究协会(National Society for the Study of Education),这些组织的规模较小,但都是很有影响力的全国教育组织,教育者们从这些组织的工作中得到了很多激励。同时,也有很多的由教师组成的全国组织致力于对教材领域的研究,例如,美国社会科学委员会(National Council for the Social Studies)、全国英语教师委员会(National Council of Teachers of English)以及许多其他组织。最后,成百上千的地方教师协会招募了许多教师,并且举行了许多积极的专业活动。

在教师教育发展的过程中,最突出的就是对过去 50 年间出现的广泛的专业问题进行大量的调查和研究。这个过程最先要考虑的,就是全国范围内师范院校教育中的专业教育者的工作。

广泛的调查也有很大的影响力。其中最早的一项研究就是由 W·S·勒尼德(W. S. Learned)和 W·C·巴格莱(W. C. Bagley)[①]在卡内基教学促进基金会(Carnegie Foundation for the Advancement of Teaching)的资助下进行的,其成果于 1920 年发表。第二项研究——联邦教师培训研究,运用了许多工作分析的方法,来探索教师所需要的品质和显著特征。这项研究从 1925 年至 1928 年间,由 W·W·查特斯(W. W. Charters)和 D·韦普尔斯(D. Waples)主持,由纽约联邦基金会提供资助。第三项研究是更为广泛的研究,即由国会授权的全国

---

① W·C·巴格莱(1874—1946),美国教育家,要素主义教育的主要代表之一。——译者注

师范教育调查,在 1928 年至 1931 年间进行,由哥伦比亚大学师范学院 E・S・埃文登(E. S. Evenden)教授主持。1933 年,由美国教育部出版了六卷研究报告。

对师范教育的改善最重要的机构之一,就是美国教育委员会的师范教育委员会(Commission on Teacher Education)。该委员会由哥伦比亚大学师范学院的卡尔・W・比奇洛(Karl W. Bigelow)教授领导,在 1938—1943 年这五年间对全国范围内所有师范教育的问题进行了总体研究。或许对于该委员会来说,最重要的工作就是实地研究,他们邀请了 35～36 个机构合作致力于师范教育的改善。师范教育委员会设置了咨询服务、工厂、学会以及在合作过程中有共同经历的机构。目的不在于为其所有下属机构制定要遵循的明确模式,而是要帮助这些学院进行改善并评价它们自己的计划。

校外教育机构

在 20 世纪,校外教育机构不论是在范围上还是在种类上都有很大的发展,这里仅列举一些杰出的例子。当然,在大多数儿童的生活中,家庭一直是首要的教育机构,但是,家庭生活的特点受到工业化、城市化、经济萧条以及战争的影响如此之大,以至于一些专门机构成为了提高家庭教育质量和培养儿童的场所。

对儿童学习、心理卫生保健以及家长教育有多种形式的关注。由社区福利机构、医院和学校所支持的儿童指导诊所已经配备了精神病医生、心理学家、儿科医师和治疗精神病的社会工作者来帮助照料儿童。在这个过程中,突出的就是美国儿童研究协会(Child Study Association of America)。家长教育运动(parent-education movement)也得到了迅速发展,出现了全国家长和教师代表大会(National Congress of Parents and Teachers),这是一个由各州的家长教师同盟构成的组织,有 250 万名成员。考虑到父母的社会困境以及情绪问题对儿童情感方面的干扰负有责任,这个运动试图通过会议、刊物、讨论和指导的方式来教育家长。

教会也一直是重要的校外教育机构。除了常规的教堂服务和精神指导之外,许多教会组织也提供一些本质上很大程度属于教育的活动。特别是在新教中,包括招收 2000 万名儿童的主日学校,招收 350 万名青年的青年会、暑期教会学校以及夏令营协会。基督教青年会(Young Men's Christian Association)、基督教女青年会(Young Women's Christian Association)、犹太教以及罗马天主教组织,也一直实施着许多教育计划。

集中出现了大量有组织的男女儿童团体,例如,童子军(Boy Scouts)、女童子军(Girl Scouts)、女子后备部队(Girl Reserves)、营火少女团(Camp Fire Girls)、Hi-Y 团(Hi-Y)、少年红十字会(Junior Red Cross)、青年会所(Youth Hostels)、邻里中心(Neighborhood Centers)以及社会服务所(settlement houses)等。像纽约城里的"棒球队"(Gangs)、俱乐部、"小队"(Dens)这样的自治的和自发的校外团体,吸引并赢得了那些抵制父母和成人监督的男孩和女孩们的注意。

从经济大萧条时期开始,校外的年轻人就成为了美国生活中最为严重的问题之一。1935 年,美国教育委员会成立了美国青年委员会(American Youth Commission)来研究美国青年的所有问题。在第一任会长霍默·P·雷尼(Homer P. Rainey)和后来的弗洛伊德·W·利夫斯(Floyd W. Reeves)的指导下,出版了一系列值得人们关注的刊物、研究和调查报告。据估计,1937 年,美国大约有 2000 万名年龄在 16 岁至 24 岁的青年,其中 20％上学,40％工作,15％已婚女性,25％失业。失业人员和那些认为自己从事"无出路"工作的人的比例要比经济大萧条时期高得多。为了缓解这种沮丧、悲观和懒散的绝望状态,通过"新政"而成立了民间资源保护队和全国青年局。

民间资源保护队成立于 1933 年,终止于 1942 年军工产业、兵役和政治反对到达高潮的时候。在家接受救济的失业青年占征兵人数的比例最大,他们中大部分人还处于青春期。民间资源保护队组织 1935 年从 2600 个兵营征收了 52 万名青年,主要让他们去参加保护土地和森林的工作以及公共工作。在美国陆军部的监督下,兵营里也开展了教育计划,为那些不识字的青年开设了读写课程,为小学和中学文化程度的人开设了常规课程和职业课程。在 1940 年 5 月至 1941 年 11 月这

18个月的时间里，有66.5万名民间资源保护队的青年接受了有益于国防的大约4000门职业培训课程。这些课程包括汽车修理、金属工和木工、电工、焊接以及飞机设计，同时也安排许多其他活动。

作为美国公共事业振兴署一部分的全国青少年局成立于1935年，在1939年转而隶属于联邦安全局，直至1943年解散。全国青少年局的主要目的是：(1)对中学或大学的学生给予经济帮助，使他们能够承担兼职工作，并能够继续在学校里学习。(2)为失业青年提供工作经验和培训，以便使他们为日后从事常规工作做准备。在1941—1942年间，这一助学计划已经惠及了200万多名学生，随后该计划被取消。该计划为16岁至24岁的年轻人提供了各种职业培训以及缝纫、音乐、美术和娱乐活动。事实上，在1940—1941年间，全国青年局所做的全部努力都是致力于为国防事业培养年轻人，到1942年4月时，每月为第二次世界大战的需求培养约3万名青年。

成人教育。除了前面已经提到的有组织的教育活动以外，尤其是自1920年以来，各种成人教育活动也得到了很大的发展。有组织的教育机构并不能满足个人、职业、政治、经济和文化的需求这一事实日渐明显。全国教育协会的成人教育部（Department of Adult Education）成立于1924年，美国成人教育协会（American Association of Adult Education）成立于1926年。1951年，这两个组织合并成为成人教育协会（Adult Education Association），目的是为了协同培养成人教育运动的领导人。

成人教育最长久的优点，就是能够消除文盲并使外来移民人口美国化。显然，1930年，仍有多于4%的成年人是文盲。美国公共事业振兴署实施了一项大范围的教育计划，以教成年人读书写字。1940年，要求500万外来移民人口到政府进行注册，由司法部发起，与美国公共事业振兴署进行合作的全国公民教育计划（National Citizenship Education Program）在哥伦比亚大学师范学院威廉·F·拉塞尔院长的领导下，惠及了400万多渴望成为美国公民的外来移民。杰出的教育者又发展了新的教学方法和教育技巧，使成人教育不仅是简单的文化教育，而且成为提升对美国生活的社会、政治和文化理解的途径。

在地方、州以及联邦的支持下,为成人开设的常规全日班和夜校日益增多。像纽约市的社会研究新学院、市政厅、库珀联盟学院、布鲁克林学院这样的机构,已经扩大了它们的活动范围。在得梅因、芝加哥、克利夫兰、纽约、旧金山以及马萨诸塞州的斯普林菲尔德举行的那种公共论坛运动,也吸引了大批的民众。成人教育领域的领导人鼓励建立社区委员会,以协调由所有有关机构、公众和个人合作组成的成人教育活动战线。

553　　　　各种专门机构把它们的目标确定在社区的特殊方面。社会服务所、公共卫生护理人员、私人护理以及社会工作机构,例如,纽约的亨利街社会服务所和亨利街护士探访服务处,帮助那些有病人的以及孩子和老人需要照顾的家庭。美国农业部合作推广服务部,很可能是世界上最大的和最有影响力的成人教育机构。

在城市中,工会和其他团体都开展了工人教育。国际妇女时装工人联合会早在 1916 年就设立了教育主管,后来在马克·斯塔尔(Mark Starr)的领导下又开展了一项最广泛和最有效的工人教育计划。美国工人教育局(The Workers'Education Bureau of America)建于 1921 年,许多其他的工会联盟也实施了教育计划。1925 年,在威斯康星大学建立的暑期工人学校为工人们成立了一系列学科广泛的机构,不仅包括专门的联盟问题,而且还包括政治、经济、教育、消费、国际、新闻以及公众谈论等主题。

图书馆和博物馆也开始思考它们广泛的教育功能,并采取措施使更多的人能够参与它们的活动,在其自己的范围外增强影响力。早在 1910 年,美国国家红十字会就开始了教育计划,在第一次世界大战期间达到了成百上千个,除了各种志愿专业服务和灾害预防外,还包括急救、家庭护理、营养学、护士援助、游泳、跳水、救生以及事故预防等学科。妇女组织有时也会资助一些确定的教育计划,例如,那些由妇女选民联盟以及美国大学女性协会发起的教育项目。无线电网络考虑了一些严谨的教育计划,商业和教育电视台也开启了呈现新的广阔前景的可能。有时为了特殊的利益,有时为了公众福利的利益,总之,通过许多其他方法以及数不清的商业、工业、民间和兄弟组织,美国的公共教育得到了很大提升。

第十七章 20世纪的美国思想和教育

有冲突的教育权威

20世纪上半期,美国教育者越来越需要重新评估他们的教育传统。正如社会的快节奏导致了教育问题一样,知识争议的广度和范围也对教育造成了冲击。混乱和冲突是教育舞台上永恒的标记。当教育者试图忽视这种冲突,或者是简单地对这种混乱的情况视而不见,那么他们就丧失了对教育外部的力量的领导力。当他们试图取悦各方而选择折中的方法时,他们发现他们自己被社会压力所包围,这种社会压力把学校视为一种为他们取得特殊利益的诱人的战场。在专业领导人中,最周到的做法是要清楚了解基本的智力力量在我们的社会工作中的作用,并做出明智的选择。

在对教育的影响中,有三种显著的教育思潮。一些教育家和哲学家依靠传统的教育权威,来服务于他们主要的教学内容和教学方式。另一些教育家和哲学家着眼于现代科学,因为他们在描述世界、人类行为以及教学过程方面都是十分权威的。还有一些教育家和哲学家则追求人与社会的文化观念,因为这些文化观念为人性、知识和教育提供了一种最基本的可辩护的哲学。

呼吁教育的传统基础

将恢复过去的传统价值作为现代教育的路标这一取向,最有力的发言人是新教和罗马天主教各教派的领导人,以及认为哲学源自于理想主义、人文主义和理智主义的作家们。

新教教义。在20世纪上半期,新教教义呈现出三种相当显著的观点,即原教旨主义、自由主义或现代主义以及新正统主义或新教。原教旨主义在20世纪的前30年获得了新的活力,一部分是作为对19世纪末的进化论理论和科学运动的回应,一部分是作为由于第一次世界大战而导致社会和道德价值混乱的产物。它维持了对作为上帝语言《圣经》权威的忠诚,并将之视为指导现世和救赎来世的绝对神圣的指导者。有一个时期,复兴的基督教原教旨主义因公立学校的世俗性和无神论特点而对其进行攻击。使宗教教学再进入公立学校有两种主要方式。一些州要求在公立学校每天朗读《圣经》,并且在课余时间进行宗教教学的计划也得到了支持。人们做了很大努力去禁止自然科学和进化论的传播,因为它们看起来这似乎与《圣经》中所讲述的创造世界和人类的故事是相矛盾的。一些原教旨主义宗派反对在地理教学中进行关于地球是圆的的教学,因为《圣经》断言地球是平的。

1925年,在田纳西州,当中学教师约翰·托马斯·斯科普斯(John Thomas Scopes)因违反州法律教授进化论学说而被审判时,原教旨主义与自然科学的冲突尤为突出。斯科普斯的辩护律师是克莱伦斯·S·达罗(Clarence S. Darrow),原告律师为威廉·詹宁斯·布莱恩(William Jennings Bryan)。律师以高超的辩论技巧,认为教师的权利取决于生物科学的发现,而非基于《圣经》中描述人类起源的文字解释,这种观点引起了公众的广泛关注。这次审判表明,在公众的观念中,宗教和自然科学尚未融合,原教旨主义仍有很强的势力,尤其是在农村地区。

在两次世界大战之间,自由主义和现代主义在新教领导人中取得了相当大的进展,因为这些领导人不再绝对排斥现代科学在自然和人类社会的许多发现。一些现代主义者放宽了他们所坚持的主张,即认为《圣经》是上帝(对人类)神圣的启蒙之语,并认为《圣经》是引领全世界了解伦理和道德行为的最好源泉。同样的,视耶稣为道德和人类导师的观点,也胜过了视其为上帝之子基督的观点。其他人则强调,社会的进步和社会福音是基督教在地球上能实现上帝意愿的主要方式。一些现代主义者联合起来提出安排时间朗读《圣经》的要求,但是,另一些现代主义者则认为,宗教教学是家庭和教堂的职责,因而不应该在公立学校中讲授。

在第二次世界大战之后，新正统主义在新教教堂和神学院中强劲复苏。这是接受了科学有效调查的结果，但是，同时又再次宣称《圣经》是宗教信仰的基本理论，基督教是拯救人类的唯一方法。新正统主义通过与人类天生的邪恶进行对比，强调上帝的力量。它认为，只有在认识到上帝在人类事务中的至高无上的统治地位，以及在没有神的眷顾和帮助时，人类无法解决自身的问题的基础上，人类才能得到救赎。新正统主义主张，在公立学校中应该更加重视宗教教育。

天主教。奠定罗马天主教所有声名地位的是教皇庇护十一世于1929 年颁布的教皇通谕，名为《青年的基督教教育》。天主教详述了来世与永恒之间的超自然的二元论，信奉上帝和所有神圣的事物，反对自然规律的改变，信奉自然世界的物质价值和实践。人类也有其二元性特征，其中不朽的灵魂是人类获得救赎的途径，而肉体则是原罪和欲望的化身。人类因其灵魂的神奇和理性的力量，而跨越了不可逾越的鸿沟，实现了与自然其余部分的分离。

理性的才能是教育和学习的主要工具，是人类在有限的能力范围内发现和厘清真理的手段。思维的主要作用是与认知密切相关的，也就是说，获得、发现和证明预定的理论。因为所有的真理和知识都源于超脱自然之外的规律，人类无法共享创造知识，而仅仅只能获得永恒的真理。

迄今为止，可以通过理智而获得的最高深的学问是超自然的揭示，超出于此的则需要通过信念来获得。正如宗教所说的一样，人类一切行为和命运的价值取决于超自然的世界。因此，事实上，教育都是不完整的或非全能的，除非每个阶段都以宗教的价值观念和行为规范为准则，才能获得完全正确的教育模式。除宗教教育外，人们还非常信赖作为教育工具的经典著作和经院哲学。

因为天主教哲学主张唯一正确的教育必须是在课程和教学过程的每一方面都坚持天主教的宗教信仰，因此，教育必须完全由教会和家庭掌控。人们认为，国家的权力是次要的，宗教的权力才是首要的。所以，国家对于教育的主要职责就是在教育方面帮助并支持教堂和家庭

556

在宗教教育方面所做的努力。新教徒也许会同意，道德准则必须建立在宗教约束的基础上，但他们反对国家对天主教学校的扶持。

人文主义。除了新教和天主教两种宗教派别的观点外，还有其他强有力的哲学观点，这些观点有别于某个派别的宗教信仰，但与传统的宗教观点非常相似。例如，19世纪末盛行的唯心主义哲学，尽管已不再那么重要，但仍继续起着举足轻重的作用。唯心主义者强调人类精神价值的重要性，认为精神价值是人类价值观念、自由和知识的最重要来源。他们可能更强调伟大的智慧、文学作品和西方宗教遗产的作用，并将之作为教育内容和教育方法的最基本要素。在他们的教育计划中，相对于语言、文学和宗教而言，科学和技术完全被看作是次要的。唯心主义者认为，心智训练和绝对真理是建立教育的先决条件。在这一点上，唯心主义和人文主义是相似的。

基于唯心论、唯理论和二元论的历史哲学观点，在20世纪的美国盛行另一种关于人性和教育的哲学观，这种观点沿用了伟大的传统观点，因此，可称之为"保守主义"。其中最保守的观点称之为"新人文主义"（New Humanism）。尽管新人文主义与人文主义的观点有所不同，但两者的基本原理有着相似之处。

总的来说，新人文主义者参与了一场抵制现代社会科学理论颠覆的防御活动。在社会理论方面，新人文主义坚持贵族的和社会保守主义的主张，反对人文主义关于社会改革的主张。欧文·巴比特（Irving Babbitt）①详细论述了人文主义只是对于少数人而言是仁慈的，而不是使所有人都受益的，它致力于某些个人的完善而非全人类的提高。为了稳固地控制自然性和自然主义，人文主义重新强调起艰苦磨练的"理智训练"，以更加严格的控制道德行为。理智地说，新人文主义拒绝承认日常生活中自然和社会科学之间的关系，而把精髓回归到以柏拉图、亚里士多德和中世纪的经院哲学为代表的传统哲学中去。

纵观最极端的人文主义者（但几乎代表了所有的人文主义者），最基本的假设是重申人类与自然的二元论。他们相信，人类和自然绝对

---

① 欧文·巴比特（1865—1933），美国教育家、文学批评家。——译者注

是有区别的。人类有一些独特的、整体的和永恒的品质,使他们区别于自然界的较低形态的生物。换句话说,极端人文主义者否认进化论的说法,因为进化论认为自然科学和社会科学是在经历过这些痛苦后发展起来的。在这种情况下,人文主义者向传统的心理学逐渐靠拢,因为人文主义者谈论人性时就好像它是独立的物质和实体。

通常,人们把良心、理性、审美能力以及宗教信仰描述为区别人和低等生物的因素。人文主义学者坚持认为,道德方面的良心是人类与生俱来的天赋之一,良心无等级之分,因为它是无条件的和绝对的。理性是造成差别和形成判断的一个普遍的能力。人类的审美能力不受时间的限制,使人类遥遥领先于动物界的其他动物。最后,一些人文主义者陈述,人类都有共同的与生俱来的宗教本能。人性所特有的这些品质不能用科学方法来解释,甚至人类本性这一概念都是从由基督教和中世纪思想所支持的古典传统思想中流传下来的。

关于知识、真理和人类价值观念等特定概念,人文主义的构想有其特殊的含义。人文主义学者认为通过绝对的价值标准可以检验知识或真理的正确性。人文主义学者所说的价值观念,在一定程度上与存在的范围有关,它是在自然之上的,或者说是超越自然的,它赋予知识和真理一种不变的、权威的特性。而知识就演变成了真理的混合体,作为民族的文化遗产一代一代延续下去。

基于这个设想,通过诉求更高且固定的、存在于经验背后的价值观念,以便把秩序引入混乱的社会,于是,人文主义学者关于学习和教育的观点就形成了。学习与人性之间有着特别的关系,人的特性是理性的,所以,学习的主要目标是行为准则以及辨别和判断这两种思维能力的发展。人文主义者认为,学习历史上的经典名著,即人文主义学习,是最能展现绝对真理的永久原则的学习,也是能最大限度地开发智力的学习。

理智主义。 20 世纪 30 年代到 40 年代,文学人文主义(literary humanism)的一个分支,以"理智主义"(intellectualism)或"理性人文主义"(rational humanism)而著称,引起了公众的关注,他们仍沿用传统的关于人性和智力的设想来支持自己的论点。理智主义者与人文主义者有许多相同的主张,但是,他们并不像人文主义者那样强调文学和语言的重要性。理智主义者汲取了天主教哲学的许多历史观点,但他们认为,宗教教义不会成为美国教育的综合工具,转而采用传统哲学和人文学科作为教育价值的标准。

559

正如那些传统的保守主义追随者坚信理性主义的基本哲学一样,理智主义者也坚信知识和心理学理论,即使它不与传统的心理学理论完全相同,但至少也强调理智的作用,使之区别于人类其他活动。对于二元论假定的生活的两个方面,理智主义者明确提出,思想比身体更可取,更重要。他们认为,教育有助于智力的发展,并趋于忽视人类活动的其他方面。他们的心理状态促使他们赞美"智力训练"(intellectual training)、"智力培养"(cultivation of the intellect)、"智力能力"(intellectual power)和"心智训练"(mental discipline)的益处。在他们的著作中,着重强调了"第一原理"和"基本焦虑"的回归。

理智主义者关于知识的理论有三个要点。(1)智力或理性有其独立的获得和掌握真理的能力。(2)真理就其本身的形式而言是绝对的和固定的,为自然界的科学知识以及日常事务的经验主义知识这样的较低形式的知识提供规则。(3)学校和学院的课程应该在其内容和方式上占有压倒性的优势,并且不受世俗的影响。

这些基本设想,使得理智主义者强烈反对美国教育对科学和技术学习、实践经验以及学生进行有效学习的自由和兴趣等的过多关注。理智主义者提出,他们所认为的适合所有青年人在任何时期和任何地点的永久的学习方法,是因为人类有相同的和不变的本性。他们依赖于中世纪传统的人文学科、"伟大传统"的理性主义理念论和正式训练的官能心理学。普通教育的最初职责就是阅读历史上的经典著作,学习正统文法、修辞学、逻辑学和数学,以此作为训练思维的方式。理智主义者认为,适当地讲授智力道德(intellectual virtues),可以使学生具备解决实际操作和经验问题的能力。然而,学校和大学与众不同的功能不应该只是实用或道德上的,而应该是本质上的。

对教育的科学基础的呼吁

在 20 世纪,许多美国教育工作者反对传统主义者的观点,他们把权威的标准及工作方式转向了现代科学。借助于牛顿的科学概念和 19 世纪奥古斯丁·孔德(Auguste Comte)①和赫伯特·斯宾塞的实证主义哲学,现代的实在论者开始把世界描述成一个遵守固定不变的自然法则的机器,在这个法则中,仅有极少或是没有关于超自然的和理性主义的解释。

美国的教育工作者完全信赖科学方法,他们设想人类本性能像自然界和自然现象一样精确地用科学的方法研究分析。他们摒弃了二元论的人性观,把人类描述成其行为是可以预测甚至是可以被精确控制的复杂机器。因此,尽管人类的结构和行为比动物更复杂,但是,人们仍把人类看成是自然界中固有的一部分。虽然如此,教育工作者们仍然认为,通过对动物的科学研究能更多地了解人类。在 20 世纪上半期,大部分的美国心理学家都是在科学的现实主义的氛围下培养出来的。

联结主义。 联结主义在心理学领域的发展是如此的迅速,以至于仅能得出一个或两个普遍化的归纳结果。19 世纪后期,已预想出的实验的和科学的方法在许多不同领域,例如,学识、才能、个人差异和情感领域得到了迅猛的发展。桑代克反对早期的内省和"官能"心理学。事实上,在哥伦比亚大学师范学院,他创立了"教育心理学",因为他试图应用精确的科学方法来解决教育问题。1913 年,随着他的三卷被命名为《教育心理学》(*Educational Psychology*)的有纪念意义的著作的出版,在美国人们的注意力开始逐渐转向用以解决本性、学识、个体差异等问题的"客观"心理学。

心智训练学说一直认为,某些研究仅对于"思维的训练"以及使之迁移到其他任何领域是有价值的,但是,桑代克坚持认为,学习是极为独特的,并对心智训练学说做出了正面的回应。他认为,神经系统的反射弧是行为的遗传单位,而不是一种独立的能力。学习不是对未充分

①奥古斯丁·孔德(1798—1857),法国哲学家。——译者注

发展的精神能力进行的常规训练,而是在情境 S 与反应 R 之间建立的一种特殊联结。根据桑代克的著名学习法则,这些 S-R 联结以两种主要方式建立,即通过训练和通过取得令人满意的效果。根据训练的法则,在刺激和反应间的可变联结随着训练次数增多而加强,训练次数的减少而减弱。其他事物也是一样,练习和运用得越频繁,S-R 联结的建立越容易且越牢固,因此,学习的效果就越好。根据学习效果的法则,当学习使学习者感到满意和愉快时,可变更的联结就趋于牢固;当结果令人不满意并且使学习者感到厌倦时,联结就趋于减弱。其他事情也是相同的,当行为系统做好准备时,联结就更容易建立;反之,当行为系统没有做好准备时,就不容易建立起 S-R 联结。

在桑代克的联结主义心理学影响下,心智训练遭受了巨大的挫折,特别是在美国的小学和中学的教学实践中。桑代克指出,只有当学校科目的内容或方法与所教的内容或方法相似时,迁移才会出现。换句话说,如果学生为了特殊的目的而接受教育,那么,他们应该学习那些与目的直接相关的科目。这个理论给那些在整个国家有增涨趋势的新的科学、社会学科提供了强大的支持。因此,专业化的学习更容易纳入小学和中学,但是,在大学课程体系中带有强烈的教条主义色彩的人文学科并不被轻易接受。

另一个独具特色的发展,是创造性地运用心理学解决工业和教育系统中的咨询、人员选拔和训练、广告吸引力以及有关人际关系方面的问题。临床心理学和变态心理学也有相应地发展,被用于解决各种类型的精神和情感调节问题。同时,精神病治疗法也有所发展,并且被更直接地看作心理现象的生理基础。

在第一次世界大战后备受关注的行为主义者持更极端的观点,他们认为人类的心理机制完全可以被测量。行为主义者期望能像物理学家预测自然现象那样来预测人类行为,开始在可见的、客观的关系基础上有条理地陈述人类行为的法则。他们摒弃了关于意识、意志和感觉的概念,仅仅描述了可测量的和外显的行为表现,而且其规则大多是建立在学习巴甫洛夫提出的条件反射学说基础上的。行为主义者认为,儿童生来仅有简单的、遗传的和本能的反应,对恐惧、喜爱和愤怒等外部信号的刺激表现出拒绝、哭喊和其他的生理反应。所有复杂反应的学习是建立在习惯养成和语言习得的基础上的,而这些能力的获得则与简单的本能反应紧密相联。

　　另一种运用科学方法研究人性的方式是客观的和标准化测验的发展。测验测量运动作为教育科学化的方法在 20 世纪 20 年代和 30 年代起了很大作用。在科学领域,这一原则可以做出如下的阐述:所有存在着的事物都是有一定数量的,任何以数量形式存在的事物都是可以被测量的;总体上说,教育的测量与自然科学的测量是相同的。测试以及完成测试的形式几乎可以用于学校的所有科目中,这可能是 20 世纪 20 年代科学教育过程中最典型的特征。

　　同时,人们也更加依赖智力测验和智商测量。路易斯·推孟(Lewis Terman)[1]发展并精炼了比奈测验,更适合于美国人将其应用于"斯坦福修订量表"(Stanford Revision);桑代克和其他人则帮助第一次世界大战中的军队开发了智力和能力的团体测试,并且在第二次世界大战中得到广泛的应用。关于智商的永恒性存在诸多争议,大多数心理学家认为,通过智商测验测出的智力不会受到环境或教育差异的显著影响。智商测验的是先天遗传的能力,而不是后天取得的成就,但是,多数测试都是以某些后天习得的知识作为先天能力的证据。在 20 世纪 30 年代,其他心理学家开始质疑这些假设,因此,遗传作用的拥护者和环境作用的拥护者之间的矛盾,以及天性的支持者与教育的支持者之间的矛盾更为严重了。

　　这场战役并没有结束,但是,环境论者已经取得了显著的成果。这场对于环境主义拥护者的论战似乎是错误地陈述了问题,因为他们一直认为人类的行为是个体与他周围环境之间的相互影响,但在教育过程中,无论是个体还是个体所处的环境,两者都不能忽视。

对教育的文化基础的呼吁

　　在 20 世纪,人们所熟知的"经验主义"或"文化自然主义"反对传统

---

　　[1]　路易·推孟(1877—1956),亦译"特曼",美国教育家、心理学家。——译者注

宗教和哲学的看法以及教育心理学家的"实证主义"的科学观点,开始赢得越来越多的拥护者。经验主义试图使哲学更紧密适应时代对人类自由、民主政体和现代科学的需求。在约翰·杜威的明智领导下,形成了美国进步教育观点。运用自然主义、经验主义和实用主义的哲学传统,以及社会科学、人类学、格式塔心理学和社会心理学为新的依据,经验主义开始设计一种适合于20世纪美国教育的哲学。

563

对经验主义者来说,最重要的事情是试图构思出一种能够充分吸纳新的社会学科的教育理论。显然,对经验主义者来说,一种合适的教育理论必须考虑到现代自然科学、社会科学和心理学发展的最新成果。

在此,文化的概念以及文化在个体发展中所起的作用是十分重要的。[1] 显然,对经验主义者来说,教育的基础可以在赋予教育意义以及重要性的文化中得出。要想了解个体的行为和制定理想的教育目标,就必须研究在其中发挥作用的文化。人们发现,美国文化的本质存在于民主政体的社会理想以及自由的和缜密的智力理想中。就美国教育的文化基础来说,这些都是有权威性的观点。

经验主义者所描述的另一方面是,各层次教育为学生个体和他的发展所给予的关注要比标准化学校所给予他们的更多。与民主教育的要求相反,他们主张个人不应在填满中小学和大学校园的大批新学生中丧失其个性。有关自然科学和心理学的新观念为人性和个体的观念转变做出了相当大的贡献。

人的本性。总体来讲,经验主义反对将人与自然、精神与肉体、个人与社会以及知识与行为割裂开来的传统区分法,或称为二元论。相反,实验主义将自然科学的发现解释为人类实质上是自然的一部分,与其他生物体是一样的,人生活在其周围的自然和文化环境之中,并与之相互作用。在此基础上,个体不是从社会中分离出来的,而是参与到社会环境中,形成其特有的个性和人格。换句话说,人性不是一成不变的和永恒的事物,而是随着周围文化的变化而发生改变的。个体所处的文化存在的差异造成他们想法的不同,并认为无论个人处于怎样的社

---

① 参见本书英文本第一章。

会环境,他的本性是相同的说法是不正确的。

因此,人们认为,生活是不断变动的文化环境与能动的个体之间连续不断相互作用的配合。当个体和环境之间的平衡被扰乱而导致人们自身紧张和失调,而个体再次为了寻求平衡而对环境做出反应的时候就产生了行为。在这一过程中,个体随着行为的变化而变化,环境也随着行为的变化而变化。

学习。由此衍生出的许多教育实践的意义可以简述如下。首先,从文化的角度来讲,教育必须更多地强调学校与周围社区和更广的社会文化之间的重要联系。学生必须真正对社会问题有更多的了解,因此,想要做到这一点,学生就必须花费更多的时间去学习文化。学习应该更依赖于多样化的材料和活动,以使学生能理解一个问题与其他问题的关系,并为解决问题做出初步努力。这样问题的解决必须越来越依靠共同参与社会活动和达成一致决心的学生之间的合作,这并不是如此多地基于权威或投票,而是要通过讨论以及与教师一起工作而达成共识。

其次,从个体的角度来说,经验主义者所处的地位是难以企及的。在教育中,"生长"(growth)这一概念使得学校对学生个人和他的发展给予更多的尊重。而且,经验的"能动性"的特征证明,它对教育理论和教育实践是十分有益的。因为经验是个体与其所处环境相互作用的结果,当学习者做出积极的反应时,才能形成认知和意义。学习被视为最好的鼓励学习者在老师的指导下进行模仿和付诸实践,并评价他们自己的活动的最好方式。当学生自己有自由去开展那些能达到他们真正目的和满足他们兴趣的活动时,学习才能达到最佳的效果。因此,对学习的测试不是对在课堂上背诵或在考试中作答能力的测试,而是学生在随后的经历中能够做出适当反应的能力的测试。

经验主义者第三个观点,就是整体性概念。整个生物体都对个体做出的反应贡献了力量。因此,学习变成了学生在生理、精神、情感态度以及智力方面对环境做出反应的事情。从个体角度来说,当个体对他所面对的情况做出有效的调节时,反应的整体性或完整性就能实现。如果学习者能有效地面对环境的多样化,那么,他就能使自己形成完整

564

的人格,但是,当许多不适当的反应来扰乱个体的正常平衡时,最初的适应障碍便会随之而来。

565

因为个体要与其所处的由人、社会机构、风俗习惯、法律以及思想和信仰所组成的社会环境相互作用,所以,为了促进个体以及由个体所组成的社会的良好发展,教育必须越来越多地考虑所有这些因素。

智力。经验主义者反对早期哲学的传统理性主义以及实证主义者的科学心理学观点,而强调思维与智力的不同。思维不仅被视为是区别于"推理"的能力或调整行为的能力,而且被视为是在本质上解决问题的方法。

杜威在 1916 年出版的那本具有广泛影响力的著作《民主主义与教育》(*Democracy and Education*)中,强调了科学和科学方法对于影响人类处理各种各样事务的重要性。在科学方法中,他发现了处理事务程序的原则,这种原则为他提供了发现经验、知识和思维的概念的线索,而这些概念与理性主义者和智力主义者所持的智力的不同方面的概念有很大的差异。杜威的理论把知识及思维与行为及行为的结果紧密联系了起来。

因此,杜威得出了一个基于问题解决的科学方法的思维描述。换句话说,解决问题的方式在人类处理和控制事情的过程中变成了人类智力的方法。思维不是单独解决问题的能力,而是人类用智慧去解决问题并得以丰富人类生活和娱乐以及从中获取经验的所有人类活动的总称。作为解决问题时的思维方式包括四个步骤:有待解决的困扰或问题;对问题周围环境的观察;如果采取行动会导致的结果假设或行动计划;真正和积极地去测试是否假设能达到预期的结果。[①]

于是,杜威以这个思维过程为基础来确定教育方法,得出了以下的教育结论:学生把问题当作对思维的真正刺激时,他必须真正处在所经历的情景之中,并且要不断从事他感兴趣的活动。他必须掌握或获得

---

① 杜威本人提出了"思维五步"和"教学五步"。"思维五步"包括:疑难的情境;确定疑难的所在并提出问题;提出解决问题的各种假设;对假设进行推断;验证或修改假设。"教学五步"包括:教师给儿童准备一个直接经验的情境;儿童把情境中的问题作为思维的刺激物;儿童通过观察和思维活动提出解决问题的各种假设;儿童对假设进行整理和排列;儿童通过应用来检验假设。——译者注

适当的信息,以便为即将解决的问题做必要的观察。解决问题的方式或假设必须是发生在他自己身上的,而且他必须对它们的有序发展负责。最后,为清晰地表达这些假设的意思并找出它们的效力,他必须有机会和场合将他的想法付诸实践。因此,教育方法实际上存在于有意识的思维方式和实现行动的过程之中。

　　一些实验主义者对于这个思维形成过程的描述并不认同,也不相信科学方法的事实调查本质上适用于行为指导的决定。在 1942 年出版的《全国大学教师教育协会:第 28 年鉴》(The Twenty-eighth Yearbook of the National Society of College Teachers of Education)题为"在民主社会中实际判断的原理"(The Discipline of Practical Judgment in a Democratic Society)的部分中,布鲁斯·洛普(R. Bruce Raup)[①]教授和他的同事们概述了他们关于人们在各种各样的情形中应该怎样才能做出好的决定的建议。他们认为,智力不是简单的事实调查的科学方法或是通过测试得出的结果。智力是一种深思熟虑的行动形式,包括按照所提供的事实和价值,能够协调地和民主地做出明智的决策。

　　因此,实际判断包括一些简单的决定,例如,做的内容、做的形式、执行关于活动的基本政策以及在重构基本假设和规范原则时人们一般应该如何做。实践智力必须包括三个阶段:(1)对事实或理想情境的预测。(2)在现有情况中对已存在的相关事实的调查。(3)设计并执行从现有情况向期望目标发展的活动计划。在中小学和大学中,对实践智力发展的直接关注是最重要的方法之一。但是,实验主义者提出的教育方法与理智主义者提出的"心智训练"和现实主义者提出的"科学方法"是有所不同的。

人文学科和科学的社会角色

　　科学和数学。随着诸如阿尔伯特·爱因斯坦以及其他难民学者中著名科学家逃离纳粹党和法西斯主义而来到美国,使得美国的科学有了飞速的发展,不仅从欧洲的发展中吸取精华,并且开始了更进一步的

---

　　① 布鲁斯·洛普(1888—1976),美国高等教育家。——译者注

研究。

对于一般民众来说,新的发明和科学技术的应用比"纯粹"的研究留下的印象更深刻,因为新的发明和科学技术的应用是他们所能看到的。从 20 世纪初怀特兄弟飞机模型到 1927 年林德伯格(Lindbergh)①独自飞越大西洋,再到最后花费将近 50 年的喷气飞机和火箭,许多人都见证了整个发展过程。空调、电视、活动房、塑料和各种各样人工制造的东西被数以百万的民众所体验,并且很快就有更多的人开始有相关的需求。其中,所实现的最尖端的技术是核能在氢弹、放射性元素、核潜水艇以及其他核能装置中的应用。

20 世纪初期,大部分科学家都坚持社会中立和客观的学说。他们否认科学家对他们自己"纯粹的"研究付诸应用有任何的责任,并辩护说科学调查是脱离社会暗示的唯一正确的研究方法。亚伯拉罕·弗莱克斯纳(Abraham Flexner)②是坚持这种观点的一个代表性人物。第一次世界大战使得更多人开始质疑社会责任的回归。在第二次世界大战中核弹的投放和氢弹的测试证明了其如此巨大的毁坏性后,社会风潮就爆发了。

许多核能科学家自己通过联合国或世界各国政府要求对科学研究进行社会控制,以此来防止由科学竞争而引起的国家之间关系的严重破坏。一些科学家甚至开始坚信,科学不只是"目标";科学家不应该也不能够通过完全的空想和假设来完成他的研究;必须在科学知识所处的文化环境以及对其与实践和行为关系的认识中寻求科学知识。

在他们对科学技术应用于社会的研究中,工程师比"纯粹的"科学家看得更清楚。在工业工程师学会的技术报告中,以及与哈罗德·洛布(Harold Loeb)③和布鲁金斯学会的有关美国潜在生产力的报告中,就能体现出这一点。国家计划委员会和国家资源规划委员会意识到了为了公共福利而利用科学的必要性。当科学家们在一个国家急切的项目上合作时,例如,著名的政府核计划"曼哈顿计划"(Manhattan Project),大家才清楚到底能做出怎样的跨越。一项具有合作性和协同

---

① 林德伯格(1902—1974),美国飞行员,航空史上最著名的人物之一。——译者注
② 亚伯拉罕·弗莱克斯纳(1866—1959),美国高等教育家。——译者注
③ 哈罗德·洛布(1891—1974),美国著名作家。——译者注

性的研究计划能在 3 或 4 年内实现,而这可能花费大学的科学家或单独从事研究的科学家相当长的时间。一些人开始感到好奇,在和平时期的类似条件下可能获得怎样的结果。这一趋势偏离了传统哲学所宣传的知识和行动的分离,而更靠近于实验主义者所主张的知识和行为的关系。

社会科学。在 20 世纪,美国学术界的一个最重要的发展是大批学者和作家更加关注社会科学。这一趋势越来越朝着美国社会制度的实际描述以及这些制度如何运作的方向发展,朝着政治因素、经济因素、社会因素与美国文化和民众福利的关系的方向发展。尽管许多设想认为社会科学必须像物理学和自然科学一样不与社会事务相关,但是,仍然有越来越多的社会科学家开始断言,社会阐释是他们工作中真实的甚至是主要的一部分。无论他们做出什么阐释,那都是基于他们的社会价值观和他们对美国人生活中所期望的那种社会关系。

在企业和社会科学家的共同努力下,出版了由 E・R・A・赛利格曼(E. R. A. Seligman)①和阿尔文・约翰逊(Alvin Johnson) 所编辑的《社会科学百科全书》(*The Encyclopedia of the Social Sciences*)和《美国传记词典》(*The Dictionary of American Biography*),这是两部极其重要且具里程碑意义的关于社会科学的百科全书式著作。第一次世界大战之后成立的社会科学研究委员会在其领域的研究中起着带头作用。美国历史协会(American Historical Association)也促进了几次合作研究。对于教育来说,最为重要的是"关于学校的社会学科委员会"(Commission on the Social Studies in the Schools)的分析和解释。"新政"起了很大作用,获得了作为顾问和规划者的来自学院和大学的经济学家、社会学家以及政府专家的支持。这就引起了许多反对者关于"大脑信任"(Brain Trust)和"蛋头"(egg heads)②的嘲笑,但是,保守主义者继续努力以获得对他们的更多支持。很快,全国制造商协会、商会以及共和党都拥有了为它们的利益而研究、写作和宣讲的学者。

在第一次世界大战和经济大萧条之前,大多数社会科学家都很自

---

① E・R・A・赛利格曼,美国经济学家(1861—1939),美国经济协会创始人之一。——译者注

② "蛋头",嘲讽知识分子的俚语。——译者注

信地认为美国社会的基础结构是完善的,但在 20 世纪 30 年代初期,当社会科学家尝试去寻找经济大萧条的原因时,遭到了异口同声的批评。他们越来越开始认为,美国必须或多或少地进行社会改革,而且社会知识作为社会规划和行动的指南是相当有用的。

文科。 在 20 世纪,美国文学最终脱离对欧洲的依赖,而形成了自己的文学。浪漫史和历史为许多作品的写作提供了素材,但是,对各阶层的社会环境的真实描述开始起着更大的作用,所描述的范围也从对事实的愤世嫉俗到积极的社会改良主义。长篇小说、短篇小说以及报纸专栏的作家,也已有了成百上千万的读者。

也许"连环画"图书、"庸俗"杂志和日报中的体育运动消息比任何其他的出版物拥有更广泛的读者。美国人也许比其他国家的人更可能成为杂志的读者,每周或每月都出售数以百万份的杂志。

学者开始对语言在交际中的作用感兴趣。对于那些强调词语并不是固定的,而是随着不同环境和他们所应用的上下文的变化而变化的人来讲,"语义学"就是一种代号。总之,美国语言和美国文学开始抛弃它对主流传统的独有的忠诚,而反映出向社会改革和实验主义方向发展的趋势。

569 在 20 世纪,美国的艺术和音乐也开始从传统的形式和主题中脱离出来,而反映当时社会趋势的一种新的精神。对于那些试图以艺术形式给予当时新生活一种更为现实更为文学的描述的人来讲,"形式应该遵循功能"(form should follow function)成为了他们的标语。总体上说,在使精致艺术(fine arts)①发挥更大作用以及确保实用艺术中的更好设计方面,人们做出了更大的努力。

现代建筑学继续获得更多的拥护者。尽管在无线音乐城(Radio City)②、1933 年的芝加哥世界博览会、1939—1940 年的纽约世界博览会以及美国大楼的建筑设计上存在着争议,但是,很显然,现代设计在办公大楼、私人住宅和公共住房等设计的反对传统的方面都取得了相

---

① 精致艺术,即美术,指绘画、雕刻、建筑、诗歌、音乐等同时也指美术学或艺术。——译者注

② 无线音乐城,美国纽约著名的迪吧,孕育了许多著名音乐人,例如演奏家、作曲家雅尼等。——译者注

当大的进步。

美国艺术得以更接近民众的最重要的方式之一，是源自经济大萧条时"新政"的紧急措施。最初是为了缓解作家、艺术家、演员和音乐家不被雇佣而制定了如此详细的计划，同时也展现出从民众的品味和欣赏中得到的普遍利益。1933年，在作品进程管理部门（The Works Progress Administration）的指导下，制定了联邦艺术计划。它包括联邦美术计划、联邦音乐计划、联邦剧院计划和联邦作家计划。

不仅成百上千的人得到了工作，而且成千上万的人参加各种艺术课程，并且以较低价格听音乐会，看舞台剧。美国民间艺术已作为目录进入了《美国设计索引》（*The Index of American Design*）中，美国的原创音乐在国内各地得到发展，美国民间传说被编集，对美国各州、河流和国家自然资源及其价值的指南也被记录了下来。当然，所有这些创造性的工作并未达到最高的境界，但是，美国人第一次意识到对于艺术得到联邦支持，然后再将其带入人们日常生活中所起的重要作用。这是美国公共教育的一个伟大的实验。这使很多人开始思考，对艺术的私人赞助是否拉大了公众和艺术家之间的距离。一些人开始相信，如果对艺术的赞助在某种程度上遵循公众和私有并行的教育方针的话，那么，艺术和科学的社会作用会有很大的提高。

教育计划中的矛盾倾向

教育目标的再诠释

前面几章已经概述了一些有关知识分子权威的相矛盾的内容。在20世纪上半期，这也引起了美国教育家和公众的关注。由于课程制定者对各个层面教育计划都有再次评估的任务，因此，他们对这种互相矛盾的说法感到困扰。这里简要叙述如下：

1. 宗教与道德价值观。一些人认为，作为那些良好的道德原则的基础，宗教目的受到学校足够的关注，他们对此提出了批评。另一些人则认为，道德价值应该以民主社区的普通生活和文化为基础，在自由的

570

社会中宗教信仰应该是家庭和教堂的职责。

2. 知识训练与智力。一些人强调,学科知识作为教育的主要目标,应该从传统的学术学科那里获得。另一些人认为,这种学科知识应该通过自由发展的智力来获得,这种智力需要在广泛的解决问题的活动中才能逐步发展起来,因为它带来了真实的实践判断练习。

3. 知识的获得。一些人认为,通过学术界而产生的系统知识应该包括在课程内容之中。另一些人则认为,最好还是通过学生的亲身经历来获得功能性的知识,并随后不断地深入和发展,到其成年时便会形成有体系的知识。

4. 个人需求和社会需求。一些教育工作者得出了这样结论:教育过程的主要目的就是使学生能够满足其个人的需要和兴趣。另一些教育工作者认为,在现代社会,教育的最主要目标是进行公民教育。

5. 职业教育和通识教育。一些倡导实践思想的人认为,如果教育没有为学生提供为其日后的工作和生计服务的实践训练,那么教育就是失职的。另一些人则认为,学校应该为学生提供丰富多彩的通识教育,这会使学生为他们日后的生活做好充分的准备,同时也为其他机构提供了专门的技术培训。

由于上述各种观点的相互作用和影响,进而出现了很多关于教育计划的新看法。在 20 世纪的前 20 年里,传统的宗教观念和哲学观念继续强调,把道德发展和心理训练作为教育的主要目的。然而,科学心理学和现实主义哲学的兴起,不仅开始重视教育的知识方面和实践方面,而且也开始出现了一些呼声,强调教育在个体发展和社会需求中的作用。

20 世纪 20 年代,个体差异心理学以及在美国人生活中起主导作用的个人主义,这两种力量的不断壮大使得人们对个体发展的关注不断增多。因此,人们把更多的关注放在了个别指导的教育上。在 20 世纪 30、40 和 50 年代,经济大萧条和两次世界大战使得教育工作者们把注意力都集中在产业主义和技术上面,这也引起了对于社会民主和个人民主的思考。因此,人们更加注意培养学生在民主社会中发挥他们的作用。

571

由强调个体的发展转向强调年轻人的社会需求，这种变化在进步教育家的观点转变中得到了很好的印证。1918年，随着进步教育协会（Progressive Education Association）的成立，在15年或20年中，其主要的兴趣是在以儿童为中心的学校中释放儿童的个体能力。人们设计了各种各样的新方法和新活动来帮助儿童的个体发展。20世纪30年代中期，在美国以及世界范围内，批判的社会氛围使得进步教育家这一边缘群体清楚地了解到，中小学以及大学的教育目标和课程应该更充分地考虑到社会的需要，应该以理想的社会制度观念为基础，这是在美国应该实现的。著名的进步教育发言人强调，传统的教育目标应该按照人类本性的文化观点和民主社会的实验主义观点进行重新诠释。

依照这种观点，个性和道德发展成为了教育的首要条件。个性可以由于个体与其所处文化环境的相互作用和相互影响而不断提升。在公立学校里，学生的道德教育并不是通过宗教教条获得的，而是通过对参与民主过程的不断理解而获得的。纪律是教育目标的一个重要方面，但与其说它是源自教师的权威，不如说是源自个体参与群体活动中的复杂的社会需求。

人们仍然认为，信息和知识是很重要的，但不是目的本身，而是作为一种更为明智的解决问题的方法而被学习者所认知。职业目的和实用目的是一个重要的部分，它们并非彼此孤立的或是与其他目的完全分离的，而是与人的性格、纪律和知识的全面发展有着密切的关系——知识和行为总是密切联系的。个体发展是民主教育中一个最重要的部分，但是，人们越来越多地看到，作为社会过程的一个组成部分，个人能力的发展是最有效的。

彼此作用的过程意味着，个人意识到他们的潜力真正参与到民主社会之中。除了要考虑一个理想的社会秩序外，也不能忽视良好的个体发展。所有良好教育都要依靠一个良好的社会。

正如这种对教育目的的再诠释在美国教育中取得的进展一样，各个层次的中小学和大学的课程和教学方法也发生了很大的变化，但是，同时也遭到了教育界和社会上保守群体的强烈反对。很明显，这种趋势反映出了人们对新观念的青睐，并且持续到在随后的第二次世界大

572

战。在 20 世纪 40 和 50 年代,进步教育一直在传统主义势力的阻止下处于防御状态。在这五十年里所获得的很多经验都受到了质疑,其成果也得不到保证。这在很大程度上取决于有组织的专业机构以及培养教师的机构的实力和活力。

初等教育

在 20 世纪刚开始的时候,以学科为主的传统课程在小学里十分盛行,主要强调学生要学会在阅读、写作、拼写以及算术等基本操作方面的知识和技能。但是,不太注重初等科学、历史、地理、音乐、艺术和体育。最早对于初等课程改革的努力在于个人指导方面的尝试。其中一个改革是以"设计教学法"(project method)①为中心的,它借鉴了手工训练、家政以及农业等领域的实践理念。渐渐地,设计教学法作为一种可以让小学生有机会解决生活中的实际问题的方法,被运用到几乎所有其他的学科中。

通常,一个设计会成为一个工作"单元"(unit),人们设计工作单元是要使学生通过参与活动,进而理解和明确一定数量的知识。在 20 世纪的前 30 年里,设计和单元风靡一时。在"道尔顿制"(Dalton Plan)②和"文纳特卡制"(Winnetka Plan)③中,设计和单元甚至成为了彻底重组课程的基础。在 20 世纪 20 年代初,海伦·帕克赫斯特(Helen Parkhurst)④在马萨诸塞州的道尔顿中学设计了一系列的学习计划、学习单元以及许多大的问题,人们称之为"契约"。每个契约都有其特定数量的阅读、练习以及书面作业,这要求学生在特定的时间内完成,通常是 3～4 周时间。在伊利诺斯州的义纳特卡镇的公立学校,卡尔顿·

① 设计教学法,亦称单元教学法,旨在设想和创设一种问题的情景,让学生自己去执行计划和解决问题。由美国教育家克伯屈提出。——译者注

② 道尔顿制,亦称"契约式教育",要求废除班级授课制,指导每个学生按各自的"契约"学习教材,以发展其个性。由美国教育家帕克赫斯特提出。——译者注

③ 文纳特卡制,目的是充分发展儿童的个性和才能,培养儿童的社会意识。由美国教育家华虚朋提出。——译者注

④ 海伦·帕克赫斯特(1887—1973),美国进步教育家。——译者注

华虚朋(Carleton Washburne)①督导制定了一项计划,给每个年级的学生都安排了一定数量的学习计划和学习单元,允许学生们依据他们自己掌握知识的实际情况来确定每个人的学习进度。

因此,个性化教学就是调整儿童掌握知识能力速度的问题,但是,对所有的学生来讲,所要掌握的科目是固定不变的。通过这种教学方法,一些更聪明的学生会进步得更快,那些反应比较慢的学生在达到最低标准的过程中也能及时得到必要的帮助。

另外一种甚至更为普遍的个性化教学策略,就是试图依照学生的学术能力将他们分成不同的小组。人们称之为"能力小组"(ability groups)、"同类小组"(homogeneous groups)和"XYZ小组"(XYZ groups),这些设计在20世纪20年代十分流行,主要是由于个体差异心理学和智力测验这两种新发现的诞生。最常见的就是,根据学生的学力测验来划分学生,这种学力测验是通过智力测验来进行的。这样,教师就能给那些最聪明的学生额外的功课,扩展他们的知识,同时也不耽误那些落后的学生;测试成绩中等的学生比那些最聪明的学生所要做得略少一些;那些测试成绩最差、教师认为比较"愚笨"的学生,老师应该帮助他们达到最低标准。通过这种方法,可以保持所有学生的进度相同,实现个性化教学,但是,课程会根据学生的能力不同而做出相应的调整。

图33 孩子们在一所现代小学里学习数学

① 卡尔顿·华虚朋(1889—1968),美国进步教育家。——译者注

在 20 世纪 30 年代，许多小学教师感到，应该制定一种更加深入且有针对性的小学课程。他们认为，学习设计、学习单元、能力分组以及诸如此类的安排，只是为学生掌握教材而设计的。他们还强调，课程组织的真正基础应该是学生的经验。因此，学校课程不仅应该包含所要学习的学科知识，而且应该包括学校活动中所涉及到的学生的经验。"经验"课程的理念要以"学生活动"为中心。哥伦比亚大学师范学院的威廉·H·克伯屈（William H. Kilpatrick）就是这一理念的重要代表人物。

574

对于许多人来说，活动计划意味着很多东西，但是，它往往意味着人们应该把学生视为一个"整体"，当学生对学习活动感到有兴趣且有一定的目的的时候，学习才能够达到最佳效果。人们应该把学生看作是积极的、有创造力的，学生应该参与发起、计划、执行和评价他的学习活动。"做中学"（Learning by Doing）成为了一个口号，强调学生的自由，鼓励他们参与他们认为重要的活动，并且理智地评判他自己的学习过程。

由于学习并非是一件独立的事情，而是涉及到端正态度、养成习惯以及获取知识一些其他方面的事情，因此，综合学生各方面的个性是教育过程的最终目的。学习测试并不是能否通过考试的能力测试，而是个人行为在随后的经历中所体现出来的方式。每个人只学习那些他"所接受的行为方式"，以及那些脱离了认识、思考和感觉的情境的内容。人们把更多的注意力放在活动计划的讨论、旅游、决策制定、戏剧和绘画作品上，并通过展示和汇编程序以及阅读书籍、撰写报告来分享经验。

在 20 世纪 20 和 30 年代，早期的进步学校开始不再指责它们的领导人是保守派，它们非常溺爱学生，并迎合他们的偶然的兴趣。但传统教育者和实在主义教育者批评进步主义的学生缺乏纪律性以及养成一些坏习惯，没能掌握基本的知识和技能，在他们看来这些都是每个学生所应必备的。早期进步主义的个性化教学方法，也越来越多地遭到了那些注重现代美国年轻人的社会需求的人的批评。

在 20 世纪 30 年代和 40 年代期间，有比之前更多的教育工作者坚持认为，应该把整个教育过程看作是一个社会过程。在他们的提议中，首要的是,在小组活动学习中的合作努力,解决重要的社会问题而不是不关心儿童的兴趣,以及重视学校与社区之间的联系。尤为重要的是,这些新的进步主义批评家坚持认为,教育必须依赖于一种基本的、民主的社会哲学,在这个社会中课程是通过学习、讨论和合作的民主方法而制定和实施的。一些进步主义者认为,民主的哲学要服务于教师和学生合作完成他们活动的过程之中;另一些进步主义者认为,民主的教育必须要适应于社会改革计划,而且要以民主学校的安排为依托。

正是由于这些批评的结果,学校课程开始依据社会需要和学生的兴趣来制定。很多人认为,儿童的需要不能与他们所生活的理想社会分离开来。人们似乎清楚地看到,学校课程不仅要依照对于儿童来讲是好的学习活动来制定,而且要依照儿童将会面对要解决的社会问题的重要性来制定。

在民主社会中,"生活的区域"、"持续的生活环境"以及"共同的学习"成为创建合作性学校课程的关键概念。不允许儿童忽略在家庭生活、人际关系、社会和公民的责任、职业生涯、健康、娱乐和休闲活动等方面能力的发展。但对于课程是否应该基于一种教师可能提议的、明确定义的公平社会,教育家们所持有的观点也是有分歧的。

无论这些争论的结果如何,大多数进步教育家一直强调小学教育应该更注重以下几个方面的活动:儿童学习和心理卫生;教育和职业指导、咨询以及个性化服务;医疗和健康教育、娱乐以及体育;对特殊儿童的特殊教育,例如,对超常儿童、智障儿童、情感特征有缺陷的儿童的教育。

在20世纪中期,一个最重要的发展,就是对儿童情感需求的关注越来越多,对他们智力和生理需求的关注也越来越多。对儿童发展和生理卫生需要的广泛研究,引起了人们关注人类行为及其动机的理性和非理性原因。借鉴精神分析学的研究和理论,生理卫生凸显了行为问题,而这些行为问题是在家庭和集体生活出现失调后产生的。教育工作者们比以往更清楚地意识到,儿童早期的生活状况会对他以后的发展产生重要影响。个性心理学和辅导心理学日益流行,并越来越被教育工作者们所关注,因为他们意识到,如果教师忽视儿童的情感发展,而仅仅是关注智力训练和学术知识的话,那么,教学就会遭到严重的破坏。

中等教育

在 20 世纪,多种因素的出现使得许多教育工作者认为,彻底修订中学课程与改革小学课程一样必要。其中一个因素就是中学就读人数的变化。1900 年,实际上只有 10％的适龄青年在中学就读;到 1930 年,骤增到 50％;到 1954 年时,又达到了 85％。这是一种异常的增长现象,是大量教育实验的体现。实际上,这是一种阳光下的新生事物。没有任何其他国家试图如此大规模地对这一年龄段的孩子进行教育。

这意味着,中学与以往相比拥有了更广阔的社会背景、经济背景以及更大范围的学术能力。同时,这也意味着,中学最主要的目的不再是为大学做准备。然而,1900 年,有约 75％的中学毕业生选择继续进入大学就读;而到 1950 年时,这个比例仅为 25％。随着这些变化的出现,许多人清醒地意识到,传统贵族式的和具有专门特征的中等教育必须让位于一种更能适应学生需求的中等教育。

中等教育的另一个变化,就是中学的学科和课程的不断增多。作为新的工业、科学和学术活动发展的结果,所有的学科都极大地得到了扩展。中学里开设了英文、社会学、自然科学、数学、商学、家政和职业课程以及艺术、音乐、外语和体育等课程。这种课程的增多意味着,选修课制度成为了常规的做法,而且分离的、独立的课程和学科更占优势。学生们可能会专门学习某一学科,也可能把精力分散到很多相互联系的学科上。从"自杀式专业化"(suicidal specialization)以及"过分肤浅"(excessive smattering)的角度来看,为了加强课程计划的连贯性和一致性,许多教育者开始呼吁对课程进行重组。

中等教育重组委员会(Commission on Reorganization of Secondary Education)朝着这个方向采取了措施,在 1918 年发表了著名的《中等教育的主要原则》(*Cardinal Principles of Secondary Education*)。该委员会强调,中等教育应该通过提供选修课来体现专业化,同时也应该通过所有学生都追求的日常活动来体现一致性。这种专业性和一致性要与中等教育的七大目标相联系：身体健康、掌握基本技能、有用的家庭成员、职业能力、公民职责、善用闲暇时间和道德品格。从那时起，人们在争取实现课程更大的"关联"和"融合"方面做出了不懈的努力，以克服学科专业化问题。

一些学校把各种学科按知识领域进行了重新分组，试图更好地体现出各学科之间的联系。最常见的"广域"（broad field）包括：语言艺术、社会科学、自然科学和数学以及美术和音乐。通常要求学生在每个广域内进行一定的学习，为的是使他们能够对该领域有组织体系的基本知识有一个基本的了解。"概论课程"（survey courses）是为所有学生设置的，它是为了使学生对广域有个大体的了解，并且取代了那些在狭窄领域内迎合专家兴趣的、更为高度专业化的课程。

"问题课程"（problem courses）则为学生们提供机会去熟悉基本的社会问题或是广泛的人类发展的问题，这种理解的获得是利用各种不同的学科主题以打破传统的学科领域来达到的。例如，研究文化需要运用文学、语言、历史、政治、经济学、自然科学、艺术以及音乐等知识。有时，"问题"的含义包括"失业"、"美国的民主问题"、"交通问题"、"工业问题"等。其他课程试图超越这些重组，运用活动方案和实践课程的技术，就像它们在小学里实施的那样。社会学科往往在致力于学生学习活动的关联和整合方面起着主导作用。

无疑，这种趋势在朝着为所有学生提供共同的观点、知识和经验背景的方向发展。这往往会表现为一种"核心课程"（core curriculum）或称为"核心学科"（core course），需要所有的学生在学校里完成。这种总体趋势有时被界定为"通识教育运动"（general-education movement）。因此，有人认为，这可以弥补选修课制度和学科独立的不足，而且学生可以对社会发展及其自身在民主社会中的角色具有一种更为完善的认识。

一些机构出于教育的社会目的，通过一些有影响力的出版物来推动这一进程的实现。这些权威机构包括：全国教育协会的教育政策委员会、美国历史协会的社会研究委员会、美国教育委员会以及进步教育协会。相反地，传统主义者对于美国教育的困惑所做出的反应是，主张致力于对过去伟大遗产进行研究,并以此作为统一教育经验的一个途径。

20世纪中等教育最重大的进步之一,就是由进步教育协会的学校与大学关系委员会(Commission on the Relation of School and College)所负责开展的合作计划,即人们所熟知的"三十校实验"(Experiment of the Thirty Schools)或称为"八年研究"(Eight Year Study)。在威尔福德·艾金(Wilford Aikin)①的指导下,该委员会于1933年开始征募30所公立和私立中学,对它们的教学大纲进行重组,并安排300所学院和大学在只需要校长推荐信而不需要其他入学要求的情况下接收这些中学的毕业生。

图34 进步教育的四位领导人
从左至右:约翰·杜威、威廉·H·克伯屈、乔治·S·康茨和博伊德·H·博德
(哲学教育会议,哥伦比亚大学师范学院,1948年)

这是一个极大的考验,看一看"进步"学校的中学毕业生在大学里是否能够与那些满足大学入学要求的传统学校的中学毕业生做得一样好。每所参加实验的学校都在总纲框架下保留了自己的计划:更好地掌握知识和保证学习的连贯性,对我们的文明社会存在的问题有清醒的认识,培养社会责任感,发挥创造性的能动性,学生和教师之间更自

① 威尔福德·艾金(1882—1965),美国进步教育家,曾任学校与大学关系委员会主席、俄亥俄大学教授。——译者注

由的交流,以及强调对学生指导和建议。学校提供的课程计划范围,从更接近于"广域"和"问题"的形式转变为以学生个人的某种持久的兴趣和需求或职业目标为中心的"经验"课程。

这些进步学校(progressive schools)的第一批毕业生于 1936 年进入大学学习,随之展开的后续研究观察了这一群体在其学术课程、学校生活和个人发展方面的表现如何。在拉尔夫·泰勒(Ralph Tyler)[1]的指导下,评估人员将 1475 名进步学校的毕业生与相等数量的传统学校的毕业生进行了比较。每个进步学校的毕业生在年龄、性别、种族、年级、智力以及同等经济和社会背景上都与一名与之相同的传统中学毕业生相对应。

通过仔细的分析、研究和观察,评估人员发现,与那些传统学校毕业的学生相比,进步学校的毕业生在大学里能够赢得更多的学术和非学术的荣誉,并且排名普遍靠前。进步学校的毕业生有着更强烈的求知欲,他们的思维更为精确、系统和客观,他们能够表现出高度的机智以满足新形势的需要,他们能够更频繁地参加学生活动,他们朝着职业选择的方向寻求更好的发展,并且对于世界上正在发生的事情有着更为积极的关注态度。

很有趣的一点是,来自于最典型的 6 所进步学校(它们的课程计划从根本上改变了传统的教育模式)的毕业生在大学中的表现要优于 6 所并不典型的进步学校(它们的课程计划基本上没有改变传统的教育模式)的毕业生们。在这些进步学校里,从社会背景到经济背景所涵盖的范围与一般的公立中学一样广,但是,从低收入人群所占的比例来看,从总体上远不及城镇那么多。然而,在大学里,从具有同等学术能力的方面来看,那些来自更底层社会经济群体的学生表现得更好。

毫无疑问,这些大量细致的研究似乎表明,非大学预备的中学课程计划的变化并没有成为学生们的不利条件,对于那些去大学就读的学生而言,大学注定会为所有的学生提供一种更为有用的教育,以满足他

---

① 拉尔夫·泰勒(1902—1994),美国课程专家,曾主持"三十校实验"的课程评价工作。——译者注

们的个体需求以及社会的需要。

高等教育

随着 20 世纪的起步,选修制似乎成为了大学课程设置问题的解决方法。这些问题一方面是因自然科学和社会科学中涉及的知识大幅增加,另一方面是一个年轻的民主国家不断增长的需求,应该给予越来越多的年轻人有优势的高等教育。大学不断进行扩张以满足这些实际需求,然而,许多批评家对大学的这种做法提出了质疑。总体来说,这些批评家可以分为两个对立的群体,称为"保守派"和"进步派"。

保守派,按照以往的学术传统形成了一个完整的路线,希望尽可能保留通识教育的传统观念。他们认为,大学已经堕落成了各种工业、商业和农业企业的"服务站"。因此,大学必须回归到其应有的功能,来改善大学训练的"智力"质量。相反的,进步派则认为,当代社会是如此之复杂,变化是如此之快,以至于大学必须给予学生一种整合的、统一的教育经验,为的是使学生在一个相互依赖的社会中更好地为他们今后的生活做准备。

尽管选修制通过在课程中增加技术实用学科,满足了 19 世纪美国人民一定的生活需求,但由于对课时、学分、必备知识和学历有着各种各样的要求,它现今已经变成了一种负担。由于选修制下高度专业化和孤立的学科并没有满足学生的综合需求,因此,进步教育家认为,想要这样做的学校应该设置新的课程以及新的学院。如此看来,选修制的规定似乎是毋庸置疑的。

不论是保守派还是进步派,都认同基于狭窄学科内高度专业化课程而发展形成的自由选修制是教育上的失误,然而,在改革意见方面,两者却持有不同观点。他们都建议制定更多的规则,但他们对于所要规定的各种学科方面则存在着根本的差别。他们同意在规定中应该更加重视教育和生活中的共同元素,但是,对于这些元素共有的性质是什么,两者却存在着分歧。他们都倾向于对知识进行更大程度的关联和整合,然而,对于如何使之实现以及什么学科能够更好地体现出知识的关联性方面,则持有不同的意见。

例如,通识教育运动建议,在知识体系中体现更多的融合。这项运动的范围从赫钦斯校长所提出的保守主义计划一直延伸到了借鉴约翰·杜威哲学启示的进步教育家所提出的实证主义计划。在这两个极端之间,大多数的大学教师似乎都试图通过协调选修制和规定课程来弥补大学课程的缺憾,他们有时从保守主义中得到灵感,有时又从进步主义中受到启发。

对于改革大学课程所做出的努力,主要可以分为以下三种类型:(1)对于修改课程要求所做的努力;(2)对于学生个体给予更多关注所做的努力;(3)对于打破狭隘学科之间的限制,以及建立更大和更多相互关联的知识领域学习所做出的努力。

课程要求的修订。最初并且最终进行课程改革的方法进行了多种安排,其中有一些规定的课程,其他的课程则由学生来选择。通常,保留了传统形式的、有价值的学科课程,用以解决相对而言范围狭窄的学科知识,同时也保留了对报告、作业、背诵和测试传统的依赖。

追溯到 1909 年 A·劳伦斯·洛厄尔(A. Lawrence Lowell)担任哈佛大学校长时所做出的努力,就可以发现,集中和分散原则调和了规定课程和选修制之间的矛盾。通过这种方式,要求学生集中上课,学习某一领域的知识,同时也安排其他的选修性课程,这样就可以使学生对其他重要的知识领域也能有所认识。另一种不同的方法是,要求学生修满足够的学分,在某一院系内修习一定的学分作为"主修",然后在其他某个或多个学院内获得少量学分以构成"辅修"。

个性化教学。第二种常见的方法致力于打破涉及特殊规定的学分和单元的旧模式,由此使每个学生的兴趣和学习需求得到更多的重视。导师计划是对大学学生个性化教学的一种尝试。在如普林斯顿大学、哈佛大学、瓦萨学院这样的大学里,都把学生分配给导师,导师的作用就是给学生提出建议,并且对他们完成学业或者准备终结性考试或综合测试提供帮助。通过这种方式,每个学生自身能力上的优劣更容易被导师发现,也就能够采取更合适的方法和措施为学生提供能够满足于他们自身特殊需求的课程,以取代那些大的讲课或讲座式课程。

另一种形式的个性化教学,则体现在通常与斯沃斯莫尔学院有关的荣誉计划,以及通常与斯坦福大学有关的独立学习计划上。在这两种计划中,主要的意图都是给了学生更多的机会,使他们自己得到更好的发展,也使他们能够比普通班级的学生进步得更加迅速。在教师的密切指导下,学生完全独立地执行个人学习计划,不会受通常要求和班级责任的干扰。

我们或许可以从阅读的荣誉计划中得到一些启示,一些大学会这样安排它们的课程,即在一年中的某段时间内,不强求学生上课,这样学生们就能够集中精力在没有出勤干扰的情况下进行他们的阅读计划。另外一些大学已经把个别讨论或小组讨论的方式运用到了所有的学生中,而不是某一部分学生中。非正式(informality)成为了一种基调,与那些传统背诵教室中呆板且正式的氛围相比,热烈的讨论和小组活动能够为学生的充满活力的发展提供更好的机会。一些大学通过强调开展课外活动来削弱大班授课的正式氛围,这些课外活动包括:到周围社区远足,为期一年的出国留学和其他旅行计划,以及在社区机构进行一段时期的工作或研究。

少数进步主义院校为个性化教学做了最彻底的努力,它们有意识地尝试从学生自身的兴趣出发,开展适合增长学生自身经验和达到其目的的学习课程。因此,在本宁顿学院、莎拉·劳伦斯学院和巴德学院,学生们有很大的自由与他们的导师一起讨论自己的学习计划,批判性地来看待自己做出的努力,以及判断其学习的价值。尽管进步主义院校十分强调学生个人的兴趣,但同时也存在着一种明显增长的趋势,那就是学生的兴趣不仅是经验课程的出发点,而且也向其展示他们的活动对社会福利产生的广泛影响。

更重要的规定课程。改革大学课程的第三种方法就是设计一些新的规定课程,旨在打破传统的对于学科狭隘的划分,为学生提供一种更加一体化的知识体系,同时也使他们打下在现代社会中智力参与所必需的共同的知识基础。

一些大学取消了很多专业化的系,取而代之的是让专业化相对较少的学部来提供一些更为广泛的学习课程。其中,具有代表性的广泛的学科领域包括:社会科学、自然科学、语言和文学、哲学和宗教以及精致艺术。而且,要求学生们在大多数领域里达到精通的程度。通过这种方式,以前学院与学院之间不可调和的矛盾消除了,不仅尝试去满足计划成为某个领域专家的学生的需求,而且也尝试去满足那些想在其他领域拥有专业造诣的学生的需求。哈佛大学 1945 年的报告就指出,它正在朝着这个方向不断努力。

在大学课程中,实现更大程度一体化的常用方法就是概论课程。概论课程不仅可以达到多种不同的学习目的,而且还可以附上许多不同的名称。在 1925—1950 年期间,概论课程出现了迅猛的增长,包括"适应课程"(orientation courses)、"相关课程"(correlated courses)、"协调课程"(coordinated courses)、"综合课程"(integrated courses)以及"合作课程"(cooperating courses)。一些课程旨在让新学生找到进入大学或各种知识领域学习的方向。一些课程旨在为初学者提供鸟瞰某一特殊领域的机会。同时,一些课程还被作为所有打算在这一领域进一步深造的学生的第一课。通常,所有这些目的都是相互联系在一起的,单一的课程很难承担起实现不同学生的不同目的的重任。

改革大学课程的一种不很普遍但却更为有效的方法,就是对整个文化时代或文明学习加以关注。由于人们把主要精力放在了解决政治和社会控制、工业、科学、财富、战争、失业、休闲以及基本世界观等重大问题上,因此,学生们才有很好的机会来整合他所学的知识,并运用于社会实践之中。最为彻底地运用这种方法的例子,或许就是 1927 年—1932 年在威斯康星大学由亚历山大·米克尔约翰(Alexander Meiklejohn)担任院长的实验学院。其他的改革方式涉及到面向个人和对于个人需求的学习,例如,身体健康、性别、婚姻状况及家庭成员、职业、休闲、社会公民关系以及宗教信仰等。最后一种改革规定课程问题的方法,是以必读规定的"经典"名著的课程为中心,这一点在圣约翰学院中体现得尤为明显。

不论对这些课程修订或改革赋予什么样的名称,也不论依据它们所制定出的课程具体目标及细节是什么,至少通常在更为进步的实验学院或课程中存在两种目的。一是与大课和讲座相比,要给予学生个体更多的关注以及提供更有意义的大学学习。二是大学的学习要密切联系现今社会,在学生的学习和现代生活的参与中给予他们更为一体化的方法。规定课程应该受到学生的喜爱,因为大学试图确保所有的学生都能够对人类、社会以及整个世界的问题有一个共同的理解。

美国的学院和大学从它们的战争经历中走出来,并制定未来几年的教育计划,审度着第二次世界大战对它们来说意味着什么。如果它们明智的话,那它们就会意识到,所反映出的对于职业、技术和科学训练的迫切需要,不仅是战争时期一个国家的需要,而且也是和平时期一个工业化国家的需要。它们会意识到,它们不能坚持关于"实践教育"的传统行为,而"文化"目的和"实用"目的必须从新的角度融入现代生活之中。它们还会意识到,如果它们的教育计划不是以实现美国乃至世界民主社会这种社会责任为出发点的话,那么,再多的智力、文化或职业训练也是没有价值的。

大学教育的经验应该是这样的:在大学毕业之后,美国的年轻人将知道在一个民主的和相互依存的世界中应该怎样生活,而且将知道在这样一个世界中要认真地为一个真正民主的社会而奋斗。如果我们只是培养大量专业工人、工程师、技术专家和教师,但他们没有强烈愿望和能力去运用其技能建设和维护一个自由和民主的国家,那么,这对于美国或世界来说是毫无价值的。使学生们成为具有高度专业和职业能力的人,并且使他们对于民主具有迫切的社会责任感,应该成为美国高等教育的目标。

文献书目注释

The following materials have been selected to provide a working bibliography for further reading or investigation.

The first part, entitled *General Books*, is a list of references that cover a wide range of time and place and that can be used as companion reading for the whole of this volume.

The second part, entitled *Books for Further Reading by Chapters*, is a list of references that deal with topics specifically related to the chronological periods referred to in the respective chapters in this volume.

In both parts the references have been grouped under two or three headings. The first consists of original writings by authors who represent important social, intellectual, or educational points of view of the period involved. The second consists principally of interpretive and historical writings about the cultural trends of the period. The third consists of general and specialized studies in the history of education of the respective chapters and chronological periods.

In this way the reader may quickly select readings that will give him a cross section of the social, intellectual, and educational outlooks and practices of the time. Appropriate use of the original writings as well as of the interpretive and secondary sources can substantially aid an understanding of the history of culture and education.

GENERAL BOOKS

COLLECTIONS OF ORIGINAL WRITINGS IN WESTERN CULTURE AND EDUCATION

Baumer, Franklin L. van: *Main Currents of Western Thought; Readings in Western European Intellectual History from the Middle Ages to the Present*, Knopf, New York, 1952.

Bettenson, H. S. (ed.): *Documents of the Christian Church*, Oxford, New York, 1947.

Brubacher, John S. (ed.): *Eclectic Philosophy of Education*, Prentice-Hall, New York, 1951.

Coker, F. W. (ed.): *Readings in Political Philosophy*, 2d ed., Macmillan, New York, 1938.

Columbia College, Columbia University: *Introduction to Contemporary Civilization in the West*, *A Source Book*, 2 vols., Columbia University Press, New York, 1946.

Cubberley, E. P.: *Readings in the History of Education*, Houghton Mifflin, Boston, 1920.

Dennis, Wayne (ed.): *Readings in the History of Psychology*. Appleton-Century-Crofts, New York, 1948.

Fitzpatrick, Edward A. (ed.): *Readings in the Philosophy of Education*, Appleton-Century-Crofts, New York, 1936.

Guerlac, H.: *Selected Readings in the History of Science*, Cornell University Press, Ithaca, N. Y., 1950.

Hart, J. K.: *Creative Moments in Education*, Holt, New York, 1931.

Hutchins, Robert M., and Mortimer J. Adler: *Great Books of the Western World*, 54 vols., Encyclopaedia Brittanica, Chicago, 1952.

Kilpatrick, W. H. (ed.): *Source Book in the Philosophy of Education*, rev. ed., Macmillan, New York, 1934.

Leach, Arthur F.: *Educational Charters and Documents*, *598 to*

1909, Cambridge, New York, 1911.

Painter, F. V. N.: *Great Pedagogical Essays: Plato to Spencer*, American Book, New York, 1905.

Robinson, J. H.: *Readings in European History*, 2 vols., Ginn, Boston, 1904—1906.

Ulich, Robert（ed.）: *Three Thousand Years of Educational Wisdom*, Harvard University Press, Cambridge, Mass., 1954.

INTERPRETIVE WRITINGS ON WESTERN CULTURE

Baker, Herschel: *The Dignity of Man*, Harvard University Press, Cambridge, Mass., 1947.

Barnes, Harry Elmer: *An Intellectual and Cultural History of the Western World*, Random House, New York, 1937.

Brinton, Crane: *Ideas and Men*; *The Story of Western Thought*, Prentice-Hall, New York, 1950.

Butterfield, Herbert: *The Origins of Modern Science*, Macmillan, New York, 1951.

Collingwood, R. G.: *Idea of Nature*, Oxford, New York, 1945.

Dampier, W. C.: *History of Science*, rev. ed., Cambridge, New York, 1949.

Durant, Will: *The Story of Philosophy*, Simon and Schuster, New York, 1933.

Fromm, Erich: *Escape from Freedom*, Rinehart, New York, 1941.

Kline, Morris: *Mathematics in Western Culture*, Oxford, New York, 1953.

Kohn, Hans: *Idea of Nationalism*, Macmillan, New York, 1944.

Murphy, Gardner: *Historical Introduction to Modern Psychology*, Harcourt, Brace, New York, 1929.

Randall, J. H.: *The Making of the Modern Mind*, rev. ed., Houghton Mifflin, Boston, 1940.

Robinson, J. H.: *Mind in the Making*, Harper, New York, 1921.

Russell, Bertrand: *History of Western Philosophy*, Simon and Schuster, New York, 1945.

Sabine, G.: *A History of Political Theory*, Holt, New York, 1937.

Sandys, J. E.: *A History of Classical Scholarship*, 3 vols., Cambridge, New York, 1903—1908.

Sarton, George: *Introduction to the History of Science*, 3 vols., Williams & Wilkins, Baltimore, 1927—1947.

Seligman, E. R. A., and Alvin Johnson (eds.): *Encyclopaedia of the Social Sciences*, 15 vols., Macmillan, New York, 1930—1935.

Thorndike, Lynn: *A Short History of Civilization*, rev. ed., Appleton-Century-Crofts, New York, 1948.

Toynbee, Arnold: *The Study of History*, Oxford, New York, 1947.

Whitehead, A. N.: *Science and the Modern World*, Macmillan, New York, 1925.

Wightman, W. P. D.: *The Growth of Scientific Ideas*, Yale University Press, New Haven, Conn., 1953.

THE HISTORY OF EUROPEAN EDUCATION

Bolgar, R. R.: *The Classical Heritage and Its Beneficiaries*, Cambridge University Press, New York, 1954.

Boyd, William: *The History of Western Education*, 6th ed., Macmillan, New York, 1952.

Brickman, W. W.: *A Guide to Research in Educational History*, New York University Bookstore, New York, 1949.

Brubacher, John S.: *A History of the Problems of Education*, McGraw-Hill, New York, 1947.

Butts, R. Freeman: *The College Charts Its Course*, McGraw-Hill, New York, 1939.

Cole, Percival R.: *A History of Educational Thought*, Oxford, New York, 1931.

Cubberley, E. P.: *The History of Education*, Houghton Mifflin, Boston, 1920.

Eby, F., and C. F. Arrowood: *The Development of Modern Education*, Prentice-Hall, New York, 1934 (2d ed., 1952).

——and——: *The History and Philosophy of Education; Ancient and Medieval*, Prentice-Hall, New York, 1940.

Good, H. G.: *A History of Western Education*, Macmillan, New York, 1947.

Graves, F. P.: *A History of Education before the Middle Ages*, Macmillan, New York, 1909.

——: *A History of Education during the Middle Ages*, Macmillan, New York, 1910.

——: *A History of Education in Modern Times*, Macmillan, New York, 1913.

Kane, W.: *An Essay toward a History of Education*, Loyola Press, Chicago, 1935.

Kandel, I. L.: *History of Secondary Education*, Houghton Mifflin, Boston, 1930.

Knight, E. W.: *Twenty Centuries of Education*, Ginn, Boston, 1940.

Marique, P.: *History of Christian Education*, 3 vols., Fordham University Press, New York, 1924—1932.

McCormick, P. J.: *History of Education*, 3d ed., Catholic Education Press, Washington, D.C., 1953.

Monroe, Paul: *Cyclopedia of Education*, 5 vols., Macmillan, New York, 1911—1919.

——: *Textbook in the History of Education*, new ed., Macmillan, New York, 1920.

Moore, E. C.: *The Story of Instruction: The Beginnings*, Macmillan, New York, 1936.

——: *The Story of Instruction*: *The Church*, *the Renaissance and the Reformations*, Macmillan, New York, 1938.

Mulhern, James: *A History of Education*, Ronald, New York, 1946.

Quick, R. H.: *Essays on Educational Reformers*, Appleton-Century-Crofts, New York, 1907.

Reisner, E. H.: *The Evolution of the Common School*, Macmillan, New York, 1930.

——: *Historical Foundations of Modern Education*, Macmillan, New York, 1927.

——: *Nationalism and Education since* 1789, Macmillan, New York, 1922.

Ulich, Robert: *History of Educational Thought*, American Book, New York, 1945.

Woody, Thomas: *Liberal Education for Free Men*, University of Pennsylvania Press, Philadelphia, 1951.

COLLECTIONS OF ORIGINAL WRITINGS IN AMERICAN CULTURE AND EDUCATION

Barnard, Henry (ed.): *American Journal of Education*, 32 vols., 1855—1882.

Blau, Joseph L. (ed): *American Philosophic Addresses*, 1700—1900, Columbia University Press, New York, 1946.

Brubacher, John S. (ed.): *Eclectic Philosophy of Education*, Prentice-Hall, New York, 1951.

Commager, Henry S.: *Living Ideas in America*, Harper, New York, 1951.

Cubberley, E. P.: *Readings in Public Education in the United States*, Houghton Mifflin, Boston, 1934.

Elliott, E. C., and M. M. Chambers (eds.): *Charters and Basic Laws of Selected American Universities and Colleges*, Carnegie Foundation, New York, 1934.

Hinsdale, B. A.: *Documents Illustrative of American Educational History*, U. S. Commissioner of Education Report, 1892—1893, Vol. Ⅱ, 1895.

Hackor Louis: *The Shaping of the American Tradition*, Columbia University Press, New York, 1946.

Klain, Zora (ed.): *Educational Activities of New England Quakers: A Source Book*, Westbrook, Philadelphia, 1928.

Knight, Edgar W. : *A Documentary History of Education in the South before* 1860, 5 vols. , University of North Carolina Press, Chapel Hill, N. C. , 1949—1953.

——: *Reading in Educational Administration*, Holt, New York, 1953.

——, and C. L. Hall: *Readings in American Educational History*, Appleton-Century-Crofts, New York, 1951.

Monroe, Paul: *Readings in the Founding of the American Public School System*, University Microfilms, Ann Arbor, Mich. , 1940.

Smith, Bernard: *The Democratic Spirit*, 2d ed. , Knopf, New York, 1945.

Thorp, Willard, Merle Curti, and Carlos Baker: *American Issues*, 2 vols. , Lippincott, Philadelphia, 1954.

INTERPRETIVE WRITINGS ON AMERICAN CULTURE

Beard, Charles A. , and Mary R. Beard: *The Rise of American Civilization*, new ed. rev. and enl. , 2 vols. in 1, Macmillan, New York, 1933.

Blau, Joseph L. : *Men and Movements in American Philosophy*, Prentice-Hall, New York, 1952.

Brogan, D. M. : *The American Character*, Knopf, New York, 1944.

Cohen, Morris: *American Thought*, Free Press, Glencoe, Ill. , 1954.

Commons, John R. , and associates: *History of Labour in the*

United States, 4 Vols. , Macmillan, New York, 1918—1935.

Curti, Merle: *The Growth of American Thought*, Harper, New York, 1943.

Gabriel, Ralph H. : *The Course of American Democratic Thought*, Ronald, New York, 1940.

Green, Evarts B. : *Religion and the State*, New York University Press, New York, 1941.

Hansen, Marcus L. : *The Immigrant in American History*, Harvard University Press, Cambridge, Mass. , 1940.

Morison, S. E. , and H. S. Commager: *The Growth of the American Republic*, 2 vols. , 4th ed. , Oxford, New York, 1950.

Parrington, V. L. : *Main Currents in American Thought*, 3 vols. , Harcourt, Brace, New York, 1927—1930.

Pfeffer, Leo: *Church, State, and Freedom*, Beacon Press, Boston, 1953.

Roback, A. A. : *A History of American Psychology*, Library Publishers, New York, 1952.

Schlesinger, A. M. , and D. R. Fox (eds.): *History of American Life*, 13 vols. , Mac-millan, New York, 1927—1948.

Schneider, Herbert W. : *A History of American Philosophy*, Columbia University Press, New York, 1946.

Stokes, Anson Phelps: *Church and State in the United States*, 2 vols. , Harper, New York, 1950.

Werkmeister, W. H. : *The History of Philosophical Ideas in America*, Ronald, New York, 1949.

White, Morton G. : *Social Thought in America*, Viking, New York, 1949.

HISTORY OF AMERICAN EDUCATION

Beale, Howard K. : *A History of Freedom of Teaching in American Schools*, Scribner, New York, 1941.

Brickman, William W. : *A Guide to Research in Educational*

History, New York University Bookstore, New York, 1949.

Brown, E. F. : *The Making of Our Middle Schools*, Longmans, New York, 1903.

Brubacher, John S. : *A History of the Problems of Education*, McGraw-Hill, New York, 1947.

Burns, James A. : *The Growth and Development of the Catholic School System in the United States*, Benziger, New York, 1912.

Butts, R. Freeman: *The American Tradition in Religion and Education*, Beacon Press, Boston, 1950.

——: *The College Charts Its Course*, McGraw-Hill, New York, 1939.

——, and Lawrence A. Cremin: *A History of Education in American Culture*, Holt, New York, 1953.

Cubberley, E. P. : *Public Education in the United States*, Houghton Mifflin, Boston, 1934.

Curti, Merle: *The Social Ideas of American Educators*, Scribner, New York, 1935.

Edwards, Newton, and Herman G. Richey: *The School in the American Social Order*, Houghton Mifflin, Boston, 1947.

Elsbree, Willard S. : *The American Teacher*, American Book, New York, 1939.

Gabriel, Ralph (ed.): *The Pageant of America*, Vol. X, Yale University Press, New Haven, Conn. , 1928.

Hofstadter, Richard, and Walter P. Metzger: *The Development of Acadmic Freedom in the United States*, Columbia University Press, New York, 1955.

Kandel, I. L. : *History of Secondary Education*, Houghton Mifflin, Boston, 1930.

Knight, E. W. : *Education in the United States*, 3d rev. ed. , Ginn, Boston, 1951 (c1922).

McGucken, William J. : *The Jesuits and Education; The Society's Principles and Practice, Especially in the United States*,

Bruce, Milwaukee, 1932.

Monroe, Paul: *Founding of the American Public School System*, Macmillan, New York, 1940.

Noble, S. G. : *A History of American Education*, Rinehart, New York, 1954.

Reisner, E. H. : *The Evolution of the Common School*, Macmillan, New York, 1930.

——: *Nationalism and Education since 1789*, Macmillan, New York, 1922.

Tewksbury, Donald G. : *The Founding of American Colleges and Universities before the Civil War*, Teachers College, Columbia University, New York, 1932.

Ulich, Robert: *History of Educational Thought*, American Book, New York, 1945.

Woody, Thomas: *A History of Women's Education in the United States*, 2 vols. , Science Press, New York, 1929.

COMPILATIONS AND BIBLIOGRAPHIES

The student should also be on the alert to make use of such compilations of historical materials as are contained in:

Barnard, Henry: *American Journal of Education*, 32 vols. , 1855—1882.

Dictionary of American Biography, Scribner, New York, 1928—1936.

Monroe, Paul (ed.): *Cyclopedia of Education*, 5 vols. , Macmillan, New York. 1911—1919.

Rivlin, Harry N. (ed.): *Encyclopedia of Modern Education*, Philosophical Library, New York, 1943.

U. S. Bureau of Education: *Circulars of Information*, 1887—1903 (especially for education in the several states).

For especially good bibliographies, see:

American Educational Research Association: " Historical and

Philosophical Foundations of Education," Chap. 1, in "The Social Framework of Education," *Review of Educational Research*, Vol. 22, February, 1952.

——: "History of Education and Comparative Education," *Review of Educational Research*, Vol. 6, October, 1936.

——: "History of Education and Comparative Education," *Review of Educational Research*, Vol. 9, October, 1939.

Brickman, William W.: "Educational Literature Reviews" in *School and Society*, Oct. 26, 1946; Dec. 28, 1946; April 26, 1947; Nov. 29, 1947; March 27, 1948; March 5, 1949; May 28, 1949; March 4, 1950; May 6, 1950; Oct. 28, 1950; and Dec. 30, 1950.

——: *A Guide to Research in Educational History*, New York University Book-store, New York, 1949.

Brubacher, John S.: *A History of the Problems of Education*, McGraw-Hill, New York, 1947.

BOOKS FOR FURTHER READING BY CHAPTERS

第一章　东地中海国家的文化和教育的起源

ANTHROPOLOGICAL WRITINGS

Benedict, Ruth: *Patterns of Culture*, Houghton Mifflin, Boston, 1934.

Boas, Franz (ed.): *General Anthropology*, Heath, New York, 1938.

——: *The Mind of Primitive Man*, Macmillan, New York, 1938.

Childe, V. Gordon: *Man Makes Himself*, Watts, London, 1939.

Counts, George S.: "Primitive Education," in *Encyclopaedia of Social Sciences*, Macmillan, New York, 1930—1935.

Goldenweiser, Alexander A.: *History, Psychology, and Culture*, Knopf, New York, 1933.

Herskovits, Melville J.: *Man and His Works*; *The Science of*

Cultural Anthropology,Knopf, New York, 1948.

Hooton, Ernest Albert: *Up from the Ape*, 2d ed. , Macmillan, New York, 1949.

Howells, William White: *Mankind So Far*, Doubleday, New York, 1944.

Kluckhohn, Clyde: *Mirror for Man*, McGraw-Hill, New York, 1949.

Kroeber, A. L. : *Anthropology*, Harcourt, Brace, New York, 1923, 2d ed. , 1933; 3d ed. , 1948.

Linton, Ralph: *The Cultural Background of Personality*, Appleton-Century-Crofts, New York, 1945.

——: *The Study of Man*, *Appleton-Century-Crofts*, New York, 1936.

Malinowski, B. : "Culture," in *Encyclopaedia of the Social Sciences*, 4:621—646, Macmillan, New York, 1930—1935.

——: *The Dynamics of Culture Change*, Yale University Press, New Haven, Conn. , 1945.

Mead, Margaret: *Coming of Age in Samoa*, Blue Ribbon, New York, 1936.

——: *Growing Up in New Guinea*, Blue Ribbon, New York, 1933.

——: *Sex and Temperament in Three Primitive Societies*, Morrow, New York, 1935.

Miller, Nathan: *The Child in Primitive Society*, Brentano's, New York, 1928.

Weidenreich, Franz: *Apes, Giants and Man*, University of Chicago Press, Chicago, 1946.

Wissler, Clark: *Man and Culture*; *An Introduction to Social Anthropology*, Crowell, New York, 1923.

HISTORY OF EARLY CIVILIZATIONS AND EDUCATION

Bates, E. S. : *The Bible Designed to Be Read as Living*

Literature, Simon and Schuster, New York, 1936.

Bevan, Edwin R., and Charles Singer (eds.): *The Legacy of Israel*, Oxford, New York, 1927.

Boas, Franz: *Race, Language and Culture*, Macmillan, New York, 1940.

Boyle, Mary E.: *Man Before History*, Little, Brown, Boston, 1926.

Breasted, James Henry: *Ancient Times; A History of the Early World*, Ginn, Boston, 1935.

Cambridge Ancient History, 12 vols., Cambridge University Press, New York, 1923—1939.

Childe, V. Gordon: *The Dawn of European Civilization*, Knopf, New York, 1925.

Goldenweiser, Alexander A.: *Early Civilization*, Knopf, New York, 1922.

Moore, G. F.: *History of Religions*, 2 vols., Scribner, New York, 1913—1920.

Peake, Harold J.: *Early Steps in Human Progress*, Lippincott, Philadelphia, 1933.

Pfeifer, Robert H.: *Introduction to Judaism and the Old Testament*, new ed., Harper, New York, 1948.

Swift, Fletcher Harper: *Education in Ancient Israel*, Open Court, La Salle, Ill., 1919.

Woody, Thomas: *Life and Education in Early Societies*, Macmillan, New York, 1949.

第二章和第三章　希腊文化

ORIGINAL WRITINGS

Aristotle: *Basic Works* (ed. by R. McKeon), Random House, New York, 1941.

Bakewell, C. M.: *Sourcebook in Ancient Philosophy*, rev. ed., Scribner, New York, 1939.

Burnet, John: *Aristotle on Education*, Harvard University Press, Cambridge, Mass., 1928.

Homer: *The Complete Works of Homer*, Modern Library, New York, n. d. Isocrates: *Orations* (tr. by J. H. Freese), London, 1894.

Livingstone, R. W. (ed.): *The Legacy of Greece*, Oxford, New York, 1928.

Monroe, Paul: *Sourcebook of the History of Education for the Greek and Roman Period*, Macmillan, New York, 1913.

Oates, W. J., and C. T. Murphy: *Greek Literature in Translation*, Longmans, New York, 1946.

Plato: *The Dialogues of Plato* (trans. by B. Jowett), 2 vols., Random House, New York, 1937.

———: *The Republic of Plato* (trans. by F. M. Cornford), Oxford, New York, 1954.

———: *The Works of Plato* (ed. by Irwin Edman), Modern Library, New York, 1930.

Thucydides: *History of the Peloponnesian War* (tr. by Richard Crawley), Everyman's Library, Dent, London, 1910.

Xenophon: *Memorabilia* and *Cyropaedia* in *Works* (tr. by H. G. Dakyns), London, 1890.

INTERPRETIVE WRITINGS

Allan, D. J.: *The Philosophy of Aristotle*, Oxford, New York, 1952.

Barker, Ernest: *The Political Thought of Plato and Aristotle*, Putnam, New York, 1906.

Burnet, J.: *Early Greek Philosophy*, 4th ed., A. & C. Black, London, 1930.

Cambridge Ancient History, 12 vols., Cambridge, New York, 1923—1939.

Crossman, R. H. S.: *Plato Today*, Oxford, New York, 1939.

Dickinson, G. Lowes: *The Greek View of Life*, Beacon Press,

Boston, 1951.

Durant, Will: *The Life of Greece*, Simon and Schuster, New York, 1939.

Gomperz, T.: *Greek Thinkers*, 4 vols., J. Murray, London, 1905—1920.

Greene, W. C.: *The Achievement of Greece*, Harvard University Press, Cambridge, Mass., 1923.

Hamilton, Edith: *The Greek Way*, New American Library (Mentor), New York, 1948.

Jaeger, Werner: *Paideia, the Ideals of Greek Culture*, 2 vols., 2d ed., Oxford, New York, 1943—1945.

Jaeger, W. W.: *The Theology of the Early Greek Philosophers*, Oxford, New York, 1952.

Kitto, H. D. F.: *The Greeks*, Penguin, Harmondsworth, Middlesex, England, 1951.

Lavell, C. F.: *The Biography of the Greek People*, Houghton Mifflin, Boston, 1934.

Lovejoy, A. O.: *The Great Chain of Being*, Harvard University Press, Cambridge, Mass., 1936.

Nettleship, R. L.: *Lectures on the Republic of Plato*, St. Martin's, New York, 1936.

Nilsson, M. P.: *A History of Greek Religion*, 2d ed., Oxford, New York, 1949.

Robin, Leon: *Greek Thought and the Origins of the Scientific Spirit*, Knopf, New York, 1928.

Rostovtzeff, Mikhail I.: *A History of the Ancient World; The Orient and Greece*, Oxford, New York, 1926.

——: *Social and Economic History of the Hellenistic World*, 3 vols., Oxford, New York, 1941.

Sandys, J. E.: *A History of Classical Scholarship*, Vol. I, Cambridge, New York, 1903.

Sarton, George: *A History of Science; Ancient Science through the Golden Age of Greece*, Harvard University Press, Cambridge, Mass. , 1952.

Shorey, Paul: *What Plato Said*, University of Chicago Press, Chicago, 1933.

Tarn, W. W. : *Hellenistic Civilization*, E. Arnold, London, 1927.

Taylor, A. E. : *Plato*, *the Man and His Work*, 3d ed. , MacVeagh, New York, 1929.

Taylor, A. E. : *Socrates*, *the Man and His Thought*, Doubleday, New York, 1953.

Van Hook, Larue: *Greek Life and Thought*, Columbia University Press, New York, 1937.

HISTORY OF GREEK EDUCATION

Adamson, J. E. : *The Theory of Education in Plato's Republic*, S. Sonnenschein, London, 1903.

Burnet, John: *Aristotle on Education*, Harvard University Press, Cambridge, Mass. , 1928.

Capes, W. W. : *University Life in Ancient Athens*, Stechert, New York, 1922.

Davidson, Thomas: *Aristotle and Ancient Educational Ideals*, Scribner, New York, 1892.

——: *Education of the Greek People*, Appleton, New York, 1894.

Dobson, J. F. : *Ancient Education and Its Meaning to Us*, Longmans, New York, 1932.

Forbes, Clarence A. : *Greek Physical Education*, Appleton-Century-Crofts, New York, 1929.

Freeman, K. J. : *Schools of Hellas*, 3d ed. , St. Martin's, New York, 1932.

Laurie, S. S. : *Historical Survey of Pre-Christian Education*, Longmans, London, 1895.

Lodge, Rupert C. : *Plato's Theory of Education*, Harcourt, Brace,

New York，1948.

Nettleship，R. L.：*The Theory of Education in the Republic of Plato*，University of Chicago Press，Chicago，1906.

Walden，J. W. H.：*The Universities of Ancient Greece*，Scribner，New York，1909.

Wilkins，A. S.：*National Education in Greece in the Fourth Century B.C.*，Stechert，New York，1911.

Woody，Thomas：*Life and Education in Early Societies*，Macmillan，New York，1949.

第四章　罗马社会与教育

ORIGINAL WRITINGS

Augustine：*Concerning the Teacher and On the Immortality of the Soul*，Appleton-Century-Crofts，New York，1938.

Augustine：*Confessions*，Everyman's Library，Dutton，New York，1950.

Bailey，Cyril（ed.）：*The Mind of Rome*，Oxford，New York，1926.

Bettenson，H. S.（ed.）：*Documents of the Christian Church*，Oxford，New York，1947.

Cicero：*De Oratore*，G. Bell，London，1903.

Chase，W. J.：*The Ars Minor of Donatus*，University of Wisconsin Press，Madison，Wis.，1926.

——：*The Distichs of Cato*，University of Wisconsin Press，Madison，Wis.，1922.

Guinagh，Kevin，and A. P. Dorjahn：*Latin Literature in Translation*，Longmans，New York，1942.

Lewy，H.（ed.）：*Philo，Philosophical Writings，Selections*，East and West Library，Oxford，1946.

Lucretius：*On the Nature of Things*（tr. by W. E. Leonard），Dutton，New York，1916.

Marcus Aurelius：*Meditations*（ed. by A. S. L. Farquharson），Oxford，New York，1944.

Monroe, Paul: *Sourcebook of the History of Education for the Greek and Roman Period*, Macmillan, New York, 1913.

Oates, W. J. (ed.): *Basic Writings of St. Augustine*, 2 vols., Random House, New York, 1948.

Plutarch: "On the Nature of Children" in *Moralia* (tr. by F. C. Babbitt), Heinemann, London, 1927.

Quintilian: *Institutes of Oratory* (selections by H. H. Horne), New York University Bookstore, New York, 1936.

Turnbull, Grace H.: *Essence of Plotinus*, Oxford, New York, 1934.

Vitruvius: *De Architectura*, Putnam, New York, 1931.

INTERPRETIVE WRITINGS

Altheim, F.: *A History of Roman Religion*, Dutton, New York, 1938.

Artz, Frederick B.: *The Mind of the Middle Ages*, A. D. 200—1500: *An Historical Survey*, Knopf, New York, 1953.

Bailey, Cyril (ed.): *The Legacy of Rome*, Oxford, New York, 1924.

Bevan, E. R., and C. Singer: *Legacy of Israel*, 2d ed., Oxford, New York, 1928.

Boak, A. E. R., and Richard Hudson: *A History of Rome to 565 A. D.*, 3d ed., Macmillan, New York, 1945.

Cambridge Ancient History, 12 vols., Cambridge, New York, 1923—1939.

Cambridge Mediaeval History, Vol. I., 2d ed., Cambridge, New York, 1924.

Cochrane, C. N.: *Christianity and Classical Culture*, Oxford, New York, 1940.

Durant, Will: *Caesar and Christ*; *A History of Roman Civilization and Christianity from Their Beginnings to A. D. 325*, Simon and Schuster, New York, 1944.

Greene, W. C.: *The Achievements of Rome*, Harvard University Press, Cambridge, Mass., 1934.

Goodenough, E. R.: *An Introduction to Philo Judaeus*, Yale University Press, New Haven, Conn, 1940.

Hamilton, Edith: *The Roman Way*, Norton, New York, 1932.

McGiffert, A. C.: *A History of Christian Thought*, 2 vols., Scribner, New York, 1932—1933.

Moore, Frank G.: *The Roman's World*, Columbia University Press, New York, 1936.

Munro, D. C., and G. C. Sellery: *Mediaeval Civilization*, Appleton-Century-Crofts, New York, 1904.

Rand, E. K.: *Founders of the Middle Ages*, 2d ed., Harvard University Press, Cambridge, Mass., 1929.

Schweitzer, Albert: *Quest of the Historical Jesus*, new ed., Macmillan, New York, 1948.

Showerman, Grant: *Rome and the Romans*, Macmillan, New York, 1933.

Starr, Chester G.: *The Emergence of Rome as Ruler of the Western World*, Cornell University Press, Ithaca, N. Y., 1950.

Taylor, H. O.: *Classical Heritage of the Middle Ages*, Macmillan, New York, 1911.

——: *The Mediaeval Mind*, 2 vols., Macmillan, New York, 1925.

Wolfson, H. A.: *Philo; Foundations of Religious Philosophy in Judaism, Christianity, and Islam*, 2 vols., Harvard University Press, Cambridge, Mass., 1948.

HISTORY OF ROMAN EDUCATION

Abelson, Paul: *The Seven Liberal Arts*, Teachers College, Columbia University, New York, 1906.

Cole, P. R.: *Later Roman Education*, Teachers College, Columbia University, New York, 1909.

Dobson, J. F.: *Ancient Education and Its Meaning to Us*, Longmans, New York, 1932.

Gwynn，Aubrey：*Roman Education from Cicero to Quintilian*，Oxford，New York，1926.

Haarhoff，T.：*Schools of Ancient Gaul*，Oxford，New York，1920.

Hodgson，Geraldine：*Primitive Christian Education*，T. Clark，Edinburgh，1906.

Laurie，S. S.：*Historical Survey of Pre-Christian Education*，Longmans，New York，1924.

Marique，Pierre J.：*History of Christian Education*，Fordham University Press，New York，1924.

Smail，W. M.：*Quintilian on Education*，Oxford，New York，1938.

Wilkins，A. S.：*Roman Education*，Macmillan，New York，1905.

Woody，Thomas：*Life and Education in Early Societies*，Macmillan，New York，1949.

第五章和第六章　中世纪

ORIGINAL WRITINGS

Chase，W. J.：*The Ars Minor of Donatus*，University of Wisconsin Press，Madison，Wis. ，1926.

——：*The Distichs of Cato*，University of Wisconsin Press，Madison，Wis. ，1922.

Coulton，G. G. （ed.）：*Life in the Middle Ages*，4 vols. ，Macmillan，New York，1930.

Jones，C. W.：*Mediaeval Literature in Translation*，Longmans，New York，1950.

Leach，A. E.：*Educational Charters and Documents*，*598—1909*，Cambridge，New York，1911.

Mayer，Mary H.：*The Philosophy of Teaching of St. Thomas Aquinas*，Bruce，Milwaukee，1929.

McKeon，R. （ed.）：*Selections from Medieval Philosophers*，2

vols. , Modern Library, New York, 1929—1930.

Norton, A. O. : *Readings in the History of Education*: *Medieval Universities*, Harvard University Press, Cambridge, Mass. , 1909.

Paetow, L. J. (ed.): *Battle of the Seven Arts*, University of California Press, Berkeley, Calif. , 1914.

Pegis, A. (ed.): *The Basic Writings of Aquinas*, 2 vols. , Random House, New York, 1945.

Poole, R. L. : *Illustrations of the History of Mediaeval Thought and Learning*, 2d rev. ed. , Macmillan, New York, 1940.

Rose, J. B. , and M. M. McLaughlin, (eds.): *The Portable Medieval Reader*, Viking, New York, 1949.

Seybolt, Robert F. (tr.): *The Manuale Scholarium*, Harvard University Press, Cambridge, Mass. , 1921.

Symonds, John A. : *Wine*, *Women and Song*, Mosher, Portland, Maine, 1918.

Thorndike, Lynn: *University Records and Life in the Middle Ages*, Columbia University Press, New York, 1944.

Waddell, Helen: *The Wandering Scholars*, Constable, London, 1927.

INTERPRETIVE WRITINGS

Adams, Henry: *Mont St. Michel and Chartres*, Houghton Mifflin, Boston, 1936.

Arnold, T. , and A. Guillaume (eds.): *The Legacy of Islam*, Oxford, New York, 1931.

Artz, Frederick B. : *The Mind of the Middle Ages*, A. D. 200—1500: *An Historical Survey*, Knopf, New York, 1953.

Baynes, N. H. , and H. Moss(eds.): *Byzantium*, Oxford, New York, 1948.

Cambridge Mediaeval History, 2d ed. , 8 vols. , Cambridge, New York, 1924—1936.

Cornish, F. W. : *Chivalry*, Macmillan, New York, 1911.

Crump, C. G., and E. F. Jacob: *The Legacy of the Middle Ages*, Oxford, New York, 1926.

Davis, W. S. : *Life on a Mediaeval Barony*, Harper, New York, 1923.

Durant, Will: *The Age of Faith*, Simon and Schuster, New York, 1950.

Easton, S. E. : *Roger Bacon and His Search for a Universal Science*, Oxford, New York, 1952.

Gilson, E. : *History of Christian Philosophy in the Middle Ages*, Random House, New York, 1955.

——: *Reason and Revelation*, Scribner, New York, 1938.

——: *Spirit of Mediaeval Philosophy*, Scribner, New York, 1936.

Haskins, C. H. : *The Renaissance of the Twelfth Century*, Harvard University Press, Cambridge, Mass. , 1927.

——: *Studies in the History of Medieval Science*, Harvard University Press, Cambridge, Mass. , 1929.

Luchaire, Achille: *Social France at the Time of Philip Augustus*, Peter Smith, New York, 1929.

McGiffert, A. C. : *A History of Christian Thought*, 2 vols. , Scribner, New York, 1932—1933.

Munroe, D. C. , and G. C. Sellery: *Mediaeval Civilization*, Appleton-Century-Crofts, New York, 1904.

Paetow, L. J. : *Guide to the Study of Mediaeval History*, 2d ed. , Appleton-Century-Crofts, New York, 1931.

Painter, Sidney: *Mediaeval Society*, Cornell University Press, Ithaca, N. Y. , 1951.

Pirenne, Henri: *Medieval Cities; Their Origin and the Revival of Trade*, Princeton University Press, Princeton, N. J. , 1925.

Powicke, F. M. : *The Christian Life in the Middle Ages*, Oxford, New York, 1935.

——: *Ways of Mediaeval Life and Thought*, Beacon Press, Boston, 1951.

Rand, E. K.: *Founders of the Middle Ages*, Harvard University Press, Cambridge, Mass., 1929.

Taylor, H. O.: *The Classical Heritage of the Middle Ages*, 3d ed., Macmillan, New York, 1911.

——: *The Mediaeval Mind*, 4th ed., 2 vols., Harvard University Press, Cambridge, Mass., 1949.

Thompson, J. W.: *The Middle Ages*, 2 vols., Knopf, New York, 1931.

Waddell, Helen: *Peter Abelard*, Holt, New York, 1933.

Walsh, J. J.: *The Thirteenth, Greatest of Centuries*, 5th ed., Catholic Summer School Press, New York, 1924.

HISTORY OF EDUCATION IN THE MIDDLE AGES

Abelson, Paul: *The Seven Liberal Arts*, Teachers College, Columbia University, New York, 1906.

Compayre, G.: *Abelard and the Origin of the Universities*, Scribner, New York, 1893.

Duckett, Eleanor S.: *Alcuin, Friend of Charlemagne; His World and His Work*, Macmillan, New York, 1951.

Graham, Hugh: *Early Irish Monastic Schools*, Talbot, Dublin, 1923.

Haskins, C. H.: *The Rise of Universities*, Holt, New York, 1923.

Kibre, Pearl: *The Nations in the Mediaeval Universities*, Medieval Academy of America, Boston, 1948.

Laurie, S. S.: *Rise and Early Constitution of Universities*, Appleton-Century-Crofts, New York, 1903.

Leach, A. F.: *Schools of Medieval England*, Methuen, London, 1915.

Loomis, Louis: *Mediaeval Hellenism*, Ph. D. dissertation,

Columbia University, New York, 1906.

Mullinger, J. Bass: *The Schools of Charles the Great*, Stechart, New York, 1911.

Paetow, A. J.: *The Arts Course at Medieval Universities*, University of Illinois Press, Urbana, Ill. , 1910.

Parry, A. W.: *Education in England in the Middle Ages*, University of London Press, London, 1920.

Rait, R. S.: *Life in the Medieval University*, Cambridge, New York, 1912.

Rashdall, Hastings: *Universities of Europe in the Middle Ages*, new ed. , Oxford, New York, 1936.

Schlachner, Nathan: *The Medieval Universities*, G. Allen, London, 1938.

Watson, Foster: *The English Grammar Schools to 1660*, Cambridge, New York, 1908.

West, A. F.: *Alcuin and the Rise of Christian Schools*, Scribner, New York, 1892.

第七章　文艺复兴与教育

ORIGINAL WRITINGS

Ascham, Roger: *The Scholemaster* (ed. by D. C. Whimster), Methuen, London, 1934.

Born, Lester K. (ed.): *The Education of a Christian Prince*, *by Desiderius Erasmus*, Columbia University Press, New York, 1936.

Cassirer, Ernst, P. O. Kristeller, and J. H. Randall: *The Renaissance Philosophy of Man*, University of Chicago Press, Chicago, 1948.

Castiglione, Baldassare: *The Book of the Courtier* (tr. by L. E. Opdycke), Scribner, New York, 1903 (also Everyman's Library, 1951).

Elyot, Thomas: *The Boke Named the Governour*, 2 vols. , Kegan Paul, Trench, London, 1883.

Hudson, H. H. (tr.): *Erasmus' Praise of Folly*, Princeton

University Press, Princeton, N. J. , 1944.

Montaigne, Michel de: *Education of Children*, Appleton, New York, 1899.

More, Thomas: *Utopia* (tr. by Ralph Robinson), Murry & Son, London, 1869.

Watson, Foster: *Vives: On Education*, Cambridge, New York, 1913.

Woodward, W. H. : *Desiderius Erasmus Concerning the Aim and Method of Education*, Cambridge, New York, 1904.

——: *Vittorino da Feltre and Other Humanist Educators*, Cambridge, New York, 1905.

INTERPRETIVE WRITINGS

Artz, Frederick: *The Mind of the Middle Ages*, A. D. 200— 1500; *An Historical Survey*, Knopf, New York, 1953.

Burckhardt, Jacob: *The Civilization of the Renaissance in Italy*, Macmillan, London, 1890.

——: *Renaissance in Italy*, Phaidon, London, 1937.

Durant, Will: *The Renaissance*, Simon and Schuster, New York, 1953.

Ferguson, W. K. : *The Renaissance*, Holt, New York, 1940.

——: *The Renaissance in Historical Thought*; *Five Centuries of Interpretation*, Houghton Mifflin, Boston, 1948.

Hulme, E. M. : *The Renaissance*, *the Protestant Revolution and the Catholic Reformation in Continental Europe*, Appleton-Century-Crofts, New York, 1914.

Hyma, Albert: *Renaissance to Reformation*, Eerdmans, Grand Rapids, Mich. , 1951.

Robinson, J. H. , and H. W. Rolfe: *Petrarch: The First Modern Scholar and Man of Letters*, Putnam, New York, 1909.

Roeder, Ralph: *The Man of the Renaissance*, Viking, New York, 1933.

Sandys, J. E. : *A History of Classical Scholarship*, Vol. II,

Cambridge, New York, 1903.

Smith, P.: *Erasmus*, Harper, New York, 1923.

Symonds, J. A.: *Renaissance in Italy*, Modern Library, New York, 1935.

——: *A Short History of the Renaissance in Italy*, Holt, New York, 1894.

Taylor, H. O.: *Thought and Expression in the Sixteenth Century*, 2d ed., Macmillan, New York, 1930.

Thompson, J. W., and others: *Civilization of the Renaissance*, University of Chicago Press, Chicago, 1929.

Zweig, Stefan: *Erasmus of Rotterdam*, Viking, New York, 1934.

HISTORY OF EDUCATION IN THE RENAISSANCE

Baldwin, T. W.: *William Shakespeare's Small Latine and Less Greeke*, 2 vols., University of Illinois Press, Urbana, Ill., 1944.

Clark, Donald L.: *John Milton at St. Paul's School*, *A Study of Ancient Rhetoric in English Renaissance Education*, Columbia University Press, New York, 1948.

Hyma, Albert: *Erasmus and the Humanists*, Appleton-Century-Crofts, New York, 1930.

Leach, A. F.: *Schools of Medieval England*, Methuen, London, 1915.

McMahon, Clara P.: *Education in Fifteenth-century England*, Johns Hopkins Press, Baltimore, 1947.

Rashdall, Hastings: *Universities of Europe in the Middle Ages*, new ed., Oxford, New York, 1936.

第八章　宗教改革与科学革命

ORIGINAL WRITINGS

Bacon, Francis: *Advancement of Learning and Novum Organum*, rev. ed., Willey, New York, 1944.

Calvin, John: *Institutes of the Christian Religion*, 7th American ed. , Presbyterian Board of Christian Education, Philadelphia, 1936.

Champagnac, E. T. (ed.): *Ludus Literarius, or the Grammar Schools, by John Brinsley*, Constable, London, 1917.

——: *Mulcaster's Elementarie*, Oxford, New York, 1925.

——: *A New Discovery of the Old Art of Teaching Schoole, by Charles Hoole*, Liverpool University Press, Liverpool, 1913.

Comenius, John Amos: *The Great Didactic*, 2 vols. , A. & C. Black, London, 1910.

——: *The Orbis Pictus*, Bardeen, Syracuse, N. Y. , 1887.

Eby, Frederick (ed.): *Early Protestant Educators*, McGraw-Hill, New York, 1931.

Fitzpatrick, E. A.: *St. Ignatius and the Ratio Studiorum*, McGraw-Hill, New York, 1933.

Keatinge, M. W. : *Comenius*, McGraw-Hill, New York, 1931.

Leach, A. F. : *English Schools at the Reformation*, Archibald Constable, Westminster, England, 1896.

Luther, Martin: "Selections," in Dr. Eliot's Five-foot Shelf, *Harvard Classics*, Collier, New York, 1910.

Milton, John: *Milton on Education*, Yale University Press, New Haven, Conn. , 1928.

Painter, F. V. N. : *Great Pedagogical Essays*, American Book, New York, 1905.

——: *Luther on Education*, Lutheran Publication Society, Philadelphia, 1889.

Turnbull, G. H. : *Hartlib, Dury and Comenius*, Liverpool University Press, Liverpool, 1947.

Young, Robert F. (ed.): *Comenius in England*, Oxford, New York, 1932.

INTERPRETIVE WRITINGS

Allen, J. W. : *History of Political Thought in the Sixteenth Century*, Methuen, London, 1928.

Anderson, F. H. : *The Philosophy of Francis Bacon*, Chicago University Press, Chicago, 1948.

Bainton, Roland: *Here I Stand*, Abingdon, Nashville, Tenn. , 1950.

Burtt, E. A. : *Metaphysical Foundations of Modern Physical Science*, Harcourt, Brace, New York, 1927.

Butterfield, Herbert: *The Origins of Modern Science*, *1300— 1800*, Macmillan, New York, 1951.

Clark, G. N. : *The Seventeenth Century*, Oxford, New York, 1929.

Crombie, A. C. : *Augustine to Galileo*; *The History of Science*, Harvard University Press, Cambridge, Mass. , 1953.

Hulme, E. M. : *The Renaissance*, *the Protestant Revolution and the Catholic Reformation in Continental Europe*, Appleton-Century-Crofts, New York, 1914.

Hyma, A. : *The Brethren of the Common Life*, Eerdmans, Grand Rapids, Mich. , 1950.

Janelle, P. : *Catholic Reformation*, Bruce, Milwaukee, 1949.

Jones, R. F. : *Ancients and Moderns*, Washington University Press, St. Louis, 1936.

Laski, Harold: *The Rise of Liberalism*; *the Philosophy of a Business Civilization*, Harper, New York, 1936.

McGiffert, A. C. : *Protestant Thought before Kant*, Scribner, New York, 1911.

Ornstein, M. : *Role of Scientific Societies in the Seventeenth Century*, Chicago University Press, Chicago, 1928.

Reichenbach, Hans: *The Rise of Scientific Philosophy*, University of California Press, Berkeley, Calif. , 1951.

Smith, Preserved: *The Age of the Reformation*, Holt, New York, 1923.

——: *A History of Modern Culture*, Vol. I, Holt, New York, 1930.

Stebbing, George: *The Story of the Catholic Church*, Sands, London, 1915.

Tawney, R. H.: *Religion and the Rise of Capitalism*, A *Historical Study*, Harcourt, Brace, New York, 1926.

Taylor, H. O.: *Thought and Expression in the 16th Century*, Macmillan, New York, 1920.

Weber, Max: *The Protestant Ethic and the Spirit of Capitalism*, Scribner, New York, 1930.

Willey, Basil: *Seventeenth Century Background*, Chatto & Windus, London, 1934.

Wolf, Abraham: *A History of Science, Technology, and Philosophy in the Sixteenth and Seventeenth Centuries*, Macmillan, New York, 1935.

Woodhouse, A. S. P.: *Puritanism and Liberty*, Dent, London, 1938.

HISTORY OF EDUCATION

Adamson, J. W.: *Pioneers of Modern Education*, Cambridge, New York, 1905.

Barnard, H. C.: *The French Tradition in Education*, Cambridge, New York, 1922.

Battersby, W. J.: *De La Salle: A Pioneer of Modern Education*, Longmans, New York, 1949.

De Montmorency, J. E. G.: *The Intervention of the State in English Education*, Cambridge, New York, 1902.

Farrell, Allan P.: *The Jesuit Code of Liberal Education; Development and Scope of the Ratio Studiorum*, Bruce, Milwaukee, 1938.

Fitzpatrick, Edward A.: *La Salle, Patron of All Teachers*, Bruce, Milwaukee, 1951.

Monroe, Will S.: *Comenius and the Beginnings of Educational Reform*, Scribner, New York, 1900.

Paulsen，Friedrich：*German Education，Past and Present*，Scribner，New York，1912.

——：*German Universities and University Study*，Scribner，New York，1906.

Robbins，C. L. ：*Teachers in Germany in the Sixteenth Century*，Teachers College，Columbia University，New York，1912.

Schwickerath，Robert：*Jesuit Education；Its History and Principles*，Herder，St. Louis，1904.

Watson，Foster：*English Grammar Schools to 1660*，Cambridge，New York，1908.

Wood，Norman：*The Reformation and English Education*，Routledge，London，1931.

第九章　美国的宗教改革

ORIGINAL WRITINGS

Littlefield，George E. ：*Early Schools and School-books of New England*，Club of Odd Volumes，Boston，1904.

Meriwether，Colyer：*Our Colonial Curriculum*，1607—1776，Capital Publishing Company，Washington，D. C. ，1907.

Miller，Perry，and Thomas H. Johnson：*The Puritans*，American Book，New York，1938.

Parsons，Elsie Clews：*Educational Legislation and Administration of Colonial Governments*，Macmillan，New York，1899.

Scybolt，Robert F. ：*Apprenticeship and Apprenticeship Education in Colonial New England and New York*，Teachers College，Columbia University，New York，1916.

——：*The Public Schools of Colonial Boston* 1635—1775，Harvard University Press，Cambridge，Mass. ，1935.

Wigglesworth，Michael：*The Day of Doom*，Spiral，New York，1929.

INTERPRETIVE WRITINGS

Adams, J. T.: *The Founding of New England*, Atlantic Monthly, Boston, 1921.

Dorfman, Joseph: *The Economic Mind in American Civilization*, 1606—1865, Vol. Ⅰ, Viking, New York, 1946.

Jernegan, Marcus W.: *Laboring and Dependent Classes in Colonial America*, 1607—1783, University of Chicago Press, Chicago, 1931.

Miller, Perry: *The New England Mind*, *the Seventeenth Century*, Macmillan, New York, 1939.

Morris, Richard B. : *Government and Labor in Early America*, Columbia University Press, New York, 1946.

Nettels, Curtis P.: *The Roots of American Civilization*, Appleton-Century-Crofts, New York, 1938.

Parrington, V. L.: *Main Currents in American Thought*, Vol. Ⅰ, *The Colonial Mind*, 1620—1800, Harcourt, Brace, New York, 1927.

Priestly, Herbert I. : *The Coming of the White Man*, 1492—1848, Macmillan, New York, 1929.

Schneider, Herbert W. : *The Puritan Mind*, Holt, New York, 1930.

Sweet, William W. : *Religion in Colonial America*, Scribner, New York, 1942.

Wertenbaker, T. J.: *The First Americans*, 1607—1690, Macmillan, New York, 1927.

——: *The Founding of American Civilization*; *The Middle Colonies*, Scribner, New York, 1938.

——: *The Old South*; *The Founding of American Civilization*, Scribner, New York, 1942.

Wish, Harvey: *Society and Thought in Early America*, Longmans, New York, 1950.

HISTORY OF EDUCATION

Burns, J. A. : *The Catholic School System in the United States*, Benziger, New York, 1908.

Fleming, Sandford: *Children and Puritanism*, Yale University Press, New Haven, Conn. , 1933.

Gould, Elizabeth: *Ezekiel Cheever, Schoolmaster*, Palmer, Boston, 1904.

Holmes, Pauline: *A Tercentenary History of the Boston Public Latin School*, *1635—1935*, Harvard University Press, Cambridge, Mass. , 1935.

Kilpatrick, W. H. : *The Dutch Schools of New Netherland and Colonial New York*, U. S. Bureau of Education, *Bulletin* 12, 1912.

Knight, E. W. : *Public Education in the South*, Ginn, Boston, 1922.

Monroe, Paul: *Founding of the American Public School System*, Macmillan, New York, 1940.

Morison, S. E. : *The Founding of Harvard College*, Harvard University Press, Cambridge, Mass. , 1935.

——: *Harvard College in the Seventeenth Century*, 2 vols. , Harvard University Press, Cambridge, Mass. , 1936.

Small, Walter H. : *Early New England Schools*, Ginn, Boston, 1914.

Suzzalo, Henry: *The Rise of Local School Supervision in Massachusetts*, Teachers College, Columbia University, New York, 1906.

Tewksbury, D. G. : *The Founding of American Colleges and Universities before the Civil War*, Teachers College, Columbia University, New York, 1932.

Tuer Andrew: *History of the Horn-book*, Scribner, New York, 1897.

Wells, Guy F. : *Parish Education in Colonial Virginia*, Teachers College, Columbia University, New York, 1923.

第十章　理性时代与启蒙运动

ORIGINAL WRITINGS

Adamson，J. W.：*The Educational Writings of John Locke*，E. Arnold，London，1912.

——：*Pioneers of Modern Education*，Cambridge，New York，1905.

Bacon，Francis：*Advancement of Learning and Novum Organum*，rev. ed.，Willey，New York，1944.

Barker，Ernest：*Social Contract；Essays by Locke，Hume，and Rousseau*，Oxford，New York，1947.

Boyd，William（ed.）：*The Minor Educational Writings of Jean Jacques Rousseau*，Blackie，Glasgow，1910.

De La Fontainerie，Francois：*The Conduct of the Schools of Jean Baptiste de La Salle*，McGraw-Hill，New York，1935.

——：*French Liberalism and Education in the Eighteenth Century*，McGraw-Hill，New York，1932.

Descartes，René：*Discourse on Method*，Everyman's Library，Dent，London，1949.

Greene，T. M.（ed.）：*Kant，Selections*，Scribner，New York，1929.

Hobbes，Thomas：*Leviathan*，Everyman's Library，Dutton，New York，1950.

Hume，David：*Enquiry Concerning Human Understanding*，Open Court，La Salle，Ill.，1926.

Locke，John：*Essay Concerning Human Understanding*，Open Court，La Salle，Ill.，1933.

——：*Some Thoughts Concerning Education*，Cambridge，New York，1902.

Machiavelli：*The Prince*，Farrar，Strauss，& Young，New York，1946.

Montaigne，*Essays*，Heritage，New York，1947.

Montesquieu: *Spirit of the Laws*, Hafner, New York, 1949.

Paine, Thomas: *Age of Reason*, Liberal Arts Press, New York, 1948.

——: *Rights of Man*, Everyman's Library, Dutton, New York, 1951.

Redman, B. R.: *Portable Voltaire*, Viking, New York, 1949.

Rousseau, Jean Jacques: *Emile*, Everyman's Library, Dutton, New York, 1950.

Rand, B. (ed.): *Modern Classical Philosophers*, Houghton Mifflin, Boston, 1908.

INTERPRETIVE WRITINGS

Becker, Carl: *The Heavenly City of the Eighteenth Century Philosophers*, Yale University Press, New Haven, Conn., 1932.

Boyd, William: *From Locke to Montessori*, Harrap, London, 1914.

Bruford, W. H.: *Germany in the Eighteenth Century*, Cambridge, New York, 1935.

Bury, J. B.: *The Idea of Progress*, Macmillan, New York, 1920.

Laski, Harold J.: *The Rise of Liberalism*, Harper, New York, 1936.

Lecky, W. E. H.: *History of the Rise and Influence of the Spirit of Rationalism in Europe*, rev. ed., Appleton, New York, 1876.

Maritain, Jacques: *Three Reformers: Luther, Descartes, and Rousseau*, Scribner, New York, 1929.

Martin, Kingsley: *French Liberal Thought in the Eighteenth Century*, Little, Brown, Boston, 1929.

Mowat, R. B.: *The Age of Reason; the Continent of Europe in the 18th Century*, Houghton Mifflin, Boston, 1934.

Palmer, R. R.: *Catholics and Unbelievers in Eighteenth Century France*, Princeton University Press, Princeton, N. J., 1939.

Shorr, Philip: *Science and Superstition in the Eighteenth Century*, Columbia University Press, New York, 1940.

Smith, Preserved: *A History of Modern Culture*, Vol. Ⅱ, Holt, New York, 1934.

Stephen, Leslie: *English Thought in the Eighteenth Century*, Putnam, New York, 1876.

Wolf, Abraham: *A History of Science, Technology, and Philosophy in the Eighteenth Century*, Macmillan, New York, 1939.

HISTORY OF EDUCATION

Birchenough, Charles: *History of Elementary Education in England and Wales*, W. B. Clive, London, 1925.

Boyd, William: *The Educational Theory of Jean Jacques Rousseau*, Longmans, New York, 1911.

Davidson, Thomas: *Rousseau and Education According to Nature*, Scribner, New York, 1898.

De Montmorency, J. E. G.: *State Intervention in English Education*, Cambridge, New York, 1902.

Dobbs, A. E.: *Education and Social Movements*, 1700—1850, Longmans, New York, 1919.

Farrington, F. E.: *French Secondary Schools*, Longmans, New York, 1910.

——: *The Public Primary School System of France*, Teachers College, Columbia University, New York, 1906.

Hans, Nicholas: *History of Russian Educational Policy*, King, London, 1931.

Paulsen, F.: *German Universities and University Study*, Scribner, New York, 1906.

Smith, Frank: *A History of English Elementary Education*, 1760—1902, University of London Press, London, 1931.

第十一章　美国对启蒙运动的回应

ORIGINAL WRITINGS

Arrowood, Charles F.：*Thomas Jefferson and Education in a Republic*，McGraw-Hill，New York，1930.

Boyd，J. P.：*Papers of Thomas Jefferson*，Vols. Ⅰ-Ⅷ，Princeton University Press，Princeton，N. J.，1950—1953.

Butler，Vera M.：*Education as Revealed by New England Newspapers Prior to* 1850，Majestic Press，Philadelphia，1935.

Brumbaugh，Martin G.：*The Life and Works of Christopher Dock*，Lippincott，Philadelphia，1908.

Cubberley，E. P.，and E. C. Elliott：*State and County School Administration*，Vol. Ⅱ，Source Book，Macmillan，New York，1915.

Edwards，Jonathan：*Representative Selections*，American Book，New York，1935.

Evans，Henry R.，and Edith A. Wright（eds.）：*Expressions on Education by Builders of American Democracy*，U. S. Office of Education，*Bulletin* 1940，No. 10，1941.

Ford，Paul L.（ed.）：*The New England Primer*，Dodd，Mead，New York，1899.

Hansen，A. O.：*Liberalism and American Education in the Eighteenth Century*，Macmillan，New York，1926.

Heartman，Charles F.：*The New England Primer*，*Issued Prior to* 1835，Bowker，New York，1934.

Honeywell，Roy J.：*The Educational Work of Thomas Jefferson*，Harvard University Press，Cambridge，Mass.，1931.

Johnson，Clifton：*Old-time Schools and Schoolbooks*，Macmillan，New York，1904.

Meriwether，Colyer：*Our Colonial Curriculum*，1607—1776，Capital Publishing Company，Washington，D. C.，1907.

Miller，Perry，and Thomas H. Johnson：*The Puritans*，American Book，New York，1938.

Padover，Saul K.（ed.）：*The Complete Jefferson*，Duell，Sloan，

& Pearce, New York, 1943.

Parsons, Elsie Clews: *Educational Legislation and Administration of Colonial Governments*, Macmillan, New York, 1899.

Seybolt, Robert F.: *Apprenticeship and Apprenticeship Education in Colonial New England and New York*, Teachers College, Columbia University, New York, 1916.

Seybolt, R. F.: *The Evening School in Colonial America*, University of Illinois Press, Urbana, Ill. , 1925.

——: *The Private Schools of Colonial Boston*, Harvard University Press, Cambridge, Mass. , 1935.

——: *The Public Schools of Colonial Boston*, 1635—1775, Harvard University Press, Cambridge, Mass. , 1935.

——: *Source Studies in American Colonial Education: The Private School*, University of Illinois Press, Urbana, Ill. , 1925.

Woody, Thomas: *Educational Views of Benjamin Franklin*, McGraw-Hill, New York, 1931.

——: *Quaker Education in the Colony and State of New Jersey*, University of Pennsylvania Press, Philadelphia, 1923.

INTERPRETIVE WRITINGS

Adams, J. T.: *Provincial America*, 1690—1763, Macmillan, New York, 1928.

Cobb, Sanford H. : *The Rise of Religious Liberty in America*, Macmillan, New York, 1902.

Dorfman, Joseph: *The Economic Mind in American Civilization*, 1606—1865, 2 vols. , Viking, New York, 1946.

Fleming, Sandford: *Children and Puritanism*, Yale University Press, New Haven, Conn. , 1933.

Greene, Evarts B. : *The Revolutionary Generation*, 1763—1790, Macmillan, New York, 1943.

Herskovits, Melville J. : *The Myth of the Negro Past*, Harper, New York, 1941.

Jernegan, Marcus W.: *Laboring and Dependent Classes in Colonial America*, 1607—1783, University of Chicago Press, Chicago, 1931.

Kiefer, Monica: *American Children through Their Books*, 1700—1835, University of Pennsylvania Press, Philadelphia, 1948.

Miller, Perry: *The New England Mind*, Macmillan, New York, 1939.

Morais, Herbert W.: *Deism in Eighteenth Century America*, Columbia University Press, New York, 1934.

Morris, Richard B.: *Government and Labor in Early America*, Columbia University Press, New York, 1946.

Mott, Frank L.: *A History of American Magazines*, 1741—1850, Appleton-Century-Crofts, New York, 1930.

Nettels, Curtis P.: *The Roots of American Civilization*, Appleton-Century-Crofts, New York, 1938.

Parrington, V. L.: *Main Currents in American Thought*, Vol. I, *The Colonial Mind*, 1680—1800, Harcourt, Brace, New York, 1927.

Perry, Ralph Barton: *Puritanism and Democracy*, Vanguard, New York, 1944.

Schneider, Herbert: *The Puritan Mind*, Holt, New York, 1930.

Sweet, William W.: *Religion in Colonial America*, Scribner, New York, 1942.

Van Doren, Carl: *Benjamin Franklin*, Viking, New York, 1938.

Wertenbaker, T. J.: *The Founding of American Civilization; the Middle Colonies*, Scribner, New York, 1938.

——: *The Old South; the Founding of American Civilization*, Scribner, New York, 1942.

Wish, Harvey: *Society and Thought in Early America*, Longmans, New York, 1950.

HISTORY OF EDUCATION

Bell, Sadie: *The Church, the State, and Education in Virginia*, Science Press, New York, 1930.

Cassidy, F. P. : *Catholic College Foundations and Development in the United States* (1677—1850), Catholic University of America Press, Washington, D. C. , 1924.

Gambrell, Mary L. : *Ministerial Training in 18th Century New England*, Columbia University Press, New York, 1937.

Holmes, Pauline: *A Tercentenary History of the Boston Public Latin School*, 1635—1935, Harvard University Press, Cambridge, Mass. , 1935.

Jackson, George L. : *The Development of School Support in Colonial Massachusetts*, Teachers College, Columbia University, New York, 1909.

Kemp, W. W. : *The Support of Schools in Colonial New York by the Society for the Propagation of the Gospel in Foreign Parts*, Teachers College, Columbia University, New York, 1913.

Kilpatrick, W. H. : *The Dutch Schools of New Netherland and Colonial New York*, U. S. Bureau of Education, Bulletin 12, 1912.

Kirkpatrick, J. E. : *Academic Organization and Control*, Antioch Press, Yellow Springs, Ohio, 1931.

McGucken, W. J. : *The Jesuits and Education*, Bruce, Milwaukee, 1932.

Monroe, Paul: *Founding of the American Public School System*, Macmillan, New York, 1940.

Small, Walter H. : *Early New England Schools*, Ginn, Boston, 1914.

Suzzallo, Henry: *The Rise of Local School Supervision in Massachusetts*, Teachers College, Columbia University, New York, 1906.

Taylor, Howard C. : *The Educational Significance of the Early Federal Land Ordinances*, Teachers College, Columbia University,

New York，1922.

Tewksbury，Donald G.：*The Founding of American Colleges and Universities before the Civil War*，Teachers College，Columbia University，New York，1932.

Updegraff，Harlan：*The Origin of the Moving School in Massachusetts*，Teachers College，Columbia University，New York，1908.

Walsh，James J.：*Education of the Founding Fathers*；*Scholasticism in the Colonial Colleges*，Fordham University Press，New York，1935.

Warfel，Harry：*Noah Webster，Schoolmaster to America*，Macmillan，New York，1936.

Wells，Guy F.：*Parish Education in Colonial Virginia*，Teachers College，Columbia University，1923.

Woody，Thomas：*Early Quaker Education in Pennsylvania*，Teachers College，Columbia University，New York，1920.

第十二章和第十三章　近代欧洲教育

ORIGINAL WRITINGS

Anderson，L. F.：*Pestalozzi*，McGraw-Hill，New York，1931.

Arnold，Matthew：*Culture and Anarchy*，Cambridge，New York，1932.

——：*Reports on Elementary Schools*，1852—1882，Macmillan，London，1899.

Burns，Emile（ed.）：*A Handbook of Marxism*，Random House，New York，1935.

Cavenagh，F. A.（ed.）：*James and John Stuart Mill on Education*，Cambridge University Press，New York，1931.

Comte，Auguste：*A General View of Positivism*，Routledge，London，1908.

Counts，George S.，and Nucia P. Lodge：*I Want to Be Like Stalin*，John Day，New York，1947.

Darwin，Charles：*The Origin of Species*，Modern Library，New

York, 1936.

Fletcher, S. S., and J. Welton: *Froebel's Chief Writings on Education*, Longmans, New York, 1912.

Freud, Sigmund: *An Outline of Psychoanalysis*, Norton, New York, 1949.

Froebel, Friedrich: *The Education of Man*, Appleton, New York, 1887.

Green, J. A.: *Pestalozzi's Educational Writings*, Longmans, New York, 1912.

Green, T. M. (ed.): *Kant, Selections*, Scribner, New York, 1929.

Gentile, Giovanni: *The Reform of Education*, Harcourt, Brace, New York, 1922.

Herbart, J. F.: *Outlines of Educational Doctrine*, Macmillan, New York, 1901.

——: *The Science of Education*, Heath, Boston, 1895.

Kandel, I. L: *French Elementary Schools: Official Courses of Study*, Teachers College, Columbia University, New York, 1927.

——: *The Reform of Secondary Education in France*, Teachers College, Columbia University, New York, 1924.

——and Thomas Alexander: *Reorganization of Education in Prussia*, Teachers College, Columbia University, New York, 1927.

Kant, Immanuel: *Educational Theory* (tr. by E. F. Buchner), Lippincott, Philadelphia, 1904.

——: *On Education* (tr. by Annette Churton), Heath, Boston, 1900.

Knight, E. W.: *Reports on European Education*, McGraw-Hill, New York, 1930.

Newman, John Henry Cardinal: *The Idea of a University*, Longmans, New York, 1927.

Pestalozzi, J. H.: *How Gertrude Teaches Her Children*, Allyn & Unwin, London, 1915.

——: *Leonard and Gertrude*, Heath, Boston, 1885.

Spahr, Margaret: *Readings in Recent Political Philosophy*, Macmillan, New York, 1935.

Spencer, Herbert: *Education: Intellectual, Moral, and Physical*, Appleton, New York, 1883.

Turnbull, G. T.: *The Educational Theory of J. G. Fichte*, Liverpool University Press, Liverpool, 1926.

Ziemer, Gregor A.: *Education for Death*; *the Making of the Nazi*, Oxford, New York, 1941.

INTERPRETIVE WRITINGS

Arendt, Hannah, *The Origins of Totalitarianism*, Harcourt, New York, 1951.

Babbitt, Irving: *Rousseau and Romanticism*, Houghton Mifflin, Boston, 1919.

Baron, Salo W.: *Modern Nationalism and Religion*, Harper, New Youk, 1947.

Barzun, Jacques: *Berlioz and the Romantic Century*, Little, Brown, Boston, 1950.

——: *Darwin, Marx, Wagner*, Little, Brown, Boston, 1941.

Benn, A. W.: *History of English Rationalism in the Nineteenth Century*, 2 vols., Longmans, New York, 1906.

Bernal, John D.: *The Social Function of Science*, Routledge, London, 1939.

Boas, George: *Our New Ways of Thinking*, Harper, New York, 1930.

Bowen, H. C.: *Froebel and Education through Self-activity*, Scribner, New York, 1899.

Brinton, Crane: *English Political Thought in the Nineteenth Century*, Harvard University Press, Cambridge, Mass., 1949.

Buckner, E. F.: *The Educational Theory of Immanuel Kant*, Lippincott, Philadelphia, 1904.

Connell, W. F.: *The Educational Thought and Influence of Matthew Arnold*, Routledge, London, 1950.

Crossman, R.: *The God That Failed*, Harper, New York, 1949.

DeGarmo, Charles: *Herbart and the Herbartians*, Scribner, New York, 1896.

Goodfriend, Arthur: *If You Were Born in Russia*, Farrar, Straus & Young, New York, 1950.

Hayes, C. J. H.: *Essays on Nationalism*, Macmillan, New York, 1926.

——: *The Historical Evolution of Modern Nationalism*, Richard R. Smith, New York, 1931.

Hayward, F. H.: *Three Historical Educators: Pestalozzi, Froebel, Herbart*, Ralph, Holland & Company, London, 1905.

Heimann, Eduard: *Communism, Fascism, or Democracy?*, Norton, New York, 1938.

Hobson, J. A.: *The Evolution of Modern Capitalism*, rev. ed., G. Allen, London, 1926.

Hook, Sidney: *From Hegel to Marx*, Reynal & Hitchcock, New York, 1936.

Joad, C. E. M: *Decadence*, Faber, London, 1948.

Johnson, F. Ernest (ed.): *Religion and the World Order*, Harper, New York, 1944.

Kohn, Hans: *The Idea of Nationalism*, Macmillan, New York, 1948.

——: *The Twentieth Century: A Mid-way Account of the Western World*, Macmillan, New York, 1949.

Laski, Harold J.: *The Rise of Liberalism*, Harper, New York, 1936.

Leighton, J. A.: *Social Philosophies in Conflict; Fascism and Nazism, Communism, Liberal Democracy*, Appleton-Century-Crofts, New York, 1937.

Mackenzie, Millicent: *Hegel's Educational Theory and Practice*,

S. Sonnenschein, London, 1909.

Makintosh, H. R.: *Types of Modern Theology*, Scribner, New York, 1937.

Mangone, Gerard J.: *A Short History of International Organization*, McGraw-Hill, New York, 1954.

Masters, Dexter: *One World or None*, McGraw-Hill, New York, 1946.

McKeon, R. (ed.): *Democracy in a World of Tensions*, University of Chicago Press, Chicago, 1951.

Mead, G. H.: *Movements of Thought in the Nineteenth Century*, Univeristy of Chicago Press, Chicago, 1936.

Merriam, C. E.: *The New Democracy and the New Despotism*, McGraw-Hill, New York, 1939.

Merz, J. T.: *History of European Thought in the Nineteenth Century*, 4 vols, Blackwood, Edinburgh, 1907—1914.

Northrop, F. S. C.: *The Meeting of East and West; An Inquiry Concerning World Understanding*, Macmillan, New York, 1946.

Ogg, F. A.: *European Governments and Politics*, Macmillan, New York, 1929.

Ruggiero, Guido de: *History of European Liberalism*, Oxford, New York, 1927.

Schilpp, P. A. (ed.): *The Philosophy of John Dewey*, Northwestern University Press, Evanston, Ill., 1939.

Schweitzer, Albert: *Quest for the Historical Jesus*, Macmillan, New York, 1938.

Somervell, D. C.: *English Thought in the Nineteenth Century*, Longmans, New York, 1938.

Whitehead, A. N.: *Science and the Modern World*, Macmillan, New York,1925.

HISTORY OF EDUCATION

Adamson, J. W.: *English Education*, 1789—1902, Cambridge,

New York, 1930.

Alexander, Thomas: *Prussian Elementary Schools*, Macmillan, New York, 1918.

——: *Training of Elementary Teachers in Germany*, Teachers College, Columbia University, New York, 1929.

——and Beryl Parker: *The New Education in the German Republic*, John Day, New York, 1929.

Archer, R. L.: *Secondary Education in the 19th Century [England]*, Cambridge, New York, 1921.

Barker, Ernest: *British Universities*, Longmans, New York, 1946.

Becker, Carl H. : *Secondary Education and Teacher Training in Germany*, Teachers College, Columbia University, New York, 1931.

Birchenough, Charles: *History of Elementary Education in England and Wales from 1800 to the Present Day*, University Tutorial Press, London, 1938.

Brinkmann, Carl: *Recent Theories of Citizenship in Its Relation to Government*, Yale University Press, New Haven, Conn. , 1927.

Chambers, M. M. (ed.): *Universities of the World outside U. S. A.*, American Council on Education, Washington, D. C. , 1950.

Counts, George S. , and Nucia P. Lodge: *The Country of the Blind; The Soviet System of Mind Control*, Houghton Mifflin, Boston, 1949.

De Montmorency, J. E. G.: *State Intervention in English Education*, Cambridge, New York, 1902.

Education in Britain: An Outline of the Educational System, rev. ed. , British Information Services, Reference Division, London, 1948.

Engelmann, Susanne E. : *German Education and Re-education*, International Universities Press, New York, 1945.

Farrington, F. E. : *French Secondary Schools*, Longmans, New York, 1910.

———: *The Public Primary School System of France*, Teachers College, Columbia University, New York, 1906.

Gaus, John M. : *Great Britain: A Study of Civic Loyalty*, University of Chicago Press, Chicago, 1929.

Hans, Nicholas: *History of Russian Educational Policy*, 1701—1917, King, London, 1931.

Hays, C. J. H. : *France, A Nation of Patriots*, Columbia University Press, New York, 1930.

Harper, S. N. : *Civic Training in Soviet Russia*, University of Chicago Press, Chicago, 1929.

Holland, Kenneth: *Youth in European Labor Camps*, American Council on Education, Washington, D. C. , 1939.

Johnson, William H. E. : *Russia's Educational Heritage*, Rutgers University Press, New Brunswick, N. J. , 1950.

Kandel, I. L. : *Comparative Education*, Houghton Mifflin, Boston, 1933.

———: *The Making of Nazis*, Teachers College, Columbia University, New York, 1935.

——(ed.): *Educational Yearbooks of the International Institute*, Teachers College, Columbia University, New York, 1924—1944.

King, Beatrice: *Russia Goes to School*, Heinemann, London, 1948.

Kneller, George F. : *The Educational Philosophy of National Socialism*, Yale University Press, New Haven, Conn. , 1941.

Lawrence, Evelyn (ed). : *Friedrich Froebel and English Education*, Philosophical Library, New York, 1953.

Learned, W. S. : *The Quality of the Educational Process in the United States and Europe*, Carnegie Foundation, Bulletin 20, New York, 1927.

Leese, John: *Personalities and Power in English Education*, Arnold, Leeds, England, 1950.

Lilge, Frederic: *The Abuse of Learning; The Failure of the*

German University, Macmillan, New York, 1948.

Mack, E. C.: *Public Schools and British Opinion*, 2 vols., Columbia University Press, New York, 1941.

Mallet, Charles E.: *A History of the University of Oxford*, 3 vols. Methuen, London, 1924—1927.

Marrara, H. R.: *The New Education in Italy*, S. F. Vanni, New York,1936.

Merriam, C. E.: *The Making of Citizens; A Comparative Study of Methods of Civic Training*, University of Chicago Press, Chicago, 1931.

Meyer, Adolph E: *The Development of Education in the 20th Century*, 2d ed., Prentice-Hall, New York, 1949.

Miles, Donald W: *Recent Reforms in French Secondary Education*, Teachers College, Columbia University, New York, 1953.

Moehlman, A. H., and J. S. Roucek (eds.): *Comparative Education*, Dryden, New York, 1952.

Mullinger, J. Bass: *The University of Cambridge*, 3 vols., Cambridge, New York, 1873—1911.

Paulsen, Friedrich: *German Education* (tr. by T. Lorenz), T. Fisher Unwin, London, 1908.

——: *German Universities and University Study*, Scribner, New York, 1906.

Pinkevitch, A. P.: *The New Education in the Soviet Republic*, John Day, New York, 1929.

Reisner, E. H.: *Nationalism and Education since 1789*, Macmillan, New York, 1922.

Russell, James E.: *German Higher Schools*, Longmans, New York, 1913.

Smith, Frank: *A History of English Elementary Education*, 1760—1902, University of London Press, London, 1931.

Wenke, Hans: *Education in Western Germany*, Library of Congress, Washington, D.C., 1953.

Wilhelm, Theodor, and Gerhard Grafe: *German Education Today*, Terramare Office, Berlin, 1036.

Woody, Thomas: *New Minds, New Men*, Macmillan, New York, 1932.

World Handbook of Educational Organization and Statistics, UNESCO, Education Clearing House, Paris, 1951.

Wymer, Norman: *Dr. Arnold of Rugby*, Robert Hale, London, 1953.

The Yearbook of Education, Evans Brothers, London, 1932 to present.

第十四章和第十五章　19 世纪的美国

ORIGINAL WRITINGS

Arrowood, C. F.: *Thomas Jefferson and Education in a Republic*, McGraw-Hill, New York, 1930.

Barnard, Henry: *American Journal of Education*, 32 vols., 1855—1882.

Brubacher, John S.: *Henry Barnard on Education*, McGraw-Hill, New York, 1931.

Butler, Vera M: *Education as Revealed by New England Newspapers Previous to* 1850, Majestic Press, Philadelphia, 1935.

Burton, Warren: *The District School As It Was* (ed. by Clifton Johnson), Crowell, New York, 1928.

Caldwell, Otis W., and Stuart A. Courtis: *Then & Now in Education*, World, Yonkers, N. Y., 1924.

Common School Assistant (New York), Albany, N. Y., 1836—1840.

Common School Journal (Massachusetts), Marsh, Capen, Lyon & Webb, etc., Boston, 1839—1852.

Connecticut Common School Journal, Case, Tiffany & Burnham, etc., Hartford, Conn., 1838—1866.

Curoe, Philip R. V.: *Educational Attitudes and Policies of*

Organized Labor in the United States, Teachers College, Columbia University, New York, 1926.

Dewey, John: *The Child and the Curriculum*, University of Chicago Press, Chicago, 1902.

——: *The Educational Situation*, University of Chicago Press, Chicago, 1904.

——: *My Pedagogic Creed*, E. L. Kellogg, New York, 1897.

——: *The School and Society*, University of Chicago Press, Chicago, 1899.

Eliot, Charles W.: *Educational Reform*, Century, New York, 1898.

Gilman, Daniel C.: *University Problems in the United States*, Appleton-Century, New York, 1898.

Goodsell, Willystine: *Pioneers of Women's Education*, McGraw-Hill, New York, 1931.

Honeywell, Roy J.: *The Educational Work of Thomas Jefferson*, Harvard University Press, Cambridge, Mass., 1931.

James, William: *Pragmatism, A New Name for Old Ways of Thinking*, Longmans, New York, 1907.

——: *Talks to Teachers on Psychology*, new ed., Holt, New York, 1939.

Johnson, Clifton: *Old-time Schools and Schoolbooks*, Macmillan, New York, 1917.

Knight, E. W.: *Reports on European Education*, McGraw-Hill, New York, 1930.

Life and Works of Horace Mann, 5 vols., Lee and Shepard, Boston, 1891.

Parker, Francis W: *Talks on Pedagogics*, E. L. Kellogg, New York, 1894.

Peterson, Houston (ed.): *Great Teachers*, Rutgers Universiry Press, New Brunswick, N. J., 1946.

Porter, Noah: *The American Colleges and the American Public*,

Charles C. Chatfield, New Haven, Conn. , 1870.

Tappan, Henry Philip: *University Education*, Putnam, New York, 1851.

Washington, Booker T. : *Up from Slavery*, Doubleday, New York, 1927.

INTERPRETIVE WRITINGS

Adams, Henry: *The Education of Henry Adams*, Houghton Mifflin, Boston, 1922.

Bowers, David F. : *Foreign Influences in American Life*, Princeton University Press, princeton, N. J. , 1944.

Brooks, Van Wyck: *The Flowering of New England* (1815—1865), Dutton, New York, 1938.

——: *New England: Indian Summer*, Dutton, New York, 1940.

Bryce, James: *The American Commonwealth*, 2 vols, Macmillan, New York, 1907.

Cargill, Oscar: *Intellectual America: The March of Ideas*, Macmillan, New York, 1941.

Cole, Arthur C: *The Irrepressible Conflict*, 1850—1865, Macmillan, New York, 1934.

Commager, Henry S. : *The American Mind*, Yale University Press, New Haven, Conn. , 1950.

Coulter, E. Merton: *The South During Reconstruction*, 1865—1877, Louisiana State University Press, Baton Rouge, La. , 1947.

Counts, George S. : *The Prospects of American Democracy*, John Day, New York, 1938.

——: *The Social Foundations of Education*, Scribner, New York, 1934.

Ditzion, Sidney: *Arsenals of a Democratic Culture*, American Library Association, Chicago, 1947.

Dorfman, Joseph: *The Economic Mind in American Civilization*,

1606—1865, Vol. Ⅱ, Viking, New York, 1946.

Fish, Carl R. : *The Rise of the Common Man*, 1830—1850, Macmillan, New York, 1927.

Gabriel, R. H. : *The Course of American Democratic Thought*, Ronald, New York, 1940.

Hansen, Marcus L. : *The Immigrant in American History*, Harvard University press, Cambridge, Mass. , 1940.

Harris, Herbert: *American Labor*, Yale University Press, New Haven, Conn. , 1938.

Hayes, Cecil B. : *The American Lyceum: Its History and Contribution to Education*, U. S. Office of Education, *Bulletin* 12, 1932.

Hicks, John D. : *The Populist Revolt*, University of Minnesota Press, Minneapolis, 1931.

Hofstadter, Richard: *Social Darwinism in American Thought*, University of Pennsylvania Press, Philadelphia, 1945.

James, Henry: *Charles W. Eliot*, 2 vols. , Houghton Mifflin, Boston, 1930.

Kiefer, Mary Monica: *American Children Through Their Books*: 1700—1835, University of Pennsylvania Press, Philadelphia, 1948.

Krout, John A. , and Dixon Ryan Fox: *The completion of Independence*, 1790—1830, Macmillan, New York, 1944.

Leidecker, Kurt F. : *Yankee Teacher: The Life of William Torrey Harris*, Philosophical Library, New York, 1946.

Mathews, Basil: *Booker T. Washington, Educator and Interracial Interpreter*, Harvard University Press, Cambridge, Mass. , 1948.

Mead, George H. : *Movements of Thought in the Nineteenth Century*, University of Chicago Press, Chicago, 1936.

Miller, Perry: *The Transcendentalists*, Harvard University Press, Cambridge, Mass. , 1950 Mumford, Lewis: *The Brown Decades; A Study of the Arts in America*, 1865—1895, Harcourt,

Brace, New York, 1931.

Nevins, Allan: *The Emergence of Modern America*, 1865—1878, Macmillan, New York, 1927.

Parrington, V. L.: *Main Currents in American Thought*, Vol. Ⅱ, *The Romantic Revolution in America*, 1800—1860; Vol. Ⅲ, *The Beginnings of Critical Realism in America*, 1860—1900, Harcourt, Brace. New York. 1927—1930.

Perry, Ralph Barton: *Puritanism and Democracy*, Vanguard, New York, 1944.

Schlesinger, Arthur M.: *The Rise of the City*, 1878—1898, Macmillan, New York, 1933.

Schlesinger, Arthur M., Jr.: *The Age of Jackson*, Little, Brown, Boston, 1945.

Spitz, David: *Patterns of Anti-democratic Thought*, Macmillan, New York, 1949.

Tarbell, Ida M.: *The Nationalizing of Business*, 1878—1898, Macmillan, New York,1936.

Tocqueville, Alexis De: *Democrary in America*, 2 vols., Knopf, New York, 1945.

Turner, F. J.: *The Frontier in American History*, Holt, New York, 1920.

Tyler, Alice Felt: *Freedom's Ferment*, University of Minnesota Press, Minneapolis, 1944.

Wiener, Philip P.: *Evolution and the Founders of Pragmatism*, Harvard University Press, Cambridge, Mass., 1949.

Wish, Harvey: *Society and Thought in Early America*, Longmans, New York, 1950.

——: *Society and Thought in Modern America: A Social and Intellectual History of the Amerian People from* 1865, Longmans, New York, 1952.

Wittke, Carl: *We Who Built America*, Prentice-Hall, New York, 1939.

Woodward, Comer Vann: *Origins of the New South*, Louisiana State University Press, Baton Rouge, La. , 1951.

HISTORY OF EDUCATION

Anderson, L. F. : *History of Manual and Industrial School Education*, Appleton-Century-Crofts, New York, 1926.

Bittner, W. S. : *The University Extension Movement*, U. S. *Bureau of Education*, *Bulletin* 84, 1919.

Boas, Louise: *Women's Education Begigs; the Rise of the Women's Colleges*, Wheaton College Press, Newton, Mass. , 1935.

Bond, Horace Mann: *The Education of the Negro in the American Social Order*, Prentice-Hall, New York, 1934.

Borrowman, Merle L. : *The Liberal and Technical in Teacher Education; A Historical Survey of American Thought*, Teachers College, Columbia University, New York, 1955.

Brown, S. W. : *The Secularization of American Education*, Teachers College. Columbia University, New York, 1912.

Butts, R. F. : *The College Charts Its Course*, McGraw-Hill, New York, 1939.

Carlton, Frank T. : *Economic Influences upon Educational Progress in the United States*, University of Wisconsin Press, Madison, Wis. , 1908.

Cremin, Lawrence A. : *The American Common School*, Teachers College, Columbia University, New York, 1951.

Culver, Raymond B. : *Horace Mann and Religion in the Massachusetts Public Schools*, Yale University Press, New Haven, Conn. , 1929.

Dearborn, Ned H. : *The Oswego Movement in American Education*, Teachers College, Columbia University, New York, 1925.

DeGarmo, Charles: *Herbart and the Herbartians*, Scribner, New York, 1895.

Douglas, Paul: *American Apprenticeship and Industrial*

Education, Columbia University Press, New York, 1921.

Eckleberry, R. H. : *The History of the Municipal University in the United States*, U. S. Office of Education, Bulletin 2, 1932.

Grizzell, Emit Duncan: *Origin and Development of the High School in New England before* 1865, Macmillan, New York, 1923.

Harper, C. A. : *A Century of Public Teacher Education*, American Association of Teachers Colleges, New York, 1939.

Hayes, Cecil B. : *The American Lyceum*, U. S. Office of Education, Bulletin 12, 1932.

Hinsdale, B. A. : *Horace Mann and the Public School Revival in the United States*, Scribner, New York, 1937.

Holmes, D. O. W. : *The Evolution of the Negro College*, Teachers College, Columbia University, New York, 1934.

Jackson, Sidney L. : *America's Struggle for Free Schools*, American Council on Public Affairs, Washington, D. C. , 1942.

Kirkpatrick, J. E. : *Academic Organization and Control*, Antioch Press, Yellow Springs, Ohio, 1931.

Klein, Arthur J. : *Survey of Land-grant Colleges and Universities*, U. S. Office of Education, Bulletin 9, 1930.

Lee, Gordon C. : *The Struggle for Federal Aid: First Phase*, Teachers College, Columbia University, New York, 1949.

Monroe, Paul: *Founding of the American Public School System*, Macmillan, New York, 1940.

Monroe, W. S. : *History of the Pestalozzian Movement in the United States*, Bardeen, Syracuse, N. Y. , 1907.

——: *Teaching-Learning Theory and Teacher Education*, 1890—1950, University of Illinois Press, Urbana, Ill. , 1952.

Morison, S. E. : *The Development of Harvard University since the Inauguration of President Eliot* (1869—1929), Harvard University Press, Cambridge, Mass. , 1930.

Mosier, Richard D. : *Making the American Mind*, King's Crown, New York, 1947.

Pangburn, Jessie M. : *The Evolution of the American Teachers College*, Teachers College, Columbia University, New York, 1932.

Pierce, Bessie L. : *Public Opinion and the Teaching of History*, Appleton-Century-Crofts, New York, 1926.

Rugg, Harold: *American Life and the School Curriculum*, Ginn, Boston, 1936.

Stout, John E. : *The Development of High-school Curricula in the North Central States from 1860 to 1918*, University of Chicago Press, Chicago, 1921.

Swift, F. H. : *A History of Public Permanent Common School Funds in the United States*, 1795—1905, Holt, New York, 1911.

Taylor, Howard Cromwell: *The Educational Significance of the Early Federal Land Ordinances*, Teachers College, Columbia University, New York, 1922.

Tewksbury, D. G. : *The Founding of American Colleges and Universities before the Civil War*, Teachers College, Columbia University, New York, 1932.

Tharp, Louise Hall: *Until Victory*; *Horace Mann and Mary Peabody*, Little, Brown, Boston, 1953.

Thursfield, Richard: *Henry Barnard's Journal of Education*, Johns Hopkins Press, Baltimore, 1946.

Thwing, C. F. : *A History of Higher Education in America*, Appleton-Century-Crofts, New York, 1906.

Williams, E. I. F. : *Horace Mann, Educational Statesman*, Macmillan, New York, 1937.

第十六章和第十七章　20 世纪的美国

ORIGINAL WRITINGS

APPEAL TO THE TRADITIONAL FOUNDATIONS OF EDUCATION

American Council on Education, Committee on Religion and Education: *The Relation of Religion to Public Education*, Washington, D. C. , 1947.

Babbitt, Irving: *Literature and the American College*, Houghton Mifflin, Boston, 1908.

Barzun, Jacques: *Teacher in America*, Little, Brown, Boston, 1945.

Bell, Bernard I. : *The Crisis in Education*, McGraw-Hill, New York, 1949.

Bestor, Arthur E. : *Educational Wastelands*, University of Illinois Press, Urbana, Ill. , 1953.

Butler, J. Donald: *Four Philosophies and Their Practice in Education and Religion*, Harper, New York, 1951.

Butler, Nicholas Murray: *The Meaning of Education*, Scribner, New York, 1915.

Cunningham, W. F. : *The Pivotal Problems of Education*, Macmillan, New York, 1940.

Deferrari, R. J. : *Vital Problems of Catholic Education in the United States*, The Catholic University of America Press, Washington, D. C. , 1939.

Demiashkevich, Michael: *An Introduction to the Philosophy of Education*, American Book, New York, 1935.

Flexner, Abraham: *The American College: A Criticism*, Appleton-Century-Crofts, New York, 1908.

——:*Universities, English, German, American*, Oxford, New York, 1930.

Foerster, Norman: *The American State University*, University of North Carolina Press, Chapel Hill, N. C. , 1937.

Grattan, C. Hartley (ed.): *The Critique of Humanism; A Symposium*, Brent, Warren & Putnam, New York, 1930.

Highet, Gilbert: *The Art of Teaching*, knopf, New York, 1950.

Horne, Herman H. : *A Democratic Philosophy of Education*, Macmillan, New York, 1932.

Hutchins, Robert M. : *The Higher Learning in America*, Yale University Press, New Haven, Conn. , 1936.

——: *The Conflict in Education*, Harper, New York, 1953.

Johnson, F. Ernest (ed.): *American Education and Religion*, Harper, New York, 1952.

Kandel, I. L.: *Conflicting Theories of Education*, Macmillan, New York, 1939.

Livingstone, Richard: *On Education*, Macmillan, New York, 1944.

Lodge, Rupert C.: *Philosophy of Education*, Harper, New York, 1947.

Maritain, Jacques: *Education at the Crossroads*, Yale University Press, New Haven, Conn., 1943.

——: *True Humanism*, Scribner, New York, 1938.

Meiklejohn, Alexander: *Education Between Two Worlds*, Harper, New York, 1942.

Nash, Arnold S. (ed.): *Protestant Thought in the Twentieth Century*, Macmillan, New York, 1951.

Niebuhr, Reinhold: *Moral Man and Immoral Society*, Scribner, New York, 1932.

——: *The Nature and Destiny of Man*, 2 vols., Scribner, New York, 1941—1943.

Nock, Albert Jay: *The Theory of Education in the United States*, Harcourt, Brace, New York, 1932.

Redden, John, and Francis Ryan: *A Catholic Philosophy of Education*, Bruce, Milwaukee, 1942.

Ulich, Robert: *Fundamentals of Democratic Education*, American Book, New York, 1940.

Van Doren, Mark: *Liberal Education*, Holt, New York, 1943.

Van Dusen, Henry P.: *God in Education*, Scribner, New York, 1951.

West, Andrew F.: *The Value of the Classics*, Princeton University Press, Princeton N. J., 1917.

Williams, Daniel Day: *What Present-day Theologians Are

Thinking, Harper, New York, 1952.

APPEAL TO THE SCIENTIFIC FOUNDATIONS OF EDUCATION

Bagley, W. C. : *Determinism in Education*, Warwick and York, Baltimore, 1928.

——: *Education and Emergent Man*, Ronald, New York, 1934.

Bobbitt, Franklin: *How to Make a Curriculum*, Houghton Mifflin, Boston, 1924.

Breed, F. S. : *Education and the New Realism*, Macmillan, New York, 1939.

Charters, W. W. : *Curriculum Construction*, Macmillan, New York, 1925.

Finney, Ross L. : *A Sociological Philosophy of Education*, Macmillan, New York, 1928.

Gates, Arthur I. , and others: *Educational Psychology*, 3d ed. , Macmillan, New York, 1948.

Howerth, I. W. : *Theory of Education*, Appleton-Century-Crofts, New York, 1929.

Judd, Charles H. : *Education and Social Progress*, Harcourt, Brace, New York, 1934.

Monroe, Walter S. , and Max Engelhart: *The Scientific Study of Educational Problems*, Macmillan, New York, 1937.

Morrison, H. C. : *Basic Principles of Education*, University of Chicago Press, Chicago, 1934.

National Society for the Study of Education: *Learning and Instruction*, Forty-ninth Yearbook, Part I, University of Chicago Press, Chicago, 1950.

——: *Psychology of Learning*, Forty-first Yearbook, Part II, University of Chicago Press, Chicago, 1942.

Thorndike, Edward L. : *Educational Psychology*, 3 vols, Teachers College, Columbia University, New York, 1913—14.

——: *Human Nature and the Social Order*, Macmillan, New

York，1940.

——：*Selected Writings from a Connectionist's Psychology*，Appleton-Century-Crofts，New York，1949.

Watson，John B.：*Behaviorism*，Norton，New York，1930.

APPEAL TO THE CULTURAL FOUNDATIONS OF EDUCATION

American Historical Association，Commission on the Social Studies in the schools：

Conclusions and Recommendations，Scribner，New York，1934.

Baker，Melvin：*Foundations of John Dewey's Educational Theory*，Columbia University Press，New York，1955.

Benne，Kenneth D.：*A Conception of Authority；an Introductory Study*，Teachers College，Columbia University，New York，1943.

Berkson，I. B.：*Education Faces the Future*，Harper，New York，1943.

——：*Preface to an Educational Philosophy*，Columbia University Press，New York，1940.

Bode，Boyd H.：*Progressive Education at the Crossroads*，Newson，New York，1938.

Brameld，Theodore：*Patterns of Educational Philosophy*，World，Yonkers，N. Y.，1950.

Brubacher，John S.：*The Public Schools and Spiritual Values*，Seventh Yearbook of the John Dewey Society，Harper，New York，1944.

Childs，John L：*Education and Morals*，Appleton-Century-Crofts，New York，1950.

——：*Education and the Philosophy of Experimentalism*，Appleton-Century-Crofts，New York，1931.

Conant，James B.：*Education and Liberty*，Harvard University Press，Cambridge，Mass.，1953.

Counts，George S.：*Dare the School Build a New Social Order?* John Day，New York，1932.

——： *Education and American Civilization*，Teachers College，Columbia University，New York，1952.

——： *Education and the Promise of America*，Macmillan，New York，1945.

Cowley, Malcolm（ed.）： *After the Genteel Tradition*，Norton，New York，1936.

Dewey, John： *A Common Faith*，Yale University Press，New Haven，Conn. , 1934.

——： *Democracy and Education*，Macmillan，New York，1916.

——： *Experience and Education*，Macmillan，New York，1938.

——： *How We Think*，Heath，Boston，1933.

——： *Human Nature and Conduct*，Holt，New York，1922.

Hook, Sidney： *Education for Modern Man*，Dial，New York，1946.

Kallen, Horace W. ： *The Education of Free Men*，Farrar，Strauss & Young，New York，1949.

Kilpatrick, W. H. ： *Education for a Changing Civilization*，Macmillan，New York，1926.

——： *The Educational Frontier*，Appleton-Century-Crofts，New York，1933.

——： *Foundations of Method*，Macmillan，New York，1925.

——： *Philosophy of Education*，Macmillan，New York，1951.

——： *Selfhood and Civilization*，Macmillan，New York，1941.

——： *The Teacher and Society*，First Yearbook of the John Dewey Society，Appleton-Century-Crofts，New York，1937.

Linton, Ralph： *The Cultural Background of Personality*，Appleton-Century-Crofts，New York，1945.

——（ed.）： *The Science of Man in the World Crisis*，Columbia University Press，New York，1945.

Lynd, Robert S. ： *Knowledge for What? The Place of Social Science in American Culture*，Princeton University Press，Princeton，N. J. , 1939.

Mead, George H.: *Mind, Self, and Society*, University of Chicago Press, Chicago, 1936.

National Society of College Teachers of Education: *The Discipline of Practical Judgment in a Democratic Society*, University of Chicago Press, Chicago, 1943.

Newcomb, Theodore: *Social Psychology*, Dryden, New York, 1950.

Newlon, Jesse H.: *Education for Democracy in Our Time*, McGraw-Hill, New York, 1939.

Otto, Max: *The Human Enterprise*, Appleton-Century-Crofts, New York, 1940.

Raup, R. Bruce, and others: *The Improvement of Practical Intelligence*, Harper, New York, 1950.

Readings in the Foundations of Education, 2 vols., Teachers College, Columbia University, New York, 1941.

Robinson, James Harvey: *The Humanizing of Knowledge*, rev. and enl., Doubledy, New York, 1926.

Rugg, Harold O.: *Democracy and the Curriculum*, Third Yearbook of the John Dewey Society, Appleton-Century-Crofts, New York, 1939.

——: *Foundations for American Education*, World, Yonkers, N. Y., 1947.

Smith, B. Othanel, and others: *Readings in the Social Aspects of Education*, Interstate, Danville, Ill., 1951.

Thayer, Vivian T.: *The Attack upon the American Secular School*, Beacon Press, Boston, 1951.

INTERPRETIVE WRITINGS

Boas, George: *Our New Ways of Thinking*, Harper, New York, 1930.

Bode, Boyd H.: *Conflicting Psychologies of Learning*, Heath, Boston, 1929.

Brown, W. A.: *Church and State in Contemporary America*, Scribner, New York, 1930.

Burtt, Edwin A.: *Types of Religious Philosophy*, Harper, New York, 1939.

Cargill, Oscar: *Intellectual America*; *The March of Ideas*, Macmillan, New York, 1941.

Commager, Henry S. : *The American Mind*, Yale University Press, New Haven, Conn. ,1950.

Conant, James B.: *On Understanding Science*, Yale University Press, New Haven, Conn. , 1947.

Counts, George S.: *The Social Foundations of Education*, Scribner, New York, 1934.

Faulkner, Harold U.: *From Versailles to the New Deal*, Yale University Press, New Haven, Conn. , 1950.

——: *The Quest for Social Justice*, 1898—1914, Macmillan, New York, 1931.

Harris, Herbert: *American Labor*, Yale University Press, New Haven, Conn. , 1939.

Heidbreder, Edna: *Seven Psychologies*, Appleton-Century-Crofts, New York, 1933.

Hofstadter, Richard: *Social Darwinism in American Thought*, University of Pennsylvania Press, Philadelphia, 1945.

Hook, Sidney: *Reason, Social Myth, and Democracy*, John Day, New York, 1940.

Hulfish, H. Gorden (ed.): *Educational Freedom in an Age of Anxiety*, Twelfth Yearbook of the John Dewey Society, Harper, New York, 1953.

Johnson, F. Ernest: *The Social Gospel Re-examined*, Harper, New York, 1940.

Krikorian, Yervant H. （ed.）: *Naturalism and the Human Spirit*, Columbia University Press, New York, 1944.

Lerner, Max: *Ideas Are Weapons*; *the History and Uses of*

Ideas, Viking, New York, 1939.

Lynd, Robert S., and Helen M. Lynd: *Middletown, A Study in Contemporary American Culture*, Harcourt, Brace, New York, 1929.

——and——: *Middletown in Transition; A Study in Cultural Conflicts*, Harcourt, Brace, New York, 1937.

MacIver, R. M.: *Academic Freedom in Our Time*, Columbia University Press, New York, 1955.

Morris, Charles W.: *Paths of Life*, Harper, New York, 1942.

Myrdal, Gunnar: *An American Dilemma*, Harper, New York, 1944.

Pfeffer, Leo: *Church, State, and Freedom*, Beacon Press, Boston, 1953.

Recent Social Trends in The United States, Report of the President's Research Com-mittee on Recent Social Trends, McGraw-Hill, New York, 1933.

Robinson, James Harvey: *The New History*, Macmillan, New York, 1912.

Schlesinger, Arthur M., Jr.: *The Vital Center*, Houghton Mifflin, Boston, 1949.

Slosson, Preston W.: *The Great Crusade and After*, 1914—1928, Macmillan, New York, 1931.

Spitz, David: *Patterns of Anti-democratic Thought*, Macmillan, New York, 1949.

Sutherland, R. L.: *Color, Class and Personality*, American Council on Education, Washington, D.C., 1942.

Warner, W. L., and others: *Color and Human Nature*, *Negro Personality Develop-ment in a Northern City*, American Council on Education, Washington, D.C., 1941.

——, M. Meeker, and K. Eells: *Social Class in America*, Science Research, Chicago, 1949.

Wecter, Dixon: *The Age of the Great Depression*, Macmillan, New York, 1948.

Wish, Harvey: *Society and Thought in Modern America: A Social and Intellectual History of the American People from* 1865, Longmans, New York, 1952.

HISTORY OF EDUCATION

Aikin, W. M. : *The Story of the Eight-year Study*, Harper, New York, 1942.

American Council on Education, Commission on Teacher Education: *The Improve-ment of Teacher Education*, Washington, D. C. , 1946.

Armstrong, W. Earl, E. V. Hollis, and Helen Davis: *The College and Teacher Education*, American Council on Education, Washington, D. C. , 1944.

Ashmore, Harry: *The Negro and the Schools*, University of North Carolina Press, Chapel Hill, N. C. , 1954.

Beale, Howard K. : *Are American Teachers Free?* Scribner, New York, 1936.

Bell, Howard M. : *Youth Tell Their Story*, American Council on Education, Wash-ington, D. C. , 1938.

Bogue, Jesse P. : *The Community College*, McGraw-Hill, New York, 1950.

Brameld, Theodore: *Workers' Education in the United States*, Fifth Yearbook of the John Dewey Society, Appleton-Century-Crofts, New York, 1941.

Brubacher, John S. : *Modern Philosophies of Education*, rev. ed. , McGraw-Hill, New York, 1950.

Bunker, F. F. : *The Junior High School Movement—Its Beginnings*, W. F. Roberts, Washington, D. C. , 1935.

Caswell, Hollis L. (ed.): *The American High School*, Harper, New York, 1946.

——and D. S. Campbell: *Curriculum Development*, American Book, New York, 1935.

——and A. Wellesley Foshay: *Education in the Elementary*

School, 2d ed. , American Book, New York, 1950.

Commission on Financing Higher Education: *Nature and Needs of Higher Educa-tion*, Columbia University Press, New York, 1952.

Counts, George S. : *Social Composition of Boards of Education*, University of Chi-cago Press, Chicago, 1927.

Duffus, R. L. : *Democracy Enters College*, Scribner, New York, 1936.

Fine, Benjamin: *Democratic Education*, Crowell, New York, 1946.

———: *Our Children Are Cheated*, Holt, New York, 1947.

Gallagher, Buell G. : *American Caste and the Negro College*, Columbia University Press, New York, 1938.

Harvard University, Report of the Harvard Committee: *General Education in a Free Society*, Harvard University Press, Cambridge, Mass. , 1945.

Hofstandter, Richard, and C. DeWitt Hardy: *The Development and Scope of Higher Education in the United States*, Columbia University Press, New York, 1952.

Hollingshead, August: *Elmtown's Youth*, *Wiley*, New York, 1949.

Hollinshead, Byron S. : *Who Should Go to College*, Columbia University Press, New York, 1952.

Hollis, E. V. : *Philanthropic Foundations and Higher Education*, Columbia University Press, New York, 1938.

Kandel, Isaac L. : *The Impact of War upon American Education*, University of North Carolina Press, Chapel Hill, N. C. , 1948.

Kandel, Isaac L. : *Twenty-five Years of American Education*, Macmillan, New York, 1924.

Knight, Edgar W. : *Fifty Years of American Education*, Ronald, New York, 1952.

Koos, Leonard V. : *The Junior College*, University of Minnesota

Press, Minneapolis, 1924.

——: *The Junior College Movement*, Ginn, Boston, 1925.

McMurry, Charles A., and Frank M. McMurry: *The Method of the Recitaiton*, Macmillan, New York, 1911.

Meiklejohn, Alexander: *Education between Two Worlds*, Harper, New York, 1942.

Millett, John D.: *Financing Higher Education in the United States*, Columbia University Press, New York, 1952.

Monroe, Walter S.: *Teaching-Learning Theory and Teacher Education*, 1890—1950, University of Illinois Press, Urbana, Ill., 1952.

National Education Association, Educational Policies Commission: *Education and Economic Well-being in American Democracy*, Washington, D. C., 1940.

——: *Education for All American Children*, National Education Association, Washington, D. C., 1944.

——: *Education for All American Youth*, National Education Association, Washington, D. C., 1944.

——: *Federal-State Relations in Education*, American Council on Education, Washington, D. C., 1945.

——: *Moral and Spiritual Values in the Public Schools*, National Education Association, Washington, D. C., 1951.

——: *Public Education and the Future of America*, National Education Association, Washington, D. C., 1955.

——: *The Purposes of Education in American Democracy*, National Education Association, Washington, D. C., 1938.

——: *The Structure and Administration of Education in American Democracy*, National Education Association, Washington, D. C., 1938.

——: *The Unique Function of Education in American Democracy*, National Education Association, Washington, D. C., 1937.

National Society for the Study of Education: *General Education*, Fifty-first Year-book, Part I, University of Chicago Press, Chicago,

1952.

———: *Modern Philosophies and Education*, Fifty fourth Yearbook, Part I, University of Chicago Press, Chicago, 1955.

Pierce, Bessie L. : *Civic Attitudes in American School Textbooks*, University of Chicago Press, Chicago, 1930.

Prall, Charles E. : *State Programs for the Improvement of Teacher Education*, American Council on Education, Washington, D. C. , 1946.

———: and Leslie C. Cushman: *Teacher Education in Service*, American Council on Education, Washington, D. C. , 1944.

President's Commission on Higher Education: *Higher Education for American Democracy*, Harper, New York, 1948.

Rank, Otto: *Modern Education* (tr. by Moxon), Knopf, New York, 1932.

Raup, R. Bruce: *Education and Organized Interests in America*, Putnam, New York, 1936.

Reutter, E. Edmund, Jr. : *The School Administrator and Subversive Activities*, Teachers College, Columbia University, New York, 1951.

Russell, James E. : *Federal Activities in Higher Education after the Second World War*, King's Crown, New York, 1951.

Sayers, Vern L. : *A First Course in Philosophy of Education*, Holt, New York, 1952.

Smith, B. Othanel, and others: *Fundamentals of Curriculum Development*, World, Yonkers, N. Y. , 1950.

Stout, John Elbert: *The Development of High-school Curricula in the North Central States from 1860 to 1918*, University of Chicago Press, Chicago, 1921.

Stratemeyer, Florence B. , and others: *Developing a Curriculum for Modern Living*, Teachers College, Columbia University, New York, 1947.

Taba, Hilda, and William Van Til (eds.): *Democratic Human*

Relations; *Promising Practices in Intergroup and Intercultural Education in the Social Studies*, National Council for the Social Studies, Washington, D. C. , 1945.

Thayer, V. T. , and others: *Reorganizing Secondary Education*, Appleton-Century-Crofts, New York, 1939.

Todd, Lewis Paul: *Wartime Relations of the Federal Government and the Public Schools*, 1917—1918, Teachers College, Columbia University, New York, 1945.

U. S. Office of Education (E. S. Evenden, director): *National Survey of the Education of Teachers*, 6 vols. , *Bulletin*, 10, 1933.

Warner, W. L. , R. Havighurst, and M. B. Loeb: *Who Shall be Educated?*, Harper, New York, 1944.

Woelfel, Norman: *Molders of the American Mind*; *A Critical Review of the Social Attitudes of Seventeen Leaders in American Education*, Columbia University Press. New York, 1933.

人名与主题索引

(*See also* Greek language and literature; Latin language and literature)

Cleisthenes (c. b. c. 507), 22

Clemenceau, Georges (1841—1929), 384

Clement (Irish monk), 128

Clement of Alexandria (150? —220?), 90, 110, 111

Clergy, 214, 245

Cleveland, Grover (1837—1908), 431

Cleveland, Ohio, 552

Clinton, DeWitt (1769—1828), 454

Coeducation, 372, 463, 497, 510

Coit, Stanton (1857—1944), 440

Colburn, Warren (1793—1833), 494

Colet, John (1467—1519), 189

Collège, 230, 278, 353, 356, 373, 415, 416

Collège de France, 175, 191, 233, 423

Collège de Guyenne, 175

College Entrance Examination Board, 503

College-entrance requirements, 263, 328, 331, 503

Colleges, American, 263, 424

medieval, 161

Cologne, University of, 424

Colorado, 432

Columbia College, 315, 318, 337, 466, 495

Columbia University, 319, 507—510, 524

Comenius, Johann Amos (1592—1670), 206, 213, 224, 236, 239, 326

Commerce, development of, 7, 20, 22, 25, 77, 120, 228

Commercial class, 35, 328

Commercial Revolution, 196

Commercial studies, 296, 306, 329, 332, 354, 409, 500, 502

Commission on the Relation of School and College, 577

study of，61，68，70，185，227，231，289，293—296，330，332，395，400，408—418，491，493，495，499，500，504，572

Geology，68，395，483，499

Geometry，development of，14，53，101，104，105，108，151，219，395

　　study of，57，59，68，70，100，114，153，179，185，188，227，234，264，296，329，330，409，498

George Peabody College for Teachers，547

George Peabody Fund，458

George-Deen Act，532

George-Reed Act，532

Georgia，242，246，304，308，320

Gerbert（Pope Sylvester Ⅱ），126，147，151

German-American Bund，523

German language，239，262，287，297，330，411，498，504，508

German Reformed Church，201，226

German universities，232，233，296，420，424，484，486

Germany，34，41，78，116，117，119，127—128，136，165，173，189，191，194，199—201，204，207—208，216，226，227，274，289，292，294，345，347，359—364，375—377，410—411，417—419，424—425

Gestalt psychology，393，562

Gilbert，Sir Humphrey（1539? —1583），231

Gilbert，William（1540—1603），219

Gilman，Daniel Coit（1831—1908），508，509

Girl Reserves，551

Girl Scouts，551

Girls，education of，34，41，61，85，111，136，156，176，207，328，330，497

Girondists，272

Gladden，Washington（1836—1918），442，443，474

Gladstone，William（1809—1898），366

study of，49，57，59，68，164，227，230，264，296，333

Meteorology，68，333，483

Methodists，216，273，278，310，311，322，441，464，471，523

Methods of teaching，65，66，161，235，239，265，461

   (*See also* Education as a subject)

Metropolitan Museum of Art，472

Michigan，459，463

   University of，468，503，508，509，511

Middle class，120，122，127，166，167，172，196，198，199，210，225，243，260，268，270，271，281，293，301，329，342，426，435，444，455，470，512，513，544

Middle colonies，242，244，246，251，252，306

Middle school，361

Milan，127，167

Military training，20，21，33，34，37，41—43，57，59，61—64，93，409，410，419，426，427

Mill，John Stuart (1806—1873)，365，387，389，391，396，397

Millbury，Mass.，471

Miller，Lewis (1829—1899)，471

Mills，Caleb，459

Milton，John (1608—1674)，196，223，224

Mind，faculties of，220，284

   (*See also* Faculty psychology)

Mineralogy，52，483，499

Mirabeau，Comte de (1749—1791)，277

Mississippi，459，526，543

Missouri，University of，527

Mittelscbule，362，364，419

Modern Language Association，483

Modern languages，186，227，232，296，324，330，332，413，415，417—419，463，486，498，504，506，507，510

   (*See also* Vernacular languages and literature)

101, 104, 105, 108, 109, 111, 151, 223, 259, 395, 569

study of, 17, 35, 37, 39, 59, 60, 68, 100, 114, 131, 153, 154, 184, 185, 188, 208, 225, 231, 232, 239, 293, 294, 330, 332, 400, 403, 407—412, 416, 481, 484, 491, 496, 502, 572, 577

Mussolini, Benito (1883—1945), 345, 347, 406

Mysticism, 98, 105

Nantes, Edict of, 209, 243

Naples, Kingdom of, 167

University of, 135

Napoleon I (Bonaparte) (1769—1821), 272, 278, 345, 353, 373, 409, 422

Nashville, Tenn. , 547

National Association for the Advancement of Colored People, 525

National Association of Manufacturers, 568

National Board of Education, 367

National Catholic Welfare Council, 523

National Citizenship Education Program, 552

National Conference of Christians and Jews, 523

National Congress of Parents and Teachers, 550

National Council of Churches of Christ in America, 523

National Council for the Social Studies, 549

National Council of Teachers of English, 549

National Education Association, 452, 470, 504, 530, 535, 543, 547, 549, 552

Department of Adult Education, 552

Department of Supervisors and Directors of Instruction, 548

Educational Policies Commission, 530, 537, 577

National Herbart Society, 492

National Labor Union, 439

National Public School Association, English, 366

National Resources Planning Board, 517, 567

Tennessee，320，459，555

Tenth Amendment，317

Tenure，254，544

Terman, Lewis (1877—   )，562

Tertullian (160? —230? A. D.)，102，110

Testing movement，548，561—562

Tewksbury, Donald G. (1894—   )，464

Texas，247

  University of，527

Textbooks, use of，92，102—104，152，158，229，237，408—412，
  469，489

Thales (seventh century B. C.)，46

Theater，43，53，403

Theism，216，255，282，473

Theocracy，201，240，247，308

Theodolphus of Orléans, Bishop，127

Theodoric (454? —526)，125

Theodosius I (346? —395)，83，89

Theology, development of，95，97，100，104，133，144，153，164，
  178，186，296
  study of，131，132，162，232，233，265，298，334，337，424，466，
  511

Thomas, Norman (1884—   )，513

Thomasius, Christian (1655—1728)，296

Thoreau, Henry David (1817—1862)，475

Thorndike, Edward Lee (1874—1949)，478，489，560—562

Thucydides (471? —400 B. C.)，27，30，53

Ticknor, George (1791—1871)，506

Tocqueville, Alexis de (1805—1859)，396

Toland, John (1670—1722)，282

Tories，300，366

Totalitarianism，7，20，21，34